suhrkamp taschenbuch
wissenschaft 295

Karl Polanyi wurde 1886 in Wien geboren. Nach einem Jura- und Philosophiestudium in Budapest wurde er Redakteur in Wien, wo er sich intensiv mit volkswirtschaftlichen und wirtschaftshistorischen Themen beschäftigte. 1933 emigrierte Polanyi nach Großbritannien; dort betätigte er sich vor allem in der Arbeiterbildung. 1947 erfolgte seine Berufung als Gastprofessor an die New Yorker Columbia University. Er starb 1964 in Toronto/Kanada. Werke: *The Great Transformation* (1944, deutsch: stw 260); *Trade and Market in the Early Empires* (1957); *The Livelihood of Man* (1977).

Polanyis These: Die neue Wirtschaftstheorie ist nur auf die moderne Marktwirtschaft anwendbar, den Erfordernissen des Wirtschaftsanthropologen oder des Historikers der marktlosen Kulturen kann sie nicht genügen. Das Europa des 19. Jahrhunderts brachte die »Herauslösung« der Wirtschaft aus der Gesellschaftsstruktur, befreite die wirtschaftlichen Motivationen von der gesellschaftlichen Kontrolle und setzte eine Entwicklung in Gang, durch die wirtschaftliche Überlegungen die Vorherrschaft über die Gesellschaft erlangten. Zum Verständnis früherer oder weniger entwickelter Gesellschaften, in denen die ökonomischen Beziehungen noch im Gesellschaftssystem »eingebettet« sind, benötigen wir eine neue Theorie der vergleichenden Ökonomie. In marktlosen Gesellschaften kann die Wirtschaft nicht durch Bezugnahme auf ein einheitliches System rationaler Berechnungen herausgehoben werden. Statt dessen muß der Historiker oder Anthropologe von den materiellen Objekten ausgehen, die der Befriedigung von Bedürfnissen dienen, und ihre Bewegungen verfolgen, um festzustellen, welche funktionellen Muster und Gruppierungen zutage treten.

Karl Polanyi
Ökonomie und Gesellschaft

Mit einer Einleitung
von S. C. Humphreys

Übersetzt von Heinrich Jelinek

Suhrkamp

Bibliografische Information der Deutschen Nationalbibliothek
Die Deutsche Nationalbibliothek verzeichnet diese Publikation
in der Deutschen Nationalbibliografie;
detaillierte bibliografische Daten sind im Internet über
http://dnb.d-nb.de abrufbar.

suhrkamp taschenbuch wissenschaft 295
Erste Auflage 1979

Suhrkamp Taschenbuch Verlag

Satz: Georg Wagner, Nördlingen
Druck: Books on Demand, Norderstedt
Printed in Germany
Umschlag nach Entwürfen von
Willy Fleckhaus und Rolf Staudt
ISBN 978-3-518-27985-6

2 3 4 5 6 7 – 13 12 11 10 09 08

Inhalt

S. C. Humphreys
Einleitung: Geschichte, Volkswirtschaft und Anthropologie: das Werk Karl Polanyis 7

Karl Polanyi
Ökonomie und Gesellschaft

I Marktwissenschaft, Sozialismus, Faschismus
1. Der Mechanismus der Weltwirtschaftskrise 63
2. Die funktionelle Theorie der Gesellschaft und das Problem der sozialistischen Rechnungslegung 81
3. Das Wesen des Faschismus 91

II Ökonomie und Gesellschaft
4. Unser obsoletes marktwirtschaftliches Denken 129
5. Aristoteles entdeckt die Volkswirtschaft 149
6. Die Rolle der Volkswirtschaft in Gesellschaften 186
7. Die zwei Bedeutungen von »wirtschaftlich« 209
8. Die Wirtschaft als ein gerichteter Prozeß 219

III Primitive und archaische Wirtschaftsformen
9. Der primitive Feudalismus und der Feudalismus der Verfallszeit 247
10. Redistribution: Der staatliche Bereich im Dahome des 18. Jahrhunderts 256
11. Handelsplätze in frühen Gesellschaften 284
12. Der marktlose Handel zur Zeit Hammurabis 300
13. Die Semantik der Verwendung von Geld 317
14. Archaische Wirtschaftseinrichtungen: Kauri-Geld 346
15. Sortiment und Handelsunze im westafrikanischen Sklavenhandel 370
16. Über den Stellenwert wirtschaftlicher Institutionen in der Antike am Beispiel Athen, Mykene und Alalakh 387

Anmerkungen 414

S. C. Humphreys
Geschichte, Volkswirtschaft und Anthropologie: das Werk Karl Polanyis

I

Historiker haben sich bei der Beschäftigung mit der Theorie nicht nur mit »Geschichtstheorie« zu befassen, sondern auch mit der Theorie der anderen Sozialwissenschaften. Sozialwissenschaftler hoffen vielleicht, daß sie eines Tages in der Lage sein werden, verkünden zu können, daß *dum Roma consulitur, Saguntum expugnatum est.* Dieser Aufsatz ist dem Wesen nach ein »Bericht aus Saguntum«.

Die Volkswirtschaftslehre, die als die »wissenschaftlichste« aller Sozialwissenschaften am ehesten zur Formulierung von Gesetzen neigt, ruft besonders leicht Konflikte hervor. Der heutige Streit um die »neue Wirtschaftsgeschichte« mit der bevorzugten Verwendung von Modellen und ökonometrischen Methoden ist dafür ein Beispiel. Jene, die der »Kliometrie« Enthumanisierung der Geschichte vorwerfen, stellen in Wahrheit die Frage, ob ökonomische Gesetze für alle Geschichtsperioden und Gesellschaftsformen Gültigkeit haben. Die neuen Wirtschaftshistoriker behaupten mit gewisser Berechtigung, daß sie die ökonomischen Gesetze und Ableitungsmethoden nicht in die Geschichte eingeführt, sondern bloß einige Hypothesen untersucht haben, die sich implizite darauf stützten. Jedenfalls haben ihre Methoden die Frage der Reichweite der zu einem gegebenen Zeitpunkt möglichen Schlußfolgerungen aus der Wirtschaftstheorie in den Vordergrund gerückt wie auch die Frage, ob die Wirtschaftstheorie an Gültigkeit verliert, wenn wir uns von der modernen Volkswirtschaft entfernen.[1]

Historiker der ökonomischen Entwicklung sind nicht nur beunruhigt wegen der Möglichkeit, daß ihre Theorien widerlegt oder ihre Probleme von Ökonomen gelöst werden könnten, sondern auch durch Aufforderungen, die alte Rolle des Historikers als praktischer Ratgeber einzunehmen. Hier nähert sich ihre Position ganz besonders jener des Wirtschaftsanthropologen.[2] Anthropologen befassen sich zunehmend mit der Untersuchung ökonomischer Entwicklungen und gesellschaftlicher Veränderungen, und dies hat sowohl zu Reibungen zwischen der »reinen« und der »angewandten« Anthropologie geführt als auch zu einer hitzigen Auseinandersetzung über die Anwendbarkeit der modernen Wirtschaftstheorie auf primitive oder bäuerliche Wirtschaftsformen. Diese Diskussion wäre für Historiker auf jeden Fall von Interesse, sie ist jedoch vor allem deshalb relevant, weil sie sich aus dem Werk eines Wirtschaftshistorikers, Karl Polanyi, ergeben hat, der sich mit vergangenen Kulturen in noch höherem Maß befaßt hat als mit noch bestehenden primitiven Gesellschaften.

Polanyis These besagt, kurz zusammengefaßt, daß die Wirtschaftstheorie nur auf die moderne Marktwirtschaft anwendbar ist, aber den Erfordernissen des Wirtschaftsanthropologen oder des Historikers der marktlosen Kulturen nicht genügen kann. Das Europa des 19. Jahrhunderts brachte die »Herauslösung« der Wirtschaft aus der Gesellschaftsstruktur, befreite die wirtschaftlichen Motivationen von der gesellschaftlichen Kontrolle und setzte eine Entwicklung in Gang, durch die wirtschaftliche Überlegungen die Vorherrschaft über die Gesellschaft erlangten. »Sobald das wirtschaftliche System in separate Institutionen gegliedert ist, die auf spezifischen Zielsetzungen beruhen und einen besonderen Status verleihen, muß auch die Gesellschaft selbst so gestaltet werden, daß das System im Einklang mit den eigenen Gesetzen funktionieren kann.« (GT 63-64, deutsche Ausg. 81). Zum Verständnis früherer oder weniger entwickelter Gesellschaften, in denen die ökonomischen Beziehungen noch im Gesellschaftssystem »eingebettet« sind (oder, in der Terminologie von Mauss, die ökonomischen Transaktionen nicht getrennt werden können, von den »faits sociaux totaux«, in denen sie integriert sind),[3] benötigen wir eine neue Theorie der vergleichenden Ökonomie. In marktlosen Gesellschaften kann die Wirtschaft nicht durch Bezugnahme auf ein einheitliches System rationaler Berechnungen herausgehoben werden. Statt dessen muß der Historiker oder Anthropologe von den materiellen Objekten ausgehen, die der Befriedigung von Bedürfnissen dienen, und ihre Bewegungen verfolgen, um festzustellen, welche funktionellen Muster und Gruppierungen zutage treten.[4] Polanyi postuliert vier derartige Muster: Reziprozität, oder »Bewegungen zwischen einander entsprechenden Punkten symmetrischer Gruppierungen in der Gesellschaft«; Redistribution oder »Bewegungen in Richtung auf ein Verteilungszentrum und wieder weg davon«; Austausch oder »wechselseitige Bewegungen . . . in einem Marktsystem«; und Haushaltung, die Form der Landwirtschaft für den Eigenbedarf.[5]

Obwohl Polanyi diese Auffassungen im wesentlichen schon 1944 in *The Great Transformation* vorgelegt hat, erreichten sie die Anthropologen und Frühhistoriker erst in den späten fünfziger Jahren, als der Sammelband *Trade and Market in the Early Empires* veröffentlicht wurde und andere von Polanyi angeregte oder beeinflußte Forschungen zu erscheinen begannen. Damals war Polanyi bereits siebzig, und weder seine Schüler noch seine Kritiker haben sich besonders darum bemüht, den Grundlagen seines Denkens und den formativen Einflüssen seiner Jugendzeit nachzugehen. Dies hatte manchmal zur Folge, daß das Originelle in seinem Denken unterschätzt wurde, während das, was Teil einer gemeinsamen Kultur war, aus dem Zusammenhang gerissen und als abwegig betrachtet worden ist.

1886-1933: Ungarn und Österreich

Wirtschaftsanthropologen sollten bedenken, daß Polanyi nur zwei Jahre nach Malinowski geboren wurde. Er wuchs in der radikalen bürgerlichen Gesellschaft Budapests heran – einer intellektuellen jüdischen Gemeinde, die, von politischer Macht ausgeschlossen, gleichwohl Veränderungen erwartete. Das allgemeine Wahlrecht war 1907 in Österreich eingeführt worden; die politische und wirtschaftliche Vorherrschaft der magyarischen Gutsbesitzer-Aristokratie wurde als Anachronismus angesehen, der nicht von Dauer sein konnte. Die Vorbereitungen für die neue Ordnung gingen mehr in Form theoretischer Diskussionen als in politischen Aktionen vor sich.[6] Die formale Ausbildung wurde von den juristischen Fakultäten der Universitäten geboten, deren Vorlesungsangebot Staatswissenschaft und Verfassungsgeschichte enthielt, während außerhalb des Curriculums Marxismus und Soziologie bedeutendes Interesse fanden.[7] Karl Mannheim (der demselben Milieu entstammte wie Polanyi) hat im Zusammenhang mit dem Einfluß des Marxismus auf die deutsche Soziologie einige Feststellungen getroffen, die auf die Lage sowohl der Soziologie als auch des Marxismus als nichtakademische Lehrgegenstände in Ungarn wohl ein bezeichnendes Licht werfen.

»Marxistische Theorie wurde ebenso wie viele andere Gesellschaftstheorien nur als ›Oppositionstheorie‹ angesehen, das heißt, Akademiker befaßten sich nicht mit diesem Zweig des Wissens. Das hatte den Vorteil, daß viele vordringliche Probleme des Alltagslebens und der politischen Spannungen im Licht dieser nichtakademischen Disziplin interpretiert wurden; es hatte aber auch den Nachteil, daß diese Theorien zu Propagandazwecken mißbraucht wurden und sie, da sie von Laien angewandt wurden, zwangsläufig zunehmend von Dilettantismus gefärbt wurden.«[8]

Das Interesse für Soziologie war nicht ausschließlich vom Marxismus inspiriert. Das wirtschaftliche »Abheben«, das Marx in England beobachtet hatte, setzte auf dem europäischen Kontinent erst später ein, wodurch Probleme des wirtschaftlichen Wachstums, in Deutschland vor allem die gesellschaftlichen Folgen der Industrialisierung und in Osteuropa das Vorhandensein großer »unterentwickelter« Agrargebiete, der damaligen Soziologie eine ähnliche Bedeutung gaben, wie die Anthropologie sie heute in der allgemeinen Kultur der Intelligentsia Amerikas, Frankreichs und Englands hat. So wie das heutige Interesse für Anthropologie die Bemühungen der westlichen Gesellschaft um ein neues Einverständnis mit Afrika und Asien widerspiegelt, so diente die Soziologie (zusammen mit der Psychologie) jenen als Brennpunkt und gemeinsame Gesprächsbasis für jene, die sich bemühten, die Krise der europäischen Gesellschaft zwischen den zwei Weltkriegen zu verstehen. »Es war gerade im Bereich der Soziologie, wo sich die geistigen und kulturellen Kräfte Nachkriegsdeutschlands zu sammeln versuchten« (Mannheim, a.a.O.).

Das Interesse der Soziologen an der Marxschen Theorie konzentrierte sich anfangs auf die materialistische Analyse des Kapitalismus, die empirische Untersuchung der Klassen und die Entwicklung der Wissenssoziologie aus der Klassentheorie.[9] Aber die Entwicklung der Weltwirtschaftskrise und das Beispiel einer neuen Wirtschaftsform in Rußland führten zu einem gesteigerten Interesse an Marx' Analyse der Schwächen des kapitalistischen Systems und an der Möglichkeit einer sozialistischen Alternative. Ebendies sollte zur Haupttriebfeder für Polanyis Arbeiten über vergleichende Ökonomie werden. 1922 lieferte er einen Aufsatz über sozialistische Rechnungslegung für das *Archiv für Sozialwissenschaften*,[10] in dem er bereits seinen Glauben an die gesellschaftliche und moralische Überlegenheit einer zentral geplanten sozialistischen Wirtschaft kundtat, einer Wirtschaft, die von der »gesellschaftlichen Nachfrage« und nicht von der Nachfrage der einzelnen Konsumenten bestimmt ist. Von 1924 bis 1933 wirkte er als Leitartikler und Kommentator zu Fragen der internationalen (vor allem der englischen) Politik und Finanz für das Wiener Wochenblatt *Österreichischer Volkswirt*. Die Auswirkungen dieser Jahre, in denen er die Ausbreitung der Wirtschaftskrise und den Aufstieg des Faschismus aus nächster Nähe beobachten konnte, werden in seinem Werk *The Great Transformation* ganz deutlich. Aber daß sein Interesse an Volkswirtschaft mit einem für seine spätere Entwicklung wichtigen, umfassenderen Interesse an Soziologie verbunden war, zeigt sich in Arbeiten wie *Lancashire als Menschheitsfrage*,[11] einer Analyse der sozialen und ökonomischen Gründe für die überlegene Leistungsfähigkeit der japanischen Baumwollproduktion; in *Wirtschaft v. Demokratie*,[12] einer Untersuchung der zunehmenden Tendenz der politischen Entscheidung zwischen rechts und links im Licht ökonomischer Entwicklungen; und in *England für Budgetwahrheit*, woraus wir einen Absatz zitieren, der ein gutes Beispiel für Polanyis soziologische Neigung darstellt:

»Die parteipolitische Dramatisierung der Budgetdebatte dient in England einem geistig-moralischen Zweck von höchster volksbildnerischer Bedeutung. Was dem Unverständnis als Schlagwortpolitik dünken mag, ist in Wahrheit ein Kampf um sachlich gebundene Symbole, an denen sich das Verantwortungsbewußtsein eines ganzen Volkes schult. Die Einschätzung des vernünftigerweise zu erwartenden Überschusses wird zum Maßstab der Vorsicht und des Ernstes, mit der sich die Bevölkerung ihren Zukunftsaufgaben widmet, die Zustimmung oder die Ablehnung der vollen Arbeitslosenunterstützung wird zum Prüfstein der sozialen Gesinnung der Regierung . . .«[13]

Sir Karl Popper verweist in seinem Werk *The Open Society and Its Enemies* auf ein in dieser Periode geführtes Gespräch mit Polanyi über die Methoden der Sozialwissenschaften, das einigermaßen von Interesse ist: »Die Theorie, daß sich zwar die physikalischen Wissenschaften auf einen methodologischen Nominalismus gründen, daß aber in den Sozialwissenschaften essentialistische (›realistische‹) Methoden angewandt werden müßten, wurde mir im Jahre 1925 von Karl Polanyi klargemacht; er hat damals darauf verwiesen, daß sich durch Aufgabe dieser Theorie möglicherweise eine Reform der Methodologie der Sozialwissenschaften erreichen ließe.« Popper fügt hinzu: »Die *nominalistische* Haltung in der Soziologie läßt sich meiner Ansicht nach nur in Form einer technologischen Theorie sozialer *Institutionen* entwickeln.«[14] »Anstatt herausfinden zu wollen, was ein Ding wirklich ist, und sein wahres Wesen zu definieren (worauf der Essentialismus abzielt) . . ., will der methodologische Nominalismus beschreiben, wie ein Ding sich verhält, und vor allem, ob sich in seinem Verhalten Regelmäßigkeiten feststellen lassen.«[15] Diese Bemerkung wirft ein bezeichnendes Licht auf Konzepte, die Polanyi erst viel später in *Trade and Market* zum Ausdruck bringen sollte. Darin befaßt er sich eingehend mit dem Problem, »die Wirtschaft« zu definieren, was typisch essentialistisch ist; aber sein Entschluß, sich auf Institutionen und die funktionelle Analyse von Mustern ökonomischen Verhaltens bei »Anwendung der substantiellen Methode . . . auf eine Klassifizierung empirischer Wirtschaftsformen sowie auf . . . Handel, Geld und Marktinstitutionen«[16] zu konzentrieren, ist nominalistisch. »Prozeß und Institutionen bilden zusammen die Ökonomie. Manche Forscher legen das Schwergewicht auf materielle Hilfsquellen und Ausrüstung – Ökologie und Technologie –, die den Prozeß ausmachen; andere, wie auch ich, ziehen es vor, auf die Institutionen hinzuweisen, mit deren Hilfe die Wirtschaft organisiert wird. Nochmals, bei der Erforschung der Institutionen kann man zwischen Werten und Motiven einerseits und den physischen Tätigkeiten andererseits wählen, die beide als Bindeglied zwischen den Sozialbeziehungen und dem Prozeß aufgefaßt werden können. Wahrscheinlich, weil ich mit den institutionellen und funktionellen Aspekten der menschlichen Existenz besser vertraut bin, ziehe ich es vor, die Ökonomie in erster Linie als eine Sache der Organisation zu behandeln und Organisation im Sinne der Funktionen zu definieren, die für die Arbeitsweise der Institutionen charakteristisch sind . . .«.[17] Das hier zum Ausdruck kommende Mißtrauen gegen Motivationstheorien kann wiederum mit früheren Diskussionen in Verbindung gebracht werden, in denen Popper betonte, daß die Soziologie Institutionen und nicht die »menschliche Natur« zu erforschen habe; »gesellschaftliche Institutionen . . . müssen vor dem bestanden haben, was manche Leute ›menschliche Natur‹ zu nennen belieben, sowie vor der Humanpsychologie.«[18]

Ferner bezieht sich Polanyis Denken deutlich auf die Hauptströmung der Soziologie jener Zeit, die Erforschung der Wissenssoziologie. Seine Feststellung, Wirtschaftstheorie sei nur gültig für die Analyse jener Gesellschaft, die sie hervorgebracht hat, ist ebenso in diesem Kontext zu sehen wie Lukacs' »Der Funktionswechsel des historischen Materialismus« (*Geschichte und Klassenbewußtsein*, Berlin 1923, 220-260), Eduard Heimanns Aufsatz »Sociological Preoccupations of Economic Theory« in *Social Research 1* (1934), Adolf Löwes Vorlesungen an der London School of Economics über *Economics and Sociology*, die im darauffolgenden Jahr veröffentlicht wurden,[19] und Talcott Parsons Diskussion über »The Motivations of Economic Activities«, die 1940 erschienen.[20] Eine sinnlose Kontroverse wurde dadurch ausgelöst, daß man Polanyis Ansichten als einen Angriff auf die volkswirtschaftlichen Entwicklungslehren der sechziger Jahre behandelte, während sie in Wirklichkeit einer völlig andersartigen Denkrichtung zuzuordnen sind.

1933-1947: England

Obwohl *The Great Transformation* weitgehend in England gesammeltes historisches Material benutzt, sind die Auswirkungen von Polanyis dortigem Aufenthalt und seiner englischen Kontakte auf sein Denken schwer zu beurteilen. Er verbrachte einen Teil dieser Periode auf Vortragsreisen in den Vereinigten Staaten; *The Great Transformation* wurde am Bennington College geschrieben, erstmals in New York (1944) veröffentlicht und hatte in Amerika einen wesentlich größeren Erfolg als in England. Dennoch erklärt er in seiner Einleitung, daß die Grundthese des Buches entwickelt wurde, während er 1939-40 in England Vorlesungen im Rahmen des britischen Volkshochschulverbandes *Workers' Educational Association* hielt; somit sollte der Einfluß des neuen englischen Geschichtsmaterials (was heute von geringer Bedeutung erscheint, da es in der späteren Entwicklung seines Werkes keine Rolle gespielt hat) auf die Genese seiner Theorien nicht unterschätzt werden. Polanyi hatte sich schon im Rahmen seiner Tätigkeit im Budapester Galilei-Kreis mit der Arbeiterbildung befaßt; seine Bewunderung für den englischen Sozialismus sowie sein offensichtliches didaktisches Talent muß seine Vorlesungen vor englischen Arbeitern über die Geschichte des Sozialismus in England für seine Zuhörer ebenso wie für ihn selbst zu einem anregenden Erlebnis gemacht haben.[21] Natürlich waren die politischen und ökonomischen Studien seiner österreichischen Jahre auch für England relevant. Das Bemühen, die Ursachen des Faschismus aufzuspüren, spielte natürlich eine besondere Rolle bei den emigrierten Denkern, die oft um Berichte über die Entwicklung des Faschismus gebeten wurden und es als eine ihrer Hauptaufgaben betrachteten, der englischen Öffentlichkeit klar vor Augen zu führen, wogegen sie kämpfte. Das Hauptthema der *Great Transformation*, die Notwendigkeit einer sozialistischen Planwirtschaft und die Ablehnung des Arguments, wonach nur ein freies Marktsystem liberale Werte erhalten könne, stand ebenfalls im Mittelpunkt der Diskussion.[22]

Polanyis Befürwortung der Wirtschaftsplanung als Heilmittel für die Leiden der Gesellschaft wurde von einem Rezensenten als undurchführbar kritisiert,[23] und auch dies war wiederum charakteristisch für die Zeit, in der das Werk geschrieben wurde. Die Wirtschaftskrisen der Vorkriegszeit, der Schock des Aufstiegs des Faschismus und des Zweiten Weltkriegs sowie das Gefühl, daß die Kriegsjahre ein Zwischenspiel vorübergehender Notstandsmaßnahmen darstellten, die nach dem Eintreten des Friedens einer umfassenden Reform und Rekonstruktion der Gesellschaft Platz machen würden, erzeugte bei allen, außer den standhaftesten Geistern, ein stark utopisch gefärbtes Denken, einen Utopismus, der sich mehr in Form von Vorstellungen einer moralisch erneuerten Gesellschaft äußerte als in konkreten Vorschlägen für Änderungen des Gesellschaftssystems.[24] Diese Beschäftigung mit ethischen und religiösen Fragen tritt deutlich zutage bei der Gruppe von Sozialisten und Kommunisten, mit der Polanyi kurz nach seiner Ankunft in England zusammenarbeitete, als er *Christianity and the Social Revolution* schrieb.

Die Kombination einer Verteidigung der sozialistischen Ökonomie mit einer Erklärung der Ursachen des Faschismus und einer Geschichte des Aufstiegs und Niedergangs des Laissez-faire-Kapitalismus ist ein höchst anspruchsvolles Programm, aber kennzeichnend für die damals aktuelle Thematik. Noch mehr überrascht, daß *The Great Transformation* auch eine Untersuchung über primitive Wirtschaftsformen mit Hinweisen auf neue

Wege der Forschung enthält, die noch viele Jahre später Anthropologen Anregungen boten.

Trotz Malinowskis Bedeutung als Quelle für die Schilderung des primitiven Handels bei Polanyi und seiner Bewunderung des Werkes von Radcliffe-Brown (Polanyis Betonung des integrierten Zustandes primitiver Gesellschaften und seine Außerachtlassung des Vorhandenseins von Wettbewerb und Konflikt ähnelt der Auffassung der strukturalistisch-funktionalistischen Schule der britischen Anthropologie) scheint diese Entwicklung in Polanyis Denken enger mit der Tradition von Blücher, Tönnies, Max Weber, Sombart und – in noch stärkerem Maße – Thurnwald verbunden zu sein als mit irgendwelchen in England entstandenen Kontakten.[25] Die Stärke seines Ansatzes liegt vielmehr in der methodologischen Originalität und dem breiten Spektrum der Vergleiche in einer Periode, als die Anthropologie und bis zu einem gewissen Grad auch die Soziologie sich vor allem auf Feldforschung konzentrierten und die Etablierung beider Disziplinen an den Universitäten die Wissensgrundlagen des Nachwuchses eingeengt hatte, so daß dieser nicht mehr über eine Vorbildung im Umgang mit historischem Material verfügte, welche die Grundlage für die vergleichenden Untersuchungen von Männern wie Weber und Mauss gewesen war.

Polanyis Interesse an anthropologischem Material war natürlich Teil seiner utopistischen Anschauungsweise; der Einfluß von Primitivismus und Romantik war in der Wirtschaftsgeschichte oft stark ausgeprägt, und diese Periode bietet zweifellos ein ergiebiges Forschungsthema. Die offenkundige Unfähigkeit der Nationalökonomen, die Krisen der Zwischenkriegsjahre in den Griff zu bekommen, erschütterte das Vertrauen in die volkswirtschaftliche Theorie und öffnete der eklektischen Suche im Bereich der vergleichenden Ökonomie nach neuen Doktrinen Tür und Tor.[26] So gelangte beispielsweise der Altertumsforscher Bernhard Laum[27] von einer Untersuchung der religiösen Aspekte der Wirtschaft im antiken Griechenland zu einer historischen Rechtfertigung der »geschlossenen Wirtschaft« der Nazis (*Geschlossene Wirtschaft*, 1933) und übernahm einen Lehrstuhl für Wirtschaftsgeschichte. Das Vorwort zu Laums späterer Arbeit *Schenkende Wirtschaft* (1960), in dem an den Eindruck erinnert, den das massenweise Dumping und die Vernichtung von Lebensmitteln in den dreißiger Jahren auf ihn gemacht hatte, ist ein nützlicher

Hinweis darauf, daß diese irrationalen Versuche in der fernen Vergangenheit Lösungen für die Wirtschaftskrise zu finden, einer Situation entsprachen, in der die von der Wirtschaftstheorie vorgezeichnete Politik Ergebnisse zeitigte, die in schreiendem Gegensatz zur gesellschaftlichen Rationalität zu stehen schienen.

1947-1964: Amerika

Auch Polanyi wurde 1947 Professor für Wirtschaftsgeschichte an der Columbia-Universität. Dort wurde der Widerspruch zwischen seinem Sozialismus und seinem Primitivismus, der *The Great Transformation* im Sinne eines Beitrags zur sozialistischen Ökonomie zu einem Fehlschlag gemacht hatte, durch eine Trennung der beiden gelöst. Im Bereich der Wirtschaftsgeschichte wandte Polanyi sich bald von der Geschichte des Kapitalismus ab, um seine Gedanken über »den Stellenwert des wirtschaftlichen Lebens in der Gesellschaft« durch das Studium marktloser Gesellschaften[28] zu entwickeln. Sein Interesse an den Problemen der sozialistischen Ökonomie zeigte sich erst wieder in seinen letzten Lebensjahren bei seiner Verbindung mit der Zeitschrift *Co-Existence*, bei Vorträgen in Ungarn und Italien und in seinem Einfluß auf Paul Medows Arbeit über die humanistischen Aspekte der Wirtschaftsplanung.[29]

Zwischen 1943/44 und 1947/48 hat es also offenbar eine merkliche Verlagerung des Schwerpunkts in Polanyis Interessen gegeben. Die Behandlung der marktlosen Wirtschaften ist der am wenigsten ausgearbeitete Abschnitt der Argumentation in *The Great Transformation* und wurde am wenigsten beachtet, sowohl in R. M. MacIvers Einleitung zu diesem Buch, als auch von den Rezensenten und in der ausführlichen, enthusiatistischen Analyse von Allen M. Sievers *(Has Market Capitalism Collapsed?: A Criticism of Karl Polanyi's New Economics)*.[30] Und doch hatte Polanyi bereits 1948 das Programm zur Erforschung der Ursprünge ökonomischer Institutionen (später »die ökonomischen Aspekte institutionellen Wachstums«) formuliert, an dem er zusammen mit einer Reihe von Kollegen bis zur Veröffentlichung von *Trade and Market* im Jahre 1957 arbeitete.[31]

Dieser Wechsel widerspiegelt die Übersiedlung in ein Land, in dem die Anthropologie eine wesentlich bedeutendere Stellung einnahm als im Österreich der Vorkriegszeit oder im England der Kriegszeit; sie widerspiegelt aber auch den Übergang von der politischen zur akademischen Welt.[32] Die Anwendbarkeit von Polanyis Wirtschaftsanthropologie auf die Probleme des Zusammenhangs zwischen unterentwickelten Gebieten und dem Marktsystem ist von seinem Anhänger George Dalton[33] erörtert worden, aber Polanyi selbst hat in seinen Veröffentlichungen während seiner amerikanischen Zeit die Schlußfolgerungen seiner Theorie für Amerikas Nachkriegsprobleme nicht ausgearbeitet. In *Trade and Market* bezieht sich nur ein Kapitel, nämlich jenes über die Berber des marokkanischen Hochlands, auf eine moderne Gesellschaft, während der Rest des Materials auf das alte Mesopotamien, das antike Griechenland, die Kulturen der Azteken und Mayas, das Dahomey des 18. Jahrhunderts und das vorimperiale Indien zurückgeht.

Polanyis eigene Arbeit konzentrierte sich auf Mesopotamien, Griechenland und Dahomey. Er steuerte Kapitel über Mesopotamien und Griechenland sowie theoretische Erörterungen zu *Trade and Market* bei. In dem vom Orientalischen Institut veranstalteten Symposium *City Invincible* (Chicago 1960) behandelte er die bronzezeitlichen Methoden der Rechnungslegung in Mykene und Alalakh (Syrien) und auf den griechischen Märkten[34] und entwickelte seine Gedanken über den »Handelsplatz« in einem Aufsatz »Handelsplätze in frühen Gesellschaften«, der 1963 im *Journal of Economic History* (*Essays* 238-260) veröffentlicht wurde. Ferner analysierte er das Material über die Geschichte Dahomeys, das er seit 1949 gesammelt hatte, in der posthum veröffentlichten Arbeit *Dahomey and the Slave Trade* (Seattle 1966).[35] Weitere Erörterungen seines theoretischen Standpunkts finden sich ferner im vorliegenden Werk sowie in dem Aufsatz »Anthropology and Economic Theory« (Anthropologie und Wirtschaftstheorie) in *Readings in Anthropology* II, Hrsg. Morton H. Fried (New York 1959)[36] sowie in dem Beitrag »The Semantics of Money Uses« (Die Semantik der Verwendung von Geld), erschienen 1957 in der Zeitschrift *Explorations* (*Essays* 175-190).

Vor einer systematischen Erörterung der verschiedenen Wege, auf denen sich Polanyis Forschungen während seiner Amerikajahre entwickelten, und einer Beurteilung des Werts seines Werkes und der Bedeutung der daran geübten Kritik ist es wohl von

Nutzen, einen kurzen Überblick über die unter Polanyis Einfluß entstandenen einschlägigen Arbeiten und die Schwerpunkte der von ihm und seinen Anhängern ausgelösten Kontroversen zu geben.

Polanyis getreueste Schüler sind George Dalton und Paul Bohannan. Dalton schrieb seine Dissertation über »Robert Owen und Karl Polanyi als sozioökonomische Kritiker und Reformer des Industriekapitalismus« und vertrat Polanyis theoretische Position in einer Reihe von Aufsätzen; er leistete Beiträge zur Debatte über den Begriff des Mehrwerts und folgte in der Erforschung von Märkten und primitivem Geld Polanyis Leitgedanken.[37] Dalton und Bohannan gaben gemeinsam den Band *Markets in Africa* (Evanston, Ill., 1962) heraus, den viele als das wichtigste Ergebnis der Schule Polanyis bezeichnen.

Bohannan hatte auf Anregung seines Lehrers in Oxford, Franz Steiner, in einer Untersuchung über den Tauschhandel bei den Tiv in Zentralnigerien[38] völlig unabhängig ähnliche Wege beschritten wie Polanyi. In seinem 1959 veröffentlichten Aufsatz »Die Auswirkung des Geldes auf eine afrikanische Selbstversorgungswirtschaft«[39] wird Polanyis Einfluß anerkannt. Ihm verdanken wir vor allem die Entwicklung des wichtigen Begriffs der voneinander unabhängigen »Austauschbereiche« in primitiven Wirtschaftsformen, das heißt, Güter mit hohem Prestigewert (zum Beispiel Vieh und Sklaven) zirkulieren in einem separaten Bereich und werden, außer in Notfällen, nicht gegen Güter eines Bereiches mit niedrigem Prestigewert, wie Lebensmittel, ausgetauscht. Obwohl er sowohl Polanyi als auch Dalton nahesteht, hat er sich nicht an der Kontroverse um Polanyis Ansichten über die Unanwendbarkeit der ökonomischen Theorie auf die Wirtschaftsanthropologie beteiligt, einer Kontroverse, die vor allem durch Daltons Aufsätze im *American Anthropologist* ausgelöst wurde.

Marshall D. Sahlins, der gleichzeitig mit Polanyi an der Columbia-Universität wirkte, hat sich zwar nicht so eng an Polanyis theoretische Position gehalten, ist aber in seinen Bemühungen um die Anwendung und Entwicklung von Polanyis Typologie der ökonomischen Organisationsmuster weiter gegangen als alle anderen Anthropologen. Seine Anwendung der Begriffe Reziprozität und Redistribution in den Aufsätzen »On the Sociology of Primitive Exchange« (Über die Soziologie des primitiven Austausches) und »Exchange-Value and the Diplomacy of Primitive Trade«[40] (Tauschwert und die Diplomatie des primitiven Handels) wird im folgenden noch ausführlicher erörtert werden. Weitere amerikanische Anthropologen, die Interesse an Teilen von Polanyis Werk zeigten, sind Manning Nash und Cyril S. Belshaw.[41] Die Reaktionen britischer Anthropologen finden sich nun praktisch zusammengefaßt in *Themes in Economic Anthropology* (Association of Social Anthropologists, Monograph 6, London 1967). Polanyis institutioneller und funktioneller Ansatz wird im großen und ganzen begrüßt, doch sind manche britische Anthropologen der Auffassung, daß sie sich in ihren Interessen und Methoden mehr den Nationalökonomen annähern, und das mit Recht. In Frankreich wurden Polanyis Gedanken von Maurice Godelier in *Rationalité et irrationalité en économie* (Paris 1966)[42] ausführlich behandelt und beeinflußten auch die Arbeiten von Claude Meillassoux über afrikanische Märkte und über das Verhältnis zwischen primitiven Wirtschaftsformen und Gesellschaftsstrukturen.[43] Die Diskussionen über Wirtschaftsanthropologie werden in Frankreich durch die Bestrebungen kompliziert, die strukturalistische Methode mit der marxistischen Theorie zu verbinden, ohne daß dafür klare Richtlinien bei Lévy-Strauss oder bei Marx vorhanden wären.

Unter den Soziologen war es Neil J. Smelser, der Polanyis Theorie in einer wichtigen Besprechung von *Trade and Market* diskutierte,[44] während die von ihm vorgelegte revidierte Fassung von Polanyis Typologie der Institutionen (Reziprozität, Redistribution, Mobilisierung, Markt) von S. N. Eisenstadt in *The Political Systems of Empires* (Glencoe, Ill., 1963) ebenso benützt wurde wie von Manning Nash in dem Beitrag »The Organization of Economic Life« (Die Organisation des Wirtschaftslebens) in *Horizons of Anthropology*, Hrsg. Sol Tax (New York 1964). Wilbert E. Moore und Bert F. Hoselitz sind in ihren Arbeiten über Wirtschaftssoziologie[45] ebenfalls weitgehend von Polanyi beeinflußt worden. Polanyis Betonung der Grenzen der Wirtschaftstheorie in bezug auf die Analyse der Wirtschaft in ihrem gesellschaftlichen Zusammenhang, die auch manche Anthropologen verwirrt hat, wird von Soziologen weder als neu noch als kontroversiell betrachtet. Die in *Trade and Market* vorgebrachte Kritik an Parsons und Smelsers *Economy and Society* wegen der darin enthaltenen Deutung aller Beziehungen zwischen den einzelnen Teilen des Gesellschaftssystems in ökonomischen Begriffen (Input und Output usw.) hat keinerlei Kommentar hervorgerufen. Das ist vielleicht bedauerlich, weil die Rolle der ökonomischen Analogien in der Gesellschaftstheorie, vor allem die umfassende Anwendung des Begriffs »Gleichgewicht«, einer kritischen Untersuchung bedarf.

Trade and Market erregte das Interesse der Indologen durch das darin enthaltene Kapitel von Walter C. Neale über »Reciprocity and Redistribution in the Indian Village« (Reziprozität und Redistribution im indischen Dorf). Neale führte seine Untersuchungen über den marktlosen Charakter der Wirtschaft im vorimperialen Indien fort in seiner Arbeit *Economic Change in Rural India* (New Haven 1962). Der »Handelsplatz« wurde von Anthony Leeds, der sich an Polanyis Forschungsprojekt an der Columbia-Universität beteiligte, im Zusammenhang mit Material aus Indien behandelt; während indische Märkte, wiederum unter Bezugnahme auf die Schule Polanyis, von D. P. Sinha behandelt wurden.[46]

Polanyis Einfluß auf die Erforschung der antiken Wirtschaftsgeschichte wird sich auf lange Sicht wahrscheinlich als bedeutsamer herausstellen denn sein Einfluß auf die Wirtschaftsanthropologie. In *Trade and Market* schilderte Harry W. Pearson anschaulich, wie der alte Streit zwischen »Modernisten« und »Primitivisten« über das Wesen des antiken Wirtschaftssystems an einen toten Punkt geraten war.[47] Die Ungenauigkeit der Begriffe, mit denen die Debatte geführt wurde, kommt sehr deutlich zum Ausdruck in Rostovtzevs vielzitierter Behauptung, wonach »die Wirtschaft der antiken Welt in der hellenistischen Periode von jener der Neuzeit nur quantitativ, nicht aber qualitativ unterscheidet«.[48] In diesem Klima brachte Polanyis Vorschlag, nicht nach dem Typus der Wirtschaft, sondern nach den Institutionen und ihrer Funktionsweise zu fragen, einen frischen Wind in die Debatte.

Polanyis Gedanken wurden vermittelt durch zwei Altertumshistoriker, die an dem Columbia-Forschungsprojekt beteiligt waren, nämlich durch Moses Finley im Bereich der griechischen Geschichte und A. L. Oppenheim auf dem Gebiet der Assyriologie. Beide standen Polanyis Interpretationen kritisch gegenüber: Finley wollte keinen Beitrag zu *Trade and Market* liefern, und Oppenheim vertrat in seinem Kapitel Ansichten über die mesopotamische Gesellschaft, die sich wesentlich von denen Polanyis unterschieden. Dennoch ist der Einfluß Polanyis in den Arbeiten der beiden Gelehrten und über sie in der gegenwärtigen Orientierung der Erforschung der antiken Wirtschaftsgeschichte deutlich zu spüren. Ohne ihre persönlichen Kontakte zu Polanyi und ihr Interesse an seinen Auffassungen wäre *Trade and Markets* wahrscheinlich von den Altertumswissenschaftlern kaum zur Kenntnis genommen worden.[49]

Mehr noch als Polanyi legte Finley Gewicht auf die marktlosen Aspekte der griechischen Wirtschaft. Während Polanyi sich auf den Unterschied zwischen den altgriechischen und den modernen Märkten konzentrierte, betont Finley die untergeordnete Bedeutung der Märkte im Gesamtsystem der Produktion und der ökonomischen Transaktionen. Schon ehe er sich Polanyis Forschungsgruppe an der Columbia-Universität anschloß, hatte er bereits in einer Analyse von Hypothekarurkunden nachgewiesen, daß der Boden im alten Athen zwar frei übertragbar, aber einem »Prestigebereich« und nicht dem Bereich der gewinnbringenden Markttransaktionen zugeordnet war; überdies hat Finley sich viele Jahre lang mit den gesellschaftlichen, psychologischen und ökonomischen Implikationen der Sklaverei befaßt. Da wie dort betont er in bezug auf die Antike die Bedeutung jener Unterscheidung, die Polanyi in seinem Überblick über die europäische Wirtschaftsgeschichte in *The Great Transformation* getroffen hat und die später von Bohannan und Dalton in *Markets in Africa* noch klarer herausgearbeitet wurde, nämlich die Unterscheidung zwischen dem Markt für Waren und dem Markt für die wichtigsten Produktionsfaktoren, Boden und Arbeit.[50] In enger Anlehnung an Polanyis Gedanken entwickelte Finley auch die Frage der Reziprozität in der frühen Wirtschaft Griechenlands in seiner Studie über die homerische Gesellschaft, *The World of Odysseus* (1954),[51] und polemisierte heftig gegen die irrige Anwendung der modernen Wirtschaftstheorie auf die Verhältnisse des Altertums.[52] In neuerer Zeit legte er auf der zweiten internationalen Konferenz für Wirtschaftsgeschichte im Jahre 1962 eine Liste von Forschungsthemen vor, die auch den verwalteten Handel, »Handelsplätze« und Marktvorschriften umfaßte. Unter seiner Leitung arbeiteten Studenten über die Ökonomie des öffentlichen Bauwesens in Griechenland,[53] über die wirtschaftlichen Beziehungen zwischen Griechenland und Ägypten sowie den Ausbau von Naukratis als »Handelsplatz«.

Polanyis stärkste Wirkung auf Oppenheim und andere Orientalisten bestand jedoch darin, daß er neue Forschungen anregte, die geleitet waren von dem Bestreben, ihn zu widerlegen. Er behauptete, außer dem allgemein »redistributiven« Wesen der Wirtschaft (was nichts Neues war) ein völliges Fehlen von Märkten und Beweise für einen Austausch zu festen Äquivalenten und für einen verwalteten, risikofreien, von königlichen Beamten *(Tamkāru)* betriebenen Fernhandel zu vertraglich festgesetzten Preisen entdeckt zu haben. Oppenheims allgemeine Auffassung dieses Gegenstands steht im Einklang mit jener Polanyis – er betrachtet es als Aufgabe des Orientalisten, aus der Anthropologie neue Interpretationsmethoden und Sicherungen gegen den Mißbrauch moderner Begriffe zu gewinnen. Er scheint jedoch gemeinsam mit anderen Orientalisten[54] die Auffassung zu vertreten, daß Polanyis Kritik an der unkritischen Annahme der Existenz von Marktverhältnissen zwar gerechtfertigt sei, er jedoch die Rolle der Redistribution sowie des Palastes und des Tempels in der wirtschaftlichen Organisation des alten Mesopotamien überschätze. In *Trade and Market* bestritt Oppenheim, daß man irgendeine durch Keilschriftdokumente attestierte Periode oder Gegend zur Gänze oder auch nur hinlänglich als redistributiv charakterisieren könne: »Die gesamte Entwicklung der mesopotamischen Wirtschaft ist gekennzeichnet durch ständige Schwerpunktverschiebungen, die einmal eine und dann wieder eine andere Form der wirtschaftlichen Integration in den Vordergrund bringen, ohne daß die anderen jemals völlig verschwinden« (TM 29). Als Reaktion auf Polanyis Überbetonung des Palastsystems, des bestdokumentierten und umfassendsten Aspekts der mesopotamischen Wirtschaft, neigte Oppenheim dazu, seine eigenen Forschungen auf die nichtredistributiven Elemente im Wirtschaftsleben der Städte und auf die private Tätigkeit von Kaufleuten, im Gegensatz zu dem von Polanyi hervorgehobenen »verwalteten Handel«, zu konzentrieren.[55] Einige wenige Hinweise auf Marktpreise wurden aufgezeigt,[56] aber die Marktfrage wurde nicht ausführlich erörtert, und es gab keine ernsthafte Diskussion über Polanyis Theorien in bezug auf die ökonomischen und politischen Merkmale des »Handelsplatzes«. Die Ergebnisse der Forschungen von R. G. Sweet über »Moneys and Money Uses in the Old Babylonian Period« (Geldmittel und Geldverwendung in der altbabylonischen Zeit), einer von Polanyi beeinflußten Untersuchung, die von Oppenheim geleitet wurde,[57] sind noch nicht veröffentlicht worden. Polanyis Einfluß auf diesem Gebiet könnte wohl in der Feststellung zusammengefaßt werden, daß er zwar vielleicht ein wenig vorschnell verallgemeinert hat, aber jedenfalls die Orientalisten dazu brachte, ihr Material mit einem schärferen Blick für die Einzelheiten institutioneller und funktioneller Probleme und mit weniger vorgefaßten Ideen zu betrachten.

Ich will hier die Hauptelemente der Kritik an Polanyis Auffassungen nur kurz streifen, weil sie im zweiten Teil dieses Aufsatzes ausführlicher behandelt werden. Der Disput drehte sich hauptsächlich um die Frage der Anwendbarkeit der modernen Wirtschaftstheorie auf marktlose Wirtschaftsformen.[58] Ich hoffe, die oben angeführten biographischen Einzelheiten tragen zu der Erkenntnis bei, daß Polanyis Meinungen über diesen Gegenstand, wenn sie in ihrem geschichtlichen Zusammenhang betrachtet werden, nicht so abwegig sind, wie einige Teilnehmer an der Kontroverse meinten. Eine interessantere Diskussion, die sich noch im Anfangsstadium befindet, ergibt sich aus der Divergenz zwischen Polanyis Auffassung der primitiven Wirtschaftsformen und der marxistischen Theorie (vgl. S. 46). Ausgehend von der in *Trade and Market* enthaltenen Attacke gegen die Meinung, »Knappheit« und »wirtschaftlicher Überschuß« existierten unabhängig vom kulturellen Rahmen, erweitert sich diese Debatte nunmehr auch auf die allgemeine Linie von Polanyis ökonomischer Analyse, die nicht die Produktionsverhältnisse, sondern die Verteilungsweise zur Grundlage nimmt. Der Gedanke war nicht neu, daß in Gesellschaften mit primitiven Produktionstechniken und begrenzten Möglichkeiten für Transport, Austausch und Aufbewahrung die Verteilung der Güter wichtiger sein könnte als die Akkumulation und daß der wirtschaftliche Wettbewerb mehr um die Herrschaft über Personen als um Boden, Kapital und Ausrüstung gehen mag;[59] aber Polanyi ist weiter gegangen als alle seine Vorläufer in der Ausarbeitung einer Theorie der vergleichenden Nationalökonomie und insbesondere des Verhältnisses der ökonomischen Institutionen zur Gesellschaftsstruktur, basierend auf der Verteilung. Dabei stellte er die Frage der Anwendbarkeit der marxistischen Theorie auf primitive Wirtschaftsformen in schärferer Form.

Im allgemeinen bestand die Reaktion auf Polanyis Arbeit darin, seine Initiative in der Erforschung spezifischer Institutionen – Märkte, Geld, usw. – ohne viel Kritik an seinen eigenen Ansichten zu diesen Themen aufzugreifen, und seine allgemeine theoretische Position ziemlich oberflächlich zu attackieren, ohne die grundlegenden Fragen der Methode zu berühren, die für die vergleichende Erforschung wirtschaftlicher Institutionen in ihrem gesellschaftlichen Zusammenhang erforderlich ist. Darüber läßt sich hier wenig sagen. Aber selbst bei der Behandlung einzelner Formen der ökonomischen Organisation, wie Markt oder Handelsplatz, griff Polanyi allgemeine Probleme auf, die einer umfassenderen Prüfung wert sind, als sie bisher erfahren haben. Im zweiten Teil dieses Aufsatzes werde ich Polanyis Gedanken in drei Gruppen behandeln: (1) die Verwendung von Formen wirtschaftlicher Organisation, die typischerweise mit dem modernen Marktsystem verbunden sind, in marktlosen Wirtschaften; (2) Wirtschaftstheorie, insbesondere die Begriffe Überschuß und Knappheit, und (3) Polanyis vier Kategorien der institutionellen Gestaltung der Wirtschaft: Reziprozität, Redistribution, Haushaltung und Austausch (auf dem Markt).

II

1. Geld, Märkte und Handel

Ein wichtiger Teil von Polanyis Feldzug gegen die falsche Anwendung der modernen Wirtschaftstheorie bestand in dem Nachweis, daß das Vorhandensein von Geld, Märkten oder anderen ökonomischen Einrichtungen zum Zweck der Regelung des Handels oder der Organisierung komplexer Güterbewegungen in marktlosen Wirtschaften ebenso einen Platz haben können wie in einem Marktsystem des modernen Typus.[60]

Geld und Formen der Rechnungslegung

Mit Geld befaßt sich Polanyi in seinem Aufsatz »The Semantics of Money Uses« (Die Semantik der Verwendung von Geld) (*Explorations*, Toronto 1957; *Essays*, 175-203) und im letzten Kapitel von *Dahomey and the Slave Trade*. Der erstgenannte Aufsatz blieb bis zur Veröffentlichung der Essays fast völlig unbekannt. Darin weist Polanyi nach, daß die drei Verwendungsweisen von Geld – als Tauschmittel, als Wertmaßstab und als Zahlungsmittel – nicht notwendigerweise miteinander verbunden sind. Sie können unabhängig voneinander entstehen, und verschiedene Geldformen können für verschiedene Zwecke verwendet werden. Vor allem sei es ein schwerwiegender Irrtum, ein aus der modernen Erfahrung und der Geldtheorie entspringendes Mißverständnis, wenn man annimmt, die Verwendung von Geld als Tauschmittel wäre historisch älter als die anderen Verwendungszwecke. Diese Feststellung haben auch andere unabhängig von Polanyi getroffen;[61] aber Polanyi betont außerdem, daß Geld nicht nur in Gesellschaften, in denen es nicht oder nur in sehr beschränktem Maß als Tauschmittel dient, eingeführt werden kann,[62] sondern daß sich auch recht komplizierte Geldformen und Verrechnungsmethoden entwickeln können, ohne daß dies in den betreffenden Gesellschaften eine Tendenz einer Marktwirtschaft modernen Typus bedeuten muß. Eben dies trifft auf die »redistributiven« Wirtschaften des alten Mesopotamien und des Königreichs Dahomey zu. In seinem Aufsatz für das Symposium *City Invincible* wies Polanyi darauf hin, daß im antiken Nahen Osten Gerste als Zahlungsmittel und Silber als Rechnungsgeld verwendet wurde, ohne daß eines von beiden sich zur Tauschwährung entwickelte;[63] und er verweist auf die in Mykene übliche »Verrechnung mit Grundprodukten«, wobei die Steuern in Einheiten von Korn, Wolle, Öl, und ähnlichem für eine bestimmte Bodenfläche eingehoben wurden, ohne daß man dabei ein allgemeines Verrechnungsgeld benötigt hätte. In *Dahomey and the Slave Trade* stellt Polanyi fest, daß die Kaurimuschel-Währung Dahomeys mit ihren komplizierten aufgefädelten Muschelreihen, die verschiedene »Nennwerte« darstellten, eine Erfindung des Staates waren. Die Entstehung des Währungssystems und die Einführung fester Äquivalente gingen Hand in Hand und waren eng verbunden mit der Organisierung der Steuereinhebung und der Zahlung von Sold (Rationen) an Soldaten und Staatsbeamte.

Die Verwendung von Kauri-Geld war auch auf den örtlichen Lebensmittelmärkten obligat, und die Legende schrieb die Erfindung des Geldes und der Märkte ein und demselben König zu. »Tauschmittel (als eine Form von Geld) entwickeln sich nicht aus regellosen Tauschakten von Einzelpersonen, sondern im Zusammenhang mit einem organisierten Außenhandel und mit Binnenmärkten« (*Essays*, 195). Eine gründliche Analyse der Rolle des Staates in der Entwicklung von Geld und Märkten in Dahomey würde einen detaillierten Vergleich mit den ökonomischen Institutionen anderer westafrikanischer Gesellschaften erfordern. Polanyis Behandlung des Themas ist impressionistisch, doch sind seine Erkenntnisse einer weiteren Betrachtung wert. Die institutionelle Geschichte des Kauri-Geldes und das Verhältnis zwischen Märkten, Geldverwendung und den ökonomischen Funktionen des Staates erfordern allesamt weitere Forschungsarbeiten. (Zum Vergleich sei angemerkt, daß im mittelalterlichen Europa das Markt- und das Münzrecht oft gleichzeitig gewährt wurden.)

Märkte

Angesichts Polanyis eingefleischter Abneigung gegen die alte Vorstellung, der Mensch habe »eine angeborene Neigung zu Schachern, Handeln und Tauschen einer Sache gegen eine andere«, mußte ihm die Existenz von Märkten in verhältnismäßig primitiven Wirtschaften einiges Kopfzerbrechen bereiten. In *The Great Transformation* ging es ihm mehr um den Nachweis, daß lokale Märkte ohne Bedeutung für den Aufstieg des Kapitalismus waren, als um die Funktionsweise des primitiven Marktes an sich; er betrachtete Märkte in vorindustriellen Gesellschaften als untergeordnete Elemente der Wirtschaft, die voneinander isoliert und von Tabus und Einschränkungen behindert gewesen seien, so daß ihr Einfluß sich nicht ausbreiten konnte. In Anlehnung an Bücher und Thurnwald klassifizierte er die Wirtschaft der griechischen Antike als ein Haushaltungssystem, obwohl er den dann in *Trade and Market* weiterentwickelten Gedanken skizzierte, wonach Aristoteles' Unterscheidung zwischen *oikonomeia* und *chrematistikē* (Produktion zum Verbrauch und Produktion zum Gewinn) eine Erkenntnis des Gegensatzes zwischen der in der Gesellschaft eingebetteten Wirtschaft und dem aus ihr herausgelösten Marktsystem bedeute, aber er war etwas unsicher in bezug auf die Bedeutung von Märkten und Handel in der Antike – Aristoteles »übersah, daß man die Existenz von Märkten nicht ignorieren konnte in einer Zeit, in der die griechische Wirtschaft bereits von Großhandel und Kreditkapital abhängig geworden war. Es war dies das Jahrhundert, in dem Delos und Rhodos bereits zu Umschlagplätzen für Frachtversicherung, Schiffahrtskredite und

Girotransaktionen geworden waren; im Vergleich dazu wirkte Westeuropa tausend Jahre später geradezu primitiv.«[64] Hier besteht offenkundig ein Problem, das nicht gelöst werden konnte, indem man einfach bemerkte: »Die griechisch-römische Periode... war durch das enorme Ausmaß der von der römischen Verwaltung im Rahmen einer Haushaltswirtschaft durchgeführten Redistribution von Getreide charakterisiert.«

Von den Märkten handeln in *Trade and Market* Francisco Benets Kapitel »Explosive Markets: the Berber Highlands«[65] und Polanyis »Aristotle Discovers the Economy«. Die Märkte der Hochlandberber im Atlasgebirge waren preisgestaltende Märkte, aber in ihrem Einflußbereich streng begrenzt. Alle Schulden, außer den geringfügigsten, mußten am Ende des Markttages beglichen werden, und die Gruppen, die im Schutze des »Marktfriedens« zusammenkamen, lagen oft miteinander in Fehde und hatten außerhalb dieser Zusammenkünfte kaum Kontakt miteinander. Die ökonomischen Beziehungen innerhalb der Gruppe (Dorf oder Kanton) beruhten auf Reziprozität.[66] Als eine Einrichtung, die überwiegend der Zusammenfassung des Austausches zwischen Mitgliedern verschiedener Gruppen diente, hat dieser Markttypus einige Merkmale mit dem Handelsplatz gemeinsam, dem wir uns später zuwenden werden. Benet unterstreicht in seinem Aufsatz den Widerspruch zwischen Reziprozität und Marktaustausch, einen Widerspruch, der gelöst wird durch eine strenge Trennung der Örtlichkeiten – Dorf und Markt –, in denen diese beiden Verhaltensweisen anwendbar sind. Wäre dies nicht der Fall, dann »würden diese Gegensätze direkt aufeinanderprallen«. Dieses Argument ist wiederum bezeichnend für Polanyis Auffassung vom Handelsplatz als Mechanismus zur Einschränkung der Kontakte zwischen unvereinbaren ökonomischen Systemen. Benet verweist ebenfalls auf das »herausgelöste« Wesen der Markttransaktionen: »Märkte sind hier externe Örtlichkeiten für den Austausch zwischen Einzelpersonen, die hier die Kollektivpersönlichkeit ablegen, von der sie in Stadt und Dorf einen Teil bilden« (TM 212-213).

Diese beiden Themen kehren in Polanyis Untersuchung über das antike Athen in *Trade and Market* wieder. Der Widerspruch zwischen Reziprozität und Marktaustausch kommt in Aristoteles' Unterscheidung zwischen natürlichem und unnatürlichem Austausch zum Ausdruck. Natürlicher Austausch ist ein Teilen *(metadosis)* zwischen Produzenten, während die Tätigkeit des professionellen Händlers oder Krämers, der nicht produziert, unnatürlich ist. Seine Lebensweise, die auf den Erwerb von Reichtum *(chrematistikê)* anstatt auf die Befriedigung konkreter Haushaltsbedürfnisse und die Erhaltung der nachbarlichen Beziehungen ausgerichtet ist, verweist auf die künftige Herauslösung der Wirtschaft.[67] Nach Polanyis Auffassung hat man diese Tendenz zur Herauslösung der Ökonomie im antiken Griechenland deshalb nicht in ihrer ganzen Tragweite erkannt, weil es außerhalb der Städte nur wenige Märkte gab, Überseehandel und Markt voneinander getrennt gehalten wurden, die Handelspreise durch Vertrag geregelt waren und die Marktpreise von der Obrigkeit festgesetzt oder zumindest durch Druck zur Einhaltung der Norm des »gerechten Preises« stabilisiert wurden.[68] Allerdings zeigte sich zu Aristoteles' Zeiten eine signifikante Zunahme der Versuche, aus Preisschwankungen Gewinne zu erzielen. »Der scharfe Blick des Theoretikers hatte die Zusammenhänge erkannt zwischen den kleinen Tricks der Krämer auf der Agora und den neuen Arten von Handelsprofiten, die das Tagesgespräch bildeten. Der Umstand aber, der ihre Verwandtschaft konstituierte – der Mechanismus von Angebot, Nachfrage und Preis –, entging Aristoteles. Die Verteilung von Nahrungsmitteln auf dem Markt ließ dem Wirken dieses Mechanismus noch kaum Spielraum, und der Fernhandel wurde nicht durch individuellen Wettbewerb, sondern durch institutionelle Kräfte gelenkt. Zudem gab es weder auf den örtlichen Märkten noch im Fernhandel auffallende Preisschwankungen. Erst im dritten vorchristlichen Jahrhundert begann der Mechanismus von Angebot, Nachfrage und Preis zu funktionieren. Dies geschah in bezug auf Getreide und später auf Sklaven im offenen Hafen von Delos. Die athenische Agora bestand somit schon etwa zwei Jahrhunderte vor der Errichtung eines Marktes in der Ägäis, der so etwas wie einen Marktmechanismus aufwies. Aristoteles, der in der zweiten Hälfte dieser Periode schrieb, erkannte die frühen Fälle der Erzielung von Gewinn aus Preisunterschieden als die symptomatische Entwicklung in der Organisation des Handels, die sie tatsächlich darstellten.«[69]

In diesem Abschnitt von *Trade and Market* erörterte Polanyi die Frage der den Markt betreffenden Einschränkungen nicht, aber machte sie zum Mittelpunkt seiner Behandlung des antiken

Athens in *City Invincible*, wo er feststellte, die griechische *Agora* sei nicht »der Keim einer Institution gewesen, die imstande gewesen wäre, sich mit ähnlichen Einrichtungen zur Bildung eines Marktsystems von unbegrenztem Wirkungsraum zusammenzuschließen«; sie sei vielmehr eng begrenzt gewesen durch die Gesetze der Stadt, der sie diente, und durch die Weigerung der griechischen Städte, die Diskriminierung zwischen Bürgern und Nichtbürgern zu lockern. In der darauffolgenden Debatte zeigte jedoch J. A. O. Larsen, daß Polanyis Vorstellung von der Kontrolle über die Märkte stark übertrieben war: Fremden war der Verkauf ihrer Waren auf der Athener *Agora* nicht verboten, und es gibt kaum Hinweise auf eine Preiskontrolle.[70]

Obwohl Polanyis Betonung der Preiskontrolle insofern wichtig war, als sie auf ein bis dahin von der Forschung kaum behandeltes Thema hinwies, so irrte er wahrscheinlich, wenn er in Festpreisen einen Hauptunterschied zwischen primitiven und modernen Märkten sah. Seine Behauptung, daß dort, wo Preise festgesetzt werden, der Austausch von der preisbestimmenden Obrigkeit und nicht durch den Marktmechanismus integriert wird, scheint eine Analogie zwischen den Festpreisen auf primitiven Märkten und der Planwirtschaft des modernen sozialistischen Staates anzudeuten;[71] aber diese Analogie ist unhaltbar. Der Hauptunterschied zwischen der modernen (kapitalistischen oder sozialistischen) Wirtschaft und der Wirtschaft früherer oder weniger entwickelter Gesellschaften besteht darin, daß in diesen die Preise, ob festgesetzt oder ausgehandelt, mit den Produktionsentscheidungen kaum in Zusammenhang stehen. Polanyi beging selbst einen »modernistischen« Fehler, als er annahm, daß der Preisbildungsprozeß auf allen Märkten und in allen Gesellschaften mit der Integration »der Wirtschaft« zu einer Ganzheit verbunden sei. Bohannan und Dalton haben in ihrer Einleitung zu *Markets in Africa* nachgewiesen, daß der Hauptunterschied zwischen den peripheren Märkten der primitiven Wirtschaft und dem modernen Marktsystem darin besteht, daß die Preise auf den peripheren Märkten nur eine geringe oder überhaupt keine Rückwirkung auf die Produktionsentscheidungen haben. Der periphere Markt ist von anderen Märkten durch schlechte Verbindungen isoliert, und kann die Produktionsentscheidungen nicht beeinflussen, weil die landwirtschaftlichen Produzenten den Großteil der Ernte selbst verbrauchen, weil man an traditionellen Produktionsmustern festhält und weil Boden und Arbeit nicht auf dem Markt gehandelt werden. Beschränkte Lagerungsmöglichkeiten wie auch Transportschwierigkeiten beeinträchtigen die Chancen des Händlers, von Preisschwankungen zu profitieren.[72] Ob auf peripheren Märkten die Preise von der Obrigkeit festgesetzt, durch Vorschriften über gerechte Preise stabil gehalten oder frei ausgehandelt werden, ändert unter solchen Bedingungen nicht viel an ihrer Untauglichkeit zur Modifizierung des Angebotsflusses.

Polanyi war jedoch auch der Auffassung, daß Festpreise sich von ausgehandelten dem Wesen nach unterschieden, weil den letzteren notwendig ein antagonistisches Element innewohne. »Keine Gemeinschaft, die die Grundlagen der Solidarität ihrer Mitglieder schützen will, kann es zulassen, daß um eine Angelegenheit, die für die physische Existenz so entscheidend ist und daher so große Sorgen zu erregen vermag wie die Nahrung, latente Feindseligkeiten entstehen. Daher das allgemeine Verbot von gewinnbringenden Transaktionen mit Nahrungsmitteln in primitiven und archaischen Gesellschaften. Das sehr weitverbreitete Verbot des Feilschens um Lebensmittel schließt preisbildende Märkte automatisch aus dem Bereich der frühzeitlichen Institutionen aus.«[73] Diese Frage bedürfte einer weiteren Erforschung, und es zeigt sich, daß die in neuerer Zeit von Sozialanthropologen im Bereich der primitiven und Bauernmärkte durchgeführten Arbeiten[74] sehr gut ergänzt werden könnten durch eine mehr psychologisch oder kulturanthropologisch orientierte Untersuchung der Einstellungen zu Markttransaktionen und der Relation des Feilschens zu anderen kompetitiven oder agonistischen Kulturelementen.[75] In den letzten Jahren sind in der Erforschung der Märkte bedeutende Fortschritte erzielt worden, doch ist noch viel Arbeit zu leisten in bezug auf Festpreise, Normen für gerechte Preise, preisbestimmende Verkäuferentscheidungen auf preisbildenden peripheren Märkten, Kontrollmethoden in Mangelsituationen[76] und ähnliches. Die Gegenüberstellung von »Festpreisen« und Feilschen ist auf jeden Fall unzulässig, weil sie außer acht läßt, daß sehr oft der Verkäufer einen Preis im Einklang mit seiner Beurteilung der Verhältnisse auf dem Markt festsetzt, aber nicht mit dem einzelnen Kunden feilscht. Eine umfassende Behandlung dieses Themas sollte die Preise für Dienstleistungen ebenso berücksichtigen wie die Preise für auf dem Markt angebotene Güter; in vielen Gesellschaften wird wahrscheinlich der Verkauf auf dem Markt mehr als Dienstleistung denn als unternehmerische Tätigkeit angesehen.[77] Dies ist ein offenkundiges Beispiel für die Frage, ob moderne volkswirtschaftliche Kategorien auf alle Kulturen anwendbar seien.

Lassen wir vorläufig die monopolitische Preisfestsetzung im (wie Polanyi sagt) »verwalteten Handel« beiseite und betrachten wir nur die Binnenmärkte, dann sehen wir, daß Festpreise entweder durch eine Gruppenentscheidung von Anbietern oder von der Marktbehörde im Einvernehmen mit den Anbietern festgesetzt werden können. Sie können entweder absolut oder relativ fixiert werden; im alten Athen wurde der Preis von Mehl und Brot durch Gesetz im Verhältnis zum Getreidepreis festgesetzt, wobei aber dieser nicht fixiert war.[78] Die Festpreise auf westafrikanischen Märkten werden von den vereinigten Anbietern jedes Artikels auf jedem einzelnen Markt bestimmt; die Preisfestsetzung steht in keinem ersichtlichen Zusammenhang mit einer langfristigen Stabilisierung der Preise, sondern soll bloß sicherstellen, daß die Verkäufer einander nicht unterbieten.[79] Im China der T'angzeit wurden die Preise durch Marktbeamte im Zusammenwirken mit den Händlervereinigungen für einen Zeitraum von jeweils zehn Tagen festgesetzt; es wurden detaillierte Preislisten für gute, mittlere und mindere Qualität jedes Artikels veröffentlicht. Diese Preise bildeten die Grundlage für gesetzliche Schadensbemessungen, für die Tarife, zu denen die Regierung Waren ankaufte, für Steuerleistungen usw. wie auch zur Schaffung von Ordnung auf dem Markt. (Die chinesischen Mandarine teilten Polanyis schlechte Meinung von den Märkten.) Die Regierung pflegte gelegentlich einen Teil ihrer Lagerbestände an Getreide oder anderen Gütern auf den Markt zu werfen, um die Preise zu drücken – was darauf hinweist, daß die Marktpreise, obwohl »festgesetzt«, als Indikator für den Umfang des Angebots angesehen wurden, und daß es keineswegs darum ging, durch Festsetzung der Marktpreise, die Erzeugung zu regeln.[80] Der athenische Staat verfügte über keine eigenen Vorräte für eine solche Vorgangsweise, aber wenn der Getreidepreis zu stark anzog, wurde ein Hilfsfond angelegt, der dazu diente, zu laufenden Marktpreisen Getreide aufzukaufen, das dann zum »normalen« Preis wiederverkauft wurde.[81]

Wenn auch das chinesische Material die Ansicht verrät, daß

Märkte unordentliche Orte seien, die streng überwacht werden müßten, und daß sie ordentlicher wären, wenn das Handeln eliminiert würde, und obgleich die Situation in Westafrika vielleicht die Sorge des *Anbieters* widerspiegelt, beim Feilschen den kürzeren zu ziehen,[82] so ist doch die Angst vor aggressivem und antisozialem Verhalten offenbar nicht der einzige bestimmende Faktor der Preisfestsetzung. Langfristige Fixierung scheint ungewöhnlich zu sein, obzwar den Frauen-»Ringen« in Süd-Dahomey als Gegengewicht eine Männervereinigung gegenübersteht, die ihre formale Zustimmung geben muß, ehe eine größere Veränderung in der Menge der zu einem bestimmten Preis angebotenen Güter vorgenommen werden darf.[83] Diese Änderungen fallen regelmäßig mit dem Wechsel der Jahreszeiten zusammen, und es ist signifikant, daß sie sich mehr auf das Gütervolumen als auf die Höhe der Preise beziehen. Es gibt genügend Beweise, daß geringere Preisschwankungen auf peripheren Märkten häufig diese Form annehmen. Kreditvergabe ist eine weitere Methode, um in Transaktionen zu »Festpreisen« mehr Flexibilität zu bringen; sowohl Mengenanpassung als auch Kreditvergabe sind wichtige Methoden, um regelmäßige Kunden zu bevorzugen und »reziproke« Verpflichtungen zu erfüllen und dabei dennoch nominell am Marktprinzip der gleichen Konditionen für alle Kunden festzuhalten.[84]

Gesellschaftliche Sanktionen zur Durchsetzung »gerechter Preise« sind für die Stabilisierung wahrscheinlich von größerer Bedeutung als formale Preisfestsetzungen. Gleich dem Festpreis ist auch der gerechte Preis ein Marktpreis – der normale Marktpreis für den Ort und die Jahreszeit, »secundum forum commune«, wie die mittelalterlichen Theologen sagten – der Preis also, der dem Händler einen fairen Überschuß über seine Kosten sichert und den Kunden vor Betrug, Habgier oder Monopol schützt.[85] Auf Märkten, wo höhere Preise keine Zunahme des Angebots hervorrufen, ist unbedingt ein Mechanismus erforderlich, der die Händler daran hindert, eine Mangel- oder Monopolsituation auszunützen. Nicht die Zunahme des Profitierens an Preisunterschieden zwischen verschiedenen Märkten bereitete Aristoteles Sorgen, sondern die Ausnützung des Mangels. In dem oben erwähnten Fall aus Athen müssen die Preise der Kaufleute nicht als ungerecht angesehen werden (obwohl Vorwürfe der Verletzung von Marktverordnung in Zeiten des Getreidemangels wahrscheinlich sehr oft erhoben wurden), vielmehr werden die hohen Preise mit dem *normalen* Preis verglichen;[86] der Druck der Öffentlichkeit zwingt den Staat zum Eingreifen, aber nicht gegen den Händler, der trotzdem seinen vollen Preis erhält. Dennoch veranlaßt die Tatsache, daß gegen Anbieter, die einen »ungerechten« Preis verlangen, Sanktionen ergriffen werden können, jene dazu, das Preisniveau so weit wie möglich stabil zu halten. Aber beim gerechten Preis liegt der Akzent nicht auf der durch Handeln ausgelösten Feindseligkeit, sondern auf der Vermeidung der Ausbeutung des Kunden durch den Verkäufer. Der Begriff des gerechten Preises ist eng verbunden mit der Öffentlichkeit, der Beaufsichtigung, den genormten Maßen und Gewichten und der Rechtsordnung, die auf dem Markt herrschen. Der gerechte Preis schwankt nicht je nach dem Status und dem wechselseitigen Verhältnis von Käufern und Verkäufern, und dies gilt auch für das Marktgesetz, dort, wo der Markt über eigene Einrichtungen zur Schlichtung von Streitigkeiten verfügt.[87] Somit kann man den gerechten Preis nicht nur als Widerstand der Gesellschaft gegen die Zulassung des freien Spiels der Marktkräfte oder zumindest gegen das Gewinnstreben des Händlers betrachten, sondern auch als einen wichtigen Schritt auf dem Weg von der *Gemeinschaft* zur *Gesellschaft*. Es ist sehr wohl möglich, daß der mittelalterliche Leibeigene oder der griechische Freigelassene das Handeln auf dem Markt eher als willkommene Befreiung von den Nachteilen seines Status betrachtet hätte, denn als Bedrohung der gesellschaftlichen Harmonie.

Eine weitere Untersuchung der Methoden und Auswirkungen von Preiskontrollen könnte zu der Frage führen, inwieweit festgesetzte Äquivalente in Gesellschaften ohne Märkte (bei reziprokem Austausch, zeremonialen Zahlungen usw.) entweder mit einer Flexibilität in der Länge der Zeitspanne, innerhalb welcher die Rückzahlung stattfinden muß, oder mit den Tauschvorgängen und Zahlungen, die nur zu bestimmten Jahreszeiten stattfinden, verbunden sind.[88] Ist ein fluktuierendes Preissystem eine wirksamere Methode zur Organisierung des ganzjährigen Austausches? Dem Hinweis Polanyis in seiner Arbeit »Die Semantik der Verwendung von Geld« zufolge muß man ferner sehr genau unterscheiden zwischen Preisfestsetzung beim Warenverkauf und bei Zahlungen (Strafgebühren, Religionsabgaben, Steuern usw.). Die Frage der Vertragspreise im »verwalteten Handel« bedarf ebenfalls einer weiteren Prüfung. Bisher hat man wenig Material über Vertragspreise und die Vorgangsweise bei ihrer Festsetzung und Regelung gesammelt, und man würde gerne erfahren, in welchem Ausmaß die Herrscher, die die Preise festsetzen, auch die Erzeugung oder Lieferung der betreffenden Güter beeinflussen konnten. Jedoch erfordert dieses Problem ebenso wie das der rechtlichen und religiösen Marktrestriktionen und die Frage der Trennung der Marktgeschäfte von reziproken und anderen Vorgängen, daß sowohl der Handelsplatz als auch der Marktplatz zur Diskussion gestellt werden.

Handelsplätze

»Handelsplatz« ist Polanyis Bezeichnung für eine Niederlassung, die als Kontrollpunkt im Handel zwischen zwei Kulturen mit verschiedenartig strukturierten ökonomischen Institutionen fungiert – im typischen Fall zwischen einer Marktwirtschaft und einer marktlosen Wirtschaft, oder genauer zwischen einer marktlosen Gesellschaft und professionellen Händlern, die einem Marktsystem zugehören können, auch wenn dies von der Gesellschaft, aus der sie kommen, als ganzes nicht gilt.[89] Der Handelsplatz kann von beiden am Austausch beteiligten Gesellschaften unabhängig sein, wie im Falle der phönikischen Häfen des Altertums, die – wie Polanyi aufzeigt – nicht in die Großreiche des Hinterlandes eingegliedert wurden, weil man dort die »kulturellen Gefahren« eines allzu engen Kontakts mit dem Handel erkannte (M 60); er kann von der Handelsmacht beherrscht werden, wie im Fall der assyrischen Handelskolonien in Kleinasien im zweiten vorchristlichen Jahrtausend, im Fall einiger aztekischer Handelsplätze und später im Fall vieler europäische Kolonien;[90] oder er kann von einer Landmacht beherrscht werden, wie im Verhältnis zwischen Dahomey und Whydah, das von Rosemary Arnold in *Trade and Market* sowie von Polanyi in *Dahomey and the Slave Trade* behandelt wurde, oder wie im Verhältnis zwischen den indischen Häfen und den Binnenhauptstädten, nach der Beschreibung von Leeds.[91] Der letztgenannte Typus war jener, der Polanyi am meisten interessierte. Er betrachtete den von einer marktlosen Macht beherrschten Handelsplatz als eine Einrichtung, die den Staat vor Einflüssen schützten, welche sonst seine Wirtschaft und Gesellschaft zersetzt hätten. »Hier beruhte der Handel auf Verträgen und wurde in der Regel von besonderen Organen der bodenständigen Obrigkeit verwaltet, die Preise wurden langfristig festgesetzt. Handelsplätze entwickelten sich gewöhnlich an politisch schwachen Stellen, beispielsweise in kleinen Königreichen in Küstennähe oder in Häuptlingskonföderationen, denn unter archaischen Verhältnissen wurden Territorien, die zu Kriegerreichen gehörten, von Fremden gemieden. Den Imperien im Hinterland dienten die »Plätze« als »Brotkorb«, das heißt als Versorgungsquelle. Selbst mächtige Herrscher hüteten sich vor einem Zugriff auf den »Platz«, um nicht die ausländischen Händler und die Fremden zu vertreiben und damit den Handel plötzlich zum Erliegen zu bringen. Unabhängige Handelszonen dieser Art, in denen es eine Anzahl von Lagerhäusern voll von Waren ferner Völker gab, während die örtliche Bevölkerung sich nicht an Handelsexpeditionen beteiligte, sind in weit verstreuten Teilen der Erde gefunden worden.[92] Der Handelsplatz bedeutet militärische Sicherheit für die Binnenmacht, zivilen Schutz für den ausländischen Händler, Ankerplätze, Entlade- und Lagereinrichtungen, den Vorteil gerichtlicher Behörden und Konsensus bezüglich der Handelsgüter.«[93]

Die wesentlichen Merkmale des Handelsplatzes sind: er dient sowohl politisch als auch wirtschaftlich als »Pufferzone« zwischen dem Händler und dem Hinterland, dessen Produkte der Händler zu kaufen wünscht; der Handel wird streng kontrolliert und ist auf offizielle Kanäle beschränkt (die Bewegungsfreiheit der Händler wird ebenfalls häufig kontrolliert und beschränkt); infolgedessen sind das örtliche Marktgeschäft und der Fernhandel völlig voneinander getrennt gehalten.

Sicherlich hat Polanyi hier einige Merkmale des »archaischen« Handels aufgezeigt, doch ist seine Erklärung dieser Merkmale nicht ganz überzeugend. Robert B. Reveres Behandlung des Handelsplatzes als Niemandsland oder Pufferstaat[94] in *Trade and Market* ergab sich zwar aus der Anregung Polanyis, er solle die »archaische Thalassophobie« (Meeresangst) untersuchen, aber er läßt dabei zwei offensichtliche Charakteristika der Bronzezeitkultur im Mittelmeerraum unberücksichtigt: daß Seemacht keine militärische Bedeutung hatte[95] und daß andererseits eine befestigte Küstenstadt fast uneinnehmbar war. Eine befestigte Stadt war außer durch Belagerung nur sehr schwer zu nehmen, und eine Küstenstadt konnte nicht von allen Nachschubquellen abgeschnitten werden;[96] und da Küstenstädte für große Landmächte wie die Reiche der Assyrer oder der Hethiter von geringer strategischer Bedeutung waren, gab es auch keine besondere Notwendigkeit, sie zu unterwerfen. Tribute von Küstenstädten waren natürlich willkommen und konnten oftmals durch Gewaltandrohung erpreßt werden, aber die Handelserträge waren im Vergleich zu Getreide und menschlicher Arbeitskraft immer noch von geringerer Bedeutung. Dort, wo Handelsplätze von der Binnenmacht beherrscht wurden, blieben sie peripher, da der Handel peripher war; die Binnenhauptstadt blieb weiterhin der Mittelpunkt der politischen und militärischen Aktivitäten und der Macht.

Es scheint daher zweifelhaft, ob Neutralität oder Entfernung von den Machtzentren einen entscheidenden Aspekt der wirtschaftlichen Funktion des Handelsplatzes bedeuten. Es trifft jedoch zu, daß er, auch wenn er nicht streng neutral ist, über eine eigene Verwaltung verfügt, die sich in mancher Hinsicht von jener des Hinterlandes unterscheidet. In dieser Hinsicht ähnelt er vielen Märkten und vor allem Handelsmessen, die sowohl mit dem Markt als auch mit dem Handelsplatz einige Merkmale gemeinsam haben.[97] Revere meint, der Handelsplatz sei aus dem neutralen Treffpunkt hervorgegangen, auf dem stiller Handel oder einfache Formen von Naturaltausch gepflogen wurden; man war früher vielfach der Meinung, daß auch die Märkte als neutrale Treffpunkte außerhalb der Stadtmauern und manchmal sogar an den Grenzen begonnen hätten.[98] Das muß nicht für alle Märkte gelten,[99] trifft aber bei vielen zweifellos zu. Bei Untersuchungen von Beschränkungen, Tabus und rechtlichen Sonderinstitutionen in Verbindung mit Märkten ist es entscheidend, zwischenstaatliche Märkte von solchen zu unterscheiden, die überwiegend einer einzigen Gemeinde dienen. Polanyis Hervorhebung der die Märkte und Handelsplätze betreffenden Restriktionen ist eine wertvolle Erkenntnis, doch müssen noch viele Aspekte dieses Problems untersucht werden, ehe wir feststellen können, inwieweit diese Restriktionen Furcht oder eine instinktive Reaktion auf die Anfänge einer herausgelösten Ökonomie widerspiegeln.

Zum ersten sind zwischenstaatliche Märkte und Handelsplätze Zonen, in denen Menschen aus verschiedenen Gemeinschaften zusammenkommen. Dies führt sehr leicht zu Spannungen (vgl. die in *Trade and Market* beschriebenen Berbermärkte) und schafft natürlich Rechtsprobleme. Eine von allen anerkannte richterliche Autorität, die an Ort und Stelle Streitfragen regelt, ist eine Notwendigkeit. Auf den Handelsplätzen mag es notwendig sein, die Bewegungsfreiheit von Fremden einzuschränken, damit sie nicht örtliche Sitten und Gebräuche verletzten, um sie vor Angriffen zu schützen[100] oder um sie am Spionieren zu hindern. Da die Obrigkeit des Handelsplatzes oder des Markts für die Regelung von Streitigkeiten zuständig ist, die sich aus den Transaktionen der Händler ergeben, ist es nur vernünftig, wenn sie dies an einem anerkannten Ort und in anerkannter Form tut.[101] Ein weiterer Grund für die Beaufsichtigung besteht darin, daß auf dem Markt und im Fernhandel gewöhnlich Steuern und Gebühren eingehoben werden. Keiner dieser Faktoren, die zusammengenommen viele Merkmale des Marktes und des Handelsplatzes ausmachen, hat mit der Frage der Auswirkungen einer uneingeschränkten Bewegungsfreiheit für Händler und ihre Waren auf örtliche Wirtschaftseinrichtungen irgend etwas zu tun.

Ich habe den Handelsplatz und den Markt in einem behandelt, weil Polanyi, obwohl er ihre Trennung betont, auf beide dasselbe Argument anwendet, wonach diese dem Austausch dienenden spezialisierten Institutionen nicht unbedingt als Elemente oder Vorboten einer modernen Marktwirtschaft verstanden werden dürfen, sondern von Restriktionen umgeben sein können, welche die Institutionen einer marktlosen Wirtschaft vor ihrem Einfluß schützen. Im Fall der Märkte zeigen neuere Untersuchungen bäuerlicher Wirtschaften, daß es nicht an den Restriktionen liegt, wenn die Märkte nicht expandieren; die bestimmenden Faktoren sind Transport und Verbindungen sowie die Möglichkeiten für Lohnarbeit und Lohnanbau. Das Gefühl des Konflikts zwischen reziproken Verpflichtungen und Markthandel kann durch Kompromisse abgeschwächt werden.

Der Handelsplatz als Einrichtung für den Transfer von Gütern von einem System zum anderen hat, außer der eher negativen Funktion der Einschränkung von Kontakten, auch positive Eigenschaften. Er ist in der Regel mit Redistributionssystemen verbunden und befaßt sich meist mit der Heranschaffung von Waren, deren Besitz politische Macht verleiht (Korn, Sklaven, Edelmetalle), und mit der Lieferung von Luxusgütern an eine begrenzte Schicht von Privilegierten. Politische Macht ist bei der Beschaffung dieser Güter wirksamer als Marktinstitutionen. Der

Getreidehandel beruhte im Altertum zum Großteil auf Steuern und Tributen, die in Form von Korn eingehoben wurden;[102] die Märkte des Altertums waren nicht imstande, von den Bauern genügend Getreide zu erhalten, um damit die großen Städte zu versorgen. Polanyi neigt dazu, den Handelsplatz als eine Einschränkung der Händlertätigkeit darzustellen, doch war er gleichermaßen ein Mittel zur Überwindung der enormen Schwierigkeiten, vor denen der Händler gestanden wäre, hätte er versucht, direkt mit den Produzenten Geschäfte zu machen.

Die Trennung von Handel und Märkten erfordert eine detailliertere Betrachtung, als Polanyi ihr gewidmet hat. Sein Hinweis, daß ein lebhafter Handel auch in Gebieten ohne Märkte stattfinden könne, und daß Handel und Märkte dort, wo beide vorhanden seien, völlig voneinander getrennt werden könnten, war eine wichtige Warnung vor einem Mißverstehen früher Wirtschaftsinstitutionen, doch muß man unterscheiden zwischen dem Händler, der vom Lokalmarkt ausgeschlossen wird, weil er ein Fremder ist, welcher nur mit erfahrenen Spezialisten in Berührung kommen darf oder Schutz benötigt, und seinen Waren, die nicht zugelassen wurden, weil sie einer Prestigesphäre angehören.[103]

In Polanyis Untersuchungen des »verwalteten Handels« und der Rolle von »Beamten« in einer redistributiven Wirtschaft liegt auch die Gefahr, daß anachronistische, modernen bürokratischen Systemen entnommene Begriffe an die Stelle jener treten könnten, die vorher der modernen Marktwirtschaft entliehen wurden. Wir benötigen dringend eine Untersuchung über die mesopotamische Auffassung vom »Beamten« und das von ihm erwartete Verhalten; aber es ist unwahrscheinlich, daß von einem *Tamkarum* oder von anderen »Beamten« in Kultepe-Kanis, der assyrischen Handelsniederlassung in Kappadokien, erwartet wurde, als »Beamte« ausschließlich in dem Sinne zu agieren, in dem dieser Begriff in der hochentwickelten modernen Bürokratie verstanden wird. In ihrer Position mußten sie wohl Fühlung nehmen mit örtlichen Herrschern oder mit jenen Leuten, welche die Kontrolle über die Waren hatten, an denen dem Handel gelegen war; diese Kontakte hatten zwangsläufig gewisse Merkmale eines »allumfassenden« gesellschaftlichen Verhältnisses, das zweifellos den Transfer materieller Güter einschloß. Der Gedanke, der *Tamkarum* müsse *entweder* ein Beamter *oder* ein Privatunternehmer gewesen sein, erscheint mir anachronistisch.

Mit dem Begriff des Handelsplatzes verwies Polanyi auf einen institutionellen Komplex, der nicht nur für die Wirtschaftsgeschichte, sondern auch für die Erforschung von Kulturkontakten im allgemeinen von großem Interesse ist.[104] Seine Darstellung des Systems der »Sortimente« und des »Unzenhandels«, erfunden von europäischen Händlern in Whydah, die dadurch ihren monetarisierten und gewinnbringenden Handel den andersartigen Erfordernissen des in Dahomey üblichen Tauschhandels mit Grundprodukten zu traditionellen Sätzen anpaßten,[105] ist eine faszinierende Entdeckung und ein Vorbild für künftige Untersuchungen früher ökonomischer Kulturkontakte – eines vernachlässigten Bereichs. Wie bei vielen seiner Gedanken, ist seine Darstellung des Handelsplatzes gleichsam impressionistisch zusammengesetzt, aus einer Anzahl signifikanter Wesenszüge, deren Verbindungen und Zusammenhänge weiteren Studiums bedürfen. Seine Definitionen sollen nicht als endgültig angesehen werden, sondern als Ausgangspunkt für weitere Forschungen. Wie bei allen, die bei vergleichenden Forschungen ein breites Spektrum von Materialien behandeln, sind seine Behauptungen häufig unzureichend belegt, wenn nicht nachweislich falsch – ich habe auf einige Punkte hingewiesen, die ich für fragwürdig halte –, doch sind die von ihm aufgezeigten Probleme keineswegs trivial.

2. Wirtschaftstheorie

Jener Teil von Polanyis Theorie, der die meiste Kritik hervorgerufen hat, ist seine Behauptung, die moderne Wirtschaftstheorie eigne sich nicht zur Analyse der Funktionsweise primitiver Wirtschaftsformen, und eng damit verbunden das Argument, der Begriff »Ökonomie« habe zwei Bedeutungen, eine formale und eine substantielle, die nur in der modernen Marktwirtschaft zusammenfielen. Daher müsse die vergleichende Erforschung ökonomischer Systeme von der substantiellen und nicht von der formalen Bedeutung von »Ökonomie« ausgehen. Im substantiellen Sinn ist Ökonomie nach Polanyi ein »geregelter Prozeß des Zusammenwirkens zwischen dem Menschen und seiner Umwelt, der eine laufende Versorgung mit materiellen Mitteln zum Zweck der Bedürfnisbefriedigung zur Folge hat. Die Bedürfnisbefriedigung ist ›materiell‹, wenn sie die Benützung materieller Mittel zur

Befriedigung von Zwecken beinhaltet; im Falle eines bestimmten Typus physiologischer Bedürfnisse wie Nahrung oder Unterkunft umfaßt dies nur den Einsatz sogenannter Dienstleistungen.« Die formale Definition von Ökonomie ist »die Bereitstellung knapper Mittel für alternative Zwecke«.[106] Polanyis Unterscheidung ist nah verwandt mit Max Webers Unterscheidung zwischen »Wirtschaftstätigkeit« und »rationaler Wirtschaftstätigkeit« sowie zwischen substantieller und formaler Rationalität.[107]

Die Meinungsverschiedenheit zwischen Polanyi und seinen Kritikern ist in beiden Punkten mehr eine solche des Schwergewichts. Polanyi betonte die Gefahren einer bewußten Fehlanwendung moderner Wirtschaftsbegriffe auf primitive und archaische Gesellschaften und interessierte sich für die Erforschung von Institutionen, die in marktlosen Wirtschaften »der laufenden Versorgung mit materiellen Mitteln zur Bedürfnisbefriedigung« dienen. Raymond Firth, der allgemein als Vorkämpfer der gegenteiligen Ansicht gilt,[108] betont die Gefahr, daß Anthropologen bedeutsame Fakten übersehen oder bestimmte Fragen nicht stellen, auf die sie bei Vertrautheit mit der Wirtschaftstheorie vielleicht stoßen würden, und interessiert sich für die Erforschung der Wahl- und Entscheidungsprozesse in primitiven Wirtschaften. Diese beiden Wege sind in neueren Untersuchungen über bäuerliche Märkte erfolgreich miteinander verbunden worden. Das zunehmende Interesse an gesellschaftlichen Faktoren bei den Volkswirtschaftlern und die zunehmende Verfeinerung in der Anwendung ökonomischer Begriffe bei den Völkerkundlern dürften Polanyis Warnungen wohl immer weniger relevant erscheinen lassen.[109] Dennoch verbleibt insofern ein deutlicher methodologischer Unterschied zwischen Firth und Polanyi, als Firth die Anwendung von Begriffen aus der Wirtschaftstheorie im Rahmen der Anthropologie positiv bewertet – er hat kürzlich einen Band mit dem Titel *Capital, Saving and Credit in Peasant Societies* veröffentlicht[110] –, während Polanyi, wie ich meine, die Anwendung solcher Begriffe als metaphorisch und gefährlich erachtet hätte. Firth ist sich natürlich der Gefahren bewußt; aber die Frage, ob solche Begriffe, auf eine primitive oder bäuerliche Gesellschaft angewandt, dieselbe Bedeutung haben wie im Kontext der modernen Ökonomie, oder nur als erhellende Metaphern fungieren, ist schwer zu beantworten. Ich werde später darauf zurückkommen.[111]

Es ist vielleicht bemerkenswert, daß Polanyis »essentialistisches« Definitionsproblem sich nicht auf die Nationalökonomie beschränkt. Ähnliche Schwierigkeiten zeigten sich beim Vergleich zwischen »eingebetteter« und »herausgelöster« Kunst,[112] und eine mit unserem Thema enger zusammenhängende Debatte spielt sich in der Forschung über das Rechtswesen der Primitiven ab, in der Max Gluckman kürzlich Bohannans polanyistische Betonung der Gefahren einer Übertragung von Begriffen aus dem römischen Recht auf andere Gesellschaften attackierte.[113] Gluckmans Antwort auf Bohannans Relativismus besteht, wenn ich ihn richtig verstehe, in der These, daß verschiedene Rechtssysteme mit Hilfe grundlegender Kategorien wie »Pflichten«, »Rechte« und »Verfahren zur Streitregelung« miteinander verglichen werden können; diese entsprechen anscheinend Polanyis Forderung nach einer Reihe von substantiellen Kategorien zur Anwendung in der vergleichenden Wirtschaftswissenschaft.

Ein weiterer besonders umstrittener Teil von Polanyis Theorie war sein Protest gegen die Verwendung der Begriffe »Knappheit« und »Überschuß« in der vergleichenden Wirtschaftswissenschaft.[114] Im Falle der Knappheit war diese Argumentation verbunden mit seiner Unterscheidung zwischen der formalen und der substantiellen Bedeutung von »Ökonomie«, wobei Knappheit ein entscheidendes Element in der formalen Definition der Wirtschaft als »Verteilung knapper Mittel auf alternative Zwecke« ist, Smelser, dessen Besprechung von *Trade and Market* die wichtigste Kritik an Polanyis Ideen darstellt,[115] scheint eine substantielle Definition der Ökonomie zu bevorzugen, meint aber, daß die Knappheit darin enthalten sein müßte: »Verfügungsgewalt über knappe Mittel ist ein notwendiger Bestandteil einer Definition der Wirtschaft, wenn ein Vergleich von Gesellschaft zu Gesellschaft möglich sein soll.« Da nach der Theorie Parsons' jedes gesellschaftliche System die Funktion hat, eine ausgewogene Verteilung von Mitteln auf alternative Zwecke zu erreichen,[116] ist eine substantielle Bestimmung der Mittel entscheidend für die Unterscheidung der Ökonomie von anderen Subsystemen der Gesellschaft. Aber die Definition der Ökonomie muß diese auch als das »adaptive« Subsystem identifizieren, und dies scheint Smelsers Grund für die Beibehaltung von »Knappheit« in seiner Definition zu sein.

Insoweit die adaptive Funktion in der »Bereitstellung von Ressourcen für die Nutzung in zielgerichtetem Verhalten« besteht (Smelser, a.a.O.), das heißt in der Organisation der Produktion, deckt sich dies vermutlich mit Polanyis Definition der Ökonomie als »geregelter Prozeß des Zusammenwirkens zwischen dem Menschen und seiner Umwelt, der eine laufende Versorgung mit materiellen Mitteln zur Bedürfnisbefriedigung zur Folge hat«. Vielleicht aber meint der Begriff »adaptiv« auch, daß die Ökonomie mit ihrem Reagieren auf wechselnde Bedürfnisse und kleinere Gleichgewichtsstörungen das flexibelste Subsystem der Gesellschaft ist – wobei dieses empfindliche Reagieren vielleicht von der Zerlegung des Zielfindungsprozesses in eine große Anzahl kleiner Entscheidungen herrührt. Polanyi hätte wahrscheinlich erklärt, dies treffe auf die moderne Marktwirtschaft zu, nicht aber unbedingt auf andere Typen ökonomischer Organisation. Es wäre jedoch wert, nachzuprüfen, ob nicht die Wirtschaft selbst in strengeren und traditionsbewußteren Gesellschaften immer noch verhältnismäßig mehr Flexibilität und mehr Wahlmöglichkeiten bietet als andere Teile des gesellschaftlichen Systems und daher nicht nur einen Bereich potentieller Instabilität darstellt, sondern auch als ein Zentrum kompensatorischer Vorgänge im Reagieren auf Gleichgewichtsstörungen in anderen Teilen des gesellschaftlichen Systems dient. Solche Spekulationen lagen jedoch außerhalb Polanyis Interessensgebiet, denn er wollte von einer substantiellen Definition der Ökonomie zu einer *empirischen* Untersuchung des Ranges der Wirtschaft innerhalb der Gesellschaft weiterschreiten, ohne irgendwelche vorgefaßte theoretischen Ansichten über die Funktion der Ökonomie. Es mag daher falsch sein, seine substantielle Definition der Ökonomie als Versuch einer kompletten und erschöpfenden Definition zu beurteilen.

Smelser deutet eine weitere Kritik an Polanyis Ablehnung des Begriffes »Knappheit« an, wenn er sagt: »Die Institutionalisierung von Einstellungen und Verhaltensweisen ist keine Alternative zur Knappheit, sondern eine der Komponenten bei ihrer Bestimmung«; aber er verfolgt das Thema nicht weiter. Was in Polanyis substantieller Definition der Ökonomie ganz offensichtlich fehlt, ist sicherlich der Begriff *Wert*.[117] In einer Erörterung des Problem der Ökonomie-Definition meint Mauss: »Les phénomènes économiques se définessent dans une certaine mesure par la présence de la notion de valeur, comme les phénomènes ésthetiques se signalent par la présence de la notion du beau, les phénomènes moraux par la présence de la notion du bien moral.«[118] Diese Hervorhebung des Wertbegriffs ist besonders wichtig für die primitive Wirtschaft, in der die Verteilung von Gütern eng verbunden ist mit Recht, Verpflichtungen, Kompensation, Rang und Prestige.[119]

Lévi-Strauss meint, man könne ökonomische Systeme ebenso wie Verwandtschaftssysteme als eine Art Sprache betrachten; Talcott Parsons spricht in *Societies: Evolutionary and Comparative Perspective* (Englewood Cliffs, N. J., 1966) von »symbolischen Codes«, welche die gesellschaftliche Kommunikation regeln. Obwohl Parsons betont, daß man »wertgeschätzte Objekte« (Wertschätzung) nicht mit »Werten« verwechseln darf,[120] würde der Versuch, hier eine detailliertere Analyse als die seine vorzunehmen, einen genaueren Vergleich des Funktionierens symbolischer Codes in den verschiedenen Subsystemen der Gesellschaft erfordern, was im Falle der Ökonomie zur Frage des Verhältnisses der Hierarchie wertgeschätzter Objekte zu Werten einerseits und zu den Umweltverhältnissen andererseits führte.

Daß Polanyi den Wert nicht behandelt hat, mag damit zusammenhängen, daß er die Existenz von ökonomischem Wettbewerb in primitiven Gesellschaften nicht zugeben wollte. Die positive Seite seiner Ansichten über »Knappheit« war seine Betonung der Notwendigkeit, die Reaktionen verschiedener Gesellschaften auf Knappheitssituationen wie Mißernten und ihre institutionalisierten Methoden der Anpassung an Versorgungsschwankungen empirisch zu untersuchen.[121] Als Reaktion auf die Vorstellung vom primitiven Menschen als »ökonomisch irrational« neigen die Anthropologen nunmehr zur Auffassung, die scheinbar verschwenderische Zurschaustellung oder Zerstörung von Sachwerten in manchen primitiven Gesellschaften (die Haufen verfaulender Yamswurzeln, die Malinowski auf den Trobriand-Inseln so beeindruckten) könnten vielleicht doch eine wichtige ökonomische Funktion haben, indem sie nämlich eine intensivere Produktion anregen und damit vor Mißernten schützen. Aber es gibt nur wenige Untersuchungen über die Anpassung an Knappheit; nur wenige Anthropologen sind lange genug auf Feldforschung gewesen, um sicher zu sein, sowohl magere als auch fette Jahre aus erster Hand erfahren zu haben, und Nichtökonomen neigen dazu, mehr Gewicht auf Perioden des Wohlstands und des Feierns zu legen.[122]

Eine andere Verwendung des Begriffs der Knappheit findet man bei George M. Foster, der in dem Aufsatz »The Peasant Society and the Idea of Limited Good«[123] (Die bäuerliche Gesellschaft und der Gedanke des begrenzten Guten) versucht, einige Aspekte der Wirtschaftsethik bäuerlicher Gesellschaften aus dem chronischen Bodenmangel und der Unsicherheit der traditionellen Subsistenzlandwirtschaft abzuleiten. Obwohl Foster sich nicht auf Polanyi beruft, kann man seine Theorie als ein Beispiel für »Knappheit als eine allgemein anerkannte *kulturelle Situationsbestimmung«* betrachten, die sich eher aus dem begrenzten Vorhandensein einer bestimmten Ressource, Boden, ergibt als aus der Bewertung aller Ressourcen in Geld, und somit vielleicht als ein Beispiel für ein Zwischenstadium in der Konvergenz der formalen und der substantiellen Bedeutung von Knappheit.

Pearsons Kapitel »The Economy Has no Surplus: Chritique of a Theory of Development« (Die Wirtschaft kennt keinen Überschuß: Kritik einer Entwicklungstheorie) in *Trade and Market*, in dem der Begriff des Überschusses angegriffen wird, ähnelt weitgehend der im selben Band enthaltenen Behandlung der Knappheit durch Terence K. Hopkins. Die pauschale Verwendung des Begriffs »Überschuß« für alle Güter, die von der Gesellschaft über das reine Existenzminimum hinaus produziert werden, erschwert Analyse oder Vergleich. »Es sind stets und überall potentielle Überschüsse vorhanden. Worauf es ankommt, sind die institutionellen Mittel, um sie zu realisieren.[125] Strukturelle Veränderungen können durch den Hinweis auf Produktionswachstum nicht zureichend erklärt werden. Die kritisierte »Entwicklungstheorie« ist die aus den Schriften Gordon Childes bestens bekannte marxistische These, welche die gesellschaftliche Evolution, vor allem in der vorgeschichtlichen Zeit, als eine Reihe von »Revolutionen« betrachtet, die durch Fortschritte in der Produktionstechnik ausgelöst wurde. Ähnliche Einwände gegen materialistische Erklärungen gesellschaftlicher Veränderungen sind in neuerer Zeit von anderen Autoren in den verschiedensten Zusammenhängen vorgebracht worden. Die Kritiker von Wittfogels Darlegung der »Überschuß«-Theorie in seiner Arbeit über »orientalischen Despotismus« haben aufgezeigt, daß die ausgedehnte Anlegung von Kanälen nicht mit dem Aufstieg »hydraulischer Kulturen« einhergeht; die Bewässerung wird zum großen Teil im lokalen Maßstab organisiert, nicht von einer zentralen bürokratischen Instanz, und die größten derartigen Projekte dienen eher der Wasserversorgung der Städte als der Erschließung neuer Gebiete für die Landwirtschaft.[126] Moderne Wirtschaftshistoriker meinen, die Bedeutung technischer Neuerungen in der industriellen Revolution sei überbetont worden, und man müßte den Veränderungen in der ökonomischen Organisation mehr Aufmerksamkeit widmen.[127] In der Behandlung der Unterschiede zwischen primitiven und »Übergangs«-Gesellschaften konzentriert sich Parsons mehr auf die Entwicklung politischer Institutionen, die eine wirksamere Nutzung der Ressourcen ermöglichen, als auf technische Entwicklung und Steigerung der Produktivität.[128] Auch im Studium unterentwickelter Länder erkennt man, daß das Niveau der Ersparnisse und der Investitionen ebenso von den wirtschaftlichen Institutionen wie vom Produktionsniveau abhängt.

Selbst Polanyis Kritiker räumen ein, daß Produktionswachstum und institutionelle Vorkehrungen zur Erfassung und Nutzung von Überschüssen empirisch erforscht werden müssen.[129] Sie sind jedoch der Auffassung, daß Umwelt und Technologie, vor allem wegen ihrer Auswirkungen auf die Bevölkerungsdichte, in der Entwicklung menschlicher Gesellschaften eine äußerst wichtige Rolle spielen und die empirische Erforschung der Überschüsse daher eines der wichtigsten Anliegen der Wirtschaftsanthropologie darstellen sollte. Die Konzentration auf den Begriff »Überschuß« hat leider zu einer Verwischung des wirklichen Unterschieds zwischen diesen Kritikern und der Polanyi Schule geführt: es geht um die relative Bedeutung der Produktionsmethoden, der Effizienz in der Umweltnutzung und der Verteilungsweisen in der Wirtschaftsanthropologie.[130] Im Interesse sowohl der vergleichenden Wirtschaftswissenschaften als auch der Erforschung von Veränderungen ist es wahrscheinlich notwendig, daß die Wirtschaftsanthropologen sich wieder dem Produktionsproblem zuwenden. Die Absonderung der Gesellschaftsanthropologie als spezialisierte Disziplin hat dazu geführt, daß die institutionellen Aspekte der Wirtschaftsanthropologie überbetont wurden, eine Tendenz, die verstärkt wurde durch eine ambivalente Einstellung zum Interesse der Volkswirtschaftler am »Entwicklungspotential« und durch die Abneigung gegen eine Beurteilung der Produktivität primitiver Gesellschaften[131] – was an die Verteidigung der »ökonomischen Rationalität des primitiven Menschen« erinnert.

3. Reziprozität, Redistribution, Haushaltung und Marktwesen

Polanyis Typologie der ökonomischen Institutionen ist keineswegs, wie Smelser behauptete, bloß eine Typologie der Tauschsysteme. Sie ist zweifellos auch auf die Organisation der Arbeit anwendbar, wie Polanyi in seiner letzten Arbeit *Dahomey and the Slave Trade* (Dahomey und der Sklavenhandel) deutlicher herausgearbeitet hat: Reziproke Arbeitsformen sind in primitiven Gesellschaften allgemein, Fronarbeit kann als redistributiv gewertet werden, und Sklavenarbeit gehört zur Haushaltungsform. (Schwieriger ist es, verschiedene Formen der Bodenpacht mit Polanyis Kategorien in Einklang zu bringen, und er selbst hat sich mit dieser Frage nicht befaßt.) Polanyi scheint den Güteraustausch als die primäre Form und die Verteilung der Ressourcen als sekundär aufgefaßt zu haben. Dies ist zweifellos der Punkt, an dem er seinen radikalen Bruch mit der marxistischen Theorie vollzogen hat; im Vergleich dazu sind die Angriffe auf »Knappheit« und »Überschuß« von geringerer Bedeutung. Der Kernpunkt ist, daß die gesellschaftlichen Verhältnisse, die sich in der Übertragung materieller Güter ausdrücken und durch sie aufrecht erhalten werden, vor den Produktionsverhältnissen kommen.

In dem Bemühen, Polanyis Auffassung mit dem Marxismus in Einklang zu bringen, verteidigte Claude Meillassoux die zentrale Rolle der Verteilung in Polanyis System mit dem Argument, in primitiven Gesellschaften, in denen die Werkzeuge von einfacher Art sind und Boden nicht knapp ist, müsse die Kontrolle direkt durch persönliche Beziehungen und nicht über die Beherrschung der Produktionsmittel ausgeübt werden. Er meint offenbar, daß auch eine solche Gesellschaft eine Form von Klassengegensatz aufweisen könne, nämlich zwischen Alten und Jungen. Diese Auffassung ist vom Standpunkt des orthodoxen Marxismus scharf angegriffen worden,[132] hat aber Parallelen in einigen nichtmarxistischen Arbeiten über Wirtschaftsanthropologie.[133] Eine weitere Diskussion über das Verhältnis zwischen Verteilungsformen und Produktionsorganisation ist sicherlich notwendig.

Polanyi würde indessen Meillassoux' Unterfangen kaum zugestimmt haben, und zwar aus zwei Gründen. Erstens fußte seine eigene Arbeit auf der politischen Überzeugung, die Funktion der

Volkswirtschaft sollte darin bestehen, die gesellschaftlichen Beziehungen zu stärken und Konflikte durch eine den Werten der jeweiligen Gesellschaft konforme Verteilung des Wohlstands zu eliminieren. Die Unterordnung der wirtschaftlichen Organisation unter die gesellschaftlichen Ziele, die für Marx nur im Urkommunismus und im kommunistischen Utopia der Zukunft existierte, war für Polanyi ein Wesenszug aller Gesellschaften, mit Ausnahme der vom modernen Marktsystem beherrschten. Infolgedessen – und dies ist der zweite Grund – erachtete er die Theorien von Marx als ungeeignet für die Analyse marktloser Wirtschaften. Er schloß sich Marxens Verurteilung des Kapitalismus an und zitierte die *Ökonomisch-philosophischen Manuskripte von 1844* als Beweis dafür, daß »die Philosophie von Marx sich im wesentlichen auf die Gesamtheit der Gesellschaft und die nichtökonomische Natur des Menschen bezieht«, meinte aber, als Wirtschaftshistoriker hätten Marx und seine Anhänger den weitverbreiteten Fehler begangen, frühere Zeitalter im Licht der wirtschaftlichen und gesellschaftlichen Organisation ihrer eigenen Zeit zu interpretieren. »Bei einer gegebenen Gesellschaftsstruktur ist die Klassentheorie zutreffend; was aber, wenn sich diese Struktur ändert? ... Obwohl die menschliche Gesellschaft naturgemäß von wirtschaftlichen Faktoren bedingt ist, werden die Motive der Einzelmenschen nur in Ausnahmefällen von den Erfordernissen der materiellen Bedarfsdeckung bestimmt. Daß die Gesellschaft des 19. Jahrhunderts auf der Annahme aufgebaut wurde, eine solche Motivation könne allgemeingültig gemacht werden, war eine Besonderheit dieser Zeit. Es war daher bei der Analyse dieser Gesellschaft zulässig, dem Spiel der wirtschaftlichen Motive verhältnismäßig viel Raum zu geben, doch müssen wir uns vor übereilten Urteilen über das Problem hüten, das gerade darin besteht, wie weit eine solch ungewöhnliche Motivation wirksam gemacht werden konnte.«[134] Marx habe nicht einmal eine Theorie der sozialistischen Ökonomie hervorgebracht[135] und noch weniger einen Weg zum Verständnis der Rolle der Wirtschaft in primitiven Gesellschaften gewiesen.

Die Frage der Grundlagen von Polanyis Einteilungen beiseite, wie sieht es mit der Auswahl der Kategorien aus? In Polanyis bekanntestem Werk, *Trade and Market*, werden nur drei Typen genannt: Reziprozität, Redistribution und (Markt)-Austausch; in *The Great Transformation* aber gibt es noch eine vierte Kategorie, nämlich die Haushaltung, und in *Dahomey and the Slave Trade* kehrt Polanyi wieder zu ihr zurück. Zur Zeit von *Trade and Market* ließ Polanyi die Haushaltung unberücksichtigt, mit der Begründung: »Da sie stets für eine Gruppe gilt, die kleiner ist als die Gesellschaft, kann sie nicht alle darin vorhandenen Beziehungssysteme umfassen.«[136] Jedenfalls ist Haushaltung ein unklarer Begriff, der hauptsächlich durch das Nichtvorhandensein von Gruppenbeziehungen charakterisiert ist, an denen Polanyi interessiert war. Die kleinbäuerlichen Subsistenzwirtschaften und die Herrengüter, die bei Karl Bücher, von dem Polanyi den Begriff übernahm, unter dieser Bezeichnung zusammengefaßt wurden,[137] ähneln einander nur darin, daß sie beide selbstversorgend sind; und zumindest das Herrengut kann als redistributives System angesehen werden. Polanyi griff diesen Begriff in *Dahomey and the Slave Trade* wahrscheinlich deshalb wieder auf, weil er dort erstmals versuchte, eine umfassende Darstellung aller ökonomischen Institutionen einer bestimmten Gesellschaft zu geben, anstatt verschiedene Formen zur Untersuchung verschiedener Gesellschaften auszuwählen, und dabei feststellen mußte, daß Reziprozität, Redistribution und Märkte nicht ausreichten, um alle Aspekte der Wirtschaft Dahomeys zu erklären. Das System der Bodenvererbung und die Ahnenverehrung in Dahomey »verschmelzen die durch gemeinsamen Wohnsitz verbundene Gruppe mit der durch Verwandtschaft verbundenen Gruppe zu einer unzerstörbaren gesellschaftlichen Entität«,[138] welche die ökonomischen Funktionen der Bodenverteilung und der Beschaffung von Gütern für religiöse Zeremonien ausübt.

Unter Polanyis Kategorien ist die Haushaltung eine Anomalie, weil sie den ökonomischen Aspekt der gesellschaftlichen Grundeinheit repräsentiert, während sich die anderen drei Kategorien allesamt auf die Organisation der ökonomischen Beziehungen *zwischen* Einheiten beziehen. Obligate Nahrungsmittelgeschenke und anderen Gaben, Arbeiten oder Gastfreundschaft werden normalerweise zwischen ähnlichen Gruppen oder zwischen Nachbarn ausgetauscht. Der Marktaustausch ermöglicht Transaktionen zwischen Individuen, unabhängig von ihrer gesellschaftlichen Beziehung. Redistribution erfordert zentrale Einbringung und Zuteilung durch eine höhere Instanz, kann aber auch so gesehen werden, daß sie den Bedarf der Grundeinheit an Dienstleistungen und Gütern, die sie nicht allein produzieren kann, befriedigt, indem sie eine institutionalisierte Methode zur gemeinsamen Nutzung der Ressourcen bietet.

In seiner Besprechung von *Trade and Market* schlug Smelser vor, die Kategorie Redistribution in zwei Teile zu gliedern: nämlich in Systeme, bei denen auf die zentrale Einsammlung tatsächlich die Redistribution erfolgt, wie bei der Aufteilung der Ernte unter den verschiedenen Kasten im indischen Dorf,[139] und in solche, in denen die Einsammlung dazu dient, Ressourcen für die Zwecke der herrschenden Schicht zu mobilisieren, zum Beispiel für die Errichtung von Pyramiden. Indessen werden die beiden Funktionen häufig von derselben Organisation ausgeübt und gleichermaßen als Dienst an der Gemeinschaft rechtfertigt; der Unterschied zwischen unmittelbarer materieller Verteilung und dem hinausgeschobenen oder weniger meßbaren Nutzen aus der Tätigkeit des Herrschers als Priester oder Kriegsherr erscheint nicht groß genug, um die Einführung von »Mobilisierung« als separate Kategorie zu rechtfertigen.

Smelsers Grund für diese Modofikation enthüllt sich in seinem zusätzlichen Hinweis, daß seine vier Kategorien (Reziprozität, Redistribution, Mobilisierung und Marktaustausch)[140] den vier funktionellen Subsystemen der Gesellschaft in der Theorie Parsons' entsprechen. Reziprozität entspricht der Funktion der latenten Strukturerhaltung und Konfliktregelung; Redistribution der Verteilung von Belohnungen und Begünstigungen im Einklang mit den integrativen Erfordernissen der Gesellschaft; Mobilisierung der Zielverwirklichung und Marktaustausch der Anpassung. Jeder Austauschtypus ist in eine andere Gesellschaftsstruktur eingebettet. Die Reziprozität ist eingebettet in die Struktur von Segmenteinheiten (Familien, Nachbarschaften, Klans usw.), zwischen denen es zu reziproken Pflichtgeschenken kommt; die Redistribution in das System der gesellschaftlichen Schichtung, das Abgaben und Belohnung bestimmt; die Mobilisierung in das System der politischen Autorität, und der Marktaustausch in den Marktmechanismus und das damit zusammenhängende System spezifisch ökonomischer Rollen und Institutionen. In den meisten Gesellschaften lassen sich alle vier Arten von Austausch feststellen, doch ist ihre relative Bedeutung abhängig vom »Wertsystem der betreffenden Gesellschaft, dem Ausmaß der Differenzierung innerhalb ihrer Gesellschaftsstruktur und der Komplexität der Anforderungen ihrer inneren und äußeren Situation«. Weitere Untersuchungen, meint Smelser, sollten in diesem Sinne der Klärung der Zusammenhänge zwischen ökonomischen Institutionen und Gesellschaftsstruktur gewidmet werden.

Einen anderen Weg beschreitet Marshall Sahlins,[141] der ein Modell der Soziologie des primitiven Austausches zu schaffen versucht, auf der Grundlage der beiden Begriffe Reziprozität und Redistribution, die »horizontale« und »vertikale« Austauschformen repräsentierten. Haushaltung wird als ein redistributives System im kleinen betrachtet; reziproke Transaktionen werden abgestuft von »allgemeiner Reziprozität« oder reinem Altruismus über »ausgewogene Reziprozität«, in welcher der Geber oder Verkäufer eine entsprechende Gegenleistung erhält, bis zu »negativer Reziprozität«, in der jede Seite ihren eigenen Vorteil zu maximieren versucht. Schachern, Naturaltausch, Glücksspiel, Schikanen und Diebstahl sind Beispiele »negativer Reziprozität«. Der Stellenwert eines Austausches auf dieser Skala ist durch die »Weite der gesellschaftlichen Distanz« zwischen den Tauschpartnern bedingt. Die gesellschaftliche Distanz kann sich einfach im Verwandtschaftsgrad oder im nachbarschaftlichen Verhältnis ausdrücken oder auch von Unterschieden des Ranges oder des Besitzes bestimmt sein. Die reziproken Beziehungen der Reichen und Mächtigen haben einen größeren Radius als die der Armen und Unbedeutenden. Es kann einen krassen Unterschied im Typus geben zwischen Tauschakten innerhalb einer Gruppe und solchen mit Außenstehenden, oder die letzteren können durch Bildung von Handelsfreundschaften oder Partnerschaften, durch Blutsbrüderschaft usw. dem gruppeninternen Typus angeglichen werden. Dann können verschiedene Austauschformen für verschiedene Güterkategorien vorgeschrieben sein.[142] Die Struktur des Austausches kann beeinflußt sein von einer allgemeinen Neigung zum Individualismus oder zur Kooperation in der ethischen Einstellung der Gemeinschaft.[143] Die Austauschweise wird auch von der Gesellschaftsstruktur beeinflußt. Sahlins meint, eine »ausgewogene Reziprozität« sei am ehesten in segmentierten Gesellschaften zu finden, die aus selbständigen, nur durch Verwandtschaft und Klanorganisation locker verbundenen Siedlungen bestehen, und vor allem in solchen Gesellschaften kämen am ehesten primitive Geldformen vor. Die Verbindungen innerhalb dieser Gesellschaften sind zu weitgespannt und zu dünn, als daß ihr Austausch zur Gänze nach dem Prinzip der »allgemeinen

Reziprozität« strukturiert sein könnte; außerdem haben sie für ein redistributives System keine ausreichend starke Zentralgewalt.

Sahlins und Smelsers Aufsätze enthalten zwar viele Hinweise, die als Grundlage für weitere empirische Forschungen dienen könnten,[144] doch befassen sich beide mit Polanyis Klassifikation überwiegend von einem formalen Gesichtspunkt aus und modifizieren sie, um ein eleganteres formales Modell zu schaffen. Es war nur natürlich, daß man versuchte, Polanyis Wirtschaftstypologie mit Typen der Gesellschaftsstruktur in Verbindung zu bringen, aber es bleiben noch viele Probleme offen, besonders in der Analyse des Zusammenwirkens verschiedener Typen innerhalb einer Gesellschaft. Es war etwas Zweideutiges in der Art und Weise, wie dieses Schema in *Trade and Market* dargestellt wurde. Obwohl dort klar und deutlich gesagt wird, daß Polanyis Kategorien sich auf institutionelle Formen beziehen, die in einem bestimmten ökonomischen System nebeneinander bestehen könnten,[145] werden die dort behandelten Gesellschaften als solche dargestellt, in denen *ein* Typus der wirtschaftlichen Organisation vorherrscht. Wo innerhalb einer Gesellschaft zwei Typen existieren, wird deren Unvereinbarkeit hervorgehoben, wie im Falle von Reziprozität und Marktaustausch bei den Berbern oder von Redistribution und europäischem Markthandel in Dahomey.

Polanyi hoffte, seine Forschungen würden die Grundlage einer »neuen Wissenschaft der vergleichenden Volkswirtschaftslehre« bilden, doch scheinen die Bemühungen, eine solche zu entwikkeln, ein wenig verfrüht. Es wäre klüger, Polanyis empirische und funktionelle Methode weiterzuführen, die Brauchbarkeit seiner Kategorien in historischen und anthropologischen Untersuchungen zu überprüfen und festzustellen, welche Schwierigkeiten sich bei ihrer Anwendung ergeben, ehe man versucht, sie als Grundlage für anspruchsvollere theoretische Konstruktionen zu benützen. Polanyis Kategorien sollten eher als Skizzen einiger Zonen in einem weitgehend unerforschten Territorium denn als Koordinaten eines Diagramms aufgefaßt werden.

In *Dahomey and the Slave Trade* verwendete Polanyi seine Typologie erstmals zu einer Analyse aller Aspekte des Wirtschaftssystems einer bestimmten Gesellschaft. Wie bereits festgestellt, führte ihn dies zu einer Modifizierung seiner Klassifikation durch Wiedereinführung der Haushaltung als Kategorie, und selbst dies ermöglichte es ihm nicht, eine befriedigende Erklärung der Bodenpacht und Erbschaftsformen zu geben. Die Hauptschwäche seiner Darstellung liegt jedoch darin, daß die einzelnen Sektoren der Wirtschaft – die Sektoren der Reziprozität, der Redistribution, der Haushaltung und des Marktes – in separaten Kapiteln beschrieben sind, wobei kaum versucht wird, ihr Zusammenwirken zu erläutern. Wir erfahren nicht, wie der einzelne seine verschiedenen wirtschaftlichen Verpflichtungen miteinander in Einklang bringt, wie das allgemeine Wertsystem die Trennung verschiedener institutioneller Formen und die jeder einzelnen Form entsprechenden Verhaltensweisen aufrecht erhält. Daran sind zum Teil die Quellen schuld;[146] aber Polanyi befaßt sich beispielsweise auch nicht mit der offensichtlichen Tendenz, das redistributive System als eine allumfassende Haushaltung auf höherer Ebene darzustellen oder mit der Tatsache, daß die von den Marktfrauen angebotenen Güter nicht auf familieneigenen Boden produziert, sondern auf großen plantageähnlichen Farmen gekauft wurden, was die Trennung der Bereiche Haushaltung und Markt gefördert haben muß.

Smelsers Kritik an Polanyis »radikalem Institutionalismus« besteht zu Recht; eine Analyse, die sich nur auf Institutionen beschränkt, ergibt nur wenig, wenn die Institutionen nicht einerseits mit den Umweltbedingungen und andererseits mit den Wertbegriffen und der Wirtschaftsethik in Beziehung gesetzt werden. Indessen können Institutionen dennoch einen guten Ausgangspunkt für die Untersuchung von Wertbegriffen darstellen. Auf meinem eigenen Gebiet, der Wirtschaft des alten Griechenland, hat die Anwendung von Polanyis Kategorien einige recht interessante Ergebnisse gezeitigt, auch wenn dies sicherlich nicht der einzige Weg ist und auch nicht zur Beantwortung all unserer Fragen führen kann.

Obwohl viele Einzelheiten in der Interpretation der Linear-B-Tafeln von Mykene noch unklar sind,[147] geht zumindest aus ihnen hervor, daß die Wirtschaft der höherentwickelten Gebiete Griechenlands in der Bronzezeit von einem redistributiven System jener Art beherrscht waren, wie man es auch aus den Palastarchiven des frühgeschichtlichen Nahen Osten kennt. Die in Form von Getreide, Wolle, Öl und Wein eingehobenen Steuern wurden in den Lagerräumen des Palastes angesammelt; Bodenpachtverträge wurden genauestens aufgezeichnet, Standesunterschiede formalisiert, Handelsbeziehungen mit fernen Regionen gefördert und ein hoher Grad handwerklicher Spezialisierung erreicht, all das durch die Zentralisierung des Reichtums und die Verwaltungskapazität des Palastsystems.

In Griechenland überlebte dieses System die Erschütterungen am Ende der Bronzezeit nicht. In den nahöstlichen Kulturen überdauerte die alte Struktur die Krise, aber in Griechenland wurden Städte und Paläste zerstört, der Handel und andere regelmäßige Verbindungen brachen zusammen, die Kunst des Schreibens geriet in Vergessenheit; die in den archäologischen Funden erkennbare erstaunliche Verarmung der materiellen Kultur war begleitet von einer starken Entvölkerung und einem allgemeinen Zusammenbruch der religiösen, politischen und ökonomischen Institutionen, deren Mittelpunkt der Palast gewesen war.[148] Für den Altertumsforscher besteht einer der wichtigsten Aspekte der Entdeckung der mykenischen Kultur darin, daß seither die Entwicklung der griechischen Polis nicht mehr oder zumindest nicht ausschließlich als ein Produkt der indoeuropäischen Stammesorganisation erscheint, sondern als ein Gesellschaftssystem, das den Trümmern eines »orientalischen Despositmus« entsprossen ist.

Ob die von Homer gezeichnete Gesellschaft als ein Versuch zu betrachten ist, das mykenische Königreich in kleinem Maßstab oder als davon abgetrennten Teil nachzubilden, ist nicht klar. Auf jeden Fall überlebten redistributive Institutionen, aber nicht mehr in Form eines bürokratisch organisierten Systems. Der Häuptling muß seinen Reichtum durch Großzügigkeit rechtfertigen; er bewirtet Bettler und Fremde in seinem Haus, sorgt für Festmähler und Opferfeiern und führt Expeditionen in andere Länder, um zu plündern, zu handeln oder mit anderen Fürsten Geschenke auszutauschen. Er ist es, der für die wenigen Fachleute sorgt, die noch in der griechischen Welt vorhanden sind – die Schiffebauer, Dichter und Ärzte, die von einem Schirmherrn zum anderen ziehen.

Die Hauptbetonung in Homers Epen liegt jedoch auf dem reziproken Geschenkaustausch zwischen diesen Anführern. Gastfreundschaft und Großzügigkeit gegenüber Gleichrangigen sind wesentlich wichtiger als Beziehungen zu Personen niedrigen Standes. (In ähnlicher Weise betont Hesiod, daß der Bauer im Umgang mit seinem Nachbarn großzügig sein muß; aber er zieht es vor, dem »gabenverschlingenden *basileus*« aus dem Weg zu gehen.[149] Wie es scheint, nähert sich nun der arme Mann dem reichen mit Geschenken nur aus Angst oder um eine Gunst zu erwirken – er hat keine regelmäßige Verpflichtung zur Zahlung von Abgaben, er ist überwiegend ein »Haushalter«.) Aber die Betonung der Großzügigkeit im Geschenke-System der Reichen schließt die Verpflichtung ein, auch jene zu beschenken, die sich nicht revanchieren können; Reziprozität und Redistribution sind im Wertsystem miteinander verbunden. Beide wurden zweifellos aus dem mykenischen Zeitalter übernommen, aber der *basileus* muß sich nun hauptsächlich auf seine eigenen Kräfte und Anstrengungen verlassen, um zu dem Reichtum zu kommen, den er braucht, wenn er seinen Idealen gemäß leben will; der Austausch von Geschenken und die Zurschaustellung von Reichtum, die früher Teil der höfischen Lebensform waren, haben nun, in einer Periode verschwimmender Standesunterschiede und eines Kampfes um Macht und Ansehen innerhalb einer Klasse von Ebenbürtigen einen scharfen Beigeschmack von Konkurrenz.

Durch eine Entwicklung, die wir noch nicht genau zurückverfolgen können, verlagerte sich der Wettstreit um Macht und Ansehen beim griechischen Adel etwa ab dem siebenten Jahrhundert von der Zurschaustellung von Reichtum im Heim und der Gewinnung einer persönlichen Anhängerschaft auf demonstrative Freigiebigkeit im Stadtzentrum und ein Ringen um politische Ämter und politischen Einfluß, unabhängig von persönlichen Bindungen. Angesichts dieser zunehmenden Differenzierung der politischen Struktur und der strukturellen Differenzierung der Wirtschaft, die weiter unten behandelt werden wird, ist es interessant zu sehen, daß Athen sich zur Ergänzung seines Steuersystems auf die redistributive Ethik stützte. Die Distribution an Abhängige wurde durch Geschenke an das Volk als Ganzes ersetzt, und die Transaktion wurde auf beiden Seiten entpersonalisiert – nicht nur wurde kein Einzelempfänger in eine inferiore Lage versetzt, sondern die Geber wurden weitgehend des mit dem Geben verbundenen Prestiges entkleidet: die Mitglieder der Klasse, die einst im eigenen Namen prächtige Bauten errichtet und in der Seeschlacht ihre eigenen Schiffe befehligt hatten,[150] waren nun beschränkt auf begrenzte Möglichkeiten der Zurschaustellung in Form der Erhaltung einer Staatstrireme oder der Finanzierung einer Theateraufführung, deren Erfolg dann eher dem Dramatiker als dem *choregus* zugeschrieben wurde. Dennoch verraten die Reden in Gerichtsverhandlungen des vierten Jahrhunderts den ständigen Druck auf die Reichen, ihren Wohlstand dadurch zu rechtfertigen, daß sie mehr derartige Liturgien veranstalteten als das vorgeschriebene Minimum und sie großzügiger dotierten, als eigentlich notwendig war.

Das Verwandtschaftssystem hatte, soweit man es beurteilen kann, keine wichtige ökonomische Funktion. Die Erbschaftsregeln waren natürlich wichtig für die Übertragung von Grundbesitz, und die Klans hatten religiöse Funktionen, die Anlässe für Opfer und Festmähler boten, aber die reziproken Pflichtgeschenke zwischen Verwandten, wie man sie in primitiven Gesellschaften kennt, scheinen im antiken Griechenland kein Gegenstück zu haben. Hesiod befaßt sich mit den Beziehungen zwischen Nachbarn; es gibt in *Werke und Tage* keinen Hinweis darauf, daß Verwandtschaftsgruppen im Leben des ländlichen Böotien eine wichtige Rolle spielten.[151] Auch spielen Verwandtschaftsverhältnisse keine große Rolle in den Beziehungen des homerischen Adels; sie werden ersetzt durch ausgeklügelte, auf Gastfreundschaft beruhende Verbindungen, die häufig von einer Generation auf die andere vererbt werden.

Der bäuerliche Haushalter hatte daher nur wenig Gelegenheit, mit anderen Austausch zu pflegen. Wenn sein Nachbar um ein Darlehen bittet, muß er großzügig sein, denn er könnte später einmal selber eines benötigen; aber er muß versuchen, von solcher Hilfe unabhängig zu bleiben. Wenn er den guten Willen seines Nachbarn überfordert, wird ihm niemand mehr helfen; wenn er sich an die Reichen um Hilfe oder Schutz wendet, riskiert er den Verlust seines Bodens, der das Zeichen seines freien Status in der Gemeinschaft ist. Sein ökonomisches Hauptstreben geht dahin, seine Familie zu erhalten und dabei so wenig wie möglich mit anderen zu tun zu haben. Die wenigen Dorfhandwerker ändern kaum etwas an diesem Schema; wahrscheinlich tauschen sie ihre Erzeugnisse zu festen Äquivalenten aus.

Doch der Überseehandel zwischen Griechenland und dem Nahen Osten, der während des »finsteren Zeitalters« fast völlig zum Erliegen gekommen war, lebte im neunten Jahrhundert wieder auf, und der Händler war das erste »Markt«-Element in der griechischen Wirtschaft. Die Fernhändler waren zum Unterschied von den wenigen Bauern, die ihre Produkte in die nächstliegende Stadt transportierten, wahrscheinlich landlose, von ihrer Gemeinde getrennte Leute, die zweifellos häufig den Handel mit Piraterie verbanden. Man hat festgestellt, daß bei Homer alle Händler Nichtgriechen sind; das widerspiegelt zwar nicht die tatsächliche Situation im achten Jahrhundert, sondern war eine idealisierte Lösung des Widerspruchs, den man zwischen dem Verhalten des Händlers und der Wirtschaftsethik der Gemeinschaft sah. (Diese Einstellung sollte noch lange weiterbestehen; im vierten Jahrhundert neigten die Athener immer noch dazu, alle Händler als Nichtbürger anzusehen.) Man war sich darüber im klaren, daß der Händler keinerlei Verpflichtung empfand, beim Verkauf seiner Waren großzügig zu sein, und daß seine Transaktionen in keinerlei gesellschaftliche Beziehung eingebettet waren; sogar wenn er kein Fremder war, ging man mit ihm so um, als gehörte er nicht zur Gemeinschaft. Diese Lösung des Widerspruchs zwischen der Ethik der Reziprozität und der Ethik der Marktgeschäfte wurde gefördert und lange Zeit in ihren Auswirkungen begrenzt durch die Tatsache, daß die Reichen den Händler als inferiores Geschöpf betrachteten und die Bauern mit ihm kaum zu tun hatten; es hatte jedoch zur Folge, daß mit dem Zunehmen des Handels auch eine zunehmende Tendenz zur Differenzierung »ökonomischer« Situationen, Rollen, Verhaltensnormen und Motive auftrat.[152] Als der Peloponnesische Krieg die Bauern Attikas zwang, in den Städten Zuflucht zu suchen, gewann der Markt schnell an Bedeutung, und damit kam es auch zu einer Ausweitung der »Marktmentalität«. Der entwurzelte Bauer hatte wenig Möglichkeit, Lohnarbeit zu finden, selbst wenn er bereit gewesen wäre, mit Nichtbürgern und Sklaven zu konkurrieren; seine Bedürfnisse wurden zumindest teilweise durch den Sold gedeckt, den er als Soldat, Ruderer oder Geschworener erhielt, und wenn er mehr Geld benötigte, dann war es für ihn am einfachsten, sich dem Kleinhandel zuzuwenden – man denke an den Wurstverkäufer in den *Wolken* von Aristophanes. Losgelöst von den Beschränkungen seiner alten Dorfgemeinschaft, machte er sich die Ethik des Marktes zu eigen; und da er nicht mehr für den Eigenbedarf produzierte, sondern von einem Geldeinkommen lebte, neigte er dazu, seine »ökonomische« Betrachtungsweise auf alle Fragen auszudehnen, bei denen es um Geld ging. Die politischen Konflikte zwischen Reichen und Armen verschärften sich; die Reichen neigten dazu, die

Schuld an politischen Fehlern auf die Habgier und Verantwortungslosigkeit des *demos* zu schieben, und waren immer weniger bereit, für die Allgemeinheit finanzielle Beiträge zu leisten. Im vierten Jahrhundert gab es Leute, die ihren Grundbesitz verkauften, um ihren Reichtum für die Augen der Spitzel »unsichtbar« zu machen und so die Besteuerung zu vermeiden. Demosthenes klagt darüber, daß Politiker aus ihren Ämtern Geldgewinn ziehen und daß sie mehr an prunkvollen Häusern für sich selbst als an der Verschönerung und dem Wohlstand der Stadt interessiert seien.[153] Reichtum und die traditionelle Rangordnung klafften immer mehr auseinander; einige der reichsten Männer Athens in jener Zeit hatten ihre Karriere im Bankgeschäft oder im Handel als Sklaven begonnen. Eines der bedeutsamsten Beispiele für die strukturelle Differenzierung der Wirtschaft war die Herausbildung einer separaten Kategorie handelsrechtlicher Gerichtsverfahren, in denen nicht nur Fremde, sondern sogar Sklaven, die normalerweise nicht rechtsfähig waren, auftreten konnten.[154]

Daher waren die Philosophen des vierten Jahrhunderts nicht, wie Polanyi meinte, über die Zunahme des Profitierens an Preisunterschieden beunruhigt, sondern über die Herauslösung oder die strukturelle Differenzierung der Wirtschaft, die zur Anwendung »ökonomischer« Kriterien und Verhaltensnormen in einem breiten Spektrum von Situationen führte, welche vor allem deswegen als ökonomisch gewertet wurden, weil Geld im Spiel war; die alten Bürgertugenden der Großzügigkeit und der Selbstgenügsamkeit wurden durch das marktmäßige Verhalten des Händlers ersetzt.[155]

Der Wert von Polanyis Kategorien besteht hier darin, daß sie eine handliche Klassifizierung der ökonomischen Institutionen und der ihnen zugrunde liegenden Wertbegriffe ermöglichen und die Bereiche aufzeigen, in denen Widersprüche und Konflikte zu suchen sind. Die Benutzung von Parsons Theorie der strukturellen Differenzierung anstelle von Polanyis grobem Gegensatz zwischen eingebetteten und herausgelösten Wirtschaftssystemen liefert die Umrisse einer dynamischen Analyse.[156] Indessen ergibt sich daraus eine neue Frage: Würde ein Abnehmen der Bedeutung von Marktinstitutionen in einer Gesellschaft, die diesen Grad der Differenzierung erreicht hat, zu einer Wiederbelebung jener Wertbegriffe führen, deren Verlust Aristoteles und Polanyi bedauerten? Im Römischen Reich mußte der Staat in zunehmendem Maße die Funktionen des Marktsystems übernehmen, um eine ausreichende Nahrungsmittelversorgung der Stadtbevölkerung zu gewährleisten. Diese Veränderung war tatsächlich von einer Zunahme der privaten Redistribution begleitet (die in Rom immer schon wichtiger gewesen war als im antiken Griechenland).[157] Die Bürokratisierung der Wirtschaft und die unter dem Einfluß des Christentums aufkeimenden neuen Einstellungen zu ökonomischen Fragen ist noch nie umfassend untersucht worden. Obwohl Polanyi nie vor der Schwierigkeit stand, seine Theorien auf die Geschichte der ökonomischen Institutionen und Einstellungen in Europa zwischen dem vierten vorchristlichen Jahrhundert und dem Beginn des Marktkapitalismus anwenden zu müssen, ist es nicht ausgeschlossen, daß sie hier ebenso einen Beitrag leisten könnten wie in der Untersuchung primitiver und archaischer Gesellschaften.

Wenn Polanyi den Kontrast zwischen primitiver Gemeinschaft und moderner Gesellschaft übertrieben und es verabsäumt hat, sich mit Zwischenformen zu befassen, so haben manche seiner Kritiker sich im entgegengesetzten Sinn geirrt. Sie sahen keine Schwierigkeit darin, die »weitreichenden Kreditmöglichkeiten« der primitiven Gesellschaft mit jenen der modernen Wirtschaft zu vergleichen. Und doch liegt eine tiefe Kluft zwischen den persönlichen Wirtschaftsbeziehungen innerhalb einer kleinen Gemeinschaft und den unpersönlichen modernen Transaktionen auf der Grundlage rechtlicher Institutionen, deren Entwicklung Jahrhunderte in Anspruch genommen hat. In unseren Tagen, da Kulturkontakte und Entwicklungsprogramme die Kluft in kurzer Zeit überbrücken, mag es vielleicht besonders verführerisch sein, mehr die Ähnlichkeiten zwischen »Brauch« und »Vertrag« ins Auge zu fassen als die Unterschiede. Doch darf man nicht die Geschichte des langen und umständlichen Entwicklungsprozesses vergessen, der notwendig war, um für scheinbar so einfache Vorgänge wie Verkauf, Darlehen und Kredit vertragliche Formen hervorzubringen.[158] Die größte Gefahr, die mit der Trennung der anthropologischen von der vergleichenden Geschichtsforschung verbunden ist, scheint darin zu liegen, daß die Untersuchung gesellschaftlicher Veränderungen in zwei separate Abteilungen gespalten wird; bis in die neueste Zeit haben sich die Historiker auf die Evolution konzentriert und die Akkulturation ignoriert,[159] während die Anthropologen die Veränderungen studieren, die in primitiven Gemeinschaften durch die Berührung mit Ideen und ökonomischen Institutionen »entwickelter« Länder hervorgerufen werden, und dabei die Frage nach den Quellen jener Institutionen, die ursprünglich das Aufblühen der Anthropologie angeregt haben, aus den Augen verlieren.

University College, London

Karl Polanyi
Ökonomie und Gesellschaft

I Marktwirtschaft, Sozialismus, Faschismus

1. Der Mechanismus der Weltwirtschaftskrise

Dem mitteleuropäischen Betrachter drängt sich immer mehr die Überzeugung auf, daß die ganze Nachrkiegszeit samt allen ihren wirtschaftlichen Peripetien, samt dem amerikanischen Wirtschaftswunder einer achtjährigen Hochkonjunktur, samt den in einzelnen Ländern lang anhaltenden geschäftlichen Aufschwungszeiten, samt der ganzen Vielfalt der technischen, wirtschaftlichen, währungs- und handelspolitischen Abenteuer dieser düsteren Geschichtsepoche in Wirklichkeit nur eine einzige, in mannigfachen Formen über die Erde wandelnde Wirtschaftskrise darstellt, deren jüngste und gewaltigste Sturzwelle die Krise 1929 bis 1933 ist. Die Krise der ersten Nachkriegsjahre wurde nie wirklich überwunden, sondern räumlich und zeitlich verschoben. Das Gleichgewicht war örtlich nur dadurch hergestellt worden, daß immer wieder andere Wirtschaftsgebiete bewußt oder unbewußt die Aufgabe übernahmen, das Defizit der aus dem Gleichgewicht geratenen Volkswirtschaft zu tragen. Als die unvermeidliche Abrechnung kam, brachen nicht nur die alten Herde auf, sondern es hatte die Krise auch eine Tiefe und Zwangsläufigkeit angenommen, die alles je Vorgestellte neben sich erblassen ließ.

Soll diese Behauptung mehr als eine kühne Verallgemeinerung einiger willkürlich herausgegriffenen Zusammenhänge aus der Wirtschaftsgeschichte der letzten fünfzehn Jahre sein, so hat der Verfasser sich nicht nur zu einer bestimmten Auffassung über das Wesen der Krise und zu einer Methode zu bekennen, die den Nachweis für die obigen Behauptungen zu erbringen vermag, sondern er hat diesen Nachweis auch am konkreten Geschehen zu führen.

Warum war die Selbstheilung nicht möglich?

Worin besteht das Wesen der Weltwirtschaftskrise? Was ist der Grund, daß sie bisher keiner Selbstheilung zugänglich war? Was hat die einzelnen Volkswirtschaften dazu befähigt, immer wieder, äußerlich in ein trügerisches Gleichgewicht gelangend, für einige Zeit die Krisenerscheinungen zu überwinden und dabei die gigantische Last eines sich jahrelang anhäufenden volkswirtschaftlichen Defizits räumlich und zeitlich zu verschieben? Und vor allem: Wie und in welcher Weise könnte eine solche Auffassung der Krise einiges Licht über die in den Gesamtprozeß eingebetteten Probleme der Weltwirtschaftskrise verbreiten?

Der Notwendigkeit, in die Wirrnisse der Krisentheorie einzugehen, enthebt uns die Überzeugung, daß zwar die seit 1929 wütende Wirtschaftskrise im Grunde zweifellos jenen wohlbekannten Konjunkturkrisen wesensverwandt ist, die unsere Wirtschaft regelmäßig heimsuchen, daß sie aber gerade ihre entscheidenden Kennzeichen aus dem Rahmen herleitet, in den sie diesmal gespannt ist. Die Gesamtkrise aber, in der die konjunkturelle Krise 1929 bis 1933 unseres Erachtens nur die schwerste Phase darstellt, hat ihren besonderen Entstehungsgrund im Weltkrieg und in den einzigartigen politisch-soziologischen Gestaltungen, mit denen er verbunden war. Aus diesem Ursprung der Gesamtkrise erklärt es sich, daß ihre Selbstheilung unüberwindlichen Schwierigkeiten begegnete. Die durch den Krieg bewirkten volkswirtschaftlichen Verluste waren an sich ungeheuerlich. Um es paradox auszudrücken: Die Meinung, daß ein moderner Krieg aus wirtschaftlichen Gründen nicht länger als drei Monate dauern könne, war an sich völlig richtig. Denn daß der Weltkrieg länger als ebensoviel Jahre gedauert hat, war nur um den Preis ins Soziale übergreifender Schädigungen möglich, wie sie nur unter dem Zwang und Druck übermächtiger politisch-soziologischer Kräfte in der Gesellschaft entstehen. Aber nur Strömungen, die gewissermaßen im rein Wirtschaftlichen verbleiben, sind der wirtschaftlichen Selbstheilung zugänglich. Die krampfartigen Anstrengungen des Gemeinwesens, die zur Kriegführung nötigen Mittel weit über die Leistungsfähigkeit der Wirtschaft hinaus aufzubringen, hatten Schädigungen von solchem Ausmaß bewirkt, daß das soziale Gefüge die gewaltsame Wiederherstellung des wirtschaftlichen Gleichgewichts nicht mehr ausgehalten hätte.

Die übliche Ansicht, die darunter nur einen Hinweis auf die drohende soziale Revolution verstehen will, eine Gefahr, die fraglos bestand, ist einseitig. Die politisch-soziologischen Gründe, die nach dem Krieg die Wiederherstellung eines neuen, den Kriegsschäden angemessenen wirtschaftlichen Gleichgewichts unmöglich machten, waren fast so allseitig wie die nationalen, sozialen, ideellen und realen Kräfte selbst, die den Krieg getragen und, nachdem die eine Seite unterlegen war, ihn durch einen Siegfrieden beendet hatten.

Erst neuere statistische Erhebungen haben die Verluste des Krieges in ihrer wahren Größe aufgedeckt. Der Stand der industriellen Produktion war trotz technischer Revolution und amerikanischem Wirtschaftswunder selbst auf dem 1929 erreichten Höhepunkt der Konjunktur in einem erschreckenden Maße hinter dem Stand zurückgeblieben, den sie auf der ungebrochenen Entwicklungslinie der letzten zwei Menschenalter vor dem Krieg fortschreitend erreicht hätte. In den seit Kriegsausbruch vergangenen zwanzig Jahren hätte sich die industrielle Produktion ungefähr verdoppeln sollen. Statt dessen erhöhte sie sich bis 1929 nicht ganz um sechzig Prozent, um dann 1933 noch unter den Vorkriegsstand zurückzusinken. Nach der mehrere Menschenalter hindurch bewährten dynamischen Gesetzmäßigkeit sollte sie also Mitte 1933 mehr als doppelt so viel betragen haben, als sie tatsächlich betrug. Weder die fieberhafte, aber unproduktive Scheintätigkeit der Kriegsjahre noch das durch die Agrarkrise nicht unterbrochene Ansteigen der landwirtschaftlichen Produktion kann darüber hinwegtäuschen, daß der Krieg die Zunahme der Produktion in der Landwirtschaft um volle zehn Jahre, in der Industrie, selbst wenn man von der Krise 1929 bis 1933 ganz absieht, um volle zwanzig Jahre aufgehalten hat.

Die drei Gläubiger: Rentner, Arbeiter und Bauer

Doch mögen die Kriegsschäden an sich größer oder geringer gewesen sein, als man bisher glaubte, so viel steht fest, daß sie unter den durch den Krieg geschaffenen politisch-soziologischen Umständen viel zu groß waren, um die Herstellung eines neuen wirtschaftlichen Gleichgewichtes auf viele Jahre hinaus zu gestatten. Das soziale Gefüge konnte nach dem Krieg nur aufrechtbleiben, wenn drei Gesellschaftsschichten durch die politische Führung nicht enttäuscht wurden:

der *Rentner*, der den Krieg finanziell gewinnen half und ohne dessen Vertrauen in Währung und Kredit die kapitalistische Wirtschaft nicht wiederherzustellen war;

der *Arbeiter*, der politisch-moralisch die Last des Krieges getragen hat und dem dafür mehr Rechte und mehr Brot versprochen worden waren;

der *Bauer*, der der einzige sichere Hort gegen den sozialen Umsturz schien.

Daß in den Besiegtenstaaten die Rentner sogleich unter die Räder kamen, ändert daran ebensowenig wie die Vergeblichkeit aller Anstrengungen in den Siegerstaaten, die Rentenansprüche vor Schaden zu bewahren. Sind doch die Arbeiter in den Besiegtenstaaten schließlich ebensowenig von den Folgen der Krise verschont geblieben. Gäbe es eine von den Voraussetzungen des gesellschaftlichen Bestandes losgelöste, rein wirtschaftliche Vernunft, so müßte man sagen, daß eine weniger starre Verteidigung ihrer Ansprüche den Rentnern, Arbeitern und Bauern im Endergebnis unbedingt mehr eingebracht hätte. Hier kommt es uns aber einzig darauf an, daß dieses Mehr ihnen nie zugekommen wäre, weil das gesellschaftliche Gefüge inzwischen zu bestehen aufgehört hätte.

In den Siegerstaaten ging der Rentner voran. Er hatte durch seine finanziellen Opfer den Sieg errungen, und auf seinem ungebrochenen Vertrauen zu Währung und Kredit fußte die Möglichkeit der Wiederingangsetzung der Wirtschaft. Die Gesellschaft konnte nur fortbestehen, wenn die abgebaute Zwangswirtschaft des Krieges unverzüglich, ohne lebensgefährdenden Zwischenzustand und dauernd durch die Funktionen des freien Marktes abgelöst wurde.

In den Besiegtenstaaten hatte der Arbeiter den Vorrang. Er hatte sich in den Besitz der politischen Macht gesetzt, und nun wollte er, der seelisch an der Bürde des Krieges am bittersten gelitten hatte, sich das Recht und das Brot holen, das ihm versprochen war.

Auch in den Siegerländern hatte sich eine Demokratisierung des öffentlichen Lebens vollzogen, die einem Erdrutsch gleichkam. In England betrug die Zahl der Wähler vor dem Krieg rund 8 Millionen; bald nach dem Krieg waren es mehr als 28 Millionen. Auch dort hatte man die Kriegsmaschine mit Versprechungen geheizt. Wohnungen, wie sie Helden geziemen – hieß es in der blumigen Sprache des Wallisers, der für den Feldzug nicht nur die Munitionsfabriken, sondern auch die Schlagworte beigesteuert hatte. Der Krieg war gewonnen, es gab keine Ausrede, die Versprechungen nicht zu halten. In der Tat glaubte niemand an die Notwendigkeit, die Lebenshaltung nach dem Krieg einzuschränken. Als die richtige Erkenntnis zu dämmern begann, war es zu spät. Die furchtbaren Anstrengungen, die der Gesamtwirtschaft zugemutet worden waren, um die Renten zu valorisieren (und überzuvalorisieren), versperrten jedweden Zugang zu einer Politik, die der Arbeitnehmerschaft nun einseitig Opfer auferlegt hätte.

Der Dritte im Bunde war der Bauer. Als Sicherung gegen den Bolschewismus im eigentlichen und im übertragenen Sinn galt nach dem Krieg nur der auf seiner ererbten Scholle sitzende und durch seine Marktgewohnheiten zu der Stadt im wirtschaftlichen Gegensatz stehende Bauer als zuverlässig. Weltanschauung und Produzenteninteresse verbanden ihn mit dem Konservativismus. Doch daß der enttäuschte Bauer auch anders kann, bewies das bulgarische Beispiel, ja, daß er selbst ohne sonderliche Enttäuschung zur Aufteilung des Großgrundbesitzes schreiten könnte, schienen die Schicksale einer ganzen Reihe von Ost- und Randstaaten zu erhärten. Daß Revolutionen aber nicht nur von links kommen, darüber ist Europa heute nachgerade belehrt. Genug daran, weder der Rentner noch der Arbeiter drang mit dem Anspruch seiner sozialen Unantastbarkeit so vollständig durch wie der Bauer.

Damit waren in dreierlei Richtung die Forderungen abgesteckt, mit denen sich die Versuche zur Wiederherstellung des wirtschaftlichen Gleichgewichtes abfinden mußten. Der Bestand des sozialen Gefüges verlangte gebieterisch:

Rettung des Rentnereinkommens durch Valorisierung der Währungen,

Rettung des Arbeitereinkommens durch Valorisierung der Löhne,

Rettung des bäuerlichen Einkommens durch Valorisierung der agrarischen Güterpreise.

Daß die wirtschaftlichen Schäden, die der Weltkrieg verursacht hatte, den durch die Erfüllung dieser Ansprüche bedingten Überverbrauch ausschlossen, darüber kann heute wohl nicht der geringste Zweifel herrschen. Die Aufrechterhaltung des sozialen Gefüges erforderte also eine wirtschaftliche Unmöglichkeit. Aber wenn wirtschaftliche Möglichkeit und Bestand der Gesellschaft selbst miteinander in Widerstreit geraten, dann werden die wirtschaftlichen Möglichkeiten so oder anders gestreckt. Auf die

Dauer ist solches natürlich undurchführbar. Die Verletzung der wirtschaftlichen Gesetze muß früher oder später mit neuen, furchtbaren wirtschaftlichen Schäden bezahlt werden. Aber der Bestand der Gesellschaft ist vorerst gerettet.

Übrigens: Nicht nur von innen, sondern auch von außen war das soziale Gefüge im Rahmen der durch den Weltkrieg geschaffenen Staatenordnung wirtschaftlich gefährdet. Wenn wir dennoch nicht Reparationen, Kriegsschulden und Autarkiewahn für die Verhinderung der Selbstheilung der Weltwirtschaft vor allem verantwortlich machen, sondern allen Nachdruck auf das Streben zur Valorisierung der Rentner-, Arbeiter- und Bauerneinkommen legen, so geschieht das, weil für das Gleichgewichtsproblem jene innenwirtschaftliche Frage des allgemeinen Überverbrauchs zweifellos von ausschlaggebender Bedeutung war. Aber die beiden Gruppen gehören dennoch zusammen. Reparationen und Kriegsschulden gaben die Richtung für finanzielle und wirtschaftliche Anstrengungen, die an sich ebenso unmöglich zu leisten waren wie die Aufrechterhaltung eines allgemeinen hohen Lebensstandards in einer an produktiven Kapitalien arm gewordenen Welt. Dennoch wurden jene Anstrengungen gemacht, und auch da konnte der Zusammenbruch nur durch wirtschaftlich opfervolle Interventionen eine Zeitlang vermieden werden.

Die große Intervention: der Krieg

Es ist mithin eine richtige Erkenntnis von hohem praktischen Wert, daß beinahe die gesamte Wirtschafts- und Finanzgeschichte der letzten fünfzehn Jahre aus Interventionen bestand, deren üble Folgen nachher nicht ausgeblieben sind. Aber diese Interventionen waren nicht die *Ursache* der Krise. Richtig ist nur, daß diese zum Teil völlig falsch und kurzsichtig durchgeführten Interventionen die Lösung der Krise weit hinausgeschoben haben. Diese Hinausschiebung war jedoch keineswegs sinnlos: Die Urintervention war der Weltkrieg selbst gewesen. Alle Interventionen der Nachkriegszeit waren zum Teil nur kostspielige und opferreiche Mittel, die letalen Folgen dieser brutalsten aller Gleichgewichtsstörungen von der Gesellschaft abzuwehren. Zum anderen Teil freilich haben sie überflüssigerweise neue Störungen bewirkt, die die Folgen der Urintervention noch verschärften. Aber ohne ein klares Erfassen der in den Kriegsschäden begründeten Zwangsläufigkeit der Nachkriegsinterventionen ist die wahre Funktion dieser Interventionen nicht erfaßbar.

Es ist ferner nicht folgerichtig, nur die zugunsten der Arbeiter und Bauern vorgenommenen Interventionen als solche zu bezeichnen. Dem unterliegt die bequeme Vorstellung, daß die auf die Wiederherstellung der Vorkriegszustände abzielenden Maßnahmen ihre Rechtfertigung gewissermaßen in sich trügen. Die Valorisierung der Währungen auch mit den künstlichsten und gewalttätigsten Mitteln wird nicht als Intervention angesehen, ohne daß man sich die Frage vorlegte, ob in einem bestimmten Land der neue Gleichgewichtszustand eine durch solche Valorisierungen nebenbei auch bewirkte Valorisierung der Rentnereinkommen gestattet oder nicht. Ein Gleichgewichtstheorem, das sich in der rein formalen Betonung der Heiligkeit der Verträge erschöpfen würde, wäre aber wirtschafts- und finanzpolitisch wertlos. Denn es ginge an der praktisch entscheidenden Frage vorbei, die da lautet: Welche Einkommen sind dem neuen Gleichgewichtsstand entsprechend, das heißt, dauernd tragbar?

Die Rückkehr zur Goldparität in England ist das eigentliche Symbol dafür, mit welcher Ahnungslosigkeit vor kaum zehn Jahren darangegangen wurde, nach den Vorkriegsplänen an einer Weltwirtschaft weiterbauen zu wollen, deren Fundamente in den Tiefen durch die Kriegsjahre ausgehöhlt worden waren. Aber auch die Auswirkungen dieses Fehlers konnten jahrelang hinausgeschoben werden.

Wie war die Verschiebung der Krise möglich?

Der über das Gleichgewichtsbestimmte hinausgehende Verbrauch der begünstigten Schichten, ob Rentner, ob Arbeiter, ob Bauern, konnte nur aus dreierlei Quellen aufgebracht werden.

Erstens: durch die Verschiebung von Inlandseinkommen zugunsten der Bevorzugten. Wo nur die Arbeiter und Bauern begünstigt waren, geschah die Verschiebung zu Lasten des Vermögens des Mittelstandes und des Betriebskapitals der Industrie, beides durch Besitzsteuern, vor allem jedoch durch die unerbittlichste und ungerechteste aller Steuerarten: die Geldentwertung. Der agrarische Überkonsum wurde durch Zölle und andere protektionistische Enteignungsmethoden zu Lasten der städtischen Bevölkerung ermöglicht.

Zweitens: durch Kapitalaufzehrung. Das Inlandskapital der Volkswirtschaft wurde im Laufe der Inflation aufgezehrt, zum Teil durch Verkauf von Vermögen und Vermögensanteilen ins Ausland.

Drittens: das verbleibende Defizit mußte durch Neuverschuldung im Ausland aufgebracht werden.

Dies geschah denn auch in ungeahntem Umfang. Die einzelnen Volkswirtschaften lasteten ihr Defizit dauernd auf das Ausland ab. Die stützenden Volkswirtschaften suchten wieder an noch stärkeren eine Stütze. Jahre scheinbarer Stabilität, längere Aufschwungszeiten, ein irreführender Schein völliger Ausgeglichenheit wechselten mit neuen wirtschaftlichen und finanziellen Schwierigkeiten ab. Bis plötzlich auf dem Höhepunkt der amerikanischen Konjunktur das zusammenhaltende Band riß, die aufeinandergetürmten Defizitwirtschaften ins Gleiten kamen und das ganze Stabilisierungsgebäude einstürzte.

Worin bestand der Mechanismus der Weltwirtschaftskrise, der diesen Verlauf erzwang und doch auch wieder ermöglichte?

Die geographische Verschiebung und dadurch zeitliche Hinausschiebung der Krise geschah mit Hilfe eines in der Nachkriegszeit zur Entfaltung gelangten Kreditmechanismus von einzigartiger Kapazität und Spannkraft.

Die Eigenart dieses Kreditmechanismus ist wohl noch lange nicht genügend ergründet. Während die Weltwirtschaft erst durch den Krieg vernichtet und in der Nachkriegszeit nur allmählich wiederhergestellt wurde, nur um seit Ende 1928 wieder ununterbrochen zu schrumpfen, entwickelte sich schon während des Krieges das Kreditsystem zu neuer Hochblüte. Diese paradoxe Erscheinung setzt sich fast über die ganze Nachkriegszeit fort: erstaunliche Mobilität und Kapazität des internationalen Kreditsystems bei einer oft bedenklichen Abschnürung und Lähmung der weltwirtschaftlichen Verflechtung.

Kriege sind Neuschöpfer des Kreditwesens. Die Siegerstaaten hatten fast ihre gesamte Materialbeschaffung, soweit sie im Ausland geschah, mit Hilfe eines ad hoc geschaffenen Kreditapparats finanziert. Die gewaltigsten finanziellen Transaktionen der Neuzeit wurden durch ihn bewältigt: der Abverkauf überseeischer Wertpapiere und Beteiligungen in die USA, die Verbürgung des

Pfundkurses durch die Vereinigten Staaten, die Ausschaltung aller Zahlungen in fremden Währungen zwischen den Alliierten durch das Hilfsmittel der Kreditierung. Dieser Apparat empfing seine beinahe grenzenlose Kapazität dadurch, daß die Großmächte, in einen Krieg auf Leben und Tod verwickelt, die Waffe des Kredits bis zum äußersten einsetzten. Im ganzen lag hier eine in diesem Ausmaß seit dem Bestand des modernen Kapitalismus beispiellose Politisierung des Kredits vor. Damit ging die Herausbildung viel engerer persönlicher und Geschäftsbeziehungen zwischen den Notenbanken und den Kommerzbanken in London, New York und Paris einher, als sie je vorher bestanden hatten. Diese hochmoderne Röhrenleitung für die Verteilung von Krediten über ganz Europa traf nun auf eine neuentstandene und scheinbar unerschöpfliche Kreditquelle, bereit, Gold zur Bewässerung der Sahara der mitteleuropäischen Wirtschaft freigebig strömen zu lassen: den unermeßlichen Reichtum Amerikas. Die in ihrer Größe noch kaum absehbaren Gewinne, die Amerika im Krieg gemacht hatte, suchten nach Anlage. Der Wiederaufbau Europas erschien als das große Geschäft, welches nicht nur die amerikanischen Forderungen an Europa retten sollte, sondern welches sich darüber hinaus als eine Tat weitblickender Menschenliebe erweisen würde. Ein beispiellos reicher – und unerfahrener Geldgeber war damit auf der Bildfläche erschienen, der nur darauf brannte, diesen Kreditmechanismus mit den eigenen Mitteln in Betrieb zu setzen.

Wenn es uns heute dennoch unverständlich erscheinen will, wie die Welt sich damals über den wahren finanziellen Saldo des Krieges so sehr täuschen konnte, so müssen wir uns nur einen Augenblick die Forderungen vergegenwärtigen, die man für »gut« hielt. Der Gesamtbetrag der interalliierten Schulden wurde mit 25 000 Millionen Dollar beziffert. Wer heute nach den stimmungsmäßigen Hintergründen der Genua-Konferenz forscht, wird sich daran erinnern müssen, daß sie über den Quotenstreit russischer Erdölinteressenten in die Luft flog und daß diese nicht die einzigen waren, die ihre Rußland-Forderungen noch ernst nahmen. Konnte doch Lloyd George seinen berühmten Vorschlag zur Gründung einer 25 Millionen Pfund Sterling-Aktiengesellschaft zum Wiederaufbau Rußlands nur deshalb ernsthaft machen, weil die Hoffnung auf die Verwertbarkeit russischer Kriegs- und Vorkriegsanleihen noch durchaus lebendig war. Immerhin handelt es sich dabei um ein Sümmchen von etwa 35 000 Millionen Goldfranken. Alle diese Forderungen sind heute abgeschrieben; was Wunder, daß zur Zeit, als sie es noch nicht waren, die Gläubiger dieser Summen sich reich wähnten. Noch 1925, als England und Deutschland schon auf dem Goldstandard waren, sprach man in Thoiry von der Mobilisierung von 16 000 Millionen Goldmark Reparationsobligationen wie von einem glatten Geschäftsvorschlag! Dieser Kreditmechanismus, dem die Zeitgenossen gewissermaßen mythische Kräfte zuschrieben, war der Hauptakteur in der zehnjährigen Ver- und Aufschiebung der Krise.[1]

Gesamtprozeß

Der Ausgang des Krieges bestimmte den geographischen Krisenverlauf von Ost nach West.

Es gab *besiegte Staaten* wie Rußland, Österreich, Ungarn, Bulgarien, im wirtschaftlichen Sinn aber auch die aus dem östlichen Kriegsgebiet geschnittenen Nachfolgestaaten wie Rumänien, Jugoslawien, die Tschechoslowakei, Polen, Griechenland und die Randstaaten, schließlich, aber nicht zuletzt, das Deutsche Reich.

Es gab die europäischen *Siegerstaaten*, England, Frankreich, Belgien und Italien.

Und es gab als Klasse für sich den *Übersieger*, Amerika.

1918 bis 1924: Der Gesamtprozeß beginnt im Osten mit dem Wiederaufbau eines Großteils der Besiegten – mit Hilfe der Siegerstaaten und Amerikas. Die österreichische Währung wird 1923, die ungarische 1924 durch Völkerbundhilfe stabilisiert. Zugleich werden Griechenland, Bulgarien, Finnland, Estland »saniert«; Rumänien, Polen, die Tschechoslowakei und Jugoslawien erhalten französische Anleihen; selbst für Rußland werden Stützungspläne entworfen. Höhepunkt: die Wiedererrichtung der Geldwährung im Deutschen Reich, verankert im Dawes-Plan samt der zur Hälfte von Amerika gewährten Dawes-Anleihe. Durch die Wiedereinführung der Goldwährung verlieren die Besiegtenländer die geheime Reserve der Inflation. Das stille Defizit der Volkswirtschaften wird zunehmend durch Auslandsverschuldung gedeckt und damit auf die Siegerstaaten überwälzt.

Dabei haben die stützenden Siegerstaaten selbst in diesem ersten Abschnitt noch schwankende Währungen.

1925 bis 1928: Zu dem Defizit, welches die Sieger von den Besiegten übernehmen, tritt ihr eigenes Gleichgewichtsmanko hinzu. Durch die Einführung der Goldwährung in den Siegerländern kommt das Defizit ihrer Volkswirtschaft in einem stetigen Kampf um die Stabilität der Währung zum Vorschein. England verschiebt die wirtschaftliche Last der Währungsstabilisierung im Wege der sogenannten Kooperation der Notenbanken auf Amerika. Die Stabilisierung des englischen Pfunds auf der Vorkriegsparität am 1. April 1925 wird durch amerikanische Bereitstellungskredite gesichert. Von diesem Tag an sieht die Kreditpolitik Amerikas trotz der ins Ungeheure anwachsenden Kreditgewährung an Deutschland nicht so sehr im Zeichen der Hilfe für Europa als im geheimen bereits im Zeichen der Hilfe für England. Höhepunkt: die Besprechung Montagu Norman – Strong im Mai 1927 in New York. Im August setzt in Amerika neuerlich eine verschärfte *Cheap Credit Policy* ein, die bis Februar 1928 andauert und den Wall-Street-Krach im Oktober 1929 vorbereitet. Die amerikanische Krypto-Inflation bedeutet eine ständige Stützung der zur Goldwährung zurückgekehrten europäischen Siegerstaaten durch Zufuhr billigen Kredits und Niedrighaltung des Zinsfußes.

1929 bis 1933: Das nach Amerika verschobene vereinigte Gesamtdefizit der europäischen Sieger und Besiegten kommt in einer Krise zum Vorschein, zu deren Entstehung die überbrükkende Rolle des amerikanischen Kredits im Laufe der letzten zehn Jahre wesentlich beigetragen hat. Amerika hatte seit dem Dawes-Plan und den Schuldenabkommen mit England und Frankreich sowohl die Reparationszahlungen wie auch die Zahlungen seiner eigenen Forderungen selbst finanziert, es hatte die Last der vergeblichen englischen Stabilisierung, der deutschen Fehlinvestitionen wie auch der sich in Wien anhäufenden Defizite der osteuropäischen Privatwirtschaften zu tragen gehabt. Hauptereignis: der Krach der Creditanstalt am 12. Mai 1931. Die Reichsmark versagt, das englische Pfund weicht von der Parität. Höhepunkt: Am 19. April 1933 wird der Dollar zur schwankenden Währung. Sowohl die Abschnürung der Weltwirtschaft wie das Währungschaos sind nur mit dem unmittelbar nach dem Krieg herrschenden Zustand vergleichbar.

In diesen Zusammenhang gestellt, erscheint so manches als zwangsläufig, was der Teilbetrachtung als Irrtum oder Verschulden erscheinen muß. So mancher Vorwurf enthüllt sich als widerspruchsvoll, und die angeblich versäumten Gelegenheiten stellen sich als bloße Alternativen dar, die nur auf anderen Wegen zum gleichen unerwünschten Ergebnis geführt hätten. Die Rückkehr Englands zur Vorkriegsparität gilt heute als ein Schulbeispiel einer volkswirtschaftlichen Fehlentscheidung. Aber schon die in England allenthalben wiederholte Entschuldigung, daß man 1925 doch noch nicht voraussehen konnte, daß Frankreich und Belgien ihre Währungen unter dem inneren Wert stabilisieren und damit England unter Ausfuhrdruck setzen würden, weist auf eine Alternative hin, deren Nichtverwirklichung nur erfreulich ist. Denn die Hauptsache am französisch-belgischen Stabilisierungsniveau, das sollte mit allem Nachdruck gesagt werden, war nicht die Relation zur Preislage, sondern vor allem ihre Relation zur ursprünglichen Parität. Daß Frankreich seinen Bürgern eine achtzigprozentige Enteignung ihres Renteneinkommens zumutete, war das Wesentliche daran. Wenn England nach 1926 unter Ausfuhrschwierigkeiten zu kämpfen hatte, so vor allem deshalb, weil seine Produktionskosten infolge valorisierter Zinsenlast und der damit politisch verbundenen hohen Lohnbelastung überhöht waren.

Ein anderer Fall: Mitteleuropa hat Englands akute wirtschaftliche Schwierigkeiten jahrelang nicht recht gelten lassen wollen, weil es auf Grund seiner eigenen Erfahrungen klar erkannt hatte, daß die englische Bankrate noch immer zu niedrig war, um die Währung auf die Dauer zu festigen. In Wirklichkeit stand sie von 1925 bis 1931 kaum zwei Monate lang jemals unter 4,5 Prozent, einem für England unverhältnismäßig hohen Stand. Eine 1925 erfolgte gesetzliche Herabsetzung der Verzinsung der Staatspapiere oder eine Vermögensabgabe hätten vielleicht den durch die Valorisierung der Währung begangenen Fehler noch gutmachen können. Im Nachhinein vollzogen, hätten diese Maßnahmen aber Englands Kredit nicht weniger erschüttern können als der Währungsverfall selbst. Jede starke, dauernde Erhöhung der Bankrate hätte nun nicht nur die akute Krise der englischen Wirtschaft ungeheuer verschärft (was diese ja schließlich überstanden hätte), sondern sie hätte auch Englands Kapitalausfuhr lahmgelegt, die es zur Aufrechterhaltung seiner Warenausfuhr aufrechthalten zu müssen glaubte.[2] Denn England fuhr auch nach der Stabilisierung mit der Kapitalausfuhr fort, einer Kapitalbewegung, die unter anderem den kaum erst »sannierten« Wirtschaften Osteuropas zugute kam. Von den ausländischen Kapitalemissionen auf dem Londoner Markt waren seit 1924 allein 782 Millionen Dollar langfristig an europäische Staaten verliehen worden.

In der Tat war es die seit 1927 immer stärker werdende Schwierigkeit der Aufrechthaltung der Kapitalausfuhr, was die Erhöhung der Bankrate in England ausschloß. Der Londoner Markt stand unter schwerem unsichtbaren Druck. Kurzfristige Ausleihungen setzten ein, und die City selbst wurde immer mehr auf kurzfristige Auslandguthabungen angewiesen. Die Gefahren dieser Lage hat der MacMillan-Bericht kurz vor dem Zusammenbruch der Währung im September 1931 genügend klar dargelegt.[3] 1927 hatten die in London aufgelegten ausländischen Emissionen noch 651 Millionen Dollar ausgemacht, 1928 betrugen sie nur noch 525 und 1929 bloß 228 Millionen Dollar. Und fraglos konnte auch dieser Betrag nur mehr gestützt auf die von New York zugesagte Politik des billigen Geldes aufgebracht werden!

Von jeher war das elastische Band, welches die immer labiler werdenden Gleichgewichtslagen der defizitären Volkswirtschaften zusammenhielt, die amerikanische Kredithilfe gewesen. Die Zubringer aber, die die Defizite selbst der stärksten europäischen Volkswirtschaften der Reihe nach in den Hauptbüchern Amerikas landen ließen, waren die wiederhergestellten Goldwährungen. Der geheimen Reserve der Inflation beraubt und durch die starren Regeln der Goldwährung an jeder Verschiebung verhindert, mußten sich die Volkswirtschaften gewissermaßen zu ihren Mankos bekennen. Nicht laut und öffentlich, aber nicht minder effektiv im Wege der Neuverschuldung. Aber während die Währungsstabilisierungen in Mitteleuropa nur England zu einer erst viel später in ihren Wirkungen merklich gewordenen Politik des niedrigen Zinsfußes veranlaßten, wirkte sich die Wiederherstellung der Goldwährung in England selbst auf nichts Geringeres als die amerikanische stille Inflation der Jahre 1926 bis 1929 aus und damit auf den schließlichen Zusammenbruch des gesamten Kreditgebäudes der Welt.

Vielleicht das Irreführendste im Bilde der Wirtschaftsgeschichte der Nachkriegszeit ist die märchenhaft hohe Lebenshaltung Amerikas in diesem Zeitraum. Sie war nur zum Teil die Folge wirklichen Reichtums, zum Teil entsprang sie einer die gesamte Weltwirtschaft gewissermaßen entzweischneidenden Interventionshandlung: der Hochschutzzollpolitik und der Einwanderungssperre in den USA. Ohne sie hätte sich alsbald die Armut Europas auf die Vereinigten Staaten ausbreiten müssen, um dann in einem neuen Gleichgewicht, irgendwo zwischen mitteleuropäischem Besiegtenelend und amerikanischem Hochstandard, zu münden. Amerika konnte sich von dem Druck Europas auf seine Lebenshaltung nur befreien, indem es weder dessen billiges Menschenmaterial noch dessen billige Waren hereinließ. Das ist der tiefste Grund der einseitigen Goldbewegung nach den Vereinigten Staaten. Sie war die einzige Form von Zahlungen, die den amerikanischen Lebensstandard nicht senkte.

Unzählige Male ist gegen die Vereinigten Staaten der Vorwurf erhoben worden, daß sie durch ihre kurzsichtige Hochschutzzollpolitik die Krise nicht nur verschärft, sondern auch geradezu verschuldet haben. Ein Gläubigerstaat habe sich wirtschaftlich als Renteneinnehmer einzurichten, durch eine passive Handelsbilanz seinen Schuldnern die Rückzahlung im Wege der Warenausfuhr zu erleichtern. Doch wird als Beispiel nur auf Länder hingewiesen, die wie England ihre auswärtigen Kapitalanlagen im Laufe von Menschenaltern aufbauten und, als die Zeit kam, da die Rückzahlungen überwogen, allmählich ihre wirtschaftliche Struktur der neuen Sachlage anpassen konnten. Wenn England heute Rohstoffe einerseits, zur Weiterverarbeitung geeignete Fabrikate anderseits in großen Mengen einführt, so vollzog sich doch die dazu nötige Anpassung seiner Wirtschaftsstruktur im Laufe eines jahrzehntelangen Handelsverkehrs mit seinen in aller Welt verstreuten Schuldnern. Aber kann der freiwillige Übergang zu einer passiven Handelsbilanz ohne weiteres auch wirklich von einem Staate gefordert werden, der über Nacht vom Schuldnerstaat zum führenden Gläubigerstaat vorrückt, wobei seine Forderungen vorerst ganz überwiegend *politischen* Ursprungs sind? Die amerikanische Ausfuhr 1914 bis 1919, deren Gegenwert die interalliierten Kriegsschulden sind, erforderte eine einseitige Anpassung der amerikanischen Wirtschaftsstruktur an den Bedarf des europäischen Krieges. Die Entgegennahme des Zinsendienstes in Waren bald nach Friedensschluß hätte also eine schwere Krise über die amerikanische Wirtschaft bringen müssen. Auch diesmal, so will es uns scheinen, verlegt man die schuldtragende Intervention fälschlich in die Nachkriegszeit, statt sie dort zu lokalisieren, wo sie hingehört: in die Zeit des Weltkrieges selbst. Denn das ist eben der Fluch politisch gesetzter Tatsachen in der Wirtschaft, daß die furchtbaren Folgen der Urintervention oft nur durch neue, opfervolle Interventionen abgewehrt werden können.

Wohl hätten die Vereinigten Staaten am besten getan, wenn sie ihre aus dem Krieg stammenden Forderungen an Europa im Nennbetrag von 11 Milliarden Dollar abgeschrieben hätten. Gewiß, sie hätten damit im nachhinein die Kriegskosten Europas selbst auf sich genommen und lange Zeit unter dem schweren Steuerdruck zu leiden gehabt, den der Zinsendienst der Liberty Bonds im Inland erfordert hätte. Wahrscheinlich hätten sie dennoch einen gegenüber der Vorkriegszeit erhöhten Lebensstandard genossen. Die Frage scheint durchaus akademisch, da Amerika nicht nur an seinen Forderungen festhielt, sondern zu deren Rettung Europa noch gewaltige neue Kredite gewährte. Trotzdem lassen sich an diese Feststellung wichtige Erwägungen knüpfen:

Erstens, daß der amerikanische Lebensstandard in jedem Fall unberechtigt hoch war. Eine Abschreibung der Forderungen hätte ihn senken müssen; eine Entgegennahme der Schuldzahlungen in Waren und Menschen hätte aber unweigerlich die gleiche Folge gehabt. Zweitens, daß der politisch-soziologisch bedingte Überverbrauch der Rentner, Arbeiter und Bauern in Europa eine wichtige Rolle in der Ermöglichung einer überhöhten Lebenshaltung in Amerika selbst spielte; daß aber dieser Überverbrauch in Europa wiederum nur durch die amerikanische Kredithilfe möglich war. Der Kreditmechanismus hat also die doppelte Aufgabe bewältigt: die Lebenshaltung in Europa sowie in Amerika über dem gleichgewichtsbestimmten Stand hochzuhalten.

Jahrelang wurde gegen die Währungspolitik des Federal Reserve Board der Vorwurf erhoben, daß er die nach Amerika strömenden Goldmassen sterilisiert habe.[4] In Europa fehle dieses Gold, mangels dessen keine Krediterweiterung möglich sei, in Amerika aber werde es geflissentlich nicht zur Kreditausweitung benützt. In Europa müßten daher der Wirtschaft die Kredite entzogen werden, während Amerika sich weigere, neue Anleihen an Europa zu gewähren. In der Gegenwart wird der umgekehrte Vorwurf mit noch viel größerem Nachdruck erhoben: Amerika habe durch eine uferlose Inflation und einen bedenkenlosen Kapitalexport geradezu die Weltkrise verursacht. Es ist klar, daß die beiden Beschuldigungen einander ausschließen. Die Sterilisierung des Goldes hat sich übrigens als ein bloßes Mißverständnis herausgestellt. Das Anwachsen der Goldreserve von 1921 bis 1929 war von einem Anwachsen des Tagesdurchschnitts der Überschußreserven der Mitgliedsbanken um 706 Millionen Dollar begleitet (September 1921 bis September 1929). Etwa der neun- bis zehnfache Betrag an neuen Kreditmitteln stand daher der Wirtschaft zur Verfügung.

Der Anwurf beweist aber ein anderes: Keine amerikanische Kreditexpansion hätte Europa in jener Zeit groß genug erscheinen können! Die Stabilisierung einer Reihe mittel- und osteuropäischer Währungen, die nur auf den Krücken einer drakonischen Kreditrestriktion humpelnde Goldmark, der auf England seit der Rückkehr zur Parität lastende gesteigerte Geschäftsdruck, der Bedarf an politischen Ankurbelungs- und Überbrückungskrediten in der Periode zwischen Dawes- und Young-Anleihe sowie die Retablierungskredite für Deutschland und andere Länder schufen eine schier unerschöpfliche Nachfrage nach amerikanischer Kredithilfe.

Das gestattet uns, die gegenteilige und sachlich allein zutreffende Behauptung einer amerikanischen Krypto-Inflation kritisch zu beleuchten. Sie ist an sich ohne Zweifel richtig. Unzulässig jedoch ist die Folgerung (die man allenthalben hört), daß daher Amerika an dem neuen Zusammenbruch der Währungen die Schuld habe. Das kehrt sogar den wahren Sachverhalt fast in sein Gegenteil um: Diese Währungen waren nur so lange stabil, als sie durch eine amerikanische Kreditpolitik gestützt wurden, die notwendig von Inflation begleitet war. Als diese nicht weitergeführt werden konnte, war es auch mit der Stabilität jener Währungen aus. Nur wer den Schrei Europas nach amerikanischer Hilfe in den lange Jahre immer wiederkehrenden, finanziellen, wirtschaftlichen und nicht zuletzt politischen Notlagen vergessen hat, kann sich allenfalls der Einsicht in die bittere Alternative verschließen, die eine

Verweigerung der Kredithilfe damals für uns bedeutet hätte. Allerdings, Amerika hat der aus Europa erschallenden Ermunterung zur Kreditausweitung keinerlei ernsthaften Widerstand entgegengesetzt. Und gewiß sind nach Europa gegebenen Kredite zum Teil ebenso übermäßig gewesen und verschwenderisch vertan worden, wie dies von den südamerikanischen Anleihen der Wall Street nachgewiesen wurde. Auch wir sehen das Zeugnis für die verderblichen wirtschaftlichen Folgen, mit denen die Schiebung der Krise verbunden war, darin, daß der künstlich ermöglichte Überverbrauch zu noch größerem Überverbrauch sowohl bei Schuldnern wie bei Gläubigern geführt hat.

Der Kreislauf der Krise

Dennoch, für die kausale Erkenntnis ergibt sich daraus der entscheidende Zusammenhang: Der Zustrom des Goldes nach Amerika setzt noch in der Wirtschaftskrise 1921/22 ein; aber der Abfluß des Goldes löst keinen fühlbaren Druck auf den Kreditumfang in Europa aus, solange die führenden europäischen Währungen noch selbst schwanken.[5] Papierwährungen sind für Goldverlust nicht empfindlich. Erst nachdem England 1925, Frankreich 1926 zum Gold zurückgekehrt sind, beginnen ernsthaft die Klagen über eine Fehlverteilung des Goldes. Wiederholte Kreditrestriktionsversuche in den USA führen jetzt regelmäßig zu Goldverlusten der Schuldner und damit zu einer neuen Erschwerung ihrer Lage.[6] Zweimal leitet Amerika bei schwächerem Geschäftsgang eine »Politik des billigen Geldes« ein, beide Male schließt das darauffolgende Jahr, 1925 und 1928, mit einem Goldverlust Amerikas ab.[7] Als im Frühjahr 1927 die de facto-Stabilisierung des Franken zu großen Goldabgaben der Bank von England an die Bank von Frankreich führt, vereinbart Montagu Normann mit Gouverneur Strong in New York eine neue Zeit »billigen Geldes«, die der schwer ringenden englischen Wirtschaft die Erhöhung der Bankrate ersparen soll.

Von August 1927 bis Februar 1928 steht der Diskontsatz der Federal Reserve Bank von New York auf nur 3,5 Prozent. Die amerikanisch-europäische Hochkonjunktur setzt ein. Die neuen europäischen Goldwährungen werden durch den Zufluß amerikanischen Goldes gestützt, die Kapitaleinfuhr Deutschlands steigt 1927/28 auf über zwei Milliarden Dollar an. Die Bankrate wird in New York bis Juli 1928 wieder auf 5 Prozent erhöht, die vergeblichen Anstrengungen zum Abstoppen der Spekulationshausse beginnen. Der Zufluß langfristiger Kredite aus Amerika versiegt. Die in der ersten Hälfte 1929 in USA aufgelegten europäischen Emissionen betragen nur mehr 101 Millionen Dollar gegen 449 Millionen in der ersten Hälfte 1928.

Bis 1925 erspart die amerikanische Schutzzoll- und Kreditierungspolitik sowohl Europa als auch Amerika eine Senkung des Lebensstandards, indem Amerika zum Teil Gold in Zahlung nimmt, zum Teil neue Kredite gewährt. Nach Wiederherstellung der Goldwährungen in Europa, namentlich aber in England, können die Schuldner dem Druck der Goldabflüsse auf ihre Währung nur standhalten, indem Amerika sich dem Inflationismus ergibt, den Zinsfuß künstlich niedrig hält und seine Kapitalausfuhr nach Europa ins Vielfache steigert. Als der Inflationsmechanismus versagt, schlägt der finanzielle Druck der Überschuldung zwangsläufig in die Wirtschaftskrise um. Denn Mitte 1929 besitzen Amerika und Frankreich zusammen bereits 58 Prozent des monetären Goldbestandes der Welt. Amerika aber kreditiert nicht weiter. Weder Goldzahlung noch Neuverschuldung ist mehr möglich. Es bleibt den Schuldnerstaaten nichts übrig, als in Waren zu zahlen. Seit 1928/29 beginnen sie ihre Ausfuhr zu forcieren.[8] Aus Europa wie aus den überseeischen Rohstoffländern strömen die um jeden Preis einen Abnehmer suchenden Waren auf den Weltmarkt. Die Tendenzen zum allgemeinen Preissturz setzen sich 1929 durch, die Weltwirtschaftskrise steht vor dem Tor. Es kommt zur Kreditkrise 1931, zur Abschnürung des Welthandels 1932, zur allgemeinen Währungskrise 1933. Die räumliche und zeitliche Verschiebung des Weltwirtschaftsdefizits hat ihren Kreislauf vollendet. Die Inflationen haben das soziale Gefüge vielleicht gerettet, aber die Qualen des Heilungsprozesses nur verlängert, ohne sie der Menschheit ersparen zu können.[9]

2. Die funktionelle Theorie der Gesellschaft und das Problem der sozialistischen Rechnungslegung

(Eine Erwiderung an Professor Mises und Dr. Felix Weil)

Unsere Schrift über *Sozialistische Rechnungslegung*[1] ist von verschiedenen Seiten einer mehr oder minder eingehenden Kritik unterzogen worden.[2] Als Auftakt zu einer kurzen Erwiderung wird es vielleicht dienlich sein, unseren Standpunkt zu der laufenden Diskussion über das Problem der Rechnungslegung in einer sozialistischen Wirtschaft vorauszuschicken.

Allgemein wird heute die zentrale Bedeutung dieses Problems für die sozialistische Wirtschaft anerkannt.[3] In seiner Beurteilung jedoch lassen sich drei Hauptgruppen unterscheiden, von denen zwei den herkömmlichen Gegensatz von Marktwirtschaft und marktloser Wirtschaft vertreten,[4] die dritte, erst in Konstituierung befindliche Gruppe aber auf einer von diesem Gegensatz prinzipiell unabhängigen Grundlage fußt. Wir wollen diese letzteren allerdings recht spärliche Gruppe die der Vertreter der *positiven* sozialistischen Theorie nennen.

Zwischen den beiden ersteren, einander bekämpfenden Hauptgruppen nun besteht Einmütigkeit bezüglich der Fragestellung. Beiderseits wird der theoretische Gegensatz von Marktwirtschaft und marktloser Wirtschaft mit dem Gegensatz: Kapitalismus gegen Sozialismus identifiziert und damit die sozialistische Wirtschaft von vornherein nicht nur im kollektivistischen, im staatssozialistischen Sinne, sondern eben als eine verkehrslose, eine marktlose Wirtschaft, als eine zentrale Verwaltungswirtschaft definiert. So heftig diese beiden Gruppen einander sonst befehden mögen, bieten sie doch der dritten, sich neuerdings meldenden Gruppe, die wir die der positiven sozialistischen Theoretiker genannt haben, eine gemeinsame, geschlossene Front dar. In diese letztere würden wir die Schöpfer des funktionellen Sozialismus in England, insbesondere die Vertreter des *funktionellen Gildensozialismus,* sowie sozialistische Theoretiker von der wissenschaftlichen Gesinnung E. Heimanns und J. Marschaks[5] einreihen.[5a]

Auch unsere Schrift entstand im betonten Gegensatz zu beiden herkömmlichen Richtungen und sollte einen ersten Versuch darstellen, die Forderung nach Schaffung einer positiven sozialistischen *Wirtschaftslehre* gegenüber dem unserer Überzeugung nach theoretisch überholten Schulstreit der orthodoxen Marxisten und ihrer »bürgerlichen« Gegner zur Geltung zu bringen.[6]

Und nun zur Sache. Die Forderung nach Schaffung einer positiven sozialistischen Wirtschaftslehre stellen, heißt selbstredend zugeben, daß eine solche noch *nicht* vorhanden ist. Ausführlich haben wir in unserer Arbeit die methodologischen Folgerungen aus dieser Sachlage für unsere Behandlung des Problems der Rechnungslegung auseinandergesetzt. Andererseits haben wir aber auch aus derselben Rücksicht unsere Definitionen und sonstigen Annahmen auf eine Weise gefaßt, daß damit der Weg zu einer positiven Behandlung der sozialistischen Wirtschaftslehre *freigehalten* bleibt.

Insbesondere gilt das in drei Hinsichten: erstens für die Definition der sozialistischen Wirtschaft, zweitens für die gegenseitige Beziehung von Recht und Wirtschaft, endlich drittens für die Analyse der Wirtschaftsmotive. Die sozialistische Wirtschaft wurde von uns auf eine Weise gefaßt, durch die die Organisation der Gemeinwirtschaft, im weitesten Sinne des Wortes, unberührt bleibt. Die Verwirklichung von zwei Forderungen – der maximalen Produktivität der Produktion einerseits, der Herrschaft des sozialen Rechtes, sowohl hinsichtlich der Verteilung als auch der sozialen Richtung der Produktion andrerseits – erschöpfte für uns den Begriff einer sozialistischen Wirtschaft.[7]

In gleichem Sinne behandelten wir die Begriffe Recht und Wirtschaft: nicht statisch, als zwei Erscheinungsformen ein und desselben sozialen Substrates (Eigentumsverhältnisse = Produktionsverhältnisse), sondern dynamisch, als zwei voneinander relativ unabhängige Faktoren des gesellschaftlichen Seins. So wurde es uns erst möglich, Rahmenwirkungen und Eingriffswirkungen des Rechtes auf die Wirtschaft zu unterscheiden, eine Distinktion, durch die die übliche Alternative von Verwaltungswirtschaft als rechtlich geregelter Wirtschaft und freier Wirtschaft, als einer von Rechtsregelung freien Wirtschaft aufgehoben erscheint.[8]

Schließlich gestalteten wir das Problem der Scheidung von »natürlichen« und »sozialen«[9] Kosten eines Produktes zu einer Analyse des »einheitlichen Wirtschaftswillens« in bezug auf die

Motive, aus denen er hervorgegangen ist, und zeigten damit den konkreten Zusammenhang zwischen der inneren Organisation des Wirtschaftssubjekts und der Zusammensetzung seines Wirtschaftswillens auf.

Für die Schaffung einer positiven sozialistischen Wirtschaftslehre ist freilich mit alledem noch nicht viel geleistet. Dennoch ließe sich unschwer zeigen, daß die erwähnten Definitionen und Annahmen gemacht werden müssen, wenn eine positive sozialistische Wirtschaftslehre möglich sein soll. Die englischen Funktionalisten gingen ähnlich vor um die angeblich zwangsläufige Alternative: Kollektivismus oder Syndikalismus? zu überwinden.[10] Wir bemühten uns auch, in unserer Schrift klarzulegen, daß unsere Definitionen und Annahmen nur *auf dem Boden der funktionalistischen Anschauung der Gesellschaft* fruchtbar sein können.[11] Kurz, unser Lösungsversuch beruht auf der doppelten Voraussetzung, daß weder für die Theorie der Wirtschaft der Gegensatz: Marktwirtschaft gegen marktlose Wirtschaft noch für die Theorie der sozialistischen Wirtschaftsorganisation der Gegensatz: Kollektivismus gegen Syndikalismus eine notwendige Alternative darstellt.

Mises hat darum in seiner Kritik unzweifelhaft den Kernpunkt der Frage berührt, indem er die funktionalistische Position selbst angreift. »Zwischen Syndikalismus und Sozialismus gibt es keine Vermittlung und keine Versöhnung«, meint Mises. (Unter Sozialismus ist hier stets kollektivistischer Sozialismus zu verstehen.) Der Fehler unserer Konstruktion liege darum in der Unklarheit, mit der sie »der Kernfrage: Syndikalismus oder Sozialismus auszuweichen sucht«. Insbesondere gelte das für die Annahme einer Verfassungsform, in der die Übereinkunft von zwei funktionellen Hauptverbänden, Kommune und Produktionsverband, die höchste Macht in der Gesellschaft darstellt. Den Beweis für seinen Einwand meint nun Mises durch folgenden Gedankengang zu erbringen:

Er zitiert aus unserer Schrift: »Funktionelle Vertretungen ein und derselben Menschen können nie in einen unlösbaren Widerstreit miteinander geraten – das ist die Grundidee jeder funktionellen Verfassungsform.« Hiezu führt er aus: »Diese Grundidee der funktionellen Verfassungsform ist jedoch verfehlt. Wenn – und das ist die stillschweigende Voraussetzung der Polanyischen und aller verwandten Konstruktionen – das politische

Parlament durch die Wahl aller Genossen bei gleichem Stimmrecht jedes einzelnen gebildet werden soll, dann kann sehr wohl zwischen ihm und dem Parlament der Produktionsverbände, das aus einer ganz anders aufgebauten Wahlordnung hervorgeht, ein Widerstreit entstehen.« Hat nun »weder die Kommune, noch der Kongreß der Produktionsverbände die letzte Entscheidung, dann ist das System überhaupt nicht lebensfähig. Ist die letzte Entscheidung bei der Kommune, dann haben wir es mit einer zentralen Verwaltungswirtschaft zu tun, für die auch Polanyi die Unmöglichkeit der Wirtschaftsrechnung zugesteht. Ist aber die letzte Entscheidung bei den Produktionsverbänden, dann haben wir ein syndikalistisches Gemeinwesen vor uns.«

Dieser Gedankengang wäre nun allerdings zwingend, wenn der unausgesprochene Hauptsatz, auf den er sich stützt, richtig wäre. Er ist es aber nicht. Dieser Hauptsatz müßte lauten: »Eine Verfassungsform ist nur dann lebensfähig, wenn die letzte Entscheidung bei *einer* der verfassungsmäßig anerkannten Körperschaften liegt.« Es bedarf wohl keines Beweises, daß für die überwiegende Zahl unbestritten lebensfähiger Verfassungen das Gegenteil zutrifft: Die letzte Entscheidung liegt *nicht* bei einem, sondern wenigstens bei zweien der gesetzgebenden Faktoren.

Dieser Fehlschluß von Mises erklärt sich wohl daraus, daß Mises den Doppelsinn des Wortes »Verfassungsform« je nach dem darunter ein bloß tatsächliches gesellschaftliches *Machtverhältnis* oder aber ein gesellschaftliches *Anerkennungsverhältnis* gemeint ist, nicht beachtet hat. Nur für die Verfassungsform der Gesellschaft im ersteren Sinne, als eines gesellschaftlichen Machtverhältnisses, gilt aber der Satz, daß dieses, um wirksam zu sein, ein Übermachtverhältnis darstellen muß, das heißt, die Entscheidung bei einer der Parteien liegen muß. Auf die Verfassungsform im anderen Sinne des Wortes, als eines gesellschaftlichen Anerkennungsverhältnisses, läßt sich dieser Satz keineswegs übertragen. Indem Mises das dennoch tut, gelangt er zu seinem irrigen Hauptsatz, daß eine Verfassungsform nur dann lebensfähig sei, wenn die Entscheidung bei *einem* der verfassungsmäßig anerkannten Faktoren liege. Das Irrige dieses vorweggenommenen Hauptsatzes wurde für Mises vielleicht durch den Doppelsinn des Ausdrucks »letzte Entscheidung« verhüllt, bei dem das Eigenschaftswort »letzte« einerseits einen Hinweis auf das *hinter* dem Anerkennungsverhältnis wirkende *Machtverhältnis* enthält, andererseits auch auf die höchste Instanz *unter dem Anerkennungsverhältnis selbst* hinweist.

Auch hinter einem unrichtigen Gedankengang mag nun ein zutreffender Einwand verborgen liegen. Wir wollen deshalb versuchen, den Misesschen Einwand neu zu fassen, nachdem wir das Problem der teleologischen Notwendigkeit eines einheitlichen Organs als Entscheidungsinstanz sowohl für die Verfassungsform, als Machtverhältnis wie auch als Anerkennungsverhältnis gedacht, kurz erörtert haben werden:

Unter dem Machtverhältnis ist die Erledigung eines Widerstreites zwischen den Parteien nur im Falle der dauernden Übermacht der einen über die andere möglich. Die Entscheidung liegt hier somit immer bei *einer* der beiden Parteien. Bei gleicher oder bei schwankender Macht der Parteien muß daher das Machtverhältnis begrifflich versagen: eine Erledigung des Widerstreites der Parteien auf dem Boden des Machtverhältnisses bleibt dann grundsätzlich ausgeschlossen. Soll eine Erledigung dennoch stattfinden, so muß deshalb zwischen den Parteien ein Anerkennungsverhältnis eintreten (zum Beispiel Begründung einer Verfassung, von Recht, von Sitte usf.). Auch unter dem Anerkennungsverhältnis *kann* nun die Entscheidung, allerdings nur äußerlich und scheinbar, einer der beiden Parteien zugesprochen werden (zum Beispiel im Wege einer wechselweisen oder einer Entscheidung durch das Los), es *muß* das aber nicht und wird in der Regel auch nicht der Fall sein. Die Parteien haben hier eben die Verpflichtung, zu einer Vereinbarung zu gelangen, gegenseitig *anerkannt*, womit die Erledigung ihres möglichen Widerstreites grundsätzlich gesichert ist. Auf welcher Seite gelegentlich das *Übergewicht* auf Boden des Anerkennungsverhältnisses – zum Unterschied von der *Übermacht*, die das Anerkennungsverhältnis selbst aufheben würde –, hiebei zu liegen kommt, ist ein nebensächlicher Umstand, der nur den Kompromißpunkt zwischen den Parteien verschieben, das Anerkennungsverhältnis aber und damit die Verpflichtung zur einverständlichen Erledigung des Widerstreites nicht aufheben kann. Die Identifizierung dieses Übergewichtes mit jener Übermacht scheint uns die andere Verwechslung zu sein, die Mises unterlaufen ist.

Der Einwand von Mises hätte demnach, um dieser Bezeichnung gerecht zu werden, etwa also lauten müssen: »Die dauernde Übermacht der Kommune über den Produktionsverband (oder umgekehrt) schließt ein Anerkennungsverhältnis zwischen beiden aus; es muß darum beim bloßen Machtverhältnis zwischen ihnen verbleiben, das nur wirksam sein kann, wenn die Entscheidung bei einem der beiden Verbände liegt. Ergo: Kollektivismus oder Syndikalismus.«

Um nun aber auch den *Beweis* für diesen Einwand zu erbringen, hätte Mises freilich anzugeben gehabt, *welchem* der beiden Verbände die behauptete Übermacht dauernd zufallen müsse? (Daß es sich hier nur um die dauernde Übermacht handeln könne, folgt, wie oben gezeigt, daraus, daß ein ständiges Hin- und Herschwanken der Übermacht ein Anerkennungsverhältnis zwischen den Parteien zulassen, ja geradezu erforderlich machen würde.) Dieser Frage kann Mises demnach nicht ausweichen, denn es hieße seinerseits zugeben, daß es theoretisch nicht möglich ist, den einen dieser funktionellen Verbände vor dem anderen zu bevorzugen. Gerade das ist es aber, was von uns als Folge des funktionellen Prinzips behauptet wurde und was Mises zugunsten seiner unbewiesenen Alternative: Kollektivismus oder Syndikalismus zu widerlegen vermeint hat.

Auf jene Frage gibt es allerdings keine Antwort. Der Mensch als Produzent und der Mensch als Konsument vertritt zweierlei Grundmotive, durch die ein und derselbe Lebensprozeß – das Wirtschaften des Individuums – bestimmt wird. Die Interessen, die diesen Motiven entspringen, befinden sich daher grundsätzlich im Gleichgewicht. Stellen Kommune und Produktionsverband, wie angenommen, gesonderte Vertretungen dieser Willensrichtungen dar, so treten in diesen funktionellen Verbänden grundsätzlich ebenfalls gleichstarke Interessen einander gegenüber. Ein Schwanken zugunsten des einen oder anderen Interesses und damit des Übergewichtes bleibt dann zwar ebenso denkbar wie im Falle eines Einzelindividuums innerhalb seiner selbst, die unausbleibliche Rückwirkung dieser Schwankung auf das andere, vorübergehend zurückgedrängte, mit dem ersteren polar verbundenen Interesse muß aber das Gleichgewicht alsbald selbsttätig wiederherstellen. Das Gleichgewicht im Machtverhältnis, damit die Aufhebung dieses Verhältnisses und die Begründung eines Anerkennungsverhältnisse, folgen somit hier aus dem funktionellen Prinzip und schließen einen immanenten Einwand gegen die Möglichkeit des funktionellen Gleichgewichtes aus. Einen solchen vorzubringen hat Mises übrigens gar nicht versucht.[12]

Um nun auf die unwillkürlich irreleitende Form des Misesschen Einwandes zurückzukommen, bemerken wir, daß wir selbstredend gar nicht behauptet hatten, daß sich zwischen Kommune und Produktionsverband kein Widerstreit ergeben könne. Dieser Widerstreit gehört vielmehr zum Lebenselement einer funktionell gedachten sozialistischen Gesellschaft. Statt des Widerstreits gleichartiger Interessen verschiedener Menschengruppen, wie es in einer Klassengesellschaft der Fall ist, bildet im Sozialismus *der Widerstreit verschieden gearteter Interessen ein und derselben Menschengruppen* das grundlegende *Bewegungsprinzip* der Gesellschaft und damit auch der Wirtschaft. Nicht allein aus der Verschiedenheit der Wahlordnungen, wie Mises meint, sondern aus dem funktionellen Prinzip selbst folgt also der von ihm wie von uns gleichermaßen betonte Widerstreit zwischen den funktionellen Hauptverbänden. Was wir demnach als die Grundidee einer funktionellen Verfassungsform hingestellt hatten, war vielmehr, daß dieser notwendige Widerstreit dort nie *unlösbar* sein kann, weil bei der Durchsichtigkeit der funktionellen Organisation der Widerstreit zwischen den verschieden gerichteten Interessen ein und derselben Individuen ebenso seinen Ausgleich finden *müsse,* wie das innerhalb eines einzelnen Individuums bezüglich seiner verschieden gerichteten Interessen tatsächlich der Fall ist. Das Individuum soll eben hier im Wege seiner funktionellen Vertretungen *mit sich selber konfrontiert werden.* Die Notwendigkeit des funktionellen Interessenausgleichs beruht dann auf der psychischen und physischen Einheit des Individuums und bedarf keines weiteren Beweises, ist eines solchen auch nicht fähig. Um zu beweisen, daß diese Konfrontation nicht eintreten könne, hätte Mises, in Ermangelung einer immanenten Einwendung gegen das funktionelle Prinzip, seine Argumentation gegen die funktionelle Organisationsform richten müssen. Er hätte dann entweder beweisen müssen, daß selbst das funktionelle Vertretungssystem keine entsprechende Vertretung der gesonderten Willensrichtungen der Individuen bewirke, oder daß selbst die funktionelle Demokratie nicht jenen Grad der Durchsichtigkeit gewährleiste, bei welchem die Identität der auf beiden Seiten beteiligten Individuen diesen ins Bewußtsein treten müsse. Mises hat nun in seiner, allerdings kurz gefaßten und knapp vorgetragenen, Kritik keines dieser beiden Dinge behauptet, geschweige denn bewiesen.

Während nun Mises aus der richtigen Erfassung des Funktionalismus heraus den Widerstreit zwischen den funktionellen Organen in den Vordergrund rückt, hiebei aber so weit geht, daß er wegen des Zusammenpralls der entgegengesetzten Interessen der Konsumenten und Produzenten geradezu die Lebensunfähigkeit der funktionellen Verfassungsform behauptet, erklärt Weil, daß Kommune und Gilde »gar keine wirklichen widerstreitenden Interessen haben«![13] Kein Wunder, daß ihm darum alle wesentlichen Folgerungen, die wir aus dem funktionellen Aufbau unserer angenommenen sozialistischen Wirtschaft gezogen haben, auf bloßer »Einbildung«,[14] auf einer »merkwürdigen Wahnvorstellung«,[15] auf einer »mystischen Kraft«,[16] die wir dieser Organisationsform zuschreiben, zu beruhen scheinen! Die Erklärung für dieses weitgehende Versagen der kritischen Bemühungen Weils ist jedoch ziemlich offensichtlich. Es ist ihm das Mißgeschick widerfahren, *zwei Termini*, die als Angelpunkte für unseren Gedankengang dienen, *falsch zu deuten:* Die von uns angenommene Verfassung der Gesellschaft bezeichneten wir als eine »funktionelle«; und für die sozialistische Wirtschaft dieser funktionell organisierten Gesellschaft nahmen wir ein genau umschriebenes System von »Festpreisen«, das heißt rechtlich festgesetzten, und von »Vereinbarungspreisen«, das heißt vereinbarten Preisen an. Auf dieser letzteren, übrigens allgemein geläufigen Entgegenstellung beruht also die Beschreibung der von uns angenommenen Wirtschaft. Weil mißdeutete[17] nun diese Vereinbarungspreise als eine Abart von Festpreisen und *las über diese grundlegende Unterscheidung folgerichtig hinweg*. Ähnliches widerfuhr ihm mit dem Zentralbegriff unserer Arbeit, dem Terminus »funktionell«. Er identifiziert durchgängig »funktionell« mit »gildensozialistisch«.[18] Daher auch der Titel seiner kritischen Schrift: »Gildensozialistische Rechnungslegung«. Nun beruht zwar unsere Arbeit auf der Annahme einer gildensozialistisch zusammengefaßten Produktion, jedoch im Rahmen einer *funktionell* organisierten Gesellschaft. *Aus der funktionellen Organisation der Gesellschaft aber, nicht aus der gildensozialistischen Zusammenfassung der Produktion leiten wir unsere Gedankengänge ab!*

Weil setzt nun, wie gesagt, den Terminus »funktionell«, dessen Bedeutung in der neueren sozialistischen Literatur ihm offenbar unbekannt geblieben war, mit dem Terminus »gildensozialistisch« gleich. An dieser *entscheidenden Mißdeutung* mußten seine redlichen Bemühungen, unserer Arbeit zu verstehen, *zwangsläufig scheitern.*[19] Unser ganzer Gedankengang mußte ihm als ein Chaos von Widersprüchen vorkommen. Diese »Widersprüche«[20] finden aber ihre natürliche Auflösung, wenn unter Vereinbarungspreisen nicht ihr Gegenteil verstanden wird, sowie wenn die produktionsorganisatorische Vorstellung einer gildenmäßig zusammengefaßten Produktion durch den *ganz anders gearteten* Begriff einer funktionellen Verfassungsform der Gesellschaft ersetzt wird.[21]

Bloß zufällig konnten sich unter dieser Verumständung sachliche Berührungspunkte zwischen Weils kritischen Bemerkungen und unserem Gedankengang ergeben. Wir haben nur einen angetroffen, und zwar dort, wo Weil die Bestimmung der quasi-sozialen Kosten für undurchführbar erklärt, weil hiezu von den neuen Produktionskosten eine »völlig imaginäre Größe substrahiert werden müßte, nämlich diejenigen Kosten, welche entstanden sein würden, wenn infolge Unterbleibens der fraglichen Einwirkung des sozialen Rechtes zum Beispiel dieses bestimmte Produkt überhaupt nicht, sondern an seiner Stelle ein anderes produziert worden wäre«.[22] Diese Bemerkung ist insofern zutreffend, als die Kosten der Einwirkung des sozialen Rechtes in bestimmten *Grenzfällen,* nämlich wo diese Einwirkungen ganz neue, das heißt mit den bisherigen unvergleichbare Produktionsbedingungen schaffen würden, konjektural werden müßten, das heißt, ihre errechnete Summe innerhalb angebbarer Grenzen schwanken müßte. Für die Wirtschaft einer funktionellen Gesellschaft würde nun ein derartiger Grenzfall den Übergang zu einer dynamischen Erscheinung darstellen, die den »Übergang von Kostengruppen ineinander« zur Folge hätte.[23] In der Dynamik müssen nämlich gewisse »soziale Kosten« immer wieder zu »natürlichen Kosten« werden, und zwar geschieht das in der Regel, sobald diese sozialen Kosten zu den allgemeinen Produktionsbedingungen der Gesellschaft geworden sind. Der Gürtel von Eingriffen in die Wirtschaft verdichtet sich in diesem Fall zum Rahmen der Wirtschaft, und damit werden die durch diese Eingriffe verursachten Kosten aus Eingriffskosten zu Rahmenkosten und dürfen nicht mehr als soziale, sie müssen als natürliche Kosten gedeutet werden. Die Rechnungslegung über diesen Übergang bildet dann die *Rechnungslegung über die Dynamik der Wirtschaft,* ohne die eine ziffernmäßige Übersicht über längere Perioden grundsätzlich nicht möglich wäre. In der von uns angenommenen funktionellen Gesellschaft würde der Übergang einer »sozialen« Kostengruppe in eine »natürliche« fallweise durch die Übereinkunft von Kommune und Produktionsverband festgestellt werden. Der Einwand Weils beruht somit auf einer dynamischen Erscheinung, die wir in unserem statischen Bilde unberücksichtigt lassen mußten und andeutungsweise in eine Anmerkung verlegten, die Weil allerdings gleichfalls mißverstanden hat.[24]

3. Das Wesen des Faschismus

Ein siegreicher Faschismus bedeutet nicht nur den Untergang der sozialistischen Bewegung, er bedeutet auch das Ende des Christentums in allen Formen außer in seinen extrem verfälschten.

Der gleichzeitige Angriff des deutschen Faschismus sowohl auf die Organisationen der Arbeiterbewegung als auch auf die der Kirchen ist kein bloßer Zufall. Er ist symbolischer Ausdruck jenes verborgenen philosophischen Wesens des Faschismus, der ihn zum gemeinsamen Feind des Sozialismus wie auch des Christentums macht. Das ist unsere Hauptthese.

Überall in Mitteleuropa werden sozialistische Parteien und Gewerkschaften von den Faschisten verfolgt, ebenso aber christliche Pazifisten und religiöse Sozialisten. In Deutschland konstituiert sich der Nationalsozialismus entschieden als Gegenreligion zum Christentum. Die Kirchen erleiden Unterdrückung, nicht wegen irgendeiner unchristlichen Rivalität mit der weltlichen Macht, sondern weil sie trotz aller Kompromisse mit der Welt nicht aufgehört haben, christlich zu sein. Der Staat attackiert die religiöse Unabhängigkeit der protestantischen Kirchen, und wenn es ihnen gelingt, ihre Unabhängigkeit zu behaupten, dann macht er sich seelenruhig an die Säkularisierung der Gesellschaft und des Unterrichtswesens. Selbst die römisch-katholische Kirche steht in Deutschland unter schwerem Beschuß. Es besteht begründeter Zweifel, ob der Lateranvertrag in Italien die Erwartungen der Kirche erfüllt hat. Dort, wo sie scheinbar ihre Position behaupten konnte, wie in Österreich, ist ihre Lage sowohl politisch als auch moralisch mehr als unsicher.

Unsere Darstellung mag den Eindruck erwecken, daß wir die Bedeutung der Entwicklungen in Deutschland überbewerten und die Tatsache übersehen, daß der Kampf zwischen dem Faschismus und den Kirchen durchaus nicht allgemein ist. Zweifellos verfolgt die katholische Kirche in den einzelnen Ländern nicht den gleichen politischen Kurs, und selbst in ein und demselben Land variieren die Einstellungen der verschiedenen christlichen Gemeinschaften gegenüber dem faschistischen Parteistaat. In der Enzyklika *Quadragesimo anno* eröffnete der Papst eine Möglichkeit des Kompromisses mit der faschistischen Gesellschaftslehre;

obwohl dies vor dem Sieg des Nationalsozialismus geschah, ließ es keinen Zweifel über die Richtung, die Rom in bezug auf die künftige Entwicklung einzuschlagen bereit war. Das Experiment mit einer Art von katholischem Faschismus in Österreich ist ein schlüssiger Beweis dafür.

Indessen scheinen diese Beispiele katholischer Kompromißwilligkeit die Bedeutung des Kirchenkonflikts in Deutschland, dessen Schwere und Realität nicht unterschätzt werden dürfen, eher zu verstärken als zu vermindern. Dies bestätigt unsere Überzeugung, daß wir uns mit dem Nationalsozialismus befassen müssen, wenn wir die politischen und philosophischen Wesenszüge des vollentwickelten Faschismus aufdecken wollen. Ähnliche Bewegungen in anderen Ländern sind bloß verhältnismäßig unterentwickelte Spielarten des Prototyps. Der italienische Faschismus hat, trotz Mussolini, keine eigene spezifische Philosophie; ja, er ist geradezu gekennzeichnet durch einen bewußten Verzicht darauf. Das ständestaatliche Österreich tritt auf der Stelle. Nur in Deutschland hat der Faschismus jene entscheidende Phase erreicht, in der eine politische Weltanschauung in eine Religion umschlägt. Der Nationalsozialismus ist in der Tat dem italienischen und dem österreichischen Faschismus fast ebensoweit voraus wie der Sozialismus in Sowjetrußland den schüchternen sozialistischen Ansätzen der sozialdemokratischen Regierungen in Mitteleuropa.

Dennoch mag es Einwände geben gegen die Heranziehung des deutschen Kirchenkonflikts als Beweis für einen immanenten Gegensatz von Faschismus und Christentum. Erstens besteht offenkundig keine Identität zwischen dem Christentum und den Kirchen; und zweitens ist da der traditionelle Streit zwischen der sozialistischen Bewegung und den Kirchen auf dem europäischen Kontinent.

Man kann gewiß nicht behaupten, daß jeder, der die christlichen Kirchen angreift, damit auch das Christentum attackiert. Nur allzu oft ist im Laufe der Geschichte das Gegenteil der Fall gewesen. Selbst im heutigen Deutschland stehen christliche Pazifisten und religiösen Sozialisten der Amtskirche ebenso fern wie eh und je; das gleiche gilt für die religiösen Sozialisten in Österreich. Nicht einmal die gemeinsame Verfolgung konnte die Kluft zwischen dem lebendigen Glauben christlicher Revolutionäre und dem organisierten Christentum überbrücken. Aber solange die Kirche in Deutschland dem Faschismus in der Verteidigung des christlichen Glaubens und der Universalität ihrer Mission die Stirn bietet, kann die Bedeutung ihrer Zeugenschaft nicht geleugnet werden. Im übrigen zeigt sich hier ein bedeutsamer Unterschied zwischen dem Schicksal der westlichen Kirchen in Deutschland und dem der orthodoxen Kirche in Rußland, wo die Kirche nicht deshalb verfolgt wurde, weil sie ihrer christlichen Sendung treu war, sondern gerade, weil sie es nicht war. Denn wer könnte leugnen, daß die orthodoxe Kirche in Rußland ein politisches Bollwerk der zaristischen Tyrannei gewesen ist, zu einer Zeit, als das soziale Ideal des Christentums im Grunde auf seiten der Revolution zu finden war?

Dies hilft uns, den anderen Einwand zu klären: den Hinweis auf den traditionellen Streit zwischen den sozialistischen Parteien und den Kirchen auf dem europäischen Kontinent. Diese Gegnerschaft hat zweifellos seit der Entstehung der Arbeiterbewegung bestanden.

Indessen sollte das russische Beispiel sehr davor warnen, es als Argument zu benützen, denn in den Augen der Massen waren auch die Kirchen des Westens weit davon entfernt, die Ideale des Christentums zu verkörpern. Auch wenn das organisierte Christentum vorsichtige Lippenbekenntnisse zu den Idealen des Sozialismus ablegte, bekämpfte es diesen doch mit aller Macht. Zum gegenwärtigen Zeitpunkt jedoch bekennen sich die Kirchen trotz ihrer überwiegend reaktionären Haltung doch unbewußt zu jenem christlichen Inhalt, den sie mit dem Sozialismus gemeinsam haben. Daher greift sie der Nationalsozialismus nicht *trotz* seiner Gegnerschaft zum marxistischen Sozialismus, sondern *infolge* dieser Gegnerschaft an. Das aber ist eben unsere These.

Oberflächlich gesehen, ist das Argument äußerst einfach: Kein Angriff auf den Sozialismus kann auf die Dauer wirksam sein, wenn er sich nicht auch auf die religiösen und moralischen Wurzeln der Bewegung erstreckt. In diesen Wurzeln aber liegt das christliche Erbe. Die Faschisten, die angetreten sind, um die Menschheit von den angeblichen Täuschungen des Sozialismus zu befreien, können die Frage der letztlichen Wahrheit oder Unwahrheit der Lehren Jesu nicht umgehen.

Doch die Politik befaßt sich nicht mit Abstraktionen. Was im Bereich des reinen Denkens als unauflöslicher Widerspruch erscheinen mag, muß in der Realität nicht unbedingt zum Konflikt führen. Wenn faschistische Regierungen große Risiken eingehen, um in die christliche Religion heidnische Elemente einzuschmuggeln, dann tun sie dies aus zwingenden Gründen rein praktischer Art. Welches sind diese Gründe? Sind es nur zufällige, oder entspringen sie zwangsläufig den Bestrebungen des Faschismus, die Gesellschaft so umzustrukturieren, daß die Möglichkeit einer Entwicklung zum Sozialismus für alle Zeiten ausgeschlossen wird? Und wenn dies der Fall ist, wieso können sie diese Möglichkeit nicht eliminieren, ohne gleichzeitig jede Spur des Einflusses auszutilgen, den christliche Ideale auf die politischen und sozialen Institutionen der westlichen Kultur gehabt haben mögen?

Um eine Antwort darauf zu finden, müssen wir uns der Weltanschauung und der Gesellschaftslehre des Faschismus zuwenden.

I. Der faschistische Antiindividualismus

Die weitverbreitete Klage, der Faschismus habe kein eigenes, umfassendes philosophisches System hervorgebracht, wird dem Wiener Professor Othmar Spann nicht ganz gerecht. Ein halbes Jahrzehnt vor dem Auftauchen des ständestaatlichen Prinzips in der Politik der italienischen Faschisten machte er diesen Gedanken zur Grundlage einer neuen Staatstheorie. In den folgenden Jahren baute er diese Theorie zu einer Philosophie des menschlichen Universums aus und befaßte sich im Detail mit Politik, Volkswirtschaft und Soziologie ebenso wie mit allgemeiner Methologie, Ontologie und Metaphysik. Aber der Aspekt seines Systems, der es für unsere Untersuchung besonders bedeutsam macht, ist weder seine Priorität noch seine Geschlossenheit, sondern die Art und Weise, wie der Verfasser ihm einen Gedanken zugrunde gelegt hat, der in der einen oder anderen Form zum Leitgedanken aller faschistischen Denkschulen jeglicher Art geworden ist: den Gedanken des *Antiindividualismus*.[1]

Nach dieser allgemeinen Feststellung wenden wir uns einer genaueren Untersuchung ihrer weniger offensichtlichen Folgerungen zu.

Spann, der Prophet der Konterrevolution, beginnt seine Laufbahn inmitten des Verfalls und der Verzweiflung des Bürgertums von 1919. Nach seiner Auffassung ist die elfte Stunde gekommen.

Wir müssen wählen zwischen zwei Weltsystemen: Individualismus oder Universalismus.[2] Wenn wir den letzteren nicht akzeptieren, können wir den tödlichen Konsequenzen des ersteren nicht entgehen. Denn der Bolschewismus ist nichts anderes als die Übertragung der individualistischen Doktrin der natürlichen Menschenrechte von der politischen Sphäre auf die ökonomische. Er ist keineswegs das Gegenteil des Individualismus, sondern vielmehr seine folgerichtige Erfüllung. Trotz Hegel, meint Spann, blieb Marx durch und durch ein Individualist. In seiner Staatstheorie ist er individualistisch bis an die Grenze eines anarchistischen Utopismus. »Daß im Marxismus der ›Staat abstirbt‹, ist das Ergebnis seines immanenten Individualismus, der die Gesellschaft im wesentlichen als Abwesenheit von Herrschaft des Menschen über den Menschen betrachtet, als ›freie Assoziation‹ von Individuen.« Das sozialistische Ideal ist definitiv die »staatsfreie« Gesellschaft. Historisch gesehen, führt der Individualismus über Demokratie und Liberalismus zum Bolschewismus. Die »barbarische, brutale und blutige« Herrschaft des liberalen Kapitalismus, wie es Spann selbst nennt, bereitet den Weg für eine sozialistische Organisation des Wirtschaftslebens, eine Übergangsphase, für welche die repräsentative Demokratie den politischen Apparat zur Verfügung stellt. Sobald wir die endgültige Zerstörung des universalistischen Prinzips der mittelalterlichen Gesellschaft durch das Virus des Individualismus zulassen, ist kein anderes Ergebnis mehr möglich.

Das Bezeichnende an Spanns System ist die Art und Weise, wie er dieses Virus aufzuspüren versucht. Bei ihm ist der Individualismus kein auf Gesellschaftsphilosophie beschränktes Prinzip, sondern eine formale Methode der Analyse. Im Grunde ist der Individualismus schuld an der verderblichen kausalistischen Auffassung der Naturphänomene in der modernen Wissenschaft und damit letztlich an dem atomistischen Individualismus, in dessen Begriffen wir – zu unserem Verhängnis – die Gesellschaft sehen gelernt haben. Spanns »Universalismus« versteht sich als Gegenmethode zu diesem umfassenden Individualismusbegriff.

Die tiefe Überzeugung vom individualistischen Wesen der heute im Sinne des Sozialismus wirkenden Kräfte durchdringt den Faschismus in all seinen Formen. Der führende deutsche Pädagoge, Ernst Krieck, stellt die nationalsozialistische Revolution einerseits den zwei Phasen des Individualismus gegenüber, wie er in den letzten Jahrhunderten der Entwicklung Westeuropas verkörpert ist, und andererseits dem Sozialismus: seit der Renaissance, meint er, »wurden Volk, Staat, Gesellschaft und Wirtschaftsleben als eine bloße Summierung autonomer Individuen angesehen ... Beim Marxismus tritt der dialektische Zug zur Kollektivität hinzu. Im Sozialismus rangiert die Summe höher als ihre Teile; dies ist einem zwangsläufigen Mechanismus zuzuschreiben, der allerdings in der repräsentativen Massendemokratie bereits präformiert ist«. Der Individualismus wird daher, so behauptet Krieck, im Sozialismus nicht überwunden; es kommt darin nur zu einer Verschiebung des Schwerpunkts. Kurz gesagt: Der Sozialismus ist in der Demokratie präformiert. Der Sozialismus ist bloß ein Individualismus mit einem anderen Akzent.

Bei den italienischen Faschisten zeigt sich das gleiche zähe Festhalten an der Vorstellung von den individualistischen und liberalen Wurzeln des Sozialismus. So beispielsweise bei Mussolini selbst: »Freimaurerei, Liberalismus, Demokratie und Sozialismus sind der Feind.« Oder bei dem katholischen Faschisten Malaparte: »Es ist die ursprünglich angelsächsische Zivilisation, die neuerdings im demokratischen Liberalismus und im Sozialismus triumphiert.« Und schließlich bei einem reaktionären Aristokraten, dem Baron Julius Evola: »Die Reformation ersetzte die Hierarchie durch die spirituelle Priesterschaft der Gläubigen, welche die Fesseln der Autorität abwarf, und jedermann zu seinem eigenen Richter und zum Gleichen seines Nächsten machte. Das ist der Ausgangspunkt der ›sozialistischen‹ Fäulnis in Europa.«

Eine gleichartige Einstellung kommt auch im Nationalsozialismus zum Ausdruck. Um Hitler zu zitieren: »Die westliche Demokratie ist der Vorläufer des Marxismus, der ohne sie völlig undenkbar wäre.« Ähnlich äußerte sich Rosenberg: »Demokratische und marxistische Bewegungen berufen sich auf das Glück des *einzelnen.*« Gottfried Feders halboffizieller Kommentar zum Parteiprogramm spricht kurz und bündig vom »Kapitalismus und seinen marxistischen und bürgerlichen Mitläufern« – eine Verkürzung, hinter deren scheinbarer Paradoxie sich ein taktisch wohlüberlegter abfälliger Hinweis sowohl auf den Individualismus als auch auf den Sozialismus verbirgt.

Diese Übereinstimmung ist frappierend. Ein oder zwei Generationen hindurch wurde der Sozialismus von seinen Kritikern als

Feind der Persönlichkeitsidee angegriffen. Obwohl scharfsinnige Geister wie Oscar Wilde den Trugschluß entdeckten, wurde er von den Tagesschriftstellern weiterhin als beliebteste Anklage vorgebracht; daß der Bolschewismus das Ende der Persönlichkeit bedeute, ist tatsächlich fast zur Standardphrase der bürgerlichen Literatur geworden. Der Faschismus will mit dieser oberflächlichen Kritik nichts zu tun haben. Er meint es mit der Vernichtung des Sozialismus zu ernst, um sich mit Waffen zu begnügen, die so unangemessen sind, daß sie wirkungslos bleiben müssen. Er hat sich auf eine zutreffende Behauptung fixiert. Der Sozialismus ist tatsächlich der Erbe des Individualismus. Er ist tatsächlich jenes ökonomische System, unter dem allein die Substanz des Individualismus in der modernen Welt erhalten werden kann. Dies erklärt die Bemühungen um die Schaffung eines systematischen Wissensgebäudes, das als Grundlage für eine spezifisch faschistische, das heißt antiindividualistische Philosophie dienen könnte. Unter diesem Titel werden die meisten Arbeiten von Psychologen wie Prinzhorn, von Ethnologen wie Bäumler, Blüher und Wirth, und von Geschichtsphilosophen wie Spengler für unser Problem interessant. Man könnte mit Berechtigung feststellen, daß die unsichtbare Grenzlinie, die den Faschismus von allen anderen Schattierungen und Spielarten des reaktionären Antisozialismus trennt, gerade in seiner unabdingbaren und extremen Gegnerschaft zum Individualismus besteht. Kein geistiger Ahnherr dieser Idee, wie groß er auch sein mag, ist gefeit vor dem brutalen Angriff des Faschisten, der seine Attacke ausnahmslos auf der Bezichtigung aufbaut, der Individualismus sei schuld am Bolschewismus.

Die neuen, staatlich geförderten Strömungen in Deutschland, gleichgültig, ob sie auf rassischen oder stammesmäßigen oder bloß auf nationalen und superpatriotischen Grundsätzen beruhen, wenden sich auch dann gegen den Individualismus, wenn sie nicht vorgeben, eine völlige Entbehrlichkeit der Ethik entdeckt zu haben. So zielte Friedrich Gogartens *Politische Ethik*, deren nichtnationalistische Tendenz noch keineswegs die spätere Rolle ihres Verfassers in der Deutschen Christenbewegung voraussehen ließ, auf eine Neubewertung der Sozialethik in einem ausgesprochen antiindividualistischen Sinne. Kein Wunder also, daß sogar die katholische Kirche, die von allen christlichen Bekenntnissen am wenigsten dazu neigt, in ihrer Lehre die individualistischen

Elemente zu betonen, über die unchristlichen Tendenzen im Faschismus hauptsächlich mit der Begründung klagt, dieser anerkenne nicht das menschliche Individuum als solches.

Die Deutsche Glaubensbewegung schließlich ist frei von all den peinlichen Zweideutigkeiten, die der Deutschen Christenbewegung eigen sind. Sie ist deutsch, nicht christlich. Sie ist stolz auf die Wahl, die sie in dieser selbsterfundenen Alternative getroffen hat. Sie kann daher weitergehen und im Namen der Religion die grundsätzliche Ungleichheit der Menschen proklamieren. Damit ist das Endziel erreicht, denn es ist ja offenkundig, daß die demokratischen Konsequenzen des Individualismus dem Satz von der *Gleichheit der Individuen als Individuen*[4] entspringen. Das ist der Individualismus, auf dem die Demokratie beruht und dessen Zerstörung der Faschismus anstrebt. Es ist der Individualismus der Evangelien.

Wir sind nun wieder zum Ausgangspunkt zurückgekehrt. Wie wir gesehen haben, behauptet Spann, die Demokratie sei das institutionelle Bindeglied zwischen Sozialismus und Individualismus. Dies macht die repräsentative Demokratie zum Hauptangriffsziel des Faschismus. Es ist besonders wichtig, zu erkennen, daß die dahinter liegende politische Überzeugung auf soliden Fakten beruht.

Im Mitteleuropa, wenn nicht in ganz Europa, führte das allgemeine Wahlrecht zu einer enormen Stärkung des Einflusses der Industriearbeiterschaft auf die ökonomische und soziale Gesetzgebung, und immer, wenn es zu einer größeren Krise kam, neigten die aus allgemeinen Wahlen hervorgegangenen Parlamente zu sozialistischen Lösungen. Der stetige Fortschritt der sozialistischen Bewegung, sobald die repräsentative Demokratie auf eigenen Beinen stehen kann, ist die dominierende historische Erfahrung Europas in der Nachkriegszeit. Dies ist auch die Hauptquelle der Überzeugung in Europa, daß der Sozialismus kommen muß, wenn nur die Autorität der repräsentativen Demokratie unangetastet bleibt. Wenn also der Sozialismus nicht kommen soll, dann muß die Demokratie verschwinden. Das ist der *raison d'être* der faschistischen Bewegungen in Europa. Der Antiindividualismus ist bloß eine Rechtfertigung dieser politischen Einstellung.

Indessen entspricht die antiindividualistische Formel auch sehr gut den praktischen Erfordernissen dieser Bewegung. Die gleichzeitige Brandmarkung von Sozialismus und Kapitalismus als Abkömmlinge des Individualismus ermöglicht es dem Faschismus, sich vor den Massen als geschworener Feind beider aufzuspielen. Die in der Bevölkerung verbreiteten Ressentiments gegen den liberalen Kapitalismus werden damit auf höchst wirksame Weise gegen den Sozialismus gelenkt, ohne daß man auf den Kapitalismus in seinen nichtliberalen, das heißt korporativen Formen eingeht. Das ist ein zwar unbewußt angewandter, aber äußerst schlauer Trick. Erst wird der Liberalismus mit dem Kapitalismus gleichgesetzt, dann wird er über Bord geworfen; aber unbeschadet dessen lebt der Kapitalismus unter einem neuen Namen ungeschoren weiter.

II. Atheistischer und christlicher Individualismus

Uns geht es hier nicht in erster Linie um die Politik. Wir hoffen, daß es uns gelungen ist, die Tatsache herauszuarbeiten, daß der Antiindividualismus, grob gesprochen, der Schlüssel zu allen faschistischen Denkschulen ist. Was aber ist, genau besehen, der Individualismus, auf den sich der faschistische Angriff richtet, und wie ist sein Verhältnis zum Sozialismus und zum Christentum?

Die Antwort, die wir aus Spanns Argumentation herauskristallisieren wollen, ist äußerst paradoxer Natur. Sie besteht, kurz gesagt, darin, daß der Individualismus, auf dem der Sozialismus grundsätzlich beruht und gegen den Spanns Angriff notwendig gerichtet sein muß, ein völlig anderer Individualismus ist, als jener, gegen den seine eigentlichen Argumente gerichtet sind. Als kritischer Beitrag zum Faschismus ist daher Spanns Argumentation ein Fehlschlag. Dennoch enthüllt sie ungewollt jenen Inhalt des Individualismus, den Sozialismus und Christentum gemeinsam haben.

Spanns Verurteilung des Individualismus beruht auf der doppelten Behauptung, daß sein Individuumsbegriff wie auch sein Gesellschaftsbegriff fiktiv und widersprüchlich seien. Nach seinen Worten muß der Individualismus den Menschen als autonome, geistig gleichsam »auf sich selbst angewiesene« Wesenheit betrachten. Aber eine solche Individualität kann nicht real sein. Ihre geistige Autarkie ist imaginär. Ihre ganze Existenz ist nur eine

Fiktion. Das gleiche würde auf eine Gesellschaft zutreffen, die aus solchen Individuen zusammengesetzt wäre. Sie könnte existieren oder auch nicht – je nachdem, ob die Individuen die »Bildung« einer solchen Gesellschaft beschlössen oder nicht. Dies wiederum würde von den mehr oder weniger glücklichen Zufällen abhängen, ob sie mehr Sympathie oder mehr Antipathie füreinander empfänden, ob sie eine rationale oder eine irrationale Auffassung von ihrem Eigeninteresse hätten, usw. Einer solcherart vorgestellten Gesellschaft muß es offensichtlich an wesenhafter Realität mangeln.

Niemand kann die Kraft dieser Argumente leugnen. Dennoch beweisen sie genau das Gegenteil dessen, was sie beweisen sollten.

Spanns Kritik des Individualismus wird nämlich durch eine grundsätzliche Zweideutigkeit entkräftet. Was er zu widerlegen *beabsichtigt*, ist jener Individualismus, der die Substanz des Sozialismus ausmacht. Er ist dem Wesen nach christlich. Seine *tatsächlichen* Argumente richten sich jedoch gegen den atheistischen Individualismus. Beide diese Formen des Individualismus sind theologischen Ursprungs, doch ist der Bezug auf das Absolute bei der einen positiv und bei der anderen negativ. Tatsächlich ist die eine das genaue Gegenteil der anderen. Wenn wir die beiden miteinander verwechseln, können wir keine gültigen Schlußfolgerungen ziehen.

Die These des atheistischen Individualismus ist jene des Kiriloff in Dostojewskis *Dämonen:* »Wenn es keinen Gott gibt, dann bin ich, Kiriloff, Gott.« Das Argument scheint schlüssig: Gott ist das, was dem menschlichen Leben Sinn gibt und einen Unterschied zwischen gut und böse schafft. Wenn es außerhalb von mir keinen solchen Gott gibt, dann bin ich Gott, *denn ich tue diese Dinge*. Die Logik ist unwiderleglich. Im Roman beschließt Kiriloff, sein Gottsein zu verwirklichen, indem er die Angst vor dem Tod besiegt. Er gedenkt dies durch Selbstmord zu erreichen. Sein Sterben erweist sich als grausiger Irrtum.

Dostojewskis schonungslose Analyse Kiriloffs läßt keinen Zweifel in bezug auf das wahre Wesen und die Grenzen der geistig autarken Persönlichkeit. Der titanische Übermensch ist der Erbe der Götter, die Nietzsche für tot erklärt hat. In den mythologischen Gestalten des Raskolnikoff Stawrogin, des Iwan, von dem auch Smerdjakoff abgeleitet ist, am eindrucksvollsten aber in Kiriloff liefert uns Dostojewski eine fast mathematisch exakte Widerlegung dieser Vorstellung von der menschlichen Persönlichkeit. Spanns Kritik des Individualismus erweist sich als verspäteter Angriff auf Nietzsche, mit dessen Position Dostojewski schon ein halbes Jahrhundert vorher abgerechnet hatte.[5] Historisch gesehen, waren sowohl Nietzsche als auch Dostojewski von dem einsamen Genie Sören Kierkegaard vorweggenommen worden, der mit einem einzigartigen dialektischen Sprung eine Generation vor ihnen den autarken Menschen geschaffen und wieder ausgelöscht hatte.

Aber Othmar Spann rennt nicht nur offene Türen ein, er gelangt durch sie auch in die falschen Räume. Mit seinem wirkungsvollen, wenn auch überflüssigen Angriff auf den atheistischen Individualismus widerlegt er das, was er schließlich im korporativen Kapitalismus zu verteidigen gedenkt: den Individualismus der Ungleichen, und verteidigt unwissentlich das, was er widerlegen wollte: den Individualismus der Gleichen. Dieser ist nämlich mit dem christlichen Individualismus ebenso untrennbar verbunden, wie jener mit dem atheistischen Individualismus.[6]

Der christliche Individualismus entsteht aus dem genau entgegengesetzten Verhältnis zum Absoluten. »Die Persönlichkeit ist von unendlichem Wert, weil es Gott gibt.« Das ist die Lehre der Brüderlichkeit des Menschen. Daß Menschen Seelen haben, ist nur eine andere Form der Aussage, daß sie als Individuen unendlichen Wert haben. Die Aussage, sie seien gleich, ist nur eine Bekräftigung der Aussage, daß sie Seelen haben. Die Lehre von der Brüderlichkeit impliziert, daß Persönlichkeit außerhalb der Gemeinschaft nicht real ist. Die Realität der Gemeinschaft *ist* das Verhältnis zwischen Personen. Es ist Gottes Wille, daß die Gemeinschaft real sei.

Der beste Beweis für die Kohärenz dieser Reihe von Wahrheiten zeigt sich darin, daß der Faschismus, um eines dieser Verbindungsglieder loszuwerden, genötigt ist, sie alle zu verurteilen. Er versucht die Gleichheit der Menschen zu leugnen, kann dies jedoch nicht, ohne gleichzeitig zu bestreiten, daß der Mensch eine Seele hat. So wie die verschiedenen Eigenschaften einer geometrischen Figur sind diese Aussagen in Wirklichkeit eins. Die Entdeckung des Individuums ist gleichbedeutend mit der Entdekkung der Menschheit. Die Entdeckung der individuellen Seele ist gleichbedeutend mit der Entdeckung der Gemeinschaft. Die Entdeckung der Gleichheit ist gleichbedeutend mit der Entdeckung einer humanen Gesellschaft. Jedes ist im anderen impliziert. Die Entdeckung der Person ist gleichbedeutend mit der Entdeckung, daß Gesellschaft ein Verhältnis von Personen ist.

Denn die Idee des Menschen und die Idee der Gesellschaft können nicht getrennt behandelt werden. Was der Faschismus bekämpft, ist die christliche Idee vom Menschen und von der Gesellschaft als Ganzheit. Der Zentralbegriff ist dabei die Person, das Individuum in seinem religiösen Aspekt. Die konsequente Weigerung des Faschismus, das Individuum in diesem Sinne zu sehen, ist ein Zeichen seiner Einsicht, daß Christentum und Faschismus völlig unvereinbar sind.

Die christliche Idee der Gesellschaft besagt, daß diese ein Verhältnis zwischen Personen ist. Alles andere leitet sich logisch daraus ab. Die Zentralthese des Faschismus besagt, daß die Gesellschaft *kein* Verhältnis zwischen Personen ist. Das ist die wahre Bedeutung seines Antiindividualismus. Die implizierte Negation ist das formende Prinzip des Faschismus als Philosophie. Sie ist sein Wesenskern. Sie liefert dem faschistischen Denken seine spezifische Aufgabe in Geschichte, Wissenschaft, Ethik, Politik, Ökonomie und Religion. So erweist sich die Philosophie des Faschismus als ein Versuch, die Vision einer Welt zu schaffen, in der die Gesellschaft *kein* Verhältnis von Personen ist. Es wäre in der Tat eine Gesellschaft, in der es entweder keine bewußten menschlichen Wesen gibt oder nur solche, deren Bewußtsein in keinerlei Beziehung zur Existenz oder zum Funktionieren der Gesellschaft steht. Alles andere führt zurück zur christlichen Wahrheit über die Gesellschaft. Aber diese Wahrheit ist unteilbar. Die Leistung des Faschismus besteht darin, dies in seiner ganzen Tragweite erkannt zu haben. Und daher erkennt er ganz richtig die Verbundenheit der Begriffe Individualismus, Demokratie und Sozialismus. Er weiß daher, daß in diesem Kampf entweder das Christentum oder der Faschismus untergehen muß.

Auf den ersten Blick erscheint es fast unvorstellbar, daß der Faschismus sich eine Aufgabe gestellt haben sollte, die unserem normalen Denken so völlig aussichtlos vorkommt. Und dennoch hat er es getan. Daß seine Behauptungen und Thesen verblüffender sind als irgend etwas, das die Radikalen der Linken jemals hervorgebracht haben, sollte uns jedenfalls nicht überraschen. Der revolutionäre Sozialismus ist nur eine andere Formulierung und eine strengere Interpretation von Wahrheiten, die in Westeuropa seit fast zweitausend Jahren allgemein anerkannt sind. Der Faschismus bedeutet ihre Verleugnung. Dies erklärt auch die verschlungenen Wege, die er gehen muß.

III. Die Lösungen

Wir wollen das Problem nochmals formulieren. Wie soll man sich eine Gesellschaft vorstellen, die kein Verhältnis zwischen Personen ist? Es wäre eine Gesellschaft, deren Grundeinheit nicht das Individuum ist. Wie aber wäre in einer solchen Gesellschaft ein Wirtschaftsleben möglich, wenn weder Kooperation noch Austausch – beides persönliche Beziehungen zwischen Individuen – stattfinden können? Wie kann Macht entstehen, kontrolliert und nutzbringend ausgeübt werden, wenn keine Individuen vorhanden sind, die ihren Willen oder ihre Wünsche äußern können? Welche Art von Menschen soll eine derartige Gesellschaft bilden, wenn dieser Mensch kein Bewußtsein seiner selbst haben und wenn sein Bewußtsein nicht dazu führen dürfte, daß er in Beziehungen zu seinen Mitmenschen tritt? Bei Menschen, die mit der uns bekannten Form von Bewußtsein ausgestattet sind, erscheint ein solcher Zustand völlig unmöglich.

Und das ist auch tatsächlich der Fall. Die faschistische Philosophie bewegt sich absichtlich auf ganz anderen Bewußtseinsebenen als den traditionellen. Ihr Wesen ist durch zwei Begriffe gekennzeichnet: Vitalismus und Totalitarismus. Der Vitalismus als biozentrische Philosophie leitet sich von Nietzsche her, der Totalitarismus von Hegel. Aber beide Begriffe sollen hier sehr viel mehr ausdrücken als nur bestimmte Denksysteme. Sie verweisen auf bestimmte Existenzformen. Die vitalistische Philosophie Nietzsches wurde von Ludwig Klages bis zu einem erschreckenden Extrem weitergeführt. Sie wird gewöhnlich als Leib-Seele-Theorie des Bewußtseins bezeichnet. Hegels Philosophie des »absoluten Geistes« wurde in ähnlich extremer Weise von Spann benützt. Sie wird totalitaristische Philosophie genannt, manchmal auch mit dem umfassenderen Begriff des Universalismus bezeichnet. Sie stellt in gewisser Weise eine Analogie zu Hegels Theorie des »objektiven Geistes« dar, wobei aber anstelle des Geistes die Totalität im Mittelpunkt steht.

Als Gesellschaftsphilosophien beziehen sich Vitalismus und

Totalitarismus auf verschiedene, ja entgegengesetzte Formen menschlichen Seins. Der Vitalismus vertritt die animalische Ebene eines dumpferen und mehr materiellen Bewußtseins, der Totalitarismus impliziert ein verschwommenes, schattenhaftes und hohles Bewußtsein. Die Substanz des Vitalbewußtseins wird merkwürdigerweise als »Seele« bezeichnet (ein von Klages eingeführter Begriff), die Substanz des Totalitarismus als Geist. In der Regel bewegt sich das faschistische Denken zwischen den beiden hin und her. Im Konflikt dieser beiden Begriffe sind die Teilerkenntnisse und die fatalen Widersprüche der faschistischen Philosophie am ehesten zu begreifen.

IV. »Seele« kontra Geist

Beginnen wir mit einer allgemeinen Gegenüberstellung.

Die erste Form des Bewußtseins ist die »Seele«; sie ist dem vegetativen oder animalischen Bereich zugeordnet. Es gibt kein Ich. Es kann kein Streben nach Selbstverwirklichung geben, weil es kein Selbst gibt. Die Flut des Bewußtseins steigt nicht bis zur Fähigkeit der Intelligenz empor; ihr Höhepunkt ist nicht das Denken, sondern die Ekstase. Kein Hauch von Geist schwebt über die Oberfläche der Seele, um den Keil des Willens in die Substanz des animalischen Instinkts zu treiben. Weder Macht noch Wert haben sich im Tagtraum des Stammeslebens herauskristallisiert. Leben ist unmittelbar wie Berührung:

> Touch comes when the white mind sleeps
> and only then.
> . . . .
> Personalities exist apart;
> and personal intimacy has no heart.
> Touch is out of the blood
> uncontaminated, the unmental flood.[7]
>
> (D. H. Lawrence, *Pansies*)

Ob hier das Herrschaftsprinzip des Weiblichen oder des Männlichen zum Ausdruck kommt, ist fraglich; in beiden Fällen sind es ausschließlich die Gemeinschaften *eines* Geschlechts, die den Strom des Lebens bestimmen, sei es in den Klubs der jungen

Männer oder in matriarchischen »Schwesternschaften«. Der Geschlechtstrieb zieht sich wie ein dünner Faden durch den gesättigten Strom einer homoerotischen Emotionalität. Blut und Boden sind die metaphysischen Nährstoffe dieser fast greifbaren Körperseele, die noch dem Schoß der Natur verhaftet ist. Solcherart ist die Struktur des Bewußtseins im reinen Vitalismus.

Die andere Bewußtseinsform könnte von dieser nicht weiter entfernt sein. Der Geist ist das Hauptagens bei der Schaffung jener anderen Seinsebene, auf der Gesellschaft nicht persönliche Beziehungen bedeutet. In der Gesellschaft als Reich der Totalität gibt es keine Personen als Grundeinheiten. Die Einheiten sind vielmehr das Politische, das Ökonomische, das Kulturelle, das Künstlerische, das Religiöse; die Personen stehen nicht in Beziehung zueinander, außer durch Vermittlung jener Totalitätssphäre, die sie gemeinsam umfaßt. Wenn sie ihre Güter austauschen, dann vollziehen sie eine Anpassung an die Totalität, das heißt an die Ganzheit; wenn sie bei deren Herstellung zusammenwirken, dann stehen sie nicht in einem Verhältnis zueinander, sondern in einem Verhältnis zum Produkt. Hier hat nichts Persönliches Substanz, es sei denn, es wird objektiviert, das heißt entpersonalisiert. Selbst Freundschaft ist keine direkte Beziehung zweier Personen, sondern das Verhältnis beider zu ihrer gemeinsamen Freundschaft. Was der einzelne eigentlich als subjektive Erfahrung an sich erleben sollte, tritt ihm hier als farblose, halb durchscheinende Objektivität außerhalb seiner selbst entgegen. Gesellschaft ist ein riesiger Mechanismus unfaßbarer, aus Geistsubstanz zusammengesetzter Wesenheiten; die Substanz des persönlichen Seins ist nur der Schatten eines Schattens. Wir finden uns in einer Welt von Schemen, in der alles Leben zu besitzen scheint, nur nicht der Mensch.

Die Einzelheiten dieser Gegenüberstellung sind mehr oder weniger willkürlich ausgewählt, da jeder der beiden Gegenpole die Zusammenfassung einer ganzen Denkschule darstellt. Dennoch sind die von ihnen repräsentierten Werte und Methoden letztlich von Nietzsche beziehungsweise von Hegel abgeleitet. Sie sind biozentrisch in dem System, das im ersten Bild aufgezeigt wurde, das heißt überlebensbezogen, amoralisch, pragmatisch, mythologisch, orgiastisch, ästhetisch, instinktiv, irrational, streitbar oder teilnahmslos; und im zweiten Bild logozentrisch, das heißt, Werte und Ideen sind verbunden und abgestuft, hierarchisch, vernunftbezogen, ein Reich der objektiven Existenz von Intellekt und Geist.

Sowohl Nietzsche als auch Hegel waren Denker von großer intellektueller Leidenschaft. Und doch werden sie von ihren kleineren Epigonen weit übertroffen in der Fähigkeit zu einseitig ausgerichtetem Denken. Klages ist Nietzsche ohne den Übermenschen, Spann ist Hegel ohne Dialektik. Beide Weglassungen sind so entscheidend, daß sie eher an eine Karikatur als an ein Porträt gemahnen. Bei Klages wie auch bei Spann führt diese Veränderung bloß zu einer Verstärkung des reaktionären Effekts. Ein vom anarchistischen Individualismus gesäuberter Nietzsche, ein seiner revolutionären Dynamik beraubter Hegel, der eine auf einen exaltierten Animalismus reduziert, der andere auf einen statischen Totalitarismus: diese Veränderungen verstärken ganz offensichtlich die methodologische Brauchbarkeit ihrer Systeme von Standpunkt der faschistischen Philosophie.

V. Spann, Hegel und Marx

Spanns Methode, den Hegelschen Begriff des objektiven Geistes zu verwenden, führt zu einer neuen Art von metaphysischer Rechtfertigung des Kapitalismus. Spann gelangt zu diesem Ergebnis, indem er den objektiven Geist ohne die Dialektik einführt. Dies wird leicht erkennbar in der Gegenüberstellung mit Marxens Kritik der kapitalistischen Gesellschaft.

Marx geht davon aus, daß der Urzustand der Menschheit ein primitiver Kommunismus gewesen sei. Seiner Auffassung nach seien die menschlichen Beziehungen im Alltagsleben darin unmittelbar, direkt und persönlich gewesen.

In einer entwickelten Marktgesellschaft kommt es zur Arbeitsteilung. Die menschlichen Beziehungen werden indirekt; anstelle der unmittelbaren Kooperation besteht nun eine indirekte Kooperation durch das Medium des Warenaustausches. Objektiv bleiben die Beziehungen bestehen; die Produzenten produzieren weiterhin füreinander. Aber dieses Verhältnis ist nun hinter dem Warenaustausch verborgen; es ist unpersönlich: es drückt sich in der objektiven Verkleidung des Tauschwertes der Waren aus; es ist objektiv, dinghaft. Waren hingegen nehmen den Anschein des Lebens an. Sie folgen ihren eigenen Gesetzen, fließen in den

Markt und aus dem Markt, tauschen ihre Plätze und scheinen Herren ihres eigenen Geschicks zu sein. Wir befinden uns in einer schemenhaften Welt, doch ist es eine Welt, in der *Schemen real sind,* denn das Scheinleben der Ware, der objektive Charakter des Tauschwerts sind *keine Illusion.* Das gleiche gilt für andere »Objektivierungen« wie Geldwert, Kapital, Arbeit, Staat. Sie sind die Realität unter Verhältnissen, in denen der Mensch sich selbst entfremdet worden ist. Ein Teil seines Selbst ist in den Waren verkörpert, die nun ihrerseits eine eigene Selbstheit besitzen. Das gleiche gilt für alle gesellschaftlichen Phänomene im Kapitalismus, sei es der Staat, das Recht, die Arbeit, das Kapital oder die Religion.

Aber die wahre Natur des Menschen rebelliert gegen den Kapitalismus. Menschliche Beziehungen sind die Realität der Gesellschaft. Trotz der Arbeitsteilung und der damit verbundenen Indirektheit müssen die Beziehungen der Menschen unmittelbar, das heißt persönlich sein. Dies ist nur zu erreichen, wenn die Produktionsmittel von der Gemeinschaft beherrscht werden. Dann wird die menschliche Gesellschaft real sein, denn sie wird human sein: ein Verhältnis zwischen Personen.

In Spanns Philosophie ist all dies umgekehrt: gerade dieser selbstentfremdete Zustand des Menschen gilt als die Realität der Gesellschaft. Auf diese Weise wird eine Scheinrealität gerechtfertigt und aufrechterhalten. Gesellschaftliche Phänomene werden allgemein als dinghaft dargestellt: dennoch wird das Vorhandensein von Selbstentfremdung geleugnet. So sind nicht nur Staat, Recht, Familie, Sittlichkeit und dergleichen »Objektivierungen«, wie bei Hegel, sondern gleichermaßen jegliche Art von gesellschaftlichen Gruppenfunktionen und Kontakten, einschließlich des ökonomischen und privaten Lebens. Hier bleibt dem einzelnen kein Ansatzpunkt mehr; der Mensch ist im Zustand der Selbstentfremdung gefangen. Kapitalismus ist nicht nur rechtens, sondern auch ewig.

Die antiindividualistische Bedeutung dieser Position geht weit über Hegel hinaus. Der Grund dafür ist leicht zu finden. Hegels Apologie des Staatsabsolutismus und seine Glorifizierung des halbfeudalen preußischen Staates sind schließlich nur auf den Bereich der politischen Ethik beschränkt; sie berühren nicht den einzelnen. Er erklärte nicht die Gesellschaft, sondern den Staat als »den göttlichen Gedanken, wie er sich auf Erden manifestiert«.

Indessen ist der Staat bei Hegel selber Person und kann sich als solche nie gänzlich von der Idee der Freiheit als Selbstverwirklichung lösen. Um aber den Freiheitsbegriff aus der Welt des Menschen völlig zu tilgen, muß die Gesellschaft – nicht der Staat – zum höchsten Prinzip gemacht werden. Und genau dies ist in Wirklichkeit der Punkt, in dem sich Spann und Hegel unterscheiden. Spann weist dem Staat in seinem System eine bescheidene Position zu (was übrigens im Einklang mit mittelalterlichen Vorstellungen vom Organischen steht) und überträgt die Totalität auf die Gesellschaft als Ganzheit. Durch diesen subtilen Schachzug schaltet er die Möglichkeit der Freiheit überhaupt aus. Denn selbst ein Sklavenstaat ist ein Staat und kann somit frei werden. Aber eine Sklavengesellschaft, die so perfekt organisiert wäre, daß sie ohne die zwingende Macht des Staates existieren könnte, könnte niemals frei werden; sie würde nicht einmal über die organisatorischen Voraussetzungen zur Selbstbefreiung verfügen. Somit ist, trotz der Verwendung der Hegelschen Methode, die Welt des Menschen in ihrer Totalität keine Person; sie ist ein hilfloser Leib ohne jegliches Bewußtsein. Darin gibt es weder Freiheit noch Veränderung. Es ist zu bezweifeln, ob jemals ein vollständigeres Fehlen jeglicher Selbstbestimmung einer Gesellschaft ersonnen wurde.

VI. Klages, Nietzsche und Marx

Wenn der objektive Geist eine Art von Bewußtsein der Einzelmenschen andeutet, das sie jedoch nicht mittels persönlicher Beziehung verbindet, dann impliziert der Vitalismus menschliche Wesen, die bar jeglichen rationalen Bewußtseins sind.

Es war die Philosophie eines Ludwig Klages, die der jüngeren Generation in Deutschland die Anziehungskraft dieser verblüffenden Denkweise vor Augen führte.

Klages leitet sein Denken von Nietzsche her, aber von den zwei verschiedenen Visionen Nietzsches verfolgt er nur eine, die freilich mit äußerster Konsequenz. Nietzsches Hinwendung zum Übermenschen und zur blonden Bestie war, vielleicht unbewußt, gespalten; Klages entschied sich für letztere. Er faßt sowohl Größe als auch Grenzen seines Meisters folgendermaßen zusammen: »Nietzsche war der Philosoph des Orgiastischen; der Rest war unbrauchbar.« Der »Rest« ist Zarathustra, der titanische Individualismus, der Übermensch.

Klages entsetzt sich über Nietzsches Inkonsequenz. Nietzsche läuft Sturm gegen das Christentum – diese kleinmütige, niederträchtige und feige, gegen die Gesetze der Natur und des Lebens rebellierende Sklavenreligion, trotzdem weigert er sich, diesen Gesetzen selber zu folgen, und jagt auf alberne Weise dem Phantom einer »höheren« und »edleren« Seinsform nach. Klages hegt den Verdacht, daß Nietzsche, trotz seiner leidenschaftlichen Abneigung gegen das Christentum, selber nie den christlichen Aberglauben überwand, wonach das animalische Leben nicht genug sei. Seine Philosophie der naturhaften Werte sei von geistigen Elementen befleckt. Klages machte es sich zur Lebensaufgabe, sie davon zu reinigen.

Aus Nietzsches orgiastischen Konzepten leitete er eine Anthropologie ab, die eine Theorie des Bewußtseins des menschlichen Charakters, der prähistorischen Kultur und der Mythologie umfaßte. J. J. Bachofens Gegensatz zwischen chthonischem und solarem Prinzip in den vorgeschichtlichen Kulturen beeinflußte einen großen Teil seines Werkes.

Der Kern von Klages Anthropologie ist zwischen *Leib und »Seele«* einerseits, dem *Geist* andererseits angesiedelt. Leib und »Seele« gehören zusammen, denn »Seele« bedeutet bei Klages nicht *anima,* sondern *animus:* der physiologische Begleiter des Leibes. Der Geist ist davon getrennt, er ist das Prinzip des Bewußtseins. Er ist ein feindlicher Einbruch in die Leib-Seele-Welt, genau genommen eine Krankheit. Bevor aber dieses verhängnisvolle Eindringen stattfand, befand sich der Mensch in animalischem Einklang mit seiner Umwelt und war ein lebendurchpulster Teil der Natur. Mit diesem Ereignis beginnt das Bewußtsein. Das Ego entsteht. Die »Seele« wird vom Geist gepackt, wird zur Person – einer parasitären Lebensform, in der die »Seele« zum bloßen Anhängsel des Ego reduziert ist. Die Hauptform aber, in der der Geist Macht über das Leben erreicht, ist der Wille, denn Herrschaft ist dem Geist immanent, er ist die Quelle allen Willens zur Macht. Der Drang animalischen Instinkts ist nicht zweckgerichtet; er ähnelt mehr den in einem Geburtsakt wirksamen Kräften: wie der ἀνανκή der Griechen. Gewissen und Ethik sind die Symptome eines geistgeborenen Vorgangs, dessen verderblichste Form das Christentum ist. Das, was er das Geistige nennt, ist Gift für die »Seele«; es ist der Wille zur Macht, mit dem Ziel der Vernichtung des Lebens. Wenn ihm dies gelungen ist, dann bedeutet dies das Ende der Menschheit.

Für Klages ist die Psychologie keineswegs eine Theorie des Bewußtseins. Leben ist unbewußt. Er unterscheidet in der Psychologie sechs fundamentale Begriffe, von denen nur zwei bewußt sind. Der Leib findet Ausdruck im Prozeß der Empfindung und im Bewegungstrieb; die »Seele« im Vorgang der Kontemplation und in der Bildekraft (das heißt, in der magischen oder mechanischen Verwirklichung von Bildern), der Geist im Akt des Verstehens und im Willensakt. Die ersten vier, die mit Leib und »Seele« verbunden sind, können ohne Bewußtsein stattfinden; es sind »echte« Prozesse, die in ihrer Gesamtheit die animalische und humane Vitalität ausmachen. Nur Erkenntnis und Wille sind Ausdruck von Bewußtsein; sie sind das Produkt des von außen kommenden und lebensvernichtenden Prinzips, des Geistes.

Dies ist meilenweit entfernt von Nietzsches Voluntarismus. Nach Nietzsche ist Wille eine natürliche Funktion des Lebens, und der Wille zur Macht die reine Verkörperung der Lebenskraft. Nach Klages ist der Wille ein Produkt des Geistes; der Geist aber ist kein echter Teil der Lebenskraft, er ist vielmehr der Vater jener tödlichsten aller Parasiten am Leben der Geistigkeit, die Nietzsche selbst als den Feind in Form des Christentums verurteilte.

Hier also sieht Klages die Quelle aller Widersprüche bei Nietzsche. Vergebens versuchte er dem Christentum den Willen zur Macht entgegenzustellen, denn im Grunde sind sie von gleicher Art. Mit dem Bekenntnis zum Willen zur Macht bekannte sich Nietzsche ungewollt zu einem bemäntelten Christentum. Die Ethik der Liebe birgt nicht die Gefahr der Liebe, sondern der Ethik. Ist die Ethik des Zarathustra weniger ethisch, nur weil sie antichristlich ist? Persönlichkeit ist ein Parasit am Leben, ob es nun die Personalität des Menschen oder die des Übermenschen sei. Auf diese Weise führt eine fehlgeleitete Psychologie von einem Widerspruch zum anderen. Denn entweder müssen wir den Willen als einen natürlichen Ausdruck der Vitalität akzeptieren – dann müssen wir uns auch zu dem bekennen, was Nietzsche zurückweist, nämlich zum moralischen Gewissen und zur Ethik, oder wir müssen, wie Klages, verneinen, daß Wille und Geist dem Menschen naturgemäß sind, und können uns dann, so wie er, hartnäckig weigern, uns der Herrschaft der christlichen »Geistes«

der Liebe über das Leben zu unterwerfen. Grundsätzlich handelt es sich hier um die Wahl zwischen zwei Menschenbildern, dem Menschen, der mit Bewußtsein ausgestattet ist, und dem Menschen, dem Bewußtsein fehlt. Die Position des Vitalismus läßt keinen Zweifel: beim Naturmenschen und in der Naturgesellschaft kommt ein individuelles Bewußtsein einfach nicht vor.

Wir gelangen zu der erstaunlichen Schlußfolgerung, daß die Realität des Menschen in seiner Fähigkeit liegt, keine Person zu sein.[8]

Es gibt zwei Theorien über das Gemeinschaftsleben, die in etwa mit dem Vitalismus übereinstimmen. Die eine beruht auf Karl Schmitts »Feindprinzip«: nach seiner Auffassung ist Politik eine auf dem Phänomen der Feindschaft beruhende Kategorie. Die Voraussetzung für den Staat als führende Institution politischer Art ist die anerkannte Notwendigkeit der physischen Vernichtung des Feindes. Der Staat ist damit gleichbedeutend mit einem Instrument des bewaffneten Kampfes. Er existiert nur insoweit, als dies seine hypothetische Aufgabe ist. Ein Weltstaat ist ein begrifflicher Widerspruch, denn ein solcher Staat könnte mangels Feind keinen Krieg führen. Ethische oder ökonomische Alternativen zum Krieg gehören per definitionem nicht zur Politik.

Schmitts Theorie der Politik paßt sehr gut zu dem Stammessystem, welches der Gesellschaftsauffassung der Vitalisten innewohnt.[9] Es handelt sich um ein typisches Produkt jener *moral close*, die, wie Bergson nachgewiesen hat, Ausdruck der instinktiven Stammesmoral der Angst ist. Das Gegenteil davon ist die *morale ouverte* des Christentums.

Indessen bietet die Feindtheorie der Politik keine Erklärung für die innerhalb menschlicher Gemeinschaften zweifellos vorhandene Zufriedenheit. Selbst wenn die Tötung von nicht zur Nation gehörenden Personen die logische Rechtfertigung des Nationalstaates sein sollte, so ist doch nicht zu leugnen, daß es in der Gemeinschaft auch Elemente der Harmonie gibt. Klages wichtigster Schüler, Prinzhorn, erklärt dieses Phänomen folgendermaßen: Die animalischen Instinkte der Menschen verweisen auf eine Ordnung der Dinge, in der vollkommene Harmonie herrscht. Jedes Tier muß mit Sicherheit im Magen eines anderen Tieres enden. Dies ist der existentielle Hintergrund des durchdringenden Gefühls der völligen Selbstsicherheit, die ein Merkmal allen tierischen Lebens in seiner natürlichen Umwelt ist. Das Prinzip einer »feststehenden Reihenfolge des Gefressenwerdens« ist, zusammen mit dem Fehlen von Bewußtsein, die natürliche Voraussetzung für jenen Zustand der Seligkeit, der mit der Erinnerung an die Urgemeinschaft verknüpft ist.

Dieser Lehrsatz vom Wesen der menschlichen Gemeinschaft verrät, daß Klages in seinen Bemühungen, Nietzsche von dessen angeblich christlichen Elementen zu säubern, keineswegs erfolglos war. Schließlich tilgte er bei Nietzsche jeglichen Rest von Individualismus. Der enorme Einfluß Nietzsches auf den modernen Nationalsozialismus ist weitgehend der durch Klages Lebensarbeit ausgelösten Überzeugung zuzuschreiben, daß Nietzsches Vitalismus vom Individualismus getrennt werden kann und logischerweise auch muß. Somit kann er als die andere Alternative für eine Gesellschaft herangezogen werden, die kein Verhältnis von Personen darstellt.

Die Wiederentdeckung Bachofens durch Klages verdient einige Beachtung. Es ist stets ein bemerkenswertes Faktum, wenn eine Gedankenkette unbewußt von einem Punkt ausgeht, der sich als Wegscheide erweist.

Bachofens Arbeit über das Mutterrecht war, abgesehen von Morgan, die Hauptquelle von Marxens Vorstellungen über die primitiven Gesellschaften. Marx und Engels mochten ebenso wie Klages selbst fasziniert gewesen sein von Bachofens poetischer Hervorhebung der angeblichen Einheit des menschlichen Seins in vorgeschichtlicher Zeit. Indessen zielen ihre Interessen in entgegengesetzte Richtung. Nietzsches Dionysisches Prinzip und Klages' Leibseele repräsentieren eine Bewegung zurück zu den seligen Sphären ungeformter Harmonie. Der Marxismus bezeichnet eine Vorwärtsbewegung zu einem höheren Ebenbild der ursprünglicheh Harmonie des Menschen mit seiner Umwelt. Auf diese Weise scheinen Sozialismus und Faschismus für einen Moment auf derselben Ebene zu liegen und gleichsam nur verschiedene Wege zu einem Zustand der engeren menschlichen Gemeinschaft darzustellen. Der reaktionäre Weg ist jedoch illusorisch. Zurückentwicklung – aber wie weit zurück? Deutsche Nationalisten schlugen eine Rückkehr zur Zeit vor 1918 vor. Reaktionäre Romantiker wie Moeller van der Bruck nannten 1789. Spann und die Deutschen Christen proklamierten eine Gegenrenaissance und erweiterten den Rückzug damit gleich auf ein halbes Jahrtausend. Die Deutsche Glaubensbewegung erkannte, daß man die

Uhr um volle zweitausend Jahre zurückstellen müßte, sonst könnte die Reaktion weder gesichert noch von Dauer sein. Klages Leistung besteht in dem Nachweis, daß die Vernichtung des Christentums nicht ausreicht; ein Rückschritt von zehntausend Jahren wäre der Sache schon dienlicher!

Die revolutionäre Lösung beruht auf Realitäten. Die gegenrevolutionäre führt in eine endlose zeitliche Regression.

Wir wollen nochmals zum Vitalismus und Totalitarismus zurückkehren. Es ist nicht nötig, sie als logische Alternativen zu betrachten. Und doch beweist ihr auffallender Kontrast, daß zwischen ihnen mehr als nur ein oberflächlicher Gegensatz besteht; er verweist auf ein bestimmtes Maß von Polarität. Der Vitalismus ist vorbewußt und vorgeschichtlich; der Totalitarismus nachbewußt und nachgeschichtlich. Im einen Fall hat die Geschichte noch nicht begonnen, im anderen ist sie etwas »Gewesenes«. Im einen Fall gibt es keine Notwendigkeit der Veränderung, im anderen keine Möglichkeit. Im einen Fall ist die »Seele« die Realität, der Geist eine verhängnisvolle Abweichung, im anderen ist der Geist die Realität, sind es die Reste der »Seele«, die Schwierigkeiten verursachen. Im einen Fall ist die Person noch nicht in die Gesellschaft getreten, im anderen ist sie von ihr bereits absorbiert worden. Im einen Fall gibt es keine Dialektik, weil die »Seele« undialektisch ist, im anderen existiert keine, weil die kapitalistische Gesellschaft nicht nach vorne führt zu einer höheren Persönlichkeit, sondern zurück zum bewußtseinslosen Gesellschaftsorganismus. Der eine flüchtet aus der Gegenwart in eine tierische Vergangenheit, der andere ist eine Apotheose der unmenschlichen Gegenwart. Tatsächlich ist die Vision des Vitalisten von einem Leben, ausgehöhlt und zerstört durch die unpersönlichen Entitäten der Geist-Welt, nicht völlig fiktiv; es ist jener Zustand der Dinge in einer Marktgesellschaft, die man im Totalitarismus sieht. Jedoch gibt es in einer hochentwickelten Gesellschaft des Maschinenzeitalters keine andere Alternative zum Kapitalismus als den Sozialismus. Konsequenter Vitalismus bedeutet das Ende von Zivilisation und Kultur jeglicher Art. Totalitarismus bedeutet somit die Verewigung des Verlusts der Freiheit in Selbstentfremdung und Unwirklichkeit; Vitalismus die Rückkehr zum blinden Herumtasten in einer Höhle. Wenn es etwas gäbe, das eine von beiden rechtfertigen könnte, dann ist es die von der jeweils anderen angebotene Alternative.

VII. Rassismus und Mystizismus

Das eigentliche faschistische Denken oszilliert zwischen den Polen des Vitalismus und des Totalitarismus. Beide sind geeignet, das Hauptanliegen der faschistischen Weltanschauung auszudrücken – das Konzept einer menschlichen Gesellschaft, die kein Verhältnis zwischen Personen darstellt. Sie erzielen dieses Ergebnis, indem sie uns ein Bild der menschlichen Existenz vor Augen führen, das, wollte man es akzeptieren, unser Bewußtsein in eine ganz andere Form pressen als es jene ist, die durch die Lehre von der Brüderlichkeit des Menschen geschaffen wurde. Indessen geht der Trend im Faschismus deutlich in Richtung Vitalismus, und diese Tendenz offenbart auch die tiefsten Wurzeln seiner bedingungslosen Feindschaft zum Christentum.

Gerade in Deutschland enthüllt der Faschismus seine vitalistischen Züge am konsequentesten. Rassismus und Mystizismus sind die Begleiterscheinungen dieser Entwicklung. Sie befähigen den Vitalismus, zwei wesentliche Voraussetzungen des ständestaatlichen Kapitalismus zu erfüllen, die er im eigenen Rahmen nicht rechtfertigen kann, nämlich die technische Rationalität und den Nationalismus.

Es ist eine merkwürdige Tatsache, daß es in der Begriffsstruktur von Vitalismus und Totalitarismus kaum Platz für den Nationalismus gibt. Klages behauptet, allgemeingültige Gesetze der Anthropologie entdeckt zu haben; Spanns Methode des Objektiven Geistes kann vor der Menschheit nicht haltmachen. Keiner von beiden räumt der Nation einen Platz ein, was angesichts ihrer geistigen Vorfahren nicht überrascht. Nietzsche und Hegel waren gefühlsmäßig antinationalistisch.

Allerdings, mit Hilfe einer Fiktion kann der Gedanke der Nation sehr leicht in die materialistische Struktur des Vitalismus eingebaut werden. Der Begriff Rasse fungiert als gemeinsamer Nenner für die Realität des Stammes und das Artifizielle der modernen Nation. Die nationalsozialistische Philosophie ist ein Vitalismus, der Rasse als Ersatz für Nation benutzt. Die entscheidende Bedeutung der Begriffe Rasse und Nation im faschistischen Denken wird später deutlich werden.

Die Notwendigkeit der Rationalität führt zu tieferliegenden Fragen. Nicht nur der Begriff als solcher, sondern auch dessen Verwirklichung müssen gesichert sein, wenn moderne Maschinen im Rahmen des ständestaatlichen Kapitalismus funktionieren sollen. Die Produzenten aller Grade müssen über Intelligenz und Leistungswillen verfügen, das heißt über das organisierte Bewußtsein des psychologischen Ego. Indessen ist der Vitalismus ein Bekenntnis zu den unbewußten Funktionen des Lebens; er sucht die Realität des Menschen in seiner Fähigkeit, keine Person zu sein; dies aber ist gerade jenes Prinzip, das ihn als Philosophie des Faschismus heraushebt. Wie aber kann das rationale Bewußtsein eingeführt werden, ohne daß gleichzeitig die Person wiederhergestellt wird? Und wie kann das Ich erscheinen, ohne ein replizierendes Du? Die Notwendigkeit der von der technologischen Zivilisation untrennbaren Rationalität gefährdet das ganze Gebäude der faschistischen Weltanschauung.

Das Problem ist offensichtlich ein religiöses; es ist tatsächlich das philosophische Problem des Faschismus in seiner religiösen Form und stellt sich folgendermaßen: Kann man dem eigenen Leben Bedeutung geben, ohne sie letztlich im Leben des anderen zu finden?

Der Faschismus findet die Lösung in einem Mystizismus. Echte Mystik ist Frucht und Beweis des Glaubens, nicht Ersatz dafür. Ohne diesen degeneriert die Mystik zu einem formalen Geisteszustand, der mit praktisch jedem ästhetischen oder religiösen Inhalt gefüllt werden kann. Eine solche Mystik gehört nicht zum Bereich des Geistes, sondern zu dem der Seele. Sei es die orgiastische Mystik des Heidentums oder die fashionable Mystik eines modernen Ästhetizismus, beide sind dem psychologischen, nicht dem spirituellen Bereich zugeordnet. Die Verwendung dieser Methode, um die Realität der Seele (oder sogar den animalischen Leib) gegenüber dem Geist durchzusetzen, ist Mystizismus. Vom Standpunkt der an sich gesellschaftsbezogenen Religion ist dies eine negative Erscheinung. Denn Mystik bedeutet Verbindung zwischen Gott und Mensch, damit bedeutet sie aber auch Trennung des Menschen vom Menschen durch Gott. Der mystische Mensch hat Gott bei sich; er ist durch Ewigkeiten von seinem Mitmenschen getrennt. Die mystische Erfahrung umfaßt das ganze Universum, aber nicht den Nachbarn; dem mystischen Ich steht kein antwortendes Du gegenüber. Mit dem Bekenntnis zur deutschen Mystik des Mittelalters, aber bloß als Glaubensersatz, benutzt der Faschismus die Mystik als Ventil für religiöse und ästhetische Emotionen, das vor Abschweifungen in die ethische

Sphäre schützt. Im mystischen Zustand des Geistes wird die höchste Erkenntnis von Vernunft und Willen, gleichsam als Vergöttlichung der Seelenkräfte, von einer völligen Auflösung der Persönlichkeit als solcher begleitet. Indessen bleiben die solcherart mystifizierte Rationalität und der Wille wesentlich asozial. In Meister Eckeharts christlichem Glauben war die Mystik Ausdruck der Sehnsucht der mittelalterlichen Seele nach Fortsetzung seiner Verinnerlichung, trotz einer neuen Welt, die beharrlich nach mehr Kommunikation und Gesellschaft verlangte. Im Nationalsozialismus dient die Mystik der Errichtung eines künstlichen Zentrums eines rationalen Bewußtseins für den einzelnen, ohne ihn damit als gesellschaftliche Grundeinheit zu konstituieren. Im mystischen System Meister Eckeharts jedoch wird Gott selbst in der menschlichen Seele erweckt; seine Gesetze regieren Gott selbst – ein stärkerer Schutz für die Naturvernunft ist nicht denkbar. So genügt eine Pseudomystik auf perfekte Weise den Anforderungen eines merkwürdig umschriebenen Irrationalismus, der äußerste Rationalität in den Beziehungen des Menschen zur Natur mit völligem Fehlen von Rationalität in den Beziehungen des Menschen zum Menschen verbindet. Schließlich füllt die Verehrung von Blut und Rasse dieses mystische Gefäß mit einem Inhalt, der einer vitalistischen Philosophie entspricht, die auf diese Weise in einen Glauben verwandelt wird. So kommt es zur Entstehung der nationalsozialistischen Religion.

VIII. Der siegreiche Vitalismus

Die Tendenz des Nationalsozialismus zur Schaffung einer politischen Religion tritt im Werk Rosenbergs zutage. Er nennt dies die Schaffung eines Mythos. Seine Bemühungen spiegeln all die verschiedenen Aspekte des faschistischen Denkens wider, die wir mit unserer Analyse aufgedeckt haben: die doppelte Abhängigkeit von Vitalismus und Totalitarismus; die Anpassung des Vitalismus an die Erfordernisse des Maschinenzeitalters; den Trend zur vitalistischen Vorherrschaft; und den Antiindividualismus als endgültigen Prüfstein der Zweckdienlichkeit.

Rosenberg versuchte, seine eigene philosophische Position durch Ablehnung der Systeme von Klages und Spann abzugrenzen. Indessen ist hier ein bedeutsamer Unterschied zu bemerken:

während er sich, trotz seiner Kritik an Klages, dem Vitalismus voll und ganz verschreibt, geht seine Ablehnung Spanns wesentlich weiter.

Rosenberg wendet sich scharf gegen Klages »Kulturpessimismus«. »Die vorkulturellen Kräfte können nicht in den Dienst der Hochkultur gezwungen werden«, bemerkt er. Er ist sich der Aussichtslosigkeit all jener Versuche völlig bewußt, den modernen Kapitalismus auf der Grundlage eines menschlichen Bewußtseins nach dem Vorbild des paläolithischen Menschen zu gestalten. Der Neovitalismus, klagt er, hat Nietzsche nicht verbessert, indem er ebenfalls den Willen zur Macht verurteilte, wie es Nietzsche mit dem Evangelium der Liebe getan hatte. Er weiß, welchen Dank das nationalsozialistische Denken Klages für dessen Entdeckung der ursprünglichen Einheit von Leib und Seele und des Zustands der »vollkommenen Selbstsicherheit« schuldet, in dem der animalische Mensch sich einer von moralischem Gewissen ungetrübten Harmonie erfreut. Aber, abgesehen von Klages reaktionärem Vorurteil gegen den Fortschritt, Rosenberg protestiert auch gegen dessen Neigung, allgemeine Gesetze der menschlichen Entwicklung zu postulieren. Dies steht in völligem Gegensatz zu den Grundsätzen der rassebezogenen Weltanschauung, die besagen, nichts sei an sich gut oder böse, sondern erst die Rasse mache es dazu. Sodann geht Rosenberg daran, Klages Anthropologie rassistisch umzumodeln. Nach seiner Auffassung sind sowohl die Leib-Seele-Harmonie, die Klages dem primitiven Menschen zuschreibt, als auch die ausstrahlenden Qualitäten von Verstand und Geist, die sich bei anderen Rassen auf diese Harmonie zerstörerisch auswirken, bei den nordischen Menschen zu finden. Bei diesen degenerieren die höheren Formen des Bewußtseins niemals zu jenen krankhaften Verstandesprodukten, die uns das Christentum vor Augen führt. Diese sind die Folgen des schlechten Blutes jener niedrigen oder gemischten Rassen, die in geschichtlicher Zeit Kleinasien, Syrien und den Mittelmeerraum bevölkerten. Der Geist des Nordischen ist »naturgemäß vitalistisch«; seine Religion ist der Sonnenkult – ein gesundes Bekenntnis, das niemals orientalischer Magie, Zauberei und Aberglauben zum Opfer fallen kann.

Indessen fällt es Rosenberg schwer, Klages Anthropologie mit den Erfordernissen der arischen Mythologie in Einklang zu bringen. Es besteht mehr als nur ein Verdacht, daß Klages seine idealisierte, von völlig naturhafter Selbstsicherheit und Harmonie geprägte »Seele« aus den religiösen, mythologischen, dichterischen und archäologischen Zeugnissen der Völker Kleinasiens in der vorhellenistischen Periode abgeleitet hat, also genau von jener »syrischen« Rasse und jenem »mediterranen Gemisch«, die von der antisemitischen und antikatholischen Ideologie Rosenbergs verabscheut wird. Dazu kommt noch, daß Klages an Bachofens Lehre vom primitiven Matriarchat glaubte, während Rosenberg an das Patriarchat bei den Nordischen Rassen glaubt; in diesem Punkt ist er beharrlich.

Rosenbergs eigene Philosophie ist im wesentlichen vitalistisch. »Wahrheit ist das, was das organische Prinzip des Lebens als solches bestimmt.« Oder: »Die höchste Werte in Logik und Wissenschaft, in Kunst und Poesie, in Moral und Religion sind nur verschiedene Aspekte der organischen Rassenwahrheit.« Seine theoretischen und praktischen Zielsetzungen kommen vielleicht am treffendsten in dem Satz zum Ausdruck: »Jede wahre Kultur ist nur die Gestaltung und Formung des Bewußtseins im Einklang mit den Wachstums- und Lebensmerkmalen der Rasse.« Es sei darauf hingewiesen, daß dieser Rassenbegriff als solcher hier nicht notwendigerweise ein biologischer ist. Obwohl Rasse in der Regel mit dem Blut gleichgesetzt wird, wird er doch ebenso oft als aus unterschiedlichen Elementen zusammengesetzt betrachtet, von denen die Ahnen nur eines, wenn auch das vorherrschende sind. Demnach ist nicht der Leib, sondern die »Seele« Träger der Rasse – eine Ausweitung des Begriffs, die eine Aufpfropfung des Nationalsozialismus auf die Rassentheorie wesentlich einfacher macht, als dies sonst der Fall gewesen wäre.

Während aber Klages' System verdammt wird, nur um dann als unbewußte Grundlage von Rosenbergs eigener Philosophie zu triumphieren, ist Rosenbergs Ablehnung von Spann gründlich und endgültig. Rosenberg wendet sich mit Hohn und Spott gegen den Universalismus. Er verurteilt der Reihe nach das Alte Testament und den jüdischen Geist, das Neue Testament und den christlichen Geist, die römisch-katholische Kirche und den marxistischen Sozialismus, sowie Pazifismus und Humanismus, Liberalismus und Demokratie, Anarchismus und Bolschewismus als universalistische Lehren. Diese Reihe umfaßt praktisch alles, was der Autor ablehnt, von den Psalmen bis zur Bergpredigt und zum Kommunistischen Manifest. Man muß unbedingt die genaue

Bedeutung verstehen, die Rosenberg dem Begriff Universalismus beimißt um den leidenschaftlichen Haß gegen das Christentum zu begreifen, der in der vitalistischen Strömung des faschistischen Denkens zum Ausdruck kommt.

Zunächst hat er überhaupt nichts gemein mit dem allgemeinen Begriff, mit dem Spann sein eigenes totalitaristisches System bezeichnet. Nach Spanns Terminologie ist der Universalismus eine Methode der logischen Analyse im Sinne des aristotelischen Satzes »Das Ganze ist mehr als die Summe seiner Teile«, und des Hegelschen »Die Wahrheit ist das Ganze«. Wenn Rosenberg sein System als universalistisch bezeichnet, so verwendet er diesen Begriff in einem völlig anderen Sinn. In Wahrheit entspricht die von ihm gemeinte Bedeutung in etwa der heute gebräuchlichen Verwendung, zum Beispiel auf Seiten der Kirchen, wenn sie den Rassismus verurteilen wegen dessen Verleugnung der christlichen Mission.

Universalismus wird also im negativen Sinne als mehr oder weniger gleichbedeutend mit Nichtrassismus angesehen. Die positive Bedeutung dieses Begriffs, die man aus Rosenbergs extensiver Benutzung in seinem *Mythus des 20. Jahrhunderts* ablesen kann, ist die einer den Begriff Menschheit implizierenden Idee. Mit anderen Worten, es ist der Anspruch einer Idee auf Gültigkeit für die Menschheit als Ganzes, das heißt für alle sie bildenden Individuen oder Gruppen von Individuen, unabhängig von deren Rasse und Nationalität. Das ist jedoch das genaue Gegenteil des Rassenprinzips, das die verschiedene Wertigkeit der Rassen zum Axiom erhebt und damit gleichermaßen den Begriff der Gleichheit der einzelnen und der Einheit der Menschheit verleugnet. In diesem Sinne sind Universalismus und Totalitarismus nicht nur keine Gegensätze, sondern zusammengehörige Begriffe. Dementsprechend erklärt Rosenberg, der krasseste Gegensatz in der Philosophie sei der zwischen dem rassisch-nationalen Prinzip auf der einen Seite, und dem individualistisch-universalistischen Prinzip auf der anderen.

Dies erklärt Rosenbergs Kritik an Spanns totalitaristischer Philosophie. Er wirft ihr vor, sie sei »individualistisch, weil sie universalistisch ist«. Das mag erstaunlich klingen, wenn wir uns daran erinnern, daß Spann den Antiindividualismus zum Leitgedanken seines Systems gemacht hatte. Rosenberg meint jedoch mit Recht, daß kein Denken, das die Anerkennung des rassisch-nationalen Prinzips ablehnt (wie dies Spann tut), der individualistischen Folgerung der Gleichheit des Menschen völlig entgehen könne. Was Spann widerlegt, ist daher nur der rationalistische, materialistische Individualismus des 19. Jahrhunderts, nicht aber der Individualismus als solcher. In der Tat haben wir genau dasselbe Argument verwendet, als wir zu zeigen versuchten, daß Spanns Angriff sein Ziel verfehlte, nämlich die Widerlegung des christlichen Individualismus.

Eine rein antiindividualistische Philosophie muß den Begriff der Menschheit, außer im simplen zoologischen Sinn, ablehnen. Daher die Heftigkeit, mit der Faschisten aller Schattierungen gegen den Begriff Menschheit vom Leder ziehen. Dem rassisch-nationalen Prinzip wird damit die zweifache Funktion zugewiesen, der individualistischen und der universalistischen Form des Gedankens der Menschheit als einer Gemeinschaft von Personen entgegenzutreten. Die faschistische Ablehnung des Internationalismus ist bloß das Gegenstück seiner Ablehnung der Demokratie. Der ständestaatliche Kapitalismus ist gleichermaßen autoritär und nationalistisch; er bekennt sich gleichermaßen zur Ungleichheit des einzelnen und zur Ungleichheit der Nationen.

»Internationalismus und Demokratie sind untrennbar«, erklärte Hitler in seiner Düsseldorfer Rede über die Grundlagen des Nationalsozialismus.

Die rassisch-nationale Ablehnung des individualistisch-universalistischen Prinzips führt an den Kern des religiösen Problems. Für den Faschismus, ob in seiner nationalsozialistischen oder in anderer Form, sind Rasse oder Nation der höchste Wert; der einzelne und die Menschheit sind die beiden Pole der christlichen Ideologie im Bereich der Menschenwelt als ganzer. Dementsprechend war das Bewußtsein um die Unvermeidlichkeit des bevorstehenden Religionskonflikts im Nationalsozialismus von Anfang an klar erkennbar. Obwohl sich das ursprüngliche Parteiprogramm für ein positives Christentum aussprach, haben die Ereignisse gezeigt, daß man diese These des Parteiprogramms nicht ernster meinte als andere Thesen, die in der Folge überhaupt fallen gelassen wurden. Hitlers persönliche Weltanschauung enthielt nicht nur rassistische Überzeugungen, die in klarem Gegensatz zum Christentum standen, sondern auch die Anerkennung machiavellistischer Taktik, die es ihm erlaubte, nach seinen Überzeugungen zu handeln, während er gleichzeitig einem positiven

Christentum Lippendienst leistete, ohne sich in dieser Hinsicht ernstlich der Beschuldigung der Unaufrichtigkeit auszusetzen. Auch haben schon Gottfried Feders Bemerkungen zum Parteiprogramm verhältnismäßig früh auf die Möglichkeit des Entstehens einer neuen Religion innerhalb der nationalsozialistischen Bewegung verwiesen. Auf diese Andeutung einer möglichen Mentalreservation auf Seiten der Verfasser des Parteiprogramms folgte dann die unverhüllte Kriegserklärung an das »positive Christentum« in Rosenbergs *Mythus*. Auf raffinierte Weise bezeichnete er das »Christentum der Evangelien« als »negatives Christentum« und versuchte mit diesem simplen Trick die Kluft zu überbrücken, welche die vorgebliche Beibehaltung des Christentums von einer Politik trennt, die auf seine bewußte Ersetzung durch eine neue Form des Heidentums abzielt. Rosenbergs Ernennung zum »Beauftragten des Führers für weltanschauliche Fragen« erfolgte zu einer Zeit, da der *Mythus* ganz Deutschland den weltanschaulichen Standpunkt seines Verfassers klargemacht hatte. Es ist sehr wohl möglich, daß die Verschiedenheiten und graduellen Abweichungen zwischen den öffentlichen Äußerungen Hitlers und Rosenbergs Ansichten hauptsächlich ihren jeweiligen Stellungen und Aufgaben zuzuschreiben sind. Die Religionskriege des 17. Jahrhunderts, die Deutschland in ein Chaos verwandelten, bedeuten für Hitler die wahre Analogie zu jener Scheidung der Geisters, die das Merkmal unserer Zeit ausmacht; bei der einen Religion sind Blut und Volk, Kampf und Überleben die letzten Wahrheiten, während die andere ihre konsequente Verleugnung im Namen der verderblichen Illusion der Gleichheit des Menschen und der Einheit der Welt darstellt. Der Beauftragte unterstreicht seine Überzeugung, daß der dem europäischen Denken innewohnende krankhafte Zug des Pazifismus und des Humanismus auf den christlichen Virus zurückgehe. Er führt den eingefleischten Internationalismus der russischen Kommunisten ganz richtig auf den Geist der unendlichen Hingabe an die Menschheit zurück, der in Tolstois und Dostojewskis dichterischen Verkörperungen der christlichen Inspiration zum Ausdruck kommt. Er betrachtet die sozialistische Revolution in Rußland bloß als neuen Ausbruch jenes »Geistes der Wüste«, der die Lebenskraft des Westens im Laufe der Geschichte geschwächt hat, als Rückfall in jene geistige Seuche, welche die heidnische Seele des germanischen Europa befallen hat – das Christentum.

Die Kirchen treten mit ihrem Bekenntnis zum Universalismus für die Essenz ihres Glaubens ein. Das gleiche aber tun die deutschen Faschisten, indem sie die Gleichheit des Menschen bis zur letzten Konsequenz verleugnen. Die Schlacht hat begonnen zwischen den Repräsentanten der Religion, die die menschliche Persönlichkeit entdeckt hat, und jenen, die die Entschlossenheit zur Abschaffung des Gedankens der Persönlichkeit zum Mittelpunkt ihrer neuen Religion gemacht haben.

IX. Die Soziologie des Faschismus

Die faschistische Philosophie ist das Selbstporträt des Faschismus. Seine Soziologie entspricht eher einer Photographie. Das eine zeigt ihn, wie er sich in seinem eigenen Bewußtsein darstellt, das andere zeigt ihn im objektiven Licht der Geschichte. Wie weit stimmen die beiden Bilder überein?

Wenn die Philosophie des Faschismus den Versuch darstellt, die Vision einer Menschenwelt zu schaffen, in der die Gesellschaft keine bewußte Beziehung zwischen Personen wäre, dann erweist sich seine Soziologie als Versuch, die Struktur der Gesellschaft so zu verändern, daß jegliche Möglichkeit ihrer Entwicklung zum Sozialismus ausgeschaltet wird. Die pragmatische Verbindung beider findet man auf politischer Ebene; sie besteht in der Notwendigkeit der Zerstörung der demokratischen Institutionen. Die geschichtliche Erfahrung in Europa zeigt, daß die Demokratie zum Sozialismus führt. Wenn also der Sozialismus nicht entstehen soll, dann muß die Demokratie abgeschafft werden. Der faschistische Antiindividualismus ist die praktische Ausformung dieser politischen Schlußfolgerung. Für die faschistische Philosophie ist es daher wesentlich, Individualismus, Demokratie und Sozialismus als zusammengehörige Ideen zu betrachten, die sich aus ein- und derselben Interpretation vom Wesen des Menschen und der Gesellschaft herleiten. Es fiel uns nicht schwer, diese Interpretation als die christliche zu erkennen.

Man muß jedoch in diesem Zusammenhang nicht nur das gesellschaftliche Wesen der faschistischen Bewegung untersuchen, sondern auch das des faschistischen Systems. Es ist klar, daß der Faschismus mehr anstreben muß, als nur die Zerstörung der Demokratie; er muß vielmehr versuchen, eine Gesellschaftsstruktur zu errichten, die jegliche Möglichkeit einer Rückkehr zur Demokratie ausschließt. Welches sind die eigentlichen Methoden, die für ein solches Unterfangen angewandt werden müssen? Und warum zwingt es den Faschismus zu dieser Haltung eines radikalen Antiindividualismus als notwendiger Ideologie in seiner militanten Phase fortzufahren? Die Antwort darauf erfordert eine zumindest flüchtige Betrachtung des Wesens des Ständestaates.

Die Unvereinbarkeit von Demokratie und Kapitalismus wird heute fast allgemein als Hintergrund der sozialen Krise unserer Zeit anerkannt. Diesbezügliche Meinungsverschiedenheiten beschränken sich auf Formulierungen und Schwerpunkte. Mussolinis *Dottrina* erklärt offen, die Demokratie sei ein Anachronismus, »denn nur der autoritäre Staat kann mit den inneren Widersprüchen des Kapitalismus fertig werden«. Nach seiner Überzeugung ist die Zeit der Demokratie vorbei, während der Kapitalismus erst am Anfang seiner Laufbahn stehe. In der bereits erwähnten Düsseldorfer Rede bezeichnete Hitler die völlige Unvereinbarkeit des Prinzips der demokratischen Gleichheit in der Politik mit dem Prinzip des Privateigentums an Produktionsmitteln im Wirtschaftsleben als Hauptursache der gegenwärtigen Krise, denn »Demokratie in der Politik und Kommunismus in der Wirtschaft beruhen auf analogen Prinzipien«. Liberale der Mises-Schule warnen, daß die von der repräsentativen Demokratie praktizierten Eingriffe in das Preissystem zwangsläufig zu einer Verringerung des Gesamtvolumens der produzierten Güter führen muß; der Faschismus wird stillschweigend als Bewahrer der liberalen Volkswirtschaft gebilligt. »Interventionistische« und »liberale« Faschisten sind gemeinsam der Auffassung, daß Demokratie zum Sozialismus führt. Marxistische Sozialisten mögen sich von ihnen hinsichtlich der dafür maßgeblichen Gründe unterscheiden, nicht aber in bezug auf die Tatsache, daß Kapitalismus und Demokratie unvereinbar geworden sind, während die Sozialisten aller Richtungen den faschistischen Angriff auf die Demokratie als einen Versuch verurteilen, das gegenwärtige Wirtschaftssystem mit Gewalt zu retten.

Grundsätzlich bieten sich zwei Lösungen an: die Ausweitung des demokratischen Prinzips von der Politik auf die Wirtschaft oder die völlige Abschaffung des »politischen Bereichs« der Demokratie.

Die Ausweitung des demokratischen Prinzips auf die Wirtschaft bedeutet die Abschaffung des Privateigentums an Produktionsmitteln und damit das Verschwinden einer separaten und autonomen Wirtschaftssphäre: die demokratische politische Sphäre wird zur Gesamtgesellschaft. Dies ist dem Wesen nach Sozialismus.

Nach der Abschaffung der demokratischen politischen Sphäre bleibt nur mehr das Wirtschaftsleben übrig; der in den verschiedenen Industriezweigen organisierte Kapitalismus wird zur Gesamtgesellschaft. Das ist die faschistische Lösung.

Bisher ist weder das eine noch das andere verwirklicht worden. Der russische Sozialismus befindet sich noch in der diktatorischen Phase, obwohl die Entwicklung in Richtung Demokratie bereits deutlich sichtbar geworden ist. Der Faschismus geht, wenn auch ungern, an die Schaffung des Ständestaates; sowohl Hitler als auch Mussolini scheinen zu glauben, daß eine Generation, die die Demokratie kennengelernt hat, noch keineswegs reif sei für eine ständestaatliche Grundeinstellung.

Grob gesprochen bedeutet der soziale Inhalt des Sozialismus eine umfassende Verwirklichung der Abhängigkeit des Ganzen von individuellen Wünschen und Zielen – und eine entsprechende Zunahme der Verantwortung des einzelnen für seinen Beitrag zum Ganzen. Der Staat und seine Organe streben nach einer institutionellen Verwirklichung dieser Zielsetzung. Zu den Wesenszügen eines Organisationstypus, der danach strebt, die Gesellschaft zu einem zunehmend formbaren Medium bewußter und direkter Beziehungen von Personen zu machen, gehören die Förderung der Initiative aller Produzenten, die allseitige Diskussion von Plänen, die umfassende Beobachtung des Produktionsprozesses und der Rolle der darin tätigen Einzelmenschen, die funktionelle und territoriale Repräsentation, die Ausbildung zur politischen und ökonomischen Selbstverwaltung, intensive Basisdemokratie und die Erziehung zu Führungsaufgaben.

Der soziale Inhalt des Faschismus ist ein gesellschaftliches Ordnungssystem, das die Abhängigkeit des Ganzen von den Wünschen und Zielen der einzelnen, aus dem es besteht, ausschließt. Wenn dies erreicht werden soll, dürfen solche Wünsche und Ziele nicht entstehen. Der Einwand richtet sich nicht gegen die Form der Demokratie, sondern gegen ihre Substanz. Ob es sich bei dieser Form um das allgemeine Wahlrecht und die parlamentarische Demokratie handelt, um die organisierte öffentliche Meinung auf der Grundlage demokratischer Kleingruppen, um die freie Äußerung von Gedanken und Meinungen in städtischen oder kulturellen Körperschaften, um religiöse und akademische Freiheit, die Gesellschaft in diesem Sinne zu beeinflussen, oder um jegliche Verbindung dieser Formen – unter dem Faschismus müssen sie gleichermaßen verschwinden. In seiner Ordnungsstruktur gelten menschliche Wesen als Produzenten, und nur als Produzenten. Die verschiedenen Wirtschaftszweige werden rechtlich als Stände anerkannt und mit dem Recht ausgestattet, alle ökonomischen, finanziellen, industriellen und sozialen Probleme innerhalb ihres Bereichs zu behandeln; damit werden sie zur Quelle fast aller gesetzgeberischen, verwaltungsmäßigen und richterlichen Gewalten, die vorher dem politischen Staat zugeordnet waren. Die eigentliche Organisation des sozialen Lebens beruht auf einer berufsständischen Grundlage. Die Interessenvertretung wird entsprechend der ökonomischen Funktion zugemessen, sie ist formaler und unpersönlicher Natur. Weder die Ideen noch die Werte noch die Zahl der davon betroffenen Einzelmenschen kann darin zum Ausdruck kommen. Eine solche Ordnungsstruktur kann auf der Grundlage des menschlichen Bewußtseins, wie wir es verstehen, nicht existieren. Die Übergangsperiode zu einer anderen Bewußtseinsform muß notwendigerweise lang sein. Hitler bemißt ihre Dauer nach Generationen. Die faschistische Partei und der Staat bemühen sich mit allen Mitteln um die institutionelle Verwirklichung dieser Umstellung. Wenn sie dieses Ziel nicht zu erreichen vermögen, wird ein plötzlicher Übergang der Gesellschaft zum Sozialismus fast unausweichlich sein.

Dieser Abriß der objektiven Aspekte des Faschismus scheint somit unserere Interpretation seiner Weltanschauung zu bestätigen. Das faschistische System muß die von der faschistischen Bewegung begonnene Aufgabe konsequent fortsetzen, nämlich die Zerstörung der demokratischen Parteien, Organisation und Institutionen in der Demokratie. Dann aber muß der Faschismus versuchen, das Wesen des menschlichen Bewußtseins zu verändern. Die pragmatischen Gründe für seinen Zusammenstoß mit dem Christentum beruhen auf dieser Notwendigkeit. Der Ständestaat bedeutet Verhältnisse, unter denen es weder bewußte Wünsche oder Ziele des einzelnen hinsichtlich der Gemeinschaft gibt noch eine entsprechende Verantwortung des einzelnen für seinen Teil an der Gesellschaft. Indessen werden weder solche Wünsche noch eine solche Verantwortlichkeit völlig aus unserer Welt verschwinden, solange wir die Gesellschaft als ein Verhältnis von Personen betrachten.

II Ökonomie und Gesellschaft

4. Unser obsoletes marktwirtschaftliches Denken

Die Zivilisation muß zu einem neuen Denken gelangen

Das erste Jahrhundert des Maschinenzeitalters nähert sich unter Furcht und Besorgnis seinem Ende. Sein ungeheurer materieller Erfolg beruhte auf der freiwilligen, ja begeisterten Unterordnung des Menschen unter die Erfordernisse der Maschine.

Der liberale Kapitalismus war im Effekt die erste Reaktion des Menschen auf die Industrielle Revolution. Um der Anwendung komplizierter und mächtiger Maschinen Raum zu geben, haben wir die Wirtschaft des Menschen in ein selbstregelndes System von Märkten umgewandelt und unsere Vorstellungen und Werte dieser einmaligen Innovation angeglichen.

Heute beginnen wir an der Wahrheit von manchen dieser Gedanken und an der Gültigkeit einiger dieser Werte zu zweifeln. Außerhalb der Vereinigten Staaten gibt es den liberalen Kapitalismus kaum mehr. Wir stehen erneut vor der Frage, wie man das menschliche Leben in einer Maschinengesellschaft organisieren soll. Hinter dem verblassenden Gefüge des auf Wettbewerb beruhenden Kapitalismus erscheint das bedrohliche Bild einer Industriezivilisation mit ihrer lähmenden Arbeitsteilung, der Normierung des Lebens, der Vorherrschaft des Mechanismus über den Organismus, der Organisation über die Spontaneität. Die Wissenschaft selbst wird vom Wahnsinn heimgesucht. Dies ist unser vordringliches Besorgnis.

Hier kann uns keine bloße Rückkehr zu Idealen eines vergangenen Jahrhunderts den Weg weisen. Wir müssen uns der Zukunft stellen, auch wenn dies den Versuch bedeuten mag, den Stellenwert der Industrie innerhalb der Gesellschaft so zu verschieben, daß das fremdartige Element Maschine absorbiert werden kann. Die Suche nach einer Demokratie für das Industriezeitalter bedeutet nicht, wie die meisten Menschen meinen, nur die Suche nach einer Lösung für die Probleme des Kapitalismus. Es handelt sich vielmehr um die Suche nach einer Antwort auf das Problem der Industrie schlechthin. Hier liegt das konkrete Problem unserer Zivilisation.

Eine solche Neuordnung verlangt eine innere Freiheit, für die wir schlecht gerüstet sind. Wir sehen uns verdummt durch das Erbe der Marktwirtschaft, die uns übersimplifizierte Auffassungen über Funktion und Rolle des Wirtschaftssystems in der Gesellschaft hinterließ. Wenn die Krise überwunden werden soll, müssen wir wiederum zu einem realistischeren Bild der Welt des Menschen gelangen und unser gemeinsames Anliegen im Licht dieser Erkenntnis verändern.

Der Industrialismus ist ein schwächlicher Ableger, aufgepfropft auf die vielen Zeitalter menschlicher Existenz. Das Resultat dieses Experiments ist noch nicht entschieden. Aber der Mensch ist kein einfaches Wesen und kann auf mehr als nur eine Weise zugrunde gehen. Die in unserer Generation so leidenschaftlich gestellte Frage der individuellen Freiheit ist bloß *ein* Aspekt dieses entscheidenden Problems. In Wahrheit ist sie Teil einer viel größeren und tieferen Notwendigkeit – der Notwendigkeit einer neuen Antwort auf die totale Herausforderung durch die Maschine.

Der fundamentale Irrtum

Unser Zustand kann folgendermaßen beschrieben werden: Die Industriezivilisation kann sehr wohl zum Ruin des Menschen führen. Da aber das Abenteuer einer zunehmend künstlichen Umwelt nicht willkürlich abgebrochen werden kann und auch nicht soll, wird man daran gehen müssen, die Lebensbedingungen in einer *solchen* Umwelt den Erfordernissen der menschlichen Existenz anzupassen, wenn die Menschheit auf Erden fortdauern soll. Niemand kann voraussagen, ob eine derartige Anpassung überhaupt möglich ist oder ob der Mensch bei diesem Versuch scheitern muß. Daher der pessimistische Unterton.

Inzwischen ist die erste Phase des Maschinenzeitalters zu Ende gegangen. Sie bedeutete die Schaffung einer Gesellschaftsorganisation, die ihren Namen von ihrer zentralen Institution herleitet, dem Markt. Dieses System ist nun im Abstieg begriffen. Und doch wurde unsere Lebensauffassung auf überwältigende Weise von dieser spektakulären Episode geprägt. Neuartige Vorstellungen vom Menschen und der Gesellschaft fanden allgemeine Verbreitung und gewannen den Rang von Axiomen. Es sind die folgenden:

Hinsichtlich des *Menschen* hat man uns dazu gebracht, den Irrtum zu akzeptieren, daß seine Motivationen als »materiell« und »ideell«« bezeichnet werden können und daß die Anreize, nach denen das Alltagsleben gestaltet wird, »materiellen« Motiven entstammen. Sowohl der utilitaristische Liberalismus als auch der populäre Marxismus unterstützten solche Auffassungen.

In bezug auf die *Gesellschaft* wurde eine ähnliche Doktrin verkündet, wonach ihre Institutionen vom ökonomischen System »determiniert« seien. Diese Meinung war bei den Marxisten noch populärer als bei den Liberalen.

In einer Marktwirtschaft waren natürlich beide Behauptungen zutreffend, *aber eben nur in einer solchen Wirtschaft*. Hinsichtlich der Vergangenheit ist eine solche Auffassung nur noch anachronistisch, hinsichtlich der Zukunft ein Vorurteil. Allerdings, unter dem Einfluß heutiger Denkschulen und verstärkt durch die Autorität von Wissenschaft und Religion, von Politik und Geschäft, ist es so weit gekommen, daß diese ausschließlich zeitgebundenen Erscheinungen als zeitlos und das Marktzeitalter überdauernd angesehen werden.

Die Überwindung einer solchen Doktrin, die unseren Geist und unsere Seele einschränkt und die Schwierigkeit der lebensrettenden Anpassung vergrößert, erfordert nichts weniger als eine Veränderung unseres Bewußtseins.

Das Markttrauma

Die Geburt des *laissez faire* versetzte der Auffassung des zivilisierten Menschen von sich selbst einen schweren Schlag, von dessen Auswirkungen er sich nie ganz erholt hat. Nur sehr langsam erkennen wir, was uns in neuerer Zeit, seit etwa einem Jahrhundert, zugefügt wurde.

Die liberale Wirtschaft, die erste Reaktion des Menschen auf die Maschine, stellte einen krassen Bruch mit früheren Verhältnissen dar. Eine Kettenreaktion war in Gang gekommen – die vorher bloß vereinzelten Märkte wurden in ein selbstregelndes *System* von Märkten umgewandelt, und mit der neuen Wirtschaftsform entstand auch eine neue Gesellschaftsform.

Der entscheidende Schritt war dies: Arbeit und Boden wurden in Waren verwandelt, das heißt, sie wurden behandelt, *als wären sie für den Verkauf produziert.* Selbstverständlich waren sie in Wirklichkeit keine Waren, da sie ja auch nicht produziert wurden (der Boden), oder wenn doch, so nicht zum Zweck des Verkaufs (die Arbeit).

Und doch war noch nie zuvor eine wirkungsvollere Fiktion ersonnen worden. Durch den freien Kauf und Verkauf von Arbeit und Boden wurden diese dem Marktmechanismus unterworfen. Nun gab es ein Angebot an Arbeitskraft und eine Nachfrage; es gab ein Angebot an Boden und auch eine Nachfrage. Dementsprechend gab es einen Marktpreis für die Nutzung der Arbeitskraft, Lohn genannt, und einen Marktpreis für die Nutzung des Bodens, Bodenrente genannt. Für Arbeit und Boden wurden eigene Märkte geschaffen, ähnlich den Märkten für die eigentlichen Waren, die mit ihrer Hilfe erzeugt wurden.

Die wahre Bedeutung eines solchen Schrittes ist zu ermessen, wenn wir bedenken, daß Arbeit nur eine andere Bezeichnung für Mensch, Boden nur eine andere Bezeichnung für Natur darstellt. Die Warenfiktion überantwortete das Schicksal von Mensch und Natur dem Spiel eines nach eigenen Gesetzen wirkenden Automaten.

Man hatte noch niemals etwas Ähnliches beobachten können. Unter der Herrschaft des Merkantilismus, der zwar bewußt auf die Schaffung von Märkten drängte, war das umgekehrte Prinzip immer noch wirksam. Arbeit und Boden waren nicht dem Markt ausgeliefert, sondern bildeten einen Teil der organischen Gesellschaftsstruktur. Dort, wo Boden verkäuflich war, wurde in der Regel nur die Preisfestsetzung den Beteiligten überlassen; dort, wo Arbeitskraft Vertragsgegenstand war, wurden die Löhne gewöhnlich von öffentlichen Körperschaften festgesetzt. Dem Brauch gemäß unterstand der Boden dem Herrensitz, dem Kloster oder der Stadtgemeinde im Rahmen der gewohnheitsrechtlichen Beschränkungen des Realbesitzes; die Arbeit war geregelt durch Gesetze gegen Bettelei und Landstreicherei, durch Taglöhner- und Handwerkerstatute, durch Armenrechtsgesetze sowie durch die Zunft- und Stadtverordnungen. Mit anderen Worten: In allen den Anthropologen und Historikern bekannten Gesellschaften waren Märkte auf Waren im engeren Sinne des Wortes beschränkt.

Die Marktwirtschaft schuf somit einen neuen Gesellschaftstypus. Das ökonomische bzw. produktive System wurde darin einem selbsttätigen Apparat überantwortet. Ein institutioneller Mechanismus beherrschte die Menschen in ihren Alltagsbeschäftigungen ebenso wie die natürlichen Ressourcen.

Dieses Instrument des materiellen Wohlergehens war ausschließlich von den Trieben des Hungers und des Gewinnstrebens bestimmt oder, genauer gesagt, von der Angst vor dem Verlust des Lebensunterhalts und von der Profiterwartung. Solange kein besitzloser Mensch seinen Drang nach Nahrung befriedigen konnte, wenn er nicht vorher seine Arbeitskraft auf dem Markt feilbot, und solange kein Eigentum besitzender Mensch gehindert wurde, auf dem billigsten Markt zu kaufen und auf dem teuersten zu verkaufen, mußte der gesichtslose Produktionsapparat immer größere Mengen von Waren zum Vorteil der Menschheit produzieren. Die Angst des Arbeiters vor dem Hunger und die Verlockung des Profits auf Seiten des Arbeitgebers mußten diesen enormen Apparat in Betrieb halten.

Auf diese Weise entstand eine »ökonomische Sphäre«, die sich von anderen Bereichen der Gesellschaft scharf abgrenzte. Da keine menschliche Gemeinschaft ohne einen funktionierenden Produktionsapparat überleben kann, hatte dessen Umformung zu einer besonderen und getrennten Sphäre zur Folge, daß der »Rest« der Gesellschaft von dieser Sphäre abhängig wurde. Dieser autonome Bereich wurde wieder von einem Mechanismus beherrscht, der sein Funktionieren regelte. Als Ergebnis dessen wurde der Marktmechanismus bestimmend für das Leben der Gesamtgesellschaft. Es ist daher kein Wunder, daß das daraus hervorgehende menschliche Gemeinwesen zu einer »ökonomischen« Gesellschaft wurde, wie sie nie zuvor auch nur annähernd existiert hatte. »Ökonomische Motive« rangierten an erster Stelle in ihrer selbstgeschaffenen Welt, und der einzelne wurde gezwungen, sich dementsprechend zu verhalten, um nicht vom Moloch Markt aufgefressen zu werden.

Diese Zwangsbekehrung zu einem utilitaristischen Weltbild führte zu einer verhängnisvollen Verzerrung des Selbstverständnisses des westlichen Menschen.

Hunger und Gewinnstreben als Grundlage

Die neue Welt der »ökonomischen Motivationen« beruhte auf einem Irrtum. An sich sind Hunger und Gewinnstreben ebenso wenig »ökonomisch« wie Liebe oder Haß, Stolz oder Vorurteil. Kein menschlicher Trieb ist *per se* ökonomisch. Es gibt keine ökonomische Erfahrung *sui generis* in dem Sinne, in dem der Mensch eine religiöse, ästhetische oder sexuelle Erfahrung haben kann. Die letzteren führen zum Entstehen von Motivationen, die ihrerseits auf die Herbeiführung ähnlicher Erlebnisse zielen. Im Blick auf die materielle Produktion fehlt diesen Begriffen jegliche Evidenz.

Der ökonomische Faktor als Grundlage allen gesellschaftlichen Seins löst ebensowenig spezifische Triebkräfte aus wie das gleichermaßen allgemeingültige Gesetz der Schwerkraft. Sicherlich, wenn wir nicht essen, müssen wir genauso sterben, wie wenn wir von einem stürzenden Felsbrocken erschlagen werden. Indessen werden die Qualen des Hungers nicht automatisch in einen Produktionstrieb umgewandelt. Produktion ist kein individuelles, sondern ein kollektives Anliegen. Wenn ein einzelner hungert, dann führt dies noch nicht zu einer bestimmten Tätigkeit. In der Verzweiflung mag er rauben oder stehlen, doch kann man einen solchen Vorgang kaum als produktiv bezeichnen. Beim Menschen als poltischem Wesen beruht alles auf sozialen, nichts auf natürlichen Verhältnissen. Was das 19. Jahrhundert dazu veranlaßte, Hunger und Gewinnstreben als »ökonomische Faktoren« anzusehen, war ganz einfach die Organisation der Produktion im Rahmen einer Marktwirtschaft.

Hierbei werden Hunger und Gewinnstreben durch die Notwendigkeit, »ein Einkommen zu verdienen«, mit der Produktion verbunden. Denn im Rahmen eines solchen Systems ist der Mensch, will er am Leben bleiben, gezwungen, auf dem Markt Waren mit Hilfe jenes Einkommens zu kaufen, das er durch den Verkauf anderer Waren auf dem Markt bezieht. Die Bezeichnung dieser Einkommen – Lohn, Bodenrente, Zins – variiert je nach dem, was zum Verkauf angeboten wird: die Nutzung von Arbeitskraft, Boden oder Geld; das als Profit bezeichnete Einkommen – die Entschädigung des Unternehmers – entsteht aus dem Verkauf von Waren, die einen höheren Preis erbringen als die bei ihrer Produktion anfallenden Kosten. Somit stammen alle Einkommen aus Verkaufsakten, und alle Verkaufsakte tragen direkt oder indirekt zur Produktion bei. Die letztere ist *eine Begleiterscheinung des Einkommenserwerbs.* Solange ein einzelner ein »Einkommen erwirbt«, trägt er automatisch zur Produktion bei.

Dieses System kann offensichtlich nur so lange funktionieren, wie die einzelnen einen Grund haben, sich der Tätigkeit des »Einkommenserwerbs« hinzugeben. Die Triebkräfte Hunger und Gewinnstreben liefern ihnen – getrennt oder gemeinsam – einen solchen Grund. Diese beiden Motivationen werden auf diese Weise mit der Produktion in Verbindung gebracht und dementsprechend als »ökonomisch« bezeichnet. So wird auf überzeugende Weise der Anschein hervorgerufen, daß Hunger und Gewinnstreben die *entscheidenden* Triebkräfte sind, auf denen jegliches ökonomische System beruhen muß.

Diese Annahme entbehrt jeder Grundlage. Bei der Untersuchung anderer menschlicher Gesellschaften beobachten wir, daß Hunger und Gewinnstreben keineswegs als Triebkräfte für die Produktion gesehen werden, und wo dies doch der Fall ist, sind sie mit anderen starken Motivationen verknüpft.

Aristoteles hatte recht: Der Mensch ist kein ökonomisches, sondern ein soziales Wesen. Er zielt beim Erwerb materiellen Besitzes nicht auf die Sicherung seiner individuellen Interessen, vielmehr auf die Erlangung gesellschaftlicher Anerkennung, gesellschaftlichen Rangs und gesellschaftlicher Werte. Er bewertet Besitz primär als Mittel zu diesem Zweck. Seine Motivationen sind von jener »gemischten« Art, die wir mit dem Bemühen zur Erlangung von gesellschaftlicher Anerkennung verbinden – Bemühungen um Produktion sind hierbei bloß eine Begleiterscheinung. *Die Wirtschaft des Menschen ist in der Regel in seine gesellschaftlichen Verhältnisse eingebettet.* Der Übergang von dieser Form zu einer Gesellschaft, die, umgekehrt, im Wirtschaftssystem eingebettet ist, war eine gänzlich neuartige Entwicklung.

Tatsachen

An dieser Stelle muß, so meine ich, die Beweiskraft von Tatsachen sprechen.

Zum ersten ist hier die Erforschung primitiver Wirtschaftsformen zu erwähnen, wobei zwei Persönlichkeiten hervorragen: Bronislaw Malinowski und Richard Thurnwald. Diese beiden sowie andere Forscher haben unsere Auffassungen in diesem Bereich revolutioniert und dabei einen neuen Wissenschaftszweig begründet. Der Mythos vom individualistischen Wilden war schon lange vorher entlarvt worden. Man konnte weder einen brutalen Egoismus feststellen noch die angebliche Neigung zu Tausch, Schachern und Austausch, ja nicht einmal die Tendenz, nur das eigene Interesse zu berücksichtigen. Ebenso wurde die Legende von der kommunistischen Psyche des Wilden und seinem angeblichen Mangel an Selbstinteresse zerstört. (Im großen und ganzen zeigte es sich, daß sich der Mensch durch die Zeitalter hindurch ziemlich gleich geblieben ist. Wenn man seine Institutionen nicht isoliert, sondern im Zusammenhang betrachtet, stellt man fest, daß er sich in einer uns im allgemeinen verständlichen Art und Weise verhielt.) Was »kommunistisch« aussah, war bloß die Tatsache, daß das Produktions- oder Wirtschaftssystem gewöhnlich so gestaltet war, daß darin kein Individuum vom Hunger bedroht war. Der Platz am Lagerfeuer, sein Anteil an den gemeinsamen Ressourcen war ihm sicher, ganz gleich, welche Aufgabe er bei der Jagd, auf der Weide, beim Pflügen oder bei der Gartenarbeit erfüllt haben mochte.

Hier einige Beispiele: Im *Kraalland*system der Kaffern ist »bittere Not unmöglich: jeder, der Hilfe benötigt, erhält sie als Selbstverständlichkeit« (L. P. Mair, *An African People in the Twentieth Century*, 1934). Kein Kwakiutl »brauchte sich je auch nur im geringsten vor dem Hunger fürchten« (E. M. Loeb, *The Distribution and Function of Money in Early Society*, 1936). »In Gesellschaften, die am Rande des Existenzminimums leben, gibt es kein Verhungern« (M. J. Herskovits, *The Economic Life of Primitive Peoples*, 1940). In der Praxis ist der einzelne nie in der Gefahr des Hungerns, sofern nicht die ganze Gemeinschaft in diese Lage gerät. Es ist eben dieses Fehlen der Gefahr einer Verelendung des einzelnen, die im gewissen Sinne die primitive Gesellschaft humaner und gleichzeitig weniger »ökonomisch« erscheinen läßt, als die Gesellschaft des 19. Jahrhunderts.

Das gleiche gilt für das Motiv des individuellen Gewinnstrebens. Auch hier einige Zitate: »Das charakteristische Merkmal der primitiven Ökonomie ist das Fehlen jeglichen Strebens nach Gewinn aus Produktion und Austausch« (R. Thurnwald, *Economics in Primitive Communities*, 1932). »Der Gewinn, der in mehr zivilisierten Gemeinwesen oft Anreiz zur Arbeit ist, wirkt im Rahmen der ursprünglichen Lebensweise der Eingeborenen niemals als Anstoß zur Arbeit« (B. Malinowski, *Argonauten des westlichen Pazifik*, 1930). Wenn die sogenannten ökonomischen Motivation dem Menschen natürlich wären, dann müßten wir alle frühen und primitiven Gesellschaften als ausgesprochen unnatürlich betrachten.

Zum zweiten besteht in dieser Hinsicht zwischen der primitiven und der zivilisierten Gesellschaft kein Unterschied. Ob wir den antiken Stadtstaat betrachten oder despotische Imperien, den Feudalismus, das städtische Leben des 13. Jahrhunderts, die Herrschaft des Merkantilismus im 16. Jahrhundert oder das Vorschriftenwesen des 18. Jahrhunderts – wir müssen ausnahmslos feststellen, daß das ökonomische System im gesellschaftlichen eingebettet ist. Die Initiativen entspringen höchst unterschiedlichen Quellen, wie Sitte und Tradition, öffentlicher Pflicht und privaten Verpflichtungen, religiösen Vorschriften und politischer Treue, gesetzlichen Pflichten und administrativen Verordnungen, festgelegt vom Fürsten, der Stadtgemeinde oder der Zunft. Rang und Status, gesetzlicher Zwang und Strafandrohung, öffentliches Lob und privater Ruf gewährleisten, daß der einzelne seinen Teil zur Produktion beiträgt.

Die Angst vor dem Entzug von Liebe oder Streben nach Profit müssen keineswegs völlig fehlen. Märkte gibt es in allen Gesellschaftsformen, und die Gestalt des Kaufmanns ist in vielen Zivilisationstypen bekannt. Indessen verbinden sich isolierte Märkte nicht zu einer Volkswirtschaft. Das Gewinnstreben war für den Kaufmann ebenso kennzeichnend wie Tapferkeit für den Ritter, Frömmigkeit für den Priester und Stolz für den Handwerker. Der Gedanke, daß man das Gewinnstreben allgemeingültig machen könnte, ist unseren Vorfahren nie in den Sinn gekommen. Vor dem zweiten Viertel des 19. Jahrhunderts waren Märkte zu keiner Zeit mehr als bloß untergeordnete Aspekte der Gesellschaft.

Zum dritten ist da die erstaunliche Plötzlichkeit der Veränderung. Die Vorherrschaft der Märkte entwickelte sich nicht stufenweise, sondern qualitativ. Die Märkte, auf denen die ansonsten selbstversorgenden Haushalte ihre Überschüsse absetzten, lenken weder die Produktion noch bieten sie dem Produzenten das Einkommen. Dies ist erst in der Marktwirtschaft der Fall, in der alle Einkommen von Verkäufen herrühren, und Güter ausschließlich durch Kauf erworben werden können. Ein freier Markt für Arbeitskraft entstand in England erst vor einem Jahrhundert. Die berüchtigte Reform des Armenrechtsgesetzes (1834) bewirkte die Abschaffung der allgemein üblichen, von den patriarchalischen Regierungen für die Pauper vorgesehenen Hilfsmaßnahmen. Das Armenhaus wurde von einem Zufluchtsort der Mittellosen in einen Ort der Schande und der seelischen Tortur umgewandelt, demgegenüber sogar Hunger und Elend vorzuziehen waren. Den Armen blieb nur die Wahl zwischen Hunger und Arbeit. Auf diese Weise wurde ein nationaler, wettbewerbsbestimmter Arbeitsmarkt geschaffen. Innerhalb von zehn Jahren führte das Bankengesetz (1844) das Prinzip des Goldstandards ein; die Ausgabe von Geld war den Händen der Regierung entzogen, ohne Rücksicht auf die damit verbundenen Auswirkungen auf das Beschäftigungsniveau. Gleichzeitig führte die Reform der Bodengesetze zur Kommerzialisierung des Bodens, und die Abschaffung des Getreidegesetzes (1846) zur Schaffung eines weltweiten Getreidemarkts, wodurch die ungeschützten Bauern auf dem europäischen Festland den Launen des Marktes preisgegeben wurden.

Damit waren die drei Grundpfeiler des Wirtschaftsliberalismus etabliert, jenem Prinzip, nach dem die Marktwirtschaft organisiert war: daß die Arbeitskraft ihren Preis auf dem Markt bilden soll; daß Geld durch einen selbstregelnden Mechanismus bereitgestellt werden soll; und daß sich die Waren, unabhängig von den damit verbundenen Folgen, frei von Land zu Land bewegen sollen, oder kurz gesagt: der Arbeitsmarkt, der Goldstandard und der Freihandel. Damit wurde ein selbsttätiger Prozeß in Gang gesetzt, der zur Folge hatte, daß das vormals harmlose Marktmuster sich zu einer gesellschaftlichen Monstrosität auswuchs.

Die Geburt eines Wahns

Diese Tatsachen zeigen in groben Umrissen die Genealogie einer »ökonomischen« Gesellschaft. Unter solchen Verhältnissen muß der Eindruck entstehen, daß die Welt des Menschen von »ökonomischen« Motiven bestimmt sei. Der Grund ist leicht zu erkennen.

Man nehme eine beliebige Motivation und organisiere die Produktion auf eine solche Weise, daß diese Motivation für den einzelnen zum Produktionsanreiz wird, dann hat man damit ein Bild geschaffen, das den Menschen als von dieser Motivation völlig abhängig darstellt. Man nehme als Motivation die Religion, die Politik oder die Ästhetik, man nehme den Stolz, das Vorurteil, die Liebe oder den Neid, und der Mensch wird als essentiell religiös, politisch, ästhetisch, stolz, vorurteilsbehaftet oder von Liebe und Neid erfüllt erscheinen. Andere Beweggründe werden dann im Vergleich dazu fern und schattenhaft erscheinen, da sie nicht geeignet sind, den lebenswichtigen Vorgang der Produktion voranzutreiben. Die jeweils ausgewählte Motivation wird dann den »wirklichen« Menschen repräsentieren.

Genau besehen, sind die Menschen aus den verschiedensten Gründen zu arbeiten bereit, sofern die Verhältnisse dementsprechend geordnet sind. Mönche trieben aus religiösen Gründen Handel, und Klöster wurden zu den größten Handelseinrichtungen in Europa. Der Kula-Handel der Bewohner der Trobriand-Inseln, eines der kompliziertesten und bekannten Tauschhandelsarrangements, ist eine primär ästhetische Beschäftigung. Die Feudalwirtschaft wurde im Einklang mit dem Brauchtum abgewikkelt. Bei den Kwakiutl scheint der Hauptzweck der gewerblichen Tätigkeit die Befriedigung einer Ehrenangelegenheit zu sein. Unter dem merkantilen Despotismus wurde das Gewerbe häufig so geplant, daß es der Macht und der Herrlichkeit diente. Dementsprechend neigen wir zur Auffassung, daß Mönche oder Schurken, die Bewohner von Westmelanesien, die Kwakiutl oder die Staatsmänner des 17. Jahrhunderts jeweils von Religion, Ästhetik, Brauchtum, Ehre oder Politik beherrscht waren.

Im Kapitalismus muß jeder einzelne ein Einkommen erwerben. Ist er Arbeiter, so muß er seine Arbeitskraft zum jeweiligen Marktpreis verkaufen; ist er Eigentümer, so muß er den größtmöglichen Profit erzielen, denn sein Prestige bei seinen Standesgenossen wird von der Höhe seines Einkommens abhängen. Hunger und Gewinnstreben werden – wenn auch stellvertretend – den einzelnen veranlassen, zu pflügen und zu säen, zu spinnen und zu weben, Kohle zu fördern und Flugzeuge zu steuern. Infolgedessen werden die Mitglieder einer solchen Gesellschaft zur Ansicht gelangen, sie seien von diesen beiden Antrieben beherrscht.

In Wirklichkeit war der Mensch nie so selbstsüchtig, wie es die Theorie verlangte. Auch wenn der Marktmechanismus seine Abhängigkeit von materiellen Gütern in den Vordergrund rückte, waren für ihn »ökonomische« Beweggründe doch niemals der einzige Beweggrund für Arbeitsleistung. Vergebens wurde er von Ökonomen und utilitaristischen Moralisten gleichermaßen aufgerufen, im Geschäftsleben alle anderen Beweggründe außer dem »materiellen« beiseite zu lassen. Bei genauerer Betrachtung zeigte es sich, daß er immer noch aus bemerkenswert »gemischten« Gründen agierte, einschließlich der Pflicht gegenüber sich selbst und gegenüber anderen – und vielleicht heimlich sogar die Arbeit als Selbstzweck schätzen mochte.

Freilich geht es hier nicht um die realen, sondern um die postulierten Beweggründe, nicht um die Psychologie, sondern um die Ideologie des Wirtschaftslebens. *Bestimmte Auffassungen vom Wesen des Menschen beruhen nicht auf dem ersteren, sondern auf dem letzteren.* Sobald die Gesellschaft von ihren Mitgliedern ein bestimmtes Verhalten erwartet und die vorherrschenden Institutionen bereits imstande sind, dieses Verhalten zu erzwingen, werden die Auffassungen über die menschliche Natur dahin tendieren, dieses Ideal widerzuspiegeln, ganz gleich, ob dies der Realität entspricht oder nicht.

Dementsprechend wurden Hunger und Gewinnstreben zu »ökonomischen« Beweggründen erklärt, und vom Menschen erwartete man, daß er sich im Alltagsleben demgemäß verhalte, während seine anderen Beweggründe als eher fadenscheinig und außerhalb seiner Alltagsexistenz liegend erschienen. Ehre und Stolz, Bürgerpflicht und moralische Pflichten, sogar Selbstachtung und allgemeine Anständigkeit wurden nun für den Produktionsprozeß als unerheblich abqualifiziert und bezeichnenderweise mit dem Wort »Ideal« zusammengefaßt. Somit glaubte man, der Mensch bestehe aus zwei Komponenten, wobei die eine mehr dem Hunger und Gewinnstreben zuzuordnen sei, die andere mehr der Ehre und der Macht. Die eine Komponente sei »materiell«, die andere »ideell«; die eine »ökonomisch«, die andere »nichtökonomisch«; die eine »rational«, die andere »nicht rational«. Die Utilitaristen gingen sogar so weit, diese beiden Begriffspaare gleichzusetzen und damit die »ökonomische« Seite des menschlichen Charakters mit einer Aura von Rationalität zu versehen. Derjenige also, der den Gedanken von sich weisen wollte, er agiere ausschließlich um des Gewinns willen, wurde somit nicht nur für unmoralisch, sondern auch für verrückt gehalten.

Überdies produzierte der Marktmechanismus noch die Wahnvorstellung vom ökonomischen Determinismus als allgemeinem, für die gesamte Menschheit gültigem Gesetz.

Im Rahmen der Marktwirtschaft hat dieses Gesetz selbstverständlich Geltung. Hier führt die Wirkweise des Wirtschaftssystems nicht nur zu einer »Beeinflussung« der übrigen Gesellschaft, sondern determiniert sie, so wie die Seiten in einem Dreieck die Winkel nicht bloß beeinflussen, sondern festlegen.

Nehmen wir die Klassenstruktur. Auf dem Arbeitsmarkt waren Nachfrage und Angebot mit der Klasse der Arbeiter bzw. der Arbeitgeber identisch. Die Gesellschaftsklassen der Kapitalisten, Grundeigentümer, Mieter, Makler, Kaufleute, Professionisten usw. wurden abgegrenzt von den jeweiligen Märkten für Boden, Geld und Kapital in ihren verschiedenen Ausformungen oder für verschiedene Dienstleistungen. Das Einkommen dieser Gesellschaftsklassen wurde vom Markt bestimmt, Rang und Position von ihrem Einkommen.

Dies bedeutete eine völlige Umkehrung der jahrhundertealten Praxis. Entsprechend Maines berühmten Satz wurde »contractus« durch »status« ersetzt; oder, wie es Tönnies ausdrückte, »Gemeinwesen« durch »Gesellschaft« ersetzt; d. h. es kam nach unseren Begriffen dazu, *daß das ökonomische System nicht mehr in die gesellschaftlichen Verhältnisse eingebettet war, sondern diese Verhältnisse nunmehr im ökonomischen System eingebettet waren.*

Während Gesellschaftsklassen vom Marktmechanismus direkt determiniert wurden, war dies bei anderen Institutionen indirekt der Fall. Staat und Regierung, Eheschließung und Kindererziehung, die Organisation von Wissenschaft und Unterricht, von Religion und Kunst, Berufswahl, Wohnformen und Siedlungsformen, ja sogar die Ästhetik des Privatlebens – alles mußte sich der utilitaristischen Struktur unterwerfen oder durfte zumindest nicht das Funktionieren des Marktmechanismus beeinträchtigen. Da es aber kaum eine menschliche Betätigung gibt, die sich in einem Vakuum abspielt und selbst ein Säulenheiliger eine Säule benötigt, begannen die indirekten Auswirkungen des Marktmechanismus praktisch die Gesellschaft als Ganzes zu bestimmen. Es war fast unmöglich, der fälschlichen Schlußfolgerung zu entgehen, daß, da der »ökonomische« Mensch der »reale« Mensch war, somit auch das ökonomische System die »reale« Gesellschaft darstelle.

Sexualität und Hunger

Man kann wohl mit Recht sagen, daß die grundlegenden menschlichen Institutionen ungemischte Motivationen verabscheuen. So wie die Nahrungsmittelversorgung des einzelnen und seiner Familie normalerweise nicht auf dem Motiv des Hungers beruht, so beruht auch die Institution der Familie nicht auf dem Sexualtrieb.

Der Sexualtrieb ist genauso wie der Hunger eine der stärksten Triebkräfte, wenn er außer Kontrolle der anderen Triebkräfte gerät. Das ist wahrscheinlich auch der Grund, warum niemals zugelassen wird, daß sich die Familie in all ihren verschiedenen Formen ausschließlich nach dem Geschlechtstrieb mit all seinen Unterbrechungen und Unberechenbarkeiten ausrichtet, sondern nach einer Anzahl von wirksamen Motivationen, die den Sexualtrieb daran hindern, jene Institution zu zerstören, auf der weitgehend das Glück des Menschen beruht. Der Sexualtrieb als solcher wird niemals etwas Besseres als ein Bordell hervorbringen, und selbst dann wird er sich vielleicht auf irgendeinen Anstoß aus dem Marktmechanismus stützen müssen. Ein Wirtschaftssystem, das tatsächlich auf dem Hunger als Hauptantriebskraft beruht, wäre fast ebenso abartig wie ein ausschließlich auf dem Sexualtrieb beruhendes Familiensystem.

Der Versuch, den ökonomischen Determinismus auf sämtliche menschliche Gesellschaften anwenden zu wollen, ist geradezu absurd. Nichts ist dem Fachmann auf dem Gebiet der Sozialanthropologie klarer bewußt als die Vielfalt von Institutionen, die mit praktisch gleichen Instrumenten der Produktion vereinbar sind. Erst seit man es zugelassen hat, daß der Markt das soziale Gewebe zu einer wesenlosen Gleichförmigkeit von Mondstaub zermahlen konnte, ist die institutionelle Schöpferkraft des Menschen verunsichert. Kein Wunder, daß sein gesellschaftliches Vorstellungsvermögen Zeichen von Ermüdung zeigt. Es mag ein Punkt kommen, an dem er nicht mehr imstande sein wird, die Anpassungsfähigkeit, den Phantasiereichtum und die Kraft seiner urtümlichen Mitgift wiederzugewinnen.

Es ist mir bewußt, daß mich kein Protest davor bewahren wird, für einen »Idealisten« gehalten zu werden, denn wenn jemand den Vorrang »materieller« Motivationen beklagt, dann muß er sich offenbar auf die Wirksamkeit »ideeller« Motivationen stützen. Allerdings wäre dies ein großes Mißverständnis. Hunger und Gewinnstreben haben nichts spezifisch »Materielles« an sich. Stolz, Ehre und Macht wiederum sind jedoch nicht unbedingt »höhere« Motivationen als Hunger und Gewinnstreben.

Diese Dichotomie ist m. E. eine willkürliche. Wir wollen nochmals die Analogie der Sexualität bemühen. Sicherlich kann man hier eine signifikante Unterscheidung zwischen »höheren« und »niederen« Beweggründen treffen. Aber ganz gleich, ob es sich um den Hunger oder den Sexualtrieb handelt, in beiden Fällen ist es verhängnisvoll, die Trennung von »materiellen« und »ideellen« Komponenten des Menschen zu *institutionalisieren.* Im Zusammenhang mit dem Sexualtrieb ist diese für die essentielle Ganzheit des Menschen so wichtige Wahrheit längst erkannt worden: sie ist die Grundlage der Institution der Ehe. Im gleichermaßen entscheidenden Gebiet der Ökonomie hingegen wurde sie vernachlässigt. Letzteres wurde als Bereich des Hungers und des Gewinnstrebens aus der Gesellschaft »herausgetrennt«. Unsere biologische Abhängigkeit von Nahrung wurde bloßgelegt und der blanken Angst vorm Verhungern die Zügel freigegeben. Unsere entwürdigende Versklavung im »Materiellen«, die zu mildern der Zweck jeglicher Kultur ist, wurde absichtlich verschärft. Dies ist die Wurzel der »Krankheit einer Erwerbsgesellschaft«, vor der Tawney gewarnt hat. Ebenso zeigte sich die Genialität Robert Owens darin, daß er vor einem Jahrhundert das Profitmotiv als »ein für das individuelle und öffentliche Glück völlig unzuträgliches Prinzip« bezeichnete.

Die Realität der Gesellschaft

Ich trete ein für die Wiederherstellung jener Einheit der Motivationen, die den Menschen in seiner täglichen Tätigkeit als Produzent erfüllen sollte; für die Wiedereingliederung des ökonomischen Systems in die Gesellschaft und für die schöpferische Anpassung unserer Lebensweise an den industriellen Lebensraum.

In all diesen Punkten erweist sich die Philosophie des *laissez faire* und die damit verbundene Marktgesellschaft als Fehlschlag. Sie ist schuld an der Aufspaltung der lebendigen Einheit des Menschen in einen »realen« Menschen, der materiellen Werten nachstrebt, und in eine »ideale« bessere Hälfte. Dies lähmt unser gesellschaftliches Vorstellungsvermögen, indem es unbewußt das Vorurteil des »ökonomischen Determinismus« verstärkt.

In der hinter uns liegenden Phase der industriellen Zivilisation hat er seine Schuldigkeit getan. Um den Preis der Verarmung des einzelnen hat er die Gesellschaft bereichert. Heute stehen wir vor der lebenswichtigen Aufgabe der Wiederherstellung der Seinsfülle für den einzelnen, auch wenn dies eine technologisch weniger effiziente Gesellschaft bedeuten mag. In verschiedenen Ländern wird der klassische Liberalismus auf verschiedene Weise über Bord geworfen. Die Rechte und die Linke ebenso wie die Mitte suchen nach neuen Wegen. Britische Sozialdemokraten, amerikanische Anhänger des New Deal ebenso wie europäische Faschisten und amerikanische Gegner des New Deal der verschiedenen »manageristischen« Richtungen haben das liberale Utopia abgelehnt. Auch sollte uns das heutige politische Klima der Ablehnung alles Sowjetischen nicht blind machen gegenüber den Erfolgen der Sowjetunion bei der schöpferischen Anpassung an manche fundamentalen Aspekte der Industriewelt.

Ganz allgemein scheint mir die kommunistische Erwartung des »Absterbens des Staates« eine Kombination von Elementen des liberalen Utopismus und der praktischen Gleichgültigkeit gegenüber den institutionellen Freiheiten darzustellen. Was das Absterben des Staates betrifft, so kann man wohl nicht leugnen, daß die Industriegesellschaft eine komplexe Gesellschaft ist und daß keine komplexe Gesellschaft ohne ein organisiertes Machtzentrum existieren kann. Dennoch kann diese Tatsache für die Kommunisten keine Entschuldigung dafür sein, die Frage konkreter institutioneller Freiheiten vom Tisch zu wischen.

Das ist die realistische Ebene, auf der das Problem der Freiheit des Individuums behandelt werden sollte. Es kann keine menschliche Gesellschaft ohne Macht und Zwang geben, und auch keine Welt, in der die Macht keine Funktion hat. Die liberale Philosophie hat unsere Ideale in eine falsche Richtung gelenkt, indem sie die Erfüllung solcher im Grund utopischen Erwartungen zu versprechen schien.

Im Rahmen des Marktsystems ist die Gesellschaft als Ganzes unsichtbar geblieben. Jedermann konnte sich frei fühlen von der Verantwortung für solche staatliche Zwangsmaßnahmen, die er persönlich ablehnte, oder von der Verantwortung für Arbeitslosigkeit und Armut, von der er persönlich nicht profitierte. Persönlich blieb er unberührt von den Übeln der Macht und der ökonomischen Wertung. Im Namen seiner eingebildeten Freiheit konnte er guten Gewissens ihre Realität leugnen.

Macht und wirtschaftlicher Wert sind in der Tat Musterbeispiele gesellschaftlicher Realität. Weder Macht noch ökonomischer Wert entspringen dem menschlichen Wollen; in bezug auf diese ist Nichtteilnahme unmöglich. Die Aufgabe der Macht ist es, jenes Maß an Konformismus sicherzustellen, das für das Überleben der Gruppe notwendig ist: wie David Hume gezeigt hat, ist Meinung die tiefste Wurzel der Macht, und wer würde nicht die eine oder andere Meinung hegen? In jeglicher Gesellschaft gewährleistet der ökonomische Wert die Nützlichkeit der erzeugten Waren; er ist gleichsam ein Gütesiegel der Arbeitsteilung. Seine Quelle sind die menschlichen Bedürfnisse – wie könnte man von uns erwarten, daß wir nicht eine Sache der anderen vorziehen? Jegliche Meinung und jeglicher Wunsch wird uns, gleichgültig in welcher Gesellschaft wir leben, zu Mitwirkenden an der Schaffung von Macht und der Konstituierung von Wert machen. Eine Freiheit zu andersartigem Handeln ist nicht vorstellbar. Ein Ideal, das Macht und Zwang aus der Gesellschaft verbannen würde, ist an sich hinfällig. Durch das Ignorieren dieser Begrenzung der sinnvollen Wünsche des Menschen enthüllt die marktmäßige Auffassung von der Gesellschaft ihre eigentliche Unreife.

Das Problem der Freiheit

Der Niedergang der Marktwirtschaft bedroht zwei Arten von Freiheiten, von denen manche gut und manche schlecht sind.

Es ist durchaus begrüßenswert, wenn zugleich mit dem freien Markt auch die Freiheit der Ausbeutung des Mitmenschen ebenso verschwinden wird wie die Freiheit, übermäßige Gewinne ohne entsprechende Leistungen für die Gemeinschaft zu erzielen, wie die Freiheit, technische Erfindungen zurückhalten, die dem Allgemeinwohl dienen könnten, und wie die Freiheit, aus heimlich herbeigeführten allgemeinen Notständen Profit zu schlagen.

Allerdings produzierte die Marktwirtschaft, in der diese Freiheiten gediehen, auch Freiheiten, die wir außerordentlich schätzen, nämlich Gewissensfreiheit, Redefreiheit, Versammlungsfreiheit, Koalitionsfreiheit und Berufsfreiheit, die wir um ihrer selbst willen schätzen. Und doch waren sie weitgehend Nebenprodukte derselben Wirtschaft, die auch für die üblen Freiheiten verantwortlich war.

Die Existenz einer separaten ökonomischen Sphäre in der Gesellschaft schuf sozusagen eine Kluft zwischen Politik und Wirtschaft, zwischen Regierung und Industrie, die einem Niemandsland gleichkam. So wie die Teilung der Souveränität zwischen Papst und Kaiser die mittelalterlichen Fürsten in einem gelegentlich an Anarchie grenzenden Zustand der Freiheit versetzte, so verschaffte die Teilung der Souveränität zwischen Regierung und Industrie im 19. Jahrhundert selbst dem armen Mann manche Freiheiten, die ihm zum Teil für seinen Elendsstatus entschädigten.

Die heutige Skepsis hinsichtlich der Zukunft der Freiheit beruht weitgehend darauf. Manche vertreten mit Hayek folgende Auffassung: Da die freien Institutionen von der Marktwirtschaft hervorgebracht wurden, würde ein Verschwinden dieser Wirtschaft wieder zur Leibeigenschaft führen. Andere, darunter James Burnham, behaupten die Unvermeidlichkeit einer neuen Form von Leibeigenschaft namens »Managertum«.

Argumente dieser Art beweisen bloß, in welchem Ausmaß das ökonomistische Vorurteil immer noch verbreitet ist, denn ein derartiger Determinismus ist, wie wir gesehen haben, nur eine andere Bezeichnung für den Marktmechanismus. Es ist wohl kaum logisch, die Auswirkungen seines Fehlens aufgrund einer ökonomischen Notwendigkeit beweisen zu wollen, die von seinem Vorhandensein abgeleitet ist. Ganz gewiß steht dies im Gegensatz zur angelsächsischen Erfahrung. Wie jeder bestätigen kann, der die kritischen Jahre 1940-1943 in den Vereinigten Staaten verbrachte, haben weder die Arbeitsmarktgesetze noch die Militärdienstpflicht die Grundfreiheiten des amerikanischen Volkes aufgehoben. In Großbritannien führte man während des Krieges eine umfassende Planwirtschaft ein und hob jene Trennung von Regierung und Industrie auf, aus der die Freiheit des

19. Jahrhunderts entstand; und dennoch waren die bürgerlichen Freiheiten niemals gefestigter als während dieses Notstands. In Wahrheit werden wir genauso viel Freiheit haben, als wir zu schaffen und zu sichern bereit sind. Es gibt keine *ausschließliche* Determinante in der menschlichen Gesellschaft. Institutionelle Garantien für die persönliche Freiheit vertragen sich mit jedem ökonomischen System. Nur in der Marktgesellschaft wurde der ökonomische Mechanismus zu Gesetz erhoben.

Mensch contra Industrie

Was unserer Generation als das Problem des Kapitalismus erscheint, ist in Wirklichkeit das weit größere Problem der Industriezivilisation. Der Anhänger des Wirtschaftsliberalismus ist dieser Tatsache gegenüber blind. In seiner Verteidigung des Kapitalismus als Wirtschaftssystem übersieht er die Herausforderung des Maschinenzeitalters. Die Gefahren aber, die den Tapfersten erzittern lassen, liegen heute weit jenseits der Wirtschaft. Die gleichsam idyllischen Anliegen, wie die Zerschlagung von Konzernen und die Einführung des Taylorismus, wurden von Hiroshima übertroffen. Die wissenschaftliche Barbarei ist uns hart auf den Fersen. Die Deutschen hatten an einem Gerät gearbeitet, mit dem sie Sonnenstrahlen in Todesstrahlen umwandeln wollten. Wir aber haben tatsächlich einen Ausbruch von Todesstrahlen hervorgebracht, der die Sonne überstrahlte. Die Deutschen aber hatten eine Philosophie des Bösen, wir hatten eine Philosophie des Humanen. Wir sollten lernen, dies als ein Symbol unserer Gefährdung zu erkennen.

Unter jenen Amerikanern, die das Ausmaß dieses Problems erkennen, zeichnen sich zwei Tendenzen ab: die einen glauben an Eliten und Aristokratien, an Managertum und Konzernwesen. Sie sind der Auffassung, die Gesellschaft als Ganzes sollte noch enger an das Wirtschaftssystem angepaßt werden, das sie unverändert beibehalten wollen. Das ist das Ideal der *Brave New World*, in der das Individuum darauf dressiert ist, eine Ordnung zu unterstützen, die von Klügeren für ihn entworfen worden ist. Andere wiederum glauben, daß sich in einer wahrhaft demokratischen Gesellschaft das Problem der Industrie durch ein planmäßiges Eingreifen der Produzenten und Konsumenten von selbst lösen lassen könnte. Eine solch bewußte und verantwortungsvolle Vorgangsweise ist wahrlich eine der Ausdrucksformen der Freiheit in einer komplexen Gesellschaft. Aber, wie unser Aufsatz zeigt, ein solches Unterfangen kann nicht Erfolg haben, wenn es nicht von einer Gesamtschau vom Menschen und der Gesellschaft bestimmt ist, die völlig verschieden von jener ist, die wir von der Marktwirtschaft übernommen haben.

5. Aristoteles entdeckt die Volkswirtschaft

Die Verachtung, mit der man die »Ökonomie« des Aristoteles in unserer Zeit behandelt, ist ein bedrohliches Symptom. Nur wenigen Denkern wurde hinsichtlich unterschiedlichster Themen über die Jahrhunderte hinweg so viel Aufmerksamkeit geschenkt, wie dies bei ihm der Fall war. In einem Bereich aber, um den er sich besonders bemühte und der zu den für unsere Generation entscheidenden Fragen zählt, nämlich der Ökonomie, werden seine Lehren von den führenden Geistern der Zeit als unzureichend, ja belanglos abgetan.[1]

Der Einfluß, den Aristoteles durch Thomas von Aquin auf die mittelalterliche Stadtwirtschaft ausübte, war ebenso bedeutend wie später der eines Adam Smith und David Ricardo auf die Weltwirtschaft des 19. Jahrhunderts. Man könnte wohl sagen, daß Aristoteles' diesbezügliche Lehren mit der Errichtung des Marktsystems und dem anschließenden Aufstieg der klassischen Schulen der Nationalökonomie naturgemäß in den Hintergrund treten mußten. Doch ist die Sache damit nicht erledigt. Die offenherzigeren unter den modernen Volkswirtschaftlern scheinen zu glauben, daß fast alles, was er zu Fragen des Lebensunterhalts des Menschen geschrieben hat, an einer verhängnisvollen Schwäche leidet. Keines der beiden von ihm umfassend behandelten Themen – das Wesen der Ökonomie und die Probleme des kommerziellen Handelns und des gerechten Preises – ist bis zu einer klaren Schlußfolgerung ausgeführt worden. Der Mensch war, nach seiner Darstellung, so wie jedes andere Lebewesen von Natur aus selbstgenügsam. Die Ökonomie des Menschen entstammte daher nicht der Grenzenlosigkeit der Bedürfnisse und Erfordernisse des Menschen oder, wie man heute sagt, dem Faktum der Verknappung. Was nun die beiden wesentlichen Fragen betrifft, so entstand, laut Aristoteles, der kommerzielle Handel aus dem unnatürlichen Drang zum Geldverdienen, der natürlich unbegrenzt war, während die Preise den Gesetzen der Gerechtigkeit entsprechen sollten (die eigentliche Formel blieb dabei völlig ungeklärt). Auch sind seine einleuchtenden, wenn auch nicht völlig konsequenten Bemerkungen über das Feld und sein befremdlicher Angriff gegen die Erhebung von Zinsen zu nennen. Dieses magere und fragmentarische Resultat wurde hauptsächlich einer unwissenschaftlichen Parteilichkeit zugeschrieben – der Bevorzugung dessen, was sein sollte, gegenüber dem, was ist. Daß, beispielsweise, die Preise vom relativen Status der Tauschpartner innerhalb der Gemeinschaft abhängig sein sollten, erscheint in der Tat als eine eher absurde Ansicht.

Diese deutlich umschriebene Abkehr von aus dem antiken Griechenland überlieferten Denkweisen verdient mehr Aufmerksamkeit als bisher. Der Rang des Denkers und die Bedeutung des Themas sollten uns davor bewahren, die Auslöschung der Aristotelischen Lehren zur Ökonomie als endgültig zu akzeptieren.

Wir werden seine Position hier von einem völlig anderen Standpunkt aus beleuchten. Wir werden feststellen, daß er das Problem des Lebensunterhalts des Menschen mit einer Radikalität anging, der kein späterer Autor fähig war; keiner ist je tiefer in die materielle Organisation des menschlichen Seins eingedrungen. Im Effekt stellte er umfassend die Frage nach dem Stellenwert der Ökonomie in der Gesellschaft.

Wir werden weit zurückgehen müssen, um zu klären, warum Aristoteles von dem, was wir »die Wirtschaft« nennen, eine spezifische Auffassung hatte, und was ihn dazu bewog, das Geldverdienen im Handel und den gerechten Preis als vorrangige Fragen zu betrachten. Wir gestehen auch zu, daß die volkswirtschaftliche Theorie aus dem I. Buch der *Politik* und dem V. Buch der *Nikomachischen Ethik* keinen Nutzen ziehen kann. Letztenendes will die volkswirtschaftliche Analyse die Funktionen des Marktmechanismus erläutern, einer Institution, die Aristoteles noch unbekannt war.

Um gleich zum Kern unserer Vorgehensweise zu kommen: Das klassische Altertum wurde von den Wirtschaftshistorikern in der zum Markthandel führenden zeitlichen Entwicklung völlig falsch eingeordnet. Trotz intensiver Handelstätigkeit und einer ziemlich entwickelten Verwendung von Geld befand sich das griechische Geschäftsleben insgesamt zur Zeit des Aristoteles noch in den allerersten Anfängen des Markthandels. Seine gelegentliche Vagheit und Unklarheit, nicht zu reden von seiner angeblichen Weltfremdheit als Philosoph, sollten eher Formulierungsschwierigkeiten hinsichtlich der damals ja völlig neuen Entwicklungen zugeschrieben werden als seinem vermutlich ungenügenden Einblick in die Praktiken, die angeblich im zeitgenössischen Griechenland üblich waren und von einer tausend Jahre alten Tradition der Kulturen des Ostens genährt wurden.

Somit bleibt das antike Griechenland, unabhängig davon, wie weit sich einige seiner östlichen Staaten bereits in Richtung auf das Marktwesen entwickelt hatten, immer noch weit unter dem Niveau jenes kommerziellen Handels, das ihm später zugeschrieben wurde. Damit waren die Griechen vielleicht nicht, wie man so selbstsicher annahm, einfach Nachzügler, die die von den orientalischen Imperien entwickelten Praktiken übernahmen. Sie waren eher Nachzügler in einer zivilisierten, marktlosen Welt und durch die Verhältnisse genötigt, Bahnbrecher in der Entwicklung jener neuen Handelsmethoden zu werden, die bestenfalls am Wendepunkt zum Markthandel standen.

All dies bedeutet keinesfalls, wie es oberflächlich erscheinen mag, eine Herabsetzung der Bedeutung der Aristotelischen Gedanken zu ökonomischen Fragen, sondern muß im Gegenteil ihre Bedeutung erheblich verstärken. Wenn unsere Vermutung der »Marktlosigkeit« im mesopotamischen Gebiet den Tatsachen entspricht, was zu bezweifeln wir keinen Grund haben, so haben wir jedenfalls allen Grund zu der Annahme, daß wir in den Schriften des Aristoteles einen Augenzeugenbericht besitzen, über einige der noch taufrischen Merkmale eines entstehenden Markthandels bei seinem allerersten Auftreten in der Geschichte der Zivilisation.

Die Anonymität der Wirtschaft in frühen Gesellschaften

Aristoteles versuchte, die Elemente eines neuen, komplizierten, in *statu nascendi* befindlichen gesellschaftlichen Phänomens theoretisch zu erfassen.

Als die Ökonomie erstmals in Form des kommerziellen Handels und differenzierter Preise die Aufmerksamkeit der Philosophen auf sich zog, war sie bereits dazu bestimmt, ihren verschlungenen Weg bis zu ihrer Vollendung, an die zwanzig Jahrhunderte später zu gehen. Aristoteles erahnte aus ihrem Keim das ausgewachsene Exemplar.[2]

Das begriffliche Werkzeug zur Erfassung dieses Übergangs von der Namenlosigkeit zu einer separaten Existenz ist, so meinen wir, die Unterscheidung zwischen dem eingebetteten und dem herausgelösten Zustand der Wirtschaft in ihrem Verhältnis zur Gesellschaft. Die herausgelöste Wirtschaft des 19. Jahrhunderts existierte neben oder außerhalb der restlichen Gesellschaft, genauer gesagt, neben dem politischen und Regierungssystem. In einer Marktgesellschaft erfolgt die Erzeugung und Verteilung materieller Güter im Prinzip durch ein selbstregelndes System von preisbildenden Märkten. Dieses System wird gelenkt von eigenen Gesetzen, den sogenannten Gesetzen von Angebot und Nachfrage, und motiviert durch die Angst vor dem Hunger und der Hoffnung auf Gewinn. Es sind nicht Blutsverwandtschaft, Gesetzeszwang, religiöse Pflicht, Lehnstreue oder Magie, die den einzelnen zur Mitwirkung am ökonomischen Leben veranlassen, sondern spezifisch ökonomische Institutionen wie das Privatunternehmertum und das Lohnsystem.

Mit einem solchen Zustand sind wir natürlich wohl vertraut. Im Rahmen eines Marktsystems wird der Lebensunterhalt der Menschen über Institutionen gesichert, die ihrerseits von ökonomischen Motiven in Gang gesetzt und von Gesetzen beherrscht werden, die spezifisch ökonomisch sind. Das Funktionieren dieses riesigen, allumfassenden Mechanismus der Wirtschaft kann ohne bewußtes Eingreifen einer menschlichen Autorität, des Staates oder der Regierung, gedacht werden; keine andere Motivation als Angst vor Verelendung und der Wunsch nach legitimen Profiten braucht angesprochen zu werden; keine andere rechtliche Voraussetzung ist gegeben als der Schutz des Eigentums und die Durchsetzung von Verträgen; bei entsprechender Verteilung von Ressourcen und Kaufkraft sowie von individuellen Ansprüchen wird dies zu einer optimalen Bedürfnisbefriedigung für alle führen.

Dies also ist die aus dem 19. Jahrhundert stammende Version einer unabhängigen ökonomischen Sphäre innerhalb der Gesellschaft. Sie ist spezifisch motiviert, da sie ihre Impulse aus dem Drang nach Geldgewinn bezieht. Institutionell ist sie vom politischen und Regierungszentrum getrennt. Sie gewinnt eine Autonomie, die ihr Funktionieren nach eigenen Gesetzen ermöglicht. Darin haben wir jenen extremen Fall einer herausgelösten Wirtschaft, die ihren Ausgangspunkt mit dem verbreiteten Gebrauch von Geld als Zahlungsmittel nimmt.

Es liegt in der Natur der Sache, daß die Entwicklung von einer eingebetteten zu einer herausgelösten Wirtschaft stufenweise vor sich geht. Dennoch ist diese Unterscheidung eine fundamentale Voraussetzung für das Verständnis der modernen Gesellschaft. Ihr gesellschaftlicher Hintergrund wurde erstmals von Hegel in den zwanziger Jahren des 19. Jahrhunderts aufgeworfen, dann von Karl Marx in den vierziger Jahren weiterentwickelt. Die empirische Entdeckung dieser Unterscheidung im Bereich der Geschichte erfolgte durch Sir Henry Sumner Maine in den sechziger Jahren des 19. Jahrhunderts in den Kategorien »status« und »contractus« des Römischen Rechts; schließlich wurde diese Position in eingehender Weise wieder in der Wirtschaftsanthropologie dargelegt, und zwar in den zwanziger Jahren unseres Jahrhunderts von Bronislaw Malinowski.

Sir Henry Sumner Maine bemühte sich um den Nachweis, daß die moderne Gesellschaft auf dem *contractus* aufgebaut wurde, während die Gesellschaft der Antike auf dem *status* beruhte. Der *status* ist durch die Geburt festgelegt – die Stellung eines Menschen in der Familie – und bestimmt die Rechte und Pflichten einer Person. Er leitet sich von Blutsverwandtschaft und Adoption her; er wirkt weiter im Feudalismus und mit einigen Einschränkungen bis hinein in das Zeitalter gleichen Bürgerrechts, wie es im 19. Jahrhundert eingeführt wurde. Aber noch unter dem Römischen Recht wurde der *status* schrittweise durch den *contractus* ersetzt, das heißt durch Rechte und Pflichten, die aus zweiseitigen Übereinkommen abgeleitet waren. Später beschrieb Maine die Universalität der auf *status* beruhenden Organisation am Beispiel der indischen Dorfgemeinschaft.

In Deutschland fand Maine einen Schüler in Ferdinand Tönnies. Seine Auffassung kam im Titel von dessen 1888 erschienenen Werkes *Gemeinschaft und Gesellschaft* zum Ausdruck, wobei »Gemeinschaft« dem *status* entsprach, »Gesellschaft« dem *contractus*. Max Weber benutzte häufig den Begriff »Gesellschaft« im Sinne einer auf Vertrag beruhenden Gruppe, »Gemeinschaft« im Sinne einer auf Status beruhenden Gruppe. Auf diese Weise war seine eigene Analyse der Stellung der Ökonomie in der Gesellschaft, wenn auch gelegentlich von Mises beeinflußt, doch vom Denken eines Marx, Maine und Tönnies geprägt.

Die gefühlsmäßige Bedeutung, die den Begriffen *status* und *contractus* sowie den ihnen entsprechenden Begriffen »Gemeinschaft« und »Gesellschaft« unterlegt wurde, war jedoch bei

Maine und Tönnies völlig verschieden. Für Maine war der vor dem *contractus* bestehende Zustand der Menschheit gleichbedeutend mit dem finstern Zeitalter des Stammeswesens. Die Einführung des Vertrags, so meinte er, hatte den einzelnen aus den Fesseln des *status* befreit. Tönnies' Sympathie galt mehr der Innigkeit der Gemeinschaft, die er der Unpersönlichkeit der organisierten Gesellschaft entgegenstellte. Die »Gemeinschaft« wurde von ihm als jener Zustand idealisiert, in dem das Leben der Menschen in ein Geflecht gemeinsamer Erfahrungen eingebettet war, während die »Gesellschaft« für ihn stets in der Nähe des »Bargeldsyndroms« lag, wie Thomas Carlyle das Verhältnis zwischen Personen bezeichnete, die ausschließlich durch Marktbeziehungen verbunden waren. Tönnies' Ideal war die Wiederherstellung der Gemeinschaft, allerdings nicht durch eine Rückkehr zum vorgesellschaftlichen Zustand von Autorität und Paternalismus, sondern durch ein Fortschreiten zu einer höheren Form der Gemeinschaft in einem nachgesellschaftlichen Zustand, der auf unsere heutige Zivilisation folgen würde. Er dachte sich diese Gemeinschaft als eine kooperative Phase der menschlichen Existenz, welche die Vorteile des technischen Fortschritts und der individuellen Freiheit beibehalten und gleichzeitig die Fülle des Lebens wiederherstellen würde.

Hegels und Marxens, Maines und Tönnies' Interpretation der Entwicklung der menschlichen Zivilisation wurde von vielen europäischen Gelehrten als ein Abriß der Gesellschaftsgeschichte betrachtet. Lange Zeit hindurch erzielte man auf den von ihnen vorgezeichneten Wegen keinen weiteren Fortschritt. Maine hatte sich mit diesem Thema hauptsächlich im Zusammenhang mit der Rechtsgeschichte befaßt, einschließlich seiner körperschaftlichen Formen wie im ländlichen Indien; Tönnies' Soziologie beleuchtete die Struktur der Kultur des Mittelalters. Diese Antithese wurde erst nach Malinowskis grundlegenden Arbeiten über das Wesen der primitiven Gesellschaft auf die Ökonomie angewandt. Jetzt erst ist die Aussage möglich, daß *status* oder *Gemeinschaft* dort vorherrschen, wo die Wirtschaft in nichtökonomische Institutionen eingebettet ist, während *contractus* oder *Gesellschaft* für das Vorhandensein einer spezifisch motivierten Wirtschaft in der Gesellschaft charakteristisch ist.

Im Zusammenhang mit Integration können wir den Grund dafür leicht erkennen. *Contractus* ist der juristische Aspekt des

Austausches. Es ist daher nicht überraschend, wenn eine auf *contractus* beruhende Gesellschaft über eine institutionell getrennte und spezifisch motivierte ökonomische Sphäre für den Austausch verfügt, nämlich die des Marktes. *Status* hingegen entspricht einem früheren Zustand, der etwa im Bereich von Reziprozität und Redistribution liegt. Solange diese letzteren Integrationsformen vorherrschen, gibt es keine Notwendigkeit für das Konzept einer Ökonomie. Hier sind die Elemente der Wirtschaft in nichtökonomische Institutionen eingebettet, wobei der ökonomische Prozeß als solcher durch Blutsverwandtschaft, Heirat, Altersgruppen, Geheimgesellschaften, Totembünde und öffentliche Zeremonien in Gang gesetzt wird. Der Begriff »Wirtschaftsleben« hätte in diesen Fällen keine Evidenz.

Ein solcher Zustand, der dem modernen Geist oft fremd erscheint, tritt in primitiven Gemeinschaften sehr auffallend zutage. Es ist für einen Beobachter oft fast unmöglich, die einzelnen Teile des ökonomischen Vorgangs aufzuspüren und zusammenzusetzen. Gefühlsmäßig hat der einzelne keine Erfahrung, die er als »ökonomisch« erkennen würde. Er ist sich einfach keines alles durchdringenden Interesses in bezug auf seinen Lebensunterhalt bewußt, daß er als solches erkennen könnte. Trotzdem scheint ihn das Fehlen eines solchen Begriffs nicht an der Erfüllung seiner täglichen Aufgaben zu hindern. Es ist vielmehr zu bezweifeln, ob ein Bewußtsein einer ökonomischen Sphäre nicht eher zur Verminderung seiner Fähigkeit führen würde, spontan auf die lebensnotwendigen Erfordernisse zu reagieren, die jedenfalls überwiegend auf anderen als auf ökonomischen Wegen geregelt werden.

All dies ist das Ergebnis der Art und Weise, in der die Wirtschaft hier in Gang gesetzt wird. Die namentlich bekannten und artikulierten *Motivationen* des einzelnen entstammen in der Regel Situationen, die von den Gegebenheiten einer nichtökonomischen, familienbezogenen, politischen oder religiösen Ordnung bestimmt werden; der Ort der wirtschaftlichen Tätigkeit der Kleinfamilie ist kaum mehr als nur ein Kreuzungspunkt der Tätigkeiten, die von größeren Verwandtschaftsverbänden an verschiedenen Orten ausgeführt werden; der Boden wird entweder als gemeinsames Weideland genutzt, oder seine verschiedenartigen Verwendungszwecke werden den Mitgliedern verschiedener Gruppen zugewiesen; der Begriff Arbeit ist bloß eine Abstraktion jener »erbetenen« Mithilfe, die von verschiedenen Gruppen von Helfern zu bestimmten Gelegenheiten beigestellt wird; die Folge ist, daß der Vorgang als solcher in den Bahnen einer andersgearteten Struktur verläuft.

Dementsprechend nahmen die Formen des Lebensunterhalts des Menschen vor der modernen Zeit seine bewußte Aufmerksamkeit viel weniger in Anspruch als die meisten anderen Aspekte seines organisierten Lebens. Im Gegensatz zu Blutverwandtschaft, Magie oder Etikette mit ihren mächtigen Schlüsselworten blieb die Ökonomie als solche namenlos. In der Regel existierte überhaupt kein Wort, das den Begriff der Ökonomie ausgedrückt hätte. Dementsprechend fehlte, soweit man das beurteilen kann, dieser Begriff überhaupt. Klan und Totem, Geschlechts- und Altersgruppe, die Macht des Gedankens und Zeremonialpraktiken, Brauch und Ritual wurden durch ein äußerst kunstvolles System von Symbolen durchgesetzt, während die Ökonomie nicht durch irgendein Einzelwort bezeichnet war, das die Bedeutung von Versorgung mit Nahrungsmitteln für das biologische Überleben des Menschen zum Ausdruck gebracht hätte. Es kann kein bloßer Zufall sein, daß es bis in die neuere Zeit in den Sprachen sogar von zivilisierten Völkern keine Bezeichnung gegeben hat, welche die Organisation der materiellen Lebensbedingungen zusammenfassend ausgedrückt hätte. Erst vor zweihundert Jahren hat eine kleine Gruppe französischer Denker diesen Begriff geprägt und sich den Namen *économistes* zugelegt. Sie behaupteten, die Ökonomie entdeckt zu haben.

Der Hauptgrund für das Fehlen jeglichen Ökonomiebegriffs liegt in der Schwierigkeit, den ökonomischen Prozeß in Verhältnissen zu erkennen, unter denen er in nichtökonomische Institutionen eingebettet ist.

Natürlich bleibt nur der Begriff Ökonomie im Unklaren, nicht aber die Ökonomie als solche. Natur und Gesellschaft verfügen über eine Fülle örtlicher und sachlicher Vorgänge, welche die Substanz des Lebensunterhalts des Menschen ausmachen. Die Jahreszeiten führen zur Erntezeit mit ihren Plagen und Freuden; der Fernhandel hat seinen eigenen Rhythmus der Vorbereitung und des Zusammenkommens und der abschließenden Feierlichkeiten bei der Rückkehr der Wagemutigen; alle Arten handwerklicher Erzeugnisse, ob Kanus oder feine Schmuckgegenstände, werden von verschiedenen Gruppen von Menschen hergestellt und schließlich benutzt; und an jedem Tag der Woche wird die Nahrung am Familienherd zubereitet. Jedes einzelne Ereignis umfaßt notwendigerweise ein ganzes Bündel ökonomischer Aspekte, trotz allem widerspiegelt sich die Einheit und der Zusammenhang dieser Fakten icht im Bewußtsein des Menschen, da dem mannigfaltigen Zusammenwirken zwischen den Menschen und ihrer natürlichen Umgebung in der Regel verschiedenartige Bedeutungen zugemessen werden, unter denen ökonomische Abhängigkeit nur eine darstellt. Es können andere, eindrucksvolle, dramatische und mehr emotionsbesetzte Abhängigkeiten wirksam sein, die verhindern, daß ökonomische Vorgänge zu einem sinnvollen Ganzen werden. Dort, wo diese anderen Kräfte durch dauerhafte Institutionen verkörpert sind, würde der Ökonomiebegriff den Einzelnen mehr verwirren als aufklären. Die Anthropologie liefert dafür viele Beispiele: 1. Dort, wo der physische Ort des Lebens eines Menschen nicht mit irgendeinem konkreten Teil der Ökonomie gleichzusetzen ist, hat sein Lebensraum – der Haushalt samt seiner unmittelbaren Umgebung – nur geringe ökonomische Bedeutung. Das wird in der Regel dann der Fall sein, wenn sich Vorgänge, die einem anderen ökonomischen Prozeß zugeordnet sind, an einem Platz überschneiden, während die Vorgänge, die Teil eines und desselben Prozesses darstellen, über eine Anzahl unzusammenhängender Plätze verteilt sind.

Margaret Mead beschrieb, wie ein Papua sprechender Arapesch aus Neuguinea seine physische Umwelt sieht: Der typische Arapesch-Mann wohnt zumindest einen Teil seiner Zeit (denn jeder Mann wohnt in zwei oder mehr Dörfern, sowie in den Gartenhütten, Hütten in der Nähe des Jagdbusches und in Hütten bei seiner Sagopalme) auf Boden, der nicht ihm gehört. Um das Haus befinden sich Schweine, die von seiner Frau gefüttert werden, die aber einem ihrer oder seiner Verwandten gehören. Neben dem Haus stehen Kokos- und Betelpalmen, die wiederum anderen Personen gehören und deren Früchte er niemals ohne die Erlaubnis des Besitzers oder einer Person berühren wird, dem vom Besitzer das Verfügungsrecht über die Früchte eingeräumt worden ist. Zumindest für einen Teil seiner Jagdzeit geht er auf das Buschland eines Schwagers oder Neffen jagen, in der restlichen Zeit schließen sich andere ihm auf seinem Buschland an, sofern er eines besitzt. Er gewinnt sein Sago in den Sagobeständen von anderen ebenso wie in seinen eigenen. Von seiner persönlichen Habe in seinem Haus sind alle Gegenstände von einigem Wert, etwas große Gefäße, schöngeschnitzte Teller, gute Speere, bereits seinen Söhnen übertragen worden, obwohl sie noch Kleinkinder sind. Seine eigenen Schweine befinden sich fernab in anderen Dörfern; seine Palmen sind drei Meilen in der einen Richtung und zwei Meilen in der anderen Richtung verstreut; seine Sagopalmen sind noch weiter verstreut, und seine Gartenbeete befinden sich da und dort, meist aber auf dem Boden anderer. Wenn sich auf dem Räuchergestell über dem Feuer Fleisch befindet, dann ist es entweder Fleisch, das von einem anderen erbeutet wurde, einem Bruder, einem Schwager, einem Neffen, etc., und ihm übergeben wurde; in diesem Fall dürfen er und seine Familie es verzehren; oder es handelt sich um Fleisch, das er selbst erbeutet hat und das er nun räuchert, um es jemandem anderen zu schenken, denn die eigene Beute zu verzehren, und sei es nur ein kleiner Vogel, ist ein Verbrechen, das nur moralisch verkommene Personen (was bei den Arapesch gewöhnlich mit geistesgestört gleichgesetzt wird) begehen würden. Auch wenn das Haus, in dem er sich befindet, nominell ihm gehört, so wurde es zumindest teilweise aus den Pfosten und Planken von anderen Leuten gehörenden Häusern errichtet, die auseinandergenommen oder zeitweilig verlassen wurden und von denen er sich das Holz ausgeborgt hat. Er wird die Dachbalken, wenn sie zu lang sind, nicht zuschneiden, damit sie auf sein Haus passen, denn sie könnten später für das Haus eines anderen benötigt werden, das eine andere Form oder Größe hat ... Das also ist das Bild der alltäglichen ökonomischen Beziehungen eines Menschen.[3]

Die Komplexität der Sozialbeziehungen rund um diese alltäglichen Dinge ist überwältigend. Indes kann der Arapesch sich nur anhand solcher Beziehungen, die ihm vertraut sind und sich in artikulierter und sinnvoller Weise in seinem Erfahrungsfeld abspielen, in einer ökonomischen Situation zurechtfinden, deren Elemente mosaikartig in Dutzende von verschiedenen Sozialbeziehungen nichtökonomischer Art eingefügt sind.

Soweit zum ortsgebundenen Aspekt des ökonomischen Prozesses in Gegenden, in denen Reziprozität vorherrscht.

2. Ein weiterer bedeutsamer Grund für das Fehlen des integrativen Effekts der Ökonomie in einer primitiven Sozietät ist das *mangelnde Quantitätsdenken*. Wer zehn Dollar besitzt, wird, in

der Regel, nicht jedem einzelnen einen anderen Namen geben. sondern sie vielmehr als austauschbare Einheiten betrachten, die ausgetauscht beziehungsweise addiert oder subtrahiert werden können. Ohne einen derartigen Verwendungsmodus, von dem die Bedeutung von Begriffen wie Fond oder Überschuß und Defizit abhängig ist, würde der Gedanke einer Ökonomie im großen und ganzen jeglichen praktischen Zwecks entbehren. Er wäre nicht in der Lage, ein Verhalten zu regeln oder Tätigkeiten zu organisieren und in Gang zu halten. An sich bringt der ökonomische Prozeß einen solchen Modus nicht aus sich hervor, und daß Dinge des Lebensunterhalts einer Berechnung unterworfen werden, ist bloß das Ergebnis der Art und Weise, wie sie eingerichtet sind.

So ist, beispielsweise, die Ökonomie der Trobriand-Inseln in der Form eines ständigen Gebens und Nehmens organisiert, und dennoch gibt es dort keine Möglichkeit, eine Bilanz zu erstellen oder den Begriff eines Fonds zu verwenden. *Reziprozität erfordert die Angemessenheit der Gegengabe, nicht aber eine mathematische Gleichwertigkeit*. Daher können Transaktionen und Entscheidungen nicht mit der vom ökonomischen Gesichtspunkt erforderlichen Genauigkeit bewertet werden, nämlich nach der Art und Weise, in der sie die materielle Bedürfnisbefriedigung berühren. Zahlen, sofern vorhanden, entsprechen nicht Fakten. Wenn auch die ökonomische Bedeutung eines Aktes groß sein mag, so gibt es doch keine Möglichkeit, seine relative Wichtigkeit zu beurteilen.

Malinowski gab eine Aufzählung der verschiedenen Arten von Geben und Nehmen, angefangen von Gratisgeschenken auf der einen Seite bis zu klaren, kommerziellen Tauschakten auf der anderen.[4] Seine Zusammenfassung von »Geschenken, Zahlungen und Transaktionen« erfolgte unter sieben Rubriken, die er mit einzelnen sozialen Beziehungen in Verbindung brachte, innerhalb derer jede einzelne auftrat. Von diesen gab es acht. Die Ergebnisse seiner Analyse waren aufschlußreich:

(a) Die Kategorie »Gratisgeschenke« war außergewöhnlich, da Mildtätigkeit weder benötigt noch ermutigt wurde und die Vorstellung von Geschenk stets mit dem Gedanken eines angemessenen Gegengeschenks (aber natürlich nicht der Gleichwertigkeit) verbunden war. Selbst echte »Gratisgeschenke« wurden als Gegengeschenke interpretiert, die als Gegengabe für einem dem

Geber geleisteten Dienst gegeben wurden. Malinowski stellte fest, daß »die Eingeborenen zweifellos Gratisgeschenke *nicht* als ein und derselben Art zugehörig betrachten würden«. Dort, wo die Vorstellung von einem »völligen Verlust« fehlt, ist der Vorgang des Ausgleichs eines Fonds nicht durchführbar.

(b) In jener Kategorie von Transaktionen, bei denen erwartet wird, daß auf das Geschenk eine ökonomisch gleichwertige Gegengabe erfolgt, treffen wir auf ein weiteres verwirrendes Faktum. Dies ist die Kategorie, die sich nach unseren Vorstellungen von Handel praktisch nicht unterscheiden müßte. Weit gefehlt. Gelegentlich wird ein und derselbe Gegenstand zwischen den Partnern hin- und hergetauscht, wodurch diese Transaktion jeglichen vorstellbaren ökonomischen Sinns und Zwecks beraubt wird. Durch das einfache Verfahren der, wenn auch umständlichen, Rückgabe des Schweins an den Geber erweist sich der Austausch von Gleichwertigem nicht etwa als ein Schritt in die Richtung einer ökonomischen Rationalität, sondern als Vorkehrung gegen das Eindringen utilitaristischer Überlegungen. Der ausschließliche Zweck eines solchen Austausches ist die Verbesserung der Beziehungen durch eine Stärkung des Reziprozitätsverhältnisses.

(c) Der utilitaristische Austausch *(gimwali)* unterscheidet sich von jedem anderen Typus von gegenseitiger Geschenkübergabe. Während beim zeremonialen Austausch von Fisch gegen Yams *(wasi)* die Angemessenheit beiderseits im Prinzip gegeben ist, wobei ein geringer Fang oder eine schlechte Ernte zur Verringerung der dargebotenen Menge führt, kommt es beim utilitaristischen Austausch zumindest dem Anschein nach zu Feilschen und Schachern. Er ist weiterhin durch das Fehlen spezifischer Partnerschaften gekennzeichnet und, wenn es um Handwerkserzeugnisse geht, durch eine Beschränkung auf neuwertige Waren, da ein gebrauchter Artikel mit einer persönlichen Wertschätzung verbunden sein könnte.

(d) Im Rahmen der sozial definierten Beziehungen – von denen es viele gibt – ist der Austausch gewöhnlich ungleich, wie es der jeweiligen Beziehung entspricht. Bei Gütern und Dienstleistungen werden Aneignungsvorgänge somit häufig in solcher Weise geregelt, die manche Transaktionen irreversibel und viele Güter untereinander nicht austauschbar macht.

Es ist also kaum zu erwarten, daß das Quantitätsdenken in

jenem weiten Bereich des Lebensunterhalts zur Wirkung kommt, der unter die Rubrik »Geschenke, Zahlungen und Transaktionen« fällt.

3. Ein weiterer, unter primitiven Verhältnissen nicht anwendbarer Begriff ist der des *Eigentums* als Verfügungsrecht über bestimmte Objekte. Infolgedessen ist eine klare Bestandsaufnahme von Besitz praktisch unmöglich. Wir finden hier verschiedenartige Rechte verschiedener Personen hinsichtlich desselben Gegenstands. Durch diese Zerteilung wird die Ganzheit des Objekts im Sinne von Eigentum zerstört. Der Aneignungsvorgang hat in der Regel nicht das vollständige Objekt, beispielsweise ein Stück Land, zum Gegenstand, sondern nur seine separaten Verwendungen, wodurch der Begriff des Eigentums seiner Wirksamkeit in bezug auf Objekte beraubt wird.

4. Eigentliche *ökonomische Transaktionen* kommen in auf verwandtschaftlicher Basis organisierten Gemeinschaften kaum vor. In der Frühzeit sind Transaktionen öffentliche Akte, die mit Blick auf den Status von Personen und andere bewegliche Dinge vollführt werden: die Braut, die Ehefrau, der Sohn, der Sklave, der Ochse, das Boot. Bei seßhaften Völkern wurden Veränderungen im Status eines Stück Bodens ebenfalls öffentlich bestätigt.

Derartige Statusübertragungen hatten natürlich auch bedeutende ökonomische Folgen. Brautwerbung, Verlobung und Eheschließung, Adoption und Freisprechung sind von Güterübertragungen begleitet, die manchmal sofort, manchmal langfristig erfolgen. So groß auch die ökonomische Bedeutung einer solchen Transaktion sein mochte, so stand diese doch an zweiter Stelle hinter ihrer Wichtigkeit in bezug auf die rangmäßige Einordnung von Personen in die Sozialstruktur. Wie ist es dann dazu gekommen, daß Gütertransaktionen schließlich von den typischen personalen Transaktionen zwischen Verwandten losgelöst wurden?

Solange nur wenige Statusgüter wie Boden, Vieh und Sklaven übertragbar waren, bestand keine Notwendigkeit für separate ökonomische Transaktionen, da die Übertragung solcher Güter eine Änderung des Status begleitete, während eine Übertragung dieser Güter ohne eine solche Änderung vom Gemeinwesen nicht gebilligt worden wäre. Im übrigen konnte man kaum solche Güter ökonomisch bewerten, deren Schicksal untrennbar mit dem ihrer Besitzer verknüpft war.

Separate Transaktionen hinsichtlich Gütern waren in frühen

Zeiten auf die beiden wichtigsten beschränkt, nämlich auf Boden und Arbeit. Auf diese Weise wurden gerade jene »Güter«, die als letzte frei übertragbar werden sollten, die ersten, die zum Gegenstand beschränkter Transaktionen wurden; beschränkt insofern, als Boden und Arbeit noch lange Zeit hindurch Teil des gesellschaftlichen Gefüges blieben und nicht willkürlich übertragen werden konnten, ohne dieses zu zerstören. So konnten weder Boden noch freie Männer einfach verkauft werden. Ihre Übertragung war bedingt und temporär. Die Weitergabe machte vor einer uneingeschränkten Übertragung des Eigentumsrechts halt. Unter den ökonomischen Transaktionen im stammesmäßig-feudalen Arrapha am Tigris illustrieren jene diesen Punkt, die sich auf Boden und Arbeit beziehen. Eigentum an Boden und Personen gehörte bei den Nuzi bestimmten Gemeinschaften – Klans, Familien, Dörfern. Nur die Nutzung wurde übertragen. Wie ungewöhnlich zur Zeit der Stammesherrschaft die Übertragung von Bodeneigentum war, zeigt sich in der dramatischen Episode, in der Abraham von den Hethitern ein Familiengrab kauft.

Es ist eine merkwürdige Tatsache, daß die Übertragung von »Nutzungsrecht« an sich mehr »ökonomisch« ist, als es die Übertragung des Eigentums wäre. Beim Wechsel des Eigentums mögen Fragen des Prestiges und emotionale Faktoren großes Gewicht haben, bei der Übertragung des Nutzungsrechts dominiert das utilitaristische Element. In moderner Sprache heißt dies: Der Zins, der den Preis für die zeitweilige Nutzung darstellt, kann somit als eine der am frühesten eingeführten ökonomischen Größen betrachtet werden.

Schließlich wird sich dann die dünne ökonomische Schicht gleichsam »abheben« von den Statustransaktionen, deren Bezugsbasis eine Person ist. Dann wird nurmehr das ökonomische Element übertragen, wobei die Transaktion als eine Statustransaktion ausgegeben wird, die allerdings fiktiv zu sein hat. Wenn der Verkauf von Land an Personen, die nicht zum Klan gehören, verboten ist, kann der Restanspruch des Klans auf Rücknahme des Bodens vom Käufer durch rechtliche Tricks annuliert werden. Einer davon war die Scheinadoption des Käufers oder die fiktive Zustimmung des Klans zum Verkauf.

Eine andere Entwicklungslinie zu separaten ökonomischen Transaktionen führte, wir wir sahen, über die Übertragung der »Nutzung«, wobei der Restanspruch auf das Eigentum von Seiten des Klans oder der Familie ausdrücklich gewahrt blieb. Der gleiche Zweck wurde durch einen gegenseitigen Tausch von »Nutzungsrechten« an verschiedenen Objekten erreicht, wobei die Rückgabe des Objekts selber zugesichert wurde.

Die antike athenische Form der Hypothek *(prasis epi lysei)* war vermutlich eine ausschließliche Übertragung des Nutzungsrechts, wobei (ausnahmsweise) der Debitor *in situ* belassen wurde, während dem Gläubiger ein Teil der Ernte als Zins zugesagt wurde. Das Recht des Gläubigers wurde durch die Errichtung eines Marksteins geschützt, auf dem sein Name und die Schuldsumme eingemeißelt waren, wobei allerdings weder das Datum der Rückzahlung noch die Zinsen erwähnt wurden. Wenn diese Interpretation des Attischen *horos* richtig ist, dann wurde damit das Stück Land sozusagen auf freundschaftliche Art und Weise und unbestimmte Dauer gegen eine Beteiligung an der Ernte verpfändet. Ein Säumnis mit anschließender Pfändung kam nur sehr selten vor, höchstens im Falle einer Konfiskation des Bodens des Debitors oder des Ruins seiner gesamten Familie.

In fast allen Fällen dient diese separate Übertragung der »Nutzung« der Stärkung der Familien- und Klanbildung samt ihren sozialen, religiösen und politischen Verhältnissen. Die ökonomische Exploitation der Nutzung wird somit vereinbar mit der freundschaftlichen Gegenseitigkeit dieser Beziehungen. Sie dient der Erhaltung der Herrschaft des Kollektivs über die von ihren einzelnen Mitgliedern getroffenen Abmachungen. Bis dahin tritt jedoch der ökonomische Faktor in den Transaktionen kaum stärker hervor.

5. *In vielen archaischen Sozietäten entsteht der Wohlstand nicht durch Güter, sondern durch Dienstleistungen. Diese werden von Sklaven, Dienern und Gefolgsleuten ausgeführt.* Menschliche Wesen zu veranlassen, ihrem Status entsprechend willig zu dienen, ist ein Ziel der politischen (nicht der ökonomischen) Macht. Mit der Zunahme des materiellen gegenüber dem nicht-materiellen Inhalt des Vermögens tritt die politische Form der Vorherrschaft in den Hintergrund und weicht der sogenannten ökonomischen Vorherrschaft. Der Bauer Hesiod befürwortete Sparsamkeit und Feldarbeit um Jahrhunderte früher, als die Gentleman-philosophen Platon und Aristoteles sich irgendeine andere gesellschaftliche Regelweise als die Politik vorstellen konnten. Zwei Jahrtausende später produzierte eine neue Mittelschicht in Euro-

pa eine Fülle von Waren und wandte sich mit »ökonomischen« Argumenten gegen ihre Feudalherren, und ein weiteres Jahrhundert danach übernahm die Arbeiterklasse eines Industriezeitalters von ihnen diese Kategorie als ein Instrument der eigenen Emanzipation. Die Aristokratie fuhr fort, die Regierung zu monopolisieren und auf die Warenproduktion herabzusehen. Daraus folgt, solange die abhängige Arbeit als ein Element der Vermögensbildung vorherrscht, kommt der Ökonomie bloß eine schattenhafte Existenz zu.

6. In der Philosophie des Aristoteles waren dies *die drei Aspekte des Wohlstands:* Ehre und Prestige, Sicherheit von Leib und Leben, reicher Besitz. Der erste bedeutet Privilegien und Ehrungen, Status und Vorrang; der zweite gewährleistet Sicherheit vor offenen und heimlichen Feinden, Verrat und Rebellion und vor dem Übermut der Starken, sogar Schutz vor dem Arm des Gesetzes; der dritte, reicher Besitz, bedeutet die Freude an Besitztum, vor allem in der Form von Ererbtem oder berühmten Schätzen. Sicherlich kommen dem Besitzer von Ehre und Sicherheit in der Regel auch noch nutzbare Güter wie Nahrungsmittel und Materialien zu, aber die Glorie übertrifft die Güter bei weitem. Armut hingegen ist Zeichen eines niederen Status und bedeutet, daß der Betreffende für seinen Lebensunterhalt arbeiten muß, häufig auf Anweisung anderer. Je weniger diese Anweisungen begrenzt sind, desto erbärmlicher ist seine Lage. Es ist nicht so sehr die manuelle Arbeit – wie die stets geachtete Stellung des Bauern beweist –, sondern die Abhängigkeit des Dienenden von den persönlichen Launen und Befehlen eines anderen, die ihn zum Gegenstand der Verachtung macht. Hier ist wiederum das rein ökonomische Faktum eines niedrigen Einkommens dem Blick entzogen.

7. *Agatha* sind die größten Schätze des Lebens, jene Dinge also, die am wünschenswertesten und auch seltensten sind. Es ist in der Tat ein überraschender Zusammenhang, in dem wir jenem Aspekt der Güter begegnen, die die moderne Theorie als das Kriterium des »Ökonomischen« betrachtet, nämlich Knappheit. Bei genauer Betrachtung dieser Schätze des Lebens muß dem scharfen Verstand auffallen, wie völlig verschieden die Ursache ihrer »Knappheit« von jener ist, welche uns der Nationalökonom erwarten läßt. Von seinem Standpunkt aus spiegelt die Knappheit entweder die Kargheit der Natur oder die mit der Produktion

zusammenhängende Plage der Arbeit wider. Die höchsten Ehren und die seltensten Auszeichnungen sind aus keinem dieser beiden Gründe knapp. Sie sind vielmehr deshalb offensichtlich knapp, weil an der Spitze der Hierarchie nicht genügend Platz ist. Die Knappheit von *agatha* ist unmittelbar mit Rang, Immunität und Schätzen verbunden; sie wäre nicht das, was sie sind, wenn sie vielen zugänglich wären. Das erklärt auch, warum in der frühen Gesellschaft die »ökonomische Bedeutung« von Knappheit fehlt, unabhängig davon, daß Gebrauchsgüter gelegentlich knapp sein können, denn die seltensten Glücksgüter liegen nicht in diesem Bereich. Die Knappheit ist hier von der nichtökonomischen Ordnung der Dinge abgeleitet.

8. Die *Selbstgenügsamkeit* einer Gruppe von Menschen, diese Voraussetzung der reinen Existenz, ist dann gewährleistet, wenn das »Lebensnotwendige« physisch verfügbar ist. Die hier gemeinten Dinge umfassen solche, die das Leben erhalten und lagerfähig, also dauerhaft, sind. Getreide, Wein und Öl sind *chrēmata*, ebenso Wolle und bestimmte Metalle. Die Bürgerschaft und die Mitglieder der Familie müssen sich auf diese in Hungers- oder Kriegszeiten stützen können. Die Menge, die die Familie oder die Stadt »benötigt«, ist ein objektives Erfordernis. Der Haushalt ist die kleinste, die *polis* die größte Einheit der Konsumtion: in beiden Fällen wird das, was »notwendig« ist, durch die Normen der Gemeinschaft festgesetzt. Daher die Vorstellung von der im wesentlichen begrenzten Menge des Notwendigen. Die Bedeutung kommt der von »Rationen« sehr nahe. Da Gleichwertigkeiten, sei es durch Brauch oder Gesetz, nur für solche Lebensmittel festgesetzt wurden, die tatsächlich als Zahlungs- oder Entlohnungseinheiten dienten, war die Vorstellung der »notwendigen Menge« mit den üblicherweise eingelagerten Massengütern verbunden. Aus funktionalen Gründen war eine Unbeschränktheit menschlicher Bedürfnisse und Erfordernisse – das logische Korrelat zur Knappheit – ein Gedanke, der dieser Vorgangsweise völlig fremd war.

Dies sind einige wesentliche Gründe, die so lange dem Entstehen eines spezifisch ökonomischen Interessensgebietes im Wege standen. Selbst dem professionellen Denker erschien das Faktum, daß der Mensch essen muß, nicht der Behandlung wert.

Es mag paradox erscheinen, erwarten zu wollen, daß das letzte Wort über das Wesen des ökonomischen Lebens von einem Denker gesprochen worden sein sollte, der kaum seine Anfänge gesehen hat. Und doch war Aristoteles, der an der Wende eines ökonomischen Zeitalters lebte, in einer vorzüglichen Position, die Meriten dieses Gegenstandes zu erkennen.

Dies mag nebenbei erklären, warum in unseren Tagen angesichts einer Veränderung des Stellenwerts der Ökonomie in der Gesellschaft, die in ihrem Ausmaß nur noch mit jener zu vergleichen ist, die zu Aristoteles' Zeit das Heraufkommen des Markthandels ankündigte, die aristotelischen Erkenntnisse hinsichtlich der Zusammenhänge von Wirtschaft und Gesellschaft in ihrem krassen Realismus gesehen werden können.

Wir haben daher allen Grund, in den Werken des Aristoteles wesentlich stärkeren und bedeutsamen Formulierungen zu ökonomischen Fragen nachzuspüren, als man ihm in der Vergangenheit zugeschrieben hat. Die *disjecta membra* seiner *Ethik* und *Politik* enthüllen eine unerhörte Geschlossenheit des Denkens.

Überall dort, wo Aristoteles eine ökonomische Frage berührte, war er bestrebt, ihr Verhältnis zur Gesellschaft als Ganzes zu erforschen. Der Bezugsgegenstand war die Gemeinschaft als solche, die auf verschiedenen Ebenen in allen funktionierenden menschlichen Gruppierungen vorhanden ist. Modern ausgedrückt, war die Art und Weise, in der Aristoteles die Dinge des Menschen behandelte, eine soziologische. Beim Umreißen eines Forschungsthemas pflegte er allen Fragen der Herkunft und Aufgabe einer Institution in Beziehung zur Gesellschaft als Ganzheit zu stellen. Gemeinschaft, Selbstgenügsamkeit und Gerechtigkeit waren die Zentralbegriffe. Die Gruppe als lebendige Wesenheit bildet eine Gemeinschaft *(koinonia)*, deren Mitglieder durch das Band des guten Willens *(philia)* verbunden sind. In *oikos* und *polis* gibt es eine Art von *philia*, die für diese *koinonia* spezifisch ist, ohne die die Gruppe nicht bestehen könnte. *Philia* kommt im Vorgang der Reziprozität *(anti-peponthos)*[5] zum Ausdruck, das heißt in der Bereitschaft, abwechselnd Bürden zu übernehmen und miteinander zu teilen. Alles, was für die Fortdauer und Erhaltung der Gemeinschaft notwendig ist, einschließlich ihrer Selbstgenügsamkeit *(autarkeia)*, ist »naturgemäß« und an sich richtig. Autarkie kann als die Fähigkeit bezeichnet werden, ein Auskommen ohne Abhängigkeit von äußeren Ressourcen zu finden. Im Gegensatz zu unserer eigenen Auffassung bedeutet Gerechtigkeit dabei, daß die Mitglieder der Gemeinschaft ungleichen Rangs sind. Das, was Gerechtigkeit gewährleistet, ob in bezug auf die Verteilung der Schätze des Lebens, auf die rechtliche Beurteilung von Konflikten oder auf die Regelung gegenseitiger Dienstleistungen, ist gut, weil es für das Fortbestehen der Gruppe erforderlich ist. Normierung ist daher von Realität nicht zu trennen.

Diese kurzen Hinweise auf Aristoteles' Gesamtsystem erlauben uns, einen Abriß seiner Ansichten über Handel und Preise zu geben. Externer Handel ist natürlich, wenn er dem Überleben der Gemeinschaft durch Erhaltung ihrer Selbstgenügsamkeit dient. Diese Notwendigkeit ergibt sich, sobald die Sippe zu groß wird und ihre Mitglieder zum Aussiedeln genötigt sind. Ihre Autarkie wäre nun allseitig beeinträchtigt, gäbe es nicht den Vorgang der Übergabe eines Teils *(metadosis)* des eigenen Überschusses. Das Ausmaß, in dem die gemeinsamen Dienstleistungen (oder später die Güter) übertragen werden, ergibt sich aus der Forderung der *philia*, das heißt, daß der gute Wille unter den Mitgliedern fortdauere. Ohne diesen würde die Gemeinschaft als solche zu bestehen aufhören. Der gerechte Preis leitet sich somit von den Anforderungen der *philia* her und drückt sich in Form von Reziprozität aus, die zum Wesen jeglicher menschlicher Gemeinschaft gehört.

Von diesen Prinzipien leitet sich aber auch seine scharfe Kritik am kommerziellen Handel ebenso her wie die Maximen für die Festsetzung von Tauschwerten oder der gerechte Preis. Der Handel ist, wie wir sahen, nur so lange »natürlich«, wie er ein Erfordernis der Selbstgenügsamkeit darstellt. Preise sind dann gerecht festgesetzt, wenn sie dem Status der Beteiligten in der Gemeinschaft entsprechen und damit den guten Willen stärken, auf dem die Gemeinschaft beruht. Der Austausch von Gütern ist ein Austausch von Dienstleistungen, und dies ist wiederum ein Postulat der Selbstgenügsamkeit und wird durch gemeinsame Teilhabe zu gerechten Preisen bewirkt. Bei solchen Tauschakten gibt es keinen Gewinn; die Preise der Güter sind bekannt und werden vorher festgesetzt. Sollte ausnahmsweise und um einer praktischen Güterverteilung willen ein mit Gewinn verbundener

Verkauf auf dem Marktplatz notwendig sein, dann soll dies von Fremden bewerkstelligt werden. Die Handels- und Preistheorie des Aristoteles war nichts anderes als eine einfache Erweiterung seiner allgemeinen Lehre von der menschlichen Gemeinschaft.

Gemeinschaft, Selbstgenügsamkeit und Gerechtigkeit: diese Kernsätze seiner Soziologie waren auch der Bezugspunkt seines Denkens in allen ökonomischen Fragen, ob es um das Wesen der Ökonomie oder um Verfahrensfragen ging.

Die Neigung zur Soziologie

Aristoteles' Ausgangspunkt bei der Beschäftigung mit dem Wesen der Ökonomie ist immer empirisch. Die Begriffsbildung aber erweist sich selbst bei einleuchtenden Fakten als tiefgehend und originär.

Der Wunsch nach Reichtümern sei beim Menschen unbegrenzt, hatte Solon in seinen Versen proklamiert. Dies sei keineswegs der Fall, bemerkte Aristoteles, als er das Thema aufnahm. Reichtümer sind in Wahrheit die zur Erhaltung des Lebens notwendigen Dinge, sobald sie sicher im Rahmen der Gemeinschaft aufbewahrt sind, deren Unterhaltsmittel sie repräsentieren. Die menschlichen Erfordernisse, seien es die des Haushalts oder die der *polis*, sind nicht grenzenlos; auch gibt es in der Natur keine Knappheit an Lebensmitteln. Dieses Argument, das für moderne Ohren seltsam genug klingt, wird überzeugend vorgebracht und genau ausgeführt. An jedem Punkt wird der Hinweis auf Institutionen deutlich. Während die Psychologie ausgeklammert bleibt, wird die Soziologie herangezogen.

Die Ablehnung des Knappheitspostulats (wie wir es nennen würden) beruht auf den Verhältnissen des animalischen Lebens und wird auf jene des menschlichen Lebens ausgeweitet. Trifft es nicht zu, daß Tiere schon von Geburt an ihre Nahrung in der Umwelt vorfinden? Und trifft es nicht zu, daß auch die Menschen ihre Nahrung in der Muttermilch finden und später in ihrer Umwelt, ob als Jäger, Hirten oder Bauern? Da Aristoteles die Sklaverei als »natürlich« empfand, kann er ohne inneren Widerspruch die Sklavenjagd als Jagd nach einer bestimmten Beute bezeichnen und folgerichtig die Muße der Sklaven haltenden Bürgerschaft als Ergebnis der Versorgung aus der Umwelt darstellen. Ansonsten wird keine andere Notwendigkeit, außer die der Ernährung, in Erwägung gezogen und noch weniger gebilligt. Wenn also die Knappheit »von der Nachfrageseite« kommt, wie wir sagen würden, dann gibt Aristoteles die Schuld dafür einer falschen Vorstellung vom guten Leben als einem Wunsch nach größerem Überfluß und physischen Gütern und Freuden. Das Elixier des guten Lebens – die Begeisterung über eine tagelange Theateraufführung, der massenhafte Geschworenendienst, die abwechselnde Ausübung von Ämtern, die Stimmenwerbung, der Wahlkampf, große Festspiele, ja sogar die Aufregung der Schlacht und des Seekriegs – können weder gehortet noch physisch besessen werden. Sicherlich erfordert das gute Leben, »wie allgemein bekannt ist«, daß der Bürger über Muße verfügt, damit er sich dem Dienst an der *polis* widmen kann. Auch hier war wiederum die Sklaverei ein Teil der Lösung; ein anderer, viel entscheidenderer Teil war die Remuneration aller Bürger für Dienstleistungen im öffentlichen Interesse oder auch die Ausschließung von Handwerkern vom Bürgerrecht, eine Maßnahme, die Aristoteles selbst zu schätzen schien.

Aber auch aus einem anderen Grund erhebt sich das Problem der Knappheit bei Aristoteles nicht. Die Ökonomie – der Wortwurzel nach eine Angelegenheit des engeren Haushalts oder des *oikos* – befaßt sich direkt mit den Beziehungen von Personen, die die natürliche Institution des Haushalts bilden. Er besteht nicht aus Besitztümern, sondern aus Eltern, Nachwuchs und Sklaven. Die Methoden des Gartenbaus, der Viehzucht und anderer Produktionsformen hat Aristoteles aus seiner Behandlung der Ökonomie ausgeklammert. Das Schwergewicht liegt insgesamt auf den Institutionen und nur bis zu einem gewissen Punkt auf der Ökologie, während die Technologie in die untergeordnete Sphäre der nützlichen Fertigkeiten verwiesen wird. Aristoteles' Begriff der Ökonomie würde es uns fast erlauben, ihn als einen Prozeß zu bezeichnen, der zur Sicherung der Nahrungsmittelversorgung in Gang gesetzt wurde. Mit ähnlicher Freiheit der Wortwahl könnte man sagen, daß Aristoteles die irrtümliche Vorstellung von unbegrenzten menschlichen Bedürfnissen und Erfordernissen oder von einer allgemeinen Knappheit an Gütern zwei Umständen zuschreibt: erstens der Beschaffung von Nahrungsmitteln durch kommerzielle Händler, wodurch Geldverdienst in die Suche nach Nahrung eingeführt wird; zweitens einer falschen

Vorstellung vom guten Leben als einer utilitaristischen Akkumulation physischer Freuden. Beim Vorhandensein der richtigen Institutionen für den Handel und dem rechten Verständnis des guten Lebens konnte Aristoteles keinen Platz für den Knappheitsfaktor in der menschlichen Ökonomie sehen. Er übersah keineswegs dessen Zusammenhang mit der Existenz solcher Institutionen wie der Sklaverei, dem Kindermord und einer Lebensweise, die Bequemlichkeit nicht benötigt. Ohne diesen Hinweis auf die Praxis wäre seine Negierung der Knappheit ebenso dogmatisch und für die Erforschung der Tatsachen ungünstig geblieben, wie es das Knappheitspostulat in unseren Tagen ist. Bei ihm aber setzen die menschlichen Bedürfnisse ein für allemal Institutionen und Bräuche voraus.

Aristoteles' Verwendung der materiellen Bedeutung des Begriffs »ökonomisch« lag seiner gesamten Argumentation zugrunde. Denn warum mußte er sich überhaupt mit Ökonomie befassen? Und warum mußte er eine ganze Reihe von Argumenten gegen die populäre Auffassung ins Treffen führen, wonach die Bedeutung dieses nur schemenhaft wahrgenommenen Gebiets in der Verlockung des Reichtums lag, einem unersättlichen, dem Menschen innewohnenden Drang? Zu welchem Zweck entwickelte er eine die Ursprünge von Familie und Staat umfassende Theorie, nur um zu beweisen, daß die menschlichen Bedürfnisse und Erfordernisse nicht grenzenlos sind und daß nützliche Dinge an sich nicht knapp sind? Was war das Motiv hinter dieser umfassenden Demonstration eines an sich widersprüchlichen Punktes, der überdies allzu spekulativ gewirkt haben mußte, um seiner starken Neigung zur Empirie zu entsprechen?

Die Erklärung dafür ist offenkundig. Zwei Verfahrensfragen – Handel und Preis – drängten nach einer Lösung. Wenn die Frage des kommerziellen Handels und der Festsetzung der Preise nicht mit den Erfordernissen des Gemeinschaftslebens und seiner Selbstgenügsamkeit in Zusammenhang gebracht werden konnte, dann gab es weder theoretisch noch praktisch eine rationale Methode zu ihrer Beurteilung. Ergab sich ein solcher Zusammenhang, dann war die Antwort einfach: erstens, ein Handel, der der Wiederherstellung der Selbstgenügsamkeit diente, »war im Einklang mit der Natur«; ein Handel, bei dem dies nicht der Fall war, war »wider die Natur«. Zweitens, die Preise sollten so gestaltet sein, daß sie die Bande der Gemeinschaft stärkten;

ansonsten würde der Austausch nicht weiter fortgesetzt werden und die Gemeinschaft zu bestehen aufhören. Das verbindende Konzept war in beiden Fällen die Selbstgenügsamkeit der Gemeinschaft. Die Wirtschaft bestand somit aus den lebenswichtigen Dingen – Getreide, Öl, Wein und ähnlichem –, von denen die Gemeinschaft lebte. Die Schlußfolgerung war bündig, eine andere nicht möglich. Entweder handelte es sich bei der Ökonomie nur um materiell greifbare Dinge, die der Erhaltung des Menschen dienten, oder aber es gab keinen empirisch erfaßbaren rationalen Zusammenhang zwischen solchen Dingen wie Handel und Preise auf der einen Seite und dem Postulat einer selbstgenügsamen Gemeinschaft auf der anderen. Die logische Notwendigkeit für Aristoteles' Festhalten an der materiellen Bedeutung des Begriffs ökonomisch ist daher offenkundig.

Daher rührt auch der erstaunliche Angriff auf das Gedicht Solons in der Einleitung zu einer Abhandlung über die Ökonomie.

Natürlicher Handel und gerechter Preis

Der kommerzielle Handel (oder nach unseren Begriffen der Markthandel) wurde angesichts der damaligen Umstände zu einer brennenden Frage. Er war eine befremdliche Neuheit, die man weder einordnen noch erklären noch entsprechend beurteilen konnte. Mit einem Male erwarben achtbare Bürger Geld durch den simplen Vorgang von Kauf und Verkauf. Solches war bislang unbekannt, beziehungsweise auf Personen niedrigen Standes, als Höker bekannt, beschränkt gewesen, in der Regel auf Metöken (ansässige Fremde), die sich mit dem Verkauf von Nahrungsmitteln durchschlugen. Solche Personen erzielten einen Profit, indem sie zu einem Preis kauften und zu einem anderen verkauften. Nun hatte sich diese Gepflogenheit offenbar bis in die ehrbare Bürgerschaft hinein ausgebreitet, und nun wurden große Summen Geldes auf eine Weise verdient, die vormals als unehrenhaft gegolten hatte. Wie sollte dieses Phänomen als solches klassifiziert werden? Wie konnte der auf diese Weise systematisch erzielte Profit funktionell erklärt werden? Und wie war eine derartige Tätigkeit zu beurteilen?

Der Ursprung der Marktinstitutionen ist ein komplizierter und ungeklärter Gegenstand. Schon ihre geschichtlichen Anfänge sind kaum exakt aufzuspüren, und noch schwieriger sind die einzelnen Phasen zu verfolgen, in denen sich die frühen Formen des Handels zum Markthandel entwickelten.

Aristoteles' Analyse traf den Kern der Sache. Indem er den kommerziellen Handel *kapēlikē* nannte – bis dahin hatte es dafür keine Bezeichnung gegeben –, deutete er an, daß es sich hierbei um nichts Neues handelte, abgesehen vom Umfang, den er angenommen hatte. Es handelte sich um ein Hökerwesen in großem Stil. Man verdiente »aneinander« *(ap'allētōn)* durch Methoden des Preisaufschlags, die man häufig auf dem Marktplatz antrifft.

Wie unzureichend eine solche Idee des gegenseitigen Preisaufschlags auch war, so widerspiegelte Aristoteles' Hinweis doch eine entscheidende Übergangsphase in der Geschichte der Ökonomie: jenen Punkt nämlich, an dem sich die Institution des Marktes in den Bereich des Handels auszudehnen begann.

Einer der ersten städtischen Märkte, wenn nicht überhaupt der erste, war kein anderer als die *agora* in Athen. Nichts weist darauf hin, daß sie gleichzeitig mit der Gründung der Stadt entstanden ist. Die erste belegbare Erwähnung der *agora* stammt aus dem 5. Jahrhundert v. Chr., als sie bereits fest etabliert, wenn auch noch umstritten war. Während ihrer ganzen frühen Geschichte gingen die Verwendung kleiner Münzen und der Verkauf von Nahrungsmitteln Hand in Hand. Seine Anfänge in Athen sollten daher mit der Prägung des Obolus etwa im frühen 5. Jahrhundert v. Chr. zusammenfallen. Auf asiatischem Territorium mag es vielleicht einen Vorläufer in Sardeis, der Hauptstadt Lydiens, gegeben haben, die in jeder Hinsicht eine Stadt griechischen Typus war. Auch hier finden wir wieder die Anfänge der Verwendung von Kleingeld, vor allem, wenn wir die Verwendung von Goldstaub dazuzählen. In dieser Hinsicht läßt Herodot keinen Zweifel. Die Midaslegende datiert das Vorhandensein von großen Mengen an Flußgold in Phrygien, etwa um das Jahr 715 v. Chr., während in Sardeis der Marktplatz von einem goldhaltigen Fluß, dem Pactolus, durchflossen wurde. An Herodots Geburtsort, Halikarnassos, stand das riesige Alyattes-Denkmal, dessen Baukosten zum Teil durch großzügige Spenden der lydischen Liebesdienerinnen aufgebracht worden waren, während Gyges, der Gründer der Mermnaden-Dynastie, die Prägung von Münzen aus Elektron eingeführt haben dürfte. Krösus, der Sohn des Alyattes, trug mit prächtigen Geschenken aus massivem Gold zur Ausschmückung von Delphi bei. Es ist nicht bekannt, daß man in Kleinasien Perlen oder Muscheln als Zahlungsmittel verwendet hätte, daher ist die Erwähnung von Goldstaub von entscheidender Bedeutung. Es ist sehr wahrscheinlich, daß die beiden lydischen Erfindungen, Münzprägung und Lebensmittelverkauf, in Athen gleichzeitig eingeführt wurden. Sie waren damit noch keineswegs untrennbar miteinander verbunden. Ägina, das vor Athen Münzen prägte, mochte diese vielleicht nur im Außenhandel verwendet haben. Dasselbe könnte bei den lydischen Münzen der Fall gewesen sein, während Goldstaub auf dem Lebensmittelmarkt und im Zusammenhang mit Liebesdiensten im Umlauf war. Bis zum heutigen Tag, so wird berichtet, verwandelt sich der Marktplatz in Bida, der Hauptstadt von Nupe in Nigerien, nach Mitternacht in einen Ort geschäftlichen Treibens, wobei vermutlich Goldstaub als Zahlungsmittel im Umlauf ist. Auch in Lydien mag das Vorhandensein von Goldstaub den Verkauf von Lebensmitteln auf dem Markt hervorgerufen haben. Attika folgte diesem Beispiel, verwendete aber anstelle von Goldpartikeln Stückchen des silbernen Obolus.

Im allgemeinen verbreiteten sich die Münzen erheblich schneller als die Märkte. Während der Handel blühte und Geld als Wertmesser allgemein verwendet wurde, gab es nur wenige vereinzelte Märkte.

Gegen Ende des 4. Jahrhunderts war Athen berühmt wegen seiner kommerziellen *agora,* wo jedermann ein billiges Mahl kaufen konnte. Das Münzwesen hatte sich wie ein Lauffeuer verbreitet, aber außerhalb von Athen war die Verwendung des Marktes nicht besonders populär. Während des Peloponnesischen Krieges wurde die Flotte von zahlreichen Marketendern begleitet, denn die Truppen konnten nur in Ausnahmefällen mit einer Nahrungsmittelversorgung aus örtlichen Märkten rechnen. Noch bis zu Beginn des 4. Jahrhunderts gab es in den ländlichen Gebieten Joniens keine ständigen Lebensmittelmärkte. Die Hauptförderer von Märkten waren damals die griechischen Armeen, vor allem die Söldnertruppen, die nun immer häufiger als Geschäftsunternehmen betrieben wurden. Die traditionelle sich selbstversorgende Armee von bewaffneten Fußsoldaten war nur für kurze Kriegszüge eingesetzt worden, und ihre Angehörigen lebten dabei von dem Sack Gerstenmehl, den sie von Zuhause mitgenommen hatten. Um die Wende des 5. Jahrhunderts wurden regelrechte Expeditionsarmeen gebildet, bei denen allerdings nur die Kader aus Bürgern Athens oder Spartas bestanden, während die Masse im Ausland rekrutiert wurde. Der Einsatz einer solchen Streitmacht, besonders wenn sie befreundete Territorien zu durchqueren hatte, führte zu logistischen Problemen, über die sich gelehrte Generale gerne äußerten.

Xenophons Traktate liefern viele Beispiele der tatsächlichen und gedachten Aufgabe, die den Märkten in der neuen Strategie zugemessen waren. Der Lebensmittelmarkt, auf dem sich die Soldaten mit dem ihnen von ihrem kommandierenden Offizieren ausbezahlten Handgeld selbst verproviantieren konnten (außer wenn örtliche Requirierungen möglich waren), war Teil einer größeren Frage – dem Verkauf von Beutegut, vor allem Sklaven und Vieh, sowie der Verproviantierung durch Marketender, die in der Hoffnung auf Gewinn hinter der Armee herzogen. All dies waren im Grunde ebenso viele Marktprobleme. Im Zusammenhang mit jedem einzelnen verfügen wir über Belege der organisatorischen und finanziellen Aktivitäten, die von den für die militärische Aktion verantwortlichen Königen, Generalen oder Regierungen eingeleitet wurden. Der Kriegszug selber war häufig nicht mehr als Vorwand für einen Raubzug oder die Vermietung einer Armee an eine fremde Regierung zum Vorteil des eigenen Landes, das das Unternehmen aus geschäftlichen Gründen finanzierte. Militärische Effizienz war selbstverständlich die erste Bedingung. Und sei es auch nur aus Gründen militärischer Taktik: Der Beuteverkauf eines Expeditionsheeres war ebenso sehr Teil der Effizienz wie die regelmäßige Verproviantierung der Truppen, da man damit soweit wie möglich eine Verfeindung mit befreundeten Neutralen vermied. Vorausblickende Militärs entwickelten zeitgemäße Methoden zur Anregung örtlicher Markttätigkeit, der Finanzierung von Marketendern zur Versorgung der Truppe und der Zusammenfassung örtlicher Handwerker auf improvisierten Märkten zur Versorgung mit Waffen. Sie steigerten das Marktangebot und die Marktleistungen mit allen ihnen zur Verfügung stehenden Mitteln, auch wenn das örtliche Interesse eher zurückhaltend und vorsichtig sein mochte. In der Praxis konnte man sich kaum auf den spontanen Geschäftsgeist der Ansässigen verlassen. Die Regierung Spartas gab dem König, der die Armee im Feld kommandierte, eine aus Zivilisten zusammengesetzte Kommission von »Beutegutverkäufern« als Begleitung mit. Ihre Aufgabe war es, für die sofortige Versteigerung der erbeuteten Sklaven und Tiere an Ort und Stelle zu sorgen. König Agesilaos sorgte dafür, daß die befreundeten Städte entlang der vorgesehenen Marschroute für seine Truppen Märkte »vorbereiteten«, »einrichteten« und »zur Verfügung stellten«. In seiner utopischen *Kyrupaideia* beschrieb Xenophon, wie jeder Händler, der die Armee begleiten wollte und Geld für die Warenbeschaffung benötigte, den Kommandanten aufzusuchen pflegte und, nach Vorlegen entsprechender Referenzen bezüglich seiner Vertrauenswürdigkeit, von diesem einen Vorschuß aus einem zu diesem Zweck unterhaltenen Fonds erhielt (*Kyr.* VI ii 38 f.). Der athenische General Timotheus, der die finanziellen Erfordernisse der Marketender sehr wohl berücksichtigte, ging etwa um diese Zeit so vor, wie es in Xenophons erzieherischem Roman aufgezeigt worden war. Als er im Olynthischen Krieg (364 v. Chr.) seinen Soldaten Kupfergeld statt Silbergeld ausbezahlte, bewog er die Händler, dieses von den Soldaten zu jenem Wert anzunehmen, und versprach ihnen ausdrücklich, daß man es von ihnen beim Ankauf von Beutegut zu jenem Wert akzeptieren und daß alles ihnen nach dem Ankauf von Beutegut verbleibende Kupfergeld durch Silbergeld ersetzt werden würde. (Ps. Arist. *Oecon.* II 23 a.) All dies zeigt, wie wenig man sich damals auf örtliche Märkte stützen konnte, sowohl als Versorgunsquelle wie auch als Absatzmarkt für Beutegut, wenn sie nicht von den Militärs gefördert wurden.

Örtliche Märkte waren somit zu Aristoteles' Zeiten eher schwächliche Gewächse. Sie wurden nur gelegentlich errichtet, in einem Notstand oder zu einem ganz bestimmten Zweck, und auch nur dann, wenn politische Überlegungen es ratsam erscheinen ließen. Auch zeigt sich der örtliche Lebensmittelmarkt in keiner Hinsicht als ein Organ des Fernhandels. Die Trennung von externem Handel und Markt ist die Regel.

Jene Institution, die diese beiden schließlich miteinander verbinden sollte, der Mechanismus von Angebot, Nachfrage und Preis, war Aristoteles unbekannt. Er war natürlich der wahre Ursprung dieser kommerziellen Praktiken, die nun im Handel sichtbar zu werden begannen. Traditionsgemäß hatte der (externe) Handel mit Kommerz nichts zu tun. Ursprünglich eine kriegsähnliche Beschäftigung, konnte er sich nie von der Bindung an die Obrigkeit lösen, ohne die unter archaischen Bedingungen nur wenig Handel stattfinden konnte. Quelle des Zuwachses waren Beutegut und Geschenke (ob freiwillige oder erpreßte), öffentliche Ehren und Preise, die goldene Krone und der Boden, vom Prinzen oder dem Staat verliehen, und die erworbenen Waffen und Luxusgegenstände – in der *Odyssee* als *kerdos* bezeichnet. Zwischen all diesem und dem örtlichen Lebensmittelmarkt der *polis* bestand kein physischer Zusammenhang. Der phönikische *emporos* pflegte seine Schätze und Schmuckstücke im Palast des Fürsten oder im Herrensitz zur Schau zu stellen, während sich seine Schar niederließ, um ihre eigene Nahrung im jährlichen Wechsel auf fremder Erde zu produzieren. Spätere Formen des Handels entwickelten sich nach verwaltungsmäßigen Richtlinien, erleichtert durch die Urbanität der Beamtenschaft der Handelsplätze. Der Händler, sofern er nicht durch Kommissionsgebühren entschädigt wurde, erzielte seinen »Gewinn« aus den Erlösen der Importe, welche die Trophäe des Unternehmens darstellten.

Vor der Festsetzung von Vertragspreisen, die Gegenstand von Verhandlungen waren, kam es vielfach zu Feilschen und Schachern auf diplomatischem Wege. Sobald aber ein Vertrag abgeschlossen war, fand auch das Feilschen ein Ende. Der Vertragsabschluß war gleichbedeutend mit der Festsetzung des Preises, zu dem der Handel stattfinden würde. Da es keinen Handel ohne entsprechenden Vertrag gab, schloß das Vorhandensein eines Vertrags jegliche Marktpraktiken aus. Handel und Märkte waren nicht nur durch verschiedene Örtlichkeiten, Status und Personal gekennzeichnet, sie unterschieden sich auch im Zweck, im Ethos und in der Organisation.

Wir können noch nicht mit Sicherheit erkennen, wann und in welcher Form Handel, Schacher und Profit am Preis in den Bereich des Handels eindrangen, wie bei Aristoteles angedeutet. Trotz des Fehlens internationaler Märkte waren Gewinne aus dem Überseehandel etwas Normales. Zweifellos hat das scharfe Auge des Theoretikers die Zusammenhänge zwischen den schäbigen Tricks auf der *agora* und den neuartigen Formen der Handelsprofite erkannt, die das Tagesgespräch bildeten. Das Instrument aber, das ihre Zusammengehörigkeit konstituierte – der Mechanismus von Angebot, Nachfrage und Preis –, entging

Aristoteles. Die Verteilung von Lebensmitteln auf dem Markt bot dem Wirken dieses Mechanismus noch viel zu wenig Spielraum; und der Fernhandel wurde nicht durch individuelle Konkurrenz gesteuert, sondern durch institutionalisierte Kräfte. Auch waren weder die örtlichen Märkte noch der Fernhandel durch auffallende Preisbewegungen gekennzeichnet. Erst nach dem 3. vorchristlichen Jahrhundert war im internationalen Handel so etwas wie ein Mechanismus von Angebot, Nachfrage und Preis zu bemerken. Dies geschah in bezug auf Getreide und später auf Sklaven im Freihafen von Delos. Die athenische *agora* lag somit zwei Jahrhunderte vor dem Entstehen eines Marktes in der Ägäis, der so etwas wie einen Marktmechanismus aufwies. Aristoteles, der in der zweiten Hälfte dieser Periode schrieb, erkannte die frühen Beispiele von Gewinnerzielung aus Preisunterschieden als jene symptomatische Entwicklung in der Organisation des Handels, die sie in der Tat auch darstellte. Angesichts des Fehlens von preisbildenden Märkten hätte er jedoch die Erwartung, daß der neue Drang zum Geldverdienen möglicherweise irgendeinem nützlichen Zweck dienen könnte, nur als Absurdität betrachtet. Und was Hesiod betrifft, so ist sein Lob des friedlichen Wettkampfes nie über die Siegespreise des vormarktlichen Wettbewerbs auf gutsherrlichem Niveau hinausgegangen – ein Lob dem Töpfer, ein Stück Fleisch dem Holzfäller, ein Geschenk dem siegreichen Sänger.

Der Austausch von Gleichwertigem

Hier soll der Gedanke entkräftet werden, daß Aristoteles in seiner *Ethik* eine Theorie des Preises entwickelt habe. Eine solche Theorie ist wohl entscheidend für das Verständnis des Marktes, dessen Hauptfunktion die Bildung jenes Preises ist, der den Ausgleich von Angebot und Nachfrage bewirkt. Indessen war er mit keinem dieser Begriffe vertraut.

Das Postulat der Selbstgenügsamkeit besagte, daß jener Handel, der für die Wiederherstellung der Autarkie benötigt wurde, natürlich und damit rechtens war. Handel bedeutete Tauschakte, die wiederum einen bestimmten Wertmaßstab implizierten, zu dem dieser Tausch stattfinden sollte. Wie aber fügen sich Tauschakte in den Rahmen der Gemeinschaft ein? Und wenn es Tauschakte gab, nach welchem Wertmesser sollten sie getätigt werden?

Was den Ursprung des Tauschaktes betrifft, so hätte den Philosophen der *Gemeinschaft* nichts weniger begeistert als die laut Adam Smith dem Individuum angeblich inhärente Neigung. Der Austausch, sagte Aristoteles, entstand aus den Bedürfnissen der Großfamilie, deren Mitglieder ursprünglich gemeinsam Dinge benutzten, die ihnen gemeinsam gehörten. Als ihre Zahl wuchs und sie aussiedeln mußten, fehlten ihnen manche Dinge, die sie vorher gemeinsam benutzt hatten, und sie mußten nun die nötigen Dinge voneinander erwerben.[6] Dies bedeutete wechselseitigen Austausch. Kurz gesagt,[7] Reziprozität beim Teilen wurde durch Tauschakte bewirkt.[8] Daher Austausch.

Die Austauschquote muß so beschaffen sein, daß die Gemeinschaft erhalten bleibt.[9] Wiederum waren nicht die Interessen der einzelnen, sondern die der Gemeinschaft das Leitprinzip. Die Fähigkeiten von Personen von verschiedenem Status mußten daher nach einer dem jeweiligen Status des anderen proportionalen Rate getauscht werden: die Leistung des Baumeisters wurde gegen die mehrfache Leistung des Schusters getauscht; wäre dem nicht so, dann würde die Reziprozität gestört werden und die Gemeinschaft nicht überleben.[10]

Aristoteles bot eine Formel an, nach der die Rate (oder Preis) festgesetzt werden sollte:[11] sie ist gegeben durch den Punkt, an dem sich zwei Diagonalen schneiden, jede von ihnen repräsentiert den Status einer der beiden Partner.[12] Dieser Punkt wird formal durch vier Quantitäten bestimmt – zwei an jeder Diagonale. Die Methode ist verwirrend, das Ergebnis unrichtig. Die analytische Ökonomie stellte die vier bestimmenden Quantitäten korrekt und genau dar, durch das Aufzeigen des Indexpaares auf der Nachfragekurve und des Indexpaares auf der Angebotskurve, welche den Preis ergeben, der den Markt räumt. Der entscheidende Unterschied bestand darin, daß der moderne Ökonom damit eine Beschreibung der *Preisbildung* auf dem Markt geben wollte, während Aristoteles ein solcher Gedanke völlig fern lag. Er war mit dem ganz anders geartetem und grundsätzlich praktischem Problem befaßt, eine Formel zu finden, nach der *der Preis festgesetzt werden sollte.*

Überraschenderweise schien Aristoteles zwischen dem festgesetzten und dem ausgehandelten Preis keinen anderen Unterschied zu sehen als den des Zeitpunkts, wobei der erstere vor der Transaktion vorhanden war, während der letztere erst danach zum Vorschein kam.[13] Der ausgehandelte Preis, so behauptete er, müßte zur Überhöhung tendieren, weil er festgesetzt wurde, als die Nachfrage noch nicht befriedigt war. Dies allein sollte ein ausreichender Beweis sein für die Naivität des Aristoteles in bezug auf das Funktionieren des Marktes. Er glaubte offenbar, daß der festgesetzte, gerechte Preis verschieden von dem ausgehandelten sein müßte.

Der festgesetzte Preis hatte, abgesehen von seiner Gerechtigkeit, auch den Vorteil, den natürlichen vom naturwidrigen Handel zu trennen. Da der natürliche Handel ausschließlich auf die Wiederherstellung der Selbstgenügsamkeit abzielt, wird dies durch den festgesetzten Preis gewährleistet, indem er den Gewinn ausschließt. Gleichwertigkeiten – wie wir von jetzt an die festgesetzte Rate nennen wollen – dienen daher der Sicherung des »natürlichen« Handels. Der ausgehandelte Preis könnte einer der beteiligten Parteien auf Kosten der anderen einen Profit einbringen und damit den Zusammenhang der Gemeinschaft untergraben statt ihn zu festigen.

Dem modernen marktgemäßen Denken mag die hier dargestellte und Aristoteles zugeschriebene Gedankenreihe als eine Folge von Paradoxen erscheinen.

Sie bedeutet das Außerachtlassen des Marktes als Instrument des Handels, der Preisbildung als einer Funktion des Marktes und jeglicher anderen Funktion des Handels als der des Beitrags zur Selbstgenügsamkeit sowie Gründe, warum der festgesetzte Preis sich von dem auf dem Markt gebildeten Preis unterscheiden kann, und warum Schwankungen der Marktpreise erwartet werden können, und schließlich der Konkurrenz als jener Einrichtung, die einen insofern einzigartigen Preis bildete, als er den Markt räumt und daher als *die* natürliche Austauschrate betrachtet werden kann.

Statt dessen betrachtet man hier Märkte und Handel als getrennte und unterschiedliche Institutionen, Preise als Ergebnis von Brauch, Gesetz oder Proklamation, gewinnbringenden Handel als »unnatürlich«, festgesetzte Preise als »natürlich«, Preisschwankungen als unnatürlich und den natürlichen Preis keineswegs als eine unpersönliche Bewertung der Tauschgüter, sondern als Ausdruck der gegenseitigen Einschätzung des Status der Produzenten.

Für die Lösung dieser offensichtlichen Widersprüche ist die Einführung des Begriffs der Gleichwertigkeiten von entscheidender Bedeutung.

In der Schlüsselpassage über den Ursprung des Tausches *(allagē)* gab Aristoteles eine präzise Beschreibung der grundlegenden Institution der archaischen Gesellschaft – dem Austausch von Gleichwertigkeiten. Die zunehmende Größe der Familie führte zum Ende ihrer Selbstgenügsamkeit. Da es ihnen an diesem und jenem mangelte, mußten sie sich dieses von anderen beschaffen. Manche barbarischen Völkerschaften, meinte Aristoteles, betreiben immer noch diese Art von Naturaltausch, »denn solche Völkerschaften tauschen nur das untereinander aus, was sie brauchen, aber nicht mehr, indem sie zum Beispiel Wein hergeben und dafür Getreide in Empfang nehmen, und ebenso bei allen anderen Gütern. Ein solcher Tauschhandel ist weder gegen die Natur, noch ist er eine Art des Gelderwerbs; denn er dient ja nur zur Wiederherstellung der natürlichen Selbstgenügsamkeit.«[14]

Die Institution des Austausches von Gleichwertigem sollte gewährleisten, daß alle Haushaltungen einen Anspruch auf einen Anteil an den lebenswichtigen Massengütern zu feststehenden Sätzen hatten, die sie im Austausch für solche Massengüter erhielten, die sie ihrerseits besaßen. Von niemandem konnte erwartet werden, daß er seine Güter auf Aufforderung und ohne Gegenleistung hergäbe; ja, der Bedürftige, der nichts Gleichwertiges zum Tausch anzubieten hatte, mußte seine Schuld abarbeiten (daher die große gesellschaftliche Bedeutung der Schuldknechtschaft). Somit leitete sich der Tausch von der Institution der Teilhabe am Lebensnotwendigen her; Zweck des Tausches war es, alle Haushalter mit Lebensnotwendigkeiten bis zum Grad der Selbstgenügsamkeit zu versorgen; er war institutionalisiert als Verpflichtung der Haushalter, von ihren Überschüssen jedem anderen Haushalter, dem es an diesem spezifischen Gut mangelte, auf dessen Wunsch abzugeben, und zwar in dem Maße, wie es ihm daran mangelte, aber auch nur insoweit. Der Austausch wurde zu einem feststehenden Satz (Gleichwertigkeit) im Verhältnis zu anderen Massengütern vollzogen, von denen der Haushalter einen Vorrat hatte. Insofern man rechtliche Begriffe auf solche primitive Verhältnisse anwenden kann, bezog sich die

Verpflichtung des Haushalters auf eine Übertragung von gleichen Sachen, die im Umfang auf das tatsächliche Bedürfnis des Fordernden begrenzt war, nach Gleichwertigkeitssätzen unter Ausschluß von Kredit durchgeführt wurde und alle Massengüter umfaßte.

In der *Ethik* betonte Aristoteles, daß trotz der Gleichwertigkeit der Güter eine der Parteien profitierte, nämlich jene, die genötigt war, die Transaktion vorzuschlagen. Dennoch bedeutete dieser Vorgang, langfristig gesehen, ein wechselseitiges Teilen, da einmal dieser, ein andermal jener an der Reihe war, von dieser Möglichkeit zu profitieren. »Die Existenz des Staates ist abhängig von solchen Akten der proportionalen Reziprozität . . ., ohne die kein Teilen zustandekommt, und dieses Teilen ist es, das uns aneinanderbindet. Der Grund, warum wir den Grazien auf einem öffentlichen Platz einen Schrein errichtet haben, soll die Menschen gemahnen, eine empfangene Wohltat zurückzugeben; es ist dies ein besonderes Merkmal des Wohltuns, denn nicht nur ist es Pflicht, eine erhaltene Gefälligkeit zu erwidern, sondern auch zu anderer Zeit selbst die Initiative zu ergreifen, einem anderen einen solchen Dienst zu leisten.«[15] Nichts, meine ich, könnte die Bedeutung von Reziprozität besser demonstrieren als diese Schilderung. Man könnte es als Reziprozität der Sittlichkeit bezeichnen. Der Tausch wird hier als Teil der Reziprozität des Verhaltens gesehen, im Gegensatz zur marktmäßigen Auffassung, die den Tausch mit Eigenschaften verband, die das genaue Gegenteil jener Großzügigkeit und Wohltätigkeit darstellen, die dem Gedanken der Reziprozität zugeordnet waren.

Ohne diese Schlüsselstellen wären wir heute immer noch nicht imstande, die entscheidende Institution der archaischen Gesellschaft zu erkennen, trotz der zahlreichen dokumentarischen Beweisstücke, die von Archäologen in den letzten zwei oder drei Generationen zutage gefördert wurden. Zahlen, die das mathematische Verhältnis zwischen Einheiten von Gütern verschiedener Art ausdrückten, wurden während der ganzen Zeit von Orientalisten als »Preis« interpretiert, denn die Existenz von Märkten wurde als selbstverständlich vorausgesetzt. In Wirklichkeit bedeuteten diese Zahlen Gleichwertigkeiten, die mit Märkten und Marktpreisen nichts zu tun hatten, deren feststehende Wertigkeit immanent war und keinerlei vorangegangene Schwankungen implizierte, die durch irgendeinen Vorgang der »Festsetzung« oder »Fixierung« vollendet worden wäre, wie der Satz anzudeuten scheint. Hier führt uns die Sprache selbst in die Irre.

Die Texte

Hier ist nicht der Ort, die zahlreichen Punkte anzuführen, in denen sich unsere Darstellung von früheren unterscheidet. Dennoch müssen wir kurz auf die Originaltexte zurückgreifen. Es war fast unvermeidlich, daß man sich über den Gegenstand der Diskurse des Aristoteles eine irrtümliche Meinung bildete. Der kommerzielle Handel, der für das Thema gehalten wurde, befand sich, wie es nun offenkundig ist, zu seiner Zeit erst im Anfangsstadium. Nicht das Babylonien des Hammurabi, sondern der griechisch sprechende Randbereich Kleinasiens war, zusammen mit dem griechischen Mutterland, für diese Entwicklung verantwortlich – und das war gut ein Jahrtausend später. Aristoteles konnte daher nicht die Funktionsweise eines ausgebildeten Marktmechanismus beschrieben und dessen Auswirkungen auf die Ethik des Handels besprochen haben. Daraus folgt wiederum, daß einige seiner Schlüsselbegriffe, vor allem *kapēlikē, metadosis* und *chrēmatistikē* bei der Übersetzung falsch interpretiert wurden. Manchmal ist dieser Irrtum sehr subtil. *Kapēlikē* wurde wiedergegeben als die Kunst des Kleinhandels, anstatt der Kunst des »kommerziellen Handels«, *chrēmatistikē* als die Kunst des Gelderwerbs, anstatt jener der Versorgung, das heißt, der Beschaffung der lebensnotwendigen Sachgüter. In einem anderen Fall ist die Verzerrung offensichtlich: *metadosis* wurde für Austausch oder Tausch gehalten, obwohl es eindeutig das Gegenteil bedeutet, nämlich »seinen Teil geben«. Eine kurze Übersicht, entsprechend der Reihenfolge: Grammatikalisch bezeichnet *kapēlikē* die Kunst des *kapēlos*. Die Bedeutung von *kapēlos*, wie sie von Herodot um die Mitte des 5. Jahrhunderts verwendet wurde, bezeichnet eine Art von Kleinverteilung, vor allem von Nahrungsmitteln, einen Inhaber einer Garküche, einen Verkäufer von Lebensmitteln und gekochten Speisen. Die Erfindung geprägten Geldes wurde von Herodot mit der Tatsache in Verbindung gebracht, daß die Lydier zu *kapēloi* geworden waren. Herodot berichtet ferner, daß Darius den Spitznamen *kapēlos* hatte. Es ist sehr wohl möglich, daß während seiner Herrschaft die militärischen Warenlager die Gepflogenheit des Lebensmittelkleinverkaufs eingeführt haben. Schließlich wurde *kapēolos* gleichbedeutend mit »Gauner, Schwindler, Betrüger«. Seine abschätzige Bedeutung war immanent.

Leider bleibt damit die Bedeutung des Wortes *kapēlikē* bei Aristoteles immer noch völlig offen. Das Suffix *-ikē* bedeutet »Kunst des«, womit *kapēlikē* die Bedeutung von Kunst des *kapēlos* erhält. In Wirklichkeit war ein solches Wort nicht gebräuchlich; das Wörterbuch gibt dafür nur ein einziges Beispiel (außer bei Aristoteles), und in diesem bedeutet es, wie zu erwarten, die »Kunst des Kleinverkaufs«. Wieso ist aber Aristoteles dazu gelangt, dieses Wort als Oberbegriff für ein Thema erster Ordnung zu wählen, das keineswegs auf den Detailhandel beschränkt war, nämlich den kommerziellen Handel? Denn dieser ist ohne jeglichen Zweifel das Thema seines Diskurses.

Die Antwort ist nicht schwer zu finden. In seinem leidenschaftlichen Ausfall gegen den gewinnorientierten Handel benutzte Aristoteles das Wort *kapēlikē* mit ironischem Unterton. Der kommerzielle Handel war natürlich kein Hökern und auch kein Detailhandel; was immer er sein mochte, er verdiente es, nach irgendeiner Variante des Begriffs *emporia* benannt zu werden, was die übliche Bezeichnung für den Seehandel, zusammen mit allen anderen Formen des umfangreichen oder Großhandels war. Wenn sich Aristoteles besonders auf die verschiedenen Formen des Seehandels bezog, dann benutzte er wiederum *emporia* im üblichen Sinne. Warum aber tat er dies nicht in der wichtigsten theoretischen Analyse dieses Gegenstandes, sondern benutzte statt dessen ein neumodisches Wort mit abschätziger Nebenbedeutung?

Aristoteles erfand gerne neue Worte, und sein Humor war, sofern vorhanden, von der Art eines Shaw. Die Gestalt des *kapelōs* war damals auf der Komödienbühne stets ein Schlager. In seinen *Archarnern* ließ Aristophanes seinen Helden sich in einen *kapēlos* verwandeln und in dieser Verkleidung das feierliche Lob des Chores erringen, der ihn als den Philosophen des Tages pries. Aristoteles wollte auf drastische Weise zum Ausdruck bringen, daß er von den *nouveaux riches* und den angeblich geheimnisvollen Quellen ihres Vermögens keineswegs beeindruckt war. Nachdem alles gesagt war, handelte es sich doch wohl nur um Krämertum großen Maßstabs.

Chrēmatistikē wurde von Aristoteles bewußt im wörtlichen Sinne der Beschaffung des Lebensnotwendigen verwendet anstatt in seinem gebräuchlichen Sinn von »Gelderwerb«. Laistner gab es richtig als die »Kunst der Versorgung« wieder, und Ernest Barker verwies in seinem Kommentar auf die ursprüngliche Bedeutung von *chrēmata,* die, wie er ausdrücklich erklärte, nicht Geld, sondern die Erfordernisse selber umfaßte, eine Interpretation, die auch von Defourny und M. I. Finley in einem unveröffentlichten Vortrag gestützt wird. In der Tat war Aristoteles' Betonung der nichtmonetären Bedeutung von *chrēmata* logisch unvermeidbar, da er weiterhin das Autarkiepostulat vertrat, das außerhalb der naturhaften Interpretation von Reichtum sinnlos gewesen wäre.

Der auffällige Fehler der Interpretation von *metadosis* als »Austausch« in den drei entscheidenden Passagen der *Politik* und der *Ethik* geht noch tiefer.[16] Im Falle von *metadosis* hielt sich Aristoteles an die gebräuchliche Bedeutung des Wortes. Es waren vielmehr die Übersetzer, die eine willkürliche Interpretation hineinbrachten. In einer archaischen Gesellschaft, gekennzeichnet durch gemeinsame Festmahle, Raubzüge, Akte gegenseitiger Hilfe und praktischer Reziprozität, hatte der Begriff *metadosis* eine spezifisch funktionelle Bedeutung – sie bezeichnete »einen Teil abgeben«, vor allem zum gemeinsamen Nahrungsmittelbestand, gleichgültig, ob es sich dabei um eine religiöse Festlichkeit, ein feierliches Mahl oder andere öffentliche Unterfangen handelte.[17] Das ist die dem Wörterbuch entnommene Bedeutung von *metadosis.* Seine Etymologie unterstreicht den einseitigen Charakter des Vorgangs des Gebens, des Beitragens oder des Teilens. Dennoch stehen wir vor der erstaunlichen Tatsache, daß in den Übersetzungen jener Passagen, in denen Aristoteles auf der Ableitung des Austausches von *metadosis* bestand, als »Austausch« oder »Tausch« wiedergegeben wurde, was ihn in sein Gegenteil verkehrte. Diese Gepflogenheit wurde durch das führende Wörterbuch sanktioniert, das im Zusammenhang mit *metadosis* jene drei entscheidenden Passagen als Ausnahmen bezeichnete! Eine derartige Abweichung vom klaren Text ist nur als Ausdruck der marktmäßigen Denkweise von Übersetzern einer späteren Zeit verständlich, die an diesem Punkt nicht fähig waren, die Bedeutung des Textes zu erfassen. Austausch bedeutete für sie eine natürliche Neigung des Menschen und bedurfte keiner weiteren Erklärung. Aber angenommen, es sei doch der Fall, so konnte er gewiß nicht aus der *metadosis* in der anerkannten Bedeutung von »einen Teil geben« entstanden sein. Also gaben sie *metadosis* als »Austausch« wieder und verwandelten damit Aristoteles' Aussage in einen Gemeinplatz. Dieser Fehler gefährdete das gesamte Gebäude von Aristoteles' ökonomischen Denken entscheidend. Mit seiner Ableitung des Austausches von »einen Teil abgeben« bot Aristoteles ein logisches Bindeglied zwischen seiner allgemeinen Theorie der Ökonomie und den praktischen Problemstellungen. Der kommerzielle Handel wurde, wie wir gesehen haben, als eine widernatürliche Form des Handels betrachtet, der natürliche Handel brachte keinen Gewinn, da er lediglich der Selbstgenügsamkeit diente. Zur Erhärtung dessen konnte er mit Recht auf den Umstand hinweisen, daß bis zu dem für die Selbstgenügsamkeit notwendigen Grad, und nur bis zu diesem, der Austausch von Sachen im Zusammenhang mit den lebensnotwendigen Gütern nach feststehenden Gleichwertigkeiten immer noch von manchen barbarischen Völkern gepflogen wurde, wobei – wie es der Zufall brachte – einmal die eine, dann wiederum die andere Seite den Vorteil genoß. Somit war die *Ableitung des Austausches vom Einbringen des eigenen Teils zum gemeinsamen Lebensmittelvorrat* das Zwischenstück, das eine auf der Grundlage des Postulates der Selbstgenügsamkeit der Gemeinschaft beruhende ökonomische Theorie mit der Unterscheidung von natürlichem und unnatürlichem Handel verknüpfte. Indessen erschien dies alles dem marktmäßigen Denken so unwahrscheinlich, daß die Übersetzer ihre Zuflucht zu einer Verdrehung des Textes nahmen und dadurch schließlich die Übersicht über die Argumentation verloren. Die vielleicht kühnste These des Aristoteles, die dem denkenden Menschen bis zum heutigen Tag durch ihre mächtige Originalität beeindrucken muß, wurde auf diese Weise zu einem Gemeinplatz reduziert, der, sofern er überhaupt eine bestimmte Bedeutung hatte, von ihm selbst als oberflächliche Auffassung jener eigentlichen Kräfte zurückgewiesen worden wäre, auf denen die Ökonomie des Menschen beruht.

6. Die Rolle der Volkswirtschaft in Gesellschaften

Nur wenige Gesellschaftswissenschaftler akzeptieren heute noch zur Gänze die biedere Vorstellung der Aufklärung vom Naturmenschen, der seine Freiheiten durch Sozialkontrakt und seine Gesellschaft und Ökonomie durch Austausch seiner Güter in Busch und Dschungel hervorgebracht habe. Die Entdeckungen eines Comte, Quetelet, Marx, Maine, Weber, Malinowski, Durkheim und Freud spielen eine hervorragende Rolle beim Entstehen unseres heutigen Wissens, demzufolge der gesellschaftliche Prozeß ein Geflecht von Beziehungen zwischen dem Menschen als biologischem Einzelwesen und jener einzigartigen Struktur von Symbolen und Methoden darstellt, welche die Aufrechterhaltung seiner Existenz zur Folge haben. Während wir jedoch in diesem Sinne die Realität der Gesellschaft entdeckt haben, hat dieses neue Wissen keine neue Auffassung von Gesellschaft hervorgebracht, die ebenso verbreitet wäre wie das Bild des atomistischen Individualismus. In entscheidenden Punkten fallen wir wiederum zurück auf frühere Erklärungen vom Menschen als utilitaristisches Atom. Nirgends ist dieser Rückfall offenbarer als in unseren Vorstellungen von Ökonomie. Bei der Behandlung der Ökonomie in jedem ihrer vielfältigen Aspekte ist der Gesellschaftswissenschaftler immer noch von einem intellektuellen Erbe belastet, das den Menschen als Wesen mit einer angeborenen Neigung zum Feilschen, Tausch und dem Austausch einer Sache gegen eine andere betrachtet. Dies ist weiterhin der Fall, trotz aller Proteste gegen den Begriff des »ökonomischen Menschen« und gelegentlicher Versuche, für die Ökonomie einen gesellschaftlichen Rahmen zu schaffen.

Der uns überkommene ökonomische Rationalismus betrachtet eine bestimmte Form des Handelns als ökonomisch *sui generis*. Von diesem Blickwinkel wird ein Akteur – ein Einzelmensch, eine Familie, eine ganze Gesellschaft – einer natürlichen Umwelt gegenübergestellt, die ihre lebenserhaltenden Elemente nur zögernd preisgibt. Ökonomisches Handeln – oder genauer, ökonomiebezogenes Handeln, die Essenz des Rationalen – wird somit als Modus einer solchen Nutzung von Zeit und Kraft angesehen, die bestrebt ist, die in diesem Verhältnis von Mensch und Natur angestrebten Zielsetzungen maximal zu verwirklichen. Somit wird die Wirtschaft zum Ort solchen Handelns. Man gesteht natürlich zu, daß in der Realität das Funktionieren dieser Ökonomie auf die verschiedenste Weise durch Faktoren nichtökonomischer Art beeinflußt werden kann, etwa durch politische, militärische, künstlerische oder religiöse Faktoren. Dennoch gilt die utilitaristische Rationalität weiterhin als Kern des Ökonomiemodells.

Diese Auffassung von der Ökonomie als dem Ort von Einheiten, die verteilen, sparen, Überschüsse vermarkten und Preise bilden, entstand im Westen unter den Verhältnissen des 18. Jahrhunderts und ist zugegebenermaßen sinnvoll im institutionellen Rahmen eines Marktsystems, da die tatsächlichen Verhältnisse hier im großen und ganzen die vom ökonomistischen Postulate erhobenen Anforderungen befriedigen. Es erhebt sich indessen die Frage, ob dieses Postulat uns erlaubt, die Allgemeingültigkeit eines Marktsystems im Bereich der empirischen Fakten zu akzeptieren. Der Anspruch der formalen Nationalökonomie auf eine historisch allgemeingültige Anwendbarkeit bejaht diese Frage. Damit wird praktisch das wesensmäßige Vorhandensein eines Marktsystems in jeder Gesellschaft behauptet, gleichgültig, ob ein solches System empirisch vorhanden ist oder nicht. Jegliche menschliche ökonomische Tätigkeit könnte somit als ein potentielles System von Angebot, Nachfrage und Preis angesehen werden, und die wirklichen Prozesse, wie immer sie beschaffen sein mögen, im Sinne dieser Hypothese erklärt werden.

Wenn die empirische Forschung jemals zu einem größeren Verständnis der grundlegenden Funktionsweise und des Stellenwerts verschiedenartiger Wirtschaftsformen in verschiedenen Gesellschaftsformen führen soll, dann müssen wir die Gültigkeit dieses ökonomistischen Postulats überprüfen. Wenn wir uns mit dem ökonomischen Prozeß vom Gesichtspunkt des neuen Wissens befassen, das wir bezüglich der Realität der Gesellschaft gewonnen haben, dann müssen wir feststellen, daß zwischen ökonomiebezogenem Handeln und der empirischen Ökonomie kein notwendiger Zusammenhang besteht. Die institutionelle Struktur der Ökonomie muß keineswegs, wie beim Marktsystem, ökonomiebezogenes Handeln erzwingen. Die Folgen einer solchen Erkenntnis für alle Zweige der Sozialwissenschaft, die sich mit der Ökonomie zu befassen haben, könnten nicht weitreichender sein. Man benötigt für die Analyse der menschlichen Ökonomie als einem gesellschaftlichen Prozeß nicht weniger als einen grundlegend anders gearteten Ausgangspunkt.

Bei der Suche nach einem neuen Anfang müssen wir, auch wenn dies unzeitgemäß sein mag, von der ökonomiebezogenen Bedeutung des Begriffs »ökonomisch« abgehen und uns der funktionalen Bedeutung zuwenden. Dabei soll die gebräuchliche Verwendung von »ökonomisch«, welche Wirtschaftsbezogenheit mit Materiellem verbindet, nicht außer acht gelassen werden: ich will bloß auf die beschränkte Anwendbarkeit dieses allgemein für richtig gehaltenen zusammengesetzten Begriffs hinweisen. Wenn ein Mensch nichts zu essen hat, muß er hungern, ob er vernünftig ist oder nicht: indessen erfordern seine Sicherheit, seine Ausbildung, seine Kunst und seine Religion ebenfalls materielle Mittel, Waffen, Schulen, Tempel aus Holz, Stein oder Stahl. Diese Tatsache ist selbstverständlich nie übersehen worden. Immer wieder wurde darauf hingewiesen, daß Nationalökonomie auf der Gesamtheit der materiellen Bedürfnisbefriedigung aufgebaut sein müsse – den materiellen Bedürfnissen auf der einen Seite, den Mitteln zur Befriedigung dieser Bedürfnisse, ob materiell oder nicht, auf der anderen.

Fachleute geben einhellig zu, daß alle Bemühungen um eine solche naturalistische Nationalökonomie erfolglos geblieben sind. Der Grund dafür ist einfach. Kein bloß naturalistisches Konzept der Ökonomie kann hinsichtlich einer Erklärung des Mechanismus des Lebensunterhalts im Rahmen eines Marktsystems mit der ökonomischen Analyse auch nur annähernd konkurrieren. Und da die Ökonomie allgemein mit dem Marktsystem gleichgesetzt wurde, wurden solche naive Versuche, die ökonomische Analyse durch ein naturalistisches Modell zu ersetzen, mit Recht diskreditiert.

Doch war dies ein überzeugendes Argument gegen die Anwendung des materiellen Konzepts der Ökonomie in den Gesellschaftswissenschaften? Keineswegs. Man übersah, daß die ökonomische Theorie, ökonomische Analyse oder einfach Nationalökonomie nur *eine* von mehreren Disziplinen ist, die sich mit dem Lebensunterhalt des Menschen in materieller Hinsicht, also der Ökonomie, befassen. Praktisch gesehen bedeutet sie nicht mehr als eine Untersuchung von Marktphänomenen; abgesehen von bloßen Verallgemeinerungen ist ihre Gültigkeit für andere als nur Marktsysteme, zum Beispiel für eine Planwirtschaft, gering. Wie könnte sie, beispielsweise, dem Anthropologen helfen, die Ökonomie aus der allgemeinen Verflochtenheit einer auf Verwandtschaftssystem beruhenden Gesellschaft zu klären? Bei der Nicht-Existenz von Märkten und Marktpreisen kann der Nationalökonom dem Erforscher primitiver Wirtschaftsformen nicht behilflich sein, ja er könnte ihm sogar hinderlich werden. Oder man denke an den Soziologen, der sich der Frage des veränderten Stellenwerts der Ökonomie im gesellschaftlichen Gesamtzusammenhang gegenübersieht. Außer wenn wir uns auf Zeiten und Regionen beschränken, in denen preisbildende Märkte bestanden, kann ihm die Nationalökonomie keine Orientierung von Wert bieten. Dies gilt noch mehr für den Wirtschaftshistoriker außerhalb jenes kleinen Abschnitts von wenigen Jahrhunderten, in denen preisbildende Märkte und daher auch Geld als Zahlungsmittel allgemein üblich waren. In der Vorgeschichte, in der Frühgeschichte und in der Tat, wie Karl Bücher als erster erklärte, in der gesamten Geschichte, abgesehen von den letzten Jahrhunderten, waren die ökonomischen Institutionen ganz anders, als die Nationalökonomen annahmen. Wie wir heute zu erkennen beginnen, kann dieser Unterschied auf einen einzigen Sachverhalt reduziert werden – sie besaßen kein System preisbildender Märkte. Im gesamten Bereich der volkswirtschaftlichen Disziplinen konzentriert sich das gemeinsame Interesse auf den Prozeß, durch den die materielle Bedürfnisbefriedigung bewerkstelligt wird. Das Erkennen dieses Prozesses und die Untersuchung seiner Funktionsweise können nur erreicht werden durch eine Verlagerung des Schwergewichts von einem einzelnen Typus rationalen Handelns zum Ablauf der Bewegungen von Gütern und Personen, aus denen die Wirtschaft tatsächlich zusammengesetzt ist.

Das Umdenken in der Naturwissenschaft von einem Begriffssystem zu einem anderen ist eine Sache, der gleiche Vorgang in den Sozialwissenschaften dagegen eine ganz andere. Er entspricht dem völligen Umbau eines Hauses einschließlich der Fundamente, Mauern und Einrichtungen, während es weiterhin bewohnt ist. Wir müssen uns von der tief verwurzelten Vorstellung befreien, die Ökonomie sei ein Erfahrungsbereich, dessen sich der

Mensch stets zwangsläufig bewußt war. Um es metaphorisch auszudrücken: Die Fakten der Ökonomie waren ursprünglich in Verhältnisse eingebettet, die ihrerseits nichtökonomischer Natur waren, da weder der Zweck noch die Mittel primär materiell waren. Die Herausbildung des Ökonomiebegriffs war eine Sache der Zeit und der Geschichte. Aber weder Zeit noch Geschichte haben uns die begrifflichen Werkzeuge geliefert, die für ein Durchschauen der verschlungenen gesellschaftlichen Verhältnisse notwendig sind, in die die Ökonomie eingebettet war. Dies ist die Aufgabe dessen, was wir hier als institutionelle Analyse bezeichnen wollen.

Anhang[1]

Zunächst einige Hinweise, warum es notwendig ist, die Anwendung des Begriffs »ökonomisch« auf die Bedeutung von »Vorsorge zur Befriedigung materieller Bedürfnisse« zu beschränken und die formale Bedeutung von »ökonomisch« nur dann zu benutzen, wenn dies ausdrücklich notwendig ist.

Unser Hauptinteresse im Zusammenhang mit der Erforschung der allgemeinen Wirtschaftsgeschichte gilt der Frage des Stellenwerts der Ökonomie in der Gesellschaft. In diesem Zusammenhang erheben sich mehrere bedeutsame Fragen, und wenn wir den Begriff ökonomisch in bezug auf diese Fragen nicht im neutralen Sinne benutzen, könnte dies jene Fragen in einem mißverständlichen Licht erscheinen lassen.

Was den Stellenwert ökonomischer Institutionen in der Gesellschaft betrifft, so könnte die Antwort lauten, daß solche Institutionen eine separate und spezifische Eigenexistenz haben wie im Marktsystem oder aber daß sie in der Regel in andere nichtökonomische Institutionen eingebettet sind oder etwas Dazwischenliegendes darstellen.

Wenn wir also den Begriff ökonomisch verwenden, um das nach Gewinn strebende Verhalten von Menschen auf dem Markt zu kennzeichnen, dann muß ihr Verhalten in bezug auf ökonomische Dinge in primitiven und archaischen Wirtschaften zwangsläufig als eine Art von marktmäßigem Verhalten erscheinen. So schrieb beispielsweise Mueller-Lyer, der Soziologe und Verfasser von *The History of Social Development* (1920), zum Thema der primitiven Ökonomien folgendes: In vielen Gemeinschaften der Wilden geht der kommerzielle Verkehr in Form eines reziproken Austausches von Gastgeschenken vor sich. Zusätzlich bemerkte er, »das Gastgeschenk war ein Relikt des Austausches, nachdem dessen eigentliche Bedeutung verlorengegangen war« (161). Hier haben wir ein klassisches Beispiel dafür, wie Fakten durch Vorurteile modifiziert werden. Das Faktum ist die Institution des Gastgeschenks: das Marktmuster wird diesem Faktum übergestülpt, indem man einfach annimmt, daß die Wilden ursprünglich mit Tauschakten angefangen, dies dann aus Gewohnheit fortgesetzt hätten, bis sie jegliche Erinnerung an ihren ursprünglichen Brauch verloren hatten. Im Effekt werden reziproke Geschenke als ihr Gegenteil dargestellt, nämlich als Tauschakt (das heißt als geldloser Markttausch).

Ein weiteres Beispiel stammt aus dem Gebiet der ökonomischen Analyse. Die Definition der Ökonomie als Markt kann zu dem Ergebnis führen, daß *jegliche* ökonomische Tätigkeit als Tausch und Austausch betrachtet wird. Erzbischof Whately (1787-1863), ein viktorianischer Nationalökonom, schlug vor, man sollte die Nationalökonomie als Wissenschaft des Austausches oder Katallaktik bezeichnen. Dieser Vorschlag wurde in unserer Zeit von Joseph Schumpeter und Ludwig von Mises aufgenommen. Produktion kann danach sinnvoll als Austausch von weniger geeigneten gegen mehr geeignete Verwendungen knapper Mittel interpretiert werden. Für den Wirtschaftshistoriker müßte klarerweise eine solche Überführung der Produktion in das Begriffssystem des Austausches völlig nutzlos sein, da man dann überhaupt nicht mehr feststellen könnte, inwieweit die Institution des Marktes in einer gegebenen Gesellschaft vorhanden oder nicht vorhanden war. Wir würden dann überall Märkte und Austausch feststellen. Und dies ist genau das, was einigen unserer hervorragendsten Wirtschaftshistorikern widerfahren ist.

Ein weiterer Aspekt dieser Frage betrifft die realen psychologischen Beweggründe der Teilnahme des einzelnen an ökonomischen Institutionen zu verschiedenen Zeiten und an verschiedenen Orten. Wiederum bleibt diese Frage sinnlos, sofern nicht der Begriff ökonomisch in einer neutralen Form benutzt wird. Wenn man dem Begriff ökonomisch die Bedeutung »gewinnbringend« unterlegt, müssen ökonomische Institutionen definitionsgemäß von Gewinnstreben motiviert sein. Die Frage nach den eigentlichen Motiven wird im voraus beantwortet beziehungsweise erst gar nicht gestellt.

Eine weitere Frage bezieht sich auf die etwaigen Gesetze der Entwicklung ökonomischer Institutionen. Gibt es so etwas wie ein Gesetz des ökonomischen Fortschritts? Und wenn ja, inwieweit besteht es in einer zunehmenden ökonomischen Vernunft, in einem Gefühl für Effizienz? Und wieweit in einer verbesserten Anpassung der ökonomischen Institutionen an nichtökonomische Institutionen in der Gesellschaft unter gegebenen technologischen Bedingungen? Eine schwierige Frage, die nicht einfach zu lösen ist.

Zusammenfassend kann festgestellt werden: Das Problem des Stellenwerts der Ökonomie in der Gesellschaft umfaßt mehrere wichtige Fragen. Etwa das Losgelöst- oder Eingebettetsein dieser Institutionen; die eigentlichen psychologischen Beweggründe, welche die einzelnen zur Mitarbeit am Funktionieren dieser Institutionen veranlassen; oder die etwaigen Gesetze des Fortschritts in der Entwicklung ökonomischer Institutionen. Bedeutsame Fragen wie diese sind der Gefahr der Voreingenommenheit ausgesetzt, sofern man nicht »ökonomisch« schlicht und einfach in der Bedeutung von »in bezug auf die Vorsorge zur Befriedigung materieller Bedürfnisse« auffaßt.

Ansichten über den Stellenwert des ökonomischen Systems in der Gesellschaft von Montesquieu bis Max Weber

Wenn man Untersuchung der allgemeinen Wirtschaftsgeschichte auf der Grundlage einer angemessenen Methode aufbauen will, muß man sich vor allem vor dem unbewußten Einfluß von Definitionen hüten, die im Bereich der ökonomischen Analyse entwickelt wurden.

Dabei wird sich ein Überblick über die Geschichte der Nationalökonomie von Monetesquieu und den Physiokraten bis Marx, Menger und Max Weber als nützlich erweisen. Wir benutzen dabei den Begriff »Nationalökonomie« im weitesten Sinne, der sowohl die Erforschung ökonomischer Institutionen als auch jene Gesetze umfaßt, die das Preissystem bestimmen, so daß die

Unterscheidung von Wirtschaftsgeschichte und volkswirtschaftlicher Theorie in diesem Begriff aufgehoben sind.

Diese kurze Übersicht will zeigen, in welchem Maße die bei der Untersuchung der allgemeinen Wirtschaftsgeschichte als wichtig bezeichneten Fragen in der Vergangenheit behandelt worden sind.

Wir sollten unsere Aufmerksamkeit auf zwei Punkte lenken:

(1) Bis zu welchem Grad nimmt man an, daß der Gesellschaft ein von ihr getrenntes ökonomisches System unterliegt? Und wieweit zeigt, im gegenteiligen Fall, die jeweilige Auffassung eine Vorstellung von der Gesellschaft als Ganzheit, in der die Wirtschaft bloß einen Aspekt darstellt?

(2) Welche Annahmen sind in den Ansichten der Autoren hinsichtlich der realen psychologischen Motivationen enthalten? Inwieweit glauben sie an die Existenz einer spezifisch ökonomischen Motivation?

Entsprechend unserem eigenen Standpunkt wollen wir die wichtigsten Denker in fünf einander chronologisch überschneidenden Gruppen anführen:

(1) Ursprünglich gesellschaftsorientiert:
Montesquieu (1748)
François Quesnay (1758)
Adam Smith (1776)

(2) Ursprünglich wirtschaftsorientiert:
Townsend (1786)
Malthus (1798)
Ricardo (1817)

(3) Rückkehr zur gesellschaftlichen Orientierung:
Carey (1837)
List (1841)
Marx (1859)

(4) Rückkehr zur wirtschaftlichen Orientierung:
Menger (1871)

(5) Synthese von (3) und (4):
Max Weber (1905)

Im großen und ganzen ging die Bewegung hin und her, von der gesellschaftsbezogenen zur wirtschaftsbezogenen Orientierung; von der Bedeutung des Ökonomischen als »Vorsorge zur Befriedigung materieller Bedürfnisse« bis zu jener »gewinnbringenden Tätigkeit« oder »geschäftsorientierten Einstellung«; von der umfassenderen Ansicht, die sich auf die Gesellschaft als Ganzheit bezieht, zum engeren Standpunkt, der das ökonomische System als eine institutionell separate und spezifische Sphäre innerhalb der Gesellschaft betrachtet.

(1) Der ursprüngliche Ausgangspunkt war gesellschaftsbezogen: Er wurde von Montesquieu, Quesnay und Adam Smith geteilt.

(2) Bei Malthus und Ricardo löst sich die politische Ökonomie von jeglicher Abhängigkeit von der Gesellschaft als Ganzes. Sie wird autonom und unterliegt ihren eigenen Gesetzen.

(3) Es kam zu einer weltweiten Reaktion gegen die Klassiker, deren verschiedenartige Richtungen durch Henry Carey, List und Marx gekennzeichnet sind. Diese Rückkehr zu einem gesellschaftsorientierten Denken wurde institutionalisiert und historisiert. (In diesen Zusammenhang gehören selbstverständlich Schmoller und seine Schule in Deutschland sowie Veblen und seine noch wichtigere Schule in den Vereinigten Staaten).

(4) In Deutschland kam es jedoch zur Zeit von Marx und Schmoller bald zum Angriff auf die neosoziologische Schule. Die Neoklassiker bedeuteten eine Rückkehr zum ökonomieorientierten Denken in einer logisch extremen Form. Auch diese Strömung war weltweit.

(5) Um die Jahrhundertwende leitete Max Weber eine für den Wirtschaftshistoriker äußerst wichtige Wende ein, indem er wiederum zum gesellschaftsbezogenen Denken zurückkehrte, aber diesmal mit dem Akzent auf dem rationalen Aspekt der eigentlichen Nationalökonomie. Dies stellte einen Kompromiß zwischen den gesellschaftsbezogenen und den wirtschaftsbezogenen Auffassungen dar, der sich als fruchtbar erweisen sollte. Weber hatte seine Ansichten jedoch schon formuliert, bevor die wichtigen Entdeckungen auf dem Gebiet der primitiven Ökonomie gemacht wurden und bevor die Bedeutung seiner eigenen Untersuchungen der Anfänge des Kapitalismus klar erkannt werden konnten. Überdies schien der Verlauf der Geschichte nach seinem Tode seinen dogmatischen Glauben an die zwangsläufig zunehmende Vorherrschaft der »zweckgerichteten Vernunft« im ökonomischen Bereich zu widerlegen.

Montesquieu (1748)

Modern ausgedrückt, besagte Montesquieus These, daß die Institutionen einer Gesellschaft die Anforderungen dieser Gesellschaft in der gegebenen Umwelt widerspiegeln. Ökonomische Institutionen würden ebenfalls entsprechend ihrer Funktion im Rahmen der Gesamtgesellschaft gebildet. Montesquieu definierte die kommerzielle Tätigkeit als »die Ausfuhr und Einfuhr von Waren unter Berücksichtigung des Vorteils des Staates« (348). »Die Einschränkung des Kaufmanns«, schrieb er, »bedeutet keine Einschränkung des Kommerzes. Es sind die freiesten Länder, in denen der Kaufmann auf zahllose Hindernisse trifft. Die Engländer beschränken den Kaufmann, aber dies geschieht zugunsten des Handelsverkehrs.« Montesquieu erklärte, er würde den Gebrauch von Geld für die Segnungen einer Planwirtschaft aufgeben, wie sie von den Jesuiten in Paraguay verwirklicht wurde. Viele seiner Auffassungen spiegeln merkantilistische Theorien und Praktiken wider. Man konnte indessen daraus schließen, daß manche dieser Praktiken nicht ganz so »absurd« gewesen sein können, wie W. Lippmann in seiner *Good Society* (10) behauptet. Wenn man die Physiokraten als die Gründer der Gesellschaftswissenschaft betrachtet, dann war Montesquieu der Vorläufer der institutionalistischen Schule dieser Wissenschaft. Seine Methode war soziologisch, historisch, anthropologisch und institutionell orientiert, und umfaßte damit im Effekt die Charakteristika der modernen Methode.

François Quesnay (1758)

Die Physiokraten erweiterten Montesquieus gesellschaftsorientierte Methode in bezug auf das Wirtschaftsleben. Aber während er von der im organischen Denken des Mittelalters sich ausdrükkenden Geschlossenheit der Gesellschaft ausgegangen war, war Quesnays Begriff vom Organischen im wesentlichen biologisch. Er begann seine Laufbahn als »Veterinär«, und sein *Essai physique sur l'économie animale* (1736) war eine Physiologie, in der vor allem zwei Ideen zum Ausdruck kamen: Harveys Entdekkung des Blutkreislaufs (1628) und seine hippokratische Einstellung zur Krankheit, wonach man sich auf die Heilkräfte der

Natur stützen müsse. (In seiner Physiologie hatte Quesnay den Begriff Ökonomie im Sinne von innerem Haushalt des tierischen Körpers verwendet.) Diese beiden Ideen, der natürliche Kreislauf und das Verlassen auf die Heilkräfte der Natur, traten in Quesnays originellstem Beitrag zu den Gesellschaftswissenschaften zutage, nämlich in seinem *Tableau économique* (1758). Darin wurde die menschliche Ökonomie (oder zumindest etwas ihr Ähnliches) zum ersten Male als zyklischer Prozeß dargestellt. (Karl Marx war von dieser Leistung sehr beeindruckt und folgte im *Kapital* Quesnays Fußstapfen, indem er hinsichtlich der kapitalistischen Wirtschaft einen ähnlichen Zyklus herauszuarbeiten versuchte.) Quesnays *Tableau* zeigte den Kreislauf des *produit net* im Gesellschaftskörper. Das *produit net* war der angenommene Überschuß, der sich aus der Ernte des laufenden Jahres ergab, nachdem alle Vorschüsse und Investitionen (einschließlich des Gewinns des Pächters) abgezogen worden waren. Daß die Natur allein einen solchen Überschuß hervorbringt, war einer der Grundthesen der Physiokraten. Dies war natürlich falsch, wie immer man es auch interpretieren mag.

Die von den Physiokraten begründete Wissenschaft war eine Gesellschaftswissenschaft, nicht eine Wirtschaftswissenschaft. Sie bildeten eine Sekte auf der Grundlage gesellschaftsphilosophischer Grundsätze und glaubten an die Gesetze und die Herrschaft der Natur (oder Physiokratie). Sie nannten sich *économistes,* weil nach ihrer Auffassung die Gesundheit der Gemeinschaft und des Staates auf Naturgesetzen beruhte, ähnlich jenen, die den Haushalt im tierischen Leib regeln. Trotz des *Tableaus* bezog sich ihre Philosophie nicht so sehr auf das ökonomische Leben als auf den Staat und die Gesellschaft als Ganzes.

Die Schule von Gournay, die »Oberaufsicht«, auf die das Schlagwort *laissez faire* zurückgeführt wurde, unterschied sich von jener der Physiokraten. Die letztere trat nicht nur für den »rechtlichen Absolutismus« und die Beibehaltung des Feudalismus ein, sondern auch für einen systematischen und wissenschaftlich fundierten »Interventionismus«. So wie ein Arzt, der an die Heilkraft der Natur glaubt, seine Behandlung so anwendet, daß sie das Walten der Natur unterstützt, ebenso vermeinten die Physiokraten die Gesetze entdeckt zu haben, nach denen die Natur in der Gesellschaft waltet, und hielten es für die Aufgabe der Behörden, einzugreifen, um Hindernisse zu beseitigen, die dem Walten der Naturkräfte entgegenstanden beziehungsweise ihr Walten unterstützten.

Hier eine Übersicht über die drei wichtigsten Dokumente der Physiokraten. Sie vertreten einen völlig modernen Gedanken. Es handelte sich um folgende Dokumente: (1) Das *Tableau économique*, (2) die *Maximes*, die, etwa fünfundzwanzig an der Zahl, in der *Encyclopédie* veröffentlicht wurden, (3) die *Détails* oder periodischen Übersichten beschreibender und statistischer Art. Das *Tableau* schilderte den Kreislauf des Vermögens im Gesellschaftskörper im Einklang mit dem *ordre naturel*, die *Maximes* enthielten die Grundsätze der Vorgangsweise und der Richtlinien. Die *Détails* oder Übersichten sollten die faktischen oder quantitativen Daten für die wissenschaftliche Anwendung der Richtlinien liefern. Auf den ersten Blick enthielt diese Methode durchaus wertvolle Elemente, aber unglücklicherweise existierte die Wissenschaft nicht, auf die sich die Richtlinien stützen sollten.

Politisch gesehen waren die Physiokraten einseitig auf die Landwirtschaft fixiert. Sie wandten sich gegen Exportsperren bei Getreide, die eingeführt wurden, um die Löhne im Interesse des Exporthandels niedrig zu halten. Die Physiokraten forderten, Ziel sollte der *bon prix* für Getreide sein, welcher den Grundbesitzern ein gutes Einkommen sichern und im übrigen dem Staat eine Einheitssteuer einbringen würde. Das Konzept des *bon prix* (ein naher Verwandter des gerechten Preises) zeigte, wie fern ihnen der Gedanke lag, wonach der freie Markt den richtigen Preis am besten beurteilen könne. Es trifft wohl zu, daß die Physiokraten auch die Ansicht vertraten, daß das Interesse des einzelnen und das Interesse der Gemeinschaft in der *ordre naturel* harmonisch verbunden seien. Dies war das Prinzip, das später von Adam Smith aufgegriffen wurde. Indes war die Einheit, auf die sich die Selbstregelung im Rahmen der *ordre naturel* bezog, nicht das ökonomische System, sondern die menschliche Gesellschaft als Ganzes.

Adam Smith (1776)

Es war nicht Quesnay, sondern Adam Smith, der zum Gründer der Nationalökonomie werden sollte. Dies war den wichtigen, über die Position seines Vorgängers hinausgehenden Fortschritten zuzuschreiben, besonders den realistischeren Methoden des Schotten. Allerdings gehört Adam Smith noch zur Gruppe der gesellschaftsbezogenen Autoren. Sein Thema war der *Reichtum* der Gesellschaft, ihre *materielle Wohlfahrt*. Für ihn war Reichtum ein Aspekt des nationalen Lebens, nicht mehr. Insbesondere bezieht sich sein Thema auf die Produktion, und sein Interesse konzentriert sich demzufolge auf die Steigerung der Produktivität, die wiederum von den Fertigkeiten der Arbeiter und der Organisation der Arbeit abhängig ist. Die Arbeitsteilung in der Werkhalle erschien ihm als Musterbeispiel der Arbeitsteilung in der Gesellschaft. So gelangte er zu seiner großen Entdeckung, daß die Arbeitsteilung in dem Ausmaß angewendet werden kann, wo die Märkte entwickelt sind. Es soll hier angemerkt werden, daß sowohl Arbeitsteilung als auch Märkte hier im institutionellen Sinne gemeint sind.

Adam Smith lieferte eine genaue Definition des Problems des Reichtums sowohl in bezug auf die Natur als auch auf die Gesellschaft. Was die Natur betrifft, so weigerte er sich, dem Vorbild der Physiokraten zu folgen, welche die natürlichen Ressourcen in den Vordergrund gestellt hatten, da diese als gegeben angesehen werden sollten. Im Hinblick auf den Zustand der Gesellschaft dachte er das Gegenteil. Aufstieg, Abstieg oder Stagnation der Gesellschaft ist für ihn eine Sache, die sich jeweils auf die Behandlung des Themas auswirkt. Das ökonomische Wirtschaftsleben ist nur ein Aspekt des nationalen Lebens und muß somit den guten oder schlechten Gesundheitszustand des nationalen Lebens widerspiegeln. Sogar die Frage, ob die Regierungspolitik die Landwirtschaft oder die gewerbliche Industrie begünstigt, muß als entscheidend erachtet werden, da eine solche Politik von allgemeinen Überlegungen der Staatskunst bestimmt wird (und nicht, wie wir heute gerne meinen, von wirtschaftlichen Überlegungen). Schließlich werden die politischen Erfordernisse der nationalen Sicherheit für selbstverständlich gehalten, wie zum Beispiel im Zusammenhang mit den *Navigation Laws* von 1649 und 1651.

Die Hinweise auf die »verborgene Hand«, die das Eigeninteresse des Fleischers und Bäckers veranlaßt, »mir eine Mahlzeit zu verschaffen«, sind unglaublich übertrieben worden. Adam Smith wollte dem Gedanken entgegentreten, wonach das Eigeninteresse des Kaufmanns natürlich der Gemeinschaft zugute komme. So forderte er zum Beispiel, daß Indien von der britischen Regierung regiert werden sollte und nicht von den Kaufleuten der East India Company, deren Interessen, wie er feststellte, im Gegensatz zu jenen der Bevölkerung standen, während die Interessen der Regierung den Interessen jener entsprächen (beispielsweise bei den Steuersätzen). Beim Eigeninteresse wird noch nicht zwischen den ökonomischen Motivationen der Arbeitgeber und Arbeitnehmer unterschieden. Insgesamt ist seine Methode stets auf Institutionen, Geschichte und Gesellschaft ausgerichtet.

Joseph Townsend (1786)

Nach Adam Smith bauten klassische Nationalökonomen ihre Methode auf der Annahme einer institutionell getrennten Wirtschaftssphäre in der Gesellschaft auf. Wenn wir einen Vergleich aus der Physiologie heranziehen wollen, so stellte sich für die gesellschaftsbezogenen Autoren die Ökonomie dem Wesen nach als Assimilation und Dissimilation dar, das heißt als Funktion des gesellschaftlichen Gesamtorganismus. Nun wurde die Ökonomie zu etwas Bestimmterem, etwa den Verdauungsorganen des Körpers entsprechend. Der Übergang war gewissermaßen abgestuft: Townsend erkannte bloß die Autonomie des Arbeitsmarktes; Malthus wurde noch durch seine konservative Haltung und sein Festhalten am traditionellen System des Grundbesitzes abgehalten, die gesellschaftsbezogene Methode überhaupt aufzugeben. Dies geschah erst bei Ricardo.

Townsend war direkter Vorgänger von Malthus. Seine *Observations on the Poor Laws* wurden nur zehn Jahre nach der Veröffentlichung von *Wealth of Nations* verfaßt. (Wie Mandeville und Quesnay hatte auch er Medizin studiert.) Er war sehr besorgt über die Auswirkungen der Armenrechtsgesetze, einem Relikt aus elisabethanischer Zeit. Die Gemeinden waren gerade aufgefordert worden, Arbeitsmöglichkeiten für die arbeitsfähigen Armen in der Nachbarschaft beizustellen, andernfalls man eine Fürsorgeunterstützung im Einklang mit dem *Gilbert's Act* von 1782 anwenden würde. Wie so viele seiner Zeitgenossen schlug auch Townsend vor, daß die Armenrechtsgesetze aufgehoben und die Armen dazu veranlaßt werden sollten, selber nach Arbeit zu jedem Lohn zu suchen, den sie erhalten könnten. Die Unterstützung nach dem Armenrecht, so meinte er, führe zu einer künstlichen Steigerung der Geburtenrate auf Kosten anderer, deren Leben entsprechend verkürzt würde. Wenn es keine »Intervention« nach Art der Armenrechtsgesetze gäbe, käme es zu einem natürlichen Gleichgewicht zwischen Nahrungsmittelversorgung und Bevölkerungszahl.

Sein Musterbeispiel war Robinson Crusoes Insel Juan Fernandez an der chilenischen Küste. Berichten zufolge benutzten die Piraten, die die spanischen Schiffahrtswege unsicher machten, diese Insel als Proviantstation. Der Entdecker der Insel, ein gewisser Juan Fernandez, hatte ein Ziegenpaar ausgesetzt, welches sich reichlich vermehrte. Die spanische Regierung, entschlossen, das Piratennest zu zerstören, ließ ihrerseits einen Hund und eine Hündin auf der Insel aussetzen. Diese begannen sich fröhlich zu vermehren, da sie reichlich Nahrung in Form der Ziegen vorfanden. Nach einiger Zeit mußten die Ziegen in den felsigen Teil der Insel flüchten, und nur die schnellsten und zähesten Hunde waren imstande, ihnen zu folgen und sie zu töten. Schließlich stieß auch die Zunahme der Hunde an eine Grenze, und es kam zu einem zahlenmäßigen Gleichgewicht in der Zahl der Ziegen und Hunde. Dieser Zustand von Frieden und Ordnung war ohne jegliche Intervention irgendeines Stadtrats erreicht worden, erklärte Townsend. Er war vielmehr durch die stärkste aller Kräfte herbeigeführt worden, der Abhängigkeit aller Tiere von der vorhandenen Nahrung, ohne die sie nicht überleben konnten. In gleicher Weise, so meinte er, würde die einfache Abschaffung der Armenhilfe des Problem des Pauperismus automatisch lösen. Der Hunger würde die Armen zwingen, zu jedem Lohn zu arbeiten, und ihre Zahl würde durch die Menge der vorhandenen Nahrungsmittel geregelt werden. Townsend bezog sich hier eindeutig auf die ökonomische Motivation, auf jene Motivation also, die beim Fehlen von Armenrechtsgesetzen jedermann ohne jeglichen administrativen Druck zur Teilnahme am Produktionsprozeß zwingen würde.

Malthus (1798)

Malthus machte Townsends Gedanken weltbekannt. Er reagierte scharf auf seines Vaters optimitischen Humanismus und dessen

Bewunderung von Godwins *Political Justice* (1793). Die Humanisten schienen zu leugnen, daß Armut unvermeidlich sei und daß für eine Abschaffung des Pauperismus mehr als nur gute Vorsätze nötig seien. Townsends Lehrsatz von den Ziegen und Hunden gelangte auf dem Umweg über Condorcet zu Malthus. Warum aber sollte Nahrung in der menschlichen Gesellschaft immer knapp sein? Malthus machte die in Townsends Geschichte implizierte Antwort klar. Es gab in der Natur eine Kraft, die zur Folge hatte, daß der *Hunger* fortdauerte, nämlich die *Sexualität*. Sie sorgte dafür, daß die Zahl der Menschen stets bis an die Grenze der Nahrungsvorräte anwuchs. Wenn mehr Kinder geboren wurden, als die Nahrungsvorräte erhalten konnten, dann mußten die Überzähligen durch Krieg und Seuchen, Laster und Hunger zugrunde gehen.

Somit war die Selbständigkeit der ökonomischen Sphäre durch Sanktionen der Natur selbst gewährleistet. Die Regierung vermag nichts, was diese Gesetze ändern könnte. Die Rolle des ökonomischen Systems in der Gesellschaft war nicht durch die Macht der Gesellschaft oder der Regierung herausgebildet worden, sondern durch die Macht der Natur schlechthin.

Ricardo (1817)

Ricardo ging es vor allem um die Entdeckung jener Gesetze, die den Anteil der verschiedenen Bevölkerungsschichten am Volkseinkommen bestimmten.

Er verknüpfte Hunger und Erwerbsstreben mit dem *Profitstreben* zu einer allgemeinen Triebkraft, die das menschliche Verhalten bestimmte. Das bei Adam Smith noch undeutlich hervorgehobene Eigeninteresse gliederte sich nun in die Angst vor dem Hunger beim Arbeiter und die Hoffnung auf Profit beim Kapitaleigner. Der Markt, den Adam Smith als Determinante des Ausmaßes, bis zu welchen Arbeitsteilung möglich war, eingeführt hatte, wurde nun zu einem Arbeit und Boden einschließenden System von Angebot, Nachfrage und Preis ausgebaut. Die Gesellschaft war eher in das ökonomische System eingebettet als umgekehrt. Gesellschaftsklassen wurden nach ihrer Rolle auf dem Markt bestimmt, da sie jeweils den Angebots- oder Nachfragefaktor auf verschiedenen Märkten personifizierten, wie dem

Markt für Arbeit, Boden, Kapital, Dienstleistungen und so weiter.

Der Stellenwert des ökonomischen Systems in der Gesellschaft wurde nun durch die »ökonomischen Motivationen« Hunger und Erwerb bestimmt. Sie waren der Grund für die ökonomischen Gesetze, die das eherne Lohngesetz oder das Gesetz der Bodenrente (in Verbindung mit dem Gesetz des Malthus und dem Gesetz vom abnehmenden Ertrag, einem weiteren Naturgesetz). Sowohl ideologische als auch politische Bemühungen zur Beeinflussung des ökonomischen Prozesses mußten fruchtlos bleiben. Die Gesellschaft war von den Gesetzen beherrscht, die den Markt bestimmten, und diese waren wiederum von der Natur selbst determiniert. Diese theoretische Verlagerung des Stellenwerts der Ökonomie innerhalb der Gesellschaft war natürlich von einer enormen Ausweitung der realen Märkte begleitet, wie es zu Adam Smiths Zeiten in ähnlicher Form noch nicht der Fall war. Wettbewerbsorientierte Märkte, Geldwirtschaft und Profitstreben führten gemeinsam zur Notwendigkeit der Kostensenkung. Dies bedeutete die Anwendung des ökonomischen Prinzips, wie man es nun zu nennen begann. Townsend, Malthus und Ricardo schufen gemeinsam den modernen Begriff eines separaten und autonomen ökonomischen Systems, das von ökonomischen Motiven geleitet und dem ökonomischen Prinzip der formalen Rationalität (das heißt der Sparsamkeit) unterworfen war.

Carey (1837)

Ricardos ökonomische Theorie wurde von allen Seiten als abstrakt, dogmatisch, deduktiv, abseits vom Leben und den Institutionen, kosmopolitisch und inhuman angeprangert. Die Reaktion war weltweit. Tatsächlich aber entsprachen Ricardos Theorien den englischen Verhältnissen und brachten englische Interessen zum Ausdruck. Die Industrielle Revolution war ein englisches Phänomen. Die aus der Schule Ricardos kommenden Befürworter des Freihandels wußten um die daraus erfließenden Vorteile für Englands überragende Produktionskraft.

Henry Carey formulierte die Begründung für den amerikanischen Protektionismus. Dabei bezog er sich (a) auf die Geschichte und (b) auf das institutionalistische Argument. Sein Versuch einer

Widerlegung von Ricardos Bodenrententheorie beruhte auf dem tatsächlichen geschichtlichen Ablauf der Landnahme. Er erklärte, daß der als erstes ausgesuchte Boden nicht der beste gewesen sei, weil er sumpfig und unzugänglich war. Dies hat sich nicht nur in bezug auf die Vereinigten Staaten als richtig erwiesen – man vergleiche Turners Arbeit über die »Grenze« –, sondern auch im Blick auf die Geschichte der Antike. In England erstreckt sich der *Pilgrim's Way*, der das neolithische Stonehenge mit Canterbury verbindet, entlang den Abhängen der Hügel.

(b) Careys Argumente bezüglich der Nachbarschaftsentwicklung waren soziologischer Art und nahmen Thünens Gesetz vorweg. Dieses besagt, daß die Arbeitsteilung in landwirtschaftlichen Gebieten von den Erfordernissen der urbanen Zentren bestimmt sein müsse und daß eine intensive Landwirtschaft vom Vorhandensein von Farmen abhängig sei.

Friedrich List (1859)

Friedrich List war weitgehend von Henry Carey beeinflußt und wandte dessen Methode auf sein eigenes Land, Deutschland, an. List schuf daraus den Lehrsatz der Entwicklungsstadien: das sogenannte Relativitätsprinzip. Diese Stadien waren (a) Weidewirtschaft, (b) Ackerbau, (c) Ackerbau in Verbindung mit Gewerbe und (d) das Endstadium: Landwirtschaft, Gewerbe plus Handelsverkehr. »Die ökonomische Aufgabe des Staates ist es, mittels legislativer und administrativer Akte, die für das Fortschreiten der Nation durch diese Stadien erforderlichen Bedingungen zu schaffen.« Junge Staaten, erklärte er, benötigten Schutz, bis sie ein Stadium der Industrialisierung erreicht hätten, das etwa dem der fortgeschrittenen Länder entspricht. Lists Argumente beruhten auf Gesellschaftsanthropologie, Wirtschaftsgeschichte und den institutionellen Aspekten gesellschaftlichen Tuns. Er wird heute als der eigentliche Vorläufer, wenn nicht sogar Gründer der deutschen historischen Schule der Nationalökonomie angesehen.

Der dritte Autor aus dieser Gruppe steht allein. Marx' Ablehnung der Ricardoschen Nationalökonomie war nicht im Namen eines Landes gesellschaftsbezogen, sondern im Namen einer Klasse. Malthus und Ricardo hatten die Arbeiter zu ewiger Armut verurteilt. Marx erkannte Ricardos Analyse als gültig an. Infolgedessen blieb ihm nur die Alternative der Ablehnung der gesamten Institution der Marktwirtschaft. Er erklärte, der Industriekapitalismus sei ein historisches Phänomen, das, so wie es gekommen war, wieder verschwinden würde. Das Argument war anthropologisch, institutionell und historisch, sein Mittelpunkt die Gesellschaft als Ganzes. Es wurde ergänzt durch eine umfassende Philosophie, die Marx scharf von Autoren wie Carey oder List unterschied, die die bürgerliche Ordnung akzeptierten.

Marx gilt vor allem als Vertreter einer Rückkehr zur gesellschaftsbezogenen Betrachtungsweise. Dennoch stärkte er gleichzeitig ungewollt die ökonomistische Position. Nachdem er die ökonomische Lehre Ricardos akzeptiert hatte, verwandelte er sie in ein Argument gegen die kapitalistische Gesellschaft. Das war die Bedeutung seines Werkes *Das Kapital*. Die kapitalistische Gesellschaft, erklärte Marx, sei eine ökonomische Gesellschaft und somit von den das ökonomische System bestimmenden Gesetzen beherrscht, das heißt von den Marktgesetzen. Indessen versäumte es Marx, um es milde auszudrücken, darauf hinzuweisen, daß ein solcher Zustand nur in der kapitalistischen Gesellschaft herrschte. Die Entdeckung der Bedeutung des »Ökonomischen« in der Marktwirtschaft veranlaßte ihn, den Einfluß des ökonomischen Faktors im allgemeinen und zu allen Zeiten und Orten überzubewerten. Dies erwies sich als schwerer Fehler. Obwohl Marx selbst auf den Einfluß nichtökonomischer Faktoren in der Geschichte verwies, vor allem in der Frühgeschichte, machten manche Marxisten dennoch die ökonomische Geschichtsinterpretation zu einer wahren Religion. Damit wurde nicht nur ökonomischen Faktoren, sondern auch ökonomischen Motivationen der Vorrang eingeräumt. Dies führte zu einer enormen Stärkung der Klassiker. Die in Marx personifizierte gesellschaftsbezogene Betrachtungsweise wurde durch das von den Klassikern übernommene ökonomistische Element ausgehöhlt.

Menger (1871)

Menger war der erste Nationalökonom, der bewußt unterschied zwischen dem Anliegen der materiellen Bedürfnisbefriedigung und dem der Verteilung knapper Mittel. Mit der Herstellung einer Verbindung zwischen der Theorie der Wahl oder »Formalökonomie« und der Verteilung materieller Güter lieferte die neoklassische Schule eine Definition des Bereichs der *ökonomischen Theorie*. Sie war damit nicht mehr der Kritik ausgesetzt, sie stütze sich auf Naturgesetze, wie das Gesetz des Malthus oder das Gesetz des abnehmenden Ertrags. Es wurde eine allgemeine Preistheorie ausgearbeitet, und die ökonomische Analyse war nun von einer Präzision, an der es ihr vorher gemangelt hatte. Gleichgewichtsformeln erlaubten die Einführung von Optimalsätzen, die das »ökonomische Prinzip« an die Spitze setzten.

Gustav Schmoller veröffentlichte eine ungünstige Besprechung der Arbeiten Mengers. Es kam zu einem Methodenstreit, in dessen Verlauf Menger die gesellschaftsbezogene Betrachtungsweise der deutschen geschichtsorientierten Schule angriff.

Im Grunde hatte Menger recht mit seiner Kritik an der geschichtsbezogenen Schule, doch übertrieb er diese. Die Folge davon war, daß der Methodenstreit zu einer Diskreditierung der neoklassischen Theorien in Deutschland führte. Allerdings, etwa ein Viertel Jahrhundert später, nachdem die neoklassische Theorie durch englische, französische, italienische und amerikanische Beiträge erheblich weiterentwickelt worden war, wurde sie auch in Deutschland akzeptiert. Das *Handwörterbuch der Staatswissenschaften* wie auch der *Grundriß der Sozialökonomik* ersuchten Anhänger der »österreichischen Schule« um Beiträge zu grundlegenden Themen der Theorie. Dies war vor allem dem Eingreifen Max Webers zuzuschreiben.

Max Weber (1905)

Weber sah die gesellschaftsbezogene Betrachtungsweise hauptsächlich durch dem Marxismus vertreten, die ökonomistische durch Menger, Mises und die anderen Angehörigen der neoklassischen Schule. Der marxistische Einfluß beschränkte sich nicht auf den orthodoxen Marxismus, sondern kam auch in den Arbeiten von nichtmarxistischen Wissenschaftlern wie Ferdinand Tönnies, Franz Oppenheimer, Werner Sombart, Carl Lamprecht und Robert Michels zum Ausdruck.

Max Weber war ein Vertreter des Wirtschaftsliberalismus, er glaubte zutiefst an die Lebenskraft der kapitalistischen Wirtschaft. Obwohl er kein Anhänger des *laissez faire* war, stand er jeder Form von Planwirtschaft fern. Somit führte der Einfluß von Marx bei ihm zu einem paradoxen Ergebnis: er akzeptierte den Primat des ökonomischen Faktors (zumindest heuristisch), aber als überzeugter Anhänger der Überlegenheit des Marktsystems wurde er nicht so sehr zum Marxisten, als vielmehr zu einem »Marktanhänger«.

Webers Definition des Begriffs »ökonomisch« umfaßte bewußt dessen materielle *und* formale Bedeutung, entsprechend dem allgemeinen Brauch. Er erklärte, »ökonomisch« bedeute Vorsorge für die Mittel der Bedürfnisbefriedigung, bestand aber auch darauf, daß das wesensmäßig *»ökonomische« Verhalten zweckrational* sei, was in höchst charakteristischer Form an der Börse anzutreffen sei. Wegen dieser Doppeldeutigkeit erwies sich Webers Terminologie als äußerst nützliches Instrument für die Untersuchung der kapitalistischen Wirtschaft, in der die gleiche Verbindung der beiden Bedeutungen vorherrscht. Freilich machte, abgesehen vom Kapitalismus, die Aufnahme des Zweckrationalismus in die Definition des »ökonomischen Verhaltens« diesen Begriff für die allgemeine Wirtschaftsgeschichte unbrauchbar.

Man beachte Webers Definition von »Wirtschaftsgütern« als Bündel von Nutzwerten! Die Nutzwerte selber werden als Bündel von Spannungen und Beanspruchungen definiert, das heißt als Anhäufung separater physischer Einzelwirkungen. Webers Beispiel: »Im Wirtschaftsleben ist nicht *das Pferd als solches* der Bezugsgegenstand, sondern nur die von ihm produzierten separaten und spezifischen Leistungen.«

Dennoch wurden im weitaus größeren Teil der Menschheitsgeschichte der Besitz eines *Pferdes* angestrebt, aber *nicht* so sehr wegen seiner separaten und spezifischen Leistungen wie Ziehen, Schieben, Anspannung und Beanspruchung (also die vom Pferd produzierten Leistungen), sondern um des Pferdes willen, womit sozialer Rang usw. verbunden war.

Während die Wirtschaftstheorie imstande sein muß, die Faktoren zu bestimmen, die den Preis mechanischer Kraft beeinflussen, gleichgültig, ob diese Kraft mit einem Pferd verbunden ist oder nicht, befaßt sich die Wirtschaftsgeschichte unter anderem mit den realen Motiven, die zur Domestizierung des Pferdes, seiner Rolle in der Prestigeökonomie usw. führen. Von diesem Gesichtspunkt aus wäre eine Messung nach »Pferdekräften« nur von geringem Nutzen.

Ferner unterscheidet Weber zwischen Gütern und Dienstleistungen. Wenn der Nutzen aus *Dingen* stammt, dann wollen wir diese kurz »Güter« nennen, wenn er von Menschen kommt, dann nennen wir ihn »Dienstleistung«. Der Mensch wird damit den Dingen formal gleichgesetzt. Der Mensch wird als Dienstleistungen produzierendes Ding behandelt. Nur so kann der Begriff »nützliche Dienstleistung« tatsächlich von Dingen und Personen gleichermaßen getrennt werden. Eine solche Trennung ist erforderlich für die Zwecke einer ökonomischen Theorie, die die »nützliche Dienstleistung« als Maßeinheit verwendet, denn nur so kann man die ökonomische Analyse auf *alle* Arten von Gütern und ihre verschiedenen Zusammenhänge wie Austauschbarkeit, Zusammengehörigkeit usw. anwenden. Vom Standpunkt der Wirtschafts*geschichte* allerdings ist diese Definition nutzlos. Im Bereich der ökonomischen Institutionen müssen die nützlichen Dienste von Dingen und die von Menschen erbrachten Dienste scharf auseinandergehalten werden. Die ersteren sind mit einem toten Objekt verbunden, die anderen mit einer lebenden Person; sie befinden sich vom Gesichtspunkt der ökonomischen *Institutionen* in einer völlig andersgearteten Kategorie. Die Frage der realen Motivationen stellt sich in bezug auf die Erzeugung oder Übertragung von Objekten anders dar als hinsichtlich der Erbringung persönlicher Dienstleistungen. Beide unter dem Titel des nützlichen Drucks und Zugs subsumieren zu wollen, wäre unsinnig. Die Motivation für Dienstleistungen gehören einer anderen Kategorie an als die Motive für die Übertragung von Gütern. Das eine ist wesentlich persönlich, das andere wesentlich unpersönlich. Eine Vermischung dieser beiden Gruppen von Motivationen muß zur Verwirrung des institutionellen Aspekts der Wirtschaftsgeschichte führen.

Max Weber, der diese beiden Bedeutungen von »ökonomisch« miteinander verschmolz, um dem allgemeinen Sprachgebrauch zu entsprechen, geriet schließlich selber in einem entscheidenden Punkt in Gegensatz zum allgemeinen Sprachgebrauch. Das Kriterium der Rationalität bezieht sich auf eine Person, die eine Wahl trifft zwischen verschiedenen knappen Mitteln, über die sie verfügt. Weber sagt weiter: »Verfügung umfaßt auch Verfügung über die eigene Arbeitskraft.« Das ist wohl unvermeidlich, denn wie sonst könnte man eine Theorie des Arbeitsmarkts entwikkeln? Und doch folgt daraus, daß die einzige ökonomische Tätigkeit des Arbeiters im Verkauf seiner Arbeitskraft und vielleicht noch aus Tätigkeiten im eigenen häuslichen Bereich besteht.

Weber sagt: So wie der unter der Peitsche seines Herrn arbeitende Sklave nicht mehr als ein Werkzeug ist und selber keine »ökonomische Tätigkeit« vollführt, so ist auch der Fabrikarbeiter in der Fabrik nicht mit einer »ökonomischen Tätigkeit« befaßt (obzwar er in seinem eigenen Haushalt »ökonomisch« tätig sein könnte!).

Dies ist völlig logisch. Da der Arbeiter seine Arbeitskraft verkauft hat, die nun nicht mehr ihm gehört, ist er in der Fabrik nicht mehr in der Lage, eine Wahl zwischen irgendwelchen knappen Mitteln unter seiner Verfügung zu treffen. Daher wäre die Feststellung sinnlos, daß er dort »ökonomisch tätig« sei. Der allgemeine Sprachgebrauch ist jedoch völlig anders. Behaupten zu wollen, daß der Arbeiter in der Fabrik nicht mit irgendeiner Art von »ökonomischer Tätigkeit« befaßt sei, steht nicht nur gegen den allgemeinen Sprachgebrauch, sondern klingt auch wie ein Paradox von zweifelhafter Qualität. Die Ausschließung der Alltagstätigkeit von Produzenten aus dem Rahmen der ökonomischen Tätigkeiten ist für den Erforscher ökonomischer Institutionen völlig inakzeptabel. Daß die einzige, in einem Bergwerk oder in einer Fabrik vor sich gehende ökonomische Tätigkeit jene des Aktionärs sein sollte, der seine Aktien verkauft, ist für den, der die Institution des Bergwerks oder der Fabrik untersucht, ein nutzloser Ansatz. Und doch schließt Webers Definition sogar aus, daß der Manager in dem riesigen Unternehmen, dessen Funktionieren er leitet, eine »ökonomische Tätigkeit« vollbringt, da er nicht über eigene Mittel verfügt.

Vom Standpunkt der Wirtschaftsgeschichte mag Webers Versuch einer Synthese der gesellschaftsbezogenen und der wirtschaftsbezogenen Methode zu kritisieren sein. Seine Unfähigkeit, sich zugunsten der materiellen Bedeutung von »ökonomisch« zu entscheiden, beeinträchtigte seine Bemühungen um eine Klärung der Probleme einer allgemeinen Wirtschaftsgeschichte.

7. Die zwei Bedeutungen von »wirtschaftlich«

Die Aufgabe, die wir uns in dieser Arbeit stellen, ist die Bestimmung der Bedeutung, in welcher der Ausdruck »wirtschaftlich« in den Gesellschaftswissenschaften konsequent zu verwenden wäre.

Die Berechtigung einer solchen Fragestellung kann kaum zweifelhaft sein. Die Wirtschaftswissenschaft ist natürlich nicht die einzige Gesellschaftswissenschaft, in deren Bereich der Lebensunterhalt des Menschen fällt. Eine Reihe anderer Gesellschaftswissenschaften, namentlich Soziologie, Anthropologie und Wirtschaftsgeschichte, können nicht umhin, sich mit diesem Gebiet auseinanderzusetzen, ist doch sein Gegenstand in eine Mannigfaltigkeit gesellschaftlicher Einrichtungen eingebettet und mit ihnen verwoben. Trotzdem nahm man es bis in die jüngste Zeit als schlechthin selbstverständlich an, daß die Bestimmung des Begriffes »wirtschaftlich« ausschließlich Sache der Wirtschaftstheorie sei. Freilich galt es als fraglich, wieweit die von ihr entwickelte Analytik außerhalb des Bereichs marktwirtschaftlicher Erscheinungen Anwendung habe, namentlich auf dem Gebiet der primitiven, der feudalen oder aber einer fortgeschrittenen sozialistischen Wirtschaft. Doch erst mit der gegenwärtigen Rückbildung des Marktes von der überragenden Stellung, die ihm im 19. Jahrhundert zufiel, ist die Enge der analytischen Begriffe erst so recht klar geworden. Für die Gesellschaftswissenschaften ist es nicht länger zulässig, sich der Aufgabe der Errichtung eines der herkömmlichen Beschränkung ledigen Bezugssystems für wirtschaftliche Dinge zu entziehen.

Die Grundeinsicht, von welcher auszugehen ist, liegt in der Tatsache, daß die Bezeichnung »wirtschaftlich«, auf menschliche Tätigkeit bezogen, eine Verbindung zwei voneinander unabhängiger Bedeutung darstellt.

In seiner sachlich-materiellen Bedeutung ist das Wort »wirtschaftlich« von der Abhängigkeit hergeleitet, in welcher wir Menschen in bezug auf unseren Lebensunterhalt von Natur und Mitmensch stehen. Der Hinweis ist dabei auf die gegenseitigen

Einwirkungen zwischen dem Menschen einerseits und seiner naturhaften und gesellschaftlichen Umgebung andererseits, insofern diese Einwirkungen mit seiner materiellen Bedürfnisbefriedigung zusammenhängen.

In seiner formal-logischen Bedeutung leitet sich »wirtschaftlich« aus dem Charakter der Zweck-Mittel-Beziehung ab, wie in »Wirtschaftlichkeit« im Sinne von Sparsamkeit. Die Grundsituation ist die einer Wahl zwischen verschiedenen Verwendungsmöglichkeiten von Mitteln, falls die Notwendigkeit der Wahl dadurch gegeben ist, daß die Mittel nicht zureichend sind. Den Inbegriff wahlbestimmter Normen wollen wir hier als Logik des rationalen Handelns bezeichnen; unseren Sonderfall aber bündig als den Bereich der Formalökonomik.

Die sachliche und die formale Grundbedeutung haben logisch nichts miteinander gemein. Die formale leitet sich aus der Logik ab, die sachliche aus der Empirie. Der Formalsinn setzt Normen voraus, welche die Wahl zwischen alternativen Verwendungsarten nicht zureichender Mittel regeln. Der Sachsinn setzt weder Wahl noch Unzulänglichkeit der Mittel voraus. Unser Lebensunterhalt ist nicht notwendig mit Wahlhandlungen verknüpft; wo dies dennoch der Fall ist, so doch nicht als die notwendige Folge irgendwelcher »Seltenheit« der Mittel. Eine Reihe der vornehmsten, naturhaften und gesellschaftlichen Bedingungen des Lebensunterhalts wie Luft, Wasser oder mütterliche Fürsorge unterliegen gewöhnlich keiner solchen Begrenzung. Die Notwendigkeit, die im Spiel ist, hat im einen Fall die Wirkungsart eines logischen Syllogismus, im anderen die des Gesetzes der Schwere. Der eine Fall steht unter Denkgesetzen, der andere unter dem Naturgesetz. Die beiden Bedeutungen sind wesenhaft verschieden.

Es soll in dieser Arbeit gezeigt werden, daß allein der Sachsinn von »wirtschaftlich« einem Bezugssystem eignet, wie es die Sozialwissenschaften für die Untersuchung der Wirtschaften der Gegenwart und der Vergangenheit erfordern.

Vorerst müssen wir jenes Hindernis aus dem Wege räumen, das durch die gewohnte Verbindung der zwei Bedeutungen, der formal-logischen und der sachlich-materiellen, dargestellt wird. An sich läßt sich gegen eine derartige Sinnverknüpfung nichts einwenden, vorausgesetzt, daß wir uns ihres Resultats bewußt bleiben. Wie die Dinge lagen, hatte das Doppelerfordernis von »Materiellem« und »Seltenem« zur Folge, daß aus dem Bereich des gängigen Wirtschaftsbegriffs, abgesehen von gewissen Leistungen, alle seltenen Mittel mit Ausnahme der sachlich-materiellen sowie alle sachlich-materiellen Mittel, mit Ausnahme der seltenen, ausgeschlossen waren. Jene Begriffsverbindung selbst war das Ergebnis von logisch zufälligen Umständen. Westeuropa und Nordamerika hatten in den letzten zwei Jahrhunderten eine Organisation der Wirtschaft hervorgebracht, die einer Anwendung der Normen der Wahlhandlung in vorzüglichem Maße entgegenkam. Gemeint ist ein durch preisbildende Märkte dargestelltes System der Wirtschaft. Unter einem derartigen System sind die Wirtschaftssubjekte durch ihre Tauschakte zwangsläufig zu Wahlhandlungen veranlaßt, die sich aus der Unzulänglichkeit ihrer Mittel ergeben; ein solches System ist seiner ganzen Struktur nach einer Anwendung von aus der Formalbedeutung abgeleiteten Methoden besonders zugänglich. Unter der Vorherrschaft eines derartigen Systems mußten Formalbedeutung und Sachbedeutung grundsätzlich zusammenfallen. Dem Laien leuchtete jene Begriffsverbindung vollends ein. Doch auch Theoretiker vom Range eines Marshall, Pareto oder Durkheim übernahmen sie. Menger allein bildete eine Ausnahme, der in seinem nachgelassenen Werk jene Begriffsverbindung einer Kritik unterzog. Doch weder Menger selbst noch Max Weber noch auch später Talcott Parsons wiesen auf die verwirrenden Folgen dieser Doppelbedeutung für die Gesellschaftswissenschaften hin. Es blieb dabei, daß zwischen zwei Grundbedeutungen einer Bezeichnung menschlicher Tätigkeit, welche in ihrer praktischen Anwendung, wie es schien, zusammenfielen, zu unterscheiden kein Anlaß vorliege.

Dennoch war eine solche Unterscheidung, die in der Alltagssprache freilich pedantisch angemutet hätte, eine methodologische Notwendigkeit, deren Außerachtlassen der Klarheit gesellschaftswissenschaftlichen Denkens Abbruch tun mußte. Eine Ausnahme bildete natürlich die Wirtschaftswissenschaft selbst, war dorch ihre Begriffsbildung der Marktwirtschaft angemessen und folglich prinzipiell wirklichkeitsgemäß. Anders Anthropologie, Soziologie und Geschichtswissenschaft, deren unumgängliche Beschäftigung mit dem Stellenwert der Wirtschaft im Gesellschaftsbau sie mit einer Vielzahl nichtmarktmäßiger Einrichtungen, in die die Wirtschaft eingebettet war, in Berührung bringen mußte. Ihre Problemstellungen waren Lösungsversuche methodologisch unzugänglich, die mit Begriffen arbeiteten, welche auf bestimmte marktgemäße Formen der Wirtschaft abgestellt waren.[1]

Daraus ergibt sich der Gang unserer Darlegung. Die Auflösung jener Begriffsverbindung erfordert ein Eingehen auf jene beiden Bedeutungen, die sachliche und die formale. Wir wollen mit der letzteren beginnen und dann zur sachlichen fortschreiten. Dies soll es uns ermöglichen, die Mannigfaltigkeit der empirischen Wirtschaften begrifflich zu bewältigen und die so gewonnene Einteilung zu einer Analyse der Handels-, Geld-, und Markteinrichtungen auszubauen. Dies letztere mag als *experimentum crucis* gelten. Denn diese Dreiergruppe wirtschaftlicher Einrichtungen ist bis heute fast ausnahmslos in den von der Marktwirtschaft hergeleiteten formal-logischen Kategorien beschrieben worden, womit deren Nützlichkeit für eine unbefangene Erforschung von auf marktwirtschaftliche Formen nicht beschränkten Erscheinungen des Lebensunterhalts verhängnisvoll beeinträchtigt worden ist. Eine sachlich-materielle Behandlung der verschiedenen Handelsformen, Geldverwendungen und Marktelemente wäre somit geeignet, uns dem angestrebten Ziel der Errichtung eines Bezugssystems, welches auf den Sachsinn des Wirtschaftlichen abgestellt wäre, um einen ganzen Schritt näher zu bringen.

Zur Klarstellung von Wesen und Umkreis der Formalbedeutung des Wirtschaftlichen wollen wir vorerst die Logik rationalen Handelns sowie die Ableitung der Formalökonomik von dieser, sodann die Ableitung der Wirtschaftsanalyse aus der Formalökonomik ins Auge fassen.

Rationales Handeln soll die Wahl von Mitteln in bezug auf einen Zweck heißen. Unter Mittel soll etwas verstanden sein, das zweckdienlich ist, gleichgültig, ob kraft Naturgesetz oder gemäß konventioneller Spielregeln. Als »rational« wird somit weder ein Mittel noch ein Zweck angesprochen, vielmehr das Beziehen von Mittel auf einen Zweck. Nicht wird es also als rationaler gelten können, lieber leben als sterben zu wollen, oder, falls zu leben vorgezogen wird, sich deshalb an die Wissenschaft als an den Aberglauben zu halten. Ist es doch rational, was immer der Zweck sei, die Mittel dem Zweck entsprechend zu wählen; in Anbetracht der Wirksamkeit des Mittels wiederum ist es rational, den Nachweis auf eine Autorität zu stützen, in die man sein Vertrauen setzt. So ist es für den Selbstmörder rational, Mittel zu wählen, die seinen Tod herbeizuführen geeignet sind, und wenn er überdies an Geister glaubt, sich der Dienste eines Hexenmeisters zu versichern.

Die Logik rationalen Handelns schließt also jede Zweckmittelbeziehung in ihren Umkreis ein. Die Zwecke reichen vom Einfachen und Alltäglichen bis zum Verborgenen und Vielgestaltigen, seien es Schachspiel, Technik, Sport oder Metaphysik. Nicht anders im Umkreis menschlichen Lebensunterhalts, wo Zwecke sich etwa von der Linderung augenblicklichen Durstes bis zur Erlangung eines rüstigen Alters hinstrecken mögen, während die entsprechenden Mittel sich in einem Glas Wasser oder einer Verbindung kindlicher Fürsorge mit dem Landleben darstellen.

Tritt als ein weiteres Kriterium eine wahlbedingende Unzulänglichkeit der Mittel hinzu, so ist die Logik rationalen Handelns zur Formalökonomik, einer Variante der Theorie der Wahlhandlung, abgewandelt. Logisch-begrifflich ist die Formalökonomik trotz ihres Namens der Wirtschaft nicht verwandt, obwohl, wie wir sehen werden, sie einer Anwendung auf diese um einen ganzen Schritt näher kommt. Denn Formalökonomik erstreckt sich auf jede Situation einer Wahl, vorausgesetzt, daß diese durch eine Unzulänglichkeit der Mittel veranlaßt ist. Diese Voraussetzung entspricht also dem sogenannten Seltenheitspostulat. Es setzt erstens Unzulänglichkeit der Mittel, zweitens den wahlbedingenden Charakter dieser Unzulänglichkeit. Beide sind eine Frage der Tatsächlichkeit. Unzulänglichkeit wird durch den Vorgang des »earmarking« entschieden, welcher erweist, ob die Mittel mit den Zwecken zur Deckung gebracht werden können oder nicht. Damit Unzulänglichkeit der Mittel eine Wahl veranlaßt, sind weiterhin Alternativen der Verwendungsmöglichkeiten sowie Abstufung der Zwecke erforderlich. Wiederum muß es als gleichgültig erscheinen, ob die Möglichkeiten der Verwendungen sowie die Abstufungen der Zwecke naturhaft oder bloß konventionell bedingt sind. Wie es Wahl gibt, ohne daß Unzulänglichkeit der Mittel vorläge, so kann Unzulänglichkeit vorliegen, ohne daß es eine Wahl gäbe. Damit soll nicht bezweifelt werden, daß, ähnlich der Zweck-Mittel-Beziehung selbst, auch ihr Sonderfall »Seltenheit« eine Erscheinung von vielfachem Belang sei. Sind doch nicht einmal Dichtung und Philosophie Sache reiner Schöpfungskraft

– zuweilen ist auch ein Haushalten mit Voraussetzungen angebracht. Und unbestritten ist Knappheit der Mittel im sachlich-materiellen Bereich der Wirtschaft möglich, obwohl durchaus nicht logisch notwendig. So manches gesellschaftliche Lebensbild weist kaum eine Spur von Knappheit auf, während andere Zivilisationen geradezu im Zeichen der Sparsamkeit stehen. Wie dem auch sei: ob »Seltenheit« vorliegt oder nicht, bleibt eine Frage der naturhaft oder konventionell bedingten Tatsachen.

Schließlich die Wirtschaftsanalyse selbst. Sie stellt eine Anwendung der Formalökonomik auf eine bestimmte Art von empirischer Wirtschaft, nämlich auf eine Marktwirtschaft dar. Die Wirtschaft ist hier in Einrichtungen verkörpert, durch welche es individuellen Wahlhandlungen zufällt, gegenseitig abhängige Bewegungen von Dingen und Handlungen herbeizuführen. Dies folgt aus der allgemeinen Verwendung preisbildender Märkte. Alle Güter und Leistungen, einschließlich der Nutzung von Arbeit, Boden und Kapital, sind käuflich und haben folglich einen Preis; alle Einkommensarten leiten sich von der Veräußerung von Gütern und Leistungen ab, so daß Lohn, Rente und Zins sich als bloße Sonderfälle des Preises darstellen. Während Geld nutzlos wäre, wäre es nicht selten, verwandelt die allgemeine Einführung der Kaufkraft als eines Mittels zum Erwerb von Gütern den Vorgang der Bedarfsdeckung in eine Widmung unzulänglicher Mittel, nämlich des Geldes. So sind sowohl die Bedingungen einer Wahl wie auch ihre Folgen durch Preise quantifizierbar. Durch Hervorhebung des Preises als der ökonomischen Tatsache schlechthin bewirkt der formale Ansatz eine Darstellung der gesamten Wirtschaft als eines durch Unzulänglichkeit der Mittel veranlaßte Wahlhandlungen Determinierten. Die dabei eingesetzten begrifflichen Werkzeuge machen die wirtschaftliche Analytik aus.

Der Anwendung der Formalmethode sowie dem Wirkungsgrad der Anwendung sind also bestimmte Grenzen gezogen. In ihrer formalen Bestimmtheit stellt sich die Wirtschaft als der Inbegriff von Sparhandlungen dar, das heißt als eine Reihe durch Unzulänglichkeit der Mittel verursachter Wahlakte. Während nun der Geltungskreis von derartige Handlungen betreffenden Normen prinzipiell ein allgemeiner ist, hängt die Anwendbarkeit der Normen auf eine bestimmte Wirtschaft davon ab, ob die betreffende Wirtschaft auch in Wirklichkeit eine Folge derartiger

Handlungen ist. In bezug auf die Wirksamkeit der Anwendung wiederum, namentlich also auf die Quantifizierbarkeit der gewonnenen Ergebnisse, ist es erforderlich, daß die Wahlakte sich als Funktion von der an Preisen orientierten Widmung unzulänglicher Mittel darstellen.

Es kann somit ausgesprochen werden, daß die Beziehung zwischen Formalökonomie und menschlicher Wirtschaft in der Tat eine logisch zufällige ist. Außerhalb einer in preisbildenden Märkten verkörperten Wirtschaft besitzt die wirtschaftliche Analyse nur geringe Relevanz als eine Methode der Erforschung konkreter Wirtschaften.

Im Sachsinn leitet sich der Begriff »wirtschaftlich« von der empirischen Wirtschaft selbst ab. Diese läßt sich kurz, wenn auch nicht bündig, als ein in Einrichtungen gefaßter Prozeß gegenseitiger Einwirkungen von Mensch und Umgebung umschreiben, sofern dieser Prozeß der materiellen Bedürfnisbefriedigung dient. Als »materiell« bezeichnen wir diese, falls sie unmittelbar oder mittelbar die Inanspruchnahme von materiellen Dingen begreift; ferner, hinsichtlich leiblicher Bedürfnisse wie Nahrung und Obdach, von Leistungen allein.

Diese Begriffsbestimmung der Wirtschaft basiert vor allem auf der Vorstellung der Wirtschaft als eines »Prozesses«, ferner auf der Vorstellung, daß dieser Prozeß in Einrichtungen gefaßt oder, wie wir hier kurz sagen wollen, »eingerichtet« sei. Wir wollen zusehen, welchen Beitrag diese beiden Vorstellungen von »Prozeß« und »eingerichtet sein« zur Herausarbeitung unsers Bezugssystems zu leisten vermögen.

Die Vorstellung der Wirtschaft als eines Prozesses begreift sie als einen Komplex von Bewegungen. Die Bewegungen der nützlichen Dinge und Tätigkeiten sind entweder räumlich oder appropriativ, wo nicht beides. Mit anderen Worten, die Dinge und Tätigkeiten unterliegen entweder einem Lage- oder einem Besitzwechsel, sie gehen entweder von Ort zu Ort oder von Hand zu Hand – zwei grundverschiedene Veränderungsweisen, die jedoch ohne weiteres zusammen auftreten können.

Der Wirtschaftsprozeß als Naturhaftes und als Gesellschaftliches ist somit in seiner Gesamtheit auf zwei Bewegungsarten seiner Elemente rückführbar. Räumliche Bewegung beschränkt sich nicht auf Transport; sie umfaßt auch den Umkreis der Produktion, deren restlose Auflösbarkeit in räumliche Bewegung von der Theorie längst aufgezeigt worden ist. Appropriative Bewegung kann auf den sogenannten Umlauf der Güter ebensogut wie auf Verwaltung bezogen sein. Im großen und ganzen beruht die Unterscheidung von Umlauf und Verwaltung darauf, daß die appropriative Bewegung im Umlauf transaktionell, in der Verwaltung aber dispositiv ist. Als Transaktion soll denn auch eine appropriative Bewegung, die sich zwischen Händen abspielt, bezeichnet werden; als Disposition aber ein einseitiger Akt der Hand, welchem kraft Sitte oder Gesetz appropriative Wirkung eignet. »Hand« steht hier für öffentliche Ämter und Körperschaften ebenso für Privatpersonen oder Firmen, da der Unterschied zwischen diesen als Sache bloßer innerer Organisation für die Bewegung der Elemente an sich ohne Belang ist. Damit soll nicht etwa geleugnet werden, daß historisch gesehen Privatpersonen meist mit transaktionellen, öffentliche Personen als mit dispositiven Formen der Appropriation verbunden gedacht werden, eine Vorstellung, die gerade in unseren Tagen an Zwangsläufigkeit eingebüßt hat.

Mitverstanden in unserer prozeßhaften Begriffsbestimmung der Wirtschaft ist eine Reihe anderer näherer Bestimmungen. Tätigkeiten heißen wirtschaftlich, sofern sie an jenem Prozeß teilhaben; Einrichtungen, sofern sie eine Verdichtung derartiger Tätigkeiten darstellen; jedes Element, das als Bestandteil des Prozesses auftritt, kennzeichnet sich dadurch als wirtschaftliches. Wirtschaftliche Elemente können nun in Anbetracht ihrer urwüchsigen Zugehörigkeit als ökologisch, technologisch oder soziologisch angesprochen werden, je nachdem, ob sie der naturhaften Umgebung, der werkzeuglichen Ausrüstung oder dem menschlichen Lebensumkreis angehören. Ökologisch bedeutsam sind namentlich Geographie und Klima, Boden, Vieh und Rohmaterialien; technologisch wichtig sind Werkzeuge und Maschinen sowie die Vorgänge des Sammelns, Pflanzens, Erzeugens, Transports, der Aufbewahrung und des Konsums; soziologisch belangvoll ist eine womöglich noch größere Mannigfaltigkeit der Dinge, wie die Arbeitskraft und ihre Leistungen, menschliche Bedürfnisse sowie die appropriativen Belange der Wirtschaft.

Wirtschaftselemente in diesem Sachsinn bieten uns eine noch andere Einteilungsgrundlage dar. Güter sind bekanntlich niederer oder höherer Ordnung, je nach der Art und Weise, in der sich ihre Nützlichkeit dem letzten Verbraucher zeigt. In dieser von Menger zuerst aufgestellten »Ordnung der Güter« sind Verbrauchsgütern Beschaffungsgüter gegenübergestellt, je nachdem, ob die Bedürfnisse durch sie unmittelbar oder nur mittelbar, das heißt durch ihre Kombinationen, befriedigt werden. Diese höhere Ordnung in der gegenseitigen Einwirkung der Elemente bildet als Produktion einen vorrangigen Bestandteil der im Sachsinn verstandenen Wirtschaft.

Von der Vorstellung der Wirtschaft als eines Prozesses wächst unserem Bezugssystem also eine Reihe zum Teil neuer, zum Teil bereits geläufiger Vorstellungen zu. Als einer bloßen gegenseitigen Einwirkung physischer, physiologischer und psychologischer Elemente eignet dem Wirtschaftsprozeß freilich nur geringer Wirklichkeitswert. Nicht, als ob der Wirtschaftsprozeß an sich etwa kein würdiger Gegenstand ökologischen und technologischen Interesses wäre, zumal er die Daten von Produktion und Transport in ihrer nackten Faktizität begreift (auch die appropriativen Erscheinungen wären hier zu nennen). Ohne Hinweis auf den gesellschaftlichen Hintergrund jedoch, dem die gegliederten und abgestuften Beweggründe der einzelnen entspringen, wäre kein Anhaltspunkt für jene Interdependenz und Periodizität der Bewegungen geboten, auf welchen Einheit und Stabilität des Prozesses in erster Linie beruhen. Das Naturhafte und das Menschliche würden sich zu keiner Einheit fügen; es würde kein gegliedertes Gebilde entstehen, dem eine bestimmte Funktion im Gesellschaftsganzen zufiele und mithin die Würde der Geschichtlichkeit eignete. Einem solchen Prozeß fehlten also gerade jene Eigenschaften, die bewirken, daß wir im Alltag wie in der Wissenschaft uns den Fragen des Lebensunterhalts als einem bedeutsamen Interessenbereich zuwenden.

Darin ist die entscheidende Bedeutung des Einrichtungsmäßigen, als jener anderen Seite des Wirtschaftsprozesses, verankert. Von hier aus leitet sich die praktisch-politische Problematik des Wirtschaftlichen her; aus seiner gesellschaftlichen Verstrickung wachsen ihm Konkretheit und Geschichtlichkeit zu. Auf der Ebene des bloß prozeßhaften erscheint das, was zum Beispiel im Hackbau zwischen Mensch und Boden vorgeht oder was sich am laufenden Band bei der Herstellung eines Autos abspielt, vorerst als kaum mehr denn als ein Hin und Her menschlicher und dinglicher Bewegungen. Vom Einrichtungsmäßigen aus gesehen ist jedoch dieser Prozeß nichts weniger als das Substrat von Arbeit und Kapital, Handwerk und Gewerkschaft, Minderleistung und Ausbeutung, von Risikenverteilung und was es der Begriffe sonst noch im sozialen Umkreis geben mag. Der praktisch-politische Sinn des Gegensatzpaares Kapitalismus-Sozialismus zum Beispiel ist erst durch die begriffliche Möglichkeit einer Wahl zwischen zwei einrichtungsmäßig verschiedenen Verwendungen moderner Technologie zum Zweck der Produktion gesetzt. Oder um ein anderes Beispiel anzuführen: Die Industrialisierung rückständiger Gebiete stellt uns vor die Doppelwahl zwischen verschiedenen technischen Vorgehensweisen einerseits und deren unabhängig gesetzten Einrichtungsweisen andererseits. An der Unterscheidung zwischen »Prozeß« und dessen »Einrichtung« hängt die gesamte Problematik derartiger Fragestellungen.

Die Einrichtung des Wirtschaftsprozesses verleiht diesem erst Einheit und Stabilität; sie schafft ein Gebilde, dem bestimmte gesellschaftliche Funktionen zukommen; indem dieses Gebilde seine gesellschaftliche Verlagerung ändert, wächst ihm Geschichtlichkeit zu; und letzten Endes ist alle Problematik an der Sphäre des Praktischen orientiert. Einheitlichkeit und Bestand, Struktur und Funktion, Geschichte und Politik ergeben den vorgangsmäßig gefaßten Inhalt der Aussage, daß die menschliche Wirtschaft ein eingerichteter Prozeß sei.

Die Wirtschaft ist also in Einrichtungen gebettet und verstrickt, mögen diese nun wirtschaftlicher oder nichtwirtschaftlicher Natur sein. Auf die letzteren kommt es nicht weniger an. Denn Religion und Regierung mögen in bezug auf Struktur und Funktion der Wirtschaft nicht weniger von Belang sein als geldliche Einrichtungen oder arbeitssparende Werkzeuge.

Allgemeine Wirtschaftsgeschichte ist folglich gleichbedeutend mit der Erforschung der örtlich und zeitlich verschiedenen Arten und Weisen, in denen der Wirtschaftsprozeß in Einrichtungen gebettet ist. Mit diesem Ergebnis wäre, wie unschwer einzusehen ist, ein konkreter Ansatz für den erstrebten Ausbau eines gesellschaftlichen Bezugssystems der Wirtschaft gewonnen, welches der geschichtlichen, der anthropologischen und der soziologischen Betrachtung gleichermaßen dienlich wäre.

8. Die Wirtschaft als eingerichteter Prozeß

Reziprozität, Redistribution und Marktaustausch

Eine Untersuchung darüber, wie empirische Wirtschaften eingerichtet sind, muß von der Art und Weise ausgehen, wie diese Wirtschaft Geschlossenheit und Stabilität erreicht, wie die Zusammenhänge und Regelmäßigkeit ihrer Teilaspekte beschaffen sind. Dies wird durch das Zusammenwirken einiger weniger Grundmuster bewerkstelligt, die man als Formen der Integration bezeichnen könnte. Da sie nebeneinander auf verschiedenen Ebenen und in verschiedenen Sektoren der Wirtschaft auftreten, wird es sich oft als unmöglich erweisen, einen davon als Dominante herauszuheben, um sie zum Zweck einer Klassifizierung der empirischen Ökonomien als Ganzes zu verwenden. Wenn man aber zwischen Sektoren und Ebenen unterscheidet, dann erweisen sich diese Formen als Mittel zur Beschreibung eines verhältnismäßig einfachen ökonomischen Prozesses und ermöglichen damit die Einführung einer gewissen Ordnung in ihre endlosen Variationen.

Empirisch können wir feststellen, daß es sich bei diesen Grundmustern um Reziprozität, Redistribution und Marktaustausch handelt. Reziprozität bezeichnet Bewegungen zwischen einander entsprechenden Punkten symmetrischer Gruppierungen; Redistribution verweist auf übernehmende Bewegungen auf ein Zentrum hin und wieder heraus; Austausch bezieht sich hier auf hin- und hergehende Bewegungen, so wie zwischen »Händen« in einem Marktsystem. Reziprozität erfordert somit eine Basis von symmetrisch angeordneten Gruppierungen; Redistribution ist abhängig vom Vorhandensein eines gewissen Maßes von Zentrizität in der Gruppe; Austausch wiederum erfordert, um Integration zu bewirken, ein System preisbildender Märkte. Es ist klar, daß die verschiedenen Integrationsmuster bestimmte institutionelle Grundlagen herausbilden.

An dieser Stelle wären einige Klarstellungen am Platz. Die Begriffe Reziprozität, Redistribution und Marktaustausch, mit denen wir unsere Integrationsformen bezeichnen, werden oft zur Bezeichnung persönlicher Beziehungen herangezogen. Oberflächlich kann dann der Eindruck entstehen, als ob die Formen der Integration bloß Zusammenfassungen der jeweiligen Formen individuellen Verhaltens widerspiegelten: wenn Gegenseitigkeit zwischen Individuen häufig vorkäme, dann würde eine reziprokale Integration entstehen; wo der Brauch des Teilens zwischen Individuen üblich ist, gäbe es eine redistributive Integration; und auf ähnliche Weise würden häufige Tauschakte zwischen Individuen zum Austausch als Integrationsform führen. Wenn dies der Fall wäre, dann würden unsere Integrationsmuster in Wirklichkeit nicht mehr darstellen, als einfache Zusammenfassungen einander entsprechender Verhaltensweisen auf persönlicher Ebene. Wohl haben wir darauf hingewiesen, daß der integrative Effekt durch das Vorhandensein bestimmter institutioneller Arrangements bedingt ist, wie symmetrische Organisation oder Zentralstellen beziehungsweise Marktsysteme. Indessen scheinen derartige Arrangements bloß eine Zusammenfassung derselben persönlichen Verhaltensmuster zu repräsentieren, die sie eigentlich bestimmen sollten.

Das entscheidende Faktum besteht darin, daß bloße Zusammenfassungen der erwähnten persönlichen Verhaltensweisen nicht als solche derartige Strukturen hervorbringen. Reziprokales Verhalten zwischen Einzelpersonen führt nur dann zu einer Integration der Wirtschaft, wenn symmetrisch organisierte Strukturen vorhanden sind, wie beispielsweise ein symmetrisches System von Verwandtschaftsgruppen. *Indessen entsteht ein Verwandtschaftssystem niemals bloß als Ergebnis von reziprokalem Verhalten auf persönlicher Ebene.* Es setzt vielmehr das Vorhandensein eines Verteilungszentrums in der Gemeinschaft voraus, aber die Organisation und Anerkennung eines solchen Zentrums kommt nicht einfach als Folge häufiger Tauschakte zwischen einzelnen zustande. Schließlich gilt dasselbe für das Marktsystem. Tauschakte auf persönlicher Ebene führen nur dann zu Preisbildung, wenn sie im Rahmen eines Systems von preisbildenden Märkten stattfinden, einer institutionellen Form, die nirgendwo durch bloße regellose Tauschakte geschaffen wird.

Damit wollen wir selbstverständlich nicht andeuten, daß diese Grundmuster das Ergebnis irgendwelcher geheimnisvoller Kräfte seien, die außerhalb des Bereichs persönlichen oder individuellen Verhaltens wirkten. Wir wollen bloß festhalten, daß, wenn in einem gegebenen Fall die gesellschaftlichen Folgen individuellen Verhaltens vom Vorhandensein bestimmter institutioneller Verhältnisse abhängig sind, diese Verhältnisse nicht deshalb aus diesem persönlichen Verhalten resultieren. Oberflächlich gesehen, mag es den *Anschein* haben, als sei das Grundmuster die Folge einer Kumulation entsprechender Formen persönlichen Verhaltens, doch werden die entscheidenden Elemente der Organisation und Anerkennung notwendigerweise von einer gänzlich anderen Verhaltensform beigestellt.

Soweit wir wissen, war der erste Autor, der den tatsächlichen Zusammenhang zwischen reziprokem Verhalten auf zwischenmenschlicher Ebene einerseits, bestehenden symmetrischen Gruppierungen andererseits erkannte, der Anthropologe Richard Thurnwald mit seiner 1915 erschienenen empirischen Untersuchung des Heiratssystems der Bánaro in Neuguinea. Mit Bezug auf Thurnwald sagte Bronislaw Malinowski etwa zehn Jahre später voraus, es würde sich erweisen, daß gesellschaftlich relevante Reziprozität stets auf symmetrischen Formen grundlegender Gesellschaftsorganisation beruhe. Seine Beschreibung des Verwandtschaftssystems auf den Trobriand-Inseln sowie des Kula-Handelns bestätigte diese Feststellung. Dieser Hinweis wurde von diesem Autor insofern weiter verfolgt, als auch er die Symmetrie als bloß eines der verschiedenen Grundmuster erkannte. Dann fügte er der Reziprozität noch die Redistribution und den Marktaustausch als weitere Formen der Integration hinzu; in ähnlicher Weise fügte er der Symmetrie noch die Zentrizität und den Markt als weitere Beispiele institutioneller Grundlagen hinzu. Daher stammen unsere Formen der Integration und der strukturellen Grundmuster.

Dies erklärt, warum zwischenmenschliche Verhaltensweisen im wirtschaftlichen Bereich beim Fehlen bestimmter institutioneller Voraussetzungen häufig nicht die erwarteten gesellschaftlichen Folgen zeitigen. Reziprokales Verhalten wird nur unter symmetrisch organisierten Verhältnissen zum Entstehen nennenswerter ökonomischer Institutionen führen; nur dort, wo Verteilungszentren geschaffen wurden, können individuelle Tauschakte eine redistributive Ökonomie herbeiführen; und nur bei Vorhandensein eines Systems preisbildender Märkte werden die Tauschakte einzelner zu beweglichen Preisen führen, welche die Wirtschaft integrieren. Andernfalls werden solche Tauschakte wirkungslos bleiben und somit kaum stattfinden. Sollten sie dennoch in regelloser Weise stattfinden, dann würde es zu heftigen emotionellen Reaktionen kommen, wie zum Beispiel in Fällen von Unsittlichkeit oder Verrat, da ein Tauschverhalten niemals emotionell indifferent ist und daher von der öffentlichen Meinung außerhalb der zugelassenen Kanäle nicht toleriert wird.

Wir wollen nunmehr wieder zu unseren Formen der Integration zurückkehren.

Eine Gruppe, die bewußt daran gehen wollte, ihre ökonomischen Verhältnisse auf der Grundlage der Reziprozität zu gestalten, müßte sich, um ihren Zweck zu erreichen, in Untergruppen aufspalten, deren jeweilige Mitglieder einander als solche erkennen könnten. Die Mitglieder der Gruppe A wären dann in der Lage, reziprokale Beziehungen mit ihren jeweiligen Partnern in der Gruppe B aufzunehmen und umgekehrt. Indessen ist Symmetrie nicht auf Dualität beschränkt. Es können sich drei, vier oder mehr Gruppen in bezug auf zwei oder mehr Achsen in einem Symmetrieverhältnis befinden; außerdem müssen Mitglieder dieser Gruppen nicht miteinander reziprozieren, sondern können dies mit den entsprechenden Mitgliedern einer dritten Gruppe tun, mit der sie in einem analogen Verhältnis stehen. Auf den Trobriand-Inseln gilt die Verantwortlichkeit des Mannes der Familie seiner Schwester. Er wird aber deshalb keineswegs vom Gatten seiner Schwester unterstützt, sondern, wenn er verheiratet ist, vom Bruder seiner eigenen Frau, also einem Mitglied einer dritten, entsprechend plazierten Familie.

Aristoteles lehrte, zu jeder Art von Gemeinschaft *(koinōnia)* gehöre eine Art von gutem Willen *(philia)* unter ihren Mitgliedern, welche in der Reziprozität *(antipeponthos)* zum Ausdruck komme. Dies galt sowohl für dauerhafte Gemeinschaften wie Familien, Stämme oder Stadtstaaten, als auch für weniger dauerhafte, die in deren Rahmen bestehen oder ihnen untergeordnet sein mochten. Nach unseren Begriffen bedeutet dies in den größeren Gemeinschaften eine Tendenz zur Entwicklung einer multiplen Symmetrie, auf deren Grundlage sich ein reziprokales Verhalten der untergeordneten Gemeinschaften entwickeln kann. Je enger sich die Mitglieder der umfassenderen Gemeinschaft miteinander verbunden fühlen, um so mehr wird bei ihnen die Neigung bestehen, reziprokes Verhalten in bezug auf bestimmte, durch Zeit, Raum oder andere Faktoren begrenzte Beziehungen zu entfalten. Verwandtschaft, Nachbarschaft oder Totem gehören zu den mehr dauerhaften und umfassenderen Gruppierungen;

in ihrem jeweiligen Wirkungskreis werden durch die Bildung freiwilliger und halbfreiwilliger Zusammenschlüsse militärischen, beruflichen, religiösen oder gesellschaftlichen Charakters, Situationen geschaffen, in denen es, zumindest zeitweise oder hinsichtlich einer gegebenen Örtlichkeit oder einer typischen Situation, zur Herausbildung symmetrischer Gruppierungen kommt, deren Mitglieder eine Art von Gegenseitigkeit praktizieren.

Als eine Form der Integration gewinnt die Reziprozität durch ihre Fähigkeit, Redistribution und Marktaustausch als untergeordnete Methoden zu benutzen, sehr an Gewicht. Die Reziprozität kann erreicht werden durch eine Aufteilung von Arbeitsbelastungen nach bestimmten Redistributionsregeln, etwa wie wenn Dinge »der Reihe nach« genommen werden. Auf ähnliche Weise wird Reziprozität gelegentlich erreicht durch einen Austausch nach feststehenden Gleichwertigkeiten zum Nutzen des Partners, dem es an irgend etwas Lebensnotwendigem mangelt – in den orientalischen Gesellschaften der Antike eine grundlegende Institution. In marktlosen Wirtschaften treten diese beiden Formen der Integration – Reziprozität und Redistribution – in der Regel gemeinsam auf.

Redistribution besteht innerhalb einer Gruppe in jenem Umfang, in dem die Verteilung der Güter durch eine Hand geschieht und auf Grund von Brauch, Gesetz oder einer *ad hoc* Entscheidung des Zentrums. Gelegentlich geht dies in der Form des physischen Einsammelns und damit der Lagerung und Verteilung vor sich, zu anderen Zeiten ist das »Einsammeln« nicht physisch, sondern bloß verfügungsmäßig zu verstehen, das heißt, als Übernahme des Verfügungsrechts an den physischen Örtlichkeiten der Güter. Zur Redistribution kommt es aus vielen Gründen auf allen zivilisatorischen Ebenen, angefangen von den primitiven Jägerstämmen bis zu den riesigen Lagerhaltungssystemen im alten Ägypten, Sumer, Babylonien oder Peru. In großen Ländern können die Verschiedenheiten des Bodens und des Klimas die Redistribution erforderlich machen; in anderen Fällen wird sie durch zeitliche Abstände verursacht, wie beim Abstand zwischen Ernte und Verbrauch. Bei der Jagd würde jegliche andere Verteilungsmethode zum Zerfall der Horde oder Schar führen, da in diesem Fall nur »Arbeitsteilung« den Erfolg gewährleisten kann; eine Redistribution von Kaufkraft kann um ihrer selbst Willen geschätzt werden, das heißt, im Sinne von sozialen Idealen, wie im modernen Wohlfahrtsstaat. Das Prinzip bleibt stets dasselbe – das Einbringen in ein Zentrum und die Verteilung aus diesem. Redistribution kann also für eine Gruppe gelten, die kleiner als die Gesellschaft ist, beispielsweise Haushalt oder Gutsherrschaft, und zwar unabhängig von der Art und Weise, in der die Wirtschaft als Ganzes integriert sein mag. Die bekanntesten Beispiele sind der zentralafrikanische *Kraal*, der hebräische patriarchalische Haushalt, die griechische Gutsherrschaft zur Zeit des Aristoteles, die römische *familia*, der mittelalterliche Herrensitz, oder der typische bäuerliche Großhaushalt vor der allgemeinen Getreidevermarktung. Allerdings wird die Haushaltung erst in einer verhältnismäßig hochentwickelten landwirtschaftlichen Gesellschaft durchführbar, dann aber ziemlich allgemein. Die vorher weitverbreitete »Kleinfamilie« weist keine wirtschaftlichen Züge auf, außer das Kochen der Nahrung; die Nutzung von Weidegründen, Boden oder Vieh wird immer noch von redistributiven oder reziproken Methoden in einem die Familiengröße übersteigenden Maße beherrscht.

Auch die Redistribution ist geeignet, Gruppen auf allen Ebenen und in allen Graden der Dauerhaftigkeit zu integrieren, angefangen beim Staat als solchem bis hin zu nur temporär bestehenden Einheiten. Auch hier gilt wie im Falle der Reziprozität, daß, je größer der Zusammenhalt der umfassenden Einheit ist, desto vielfältiger auch die Untergruppen sein werden, in denen die Redistribution effektiv wirksam werden kann. Platon lehrte, daß die Zahl der Bürger eines Staates 5040 betragen solle. Diese Zahl war auf 59 verschiedene Weisen teilbar, darunter die ersten zehn Grundzahlen. Er meinte, dies wäre am besten geeignet, für die Festsetzung von Steuern, die Bildung von Gruppen für geschäftliche Transaktionen, die »abwechselnde« Übernahme militärischer und anderer Lasten usw.

Soll der Austausch als Integrationsform dienen, dann erfordert dies als Grundlage ein System von preisbildenden Märkten. Man muß daher drei Arten des Austausches unterscheiden: die bloß örtliche Bewegung oder den Austausch »von Hand zu Hand« (funktioneller Austausch); Tauschakte zum Zweck des Erwerbs entweder zu einem festen Satz (Entscheidungsaustausch) oder zu einem ausgehandelten Satz (integrativer Austausch). Dort, wo es um einen Austausch zu einem festen Satz geht, wird die Wirtschaft durch jene Faktoren integriert, die diesen Satz bestimmen, und nicht durch den Marktmechanismus. Selbst preisbildende Märkte wirken nur dann integrierend, wenn sie in ein System zusammengefaßt sind, das dazu tendiert, den Preiseffekt auch auf andere Märkte als die direkt betroffenen auszudehnen.

Schachern und Feilschen wurde mit Recht als Wesenskern des Handelsverhaltens erkannt. Damit der Austausch integrierend wirken kann, muß das Verhalten der Partner darauf gerichtet sein, einen Preis zu bilden, der für jeden der Beteiligten so günstig wie möglich ist. Ein solches Verhalten steht in scharfem Gegensatz zu jenem beim Austausch zu festen Preisen. Die Zweideutigkeit des Begriffs »Erwerb« ist geeignet, diesen Unterschied zu verdecken. Austausch zu festen Preisen bedeutet nicht mehr als der im Entschluß zum Austausch implizierte beiderseitige Erwerb; der Austausch zu schwankenden Preisen zielt auf einen Erwerb, der nur durch eine Haltung erreicht werden kann, die ein ausgesprochen antagonistisches Verhältnis zwischen den Partnern einschließt. Dieses antagonistische Element, das, wie schwach auch immer, diese Form des Austausches begleitet, ist unausrottbar. Keine Gemeinschaft, der es um die Bewahrung der Solidarität zwischen ihren Mitgliedern geht, kann es zulassen, daß sich latente Feindseligkeiten im Zusammenhang mit einer Sache entwickeln, die für die physische Existenz entscheidend und daher auch geeignet ist, große Spannungen hervorzurufen, wie es bei der Nahrung der Fall ist. Das ist auch der Grund, warum in der primitiven und archaischen Gesellschaft gewinnbringende Transaktionen mit Nahrung und Nahrungsmitteln allgemein verboten sind. Das sehr weit verbreitete Verbot von Schachern und Feilschen mit Lebensmitteln schließt preisbildende Märkte automatisch aus dem Bereich früher Institutionen aus.

Traditionelle Einteilungen von Volkswirtschaften, die in etwa einer Klassifizierung nach den vorherrschenden Formen der Integration entsprechen, sind aufschlußreich. Diesem Muster scheint mehr oder weniger das zu entsprechen, was Historiker gerne als »Wirtschaftsformen« bezeichnen. *Das Vorherrschen einer Form der Integration wird hier gleichgesetzt mit dem Ausmaß, in welchem sie Boden und Arbeit in einer Gesellschaft umfaßt.* Die Gesellschaft der sogenannten Wilden ist dadurch gekennzeichnet, daß die Integration von Boden und Arbeit in der Wirtschaft durch die Verwandtschaftsbeziehungen bewirkt wird. In der Feudalgesellschaft bestimmen die Bande der Lehenstreue über das Schicksal des damit verbundenen Bodens und der Arbeit. In den regelmäßig von Überschwemmungen heimgesuchten Reichen wurde der Boden weitgehend vom Tempel oder dem Palast verteilt und manchmal neu verteilt, ebenso die Arbeit, zumindest in ihrer abhängigen Form. *Der Aufstieg des Marktes zu einer vorherrschenden Kraft in der Ökonomie kann zurückverfolgt werden, indem man das Ausmaß feststellt, in welchem Boden und Nahrung durch Marktaustausch mobilisiert und die Arbeitskraft in eine Ware verwandelt wurde, die frei auf dem Markt gekauft werden konnte.* Dies erklärt die Bedeutung der geschichtlich unhaltbaren Theorie der Entwicklungsabschnitte, nämlich Sklaverei, Leibeigenschaft und Lohnarbeit, die beim Marxismus Tradition ist – eine Einteilung, die aus der Überzeugung kam, daß das Wesen einer Ökonomie durch den Status der Arbeitskraft bestimmt sei. Die Integration des Bodens in die Wirtschaft sollte jedoch als kaum weniger entscheidend angesehen werden.

Auf jeden Fall bedeuten die Formen der Integration nicht »Stadien« der Entwicklung. Eine bestimmte zeitliche Abfolge ist damit nicht impliziert. Mehrere untergeordnete Formen können gleichzeitig mit der vorherrschenden auftreten, die ihrerseits nach einem zeitweiligen Verkümmern wieder zum Vorschein kommen kann. Stammesgemeinschaften betreiben Reziprozität und Redistribution, während archaische Gesellschaften überwiegend redistributiv sind, auch wenn sie dem Marktaustausch in gewissem Maße Raum geben. Die Reziprozität, die in einigen melanesischen Gemeinschaften eine vorherrschende Rolle spielt, erscheint als ein nicht unwichtiger wenn auch untergeordneter Zug in den redistributiven archaischen Reichen, in denen der Außenhandel (in Form von Geschenken und Gegengeschenken) noch weitgehend nach dem Grundsatz der Reziprozität organisiert ist. Ja, sie wurde sogar im Zuge des Kriegsnotstandes in großem Maßstab im 20. Jahrhundert unter der Bezeichnung Leih-Pacht von Gesellschaften wieder eingeführt, in denen ansonsten der marktmäßige Austausch vorherrschte. Die Redistribution, die vorherrschende Methode in Stammesgemeinschaften und archaischen Gesellschaften, neben der der Marktaustausch nur eine geringe Rolle spielte, entwickelte sich im späten Rom zu großer Bedeutung und gewinnt heute sogar in einigen modernen Industriestaaten an Boden. Die Sowjetunion ist dafür ein extremes Beispiel. Umgekehrt haben Märkte schon früher in der menschlichen

Geschichte mehr als einmal eine Rolle in der Wirtschaft gespielt, wenn auch niemals in jenem gebietsmäßigen oder institutionellen Ausmaß, wie das im 19. Jahrhundert der Fall gewesen ist. Freilich ist auch hier eine Veränderung zu bemerken. In unserem Jahrhundert kam es nach dem Verfall des Goldmarkts zu einem Rückgang der weltweiten Bedeutung der Märkte gegenüber ihrem Höhepunkt im 19. Jahrhundert – eine Tendenzwende, die uns im übrigen zu unserem Ausgangspunkt zurückführt, nämlich der zunehmenden Unzulänglichkeit unserer beschränkten Definitionen des Marktwesens für die Zwecke der sozialwissenschaftlichen Erforschung des ökonomischen Bereichs.

Formen des Außenhandels, Geldgebrauch und Marktelemente

Der restriktive Einfluß der marktmäßigen Betrachtungsweise auf die Interpretation von Außenhandel und Geldinstitutionen ist gravierend: Unvermeidlich erscheint der Markt als der Ort des Austausches, der Handel als der eigentliche Austausch, und Geld als Mittel des Austausches. Da der Handel von den Preisen bstimmt wird und Preise eine Funktion des Marktes darstellen, ist jeder Handel ein Markthandel, so wie alles Geld Tauschmittel ist. Handel und Geld sind Funktionen des Marktes als wirkender Institution.

Derartige Vorstellungen stehen keineswegs im Einklang mit den anthropologischen und historischen Fakten. Handel sowie bestimmte Geldformen sind so alt wie die Menschheit; obwohl Zusammenkünfte mit ökonomischem Charakter schon im Neolithikum stattgefunden haben mögen, haben Märkte erst verhältnismäßig spät in der Geschichte Bedeutung gewonnen. Preisbildende Märkte, die allein ein Marktsystem konstituieren, waren vor dem ersten Jahrtausend des Altertums praktisch nicht vorhanden, und auch später nur, um sogleich von anderen Formen der Integration überschattet zu werden. Indessen konnte man nicht einmal diese wesentlichen Fakten aufdecken, solange man glaubte, daß Handel und Geld auf die Austauschform der Integration als deren spezifische ökonomische Form beschränkt waren. Die langen geschichtlichen Zeiträume, in denen Reziprozität und Redistribution die Integration der Wirtschaft bewirkten, und die weiten Bereiche, in denen dies sogar in moderner Zeit der Fall war, wurden durch eine restriktive Terminologie von der Betrachtung ausgeschlossen.

Als Austauschsystem betrachtet, bilden Handel, Geld und Märkte ein unteilbares Ganzes. Ihr gemeinsames Bezugssystem ist der Markt. Der Handel erweist sich als eine in beide Richtungen gehende Bewegung von Gütern, durch den Markt und Geldmittel als quantifizierbare Güter, die als Zwischentauschmittel der Realisierung dieser Bewegung dienen. Eine solche Betrachtungsweise muß zu einer mehr oder weniger stillschweigenden Annahme des heuristischen Prinzips führen, wonach dort, wo Handel getrieben wird, auch das Vorhandensein von Märkten angenommen werden müsse, während dort, wo Geld in Erscheinung tritt, auch Handel und somit Märkte angenommen werden müssen. Dies führt natürlich dazu, daß man Märkte sieht, wo keine sind, und Handel und Geld dort ignoriert, wo sie vorhanden sind, nur weil es keine Märkte gibt. Der kumulative Effekt dessen muß zur Erfindung eines Stereotyps der Ökonomien ferner Zeiten und Gegenden führen, einer Art von künstlicher Landschaft, die nur wenig oder überhaupt keine Ähnlichkeit mit dem Original hat.

Aus diesem Grund ist eine separate Analyse von Handel, Geld und Märkten erforderlich.

1. Formen des Handels

Vom materiellen Standpunkt betrachtet, ist Außenhandel eine verhältnismäßig friedliche Methode zur Beschaffung von Gütern, die an Ort und Stelle nicht vorhanden sind. Er liegt außerhalb des Bereichs der Gruppe, ähnlich wie jene Tätigkeiten, die wir mit Jagd, Sklavenjagd oder Piraterie in Verbindung zu setzen pflegen. In allen diesen Fällen geht es um Aneignung und Beförderung von Gütern über eine Entfernung. Was den Außenhandel von der Suche nach Wild, Beute, Plündergut, seltenen Hölzern oder exotischen Tieren unterscheidet, ist die Zweiseitigkeit der Bewegung, die außerdem ihren weitgehend friedlichen und ziemlich regelmäßigen Charakter gewährleistet. Marktmäßig gesehen, stellt sich jeder Handel als die Bewegung von Gütern über den Markt dar. Alle Waren – für den Verkauf produzierte Güter

– sind potentielle Gegenstände des Handels; eine Ware bewegt sich in die eine Richtung, die andere in die Gegenrichtung; die Bewegung wird von Preisen gelenkt: Handel und Markt sind ein Begriffspaar. Jeglicher Handel ist ein Markthandel.

So wie die Jagd, der Raubzug oder die Expedition bei den Eingeborenen, ist auch der externe Handel nicht so sehr eine Tätigkeit des einzelnen, vielmehr der Gruppe und in dieser Hinsicht sehr ähnlich der Organisation der Brautwerbung und Eheschließung, bei der es häufig um die mehr oder weniger friedliche Beschaffung von Frauen in der Ferne geht. Der externe Handel gipfelt im Kontakt verschiedener Gemeinschaften, wobei eines der dabei angestrebten Ziele der Austausch von Gütern ist. Solche Kontakte führen nicht so wie die preisbildenden Märkte zu Austauschraten, sondern setzen umgekehrt solche Raten vielmehr voraus. Dabei sind weder die Personen, die den Tausch vollziehen, noch Motive individuellen Gewinnstrebens von Belang. Ob ein Häuptling oder König für die Gemeinschaft agiert, nachdem er die »Export«-Güter von ihren Mitgliedern eingesammelt hat, oder ob die Gruppe als solche mit ihren Kontrahenten zum Zwecke des Austausches auf dem Strand zusammentrifft – in jedem Fall ist das Verfahren im wesentlichen kollektiver Art. Ein Austausch zwischen »Handelspartnern« findet natürlich häufig statt, aber das gleiche gilt auch für die Partnerschaft bei der Brautwerbung und der Eheschließung. Individuelle und kollektive Tätigkeiten sind miteinander verflochten.

Die Betonung der »Beschaffung von Gütern aus der Ferne« als ein konstitutives Element des Handels, sollte die vorherrschende Rolle aufzeigen, welche das Importinteresse in der frühen Geschichte des externen Handels gespielt hat. Im 19. Jahrhundert standen die Exportinteressen im Vordergrund – ein typisches Marktphänomen.

Da irgend etwas über eine Distanz befördert werden muß, und dies auch noch in gegenläufigen Richtungen, liegt es in der Natur der Sache, daß sich der Handel aus einer Anzahl von Faktoren zusammensetzt, wie Personal, Güter, Transport und Zweiseitigkeit, deren jeder wiederum nach soziologischen oder technisch bedeutsamen Merkmalen unterteilt werden kann. Durch eine Untersuchung dieser vier Faktoren können wir erwarten, einiges über die wechselhafte Rolle des Handels in der Gesellschaft zu erfahren.

Erstens: die am Handel beteiligten Personen. Die »Beschaffung von Gütern in der Ferne« kann erfolgen entweder aus Gründen im Zusammenhang mit dem Status des Händlers in der Gesellschaft, der in der Regel Elemente der Pflicht oder des Dienstes an der Allgemeinheit umfaßt (Statusmotiv); oder er kann um des materiellen Gewinns willen erfolgen, der ihm persönlich aus dem Vorgang des Kaufens und Verkaufens zufällt (Profitmotiv).

Trotz der vielen möglichen Kombinationen dieser Motivationen, erweisen sich Ehre und Pflicht auf der einen Seite, und Profit auf der anderen, als deutlich akzentuierte Primärmotivationen. Wenn, wie das häufig der Fall ist, das »Statusmotiv« durch materielle Vorteile verstärkt wird, dann haben die letzteren in der Regel nicht die Form von Gewinn aus dem Austausch, sondern eher die eines Schatzes oder der Verleihung von Einnahmen aus Bodenbesitz, die dem Händler vom König, Tempel oder Gutsherrn als Entschädigung übertragen werden. So wie die Dinge liegen, umfaßt der Gewinn aus der eigentlichen Transaktion gewöhnlich nicht mehr als nur eine geringfügige Summe, die nicht zu vergleichen ist mit dem Reichtum, der dem einfalls- und erfolgreichen Handelsunternehmer von seinem Herrn verliehen wird. Somit wird jener, der Handel um der Pflicht und Ehre willen treibt, zu Reichtum kommen, während jener, der um des schmutzigen Hellers willen Handel treibt, arm bleibt – ein zusätzlicher Grund, warum das Motiv des Gewinnstrebens in der archaischen Gesellschaft im Hintergrund steht.

Die Frage der beteiligten Personen kann auch aus dem Blickwinkel des Lebensstandards gesehen werden, der ihnen vor der Gemeinschaft, in der sie leben, als ihrem Status angemessen betrachtet wird.

In der Regel kannte man in der archaischen Gesellschaft den Händler nur als eine Persönlichkeit, die entweder der obersten oder aber der untersten Stufe der gesellschaftlichen Hierarchie angehörte. Die erstere hat mit Herrschen und Regieren zu tun, wie dies durch die politischen und militärischen Bedingungen des Handels erforderlich ist, die letztere muß sich ihren Lebensunterhalt mit der schweren Arbeit des Transportierens verdienen. Diese Tatsache ist für das Verständnis der Organisation des Handels im Altertum von eminenter Bedeutung. Es gab, zumindest unter der Bürgerschaft, keinen Händler aus der mittleren Schicht. Abgesehen vom Fernen Osten, den wir hier außer acht lassen wollen, kennt man vor der Moderne nur drei signifikante Beispiele einer breiten, kommerziellen Mittelschicht: der weitgehend von Metöken (ansässigen Fremden) abstammende hellenische Kaufmann in den Stadtstaaten des östlichen Mittelmeeres; der überall in Erscheinung tretende islamische Kaufmann, der die Methoden des Basars mit der hellenischen Seefahrertradition verband; und schließlich die Nachkommen von Pirennes »fahrendem Abschaum« in Westeuropa, einer Art von europäischen Metöken im zweiten Drittel des Mittelalters. Der von Aristoteles beschriebene Mittelstand im antiken Griechenland war eine Klasse von Grundbesitzern, nicht von Handeltreibenden.

Eine dritte Art der Betrachtungsweise ist mehr historisch orientiert. Die Händlertypen des Altertums waren der *Tamkarum*, der Metöke oder ansässige Fremde, und der »Ausländer«.

Der *Tamkarum* beherrschte die mesopotamische Szene von den Anfängen Sumeriens bis zum Aufstieg des Islams, also mehr als dreitausend Jahre lang. Ägypten, China, Indien, Palästina und das präkolumbianische Mittelamerika oder das Westafrika der Eingeborenen kannten keinen anderen Typus des Händlers. Der Metöke trat, historisch gesehen, erstmals in Athen und einigen anderen griechischen Stadtstaaten als Kaufmann niedriger Herkunft auf, erfuhr mit dem Hellenismus einen Aufstieg und wurde zum Prototyp einer griechischsprechenden oder levantinischen kommerziellen Mittelklasse, die vom Tal des Indus bis zu den Säulen des Herkules auftrat. Der »Ausländer« tritt natürlich überall in Erscheinung. Er treibt Handel mit ausländischen Schiffsbesatzungen und auf ausländischen Schiffen; er ist weder »Angehöriger« der Gemeinschaft noch genießt er den halboffiziellen Status eines ansässigen Fremden, sondern er ist vielmehr Mitglied einer völlig andersartigen Gemeinschaft.

Die vierte Unterscheidung ist anthropologischer Art. Sie liefert den Schlüssel für die merkwürdige Gestalt des handeltreibenden Ausländers. Obwohl die Zahl der »Handelsvölker«, zu denen diese »Ausländer« gehörten, verhältnismäßig klein war, so waren sie doch für die weitverbreitete Institution des »passiven Handels« zuständig. Innerhalb dieser Kategorie unterscheiden sich wiederum Handelsvölker in einer wichtigen Hinsicht: jene, die wir als die eigentlichen Handelsvölker betrachten können, bezogen ihren gesamten Lebensunterhalt ausschließlich aus dem Handel, an dem die gesamte Bevölkerung direkt oder indirekt beteiligt war, etwa bei den Phönikern, den Bewohnern von Rhodos und jener von Gades (dem modernen Cadiz), zu anderen Zeiten die Armenier und Juden. Bei anderen – einer weitaus größeren Gruppe – war der Handel nur *eine* der Tätigkeiten, an denen sich von Zeit zu Zeit ein wesentlicher Teil der Bevölkerung beteiligte, und für längere oder kürzere Zeiträume, manchmal sogar mit den Familien, ins Ausland reiste. Die Haussa und Mandingo des westlichen Sudan sind Beispiele dafür. Die letzteren sind auch als Duala bekannt, aber, wie es sich erst kürzlich herausgestellt hat, nur wenn sie auswärts Handel treiben. Früher wurden sie von jenen, die sie im Verlauf ihrer Handelszüge besuchten, für ein anderes Volk gehalten.

Zweitens muß bei der Organisation des Handels der Frühzeit unterschieden werden nach den Gütern, die transportiert wurden, nach der Distanz, die zurückgelegt werden mußte, den Hindernissen, die von den Trägern überwunden werden mußten, sowie den politischen und geographischen Bedingungen des Unternehmens. Schon aus diesen, wenn nicht auch aus anderen Gründen, ist jeder Handel ursprünglich auf einen bestimmten Zweck gerichtet, das heißt auf Fahrten zur Beschaffung bestimmter Güter. Dies wird durch die Güter und ihre Transportform bewirkt. Unter solchen Bedingungen kann es keinen Handel »im allgemeinen« geben.

Wenn man diese Tatsache nicht in ihrer vollen Tragweite erkennt, ist ein Verständnis der frühen Entwicklungsformen der Handelsinstitutionen unmöglich. Die Entscheidung über die Beschaffung bestimmter Arten von Gütern aus einer bestimmten Entfernung und einem bestimmten Herkunftsort wird unter Verhältnissen getroffen, die anders sind als jene, unter denen andere Arten von Gütern anderwärts beschafft werden müßten. Aus diesem Grund sind Handelsfahrten ein nur gelegentlich stattfindendes Unternehmen. Sie sind auf konkrete Ziele beschränkt, die der Reihe nach abgeschlossen werden und sich nicht zu einer ständigen Institution entwickeln. Die römische *societas* war ebenso wie die spätere *commenda* eine auf ein einziges Unternehmen beschränkte Handelspartnerschaft. Bloß die *societas publicanorum* zum Zweck der Steuerverpachtung und Auftragsvergabe war inkorporiert und bildete damit die eine bedeutende Ausnahme. Vor der Moderne waren permanente Handelsvereinigungen unbekannt.

Die Besonderheit des Handels wird beim natürlichen Verlauf der Dinge durch die Notwendigkeit verstärkt, die Einfuhrgüter mit Hilfe von Ausfuhrgütern zu beschaffen. Unter marktlosen Verhältnissen fallen Einfuhren und Ausfuhren oft unter verschiedene Kompetenzen. Der Vorgang, durch welchen Güter für den Export zusammengetragen werden, ist meist separat und verhältnismäßig unabhängig von dem Vorgang, durch den die eingeführten Güter vertrieben werden. Beim ersten mag es sich um Tribute, Steuern oder Feudalgeschenke handeln, oder unter welcher Bezeichnung auch immer die Güter ins Zentrum strömen, während der Vertrieb der eingeführten Güter nach gänzlich anderen Linien verlaufen mag. Hammurabis »Seisachtheia« scheint eine Ausnahme bei *Simu*-Gütern gemacht zu haben, bei welchen es sich gelegentlich um solche Einfuhren gehandelt haben mag, die durch den König über den *Tamkarum* an jene Pächter weitergeleitet wurden, die sie gegen ihre eigenen Erzeugnisse zu tauschen wünschten. Ein Teil des Fernhandels der *Pochteca* der Azteken in vorkolumbianischer Zeit scheint ähnliche Aspekte gehabt zu haben.

Was von Natur aus differenziert ist, wird durch den Markt gleichförmig gemacht. Sogar der Unterschied zwischen Gütern und ihrem Transport kann aufgehoben werden, da beide auf dem Markt gekauft und verkauft werden können – die einen auf dem Warenmarkt, der andere auf dem Fracht- und Versicherungsmarkt. In beiden Fällen besteht Angebot und Nachfrage, und die Preise werden auf gleiche Weise gebildet. Transport und Güter, diese beiden Aspekte des Handels, erhalten einen gemeinsamen Nenner, den Kostenfaktor. Auf diese Weise führt eine übermäßige Beschäftigung mit dem Markt und seiner künstlichen Gleichförmigkeit eher zu einer befriedigenden Wirtschaftstheorie als zu einer befriedigenden Wirtschaftsgeschichte. Schließlich und endlich werden wir feststellen müssen, daß auch die Handelswege und Transportmittel für die institutionellen Formen des Handels nicht weniger wichtig sein können als die Arten der transportierten Güter. Denn in all diesen Fällen sind die geographischen und technischen Bedingungen mit der Gesellschaftsstruktur verflochten.

Im Einklang mit der wissenschaftlichen Erklärung der Zweiseitigkeit könnten wir somit drei Haupttypen des Handels feststellen: Geschenkhandel, verwalteter Handel und Markthandel.

Der Geschenkhandel verbindet die Partner durch Verhältnisse der Reziprozität, wie im Falle von Gastfreundschaften, Kula-Partnern und anderen Besuchergruppen. Über Jahrtausende hinweg wurde der Handel zwischen Imperien in Form des Geschenkhandels durchgeführt – keine andere Begründung der Zweiseitigkeit hätte den Erfordernissen der Situation so entsprochen. Die Organisation des Tauschvorgangs ist in diesem Fall gewöhnlich zeremonieller Art und umfaßt gegenseitige Vorstellungen, Botschaften oder politische Gespräche zwischen Häuptlingen oder Königen. Die Güter sind Schätze, Gegenstände elitärer Zirkulation; im Grenzfall von Besuchergruppen können sie dem Wesen nach »demokratischer« sein. Die Kontakte bleiben jedoch schwach, und zum Austausch kommt es äußerst selten.

Der verwaltete Handel hat seine feste Grundlage in mehr oder weniger formellen Vertragsverhältnissen. Da das wesentliche Interesse in der Regel auf beiden Seiten sachbezogen ist, wird der Handel durch amtlich geregelte Kanäle abgewickelt. Der Exporthandel wird gewöhnlich in ähnlicher Weise organisiert. Entsprechend wird der gesamte Handel mit Hilfe administrativer Methoden bewerkstelligt. Dies reicht bis zur Art und Weise, in der das Geschäft abgewickelt wird, einschließlich von Vorkehrungen hinsichtlich der »Sätze« oder der verhältnismäßigen Anteile der auszutauschenden Güter; der Hafeneinrichtungen, des Abwiegens, der Qualitätskontrollen, Beaufsichtigung des Handelspersonals, Regelung der »Zahlungen«, Kredite, Preisunterschiede. Manche dieser Aspekte waren natürlich verbunden mit der Zusammentragung der Exportgüter und dem Vertrieb der importierten, da beide zum redistributiven Bereich der heimischen Wirtschaft gehören. Die gegenseitig importierten Güter sind standardisiert nach Qualität und Verpackung, Gewicht und anderen leicht erkennbaren Merkmalen. Nur solche »Handelsgüter« können gehandelt werden. Äquivalenzen werden in einfachen Verhältnissen von Einheiten ausgedrückt, grundsätzlich geht der Handel im Verhältnis eins zu eins vor sich.

Schachern und Feilschen sind nicht Teil des Verfahrens; die Äquivalenzen sind ein für alle Mal festgesetzt. Wenn aber wegen wechselnder Verhältnisse Änderungen nicht zu vermeiden sind, wird das Schachern und Feilschen nur bei *anderen Aspekten als dem Preis praktiziert,* nämlich bei Maßen, Qualität oder Zahlungsmitteln. Es kann endlos verhandelt werden über die Qualität der Lebensmittel, den Umfang und das Gewicht der verwendeten Einheiten, den anteilsmäßigen Wert von Währungen, wenn verschiedene gemeinsam verwendet werden. Sogar »Profite« werden oft »ausgehandelt«. Der Zweck dieser Prozedur ist natürlich die Preise stabil zu halten; wenn sie an reale Angebotssituationen angepaßt werden müssen wie in Notzeiten, wird dies dann als Handel im Verhältnis zwei zu eins oder zweieinhalb zu eins bezeichnet oder, wie wir es ausdrücken würden, mit einem Profit von 100 oder 150 Prozent. Dieses Feilschen um Profite bei festen Preisen, das in der archaischen Gesellschaft ziemlich weit verbreitet gewesen sein dürfte, ist noch im 19. Jahrhundert im Zentralsudan nachzuweisen.

Der verwaltete Handel setzt verhältnismäßig dauerhafte, an diesem Handel beteiligte Körperschaften voraus wie Regierungen oder zumindest von diesen gecharterte Gesellschaften. Das Einverständnis mit den Eingeborenen kann ein stilles sein, wie im Fall traditioneller oder gebräuchlicher Beziehungen. Der Handel zwischen souveränen Körperschaften hingegen ist schon in der relativ frühen Zeit des zweiten Jahrtausends v. Chr. durch formelle Verträge gekennzeichnet.

Sobald Formen des verwalteten Handels einmal in einer Region unter dem feierlichen Schutz der Götter etabliert sind, können sie ohne jeden vorherigen Vertrag ausgeübt werden. Die Hauptinstitution ist, wie wir nun zu erkennen beginnen, der Handelsplatz, wie wir hier den Schauplatz allen verwalteten Handels nennen. Der Handelsplatz bedeutet militärische Sicherheit für die Binnenmacht; zivilen Schutz für den ausländischen Händler; Ankerplätze, Entlade- und Lagereinrichtungen; den Vorteil juristischer Behörden; Einigungsmöglichkeiten bezüglich der auszutauschenden Güter und der »Anteile« der verschiedenen Handelsgüter in gemischten Lieferungen oder »Sortiments«.

Der Markthandel ist die dritte typische Form des Handels. Hier ist der Austausch jene Form der Integration, welche die Partner miteinander in Beziehung setzt. Diese verhältnismäßig moderne Variante des Handels ließ einen Strom materiellen Reichtums über Westeuropa und Nordamerika hinweggehen. Wenn auch derzeit im Rückgang, so ist diese Form doch die bei weitem wichtigste von allen. Der Bereich der handelsfähigen Güter – der Waren – ist praktisch unbegrenzt, und die Organisation des Markthandels folgt den Wegen, die vom Mechanismus von Angebot, Nachfrage und Preis vorgezeichnet sind. Der Marktmechanismus zeigt seine enorme Anwendungsmöglichkeit in seiner Anpassungsfähigkeit nicht nur in bezug auf den Güterumschlag, sondern auch in bezug auf alle Aspekte des Handels wie Lagerhaltung, Transport, Risikoübernahme, Kredit, Zahlungen usw., durch die Bildung von besonderen Märkten für Fracht, Versicherung, kurzfristige Kredite, Kapital, Lagerkapazität, Bankeinrichtungen usw.

Heute wendet sich das Hauptinteresse des Wirtschaftshistorikers diesen Fragen zu: Wann und auf welche Weise entstand die Verbindung zwischen Außenhandel und Märkten? In welcher Zeit und an welchem Ort finden wir das allgemeine Ergebnis dessen vor, das wir als Markthandel kennen?

Genaugenommen sind solche Fragen unter der Fuchtel der marktwirtschaftlichen Logik ausgeschlossen, da diese dazu neigt, Handel und Markt zu einem untrennbaren Ganzen zu verschmelzen.

2. Die Verwendung von Geld

Geld wird im Rahmen der Marktwirtschaft als Zwischentauschmittel definiert. Das moderne Geld wird gerade deshalb als Zahlungsmittel und »Maßeinheit« verwendet, weil es ein Mittel des (kommerziellen) Austausches ist. Somit ist unser Geld ein Geld »für alle Zwecke«. Andere Formen der Geldverwendung sind bloß unbedeutende Varianten seines Tauschwerts, und alle Geldverwendungen sind vom Vorhandensein von Märkten abhängig.

Die materielle Definition von Geld ist so wie die des Handels von Märkten unabhängig. Sie wird abgeleitet von bestimmten Verwendungsweisen quantifizierbarer Gegenstände. Diese Verwendungsweisen sind Zahlung, Maßeinheit und Austausch. Geld soll daher hier als quantifizierbarer Gegenstand definiert werden, der für einen oder mehrere dieser Verwendungsweisen herangezogen werden. Es bleibt die Frage, ob unabhängige Definitionen dieser Verwendungsweisen möglich sind.

Die Definitionen der verschiedenen Verwendungsweisen von Geld enthalten zwei Kriterien: die gesellschaftlich bestimmte Situation, in der die Verwendung entsteht, und der Vorgang, der in dieser Situation mittels der als Geld verwendeten Gegenstände vollzogen wird.

Bezahlung bedeutet die Erfüllung einer Verpflichtung, wobei quantifizierbare Gegenstände den Besitzer wechseln. Die angesprochene Situation bezieht sich nicht nur auf eine einzige Art von Verpflichtung, sondern auf mehrere, da wir nur dann, wenn ein Gegenstand für die Erfüllung von mehr als einer Verpflichtung verwendet wird, diesen als »Zahlungsmittel« im spezifischen Sinne dieses Begriffs bezeichnen können (ansonsten gilt eine Verpflichtung auch als erfüllt, wenn sie mit gleichen Mitteln erfüllt wird).

Die Benutzung von Geld als Zahlungsmittel gehört zu seinen weitverbreiteten Verwendungsweisen in früher Zeit. Die Verpflichtungen beruhen hier im allgemeinen nicht auf (ökonomischen) Transaktionen. In der undifferenzierten primitiven Gesellschaft werden Zahlungen regelmäßig im Zusammenhang mit Institutionen wie Brautpreis, Blutgeld und Strafen vorgenommen. In der archaischen Gesellschaft werden solche Zahlungen weiterhin gepflogen, werden aber überschattet durch die üblichen Abgaben, Steuern, Mieten und Tribute, die zu Zahlungen im größeren Maßstab führten.

Die Verwendung von Geld als Maß- oder Verrechnungseinheit bedeutet die Gleichsetzung von Quantitäten verschiedener Arten von Gütern zu bestimmten Zwecken. Die »Situation« umfaßt entweder den Tausch oder die Lagerung und Verwaltung von Massengütern; die »Funktion« besteht darin, daß man den verschiedenen Gegenständen numerische Bezeichnungen zumißt, um damit die Manipulation mit diesen Gegenständen zu erleichtern. Dadurch kann im Falle von Tausch die Summierung von Gegenständen auf beiden Seiten verglichen werden; im Falle der Verwaltung von Massengütern wird damit die Möglichkeit von Planung, Ausgleich, Budgetierung sowie allgemeiner Verrechnung geschaffen.

Die standardisierte Verwendungsweise von Geld ist wesentlich für die Flexibilität eines redistributiven Systems. Die Bemessung von Massengütern wie Gerste, Öl und Wolle, mit denen Steuern oder Pacht bezahlt werden müssen, oder umgekehrt von beanspruchten Rationen oder Entlohnungen ist von entscheidender Bedeutung, da sie für den Zahlenden und den Anspruch Erhebenden gleichermaßen die Möglichkeit der Wahl zwischen den verschiedenen Massengütern gewährleistet. Gleichzeitig wird die Voraussetzung für umfangreiche Finanzierungen in »Sachwerten« geschaffen, welche wiederum die Idee von Fonds und Finanzen voraussetzt, oder, mit anderen Worten, die Austauschbarkeit von Massengütern.

Die Verwendungsweise von Geld aus Tauschmittel ergibt sich aus einem Bedürfnis nach quantifizierbaren Gegenständen als Zwischentauschmittel. Die »Funktion« besteht in der Beschaffung von Einheiten solcher Gegenstände durch Zwischentausch, um dann die benötigten Gegenstände durch einen weiteren Tauschakt zu erwerben. Manchmal sind die als Geld fungierenden Gegenstände von Anfang an vorhanden, und der zweifache Austausch hat bloß den Zweck, eine größere Menge der gleichen Gegenstände einzubringen. Eine solche Verwendung quantifizierbarer Gegenstände entwickelt sich nicht aus regellosen Tauschakten – wie der Rationalismus des 18. Jahrhunderts anzunehmen beliebte –, sondern vielmehr im Zusammenhang mit einem organisierten Handel, vor allem auf Märkten. Beim Fehlen von Märkten ist die Verwendung von Geld als Tauschmittel nicht mehr als ein untergeordnetes Merkmal einer Kultur. Die überraschende Zurückhaltung der großen Handelsvölker der Antike, wie die von Tyros und Karthago, bei der Einführung von Münzen, jener neuen, für den Tauschverkehr so eminent gut geeigneten neuen Form des Geldes, war vermutlich dem Umstand zuzuschreiben, daß die Handelszentren der handeltreibenden Reiche nicht als Märkte, sondern als »Handelsplätze« organisiert waren.

Zwei Erweiterungen des Geldbegriffs sollen hier genannt werden. Die eine umfaßt eine Ausweitung der Definition über physische Gegenstände hinaus auf abstrakte oder Recheneinheiten; die andere umfaßt zusätzlich zu den drei üblichen Formen der Geldverwendung die Verwendung von Geldmitteln als Funktionsmittel.

Abstrakte Einheiten sind bloß Verbalisierungen oder schriftliche Symbole, die so behandelt werden, als seien sie quantifizierbare Einheiten, und die hauptsächlich zum Zweck von Zahlungen oder als Maß verwendet werden. Die »Funktion« besteht in der Manipulation von Schuldkonten nach den jeweils gültigen Regeln. Solche Konten sind im Leben der Primitiven ein häufiges Faktum, und nicht, wie oft angenommen, eine Besonderheit monetärer Ökonomien. Die frühesten Tempelökonomien Mesopotamiens wie auch der frühen assyrischen Händler, praktizierten den Kontoausgleich ohne Zwischenschaltung von realem Geld.

Andererseits erscheint es bei der Behandlung der Verwendungen von Geld ratsam, die funktionellen Methoden nicht zu übersehen, auch wenn es sich dabei um Ausnahmefälle handelt. Gelegentlich werden in der archaischen Gesellschaft quantifizierbare Objekte für arithmetische, statistische, steuerliche, administrative und andere nichtmonetäre Zwecke im ökonomischen Leben herangezogen. Im 18. Jahrhundert wurde in Whydah Kaurimuschelgeld für statistische Zwecke verwendet, während *Damba*-Bohnen (die nie als Geld benutzt wurden) als Gewichtsmaß für Gold dienten und in dieser Eigenschaft als praktisches Verrechnungsmittel herangezogen wurden.

Das frühe Geld war, wie wir gesehen haben, Spezialgeld. Verschiedene Arten von Objekten werden für verschiedene Arten der Geldverwendung benützt; außerdem werden diese Verwendungen unabhängig voneinander eingeführt. Die Bedeutung dessen ist außerordentlich. So ist es, beispielsweise, keineswegs widersprüchlich, wenn man mit einem Mittel »bezahlt«, mit dem man nichts kaufen kann, oder wenn man Objekte als »Zahlungsmittel« benützt, die nicht als Tauschmittel verwendet werden. Im Babylonien Hammurabis war Gerste ein Zahlungsmittel; Silber war die allgemeine Maßeinheit; beim Austausch, der in geringem Maße vorhanden war, wurden beide neben Öl, Wolle und einigen anderen Massengütern verwendet. Es wird somit offenbar, warum Formen der Geldverwendung – so wie die Handelstätigkeit – ein fast unbegrenztes Maß der Entwicklung erreichen kann, und zwar nicht nur außerhalb von marktbeherrschten Volkswirtschaften, sondern sogar beim völligen Fehlen von Märkten.

3. Marktelemente

Nun zum Markt selbst. Vom Standpunkt der Formalökonomie ist der Markt der Ort des Austausches; Markt und Austausch sind von gleicher Ausdehnung, und das ökonomische Leben kann auf Tauschakte zurückgeführt werden, die allesamt im Markt verkörpert sind. Der Austausch wird damit als das ökonomische Verhältnis an sich beschrieben, wobei der Markt die ökonomische Institution an sich darstellt. Diese Definition des Marktes folgt logisch aus der Prämisse, daß jeder »Austausch« als Austausch auf dem Markt betrachtet werden kann.

Im Rahmen des materiellen Begriffsbereichs haben Markt und Austausch unabhängige empirische Merkmale. Was also ist hier die Bedeutung von Austausch und Markt? Und in welchem Maß sind sie zwangsläufig miteinander verbunden?

Nach der materiellen Definition ist Austausch eine gegenseitige erwerbsmäßige Bewegung von Gütern zwischen Händen. Wie wir gesehen haben, kann eine solche Bewegung entweder zu festgesetzten oder zu ausgehandelten Sätzen vollzogen werden. Nur letzteres ist das Ergebnis von Feilschen und Schachern zwischen den Partnern.

Wo es also einen Austausch gibt, gibt es auch einen Tauschsatz. Dies ist stets der Fall, gleichgültig, ob der Satz ausgehandelt oder festgesetzt wird. Man kann dabei feststellen, daß der Austausch zu ausgehandelten Preisen identisch ist mit katallaktischem Austausch oder »Austausch als eine Form der Integration«. Nur diese Art des Austausches ist auf einen bestimmten Markttypus beschränkt, nämlich die preisbildenden Märkte.

Als Marktinstitutionen sollen jene Institutionen definiert werden, die eine Gruppe von Anbietern, eine Gruppe von Nachfragern oder beide umfassen. Anbietende und nachfragende Gruppen werden wiederum als eine Vielzahl von Händen definiert, die danach streben, Güter durch Austausch zu erwerben oder abzugeben. Obwohl Marktinstitutionen somit Austauschinstitutionen darstellen, sind Markt und Austausch *nicht* deckungsgleich. Austausch zu festgesetzten Sätzen erfolgt unter reziproken oder redistributiven Formen der Integration; der Austausch zu ausgehandelten Sätzen ist auf preisbildende Märkte beschränkt. Es mag paradox erscheinen, daß der Austausch zu feststehenden Sätzen mit jeder Form der Integration kompatibel sein soll, mit Ausnahme der des Austausches (auf dem Markt); dennoch ist dies ganz logisch, da nur der ausgehandelte Austausch einen Austausch im katallaktischen Sinne des Begriffs darstellt, demzufolge er eine Form der Integration ist.

Der beste Weg zum Verständnis der Welt der Marktinstitutionen führt über die Begriffe der »Marktelemente«. Dies dient letztlich nicht nur als Führer durch den mannigfaltigen Formenreichtum, der unter der Bezeichnung Märkte und marktähnliche

Institutionen subsummiert ist, sondern auch als Instrument zur Analyse einiger diesbezüglicher konventioneller Vorstellungen, die unser Verständnis dieser Institutionen behindern.

Zwei Marktelemente sollten als spezifisch gelten, nämlich Anbietergruppen und Nachfragergruppen; sind beide vorhanden, dann sprechen wir von einer Marktsituation (wenn beide vorhanden sind, nennen wir dies einen Markt, wenn nur eine von den beiden vorhanden ist, von einer marktähnlichen Institution). Das nächste wichtige Element ist das der Äquivalenz, das heißt, der Tauschrate; je nach Art der Äquivalenz sind Märkte Festpreismärkte oder preisbildende Märkte.

Wettbewerb ist ein weiteres Merkmal mancher Marktinstitutionen wie preisbildende Märkte und Auktionen, aber im Gegensatz zur Äquivalenz ist der ökonomische Wettbewerb auf Märkte beschränkt. Schließlich gibt es Elemente, die man als funktionell bezeichnen kann. In der Regel treten diese außerhalb von Marktinstitutionen auf, aber wenn sie gleichzeitig mit Angebotsgruppen oder Nachfragegruppen in Erscheinung treten, können sie diese Institutionen in einer Art und Weise beeinflussen, die von großer praktischer Bedeutung sein kann. Zu diesen funktionellen Elementen zählen der physische Ort, die tatsächlich vorhandenen Güter, Brauch und Gesetz.

Diese Vielfältigkeit der Marktinstitutionen wurde in neuerer Zeit im Namen des formalen Begriffs des Mechanismus von Angebot, Nachfrage und Preis verwischt. Es ist daher nicht verwunderlich, daß die materielle Betrachtungsweise gerade bezüglich der Schlüsselbegriffe Angebot, Nachfrage und Preis zu einer bedeutsamen Erweiterung unseres Gesichtsfeldes führt.

Angebots- und Nachfragegruppen wurden oben als separate und spezifische Marktelemente bezeichnet. Hinsichtlich des modernen Markts wäre dies natürlich unzulässig; hier finden wir ein Preisniveau, auf dem sich Baisse in Hausse verwandelt, und ein anderes Preisniveau, auf dem dieses Wunder in umgekehrter Reihenfolge auftritt. Dies hat dazu geführt, daß viele die Tatsache übersahen, daß Käufer und Verkäufer auf jedem anderen als dem modernen Markttypus getrennt sind. Dies wiederum führte zu einem zweifachen Mißverständnis. Erstens erschienen »Angebot und Nachfrage« als miteinander verbundene Elementarkräfte, während in Wirklichkeit jeder der beiden aus zwei völlig verschiedenen Komponenten bestand, nämlich einer Menge von

Gütern auf der einen Seite, und einer Anzahl von *Personen,* die als Käufer und Verkäufer mit diesen Gütern verbunden sind, auf der anderen. Zweitens erschienen »Angebot und Nachfrage« als untrennbar wie siamesische Zwillinge, während sie in Wirklichkeit spezifische Personengruppen darstellten, je nachdem, ob sie die zur Verfügung stehenden Güter abgaben oder sie als Bedarf nachfragten. Angebotsgruppen und Nachfragegruppen müssen daher nicht gemeinsam anwesend sein. Wenn, beispielsweise, Kriegsbeute vom siegreichen General an den Meistbieter versteigert wird, dann ist nur eine Nachfragegruppe vorhanden; wenn aber Aufträge aufgrund des niedrigsten Angebots vergeben werden, dann hat man es mit einer Angebotsgruppe zu tun. In der archaischen Gesellschaft waren Auktionen und Angebote bereits weitverbreitet, und im antiken Griechenland gehörten Auktionen zu den Vorläufern der eigentlichen Märkte. Diese Verschiedenartigkeit der Angebots- und Nachfragegruppen formte die Organisation aller Marktinstitutionen vor der Moderne.

Das allgemein als »Preis« bezeichnete Marktelement wurde hier unter der Kategorie der Äquivalenzen subsumiert. Die Verwendung dieses Allgemeinbegriffs sollte zur Vermeidung von Mißverständnissen beitragen. Der Begriff Preis impliziert Schwankungen, während der Begriff Äquivalenz nicht diese Gedankenverbindung auslöst. Schon die Wendung »festgesetzter« oder »fixer« Preis erweckt den Eindruck, daß der Preis, ehe er festgesetzt wurde, sich ändern konnte. Solcherart macht es die Sprache selbst schwer, den wahren Sachverhalt auszudrücken, nämlich, daß Preis ursprünglich eine feststehende Quantität ausdrückte, bei deren Fehlen der Handel nicht angefangen werden kann. Veränderliche oder schwankende Preise mit Wettbewerbscharakter sind eine verhältnismäßig neue Entwicklung, und ihr Auftreten ist eine der interessantesten Erscheinungen in der Wirtschaftsgeschichte des Altertums. Traditionell wurde ihre Reihenfolge als umgekehrt angesehen: der Preis wurde als Ergebnis von Handel und Austausch angesehen, nicht aber als ihre Voraussetzung.

Preis ist die Bezeichnung für quantitwtive Verhältnisse zwischen Gütern verschiedener Art, die durch Tausch oder Feilschen und Schachern hervorgebracht werden. Diese Form der Äquivalenzen ist charakteristisch für jene Ökonomien, die durch Austausch integriert sind. Indessen sind Äquivalenzen keineswegs auf Austauschverhältnisse beschränkt. Äquivalenzen sind auch in einer redistributiven Form der Integration häufig. Sie bezeichnen das quantitative Verhältnis zwischen Gütern verschiedener Art, die zur Zahlung von Steuern, Mieten, Abgaben und Strafen akzeptiert werden, oder die die Qualifikation für einen öffentlichen Status bezeichnen, der auf einer Vermögensschätzung beruht. Ferner kann die Äquivalenz den Anteil bestimmen, nach dem Löhne oder Rationen in Naturalien vom Berechtigten wahlweise beansprucht werden können. Die Elastizität eines Systems der Gebahrung in Massengütern – die Planung, Bilanzierung und Rechnungslegung – sind von dieser Methode abhängig. Die Äquivalenz bezeichnet hier nicht, was *für* ein anderes Gut gegeben werden soll, sondern was *statt dessen* beansprucht werden kann. Im Rahmen reziproker Formen der Integration bestimmen Äquivalenzen wiederum die Menge, die »adäquat« ist im Verhältnis zur symmetrisch plazierten Partei. Dieser durch Verhalten bestimmte Zusammenhang ist eindeutig verschieden von Austausch und Redistribution.

Preissysteme, die sich im Laufe der Zeit herausbilden, können Schichten von Äquivalenzen enthalten, die geschichtlich unter andersartigen Formen der Integration ihren Ursprung hatten. Die hellenischen Marktpreise liefern genügend Hinweise auf ihre Herkunft aus redistributiven Äquivalenzen der ihnen vorangegangenen Keilschriftkulturen. Die dreißig Silberlinge, die Judas für den Verrat an Jesus als den Preis für einen Menschen erhielt, war eine nahe Variante der Äquivalenz für einen Sklaven, wie sie im Kodex des Hammurabi an die 1700 Jahre vorher festgesetzt worden war. Die redistributiven Äquivalenzen der Sowjets hingegen spiegelten lange Zeit hindurch die Weltmarktpreise des 19. Jahrhunderts wider. Auch diese hatten ihrerseits Vorläufer. Max Weber bemerkte, daß der Kapitalismus des Westens mangels Kostenrechnungssystem nicht möglich gewesen wäre, wenn es nicht vorher das mittelalterliche System der statutarischen und geregelten Preise, der gebräuchlichen Renten, usw. gegeben hätte, einem Erbe von Zunft und Herrensitz. Auf diese Weise können Preissysteme eine eigene institutionelle Geschichte aufweisen, je nach den Typen der Äquivalenzen, die bei ihrem Entstehen eine Rolle spielten.

Mit Hilfe nichtkatallaktischer Begriffe von Handel, Geld und Märkten dieser Art kann man solche fundamentalen Probleme der Wirtschafts- und Gesellschaftsgeschichte wie den Ursprung der fluktuierenden Preise und der Entwicklung des Markthandels am besten behandeln und, wie wir hoffen, schließlich auch lösen.

Abschließend meinen wir, daß eine kritische Untersuchung der Definitionen von Handel, Geld und Markt eine Anzahl von Begriffen liefern sollte, welche das Rohmaterial der Gesellschaftswissenschaften in nationalökonomischer Sicht darstellen. Die Auswirkungen dieser Erkenntnis in bezug auf Fragen der Theorie, der Praxis und der Übersicht, sollten im Licht der stufenweisen institutionellen Transformation gesehen werden, die seit dem Ersten Weltkrieg im Gange ist. Selbst in bezug auf das Marktsystem als solches ist der Markt als ausschließlicher Bezugsgegenstand schon einigermaßen überholt. Dennoch könnte man heute deutlicher erkennen, als dies in der Vergangenheit gelegentlich der Fall gewesen ist, daß der Markt als allgemeines Bezugssystem nicht überwunden werden kann, solange es den Gesellschaftswissenschaften nicht gelingt, ein größeres Bezugssystem zu entwikkeln, auf das der Markt als solcher bezogen werden kann. Dies ist in Wirklichkeit heute unsere geistige Hauptaufgabe im Bereich der ökonomischen Untersuchungen. Wie wir zu zeigen versuchten, wird man eine solche Begriffsstruktur auf der materiellen Bedeutung des Ökonomischen aufbauen müssen.

III Primitive und archaische Wirtschaftsformen

9. Der primitive Feudalismus und der Feudalismus der Verfallszeit

Während der Feudalismus im klassischen Sinne oder der eigentliche Feudalismus ein Phänomen darstellt, das uns hauptsächlich wegen seiner Rolle in der Geschichte unserer eigenen Kultur interessiert, ist der Feudalismus im weiteren Sinne eine mehr oder weniger allgemeine Erscheinung und nicht auf einen Gesellschaftstypus oder gar bloß auf die zivilisierte Gesellschaft beschränkt.

Im Sinne einer allgemeinen Erscheinung wollen wir zwei Formen des Feudalismus unterscheiden: die eine stellt eine fortschrittliche und gesunde Entwicklung in der Frühgesellschaft dar und ist mit ihrer territorialen Expansion verbunden; die andere hängt mit dem Zerfall von Imperien zusammen. Den ersten bezeichnen wir als primitiven Feudalismus, den zweiten als Feudalismus der Verfallszeit. Der klassische (europäische) Feudalismus war demnach eine Verbindung aus beiden. Eine derart voll ausgebildete Form des Feudalismus ist eine Ausnahme. Sie ist viel mehr als nur ein institutionelles System; sie ist ein Gesellschaftstypus und umfaßt auch eine besondere Form des militärischen, politischen und ökonomischen Systems. Das Vorhandensein eines solchen Gesellschaftssystems war eines der bedeutsamen Merkmale der Geschichte Westeuropas und ist als solches zwar selten, aber nicht einmalig. Eine unserer Aufgaben ist es, dieses seltene Ereignis zu erklären. Die Antwort liegt im Zusammentreffen des primitiven Feudalismus mit dem Feudalismus der Verfallszeit. In anderen Fällen eines solchen Zusammentreffens begegnen wir einer Zivilisation, die jener des feudalistischen Westens ähnlich ist.

Der primitive Feudalismus

Der primitive Feudalismus zeigt sich in der ganzen Welt als eine spezifische Phase in der Entwicklung der expandierenden Stammesgesellschaft. Er ist eng verbunden mit den Erfordernissen einer Herrschaft über ein größeres territoriales Gebilde unter den Bedingungen einer Naturalwirtschaft. Die Expansion kann durch das Eindringen von Fremden erfolgt sein, wie dies in Polynesien und Mikronesien der Fall war, wo eine größere, von verschiedenen Stämmen bewohnte Insel unter einer Herrschaft vereinigt wird, oder dadurch, daß der ursprüngliche Stamm seine Herrschaft über benachbarte Territorien ausweitete, wie in Afrika. Dies kann wiederum so vor sich gehen, daß sich Schäfer oder Viehhirten friedlich zwischen den Gemeinschaften von Ackerbauern oder Jägern niederlassen, oder durch direkte Eroberung und Unterwerfung, was aber offenbar seltener der Fall war. Was immer der Anstoß zur Vereinigung von verstreuten Niederlassungen sein und welche Form die Ausweitung der politischen Herrschaft auch haben mag, sie ist zumeist begleitet von (1) dem Entstehen einer Führerschaft und einem gewissen Maß von zentraler Kontrolle, (2) von dem Faktum, daß Vieh oder Boden, je nachdem, was knapper ist, ausschließlicher Besitz der neuen Herrscher bleibt. Ja, der Besitz von Vieh kann geradezu Quelle und auch Symbol ihrer Überlegenheit sein. Die einzige Form der Nutzung des Viehs oder des Bodens kann darin bestehen, daß die politische Herrschaft nach ökonomischen Gesichtspunkten organisiert wird, wie im Falle des Lehens, bei welchem der Vasall im Austausch für sein Treueversprechen (hauptsächlich militärischer Art) Besitzer des Viehs oder des Bodens wird.

Je nach der Art und Weise, in der das größere Territorium unter die einheitliche Herrschaft gelangte, können die Vasallen auf verschiedene Weise gewonnen werden. Wenn die fremde Aristokratie friedlich errichtet wurde oder die Expansion in das fremde Territorium friedlich vor sich ging, können die Vasallen durchaus zur Verwandtschaft des herrschenden Stammes oder Klans gehören (so in Samoa oder bei den Banyankole und ihren Viehlehen) oder in die Verwandtschaft aufgenommen werden (wie auf den Trobriand-Inseln). War aber der Vorstoß ausgesprochen kriegerisch, dann kann die Gefolgschaft des Kriegsherrn unabhängig von Verwandschaft oder Klan gebildet werden, und wir treffen auf einen anderen Typus des Vasallen: dem »Anhänger« des Kriegsherren, der durch Zuweisung von Boden (einem Gut oder Lehen) auf dem eroberten Territorium entschädigt wird.

Dennoch sind die Elemente stets ziemlich ähnlich. Die politische Organisation beruht auf der ökonomischen Organisation, wobei beide in einem neuen Typus der gesellschaftlichen Beziehungen eingebettet sind. Auch wenn der Vasall zur Verwandtschaft der herrschenden Kaste gehört (zum Beispiel die Banyankole), beruht der Zusammenhang nicht auf Blut, sondern auf dem persönlichen Treueeid oder Amt. Im Prinzip ist Erblichkeit des Lehens mit der Feudalbeziehung unvereinbar; auch in solchen Fällen, in denen der Sohn das Lehen erbt, wird er in der Regel darin neu bestätigt.

Spuren einer solchen Entwicklung finden wir im Ansatz bei den Bewohnern der Trobriand-Inseln, wo der Kiriwina-Häuptling besonderes Prestige genießt und von den anderen Dorfbewohnern freiwillig mit Lieferungen von Yamswurzeln versorgt wird. Sein Vorrecht der Polygamie überbrückt die Kluft zwischen der egalitären Stammestradition und dem ihm zustehenden aristokratischen Vorrang.

Bei den Samoanern ist das feudale Abhängigkeitsverhältnis ziemlich weit entwickelt, enthält aber viele Überreste früherer Formen. Der Lebensunterhalt des Häuptlings wird von seinen Vasallen bestritten, während Tributgeschenke immer noch mit Gegengeschenken beantwortet werden (wie bei den Bewohnern der Trobriand-Inseln). Erhält der Häuptling mehr als er verbrauchen kann, dann ist er zur Abhaltung eines Festmahls verpflichtet. Wenn dies das Vermögen des Häuptlings übersteigt, dann wird ihm seine Familie oder das Dorf aushelfen (wie bei den Manus). Auf diese Weise wird das Element der Feudalherrschaft durch Traditionen der Reziprozität beeinflußt.

Goldenweiser beschreibt in seiner *Anthropology* (1922) die Baganda, die sich in einem Prozeß »des Zerfalls des Klans und der Transformation in etwas dem Feudalismus ähnlichem befinden.« Er schreibt: »Was wir nun vorfinden, ist ein auf Stammeszugehörigkeit beruhendes System im Prozeß der Umwandlung von seinen mehr einfachen und geregelten Formen in eine andere, die mit einer wesentlich größeren Bevölkerung und den Erfordernissen eines zentralisierten politischen Systems vereinbar ist.«

Dieser primitive Feudalismus stellt eine fortschrittliche Entwicklung dar; sie ermöglicht eine wesentlich stärkere ökonomische Integration, eine größere militärische Schlagkraft und die Schaffung einer Regierungsgewalt (welche die Keime von Gesetz und Gerechtigkeit in sich birgt).

Der Feudalismus der Verfallszeit

Eine völlig andersartige Bedeutung des Begriffs Feudalismus bezeichnet den Zustand der Auflösung eines einheitlichen Staates oder Reiches. Der Begriff kam im Frankreich des 18. Jahrhunderts in Gebrauch, vor allem als Folge der Französischen Revolution. Die Ehrenlegion wurde 1802 gestiftet, und ihre Statuten verpflichteten jeden Träger der rosa Rosette dazu, gegen jeden Versuch einer Rückkehr zum Feudalsystem zu kämpfen. Darunter verstand man die vermeintliche Zersplitterung des Landes in Territorien, erbliche Herrschaften, Regionalzölle, Dezentralisierung der Regierungsgewalt und die Anmaßung öffentlicher Gewalten durch Privatpersonen – kurz gesagt, den angeblichen Zerfall eines organisierten Reiches in halbunabhängige Souveränitäten. In Wirklichkeit hatte man so etwas vor Augen wie die politischen Zustände in Deutschland vor den Napoleonischen Reformen, ein Land, das aus mehreren hundert souveränen oder halbsouveränen Gebilden bestand. Diese feudalen Verhältnisse in der politischen Landschaft Europas führten immer dann zum Auftreten des Begriffs Feudalismus, wenn sich in der Geschichte des Verfalls einer Zentralregierung ähnliche Verfallserscheinungen zeigten. Dies sind die Unterscheidungsmerkmale: Souveränitätsrechte werden von Privatpersonen übernommen; Rechts- und Steuerwesen, Zölle und Abgaben, Münzwesen und Ämter werden von früheren Beamten der Zentralregierung übernommen. Das öffentliche Recht löst sich in Privatrecht auf. Dies sind die unvermeidlichen Begleiterscheinungen eines verfallenden Imperiums. Die Regierungstätigkeit muß weitergeführt, Polizei, militärische Sicherheit, Gesetz und Ordnung und Wirtschaftsleben müssen aufrechterhalten werden, und wenn die Zentralregierung nicht mehr fähig ist, dies zu tun, dann fallen diese Rechte dem örtlichen Potentaten zu, wer immer das sein mag. Das ereignete sich in der sogenannten Feudalzeit des alten Ägypten, und es gab in der Antike kaum ein orientalisches Reich, das nicht eine solche »feudale« Periode durchlaufen hat. In diesem Sinne ist Feudalismus gleichbedeutend mit Verfall der Zentralgewalt.

Primitiver Feudalismus und der Feudalismus der Verfallszeit: eine Gegenüberstellung

Wir wollen uns nun näher mit der Bedeutung der Begriffe »primitiver Feudalismus« und »Feudalismus der Verfallszeit« befassen.

Feudalismus im klassischen Sinne, wie wir ihn in Westeuropa kennen, war das Ergebnis des Zusammenwirkens zweier Komponenten: dem primitiven Feudalismus der expansionistischen germanischen Stämme und dem Feudalismus der Verfallszeit, der aus der Auflösung des römischen Reiches herrührte.

Wir wollen diese beiden kurz vergleichen und einander gegenüberstellen:

A. Zum primitiven Feudalismus der germanischen Stämme, die sich zwischen der römischen Bevölkerung der Provinzen niederließen.

1. Die Kerninstitution war vermutlich sehr oft der Kriegshaufen, die Anhängerschar des Heerführers. Die Organisation der Schar umfaßt folgende Faktoren:

(a) Die Schar wurde entweder im Hauptquartier stationiert, verpflegt, bekleidet, mit Waffen und Pferden ausgestattet und unterhalten. Dies nennt man *provende,* im Lateinischen *prebenda,* das heißt, die vom Hauptquartier beigestellten Naturaleinkünfte.

(b) Oder aber sie wurde fern vom Hauptquartier angesiedelt, mit Boden und vielleicht auch darauf befindlichen Menschen versehen, damit sie sich und ihre Pferde erhalten konnten. Zu dieser Zeit handelte es sich hauptsächlich um eine landwirtschaftliche Bevölkerung, die Bodenbestellung gewohnt war, oder zumindest die Tätigkeit von landwirtschaftlichen Arbeitskräften beaufsichtigen konnte.

2. Die Rolle des Bodens ist wichtig, da es sich bei ihrer Wirtschaftsform um eine Naturalwirtschaft handelte, die Handel, Märkte und Geld nicht kannte. Boden allein genügt, um einen Mann zu ernähren. Gleichzeitig aber bedeutet es das Verschwinden des gemeinschaftlichen Bodenbesitzes durch den Klan, wo dieser noch bestanden hatte. Der private Bodenbesitz wird damit ausgeweitet und die Grundlage der »Haushaltswirtschaft« verbreitert.

3. Eine neue Art von gesellschaftlichen Beziehungen tritt in

Erscheinung. Der Kriegsdienst ist mit der Person des Kriegsherrn verbunden, und die Landnutzung nicht aus dem Status des Klans abgeleitet, sondern aus dem persönlichen Verhältnis zu einem Häuptling oder Anführer.

Auf diese Weise wird die Stammesorganisation angepaßt an die Erfordernisse, die sich aus der Ausweitung des politischen Gebildes und der Notwendigkeit der Verwaltung eines neuen Territoriums ergeben. Dies jedoch nur »bis zu einem bestimmten Punkt«: einem Territorium, das für die vorhandenen Kräfte viel zu umfangreich ist (Bloch 1931).

Was wir nun vor uns haben, ist ein Klansystem (bei den Baganda) im Prozeß der Umwandlung von seinen eher einfachen und geregelten Formen in eine andere, die mit einer wesentlich größeren Bevölkerung und den Erfordernissen eines zentralisierten politischen Systems vereinbar ist (Goldenweiser 1922).

Die barbarischen Königreiche waren *nicht* imstande, die von ihnen übernommenen Verwaltungsmechanismen weiterzuführen ... die Institutionen waren kaum geeignet für riesige Königreiche, deren Erfordernisse und deren Umfang *völlig* verschieden waren von jenen der kleinen Stämme und Stammesbündnisse von gestern (Bloch 1941).

Was wir als feudalen *Partikularismus* bezeichnen, ist einfach eine *»unvollständige Integration«* der verschiedenen Teile eines Landes zu einem einzigen Staatsgebilde (Hintze o. J.).

Die barbarischen Königreiche stellten keine vollausgebildeten, unabhängigen Herrschaften dar, sondern befanden sich etwa in der Mitte zwischen einer unbeholfenen Gastrolle und einer gleichermaßen zweifelhaften Erobererrolle. Diese Siedler waren manchmal aggressiv, manchmal defensiv in ihrer Haltung. Sie wußten nicht, ob sie die bodenständige Bevölkerung verachten oder heimlich bewundern sollten. Die Umgebung, in die sie einzogen, war in den meisten Fällen zivilisiert. In der Regel erfolgte ihre Niederlassung in den milden Formen einer militärischen Einquartierung in Friedenszeiten, manchmal aber auch in der Form radikaler Enteignungen der römischen Landbesitzer, begleitet von schrecklichen Blutbädern. In dieser Umgebung fanden sie folgende, immer noch vorhandene Faktoren vor:

(a) das in großem Maßstab praktizierte römische Haushaltungssystem,

(b) in dem, was von den Städten übrig war, Märkte, Handel und die Verwendung von Geld,

(c) eine überlebende städtische Verwaltung und die Anfänge der kirchlichen Ordnung, während das Zentrum des Imperiums zu Bestehen aufgehört hatte.

B. Beim Feudalismus der Verfallszeit, jener anderen Komponente in der Entwicklung des Feudalismus in Westeuropa, zeigte diese zivilisierte Umgebung Anzeichen allseitigen Verfalls:

(a) Im politischen Bereich war es zur territorialen Auflösung gekommen – dem Zerfall der Regierungsgewalt in Einzelprovinzen.

(b) Im wirtschaftlichen Bereich zum Rückfall in die Naturalwirtschaft, begleitet von einem langsamen Verschwinden von Handel, Märkten und Geld.

(c) Es kam zum Wiederauftreten einer gesellschaftlichen Beziehung, die an die primitive Stammesgesellschaft des frühen Roms erinnerte, die später fallengelassen worden war, nämlich die Beziehungen zwischen Schutzherrn und Klientel, wie sie zu Zeiten der Republik bestanden hatten. Im wesentlichen handelte es sich dabei um die Gewährung von Schutz im Austausch gegen Treuepflicht *(fides)*. (Es wird sich bald herausstellen, woher dieser große Bedarf nach Schutz kam.)

Wir können nunmehr daran gehen, diese beiden Formen zu vergleichen und einander gegenüberzustellen: Es bestand eindeutig eine Ähnlichkeit zwischen der Situation, die sich aus den positiven Leistungen eines fortschrittlichen (expansionistischen) primitiven Feudalismus und den negativen Ergebnissen einer regressiven (dezentralisierenden) Entwicklung ergab, welche den Zerfall einer umfangreichen Zivilisation begleitete, wie es das Römische Reich darstellte. Die Ähnlichkeit besteht in der darin wirksamen (a) Vielfalt der örtlichen Einheiten (Partikularismus), (b) der Naturalwirtschaft und (c) dem Auftauchen der auf die Person bezogenen Verbindung von Schutz und Treuepflicht.

Der Gegensatz zwischen dem primitiven Feudalismus und dem Feudalismus der Verfallszeit zeigt sich vor allem in folgenden Faktoren:

1. Die Stammesgesellschaft sieht sich in ihrem Wachstum nur solchen Problemen gegenüber, die sie sozusagen selbst verursacht hat. Karl Marx schrieb einmal, in der Regel stellten sich menschliche Gesellschaften nur solche Aufgaben, die zu lösen sie selber imstande sind. Normalerweise trifft dies zu. Im Normalfall muß

die Stammesgesellschaft mit dem Problem des Territoriums nur in dem Maße fertig werden, als ein Territorium besiedelt, erobert oder auf andere Weise bereits der Herrschaft unterworfen worden ist.

2. In der Regel begibt sie sich in das Territorium einer materiell tieferstehenden Kultur, die aus diesem Grund unfähig ist, dem Eindringen zu widerstehen, oder dieses sogar begrüßt. Das sehen wir an den zahlreichen Beispielen, wenn sich Schaf- oder Rinderhirten in den leeren Räumen zwischen Gruppen von Ackerbauern oder Jägern niederlassen, wie dies häufig in Afrika vorkommt, oder wenn höherstehende seefahrende Stämme auf Inseln gelangen, die von Eingeborenen mit geringeren Kenntnissen und organisatorischen Erfahrungen besiedelt sind, wie dies häufig in Polynesien und Mikronesien der Fall war.

Daraus folgt, daß es sich bei dem Problem, dem sich die Stammesorganisation gegenübersieht, darum handelt, wie man ein weitläufiges Territorium regieren kann. Dies nötigt sie zur Schaffung neuer Methoden der verwaltungsmäßigen und ökonomischen Integration, hauptsächlich durch die Zusammenfassung beider. Gewöhnlich bietet sich die Vergabe von Lehen an Vieh oder später an Boden als Lösung an.

Unter den Verhältnissen des Feudalismus einer Verfallszeit herrschen die *gegenteiligen* Bedingungen:

1. Der Stammesorganisation fällt eine *plötzliche* enorme Ausweitung der Regierungsaufgaben zu, mit der sie fertigwerden muß, wenn sie nicht untergehen will. Die Grenzen werden nicht durch den Vorstoß bestimmt, den der Stamm in ein neues Territorium führte, sondern durch die bereits vorhandenen Grenzen dieser Territorien.

2. Die vorgefundene Kultur ist von einer *höheren* und nicht einer tieferstehenden materiellen und geistigen Art.

3. *Der ungleichmäßige Verlauf des Zerfalls schafft* ein akutes Problem der Unsicherheit. Die dauerhaften Mittel der Kommunikation und die unzerstörbaren Straßen nämlich überleben und überdauern den Verfall von Regierungsgewalt und Wirtschaft um Jahrhunderte. Die Entfernungen, die auf dem primitiven Niveau ein beträchtliches Hindernis für Gesetz und Ordnung darstellen, sind dem Räuber, dem Plünderer, dem Piraten und dem brutalen Nachbarn kein Hindernis. Bewaffnete Gruppen von Invasoren legen innerhalb von Wochen hunderte Meilen zurück, und inner-

halb von Tagen kann es zu Übergriffen, Raubüberfällen und gewaltsamen Einfällen durch Nachbarn kommen.

Es kommt zu einer andauernden Unsicherheit des Lebens, wenn Gesetz und Ordnung in einem großen Territorium verfallen, während gleichzeitig die Verkehrseinrichtungen den Kräften der Gesetzlosigkeit und der Unordnung zugutekommen. (Etwas ähnliches zeigte sich in kleinerem Maßstab in den Vereinigten Staaten der zwanziger Jahre, als kurze Zeit hindurch Banditen und Gangster moderne Mittel für kriminelle Zwecke benützten; und in weltweitem Maßstab heute auf einer Erde, in der die Kommunikationsmittel entwickelt sind, während Gesetz und Regierungsgewalt im Rückzug begriffen sind.)

Der klassische Feudalismus des Mittelalters war das Ergebnis einer solchen (zweifachen) Entwicklung.

10. Redistribution: Der staatliche Bereich im Dahome des 18. Jahrhunderts

Die Monarchie war die zentrale Institution des Staates. Ihre Abkunft wurde für göttlich gehalten. Der König war Bindeglied zwischen dem Volk und den vergöttlichten Ahnen sowie Hüter des Wohlergehens des Volkes. Als solcher spielte er in der Wirtschaft von Dahome eine zentrale Rolle. Er war es, der alljährlich die wirtschaftlichen Verhältnisse prüfte, Pläne für die Zukunft formulierte, ein Minimum von Kaurimuscheln zum Zweck des Lebensmittelkaufs an die Bevölkerung verteilte, bestimmte Äquivalenzen festsetzte, Geschenke erhielt und verteilte, sowie Zölle, Steuern und Tribute auferlegte.

Die traditionelle Jahresversammlung

Die Stellung des Monarchen im Leben Dahomes kommt besonders deutlich in der großen redistributiven Zeremonie der traditionellen Jahresversammlung zum Ausdruck. Zu diesem Anlaß erschien der König vor einer Versammlung von ganz Dahome, um seinen verschiedenen Verpflichtungen als Souverän nachzukommen.

Die traditionelle Jahresversammlung war das Hauptereignis im Wirtschaftskreislauf. Nach den Begriffen von Bruttonationalprodukt, Außenhandelsimporten und Teilnahme der Bevölkerung handelte es sich um eine ökonomische Institution einmaligen Ausmaßes. Der König selbst war der Hauptakteur in dieser Versammlung aller Persönlichkeiten, Administratoren und Amtsträgern des Landes, in der zeitweise buchstäblich jede Familie durch zumindest ein Mitglied vertreten war. Im Zuge eines den ganzen Tag währenden Schauspiels nahm der König Geschenke, Zahlungen und Tribute entgegen und verteilte anschließend einen Teil dieses Reichtums als Geschenk an die Menge.

Die ökonomische Seite dieses Vorgangs kann als Bewegung von Gütern und Geld auf einen Mittelpunkt hin und wieder von ihm weg, also als Redistribution bestimmt werden. Es handelte sich um das Hauptereignis zum Zweck der Aufstockung der Finanzen der königlichen Verwaltung und der Verteilung von Kaurimuscheln und anderen Importgütern an die Bevölkerung. Auf diese Weise erfolgte die Entlohnung aller hohen Würdenträger, an die wertvolle Gaben in Form von Brandy, Tabak, Seide, Gewändern, Teppichen und anderen Luxusgütern verteilt wurden. Ausländische Kaufleute und Geschäftsmänner leisteten bedeutende Beiträge zu den königlichen Einnahmen, während eingeborene Verwaltungsbeamte, die lukrative Posten innehatten, ihrerseits dem König einen Teil ihrer Einnahmen übergaben. Diese Zahlungen wurden nicht immer öffentlich getätigt, während die Verteilung der königlichen Gegengaben so erfolgte, daß damit der größtmögliche Effekt erzielt wurde.

Die traditionelle Jahresversammlung, die alljährlich anläßlich der Rückkehr der Armee Dahomes aus dem Krieg abgehalten wurde, war ein Symbol der religiösen und politischen Einheit der Völker Dahomes unter den Aladoxonu-Königen. Aus diesem Anlaß pflegte die Bevölkerung ihre Ahnen zu ehren und den Dank für Siege in der Schlacht abzustatten. Der König war Mittler zwischen den Lebenden und den Toten, er opferte eine große Anzahl von Gefangenen, »bewässerte die Gräber« seiner Vorfahren mit dem Blut der Opfer und erneuerte die Verpflichtung der Nation, sich um die Geister der Ahnen zu kümmern. Diese Bräuche wurden in noch größerem Umfang anläßlich der Großen Versammlung wiederholt, welche anläßlich der allgemeinen Trauerzeit nach dem Tod eines Königs von Dahome und der Thronbesteigung seines Nachfolgers veranstaltet wurde.

Diese Versammlungen brachten die Zentralwerte des Lebens von Dahome zum Ausdruck. Herskovits schreibt:

»Im Leben jedes Einwohners von Dahome stehen die Ahnen zwischen ihm und den Göttern . . . die Ehrfurcht und die Verehrung der Ahnen kann somit als eine der großen einigenden Kräfte betrachtet werden, die dem Leben der Dahomer Sinn und Kontinuität verleihen.«[1]

Seiner natürlichen Denkweise als Händler entsprechend erkundigte sich Snelgrave bei einem höheren Militär Dahomes, warum man so viele Gefangene opfere, wenn diese doch vorteilhaft verkauft werden könnten. Der Offizier erwiderte, es sei seit jeher bei ihrer Nation der Brauch gewesen, nach jeder Eroberung eine gewisse Anzahl von Gefangenen ihrem Gott darzubringen.

Burton sagt: »Das Menschenopfer beruht in Dahome auf rein religiöser Basis. Es ist ein rührendes Beispiel für die kindliche Liebe des Königs, die bedauerlich fehlgeleitet sein mag, aber völlig ehrlich ist. Der Souverän von Dahome muß ... das Totenreich mit königlichem Prunk und in Begleitung eines geisterhaften Hofstaates betreten ... Das ist der Zweck dessen, was wir als ›Große Versammlung‹ bezeichnet haben.«

Und nach jedem Feldzug, fährt Burton fort, »erfordert es der Anstand, daß die erste Kriegsbeute und alle Verbrecher abgeliefert werden, um das Gefolge des Königs zu vergrößern«.[2]

Jedes Ereignis, das den König betraf, ob er den Besuch eines Weißen empfing oder bloß in einen anderen Palast übersiedelte, mußte den Ahnen durch einen männlichen oder weiblichen Boten mitgeteilt werden. Keine Aussicht auf zusätzliche Profite durch den Verkauf von Sklaven hätte den König veranlassen können, auch nur ein einziges Opfer aus der erforderlichen Anzahl zu verschonen.

Die Jahresversammlung war der Anlaß für das Zusammentragen und Verteilen von Gütern in großem Maßstab. Jeder Einwohner von Dahome von einiger Bedeutung, einschließlich sämtlicher Würdenträger, wohnten den Feierlichkeiten persönlich bei, und überreichten dem König Geschenke. Von den Europäern in Whydah[3] sowie den Abgesandten afrikanischer Herrscher wurde erwartet, daß sie sich dem König persönlich vorstellen und ebenfalls Geschenke übergaben. Während der Festlichkeiten, die in Abome wochenlang dauerten, verteilte der König persönlich Gaben an die Bevölkerung. Es konnten dabei bis zu dreißigtausend oder vierzigtausend Menschen anwesend sein. Auf einem für den König und die Mitglieder seines Hofes errichteten Podium waren Kaurimuscheln, Rum, Stoffe und andere wertvolle Güter aufgestapelt, die der König und die Würdenträger seines Hofes Tag für Tag im Laufe der fortdauernden Zeremonien ins Volk streuten. Es wurden alle möglichen Güter verteilt, von denen manche aus fernen Gegenden kamen, aus Europa oder Indien, all dies zusätzlich zu Waren wie feinen Baumwollstoffen aus benachbarten Ländern.

Der Umfang der Kontributionen an den König schwankte erheblich. Man erwartete und erhielt reichliche Geschenke von den Händlern der Küste. Einer von ihnen klagte später darüber, daß er den Gegenwert eines ganzen Jahresgewinns als Geschenk für den König mitgebracht habe.

Bei dieser Gelegenheit wurden dem König auch die Kriegsgefangenen vorgeführt, und der König wiederum zollte seinen Kriegern und Würdenträgern öffentliche Anerkennung, indem er jenen, die sich ausgezeichnet hatten, Sklaven schenkte. Dieser formelle Austausch von Geschenken demonstrierte Dahomes Reichtum und Macht und bekräftigte die wechselseitigen Beziehungen und Verpflichtungen zwischen König und Volk.

Die Armee

Die zur Kriegsführung benötigten Menschen und Materialien wurden vom Monarchen zusammengeführt und verteilt. Jedes Jahr nach der Ernte zog der König in den Krieg, wobei er eine Armee ins Feld stellte, die samt Gefolge bis zu fünfzigtausend Personen umfassen konnte, also nicht weniger als ein Viertel der Gesamtbevölkerung. Das stehende Heer bestand ausschließlich aus Frauen, die sich durch kräftigen Körperbau und Wildheit im Kampf auszeichneten. Dieses Kontingent wurde durch jährliche Aushebungen junger Männer in der Provinz ergänzt. Allen jungen Männern wurde ein Minimum an militärischer Ausbildung vermittelt, indem jedem Soldaten im Feld ein Knabe als Begleiter beigegeben wurde, »damit er schon als Jugendlicher an Härte gewöhnt wurde«.[4]

Die Organisation dieser Armee war dezentralisiert. Während die allgemeine Kommandogewalt durch königliche Beamte ausgeübt wurde, führten die *Caboceer* oder obersten Beamten der verschiedenen Städte und Regionen ihre eigenen Streitkräfte ins Feld. Von den *Caboceern* erwartete man, daß sie ihre Männer für die Dauer des Feldzugs der Armee unterstellten, und manche von ihnen, wie die königlichen Händler in Whydah, »besaßen Tausende von Sklaven und stellten ganze Regimenter für die jährliche Sklavenjagd zur Verfügung«. Der Rang eines *Ahwangan* oder Kriegshauptmanns umfaßte laut Burton »alle Offiziere, die zwischen zehn und einhundert Abhängige oder Sklaven ins Feld stellen konnten«. Während die Soldaten von ihren eigenen Herren verpflegt wurden, wurden bestimmte Nahrungsmittel, wie Honig, von königlichen Beamten eingesammelt und eingelagert und der ganzen Truppe zur Verfügung gestellt. Den Caboceern stand die von ihren eigenen Soldaten gemachte Beute zu: »Die Caboceer wurden stets als die Eigentümer der von ihren eigenen Soldaten im Krieg eingebrachten Sklaven betrachtet«, sagte der König zu Duncan.[5] Die Amazonen stellten die Privatarmee des Königs dar, und ihre Kriegsbeute gehörte dem König.

Die Trennung von ziviler und militärischer Gewalt ist ein weiteres Beispiel für die institutionellen Einteilungen, deren es in Dahome viele gab. Die Armee unterstand einem zivilen Kommando, außer wenn sie im Felde stand. Der *Mingan* und der *Meu*, die den rechten beziehungsweise den linken Flügel kommandierten, waren die höchstrangigen Zivilbeamten des Königreichs. Dem *Mingan* unterstand der *Gau*, der militärische Oberkommandierende, dem auf dem linken Flügel der *Po-su* entsprach. Der *Gau* übernahm im Feld das Kommando über die Armee und hatte dann sogar Vorrang vor dem König. Im Frieden nahm der König stets den höchsten Stuhl ein, aber an der Kampffront hatte der König einen niedrigen Stuhl, während der *Gau* auf einem höheren saß.

Die Verwendung der im Kampf eingebrachten Gefangenen war genauestens geregelt. Nach der Aussonderung eines entsprechenden Kontingents für die Ahnenopfer wurde eine Anzahl von Gefangenen herausgesucht, die genau der Anzahl der auf dem Schlachtfeld umgekommenen Dahomas entsprach. Diese wurden schließlich auf die königlichen Plantagen verteilt, um die Verluste zu ersetzen. Die restlichen Gefangenen wurden in drei Gruppen geteilt: die erste wurde dem königlichen Haushalt einverleibt, die zweite vom König als Sklaven verkauft und die dritte unter den Kriegern und Häuptlingen als Belohnung für Tapferkeit verteilt. Sklaven, die einmal den königlichen Plantagen zugeteilt waren, konnten nicht mehr weiterverkauft werden. Snelgrave klagte über seine erfolglosen Versuche, vom König zusätzliche Sklaven zu erwerben:

»Ich begriff später, daß der König keine eigenen Sklaven zum Verkauf hatte, obwohl er eine große Anzahl gefangener Neger besaß, die seinen Boden bestellten und andere Arbeiten verrichteten. Sobald sie einmal zu diesem Dienst eingeteilt worden sind, wird seine Majestät sie niemals mehr verkaufen, außer sie machten sich besonders schwerer Verbrechen schuldig.«[6]

Während verheerende Hungersnöte in der nördlich gelegenen Nigerregion nicht selten sind, gibt es in der ganzen Geschichte Dahomes kaum einen Bericht über eine Hungersnot. Danach können wir den Erfolg der Landwirtschaftspolitik von Dahome beurteilen. Dieses Faktum ist vor allem bemerkenswert, wenn man die durch den jährlichen Kriegszug verursachten Verluste an Menschen und Material bedenkt, wie auch die Tatsache, daß die Bauern ständig vom Busch bedroht waren, der sich bei einem Nachlassen der Bodenbearbeitung sofort wieder auf das Bauernland ausbreitete.

»Der König von Dahome erzwingt in seinem ganzen Bereich den Anbau«, schreibt Duncan. Und der König selbst sagte zu Duncan, »er habe schon vor langer Zeit befohlen, daß alles freie Land in und um die Stadt Griwhee (Whydah) bearbeitet werden solle, um auf diese Weise die Gefahr epidemischer Krankheiten zu verringern.«[7]

In den Anweisungen an einen neuen Dorfbeamten, die anläßlich seiner feierlichen Einführung vor dem König und dessen Hof ausgesprochen wurden, kommt die Politik des Königs hinsichtlich der ländlichen Wirtschaft klar zum Ausdruck:

»Der König sagte, ein Häuptling in Dahome müsse darauf achten, daß jedermann dort seßhaft bleibt, wo seine Hand ruht ...

Der König sagte, Dahome sei ein großes Land und jedermann müsse seine Arbeit auf den Platz beschränken, wo er wohnt. Aus diesem Grund sei es allen jungen Männern, die den Boden bearbeiten, verboten, mit der Arbeit auf den Feldern aufzuhören, während das Gras ungemäht bleibt.

Der König sagte, ein Land müsse von seinem ... (Volk) geliebt werden, und das sei auch der Grund, warum er seinen Untertanen verboten habe, von einem Teil des Landes in einen anderen zu ziehen, da ein Umzügler nie eine tiefe Liebe für ein Land empfinden könne.«[8]

Die ständige Verwaltung landwirtschaftlicher Angelegenheiten lag in den Händen des »Landwirtschaftsministers«, dem *Tokpo*. Ihm unterstand der *Xeni*, der Chef der *Gletanu* genannten »Großfarmer«, und sein Assistent. Jeder wichtige Beamte war Plantagenbesitzer und damit Mitglied der *Gletanu*. Die Aufgabe der landwirtschaftlichen Beamten war es, eine ausgewogene landwirtschaftliche Erzeugung sicherzustellen und die Ressourcen an die Erfordernisse anzupassen. Die wichtigen Feldfrüchte wurden in verschiedenen Gebieten des Königreichs angebaut. So wurde, zum Beispiel, in einem Distrikt unweit von Abome ausschließlich Hirse angebaut, in anderen Gebieten nur Yamswurzeln oder Mais. Im Gebiet zwischen Whydah und Allada waren die Hauptanbaufrüchte Mais und Maniok. Ergab sich bei irgendeiner Feldfrucht Über- oder Unterproduktion, wurde den Bauern der Anbau einer anderen Feldfrucht anbefohlen. Paul Mercier stellte fest: »In ökonomischen Dingen herrschte eine strenge Kontrolle, nicht nur im Hinblick auf Exporterzeugnisse wie Palmöl, sondern auch bei den Feldfrüchten.« Wenn es zuwenig Getreide gab, durfte kein Getreide exportiert werden. Die Schweine, die Hauptquelle für Fleisch, wurden gezählt, und es konnte zur Auffüllung der Bestände ein Schlacht- und Verkaufsverbot erlassen werden.

Schon seit frühen Zeiten wurden vom König landwirtschaftliche Konservierungsmaßnahmen durchgeführt. Die Palmölerzeugung wurde durch eine Anordnung des Königs geschützt, wonach Palmwein ausschließlich aus wild im Busch wachsenden Palmen gewonnen werden durfte, da die Herstellung von Palmwein die jungen Bäume auf den Plantagen zerstört hätte. Während der Wachstumsperiode der Feldfrüchte mußten auf Anordnung des Königs alle Tiere angebunden werden, damit sie die frische Saat nicht zertrampelten.

Auch andere Erzeugnisse unterstanden der amtlichen Aufsicht. In Whydah waren zwei Bezirke für die Salzarbeiter reserviert, und die Produkte dieser Arbeiter wurden vom Vizekönig von Whydah und den »Salzbeamten« des Hofes überwacht. Traditionsgemäß erhob der König auf Salz keine Steuer, da es eine Lebensnotwendigkeit darstellte, und daher war die Naturalabgabe bei Salz kleiner als Abgaben auf andere Produkte. Ferner mußte Salz an jedermann verkauft werden, der es benötigte, *auch wenn er nicht mehr kaufen konnte, als dem Gegenwert einer Kaurimuschel entsprach.*

Die gesamte Honigerzeugung war für die Armee bestimmt, die Produktion für den Privatverbrauch oder Verkauf war verboten. Ingwer wurde als Produkt für medizinische Zwecke angesehen, und so wie bei Honig, war auch hier die Produktion für den

Privatverbrauch oder Verkauf verboten; die Verteilung wurde von königlichen Beamten ausschließlich für medizinische Zwecke durchgeführt. Privatpersonen durften eine bestimmte Menge Pfeffer anbauen, jeder Feldbesitzer durfte nur so viele Pfefferstauden anpflanzen, deren Ertrag gerade ausreichte, einen Bastbeutel für den Eigenbedarf zu füllen. Bestimme Distrikte waren für den Anbau von Peffer für den Markt bestimmt; auf Pfeffertransporte aus diesen Distrikten wurde eine Steuer in Form von Kaurimuscheln erhoben. Erdnüsse durften nur im Umfang des Eigenbedarfs angepflanzt werden. Laut Burton war der Anbau von Kaffee, Zuckerrohr, Reis und Tabak in der Umgebung von Whydah aus unbekannten Gründen verboten, wahrscheinlich wurden sie als überflüssiger Luxus betrachtet.

Die Verantwortung des Königs für die Lebensmittelversorgung des Königreiches kam im Verhältnis der Krone zu den lokalen Märkten zum Ausdruck. Der Marktplatz mußte durch ein Menschenopfer eingeweiht werden, und da niemand außer dem König ein Menschenleben nehmen durfte, mußte der Marktplatz direkt durch die Krone etabliert werden. Alle Märkte wurden mit Genehmigung des Königs errichtet, und stets anwesende Beamte sorgten auf den Marktplätzen für Ordnung und die Einhaltung der Vorschriften. Wie erwähnt, konnte man Nahrungsmittel nur auf dem Markt und nur für Kaurimuscheln kaufen. Die Verteilung von Kaurimuscheln durch den König anläßlich der traditionellen Jahresversammlung war die Methode, die Bevölkerung mit den für den Kauf von Nahrungsmitteln nötigen Zahlungsmitteln zu versorgen, außerdem schenkte der König allen Besuchern des Hofes Kaurimuscheln für den Fall, daß sie zusätzlich zu der von ihm gewährten Gastfreundschaft noch Nahrungsmittel auf dem Markt kaufen wollten. Zum Zeichen der Erlaubnis zur Abreise wurden Besucher mit Kauris »verabschiedet«, damit sie, wie man sagte, auf ihrer Heimreise Nahrungsmittel kaufen könnten.

Statistik

Das redistributive System des Palastes war an einen umfangreichen Planungs- und Verwaltungsapparat gekoppelt. Viele ökonomische Angelegenheiten, die auf der Tagesordnung der traditionellen Jahresversammlung erschienen, beschäftigten die königliche Verwaltung das ganze Jahr hindurch. Der Monarch war für den Lebensunterhalt des Volkes verantwortlich, und diese Verantwortlichkeit erstreckte sich auf alle Aspekte der Wirtschaft. Ein großer Teil des Verwaltungsapparats wurde für die Vorbereitung der jeweils nächsten traditionellen Jahresversammlung in Gang gesetzt.

Sofort nach dem Ende der Regenzeit und nach Beendigung der Ernte begann der König mit den Vorbereitungen für den jährlichen Kriegszug. Dies war auch der Zeitpunkt für die Aufstellung der Statistiken, welche die Daten lieferten, auf deren Grundlage Abgaben vorgeschrieben und Steuern eingehoben wurden. Die Statistik erfaßte die Bevölkerung, die landwirtschaftliche und handwerkliche Produktion, den Viehbestand und die meisten anderen Erzeugnisse und Ressourcen des Königreichs.

Besondere Aufmerksamkeit wurde der Zahl der Arbeitskräfte gewidmet. Es wurde eine Zählung der Gesamtbevölkerung sowie der Anzahl von Personen in jeder Berufskategorie durchgeführt: Landwirte, Weber, Töpfer, Jäger, Salzarbeiter, Träger, die Güter transportierten, Schmiede und auch Sklaven. Nach der Zählung der Landwirte zählte man die in den Lagerhäusern aufbewahrten landwirtschaftlichen Produkte, die Palmen im ganzen Königreich, die Zahl der Rinder, Schafe und Hühner sowie die Erzeugnisse der verschiedenen Handwerker. Nach Einholung dieser Daten wurden die Abgaben für alle im Königreich erzeugten Produkte festgesetzt: für Getreide, Palmöl, Salz und die handwerklichen Erzeugnisse, die zur Versorgung des bevorstehenden Feldzugs benötigt wurden. Während jeder Dorfhäuptling dem König die Einwohnerzahl seines Dorfes meldete, wurde ihm mitgeteilt, bei welcher Armeeabteilung sich seine Leute zu melden hätten, und kurze Zeit darauf zog die Armee ins Feld. Die im Rahmen der statistischen Erhebung eingelangten Bevölkerungsdaten waren ein Staatsgeheimnis, das nur dem König bekannt war. Ein Häuptling oder Provinzanführer, der die Zahlen seiner Gruppe bekanntgegeben hätte, wäre erdrosselt worden.

Im Rahmen der statistischen Erhebungen wurden sinnreiche administrative Mittel benutzt, die praktisch als Ersatz für schriftliche Aufzeichnungen dienten. Der Hauptgrund aber, warum die das ganze Land umfassenden statistischen Erhebungen ohne besondere bürokratische Schikanen abliefen, war das Mitwirken der Bevölkerung, die das Gesetz als selbstverständlich betrachtete und sich spontan an die Regeln hielt. Die Zählungsergebnisse lieferten also die Grundlage für die Abgaben in Form von Naturalien und Kaurigeld, welche im redistributiven System die Lieferungen von Gütern und Dienstleistungen an den Staat darstellten.

Die Volkszählung[9] wurde folgendermaßen durchgeführt: Im Palast befanden sich, unter der Aufsicht einer Beamtin, dreizehn Kästen, die jeweils in zwei Fächer unterteilt waren, nämlich für männliche beziehungsweise weibliche Personen. Jedesmal wenn ein Dorf- oder Distriktsvorsteher dem König eine Geburt meldete, wurde ein Kieselstein in das dem Geschlecht des Kindes entsprechende Fach gelegt. Am Ende jedes Jahres wurden alle Kiesel um einen Kasten weiterbefördert, wodurch der ersten Kasten leer wurde, und wieder für die Feststellung der Geburten im kommenden Jahr verwendet werden konnte. Die Kiesel aus der dreizehnten Kiste wurden weggeworfen, da jene Kinder, die das vierzehnte Lebensjahr erreicht hatten, als Erwachsene galten und in der Jahreszählung der Erwachsenen berücksichtigt wurden.

In einem anderen Raum des Palastes wurden die Kästen aufbewahrt, in denen die Verstorbenen in ähnlicher Weise registriert wurden. Aus jedem Distrikt wurden die Todesfälle dem Palast gemeldet, und zwei Armeechefs war die Aufgabe übertragen, die Zahl der im Kampf gefallenen Männer zu melden.

Die Zählung der Sklaven und Gefangenen war zwei anderen Beamten übertragen. Nachdem sie ihre Meldungen erstattet hatten, konnte die Gesamtübersicht erstellt werden. Die Beutel aus jedem Dorf wurden in vier große Säcke getan: jeweils einer für Männer, Frauen, Knaben und Mädchen, wobei auf jeden Sack das entsprechende Symbol aufgenäht war: eine kurze Hose für Männer, Perlen für Frauen, das männliche Geschlechtsorgan für Knaben und eine kleine Figur mit weiblichem Geschlechtsorgan für Mädchen. Außerdem gab es noch drei Säcke, einen schwarzen, der die im Kampf getöteten Männer repräsentierte, einen roten, der die an Krankheiten verstorbenen Personen repräsentierte, und einen weißen, der die Zahl der Gefangenen enthielt.

Bei der Zählung der erwachsenen Dahomas wurden die Männer als erste erfaßt. Etwa zehn bis zwölf Tage vor der Mobilisierung wurde der Anführer jeder Familiengruppe aufgefordert, die Zahl aller über dreizehn Jahre alten männlichen Personen in seiner Gruppe zu melden. Der Dorfvorsteher hatte stets den jeweiligen

Stand parat, da er für jede ihm gemeldete männliche Person einen Kiesel in einen Sack tat. Auf dem Sack war das Symbol des Dorfes aufgenäht, aus dem er kam. So trug beispielsweise der Sack eines Dorfes von Korbflechtern einen Korb als Emblem. Diese Säcke wurden nach Abome geschafft, entweder durch die Dorfvorsteher selber oder durch die Distriktsvorsteher, denen die einzelnen Dorfvorsteher die Säcke übergeben hatten. Wenn der Vorsteher vor dem König erschien, wurde ihm mitgeteilt, welchem Armeekorps die Männer seines Dorfes zugeteilt waren.

Nachdem die Armee zusammengestellt worden war, führte man die Zählung der Frauen durch. Der Kommandant jeder Einheit wurde aufgefordert, jeden Soldaten nach der Zahl der Frauen in seiner Familie zu fragen. Auch diese wurden, nach Dörfern geordnet, in Form von Kieseln festgehalten und dies dem Palast mitgeteilt. Frauen in Familien, deren Männer in diesem Jahr nicht in den Krieg gezogen waren, wurden später gezählt, nachdem eine Kommission von Kriegsanführern aus jedem Dorf einen Bericht über die Zahl der Männer erhalten hatte, die nicht zum Kriegszug erschienen waren. Bei dieser Gelegenheit wurde gleich nachgeprüft, wie weit die einzelnen Dörfer dem Aufruf zu den Waffen nachgekommen waren. Den einzelnen Dörfern wurde jedoch keine bestimmte Kämpferquote vorgeschrieben. Nachdem der Krieg beendet war und die Armeekommandanten gemeldet hatten, wieviele Männer aus jedem Dorf dem Aufruf nachgekommen waren, wurde diese Zahl mit jener der Kiesel verglichen, die die gesamte männliche Einwohnerschaft jedes Dorfes festhielt. Stellte es sich heraus, daß die Zahl der Soldaten weniger als die Hälfte der männlichen Gesamtbevölkerung des Dorfes betragen hatte, dann wurde der Dorfvorsteher erwürgt.

Bei der Wirtschaftsstatistik und der Besteuerung des Viehbestandes[10] verfuhr man folgendermaßen: Der König eröffnete die jährliche Schweinezählung, indem er die erblichen Vorsteher der Schlächter aufforderte, die Namen jener Dörfer bekanntzugeben, in denen sie ihre Schweine kauften. Dann wurde eine Botschaft in die genannten Dörfer geschickt, in der die Häuptlinge und alle jene, die Schweine zu verkaufen hatten, mit der Begründung an den Hof berufen wurden, daß der König einen neuen Preis für Schweine festsetzen wolle. Vor seiner Fahrt zum Hof hatte der Dorfvorsteher die Gesamtzahl der Schweine in seinem Dorf zu ermitteln, und dies diente dann zur Prüfung der Korrektheit der

Berichte, die jeder Dorfbewohner über seinen Schweinebestand geliefert hatte. Dann wurde ein kompliziertes Prüfungssystem in Gang gesetzt. Als erstes wurde den Dorfbewohnern die Schlachtung von Säuen für die nächsten sechs Monate verboten. Damit sollte die Zahl der Sauen auf dem jeweiligen Stand fixiert werden, damit diese Zahl in den folgenden Berechnungen der Gesamtzahl als Konstante berücksichtigt werden konnte. Zweitens wurde allen Zollstationen im ganzen Königreich die Order übermittelt, keine Schweinetransporte durch ihre Tore zuzulassen. Und schließlich wurde allen Marktbeamten befohlen, die Köpfe aller Schweine, die in den folgenden sechs Monaten verkauft würden, in den Palast zu bringen. Am Ende dieser Sechsmonatsperiode meldeten die Dorfvorsteher die Zahl der in ihrem Dorf vorhandenen männlichen Schweine und diese Zahl, plus der Zahl der in dieser Periode im Palast abgelieferten Schweineköpfe, sollte zumindest ebensogroß sein, wie die zu Beginn der Periode gemeldete Gesamtzahl. Wenn es sich herausstellte, daß zuviele Schweine geschlachtet und verkauft worden waren, dann wurde der Verkauf von Schweinefleisch für die Dauer eines Jahres eingestellt. Die Viehsteuer wurde auf Grund der solcherart gesammelten Statistiken berechnet. Die Schlächter wurden nach der Anzahl der von ihnen geschlachteten Tiere besteuert, und außerdem wurde jedem, der Schweine aufzog, eine Grundabgabe von einem Tier pro Jahr auferlegt.

Bei anderen Tieren – Rindern, Schafen und Ziegen – war die Kontrolle weniger systematisch. Eine Zählung dieser Tiere gab es nur etwa alle drei Jahre. Zu solchen Anlässen wurde von einem Ausrufer auf dem Marktplatz eine »Katastrophe« verkündet, vielleicht eine Epidemie unter den Rindern, eine Dürre oder irgendein anderer zu diesem Anlaß erfundener Übelstand. Alle Besitzer von Rindern wurden aufgefordert, eine Kaurimuschel pro Stück Vieh als Opfer zur Beschwichtigung der Götter abzuliefern, und diese Muscheln wurden im ganzen Königreich eingesammelt. Eine Palastbeamtin legte für jede Muschel einen Kiesel beiseite, wobei die Haufen für jede Tierart getrennt gehalten wurden, und plazierte jeden Kieselhaufen in einen separaten Sack, ehe die Kaurimuscheln an den Tempel weitergeleitet wurden. Ein auf jeden Sack aufgenähtes Zeichen zeigte an, welche Tierart darin festgehalten war: ein Horn für Rinder, ein Bart für Ziegen, Unkraut und eine Zunge für Schafe, und wenn Schweine in die

Zählung einbezogen waren, ein Schlächtermesser auf dem Sack für Schweine. Die Abgabe wurde aufgrund dieser Zählung berechnet, wobei jedes Dorf einen bestimmten Prozentsatz seines Bestandes an den Palast abzuliefern hatte, im Falle von Ziegen etwa 12,5 Prozent. Die Berechnung dessen erfolgte, indem man aus jeweils vierzig Tieren fünf nahm, oder jedes achte Tier aus der Gesamtzahl.

Steuern und Abgaben

Die Quellen der königlichen Einkünfte, außerhalb des Palastes und seiner Plantagen, waren ein umfassendes System von Steuern, Abgaben und Kontributionen. Die Besteuerung war in Dahome allgemein und mit einem zweckmäßigen System der Einhebung, Rechnungslegung und Prüfung verbunden. Häufig verwendete man indirekte Methoden der doppelten Überprüfung, um Steuerhinterziehungen auf die Spur zu kommen.[11] Besteuert wurde jegliche Art von Produkt im ganzen Königreich, ebenso der Binnenhandel, und das ganze Steuersystem war mit verschiedenen Maßnahmen der ökonomischen Planung und Kontrolle verbunden, die im folgenden Abschnitt besprochen werden.

Das Fleisch für den Palast wurde von verschiedenen Gruppen von Jägern geliefert. Die Jagd war eine wichtige Fleischquelle für die gesamte Bevölkerung. Der Verbrauch an Wildfleisch war wahrscheinlich größer als der von Fleisch von Haustieren, und die jährliche Jagd ist immer noch ein Merkmal des Lebens in Dahome. Es gab zwei Jagdvorsteher am Hofe, einen für die Jäger und einen für die Fischer, sowie einen Jagdvorsteher *(Dega)* in jedem Dorf. Die Zahl der Jäger wurde alljährlich im Verlauf der zeremoniellen Riten am Schrein der Jagdgöttin nahe von Abome ermittelt. Aufgrund dieser Zählung wurden die *Dega* in dreizehn Gruppen eingeteilt, vier *Dega* für jeden Dahomeschen Monat, und jede der dreizehn Gruppen hatte einen Monat lang das Fleisch für den Palast zu liefern. Zusätzlich wurden die Köpfe aller erlegten Tiere zur Schmückung der Eingangspforte zum Palast geschafft. Die den Fischern auferlegte Steuer wurde in Form getrockneter Fische bezahlt, und vermutlich auf ähnliche Weise eingesammelt, wie bei den Jägern.

Was die Haustiere betrifft, so wurden alle Personen, die

Schweine hielten, einmal jährlich bemessen. Die Schlächter wurden aufgrund der Anzahl der geschlachteten Tiere besteuert. Rinder, Schafe und Ziegen wurden alle drei Jahre besteuert, wobei eine bestimmte Anzahl von Tieren abgeliefert werden mußte, beispielsweise jede achte Ziege. Die im Zusammenhang mit diesen Steuern praktizierten Prüfungs- und Berechnungsmethoden werden unten beschrieben.

Pferde hingegen befanden sich nur im Besitz bestimmter hochstehender Personen. Für jedes Pferd wurde eine Jahressteuer von viertausend Kaurimuscheln eingehoben. Kontributionen in Form von Honig, Pfeffer und Ingwer wurden von zwei Distrikten nahe von Abome geleistet, die diese produzierten. Diese Produkte wurden als Militärgüter betrachtet und ihre Erzeugung streng überwacht.

Die Besteuerung von Salz beruhte ebenfalls auf strengen Kontrollen. Salz wurde durch die Verdunstung von Meerwasser gewonnen, und die Erzeugung beschränkte sich auf die Küstenstadt Whydah. Die in zwei Bezirken von Whydah wohnenden Salzarbeiter mußten die Salzpfannen ausheben, in denen der Verdunstungsprozeß vor sich ging, und die Genehmigung für das Ausheben mußte beim Stellvertreter des Königs eingeholt werden. Jeder Salzarbeiter hatte dem König alljährlich zehn Säcke Salz (etwa acht Kilogramm) abzuliefern. Diese Säcke wurden beim Vizekönig von Whydah deponiert, der für jeden eingegangenen Sack einen Kiesel beiseite legte, und diese »Salzkiesel« zu festgesetzten Zeiten nach Abome sandte. In Abome wurden die Kiesel nach Zehnergruppen abgezählt, um auf diese Weise die Zahl der Salzarbeiter zu ermitteln. Die Ehrlichkeit des Vizekönigs wurde durch eine weitere Prüfung kontrolliert, indem man einen anderen Hofbeamten in die Quartiere der Salzarbeiter nach Whydah entstandte, wo er die Zahl der in Betrieb befindlichen Salzpfannen überprüfte. Diese Zahl mußte mit der vom Vizekönig vorgelegten übereinstimmen, und jegliche Diskrepanz bedeutete ein schweres Vergehen, für das der Vizekönig durch Entzug der seinem Amt zustehenden Einnahmen für die Dauer eines Jahres bestraft werden konnte. Aus den Eingängen dieser Steuer versorgte der König seinen Haushalt und wahrscheinlich auch die Armee.

Die Einzelschmiede war die Einheit für die Rechnungslegung, Besteuerung und andere in Verbindung mit Eisen stehenden

Maßnahmen. Im ganzen Land gab es zwölf Schmieden, die Hacken herzustellen hatten. Die Produktion von Hacken war auf diese Schmieden beschränkt, von denen jede einzelne unter der Aufsicht eines Beamten stand, der die Produktion überwachte. Da die Schmieden keine Hacken direkt verkaufen durften, mußten alle Verkäufe auf dem Markt und unter der Aufsicht von Marktbeamten getätigt werden. Der Marktvorsteher oder sein Stellvertreter hatten jeden Verkauf einer Hacke zu beglaubigen, den Verkauf durch Plazierung eines Kiesels in einem Kasten festzuhalten, der mit dem Zeichen der Erzeugerschmiede versehen war. Jede Schmiede hatte ihr eigenes Zeichen. Dieses wurde den Erzeugnissen der Schmiede eingeprägt. Diese Zeichen waren im Palast registriert und wurden allen Marktbeamten mitgeteilt. Jeder Marktvorstand hatte zwölf solche Kästen, einen für jede Schmiede, und wenn einer davon voll war, wurde er nach Abome transportiert und dort durch einen leeren ersetzt. Eine zusätzliche Zählung der Produktion erfolgte dadurch, daß die Schmiede in den Palast gerufen wurden, um über die Zahl der von ihnen hergestellten Hacken Auskunft zu geben. Von der Gesamtzahl der angegebenen Hacken wurde dann die Zahl der auf dem Markt verkauften abgezogen und so die Zahl der vorhandenen ermittelt. Die Besteuerung wurde aufgrund dieser Ermittlung festgesetzt. Der König übergab jedem Schmied einen symbolischen Eisenbarren und befahl ihm, eine bestimmte Anzahl von Kartuschen herbeizuschaffen, etwa so viele, wie die Zahl der unverkauft in der Schmiede lagernden Hacken ausmachte.

Andere Schmiede, die nicht mit der Herstellung von Hacken befaßt waren, wurden von den Priestern des Eisengottes *(Gu)* gezählt. Jede Schmiede hatte ihren eigenen, dieser Gottheit geweihten Schrein, und zu bestimmten Zeiten rief der König die Priester zusammen und übergab ihnen die Hähne, die für das alljährliche Fest dieser Gottheit bestimmt waren. Die Zahl der Schmieden im Königreich wurde dann dadurch festgestellt, indem man die Zahl der den Priestern übergebenen Hähne von der Gesamtzahl der vor der Verteilung im Palast vorhanden gewesenen abzog. Die Zahl der Schmiedearbeiter hingegen wurde ermittelt, indem man die Priester fragte, wieviele in ihrer Schmiede tätig seien. Die Weber und Holzfäller hatten ebenfalls einen bestimmten Anteil ihrer Erzeugnisse abzuliefern.

Der Binnenhandel wurde auch besteuert. Man benützte ein

»Paßsystem« zur Zählung der Träger, die Güter durch die Zollstationen trugen, und zur Bemessung der Abgaben auf solche Transporte. Es gab ein Zollhaus an der Einfahrt jeder Stadt, an bestimmten Plätzen der Lagunen und an den Pforten der europäischen Handelsniederlassungen. Während der traditionellen Jahresversammlung »wurde der öffentliche Ausrufer auf die Märkte geschickt, um zu verlautbaren, daß sich alle Träger bei einem bestimmten Beamten zu melden hätten ... Als sich die Männer meldeten, nannte jeder seinen Namen und zeigte heimlich irgendeine Art von Zeichen vor, das seinen Paß darstellte. So mochte einer eine kleine Kette benützen, deren Glieder er zählte, und die je ein Glied für jeden Zollschranken aufwies, den er passieren mußte, während Gegenstücke der Kettenglieder bei allen Zollwärtern vorhanden waren. Ein anderer mochte ein kleines Stück Raffiastoff vorweisen ... von dem gleichartige Stücke an alle Beamten der Zollstationen verteilt worden waren. Wenn ... ein solcher Träger ... bei einem Zollschranken eintraf, wurde er nach seinem »Paß« gefragt und zeigte dann das Stück Stoff vor. Dieses wurde dann mit den Stücken verglichen, die inzwischen beim Wärter eingelangt waren, und wenn es auch nur einen geringfügigen Unterschied zwischen den beiden gab, dann wurde dessen Träger gefesselt und ins Gefängnis geworfen.«[12]

Die Bemessung der Steuer wurde folgendermaßen durchgeführt: »Jedesmal, wenn ein bestimmter Träger irgendeinen Zollschranken passierte, wurde dort ein Kiesel beiseitegelegt, und am Ende des Jahres wurde seine Steuer aufgrund der Zahl seiner Reisen festgesetzt.«[13]

Die Erhebung anderer Steuern wurde durch die Notwendigkeit des Transports der Güter erleichtert. So durfte, beispielsweise, Pfeffer mit Ausnahme geringfügiger Mengen nur in bestimmten Distrikten angepflanzt werden, die sich in einiger Entfernung von den Märkten befanden. Dadurch konnte die in Form von Kaurimuscheln zu entrichtende Steuer beim Transport eingehoben werden.

Naturalsteuern wurden auf örtlichen Märkten in Form von »Proben« eingenommen, die von jeder auf dem Markt verkauften Warenart erhoben wurde. Indessen stellte Forbes fest, daß »auf allen Märkten stationierte Steuereinheber ... eine Anzahl von Kauris einheben, die sich nach dem Wert der zum Verkauf gebrachten Güter richtet.«[14]

Duncan erwähnt auch eine jedem Einwohner von Dahome auferlegte Kopfsteuer, die für einzelne Persönlichkeiten sehr hoch sein konnte. So wird berichtet, daß beispielsweise jeder Sklave des Vizekönigs von Whydah eine jährliche Kopfsteuer in Kaurimuscheln im Wert von 4000 Dollar (sic) bezahlt habe.[15]

Beim Tod eines Beamten wurde eine Erbschaftssteuer auf folgende Weise erhoben: Als erstes wurden die Habseligkeiten des Verstorbenen in den Königspalast von Abome geschafft. Dann entschied der König, ob der Sohn des Verstorbenen das Amt des Vaters übernehmen sollte oder ob es jemand anderem übertragen würde, zum Beispiel einem Soldaten, der sich in der Schlacht ausgezeichnet hatte. Der Sohn konnte nur dann das Vermögen des Vaters erben, wenn er auch das Amt übertragen bekam. Da der König das Eigentumsrecht über allen Besitz und Boden in Dahome innehatte, kam die Rückgabe der Habe des Vaters einem Geschenk gleich. Gleichzeitig wurde ein Teil der Erbschaft vom König einbehalten.[16]

Alle landwirtschaftlichen Produkte wurden grundsätzlich besteuert. Jedes Jahr nach der Ernte zählten der »Landwirtschaftsminister«, der *Tokpo,* und seine Gehilfen die Getreidespeicher des Königreichs, in denen die Ernte eingelagert war, und erhoben separat die vorhandenen Mengen an Mais, Hirse, Erdnüssen, Bohnen und Yamswurzeln. Anläßlich der Inspektion der Speicher wurde auch gleich die Zahl der landwirtschaftlichen Beschäftigten mit jener verglichen, die bei der bereits erwähnten Volkszählung ermittelt worden war, um festzustellen, ob auch alle gezählt worden waren. Nach Einlangen aller Berichte setzte der König die Steuern für landwirtschaftliche Erzeugnisse fest, wobei jedem Dorf als Einheit ein entsprechender Steueranteil auferlegt wurde.

Totengräber hatten eine Abgabe zu entrichten, die sich nach der Anzahl der Begräbnisse richtete. Die Familie des Verstorbenen mußte Kontributionen an den Palast leisten. Diese wurden nach einem Jahr für die Bezahlung von Begräbnissen von Fürsten, Häuptlingen und ausländischen Gefangenen verwendet, die eines natürlichen Todes gestorben waren und keine Familie in Dahome hatten. Die Gebühr für die Bestätigung des natürlichen Todes eines Sklaven betrug 3000 Kaurimuscheln.

Gelegentlich finden sich Hinweise auf Lösegeld, das für Gefangene verlangt wurde, und auf einige Einnahmen durch konfiskatorische Strafgebühren und Strafen. Andere Quellen für Staatseinkünfte waren die den unterworfenen Städten auferlegten Steuern und Tribute sowie die Einkünfte aus dem Außenhandel.

Königliche Äquivalenzen

Zu den Pflichten des Königs gehörte auch die Bekanntgabe bestimmter Äquivalenzen, die während seiner Herrschaft Gültigkeit haben sollten.

Es gab im Leben Dahomes zahlreiche Äquivalenzen gewohnheitsrechtlicher Art, wie die Zahlungen, die bei der Eheschließung den Eltern der Braut zustanden, die Ritualgebühren der Priester und verschiedenen Dorfbeamten bei feierlichen Anlässen, der exakt berechnete Geschenkaustausch zwischen Verwandtschaftsgruppen bei Begräbnissen usw. Es handelte sich hierbei um gewohnheitsrechtliche Äquivalenzen und nichts weist darauf hin, daß sie von einer Herrschaft zur anderen eine Änderung erfuhren.

Die für Importwaren geltenden Äquivalenzen wurden vom König verkündet. Dalzel berichtet, König Adahoonzou »proklamierte, daß kein Händler auf irgendeinem Markt für einen männlichen Sklaven mehr als zweiunddreißig Cabessen Kauri und für eine Sklavin mehr als sechsundzwanzig Cabessen bezahlen solle . . .«, und der König selbst kaufte Sklaven zu diesem Preis, »womit er jenen Preis bezahlte, den er selber, in Form aufgefädelter Kaurimuscheln, an der Pforte des Palastes festgesetzt hatte.«[17] Dem Commander Wilmot teilte der König mit, sein Preis für einen Sklaven sei »80 Dollar plus 4 Dollar Zoll auf jedem.«[18] Auch die Hafengebühren »waren unter der jeweiligen Herrschaft verschieden.«[19]

Hinsichtlich der Marktpreise war die Situation etwas anders. Während sie gewöhnlich von örtlichen Körperschaften festgesetzt wurden, oblag es der Verantwortung des Königs, das allgemeine Niveau festzulegen, das während seiner Herrschaft gelten solle, und solche Änderungen vorzunehmen, die durch Knappheit oder Überschüsse bei den Vorräten notwendig werden mochten. Schließlich wurden in schwierigen Zeiten, wie jenen, die offenbar zur Regierungszeit des Königs Gelele herrschten, sämtliche Äquivalenzen erhöht. Gelele scheint sogar eine Art

Zehnjahresplan eingeführt zu haben. Laut Burton, »wird berichtet, Gelele sei entschlossen, seine Untertanen zehn Jahre lang an die Kandare zu nehmen, von denen sechs Jahre bereits verstrichen sind. Nach dieser Zeit wird man sie einer ehrlichen Beschäftigung zuführen, und die Nahrungsmittel werden so billig sein, daß ein Mann von einer Kaurimuschel pro Tag wird leben können.«[20] In diesen sechs Jahren wurden die Äquivalenzen um das vierfache erhöht. »Die Preise haben sich in den letzten sechs Jahren vervierfacht«, sagt Burton, und weiter: »Ein *Cankey-ball* (der Dahomer Viertellaib) brachte unter dem alten König drei Kauris – heute ist er zwölf wert.«[21]

In Dahome waren die Äquivalenzen monetarisiert, das heißt, sie wurden in Kauris ausgedrückt. Ihr Charakter als erklärte Äquivalenzen war jedoch unverkennbar. Sie wurden nicht nur amtlich geregelt, sondern änderten sich verhältnismäßig selten und nahmen gewohnheitsrechtlichen Charakter an. Dies geht beispielsweise aus den von Forbes und anderen mitgeteilten Listen der Marktpreise hervor, in denen der Preis jeder Sache als der für diese Zeit und diesen Ort vorherrschende Preis bezeichnet wird. Selbst die Bezeichnung der Zahlungsmitteleinheit konnte die ortsübliche Äquivalenz ausdrücken, wie in dem bekannten Beispiel der fünf Kaurimuschelschnüre, die »Galinha« genannt wurden, »weil dies der Preis eines Stücks Federvieh war.«[22]

So etwas wie ein Arbeitsmarkt existierte nicht. »Wie Mungo Park im vorigen Jahrhundert feststellte«, bemerkte Burton, »ist dem Neger bezahlte Arbeit unbekannt. Die afrikanischen Sprachen kennen nicht einmal das Wort dafür.«[23] In Whydah wurden zu Forbes' Zeiten Kanumänner und Träger, zumeist Fremde aus anderen Küstengegenden, von ihren Häuptlingen als Arbeitsgruppen »verliehen«. »Die Ernährung ... für Träger und Hängemattenleute ... kostet drei Schnüre Kauris pro Tag für Männer und zwei für Frauen.«[25] Die »Last« der Träger war ebenfalls festgelegt. Als einer von Duncans Trägern auf dem Marsch von Abome nach Whydah zurückfiel, wurde ein Bote zum Premierminister in die Hauptstadt entstandt, der seinerseits »sofort neue Männer mit der Anweisung entsandte, die schurkischen Nachzügler zu bestrafen, da er, wie er sagte, jede einzelne ihrer Lasten persönlich geprüft und festgestellt hatte, daß sie allesamt erheblich unter der vorgeschriebenen Trägerlast gewesen waren.«[26]

Soweit aus den vorhandenen Materialien ersichtlich ist, gab es keine ersatzweisen Äquivalenzen, die es gestattet hätten, anstelle einer Art von Gütern eine andere in Zahlung zu geben, etwa zur Bezahlung von Steuern. Die Steuern auf landwirtschaftliche Erzeugnisse wurden in Naturalien erhoben, und es wird von keiner Ersatzmöglichkeit berichtet.

Die Vergabe öffentlicher Arbeiten war ebenfalls eine Sache des Königs. Wie Dalzel berichtet, »ruft der König seine Caboceer zu sich und verteilt die Arbeit an sie, wobei er ihre Leute für ihre Mühe bezahlt.«[27]

Der Zustand der Straßen wird, wie erwähnt, zur Zeit des traditionellen Jahresfestes überprüft. Dalzel berichtet ferner, wie der König seine *Caboceer* beauftragte, eine Straße von Abome nach Whydah zu bauen, »und jedem ein Stück Schnur mitgab, durch welche die Breite der Straße bestimmt wurde.«[28]

Der König demonstrierte seine Sorge um die Familie durch die Einsetzung »öffentlicher Frauen«. Es gab, laut Burton, in Dahome »öffentliche Frauen, eine organisierte und königliche Institution, die vom Palast eingesetzt war ... Der derzeitige König hat eine neue Gruppe von Freudenmädchen ernannt, doch haben sie bisher noch keine Erlaubnis zur Ausübung ihrer Tätigkeit erhalten«.

In diesem Fall leitete sich sogar ihre Bezeichnung von der Äquivalenz her: »Zuerst betrug das Honorar zwanzig Kauris; daher die allgemein gebräuchliche Bezeichnung ›Ko-si‹, Zwanzigerfrau ... nach einem Ministereinspruch wurde die Entschädigung auf vier Kaurischnüre oder um das vierfache erhöht.«[29]

Der König wies diesen Frauen Wohnstätten in verschiedenen Teilen des Königreichs zu, »um den Frieden in den Privatfamilien zu gewährleisten«. Norris erklärt, eine solche Vorsichtsmaßnahme sei notwendig gewesen, da Personen von Rang die meisten Frauen für sich beanspruchten und die Strafen für Ehebruch schwer waren. Dazu kam noch, daß von den Männern Dahomes verlangt werden konnte, sich bis zu drei Jahre nach der Geburt eines Kindes des geschlechtlichen Umgangs mit ihren Frauen zu enthalten, da, wie man glaubte, ansonsten spätere Kinder kränklich sein würden.[30]

Der staatliche Bereich Dahomes war mit dem königlichen Haushalt und der Palastwirtschaft eng verknüpft. Es gab keine klare Trennung zwischen dem Einkommen und den Funktionen des Palastes auf der einen Seite und dem Staat auf der anderen. Ihre Aufgaben waren untrennbar verbunden. Aus diesem Grund haben wir sie unter der Bezeichnung Palastwirtschaft zusammengefaßt.

So betrug nach manchen Schätzungen die Zahl der Frauen des Königs an die zweitausend. Viele von ihnen spielten eine bedeutende Rolle in der staatlichen Verwaltung. Andere waren mit verschiedenen Handwerken beschäftigt. Sie alle wohnten im Palast von Abome und im königlichen Palast in Akpueho.

Im Palast von Abome residierten außerdem viele Mitglieder der Amazonen, des stehenden Heeres von Dahome, das bis zu schätzungsweise fünftausend Frauen umfaßte.[31] Andere weibliche Bewohner des Palastes waren die große Zahl von Sklavinnen im Dienst des Harems und die alten Frauen des Haushalts, die für die Pflege der Gräber der toten Könige verantwortlich waren. Eine von mehreren Schätzungen bezifferte die Zahl der Frauen im Palast von Abome, einschließlich der Amazonen, auf drei- bis viertausend.[32]

Manche Sprößlinge des Königs fungierten als Spezialboten und erfüllten andere Aufgaben im Dienste des Königs. Burton schätzte die Zahl der königlichen Nachkommen auf etwa zweitausend. Le Herisse nennt eine weitaus höhere Zahl, nämlich zwölftausend.[33]

Dahome verfügte über eine umfangreiche Staatsbürokratie, bestehend aus Ministern, Verwaltern, Rechnungsprüfern, Zolleinnehmern, Polizisten und anderen. Die wichtigsten Funktionäre von Abome wohnten zwar in ihren eigenen Häusern, wurden aber vom Palast mit Nahrungsmitteln versorgt.[34]

Der Palast selbst war ein imposantes Gebäude. Jeder Monarch ließ eine eigene Pforte errichten, eine Öffnung in der Mauer, die durch starke Holztüren verschlossen war. Vor dieser Pforte wurde entlang der Mauer ein langer Schuppen errichtet, etwa zwanzig Fuß breit und sechzig Fuß hoch, der mit einem abfallenden Strohdach gedeckt war. Hier pflegte der König, auf Matten hingestreckt, Recht zu sprechen und seine anderen königlichen

Verpflichtungen zu erledigen, während der Hofstaat rund um ihn auf dem Boden hockte.

Die königlichen Plantagen waren eine der Einnahmequellen des königlichen Haushalts. Sie lieferten Palmöl und andere Produkte. Öl und Palmkerne wurden aus dem königlichen Palast von Akpueho nach Whydah exportiert. Die königlichen Plantagen wurden von Haussklaven betreut, die einen Sonderstatus genossen und nicht verkauft werden durften.

Im Palast von Akpueho waren auch verschiedene Handwerker untergebracht, die unter anderem Stoffe und Pfeifen herstellten. Hier wurden die Stoffe für den König und andere Mitglieder des königlichen Haushalts gewebt. Längliche Vorratsschuppen beherbergten Mais und andere Vorräte. Hier befanden sich auch Färbehäuser und Töpferwerkstätten, in denen ebenfalls Frauen des Königs tätig waren. Zu den kleineren Einnahmequellen zählten die Elefantenjagden der Amazonen. Sie lieferten nicht nur Fleisch für Festmahle, sondern auch Knochen und Schädel für die Fetischhäuser, sowie Stoßzähne und Zähne für den Export aus Whydah.

Verwaltung und Dualität

Die Verwaltung von Dahome zeichnete sich durch Ehrlichkeit, Genauigkeit und Verläßlichkeit aus. Nach dem Urteil Gautiers wurde ihre Leistung von keinem anderen afrikanischen Staat übertroffen. Man benutzte praktisch automatisch funktionierende Prüfungs- und Kontrollmethoden. Man verwendete mnemotechnische und arithmetische Hilfsmittel zur Bewältigung administrativer Details. Wie wir sehen werden, wurden auch institutionelle Prüfungen von einzigartiger Wirksamkeit praktiziert. Eine originelle Methode wurde aus den Geschlechtsunterschieden entwickelt, nach der Amtsträger aller Stufen paarweise miteinander verbunden waren, wobei der männliche Teil den Dienst versah und der weibliche die Kontrollfunktion innehatte. Burton berichtet, »Dahomes Beamte, männlich oder weiblich, hohen oder niedrigen Ranges, treten immer paarweise auf.«[35] Der diesbezügliche Anstoß kam von oben und gehörte zum staatlichen Bereich. Ein zusätzlicher, noch tiefer- und weitreichender Anstoß kam aus dem nichtstaatlichen Sektor und wirkte als spontaner Schutz oder Autonomie. Die Ahnenverehrung samt ihren in jedem Haus vorhandenen Schreinen, das Zusammendrängen um die Fetischhäuser und noch mehr um die in allen Sippenverbänden vorhandenen Kulthäuser schufen eine Atmosphäre des Glaubens, die einen antibürokratischen Druck erzeugte. Die gefühlsmäßigen Grundlagen der Gesetzesherrschaft waren dadurch internalisiert und machten auf diese Weise bei der Masse der Bevölkerung einen staatlichen Herrschaftsapparat überflüssig.

Die erstaunliche Methode, sich auf die Dualität der Geschlechter zu stützen, wurde mit großer Gründlichkeit durchgeführt. Im königlichen Verwaltungssystem war alles nach Paaren, ja sogar multiplen Paaren eingerichtet. Vor allem hatte jeder Beamte des Königreichs sein weibliches Gegenstück, oder »Mutter«, die im königlichen Wohnbezirk lebte. Somit verfügte der König innerhalb seines Palastes über ein komplettes Gegenstück zum Verwaltungsapparat des ganzen Königreichs. Diese weiblichen Beamten wurden *Naye* genannt. Jede dieser Frauen war verpflichtet, über alle Verwaltungsangelegenheiten ihres männlichen Gegenstücks genauestens Bescheid zu wissen und seine Tätigkeit ständig zu überprüfen. Herskovits beschreibt, wie dies vor sich ging: »Betrachten wir, beispielsweise, eine dieser *Naye*, die sich die früheren Berichte des *Yovoga* zu merken hatte, der seinerseits als Aufseher der Küstendistrikte die Salzarbeiter kontrollierte. Diese bestimmte *Naye*, welcher der *Yovoga* seinen Bericht erstatten mußte, wurde als *Yovogano* – »Mutter des *Yovoga*« – bezeichnet und war stets anwesend, wenn sich Hofkommissionen mit Fragen der Salzproduktion befaßten. Sie verfügte bereits über den Bericht der unabhängigen Funktionäre, die der König zur Überprüfung der Salzproduktion ausgesandt hatte, und ihre Aufgabe war es nun, darauf zu achten, daß der Arbeitsbericht, den der *Yovoga* vorlegen und verantworten mußte, dem anderen Bericht entsprach ... Es war eine feststehende Gewohnheit des Königs, niemals einen seiner Beamten anzuhören, wenn er nicht vorher mit der *Naye* gesprochen hatte, welche die ›Mutter‹ dieses Häuptlings war.«[36]

Eine weitere Gruppe von Frauen, die *Kposi* oder »Frauen des Leoparden«, beaufsichtigten die *Naye*. Hier gab es wiederum zwei Gruppen von *Kposi:* die eine, aus acht Frauen bestehend, war stets anwesend, wenn der König seine Berater in Audienz empfing, die andere, ebenfalls aus acht Frauen bestehend, war immer dabei, wenn Minister oder Priester Bericht erstatteten – seine »Mutter«, die acht *Kposi,* die immer anwesend waren, und jene acht anderen spezialisierten Zeuginnen, die herangezogen wurden, wenn bestimmte Minister berichteten.

Auch die gesamte Armee war dualistisch organisiert. Die Armee war in zwei Flügel eingeteilt, den rechten und den linken, und jeder Flügel wiederum in einen männlichen und einen weiblichen Teil. Jeder Mann, vom höchstrangigen Offizier bis hinunter zum letzten Soldaten, hatten ein weibliches Pendant im Palast. So wurde zum Beispiel der rechte Flügel vom *Mingan* oder Premierminister von Dahome befehligt, sein Gegenstück war die *»She-Mingan,* die, weil im Palast befindlich, den Vorrang hat«.

Forbes berichtet über die Armee: »Die Gesamtarmee ist in zwei Brigaden unterteilt, die des *Miegan* und die des *Mayo,* die rechte und die linke ... In der rechten gibt es zwei *Miegans* und zwei *Agaous,* die eine aus Männern und die andere aus Amazonen bestehend, und die gleiche Art der Rangeinteilung erstreckt sich in jeder Brigade bis hinunter zum einfachen männlichen und weiblichen Soldaten. Dieses militärische Rangverhältnis wird als Vater und Mutter bezeichnet. Und ... wenn der männliche Soldat beschuldigt wird, dann appelliert er an seine ›Mutter‹ für ihn zu sprechen.«[37]

Allen Besuchern des Hofes von Abome wurde eine »Mutter« zugewiesen, die sich für die Dauer ihrer Anwesenheit um ihre Bedürfnisse kümmerte und bei allen Audienzen anwesend war, die der König dem Gast gewährte.

Nach der Thronbesteigung behielt der König jene Minister, die seinem Vater gedient hatten, ernannte jedoch jüngere Männer von hohem Rang zu seinen eigenen Repräsentanten. Dies hatte den Zweck, jüngere Männer in ihre Pflichten einzuweisen, während sie gleichzeitig als Kontrolle über die älteren Politiker fungierten.

In den Staatsverband von Dahome aufgenommene Provinzen durften ihre eigene Verwaltung beibehalten, wenn sie sich freiwillig angeschlossen hatten, doch konnte ein Vertreter des königlichen Hofes, der als eine »Königsfrau« bezeichnet wurde, als Resident zu dem örtlichen Caboceer entsandt werden, um dessen Angelegenheiten im Namen des Königs zu überwachen.

»Im Hause jedes Ministers wohnt eine Königstochter und zwei Beamte: diese überwachen die Handelstätigkeit des Ministers, für die er einen aufgrund ihrer Berichte berechneten Tribut abzuliefern hat. Kommt es zu einer Meinungsverschiedenheit, bei dem die Interessen des Königs auf dem Spiel stehen, dann erstatten diese Beamten persönlich Bericht; ist die Meinungsverschiedenheit ernster Natur, dann wird der Minister verhaftet oder mit einer Sachstrafe belegt.«[38]

Es ist natürlich paradox, wenn man von einer Reduzierung der Bürokratie spricht, angesichts einer Dualität, die eine Verdoppelung und Vervierfachung der Beamtenschaft bewirkt. Dennoch kann man die Tatsache nicht leugnen, daß sämtliche verläßlichen Beobachter, ob freundlich gesonnen oder nicht, hinsichtlich der überragenden Effizienz der zivilen und militärischen Einrichtungen Dahomes übereinstimmen.

Man darf die Möglichkeit nicht übersehen, daß hier ein soziales Element wirksam war, nämlich die Vorherrschaft weiblicher Charakteristika. Wir wollen keine Bewertung der jeweiligen Anteile der physischen und kulturellen Faktoren anstellen, die hier wirksam gewesen sein mögen, doch bleibt es eine Tatsache, daß in nur wenigen Gemeinschaften auf staatlicher Ebene Frauen in so hohem Maße für Aufgaben herangezogen wurden, die für das Funktionieren des Gemeinwesens entscheidend waren. Die Begabungen des weiblichen Geschlechts für die Aufnahme von Einzelheiten und das Erinnerungsvermögen für Fakten des Alltagslebens, auf denen der gesunde Hausverstand beruht, sind erprobt worden und haben sich bewährt.

Die anerkannte Qualität der Verwaltung und die bedeutende Rolle, die Frauen darin spielten, reichen indes nicht aus, um den Umfang zu erklären, in dem Frauen in Dahome bis in die höchsten Ebenen des öffentlichen Lebens herangezogen wurden. Dies verweist darauf, daß hinter den dualistischen Einrichtungen noch eine andere Motivation bestanden haben muß, die aus einer die Überlegungen der praktischen Effizienz übersteigenden seelischen Einstellung herrühren mußte.

Die Dualität war in der Tat ein alles durchdringender Faktor der Dahomekultur. Die Struktur des Beamtentums erstreckte sich dort nicht nur vertikal als Hierarchie, sondern auch horizontal durch Ausbreitung auf der jeweiligen Ebene. Eine Symmetrie, die alle Organe des Staates vom Feldheer bis hinunter zu dessen kleinster Einheit umfaßte, wäre ohne die Existenz tief eingewurzelter Kulturfaktoren nicht möglich gewesen. Diese Vorliebe für Paare prägte auch die Verwandtschaftsverhältnisse, den Aufbau des Pantheons und die Form der alltäglichen Wahrsagerei. Die Vorherrschaft des dualistischen Denkens, die vom Makrokosmos bis zum Mikrokosmos reichte, machte auch nicht vor der Person des Monarchen halt. Das Königtum selber wies eine »Doppelstruktur« auf. Der König hatte eine zweifache Funktion als Buschkönig und als Stadtkönig. Burton beschreibt dies so: »Eine der Besonderheiten des Monarchen von Dahome besteht in seiner Zweiheit ... also zwei in einem. So ist, beispielsweise, Gelele König der Stadt, und als Adde-kpon König des ›Busch‹; als König der Bauern und des Landes als Gegensatz zur Stadt.«[39]

Der Buschkönig verfügte über ein Duplikat der für den Stadtkönig existierenden Umwelt: für ihn war ein Palast nur sechs Meilen südwestlich von Abome reserviert, samt einem Beamtenkorps, welches ein Duplikat von dem des Stadtkönigs darstellte; in der Organisation der Armee hatte der Buschkönig seine männlichen und weiblichen Hauptleute; auf die traditionelle Jahresversammlung des Stadtkönigs folgte eine Wiederholung der Jahresversammlung des Buschkönigs; und auch hier gab es wieder eine »Mutter« für den Buschkönig und eine für den Stadtkönig. Skertchly berichtet: »Was auch immer in der Öffentlichkeit für den König (Gelele) stattfindet, wird dreimal wiederholt: erstens für die Amazonen, dann für den Adde-kpon und drittens für die Amazonen des Adde-kpon.«

In der Praxis war man von der alles durchdringenden Dualität geradezu besessen, und dies reichte von den frühesten mythologischen Vorstellungen von einer metaphysischen Ordnung bis hinunter zur häuslichen Vorliebe für Zwillingsgeburten. Die Freude an zahlreicher Nachkommenschaft mag diese Neigung hervorgebracht haben. Eine statistische Häufigkeit von Zwillingsgeburten könnte den allgemeinen Vorzug erklären, der auch solchen Nachkommen beigemessen wurde, die nahe an Zwillingen, nämlich nach, vor oder zwischen Zwillingsgeburten, geboren wurden.

An der Spitze des Pantheons von Dahome stand die Doppelgottheit *Mawu-Lisa.* »Der Idealtypus jeder Gruppierung im Reich der Götter», sagte Mercier, »ist ein Zwillingspaar beiderlei Geschlechts, oder in seltenen Fällen des vom selben Geschlecht.«[40] Er weigert sich, die kulturelle Interpretation des androgynen Elements im Zwillingskult weiter zu verfolgen, und wendet sich lieber dem Bericht der politischen Organisation zu, »in dem der Dualismus sofort augenscheinlich wird.«[41] Er denkt offenbar an die Institution des Buschkönigs, dessen *ökonomische* Bedeutung er als erster erkannte. »Die Doppelmonarchie«, schreibt er, »konnte sich nicht weiter durchsetzen, bis dann dem Geze enthüllt wurde, daß der Wohlstand Dahomes von ihrer Wiederbelebung abhing. Also installierte Geze den Gãpke, und Gelele den Adde-kpon, und alles, was für den einen getan wurde, mußte auch für den anderen getan werden.«[42] Auf diese Weise kam es im 19. Jahrhundert zu einer Wiederbelebung der uralten Sage von König Akaba und seiner Zwillingsschwester Xãgba, »die gemeinsam regierten, entsprechend der Lehre, daß Zwillinge stets gleich behandelt werden müssen.«[43]

Wir wenden uns nun der Frage der ökonomischen Funktion des Buschkönigs zu, der seinen Sitz in Kana hatte. Zur Zeit von Dalzel war Kana eine acht Meilen von Abome entfernt gelegene große Stadt mit etwa 15 000 Einwohnern. Norris zitierend, schrieb er: »Der König residiert häufig hier, und verfügt über ein weiträumiges Haus, das mit seinen Nebengebäuden fast soviel Boden bedeckt wie der St. James Park: es ist von einer hohen Lehmmauer umgeben, die ein Geviert bildet.«[44] Norris maß eine Seite und fand, daß sie 1700 Schritte lang war. Der Statur des Mr. Norris entsprechend, müssen dies etwa ebensoviele Yards oder eine englische Meile gewesen sein, stellt der Herausgeber von Norris Aufzeichnungen in einer Fußnote fest. »Etwa auf halbem Wege zwischen Kana und Abome liegt ein Landhaus des Königs, Dawhee genannt; die alte Familienresidenz und Kapitale ihres kleinen Territoriums, bevor sie aus ihrer ursprünglichen Verborgenheit hervortraten.«[45]

Die Gegend von Calmina – ein früherer Name von Kana – war sehr fruchtbar und ihre Feldfrüchte ernährten die benachbarten Städte.

Kana beherbergte eine königliche Begräbnisstätte und einen der ältesten und größten Marktplätze des Landes. Es entwickelte sich aus dem beliebten Erholungsort und der Begräbnisstätte der Familie zur Residenz der Schattenregierung und des Schattenhofes, sowie zu einer separaten Wirtschaftskapitale. Da Dahomes redistributive Ökonomie auf Naturalverkehr beruhte, kam dem Palast des Buschkönigs eine gesonderte wichtige Aufgabe zu. Er war ein Zentrum von Vorratslagern und Gewerbebetrieben und beherbergte große Mengen von Feldfrüchten, die als Abgaben eingehoben worden waren, und verteilte diese wieder zusammen mit Erzeugnissen des Gewerbes.

Die Trennung der in Kana konzentrierten ökonomischen Produktions- und Distributionstätigkeit vom königlichen Hof in Abome könnte vom administrativen, militärischen und technischen Gesichtspunkt eine nützliche, ja sogar notwendige Vorgangsweise dargestellt haben.

Von dem auf halbem Wege zwischen Abome und Kana gelegenen Dawhee-Palast konnte der König über eine gepflegte und bestens ausgebaute Straße innerhalb einer Stunde sowohl seine politische als auch seine ökonomische Hauptstadt erreichen. Die Schätze wurden im Simbony-Palast, das heißt, dem Großen Haus in Abome aufbewahrt und bewacht. Dazu gehörten Kaurimuscheln, Eisenbarren, Kleidungsstücke, Waffen, Munition und einige Möbel europäischer Herkunft. Auch die Versorgungsgüter für die umfangreiche Familie des Königs befanden sich hier. Daneben wurden an den Pforten des hauptstädtischen Schatzhauses Frauen für wohlhabende junge Männer zu einem Preis von bis zu 20 000 Kaurimuscheln geliefert. Ferner wurden dort die Rohmaterialen für die Waffen und Werkzeuge produzierenden Schmiede ausgegeben, ebenso die Entlohnung in Naturalien an verschiedene Handwerker sowie Baumaterialien für Befestigungen, Tore, Mauern, Brücken und strategische Straßen. Eine ständige Gefahr waren die Oyo. Seit 1712 war die hohe Tributzahlung *Agban*, die manchmal kurzfristig und unter Androhung eines verheerenden Reiterangriffs erhöht wurde, in Dahome eine ständige Quelle der Sorge. Sie wurde der Abordnung von Oyo alljährlich in Kana übergeben. Mehrere Zwischenfälle zeigen, wie unzuverlässig die angrenzenden Stämme trotz der Nähe der Hauptstadt waren. Mehrere Male mußte der König das Gebiet befrieden, um den königlichen Friedhof und den Marktfrieden zu schützen. Von alters her gab es in Kana eine Yorubasiedlung, die nach der verhängnisvollen Niederlage der Dahomas beim Aushandeln des Tributs zwischen Dahome und den Eroberern, den Oyo, als Vermittler fungierte. Einundvierzig Kisten mit je einundvierzig Gewehren bildeten Teil des *Agban*. Es war daher verständlich, wenn zumindest die Munition gut versteckt wurde.

11. Handelsplätze in frühen Gesellschaften

I

Diese Untersuchung soll den Nachweis des weltweiten Vorhandenseins jener ökonomischen Institution erbringen, der wir mangels eines besseren Ausdrucks die Bezeichnung »Handelsplatz« gegeben haben.[1]

Wie es scheint, bestand vor der modernen Zeit das typische Instrument des Überseehandels in einem Arrangement, das geeignet war, die Sicherheitserfordernisse des Handels unter frühstaatlichen Bedingungen zu erfüllen. Das allgemeine Auftreten von preisbildenden Märkten wird man als eine spätere Entwicklung betrachten müssen, die durch konkurrierende Gruppen von Käufern und Verkäufern gekennzeichnet und deren Tätigkeit von Marktpreisen bestimmt war. Auf dem Handelsplatz hingegen hatte die Verwaltung den Vorrang vor dem »ökonomischen« Prozeß des Wettbewerbs. Der Handel zwischen primitiven Gesellschaften, sei es in Form von Handelsexpeditionen, Geschenkaustausch, zeremoniellen Strandbegegnungen oder anderen Transaktionen zwischen Häuptlingen, sieht sich durch die Notwendigkeit des Transports der Güter über weite und ungeschützte Gebiete vor ein Sicherheitsproblem gestellt. In den Wüsten, in Gebirgen und auf hoher See gelten Raub und Piraterie als anerkannte Lebensweisen; auf dem Festland sieht sich der Fremde der Gefahr von Ausplünderung und Entführung preisgegeben; Küstenplätze sind vom Meer her und vom Hinterland bedroht. Der Handelsplatz war oft eine neutrale Örtlichkeit, ein Nachfahre des stillen Handels beziehungsweise des prähistorischen, mit niedrigen Wällen versehen und zum Meer hin offenen *emporium*, und der neutralisierten Küstenstädte. Die archaischen Gepflogenheiten umfaßten einen Handel, der zu festen Preisen und durch andere verwaltungsmäßige Mittel abgewickelt wurde. Die ortsansässigen Einwohner fungierten als Vermittlungsorgane, während Wettbewerb bei den Transaktionen vermieden wurde. Wo vorhanden, war er in den Hintergrund verwiesen oder bloß eine Randerscheinung.

Handelsplätze gab es seit dem zweiten Jahrtausend v. Chr. an der Nordküste Syriens; im ersten Jahrtausend in einigen griechischen Stadtstaaten in Kleinasien und am Schwarzen Meer; in den Negerkönigreichen von Whydah und später in Dahome an der Küste von Oberguinea; im Bereich der Atzeken und Mayas am Golf von Mexiko; an der Malabarküste im Indischen Ozean,[2] in Madras, Kalkutta, Rangun, Burma, Colombo und Batavia sowie in China.

Somit erweist sich der Handelsplatz als eine noch vor der Errichtung internationaler Märkte allgemein übliche Einrichtung des Überseehandels. Er befand sich in der Regel an Küsten- oder Flußplätzen, wo kleine Buchten oder ausgedehnte Lagunen den Überlandtransport erleichterten. Indessen konnte man eine ähnliche Einrichtung auch tief im Binnenland an der Grenze zweier geographisch verschiedener Regionen wie Hochland und Ebene finden, vor allem aber am Rande der Wüste, dem *alter ego* des Meeres. Die Karawanenstädte von Palmyra und Petra, Karakorum, Isfahan und Kandahar können als solche Quasihandelsplätze angesehen werden.

Bereits ein einfacher Umriß des Ursprungs und der Entwicklung des Handelsplatzes zeigt uns eine Anzahl von Formen, die an Umfang und Bedeutung ebenso vielfältig sind wie die Marktinstitutionen, für die im historischen Rückblick der Marktplatz als eine funktionelle Alternative erscheinen mag. Märkte können zwar voneinander so verschieden sein wie ein afrikanischer Buschmarkt von der New Yorker Börse, wie die internationalen Kapital-, Fracht- und Versicherungsmärkte von den Sklavenmärkten im amerikanischen Süden vor einem Jahrhundert, und doch handelt es sich bei allen um echte Märkte. In beiden Fällen, dem der Marktinstitution und dem des Handelsplatzes, ergeben sich aus historischer und anthropologischer Sicht erstaunliche Weiterungen.

Unter den an Flüssen gelegenen Plätzen, an denen im Altertum Handel getrieben wurde, wird man auch den babylonischen *kar* erwähnen müssen. Doch erhebt sich dabei die Frage, ob es sich hier um einen im wesentlichen wettbewerbsbestimmten Markt oder um einen verwalteten Handelsplatz gehandelt hat. Diese beiden Formen, eine echte Verwaltung und ein System preisbildender Märkte, schließen einander aus, obzwar manche ihrer Elemente gemischt vorkommen können. Von der Antwort auf das Wesen des babylonischen *kar* können wichtige Fragen bei der Datierung der antiken Zivilisationen abhängig sein.

Ein Hinweis auf verwaltungsmäßiges Handeln im ökonomischen Bereich mag manchen als eine direkte Aufgabe des Rationalen erscheinen, da ja, wie Max Weber lehrte, das Marktverhalten als Vorbild des Rationalen gewertet werden müsse. In dieser Hinsicht zeigt sich in der letzten Untersuchung[3] des großen Assyrologen Paul Koschaker eine gewisse Resignation. Er betrachtet eine vollentwickelte Marktwirtschaft als ein Gewebe von Verträgen oder Transaktionen. Dieses Gewebe sei aus rationalen Akten zusammengefügt und müsse somit auch logisch erklärt werden können. Akte der Verwaltung hingegen könnten keine Gleichheit des Austausches garantieren, da solche Akte das Resultat von Macht und nicht eines freien Vertrages seien. Koschaker war ausgebildeter Romanist und hatte fast im Alleingang unser gesamtes Wissen vom babylonischen Vertragsrecht zusammengetragen. Im Jahre 1942 veröffentlichte er einen Aufsatz über die staatliche Verwaltungswirtschaft in Larsa, wobei er sich hauptsächlich mit den Einkünften des Palastes aus dem Fischhandel befaßte. Er mußte, wenn auch ungern, eingestehen, daß er nicht in der Lage sei, eine einleuchtende Interpretation jener Textstellen zu geben, in denen die Transaktionen zwischen dem Palast und dem *tamkarum* niedergelegt waren. Koschaker hatte mit Recht geschlossen, daß der sogenannte *tamkarum* (der traditionell als Privatkaufmann gedeutet wurde) in Wirklichkeit »ein staatlicher Handelsbeauftragter, ein Staatsbankier« war.

Dieser Situation mangelte es anscheinend an Rationalität. Sie war zumindest teilweise das Ergebnis von Verwaltungsentscheidungen und nicht von freiem Austausch, auf dem ein Marktsystem beruhen muß. Wie Koschaker selbst schrieb, waren die Fischpreise in Larsa – so wie die Wollpreise in Sippar – vermutlich staatlich festgesetzt.[4] Dennoch stellte er aber auch fest, daß man in altbabylonischer Zeit das Vorhandensein eines vollausgebildeten Marktaustauschsystems, ja, sogar eines solchen mit nachweisbaren Preisschwankungen annehmen müsse.[5] Dies sei schlüssig bewiesen durch die vielfältigen, zur Bezeichnung von Preisen verwendeten Termini in der Reihe *ana ittišu*, 2 III 10 f. In Wirklichkeit lag die Lösung dieses Paradoxons vor seinen Augen. Die verschiedenartigen, im *ana ittišu* in Zusammenhang mit Preisen aufscheinenden Adjektiva bildeten keineswegs einen schlüssigen Beweis für das Vorhandensein eines »voll ausgebildeten Marktaustauschsystems«, sondern konnten sehr wohl Teil einer vorwiegend staatlichen Verwaltungswirtschaft gewesen sein, von der Art des frühen *New Deal* oder der heutigen Sowjetwirtschaft.

Ausgehend von der Antike und fortschreitend bis in die Moderne, sollen hier folgende Beispiele von Handelsplätzen oder ihrer Vorläufer behandelt werden: die Küstenstädte im nördlichen Syrien; das griechische *emporium* in zwei spezifischen Bedeutungen, wobei es sich bei der ersten um Lehmann-Hartlebens Entdeckung handelt, nämlich sein prähistorisches *emporium* (dessen wenige altnordische Beispiele als *wik* bezeichnet werden), und bei der zweiten um den Handelshafen der klassischen griechischen Küstenstadt, der als Überrest aus vorgeschichtlichen Zeiten zu den charakteristischen Anlagen in griechischen Seehäfen zählte.[7] Aus näherliegenden Zeiten werden die Lagunenstädte der Azteken und Mayas in Mexiko[8] und die Küste von Guinea in Westafrika[9,10] herangezogen, sowie die Malabarküste in Indien,[11] alle vor der Eroberung durch die Europäer. Zu dieser Liste kommt noch der babylonische *kar*,[12] dessen Handelsplatzcharakter, wie erwähnt, umstritten ist.

2

Al-Mina und Ugarit an der Nordküste Syriens dürften zu den frühesten Handelsplätzen im Mittelmeerbereich gezählt haben. Al-Mina lag etwa vierzig Meilen nördlich von Ugarit auf einem sumpfigen Landstück unweit des kleinen Binnenkönigreichs Alalakh[14] (Atchana). Al-Mina selbst lag an der Mündung des Orontes, und scheint als selbständiges kleines Fürstentum auf. Beide Küstenstädte dienten den Reichen des Hinterlandes als Quelle von Importgütern. Die Babylonier im Osten und die Hethiter im Norden waren vermutlich an der Erhaltung der Neutralität von Al-Mina besonders interessiert. Im Süden mochte Ägypten gegenüber Ugarit[16] eine ähnliche Haltung eingenommen haben. Sie unterhielten freundliche Beziehungen zu den kleinen Königreichen, von deren Neutralität ihr friedlicher Zugang zu den Häfen abhängig war. Die Ausgrabung von Ugarit[16] durch Cl. Schaeffers französische Expedition und die Ausgrabung von Al-Mina[17] durch Sir Leonard Woolleys britischer Gruppe lieferten Beweise für das Vorhandensein von Lagerhäusern nahe dem Strand. Die

Geschichte verweist auf eine weitgehend unabhängige Existenz dieser Handelsplätze. Fast ein Jahrtausend später wurden Ugarit und Al-Mina durch die weiter südlich gelegenen phönikischen Hafenstädte Sidon[18] und Tyrus[19] als Handelsplätze ersetzt.

Lehmann-Hartleben sah in Herodots »stillem Handel« den Ursprung seiner vorgeschichtlichen *emporia*, von denen er archäologische Überreste an den Küsten des Mittelmeeres entdeckte. Laut Herodot[20] betrieben die Karthager einen stillen Güteraustausch mit den Eingeborenen der afrikanischen Küste, wobei sie ihre Güter für Gold tauschten. Die Vorsicht nötigte die Beteiligten, sich abwechselnd zu einem bestimmten Platz am Strand zu begeben, wobei sie jedesmal eine bestimmte Menge von Gütern beziehungsweise Gold niederlegten. Dies wurde solange wiederholt, bis die Gegenseite mit den angebotenen Mengen zufrieden war, und sich beide Seiten mit den erhofften Gütern zurückziehen konnten, ohne einander von Angesicht zu Angesicht gesehen zu haben. Lehmann-Hartleben fand Überreste halbumschlossener Stätten, die zur See hin offen waren und Ruinen eines Altars aufwiesen, während das Ganze nur durch einen niedrigen Steinwall vom dahinterliegenden Areal getrennt war. Der niedrige Wall bot an sich keinen Schutz vor Angriffen, sondern bezeichnete bloß den Bereich, bis zu welchem der Schutz des Altars und der »Friede« des *emporiums* reichte.

In dem von Lehmann-Hartleben eingeführten Sinne bezeichnet *emporium* einen außerhalb der Stadttore oder sogar an einer unbewohnten Küste gelegenen Treffpunkt von Händlern.

Abgeleitet von diesem vorgeschichtlichen *emporium* gewann der Begriff im antiken Griechenland eine weitere Bedeutung, nämlich als jenem Teil oder Sektor einer Küstenstadt, der dem Außenhandel diente. Er war von den anderen Stadtteilen getrennt und umfaßte den Hafen, den Kai, Lagerhäuser, Unterkünfte für die Seeleute und Verwaltungsgebäude. Das antike *emporium* verfügte in der Regel über einen eigenen Lebensmittelmarkt.[21]

Baulichkeiten, die mit ihrem zum Fluß, See oder Meer hin offenen Halbkreis aus niedrigen Steinwällen Lehmann-Hartlebens *emporia* sehr ähnelten, wurden in neuerer Zeit in Nordeuropa entdeckt und als *wik*[22] bezeichnet. Man kennt drei von ihnen: Durstede[23] im Waaldelta des Rheins, Haithabu[24] am Schley in Ostschleswig und Birka[25] am Malarsee bei Stockholm. Sie werden mit einiger Berechtigung Wanderhändlern nordischer Herkunft zugeschrieben, die diese Wälle zum Schutz ihrer Zusammenkünfte mit anderen Zügen von Überseehändlern errichteten, die ihre Waren aus Mittel- und Osteuropa heranschafften, vielleicht sogar aus Südrußland oder dem Nahen Osten, einschließlich dem Iran.

Obwohl sich keine dieser nördlichen *emporia* später zu Städten entwickelten, glaubten manche deutsche Wirtschaftshistoriker in den dreißiger Jahren, daß die häufig vorkommende Endung »-wik« oder »-wich« in deutschen und englischen Städtenamen auf eine Herkunft von Wikingern verweisen könnte. Dieser Gedanke wurde später aus mehreren Gründen fallengelassen.[26] Zum ersten übernahmen die deutschen Historiker im allgemeinen Pirennes Auffassung, wonach die Fernhandelsleute, die sich um die *cités* und *bourgs* Nordwestfrankreichs niedergelassen hatten, die Bewegung zur Wiederbelebung von Städten eingeleitet hätten, die sich dann ostwärts nach Deutschland ausbreitete, und daher dort keineswegs von Norden her erfolgt sei.[27] Zum zweiten war die Endung »-wik« ganz offensichtlich von »vicus« abgeleitet, dem gebräuchlichen lateinischen Wort für eine nicht von Mauern umgebene städtische Ansiedlung.[28] Zum dritten, insoweit als die Endung »-wik« nordischer Herkunft sein mochte, bezeichnete sie eine Bucht, die in den skandinavischen Sprachen »wick« heißt.[29] Die Tatsache, daß einige wenige, mit halbkreisförmigen Wällen versehene Plätze an Küsten oder Wasserläufen Nordeuropas entdeckt worden sind, sollte bloß als Beweis dafür genommen werden, daß Lehmann-Hartlebens im Mittelmeerraum häufig vorkommendes *emporium* nicht nur dort vorkam.[30]

Wegen der heute gebräuchlichen Bedeutung von »port« als Hafen soll in diesem Zusammenhang auch Pirennes Portushypothese erwähnt werden. Wie allgemein bekannt, schrieb er die Wiederbelebung der europäischen Städte um das 11. und 12. Jahrhundert dem Entstehen des sogenannten *portus*[31] bei den Städten Nordwestfrankreichs und Südflanderns zu. Diese Entwicklung umfaßte jedoch die tatsächliche Niederlassung von Händlern in den Vororten außerhalb der Mauern. Das Wort »portus« selbst leitet sich vom lateinischen *portare* her und bezeichnet Umschlageplätze, an denen Güter gelagert und bewacht wurden und die den Händlern eine Niederlassungsmöglichkeit boten. Solche Örtlichkeiten lagen meist an Wasserwegen in der Nähe von Städten, außerhalb derer die Händler eine Unterkunft für den Winter fanden. Nach Auffassung Pirennes trugen diese Handelsniederlassungen schließlich zur Entwicklung der Stadt zur *bourg* oder *cité* bei.

Diese bevölkerungsreichen Niederlassungen hatten kaum etwas mit den *emporia* gemeinsam, die in der Regel menschenleere Örtlichkeiten waren. Die Händler von Pirennes *portus* wurden zu Bewohnern des *portus*, während unser Handelsplatz von Eingeborenen und nicht von Fremden bewohnt wird. Das mittelalterliche Gesetz betrachtete den Händler nicht als dort ansässig, wo er geboren war oder gelegentlich Handel trieb, sondern dort, wo er starb, *ubi mercatores moriantur.*

3

In der vorkolonialen Ära waren nicht die Marktplätze, sondern die Handelsplätze die Keimzellen der Weltwirtschaft.

Unseres Wissens ist Anne M. Chapmans wichtige Arbeit über das vorkolumbianische Mittelamerika[32] der einzige Bericht über ein großes geographisches Gebiet, in dem kleine Handelsplätze dicht beieinander lagen. Zwischen den beiden benachbarten und handeltreibenden mittelamerikanischen Reichen der Azteken und Mayas gab es ein weitläufiges Gebiet mit Binnenwasserstraßen, auf dem Stammesgemeinschaften siedelten und auf dem sich Dutzende von Dörfern zu Handelsplätzen entwickelten.

Die mittelamerikanischen Handelsplätze spielten somit im Handel zwischen Azteken und Mayas eine wichtige Rolle. Das engmaschige Netz von Wasserstraßen – Flüssen, Seen und Lagunen am Golf von Mexiko – war Wohnstätte vieler Nahuatl-sprechender Stämme und einiger Chontal-sprechender Stämme,[34] die wiederum als Zusammenkunftsstätten der Statushändler dienten, der mexikanischen *pochteca*[35] und der maya *ppolom.*[36] Besonders bekannt war Chicalango[37] in der Laguna de Términos. Das Gebiet wurde angesichts der gemeinsamen Interessen der Mächte des Nordwestens und des Nordostens politisch neutralisiert. Die Vorteile dieser Stätten bestanden in ihren zahlreichen Wasserwegen, von denen manche parallel zur Küste verliefen, während die Flüsse aus dem im Westen gelegenen Gebirge zur Küste strömten und dadurch Binnengebiete wie Acalán[38] mit Hilfe von Booten und Pirogen mit den Lagunen des Tieflandes verbanden. Der Handelsplatz war mit Warenlagern und Lagerhäusern ausgestattet und verfügte über eine Bevölkerung, die im Umschlagen und Verfrachten von Gütern erfahren war. Die Fernhändler stammten nämlich nicht aus der örtlichen Bevölkerung;[39] sowohl die aus dem Westen als auch die aus dem Osten waren die Anführer der von Norden kommenden Karawanen. Neben den hervorragenden Transporteinrichtungen gab es dort auch Plantagen, auf denen Kakaobohnen gezogen wurden,[40] die im Fernhandel als begehrtes Zahlungsmittel dienten. Es gibt Hinweise auf die Neutralitätspolitik des mexikanischen Reiches, das jegliche sichtbare Vorherrschaft über Chicalango vermied, wahrscheinlich um nicht die Bergbewohner zu verscheuchen, die befürchten mochten, von den Soldaten an Ort und Stelle verschleppt zu werden. Das Küstengebiet war mit Stammesdörfern übersät, deren Namen auf den spanischen Karten aus dem 16. Jahrhundert verzeichnet sind. Diese kleinen Handelsplätze hatten in der Regel keinen Marktplatz, sondern dienten bloß für Zwecke der Einlagerung und als Treffpunkte des Fernhandels. Durch die spanische Eroberung wurden die politischen Organisationszentren des Fernhandels zerstört und auch die Handelsplätze verschwanden.[41]

Über ein Jahrhundert später entstand an der Küste des westafrikanischen Guinea ein Handelsplatz, der weltbekannt werden sollte: der Sklavenumschlaghafen von Whydah.[42] Es war dies ein politisch neutraler Freihafen, der mit allen europäischen Mächten in passiven und durch administrative Methoden gelenkten Handelsbeziehungen stand. Im Jahre 1772 eroberte Dahome Whydah, verleibte es dem eigenen Territorium ein und unterstellte dessen Handel der eigenen Verwaltung.

Wenn wir uns nun dem vorkolonialen Asien zuwenden, so finden wir dort viele entwickelte Handelsplätze an der indischen Malabarküste und in anderen Teilen des Indischen Ozeans. Die große Mehrzahl besteht aus unabhängigen Kleinstaaten. Zählt man nur die Küstenstädte südlich von Sandabur (dem ehemaligen portugiesischen Goa) bis Calicut und Quilon (Kawlam), dann finden wir mehr als ein Dutzend Handelsplätze, die dort ab dem 14. Jahrhundert blühten.[43] Die Malabarstädte unterschieden sich in dreifacher Hinsicht von den bisher erwähnten Handelsplätzen. Zum ersten erzielte der Staat keine Handelsprofite; mit anderen Worten, die Stadt war als solche am Handel nicht beteiligt. Ihr Interesse war rein fiskalischer Art und beschränkte sich auf die

Einhebung von Zöllen, Hafengebühren und anderen Abgaben. Zum zweiten war die Verwaltung des Handels nicht einheitlich organisiert, da dieser sowohl Wettbewerbselemente als auch Festpreise aufwies. Zum dritten war die Motivation der Transaktionen teils auf kollektiver Basis – wie bei den Zünften – und teils auf individueller Basis organisiert; in beiden Fällen widerspiegelte die Einstellung der Händler, ob Hindus oder Moslems, die Verwurzelung ihres Status in religiösen Bindungen.

Die bisher erwähnten Handelsplätze unterschieden sich in ihrem politisch-ökonomischen Charakter. Man kann die Handelsplätze danach einteilen, ob sie als Instrument eines unabhängigen Kleinstaates dienten (Ugarit, Al-Mina, Sidon, Typus und Whydah in seiner ersten Phase) oder im Besitz eines Reiches im Hinterland waren (Whydah nach 1727). Die Neutralität des Handelsplatzes konnte entweder durch Übereinkunft mit dem Reich im Hinterland (Ugarit und Al-Mina) gesichert sein, durch eine Bestätigung von seiten der überseeischen Handelsmächte (Whydah) oder durch das Vorhandensein einer eigenen Flotte (Tyrus). Schließlich gibt es noch – im Gegensatz zu der Mehrzahl der Fälle, in denen der Handelsplatz mit Überseehandel befaßt war – den seltenen Fall, bei dem es nur um Binnenhandel geht (Chicalango).

Ein Handelsplatz *sui generis* war offenbar der babylonische *kar*. Wie bereits erwähnt, handelte es sich dabei um einen Flußhafen, dessen ökonomische Organisation immer noch ungeklärt ist. Es wurden keinerlei archäologischen Überreste entdeckt, doch wird seine weite Verbreitung durch Schriftfunde ökonomischer Art ausreichend belegt. Da inzwischen Zweifel darüber entstanden sind, ob es im alten Mesopotamien überhaupt ein Marktsystem gegeben hat, ist der *kar* unerwarteterweise für die Assyriologen besonders interessant geworden. Ferner sind sich die Altertumsgeschichtler der Tatsache bewußt geworden, daß die Wirtschaftsgeschichtsschreibung bezüglich Griechenlands auf der festen Annahme beruht, daß die griechischen Handelsinstitutionen aus dem alten Orient stammten. Wenn unsere Interpretation richtig ist, und die babylonische Wirtschaft nicht auf einem Marktsystem beruhte, dann erhebt sich die Frage: »Wie und wo kam es dann zur Entstehung von schwankenden Preisen, Gewinn- und Verlustrechnungen, kommerziellen Geschäftsmethoden, kommerziellen Klassen und all den anderen Begleiterscheinungen einer marktwirtschaftlich organisierten Ökonomie? Es könnte sich erweisen, daß sich die Geschichte des Markthandels um tausend Jahre vorwärts (von Babylonien) und mehrere Längengrade westwärts nach Ionien und dem Griechenland des ersten Jahrtausends v. Chr. verschoben hat.«[44]

4

Die traditionelle Auffassung, die seit der Entdeckung des Codex des Hammurabi im Jahre 1902 als axiomatisch galt, besagte, daß die babylonische Kultur und Gesellschaft im wesentlichen kommerziell ausgerichtet war, also auf einem von Profitstreben motivierten Wirtschaftsleben beruhte. Die Gewinne wurden hier aus Preisunterschieden erzielt und die Wirtschaft nach den beweglichen Preisen ausgerichtet.

Die erstmals von Paul Koschaker im Jahre 1942 geäußerten Zweifel[45] traten Ende der fünfziger Jahre[46] erneut hervor. Sie konzentrierten sich auf den *tamkarum*, der Zentralfigur des Handels; auf den Ursprung und die Bedeutung der in *Tausenden* von Tontafeln festgehaltenen Preise; auf die verschiedenen Arten von Geld und Geldverwendung; und schließlich auf die exakte Bedeutung der akkadischen Begriffe, die in verschiedenen Zusammenhängen als »Markt« und »Marktplatz« wiedergegeben worden waren.

In der gemeinsam von A. Leo Oppenheim vom Orientalischen Institut der Universität von Chicago und mir herausgegebenen Arbeit *Trade and Market in the Early Empires*, 1957, befaßten wir uns in getrennten Aufsätzen mit dem Fehlen von Marktplätzen innerhalb der Städte des frühgeschichtlichen Nahen Ostens. Oppenheim schilderte die Vorgeschichte dieser Betrachtung:

»Die Reaktion auf die im 19. Jahrhundert entwickelten Denkweisen in den Bereichen der Religionsgeschichte, Sprachwissenschaft, Gesellschaftswissenschaft usw. hat uns fremde Zivilisationen achten gelehrt und unsere Fähigkeit zur Selbstkritik in diesen Bereichen geschärft; doch ist dies leider in bezug auf die Wirtschaftswissenschaft nicht der Fall. Hier haben die auf traditionellen oder ganz anderen Auffassungen beruhenden epistemologischen Debatten eine Atmosphäre geschaffen, in der man keinerlei Verständnis für andere ökonomische Formen als jene zeigt, die aus der aufsehenerregenden ökonomischen Entwicklung Westeuropas seit dem 18. Jahrhundert hervorgegangen sind. Die sich daraus ergebende Einstellung der Wirtschaftshistoriker, ob sie nun vom historischen Materialismus oder vom traditionellen Liberalismus herkommen, ist gekennzeichnet von einer ausgesprochen unzureichenden Behandlung sowohl der Wirtschaftsformen der sogenannten primitiven Völker, als auch einer völligen Nichtbeachtung der Grundelemente der Volkswirtschaften der großen Zivilisationen des Altertums.

Das interdisziplinäre Arbeitsprojekt der Columbia University hat nun einen neuen Weg zur Lösung dieses Problems beschritten und diesen in mehreren Gebieten mit bedeutendem Erfolg erprobt.[47]

Der Hauptvorteil dieses Weges besteht darin, daß er uns eine Reihe neuer Konzepte liefert[48], mit deren Hilfe wir große Teile der komplizierten und vielfältigen Daten interpretieren können, welche die Assyriologen aus wirtschaftsbezogenen Textstellen entnehmen.«[49]

Wir wollen diese Methode hier zur Erläuterung des Problems des Marktes und des *kar* in Babylonien heranziehen. Laut Oppenheim ». . . umfaßte die babylonische Stadt die eigentliche Stadt (uru), die Vorstadt (uru.bar.ra) und den Hafen (k a r). *Das Nichtvorhandensein eines Marktplatzes* (kursiv vom Verfasser) ist ebenso bezeichnend für die interne Wirtschaftsstruktur der Stadt wie das Vorhandensein eines außerhalb der Mauern gelegenen, als Hafen *(kar)* bezeichneten Areals für die Wirtschaftsbezeichnungen zwischen den Städten.«[50]

Ich lieferte einige *prima facie*-Argumente als Beweis für die Annahme, daß Babylonien über kein Marktsystem verfügte und offenbar risikofreie Formen des Handels im Rahmen eines redistributiven, durch Verwaltungsmaßnahmen gesteuerten Systems benützte. Ich verwies *unter anderem* auf eine Passage aus Herodot, die von den Wirtschaftshistorikern des Altertums praktisch übersehen worden ist. Der griechische Geschichtsschreiber, der Babylonien etwa zwischen 470 und 460 v. Chr. besucht hatte, schrieb sein Werk nach den Perserkriegen (490-480). Herodot wollte das Aufeinandertreffen der feindlichen Welten des Ostens und des Westens beleuchten, deren Zusammenprall im Mittelpunkt seiner neun Bücher stehen sollte. Die umstrittene Neuerung eines Lebensmittelmarktes war Tagesgespräch von Athen.

Er ließ Kyrus, den König der Könige, bewußt dieses Thema anschneiden, als jener in Sardis die Abgesandten Spartas traf, die einen Protest gegen seine Einmischung in die Angelegenheiten der Hellenen Joniens vorbrachten. Kyrus wandte sich mit folgenden Worten an sie: »Noch nie habe ich mich vor Männern gefürchtet, die einen Platz in der Mitte ihrer Stadt eingerichtet haben, auf dem sie zusammenkommen, um einander zu betrügen und Meineide zu leisten.«

Herodot fügte hinzu, Kyrus meinte diese Worte als ». . . einen Vorwurf gegen *alle* Griechen, weil sie Marktplätze hätten, auf denen sie kaufen und verkaufen, ein den Persern unbekannter Brauch, die niemals auf offenen Märkten Käufe tätigten und in der Tat in ihrem ganzen Land keinen einzigen Marktplatz *(paràpan)* besitzen.«[51]

Wie wir wissen, betrachtete Herodot das Schicksal von Imperien im Lichte der *Hybris* ihrer Herrscher. Die Perser gaben sich einer chauvinistischen Kriegspropaganda hin und die Nachfolger des Kyrus mußten auf dem Schlachtfeld dafür bezahlen, daß sie die Standfestigkeit der *polis* unterschätzt hatten.

In bezug auf die Marktplätze verwies ich auf den archäologischen Beweis des fast völligen Fehlens offener Areale innerhalb der von Mauern umgebenen Städte des antiken Palästina[52] sowie auf den keinerlei Marktplatz aufweisenden Grundriß von Babylon, der durch die Funde in der Bibliothek des Assurbanipal belegt ist. In einer separaten Untersuchung der mir zur Verfügung stehenden Übersetzungen der »kappadokischen« Tafeln, entwickelte ich einen hypothetischen Abriß der Verwaltungsaufgaben des *tamkar;* des marktfreien Handels; sowie der risikofreien Formen des verwalteten Außenhandels und anderer Requisiten des Vertragshandels, die mit dem Postulat marktloser Methoden und einigen wohlbekannten und unbestrittenen Daten vereinbar schienen[53].

Schon 1925 verwies B. Landsberger in der allerersten Analyse der »kappadokischen« Tafeln auf den merkwürdigen Umstand, daß nur Gewinne, aber keine Verluste angegeben waren. Ferner bezeichnete er den *tamkarum* in *ana ittišu* als einen öffentlichen Treuhänder.[54] Auch Koschaker gelangte später zur Auffassung, daß der *tamkarum* in Larsa kein Privatkaufmann, sondern ein Handelsbeamter oder Staatsbankier gewesen sein müsse.[55] Außerdem fragte er sich, ob die Fischpreise in Larsa nicht eher staatlich festgesetzte Preise, als Marktpreise gewesen sein könnten.[56]

Später näherte sich auch F. W. Leemans zusehends dieser Position. In seiner Arbeit *Old Babylonian Merchant* (1950) hatte er noch durchweg die Position vertreten, daß der *tamkarum* ein Privatgeschäftsmann gewesen sei.[57] Aber in seinem *Foreign Trade in the Old Babylonian Period* (1960) gestand er zu, daß, ». . . wenn das Wort ›Markt‹ verwendet wird, man sich dann darüber im klaren sein (muß), daß nichts darauf hindeutet, daß in den Städten des frühgeschichtlichen Südmesopotamien ein Markt in unserem Sinne abgehalten worden sei, oder daß ein ›Marktplatz‹ vorhanden gewesen wäre. Ja, es gibt dafür nicht einmal ein Wort«. (Vgl. K. Polanyi und A. L. Oppenheim in den Kapiteln II und III von *Trade and Market in the Early Empires*, 1957).[58]

Es gab auch einen Hinweis darauf, daß Leemans selbst dabei war, seine früheren Ansichten über die »Tätigkeit des *tamkarum*« zu revidieren.[59] Inzwischen hatte R. F. G. Sweet in seiner von A. L. Oppenheim betreuten Doktorarbeit über »Geld und Geldverwendung in der altbabylonischen Zeit«,[60] alle vorhandenen, etwa zweitausendfünfhundert Tafeln untersucht. Die Ergebnisse bestätigten meine Hypothesen über Spezialgeld: man verwendete Gerste als Zahlungsmittel, Silber als Wertmesser und andere, äquivalente Massengüter als Tauschmittel. In einer neueren Untersuchung der »kappadokischen« Tafeln von Gardin und Garelli[61] wurde der *tamkarum* als eine Person dargestellt, die den Händlern bei ihrer Tätigkeit behilflich ist und sein eigenes Einkommen nicht aus den Gewinnen der jeweilien Transaktionen bezieht, sondern aus Kommissionsgebühren. Somit scheint die Entwicklung der Fachmeinung meine kritische Auffassung in bezug auf die traditionelle Interpretation der babylonischen Wirtschaft als eine Marktwirtschaft zu begünstigen.

Womit wir uns wiederum dem *kar* zuwenden wollen.

5

Über das Wesen des *kar* ist es zu einer bedeutsamen Kontroverse gekommen. Leemans[62] ließ seiner Erklärung über das Fehlen eines akkadischen Wortes für »Markt« folgende unerwartete Feststellung folgen:

»Andererseits gibt es Hinweise darauf, daß die Geschäfte oft auf dem Kai betrieben wurden, was im Einklang mit dem Faktum steht, daß die Wasserwege stets das wichtigste Verkehrsmittel darstellten. Der Kai, *der karum, scheint dieselbe Funktion gehabt zu haben, wie ein Markt im unteren Mesopotamien* (kursiv von K. P.). Somit ist der Preis auf dem Kai (kima karum ibaššu etc.), das, was wir den ›Marktpreis‹ nennen, und als solcher zu übersetzen.«[63]

Unter Hinweis auf Koschaker (ZA, 1942, 159) fügt Leemans hinzu, daß ein solcher Preis sogar dann ein Marktpreis wäre, wenn ihn die Regierung festgesetzt hätte. Der Altertumsforscher F. M. Heichelheim stimmte mit Leemans darin überein, daß der *kar* ein Markt gewesen sei, eine Auffassung, die sich in fast gleichlautenden Worten in Leemans 1958 erschienener Besprechung von *Trade and Market in the Early Empires*[64] angekündigt hatte.

Das nunmehr zugegebene Fehlen von Marktplätzen und Marktverhalten, ja sogar eines Wortes für »Markt« in der akkadischen Sprache muß die Assyriologie vor viele Fragen stellen. Die neue, von Leemanns aufgezeigte Rolle des *kar* bietet *prima facie* einen Hinweis im Fall des nichtvorhandenen Markts. Aber abgesehen vom Fehlen jeglicher Beweise, gibt es auch schwerwiegende Einwände gegen seine Interpretation des *kar* als Markt. Vom anthropologischen wie auch vom historischen Standpunkt müssen wir feststellen, daß die eigentliche Aufgabe der frühen Märkte die Versorgung mit frischen Lebensmitteln für den allgemeinen Verbrauch war. Dazu gehört u. a. die Abhaltung von Märkten an bestimmten Tagen, das Vorhandensein von Kleingeld, etwa in Form von Kaurimuscheln, Goldstaub oder Obulusstückelungen, die Rolle der Frau in der regelmäßigen Zubereitung von Speisen für den Verkauf, zeremonielle, rechtliche und rituelle Bräuche, Gottheiten und Altäre, die den Frieden des Marktes gewährleisteten und seine genauen Grenzen markierten, sowie Marktpersonal und Regeln zur Schlichtung von Streitigkeiten. Solche Dinge gehören zu den prägendsten Alltagserscheinungen einer Kultur, Erscheinungen also, die der Religion, dem Recht, der Literatur und der Alltagssprache ihren Stempel einprägen. Sie können nicht übersehen werden. Dennoch sieht Leemans keine solchen Beweise. Die Beweise, soweit vorhanden, erwecken eher den Eindruck, daß es sich um Transporte von Massengütern zwischen den

Städten und unter der Aufsicht von Regierungsbeauftragten für Finanzangelegenheiten gehandelt habe.

Der *kar* hat als Organ des Außenhandels zweifellos sehr viel gemeinsam mit den von Ibn Batutah erforschten echten Handelsplätzen an der Malabarküste und im Archipel der Malediven. Im 14. Jahrhundert gab es an der Malabarküste etwa ein Dutzend Küstenstaaten, in denen der Handel vom Sultan und seiner Beamtenschaft verwaltet wurde. In mindestens einem Fall, dem Sultanat von Fachanar, sorgte eine Flotte von dreißig Kriegsschiffen dafür, daß kein fremder Kaufmann die Stadt passieren konnte, ohne im Hafen haltzumachen und sich dort dem umfangreichen, *bandar* genannten Zollverfahren zu unterwerfen. Die Zollbeamten waren berechtigt, einen unbestimmten Teil der Fracht gegen Zahlung eines von ihnen selbst festgesetzten Preises zu beschlagnahmen, der unter ihrem Wert liegen konnte. Diese Güter wurden dann vom Ärar weiterverkauft, der von den daraus erfließenden Einnahmen profitierte. Andererseits wurden die enormen Kosten der an diesem Handelsplatz gepflogenen überschwenglichen Gastfreundschaft vom *bandar* getragen. Der Begriff umfaßte sowohl die Bedeutung von Kai oder Hafen, als auch von Ärar, Zoll, Abgabe und Lagerhaus. Indessen waren die beiden Bedeutungen miteinander verschmolzen. Die Legitimität des *bandar* wird von Ibn Batutah verbürgt,[67] der eineinhalb Jahre lang auf den Malediven weilte, vor allem auf der Hauptinsel Malan, wo er ein Amt versah. Wie er berichtete, stand eine Truppe von etwa eintausend Söldnern im Dienste der Königin. Sie präsentierten sich täglich an ihrem Palast und erschienen einmal im Monat, um ihren Sold einzufordern, der ihnen sofort in Form von Reis aus den Lagerhäusern des *bandar* ausbezahlt wurde. Die Etymologie[68] dieses Wortes – persisch: Kai oder Hafen; sanskrit (Bhandāra): Ärar, Lagerhaus, Werkzeugschuppen, Magazin – untermauert schlüssig die Ansicht, wonach der *bandar* im Rahmen eines Handelsplatzes Verwaltungsaufgaben innegehabt habe.

Die Bedeutung der Kontroverse über die Bedeutung des *kar* für die griechische Altertumswissenschaft ist enorm. Es galt lange Zeit als selbstverständlich, daß die Hellenen ihre Geschäftspraktiken auf dem Umweg über die Lydier und Phönikier aus dem alten Orient übernommen hätten, der wiederum gleichgesetzt wurde mit dem Drang nach Gelderwerb, der zuerst Typus, und nach der Entdeckung des Codex des Hammurabi ganz Babylonien zugeschrieben wurde. In bezug auf Griechenland erhob G. E. M. de Ste. Croix[69] scharfe Einwände gegen das von mir, zugegebenermaßen spät angesetzte Datum der ersten Anfänge des griechischen Markthandels; indessen scheint er manche begriffliche Innovationen des neuen Weges durchaus zu würdigen. Die Beseitigung mancher westlicher Vorstellungen von der Kultur des alten Orients mußte dem Westen den Glauben daran rauben, daß die Wurzeln seiner Zivilisation im frühgriechischen Markthandel zu finden seien; und auf einer mehr wissenschaftlichen Ebene mußte er auf die traditionellen Standardantworten verzichten, welche die eigentliche Entwicklung des griechisch-römischen Markthandels aus einer angeblichen Jahrtausende alten merkantilen Keilschriftzivilisation herleiteten. Aus diesem ergibt sich naturgemäß die Ähnlichkeit der Reaktionen der Assyriologen und Altertumswissenschaftler auf die *kar* Kontroverse.[70] In einer gemeinsam mit R. F. G. Sweet ausgearbeiteten Besprechung von Leemans *Foreign Trade in the Old Babyloniean Period* (1960)[71] äußerte ich die Ansicht, daß die durch die *kar* Kontroverse eröffneten Perspektiven von weitreichendem Interesse seien und weitere Erforschung verdienten.

12. Der marktlose Handel zur Zeit Hammurabis

In der Geschichte fast jedes Wissensgebietes kann irgendeinmal der Zustand eintreten, daß das zunehmende Wissen immer weniger zu einem sinnvollen Schema zu passen scheint. Im Hinblick auf die babylonische Ökonomie erkannte Max Weber schon um 1909 das Vorhandensein fundamentaler Schwierigkeiten, befaßte sich dann aber nicht mehr mit dieser Frage. Bei den Assyriologen zeigten sich die Symptome der *malaise* erst verhältnismäßig spät, traten aber dann um so deutlicher zutage. Paul Koschaker, der immer wieder vor manchen Behauptungen der frühen Pioniere auf diesem Gebiet gewarnt hatte, klagte schließlich, daß auch seine eigenen Bemühungen an einem toten Punkt angelangt seien. Seine Untersuchung über die Wirtschaftsverwaltung im altbabylonischen Staat (1942) endete mit dem Satz: »Meine Ausführungen schließen mit Zweifeln und Dissonanzen.« Wie er andeutete, sei es nicht möglich gewesen, die Begriffe der Transaktion in zufriedenstellender Weise auf den Prozeß des Staatshandels anzuwenden, wie er in den Dokumenten von Larsa aufgezeichnet war; daher müßten wir uns einstweilen damit abfinden, daß rationale Begriffe nicht ausreichten, um die verwaltungsmäßigen Ungereimtheiten dessen zu begreifen, was er als überbürokratische Handelsmethoden bezeichnete. Bei dieser besonderen Formulierung mag die politische Einstellung den klaren Blick dieses großen Gelehrten getrübt haben. Indessen würde eine solche Auffassung am Kern der Sache vorbeigehen. Auch der keineswegs antisozialistische V. Gordon Childe war nicht imstande, die Widersprüchlichkeiten in den frühen Formen des ökonomischen Lebens in diesem Gebiet zu lösen. Seine Theorie einer »städtischen Revolution«, welche die Ergebnisse der aufsehenerregenden Fortschritte der vorgeschichtlichen Archäologie widerspiegelten, kann dennoch keine Antwort auf die Frage liefern, wie Produktion und Handel organisiert waren. Man kann daher annehmen, daß die Hindernisse, die einer tieferen Erkenntnis im Wege standen, außerhalb der geschichtsphilosophischen oder wirtschaftspolitischen Standpunkte lagen. Es gibt gute Gründe für die Annahme, daß die Frustration der forschenden Geister im Bereich der babylonischen Ökonomie nur die letzte Phase jener sekulären Verwirrung darstellt, die seit fast hundert Jahren als *oikos*-Debatte bekannt ist. Dabei ging es, grob gesprochen, um die Frage, ob die Gesellschaft des antiken Griechenlands und Roms am Höhepunkt ihrer ökonomischen Entwicklung dem Wesen nach modern oder primitiv war.

Pseudoökonomie und verkehrte Perspektive

Im Rückblick ist es nicht schwierig einzusehen, warum trotz weitgehender Einigkeit hinsichtlich der Fakten die Interpretation weiterhin im Dunklen blieb. Eigentlich ging es um die Frage, in welchem Umfang die verschiedenen Aspekte der Ökonomie marktmäßig organisiert waren. Beweise für ein Vorhandensein funktionierender Märkte existieren keineswegs so eindeutig, wie man annehmen würde. Selbst unter modernen Bedingungen kann man oft nur sehr schwer feststellen, ob zu einer bestimmten Zeit und an einem bestimmten Ort ein Angebot-Nachfrage-Preis-Mechanismus für eine bestimmte Ware oder Dienstleistung wirksam ist oder nicht. In solchen Fällen ist es nötig, uns auf indirekte Beweise zu stützen, etwa auf jene Kulturmerkmale, die gewöhnlich auf das Vorhandensein von Märkten und Markttätigkeit in einer Gesellschaft hinweisen. Solche Formen des Beweises können jedoch täuschen. Kulturmerkmale, die oberflächlich auf eine Kaufmannskultur hinweisen, können unabhängig von Märkten oder der Wirtschaft überhaupt auftreten. Berühmte Beispiele von Pseudoökonomie wie der Potlatsch oder der Kula-Handel, deren Einzelheiten manchmal geradezu wie eine Nachahmung der Tätigkeit von Börsenspekulanten wirken, finden sich reichlich bei den Manus der Großen Admiralitätsinseln, den Tolowa-Tututni Kaliforniens oder den Kwakiutl der amerikanischen Nordwestküste. Gepflogenheiten, die nicht als solche ökonomischer Art sind, wie Glücksspielbetrieb, Wettbewerb bei Auktionen, strenge Buchhaltung, die Verlockung des Risikos, der Stolz auf öffentlichen Umsatz, die im modernen Geschäftsleben auftreten, spielen auch im gesellschaftlichen Leben primitiver Gemeinschaften eine bedeutende Rolle. Das Vorhandensein solcher pseudoökonomischer Merkmale ist offensichtlich kein Beweis für das Vorhandensein von funktionierenden Märkten. Andererseits – und dies ist eine weitere Unklarheit – hat man festgestellt, daß einige echte ökonomische Institutionen, die wir in ihren ausgebildeten Formen mit Recht als in moderner Zeit entstanden betrachten, auch schon unter archaischen Bedingungen vorgekommen sind. Indessen kann eine solche Institution diesen hinsichtlich ihrer Struktur ähnlich, aber in ihrer Funktion völlig verschieden sein. In ihrer frühen, vormarktlichen Form diente sie als Ersatz für Märkte, in ihrer marktmäßigen Form hingegen als zusätzliches Element des bestehenden Markts. Beispiele: In den letzten Jahrhunderten brachte das Geschäftsleben komplizierte Kreditapparate und Clearingsysteme hervor, hochentwickelte Formen des Marktwesens und spezielle Geldformen. Sie alle müssen als neuartig betrachtet werden. Dennoch hat es ähnliche Einrichtungen in wesentlich weniger komplizierten Formen schon in den frühen Gesellschaften gegeben. Dies ist einfach zu erklären. Dort, wo der Tausch weitverbreitet ist, dienen Kredit, Maklerwesen, Clearing oder als Standardmaß verwendetes Geld der Durchführung des Tauschhandels und kompensieren somit das Fehlen von Tauschgeld und Märkten.

Nach modernen Begriffen kann man sagen, daß in diesen Fällen das Fehlen funktionierender Märkte einen Marktersatz erfordert. Dort, wo Geld nicht als Tauschmittel vorkommt, stößt man häufig auf umfangreiche öffentliche Lager von Massengütern und gleichzeitig auf die Einrichtung individueller Schuldenkonten und damit verbundener Clearingmethoden. Auch wenn Geld nicht als Tauschmittel verwendet wird, kann es durchaus als Standard sowie als Zahlungsmittel benutzt werden, wobei verschiedene Güter für unterschiedliche Verwendungszwecke herangezogen werden. Im Zuge der Entwicklung von Märkten werden solche Gepflogenheiten natürlich überflüssig und verschwinden langsam, nur um viel später wieder zum Vorschein zu kommen, diesmal aber in ausgereifter Form und mit einer neuen Aufgabe, nämlich das Funktionieren hochentwickelter Märkte zu gewährleisten. Typisch für solch eine Wiederkehr institutioneller Merkmale und funktioneller Methoden, die in unseren Tagen wieder zum Vorschein kamen, ist der Bereich, den wir als Bankwesen bezeichnen. Geschichtlich lag das Auftreten von Geldwechslern, diesen frühesten Bankiers, *vor* der allgemeinen Verwendung von gemünztem Geld. Sogar das Filialbankwesen erreichte einen hohen Entwicklungsstand im Ägypten der Ptolemäer, wo es als Mittel zum Betrieb einer fortgeschrittenen Planwirtschaft in Sachgütern benutzt wurde, ohne daß es Märkte oder Geld als Tauschmittel gegeben hätte. Der Verrechnungsverkehr zwischen Händlerkonten scheint sogar schon fünfzehnhundert Jahre vor dem ptolemäischen Ägypten im »frühen assyrischen« Handel allgemein üblich gewesen zu sein, wobei nicht nur keine preisbildenden Märkte vorhanden waren, sondern auch kein gemünztes Geld.

Wir fassen zusammen: Das so schwer greifbare Element in der *oikos*-Kontroverse war die Rolle des Marktes, um den sich in Wirklichkeit die Fragen drehten, auch wenn sich die an dieser Kontroverse Beteiligten dieses Umstands nicht genügend bewußt waren. In diesem Sinne betonte Rodbertus, daß mangels eines Marktsystems das Steuersystem im spätrömischen Reich naturgemäß auf einer allgemeinen Besitzsteuer beruhen mußte, welche den praktisch autarken Haushalten der großen sklavenhaltenden Großgrundbesitzer auferlegt wurde. Wiederum in diesem Sinne, erkannte Blücher, daß moderne Volkswirtschaften durch nationale Märkte integriert wurden, die ihrerseits weitgehend vom Staat geschaffen wurden, eine bis dahin nie dagewesene Entwicklung. Schließlich lief Webers Auffassung vom Kapitalismus im Altertum sowie jene von Rostovtzeff auf die faktische Frage hinaus, bis zu welchem kleineren oder größeren Ausmaß der ökonomische Prozeß im alten Rom zu anderen Zeiten und in seinen anderen Aspekten durch Märkte hervorgerufen wurde. Wenn wir aber vom Vorhandensein von Märkten sprechen, müssen wir uns vor einer gefährlichen Fehleinschätzung hüten. Ökonomische Aktivitäten im Rahmen entwickelter Marktbedingungen können ähnlichen Aktivitäten unter vormarktlichen Bedingungen gleichen, während ihre Funktion völlig anderer Art ist. Die Unterscheidung zwischen vor- und nachmarktlich soll dazu beitragen, jene sogenannte »verkehrte Perspektive« zu vermeiden, die manchmal Historiker dazu verführt hat, im Altertum auffallend »moderne« Phänomene zu sehen, bei denen es sich in Wirklichkeit um typisch primitive oder archaische handelte.

Paul Koschaker war sich im Jahre 1942 unseres Verstehens der babylonischen Ökonomie tatsächlich weniger sicher, als es Eduard Meyer im Jahre 1895 gewesen war. Die Gründe dafür werden nun sichtbar.

Kurz nachdem die Auffassungen Büchers und Meyers aufeinandergeprallt waren, wurde die Obsidianstele gefunden, auf der der Codex des Hammurabi festgehalten ist. Praktisch enthielt er handelsrechtliche Vorschriften, deren Alter zur Zeit des Fundes mit zweieinhalb Jahrtausenden vor unserer angesetzt wurde (neuere Datierungen sprechen von der zweiten Hälfte des 17. Jahrhunderts v. Chr.). Die Bedeutung der zahlreichen Tontafeln mit geschäftlichen Aufzeichnungen, die schon früher ausgegraben worden waren, wurde dadurch geklärt. Die Zivilisation, so schien es, war aus den kommerziellen Instinkten des Menschen hervorgegangen, und die Wiege unserer Welt, einer kommerziellen Kultur, hatte man nun in Babylonien entdeckt. Angesichts dieser Fakten weiterhin vom primitiven Wesen des ökonomischen Lebens im Altertum zu sprechen, konnte nurmehr eine Marotte sein. Eine Reihe von Gelehrten, deren kritische Fähigkeiten wohl auf keinem Wissensgebiet übertroffen wurden, verbürgte sich für die gemeinsamen Erkenntnisse. Es fehlte nicht an Differenzen zwischen ihnen in bezug auf Einzelheiten, auch wußten sie, daß wichtige Textstellen fehlten – aber über das allgemeine Wesen dieser Ökonomie, dem Ethos der Beteiligten und die Einstellungen und Wertskalen, nach denen diese ihr Verhalten orientierten, gab es keinen Zweifel. Wir hatten also eine kapitalistisch denkende Handelsgesellschaft schlechthin vor uns, in der König und Gott gleichermaßen dem Profit nachjagten, die Chancen nutzten, Geld zu Wucherzinsen zu verleihen, und eine ganze Zivilisation über Jahrtausende hinweg mit dem Geist des Geldverdienens erfüllten. Dies ist die herrschende Meinung, der wir unsere Zweifel bezüglich der wirklichen Organisation des ökonomischen Lebens im Nahen Osten des Altertums entgegensetzen.

Im Lichte unserer Interpretation der *oikos*-Kontroverse kann diese ausweglose Situation schlüssig gezeigt werden. Das babylonische Wirtschaftsleben mußte zwangsläufig als ein System von Tätigkeiten erscheinen, das letztlich auf dem Funktionieren eines

Marktsystems beruhte. Märkte waren die unerläßliche Grundlage, auf der mit axiomatischer Gewißheit die Formen des Handels, der Geldverwendung, die Preise, die kommerziellen Transaktionen sowie Gewinn- und Verlustrechnungen, Insolvenzen und Partnerschaften beruhen mußten, kurz gesagt, sämtliche Grundelemente des Geschäftslebens umfaßten. Das bedeutet aber, daß im Fall des Nichtvorhandenseins solcher Märkte auch diese Erklärungen der ökonomischen Institutionen und ihres Funktionierens jeglicher Grundlage entbehrten.

Wir behaupten, daß genau dies der Fall war. In Wirklichkeit verfügte Babylonien weder über Marktplätze noch über ein funktionierendes Marktsystem irgendeiner Art.

Diese Erkenntnis, welche die Hauptthese dieses Kapitels darstellt, ergibt sich aus einer Reihe einander sich bestätigender Sachverhalte:

(1) Herodot, der Babylon in der Zeit zwischen 470 und 460 v. Chr. besuchte, stellte ausdrücklich fest, daß »die Perser keine Marktplätze benutzten und tatsächlich in ihrem Lande keinen einzigen Marktplatz besitzen« (Herodot I, 153). Dieser Abschnitt wurde von den Historikern, die sich mit der Ökonomie Mesopotamiens befaßten, stets übersehen.

(2) Schon eine oberflächliche Betrachtung der rechtlichen Aspekte ökonomischer Transaktionen, angefangen bei der altbabylonischen bis zur persischen Zeit, zeigte die Richtigkeit der anerkannten Auffassung, wonach es trotz zeitweilig auftretender »dunkler Zeitalter« im Wesen und Charakter dieser Transaktionen nie zu auffallenden Veränderungen gekommen war.

(3) Man hätte vernünftigerweise annehmen müssen, daß Marktplätze, wenn es sie in irgendeiner Form zu Hammurabis Zeiten gegeben hätte, kaum so spurlos verschwinden konnten, daß sie nicht mehr wiederbelebt werden könnten, als es tausend Jahre später zu einem erneuten Aufschwung der Geschäftstätigkeit kam, in dessen Gefolge Herodot Babylon besuchte.

(4) Aus verläßlichem archäologischem Beweismaterial geht hervor, daß die von Mauern umgebenen Städte Palästinas (mit Ausnahme des hellenistischen Jerusalem) bis zu ihrer Zerstörung überhaupt keine offenen Plätze besaßen.

(5) Der Hauptmarktplatz von Babylon würde eine kaum zu übersehende Landmarke darstellen, aber die zeitgenössischen schriftlichen Aufzeichnungen von Namen, Örtlichkeiten sowie

die Pläne der Tempelanlagen und Straßen dieser Stadt, die in der Bibliothek des Assurbanipal aufgefunden wurden, zeigten keinen solchen offenen Platz.

(6) Bei etwa einem halben Dutzend verschiedenartigen Worten, die in manchen Keilschriftdokumenten vorkamen und in verschiedenen Zusammenhängen als »Markt« übersetzt wurden, stellte sich bei näherer Betrachtung heraus, daß sie entweder nicht »Marktplatz« bedeuteten oder aber daß diese Bedeutung zweifelhaft war.

(7) Schließlich erhielten wir im Februar 1953 von A. L. Oppenheim eine teilweise Bestätigung durch folgende Feststellung: »Bezüglich Ihrer spezifischen Frage: archäologische Funde sprechen gegen das Vorhandensein von ›Marktplätzen‹ innerhalb der Städte im Nahen Osten des Altertums.«

Ein früher assyrischer Handelsplatz

Ein kurzer Abriß der Berichte über einen frühen assyrischen Handelsplatz, der in der Zeit Hammurabis über ein Jahrhundert lang mitten in Kleinasien bestand, soll uns einen allgemeinen Überblick darüber verschaffen, wie sich Assyriologen noch vor wenigen Jahrzehnten die Organisation des Handels in diesem zugegebenermaßen besonderen Fall vorstellten. Eine solche Übersicht soll die Probleme aufzeigen, die sich ergeben müssen, wenn die auf dem angenommenen Vorhandensein von Märkten beruhende Auffassung durch eine andere ersetzt werden soll, die auf denselben Fakten, aber ohne diese Auffassung basiert. Manche Wiederholungen werden unumgänglich sein, wenn wir das Gesamtbild, wie es sich aus unseren Quellen darbietet – den beiden wichtigsten Veröffentlichungen, nämlich jene von Landsberger im Jahre 1925 und die von Eisser/J. Lewy im Jahre 1935 – mit dem vorläufigen Bild vergleichen, das wir hier als Alternative anbieten. Die erste Publikation war zugegebenermaßen spekulativ, was angesichts der lückenhaften Belege unvermeidlich war; überdies nahm man darin das Recht in Anspruch, zur Abrundung der Originaltexte dort eine freie Wiedergabe der ausgewählten Textstellen zu bieten, wo bei sorgfältiger Genauigkeit nur unklare Bruchstücke hätten vorgelegt werden können. Die ein Jahrzehnt später erschienene zweite Publikation umfaßte die Masse der bis dahin übersetzten Tafeln und stimmte im großen und ganzen mit der ersten überein, von der sie sich, abgesehen von Einzelheiten, vor allem durch literarische Genauigkeit und rechtliche Ausführlichkeit unterschied. Während Landsberger eine großartige Folge lebensnaher Szenen dargestellt hatte, die das Auf und Ab des Geschäftslebens zeigten, lieferte Eisser/J. Lewy philologische Kommentare und eine Systematik des Rechtswesens. Wir wollen diese kurze und notwendigerweise unvollständige Skizze ihrer Darstellung auf drei Punkte beschränken: Personal und Motivationen; die Art der Güter; und den Charakter der Aktivitäten.

Am Fluß Halys in der Nähe von Kanish bestand eine Niederlassung assyrischer Kaufleute, Mitglieder des sogenannten *karum*, die Gewinn aus Kauf und Verkauf, aus Partnerschaften, Krediten und Beteiligungen zogen. Die zahlreich vorhandenen Aufzeichnungen umfassen drei Generationen und enden abrupt. Die Kaufleute fungieren als Mittelsmänner zwischen der fernen Stadt Assur, der sie selber nach Herkunft, Religion und Sprache angehörten, und den Untertanen eines oder mehrerer lokaler Fürsten in Mittelanatolien. Was immer der Ursprung dieses Handelsplatzes gewesen sein mag: sein eigentlicher, seiner Organisationsform gemäßer Zweck war die Beschaffung von Kupfer für die Stadt. Der Gewinn stammt aus dem Weiterverkauf von Gütern, aus lang- oder kurzfristigen Krediten, und Beteiligungen der Firmenpartner an den Profiten. Die Firma ist ein Familienunternehmen, aber nicht ausschließlich. Häufig erhält ein Reisender oder Juniorpartner als Belohnung für seine Dienste als Geschäftsreisender einen zinsenfreien Kredit in Form von Geld oder Gütern, den er für Handel auf eigene Rechnung verwenden darf *(be'ulatum)*. Die geschäftliche Hauptantriebskraft ist der große Mann in Ashshur *(ummeanum)*, der die Güter beistellt, das Geld herleiht und Summen langfristig gegen Zinsen oder Beteiligung oder beides investiert. Indessen ist es möglich, daß manche der erfolgreicheren Zunftkaufleute in Kanish das gleiche tun. Der Transport wird mit Hilfe einer speziellen Trägergruppe auf kommerzieller Basis organisiert. Neben den erwähnten Personen tritt noch die anonyme Gestalt des *tamkarum* in Erscheinung, dessen Funktionen, Interessen und Tätigkeiten nicht klar, aber offensichtlich wichtig sind. Bei den Gütern handelt es sich, wie erwähnt, in erster Linie um Kupfer, das ein Monopol des *karum* darstellt, und in zweiter Linie um Kommissionswesen wie Blei (Zinn?) und feines Tuch aus der Hauptstadt. Aus Kanish wurden dort gefertigte Stoffe und andere Güter exportiert. Silberbarren bewegen sich in beide Richtungen. Zum dritten werden »freie« Güter erwähnt, die weder dem »Monopol« unterworfen sind noch Kommissionswaren darstellen. Die Haupttätigkeit besteht im Weiterverkauf, vor allem von Kommissionsware, von der der Kaufmann eine Kommissionsgebühr beansprucht. Im übrigen ist es seine Sache, Kunden für die Güter zu finden, und auf dem Markt seine Chancen wahrzunehmen. Preise und Zinssätze schwanken ständig wie auf einer Börse und daher muß er sie im Auge behalten. Die Verhandlungen zwischen den Kaufleuten führen häufig zu Streitigkeiten, die eine Schlichtung erfordern. In anderen Fällen scheint dem säumigen Schuldner schwere moralische wie auch physische Bestrafung durch die Behörde zu drohen. All dies würde sehr wohl zu einem System des Markthandels passen, ehe das Münzgeld erfunden und Exekutivorgane zur Durchsetzung von Gerichtsentscheidungen gegründet wurden.

Andere Punkte hingegen schienen weniger gut zu diesen Annahmen zu passen. Landsberger versäumte es nicht, darauf hinzuweisen, daß Profite nur selten ausdrücklich erwähnt werden, Verluste praktisch nie, daß Preise nicht im Mittelpunkt des Interesses stehen, und Geschäfte zwischen Kaufleuten nicht, wie im archaischen Handel üblich, durch Bürgschaft oder Unterpfand abgesichert waren. Wie aus den Daten hervorgeht, bestand ein Verbot auf allen außer Bartransaktionen, zumindest im Zusammenhang mit Kommissionswaren. Außerdem wurde festgestellt, daß die Einhaltung der Vorschriften in bestimmten Fällen durch Androhung der Todesstrafe erzwungen werden konnte.

Soweit ein kurzer Abriß der traditionellen Darstellung.

Risikofreier Handel

Es ist somit nicht zu vermeiden, nunmehr die assyrische Handelsniederlassung nochmals zu betrachten und Handelsmethoden aufzuzeigen, die den allgemeinen Verhältnissen, wie wir sie sehen, entsprechen. Im großen und ganzen werden wir jedoch bloß die erwähnten Fakten neu interpretieren.

Der marktlose Handel – und dies ist der entscheidende Punkt – unterscheidet sich in allen wesentlichen Aspekten vom Markthandel. Dies gilt für Personal, Güter, Preise und ganz besonders für das Wesen der Handelstätigkeit als solcher.

Die Händler des *karum* von Kanish waren nicht Kaufleute im Sinne von Personen, die ihren Lebensunterhalt durch Profite verdienen, die sie aus Kauf und Verkauf erzielten, das heißt aus Preisunterschieden bei der jeweiligen Transaktion. Sie waren Händler aufgrund ihres Status, in der Regel aufgrund der Abstammung oder einer Lehrzeit, in anderen Fällen möglicherweise durch Ernennung. Wenn die Ernennung nicht mit einer großzügigen Landzuweisung verbunden war – was wir im Fall des *tamkarum*, aber nicht im Fall der Zunftmitglieder, annehmen dürfen –, dann bezogen sie ihr Einkommen aus dem Güterumschlag, für den sie eine Kommissionsgebühr erhielten. Dies war die ursprüngliche Quelle allen »Profits«, das heißt jener Gesamtmenge von Gütern, einschließlich Silber, an der letztlich die eigentlichen Mitglieder der Firma wie auch die Externen, nämlich Gläubiger und Partner, Anteil hatten.

Die Güter waren Handelsgüter – lagerfähig, austauschbar und standardisiert, oder, wie es im Römischen Reich heißt, *quae numero, pondere ac mensura consistunt.* Neben Standardtuchen waren die Hauptgüter Metalle, wahrscheinlich Silber, Kupfer, Blei und Zinn, wobei alle Güter nach ihren Äquivalenten in Silber berechnet wurden. Silber wurde nicht nur als Wertmaß verwendet, sondern bis zu einem bestimmten Grad auch als Zahlungsmittel. Die Rolle des Goldes war in beiden Verwendungsweisen eher beschränkt.

»Preise« wurden durch Äquivalenzen ausgedrückt, die durch Brauch, Statut oder Proklamation festgesetzt wurden. Die lebenswichtigen Güter sollten eigentlich durch permanente Äquivalenzen gekennzeichnet sein, in Wirklichkeit wurden sie langfristig durch dieselben Methoden verändert, durch die sie festgesetzt worden waren. Dies braucht die Einnahmen der Händler nicht zu berühren, die nicht von Preisunterschieden abhängig waren. Im Prinzip gab es immer einen »Preis«, das heißt die Äquivalenz, zu der der Händler sowohl kaufte als auch verkaufte. Indessen waren die Vorschriften über die Anwendung von Äquivalenzen kaum die gleichen in bezug auf Monopolgüter, Kommissionswaren und »freie« Güter. Die zahlreichen Bestimmungsadjektiva, welche den Begriff Äquivalenz beigegeben sind, beziehen sich auf die verschiedenen Vorschriften und ihre Auswirkungen. Die

Äquivalenz für Kupfer, »einem Monopol«, wurde durch Vertrag langfristig festgesetzt. Den in der Kupfergewinnung beschäftigten Eingeborenen wurde von ihren Häuptlingen zugesichert, daß zumindest ein Teil der Äquivalenzen, wahrscheinlich in Form der von ihnen begehrten Güter, in bestimmten Mengen verteilt werden würde. Bei den Kommissionswaren, hauptsächlich feinem Tuch aus Assur und importiertem Blei (Zinn?) wurden die »Preise« auf ähnliche Weise festgesetzt, und die Güter zu diesem »Preis« gekauft *und* verkauft. Die »Preise« für die Güter sind vor allem deshalb von Bedeutung, weil von ihnen schließlich eine Entwicklung in Richtung auf einen Markthandel ausgehen mochte; mit anderen Worten, die gegenwärtige Bedeutung von »Preis« könnte sich aus Äquivalenzen für »freie« Güter entwikkelt haben. Die vielen verschiedenen Adjektiva im Zusammenhang mit den Äquivalenzen in den sumerischen Aufstellungen (auch in Ugarit gefunden) sowie die eigenartige Terminologie in Dokumenten aus Larsa weisen darauf hin, daß die Behandlung der »Äquivalenzen« sehr komplizierten Verwaltungsvorschriften unterworfen gewesen sein mußte. Im 20. Jahrhundert sollte dies niemanden überraschen.

Indessen liegt der Hauptunterschied zwischen dem Verwaltungs- oder Vertragshandel einerseits und dem Markthandel andererseits in den Tätigkeiten der Händler selbst. Im Gegensatz zum Markthandel sind diese Tätigkeiten hier hinsichtlich Preiserwartung und Schuldnerinsolvenz risikofrei.

Preisrisiken sind durch das Nichtvorhandensein von preisbildenden Märkten samt ihren schwankenden Preisen ausgeschlossen sowie durch die allgemeine Organisation des Handels, bei der der Gewinn nicht an Preisunterschieden, sondern am Umsatz erzielt wurde. Daher die verhältnismäßig geringe Beschäftigung mit Preisen; die fehlenden Hinweise auf Profite aus dem anliegenden Geschäft; und – was viel wichtiger ist – keine Erwähnung von Verlusten. In der Praxis ist die Beteiligung am Geschäft gleichbedeutend mit Beteiligung am Profit. Dies hat weitreichende Folgen für die Formen der Handelspartnerschaft, die überhaupt nicht verstanden werden können, wenn man nicht den allgemein geübten Verlustabzug von den Preisen berücksichtigt.

Der Schuldner riskierte keine Insolvenz, und daher werden Verluste durch uneinbringliche Schulden kaum erwähnt. Diese Tatsache ist im Zusammenhang mit der Organisation des Handels ebenso entscheidend wie das Fehlen von Risiken bei den Preisen.

Im Gegensatz zur modernen Gesellschaft sind im archaischen Staat Verpflichtungen gegenüber der öffentlichen Hand *stricti juris*, während dies bei Verpflichtungen gegenüber dem Privaten keineswegs der Fall sein muß. Derjenige, dem öffentliche Güter anvertraut werden, muß unbedingt imstande sein, entweder diese Güter selbst oder aber ihre Äquivalenzen zu liefern. Dies paßt auch genau zur Gepflogenheit von *in rem* Transaktionen (Zug um Zug, *didontes kai labontes*) und dem Ausschluß von Kredit. Hier einige bekannte Merkmale des *Karum*-Handels: (1) Kein Verkauf, außer in bar. (2) Der Händler aus Kanish erhält die Kommissionsgüter nur gegen eine Sicherheit im Werte dieser Güter. (3) Verpflichtungen gegenüber Dritten mußten bei den zuständigen Behörden gemeldet werden, nämlich Stadt, *Karum* oder (im Falle von Eingeborenen) Palast; somit werden im Prinzip alle Verpflichtungen von der öffentlichen Hand garantiert. Im Rahmen des Vertragshandels ist diese Regel weitgehend nachgewiesen. (4) Die öffentliche Hand geht hier kein Risiko ein, da sie keine über die vorhandenen Sicherheiten hinausgehenden Bürgschaften eingehen würde.

Im Fall von Betrug oder Verletzung der gesetzlichen Vorschriften werden die schärfsten Strafen angewendet.

Alles in allem erklärt dies, wieso es scheinbar zu keinen schuldhaften Versäumnissen kam; wieso die Vermittlungsprämien automatisch sind; wieso es möglich ist, daß die kostenführende Obrigkeit das Konto des Säumigen einfach mit der der anderen Partei zugesprochenen Summe belasten kann; weshalb die Mitgliedschaft im *Karum* und ein guter Ruf bei der Stadtverwaltung Voraussetzungen für den Handel sind; weshalb man keine Bürgschaften als Zahlungssicherheit findet; weshalb der zinsenfreie Kredit, den der reisende Händler für den Handel auf eigene Rechnung verwendet, der *be'ulatum*, nie verlorengeht, und weshalb man im Geschäft nur Gewinn, aber keinen Verlust kennt.

Da angesichts solcher Bedingungen eines risikolosen Geschäfts nach verwaltungsmäßigen Regeln der Begriff »Transaktion« kaum anwendbar ist, wollen wir diese Art von Aktivität als »dispositiv« bezeichnen.

Die Aktivitäten des Händlers waren vielseitig: Er mußte sich bei der Kupferbeschaffung um den Abbau des Kupfererzes, Transport und Extraktion, um Lagerung und Bezahlung kümmern. Zu seinen Aufgaben gehörte es, die Bergbautätigkeit der Eingeborenen durch Vorschüsse und möglicherweise langfristige Investitionen zu mehrjähriger Abbautätigkeit zu bewegen sowie die Ablieferung und Einlagerung des Kupfers beim Zunftbüro in Kanish sicherzustellen. Seine Hauptaufgabe aber war es, die Bezahlung für das Kupfer oder andere von ihm gekauften Waren zu besorgen. Manche Zahlungen mochten in Kupfer, manche in Silber, Zinn oder in eingeführten hochwertigen Tuchen abgewickelt werden. Der Rest des Kupfers und die von den Eingeborenen erzeugten Tuche wurden exportiert, die letzteren vermutlich nach der Endfertigung an Ort und Stelle. Alle mit Hilfe von Kommissionswaren eingekauften Güter gingen nach Assur.

Obwohl »Fixpreise«, »Lieferung gegen Barbezahlung«, »gesetzliche Bürgschaft« und »Kommissionsprämie nach Umsatz« allgemein üblich waren, war die Tätigkeit des Händlers keineswegs einfach. Er mußte sich um die richtigen Kontakte bei den Eingeborenen kümmern; ihren Bedarf an Gütern exakt einschätzen; seine finanziellen Arrangements zeitgerecht treffen; die Regeln und Vorschriften genau beachten; die ihm anvertrauten Güter richtig verwerten; die Qualität der ein- und ausgehenden Waren prüfen; die für die Bevorschussung der künftigen Lieferanten erforderlichen Mittel besorgen sowie viele andere Angelegenheiten. Fehler oder Versäumnisse bedeuteten Verzögerungen, Schwierigkeiten bei der Kreditbeschaffung, zu geringes Warenaufkommen, unnötige Kosten, Schwierigkeiten Zuhause, Prestigeverlust in der Familienfirma, Ärger mit Kollegen und Behörden und einen verminderten Umsatz. Dennoch gab es in diesem marktlosen Handel keinen Verlust aus Preisunterschieden, keine Spekulation, keine Konkurse von Schuldnern. Er war als Beschäftigung aufregend, aber als Geschäft risikofrei.

Transaktionen und Dispositionen

Diese dispositive Verfahrungsweise war das Hauptmerkmal des frühen assyrischen Handels. Der wesentliche Faktor im Verhalten des Händlers war nicht ein zweiseitiger Akt, der zu einem ausgehandelten Vertrag führte, sondern eine Reihe von einseitigen Willenserklärungen, die bestimmte Folgen hatten, und zwar im Rahmen gesetzlichlicher Vorschriften, welche die verwaltungsmäßige Organisation des Vertragshandels regelten, in dem er engagiert war. Daraus kann man leicht die Merkmale des dispositiven Handels ableiten.

(1) Die Beschaffung von Gütern aus der Ferne – ein Merkmal jedes echten Handels – war das konstitutive Element. Die Beschaffung nützlicher Objekte verlief in friedlichen Bahnen, Güter bewegten sich in beide Richtungen. Es gab eine große Anzahl von Personen, die berufsmäßig mit der Beschaffung und dem Transport der Waren befaßt waren. Die Händler bezogen ein Einkommen aus ihrer Tätigkeit, an der sie ein direktes finanzielles Interesse hatten.

(2) Obwohl der Händler im Rahmen einer staatlichen Organisation und einem System amtlicher und halbamtlicher Institutionen agierte, blieb er ein unabhängiger Faktor. Er war von niemandem angestellt, unterstand keinem Vorgesetzten, und es stand ihm frei, sein Geschäft je nach Gutdünken auszuweiten, einzuschränken oder ganz einzustellen. War er ungeschickt, faul oder unklug, ging sein Einkommen zurück. Aber er brauchte nicht zu befürchten, von einem Arbeitgeber oder einer höheren Autorität zur Rechenschaft gezogen zu werden – solange er sich im Rahmen des Gesetzes hielt. Das Prinzip der Gesetzesherrschaft stand an erster Stelle.

(3) Dennoch konnten Transaktionen oder *Privatabmachungen* nicht einmal im Prinzip verboten werden. Der eigentliche Sinn der »Gesetzesherrschaft« bestand somit in der institutionellen Trennung der Dispositionen des Händlers im öffentlichen Interesse von seinen privaten Transaktionen. Der Händler benötigte die Bereitstellung von Kapital in Form von kurz- oder langfristigen Krediten oder von Partnerschaften; er benötigte Teilhaber als Mitglieder des Unternehmens, Angestellte, die für ihn reisten und die Transporte in der Nachbarschaft besorgten; es stand ihm frei, nichtkommissionierte Ware zu kaufen und zu verkaufen; Geld an andere Firmen zu verleihen und an ihren Profiten zu partizipieren. Doch gab es keine Zweifel darüber, ob eine bestimmte Abmachung im »öffentlichen« oder im »privaten« Interesse abgewickelt wurde, ob der Händler im Rahmen seiner öffentlichen Aufgaben gehandelt hatte, zum Beispiel im Zuge der Beschaffung von Kupfer unter Verwendung von amtlichen Kommissionswaren, oder außerhalb seiner offiziellen Geschäfte als Privater. Im ersten Bereich war sein Vorgehen formalisiert, waren seine Tätig-

keiten als Dispositionen zu bezeichnen, im zweiten waren sie informell und konnten als Transaktionen bezeichnet werden. Welcher Art diese Institutionen waren, die eine solche Trennung in den verschiedenen Bereichen der wirtschaftlichen Tätigkeit wirksam werden ließ, ist uns immer noch weitgehend verborgen. Wir wissen nicht, ob diese Trennung durch die verschiedenen Arten der betreffenden Güter bestimmt wurde oder durch ihre Mengen oder vielleicht durch die Herkunft der eingesetzten Mittel oder durch eine Kombination dieser Kriterien.

(4) Dokumente wurden von öffentlichen Schreibern unter der Aufsicht von Beamten ausgefertigt, wobei vermutlich eine Kopie des Dokuments in den amtlichen Archiven unter einem leicht auffindbaren Titel abgelegt wurde. Der jeweilige Stand eines beliebigen Geschäfts konnte somit zu jeder Zeit in der Zentrale festgestellt werden. Die Dokumente selber waren so kurz und präzise abgefaßt, daß der öffentliche Treuhändern, der *tamkarum*, jederzeit eingreifen konnte, wenn er von interessierter Seite dazu aufgefordert wurde, die im rechtmäßigen Besitz einer Kopie des entsprechenden Dokuments war.

Der Tamkarum

Der Schlüssel zu den Funktionen des *tamkarum* ist in den Methoden und der Organisation des Handels zu finden. Umgekehrt liegt der Schlüssel zum Verständnis dieser Methoden im Amt des *tamkarum*. Seine Person und seine Funktion sind *sui generis* zu sehen. Seine primären Pflichten sind die eines öffentlichen Treuhänders. Er greift im Rahmen des Gesetzes ein, sobald eine dazu berechtigte Person die entsprechende Tontafel vorlegt, vermutlich unter Hinterlassung einer Kopie; je nach Fall und Lage ist es seine Pflicht, Reisekosten und andere kleine Ausgaben vorzuschießen, Bürgschaften entgegenzunehmen, zum Beispiel einen Sklaven, der dem Zunftkaufmann als Entschädigung für eine nicht beglichene Schuld von einem eingeborenen Schuldner übergeben worden sein mag; er sorgt dafür, daß der Zunftkaufmann Güter von der Stadt kaufen kann und daß (obwohl dies nicht ganz klar ist) Güter Namens des Kaufmanns an die Stadt geliefert werden. Er erleichtert den Transport durch Übernahme der Verantwortung für die den Transporteuren anvertrauten Gelder und Güter, sowie die Sicherheit der Güter, die in der Stadt auf Rechnung des Zunfthändlers erworben wurden (in solchen Fällen wurde ein an den *tamkarum* adressiertes Dokument ausgestellt, welches der Gläubiger an einen anderen Zunftkaufmann übertragen konnte, wenn es ihm an Bargeld mangelte). Auf Wunsch des Händlers konnte der *tamkarum* Güter zur Versteigerung bringen und diesem den Erlös gutschreiben, unabhängig davon, ob der Erlös »mehr oder weniger« als die Äquivalenz ausmachte. Zu den weiteren kleineren Diensten des *tamkarum* gehörten Rechtsberatung und rechtliche Interventionen beim *karum*, vor allem, wenn Schwierigkeiten mit Eingeborenen gab. Im Falle des plötzlichen Todes eines bedeutenden Zunfthändlers wurde die Sequestrierung der Güter und Geldmittel sowie die Liquidierung der Firma durch das sofortige Eingreifen des *tamkarum* bewerkstelligt. Der *tamkarum* bezog aus den laufenden Geschäften kein Einkommen, doch mag er von den Händlern eine kleine Bearbeitungsgebühr nach einem feststehenden Tarif erhoben haben. Sein Lebensunterhalt war durch den Grundbesitz gesichert, der ihm anläßlich seiner Ernennung übertragen wurde.

Die Gestalt des *tamkarum* kann nur mutmaßlich umrissen werden, die des *ummeanum* muß man offen als unklar bezeichnen. Die hier geäußerten Vermutungen sind nicht mehr als eine Hilfskonstruktion im Einklang mit einem risikofreien marktlosen Handel, der im öffentlichen Interesse und vor allem zum Zwecke der staatlichen Kriegsmaterialbeschaffung organisiert ist. Die Finanzierung solcher Importe wäre somit eine Dienstleistung im Interesse der Öffentlichkeit. Während die technischen Aspekte der Angelegenheit dem *karum* bzw. dem *tamkarum* überlassen blieb, die sich gemeinsam um die zügige Abwicklung zu kümmern hatten, war die finanzielle Seite Sache des *ummeanum*. Hier ging es, erstens, um die Führung der Konten der Zunfthändler, einschließlich der Überweisungen von Schuldnerkonten auf Gläubigerkonten, und, zweitens, um Direktinvestitionen in diesem Zweig des Außenhandels, um die Versorgung zu steigern und zu regulieren. Der *ummeanum* – soviel kann als gesichert gelten – war ähnlich wie der *tamkarum* eine Amtsperson. Seine Invesitionen und Beteiligungen waren sozusagen staatliche Vorschüsse, die gewöhnlich in runden Summen von Goldunzen (in Einheiten von jeweils zwei Unzen) getätigt werden, was auch auf den Prestigecharakter der Transaktion verweist, da Gold zu den

Schätzen zählte. Ob den »großen Männer« des Landes eine Chance gegeben wurde, in diesem privilegierten Geschäft zu investieren und damit aus den Erzeugnissen abhängiger Arbeitskräfte (zumeist Frauen) zu profitieren, wissen wir nicht genau. Vieles verweist auf eine derartige Ausweitung des Palastgeschäfts auf die wenigen Begünstigten. Cleomones von Naukratis entschädigte die Großgrundbesitzer Ägyptens für seine Einführung des Getreideexportmonopols, indem er ihnen einen profitablen Anteil an dem staatlichen Syndikat einräumte. Der König von Dahome behandelte seine Umgebung mit ähnlicher Liberalität in Sachen des königlichen Sklavenhandels, bei dem er natürlich der Hauptnutznießer blieb.

Im großen und ganzen kann man sagen, daß diese Art der Organisation von Handel und Geschäft in der Geschichte wahrscheinlich einmalig war. In welchem Ausmaß sie als Vorbild für den Handelsplatz des späten Ugarit und schließlich für die von Sidon, Tyrus und Karthago gedient hat, kann man nur vermuten. Soviel aber ist gewiß: im Gegensatz zu traditionellen Auffassungen waren Handel und Geschäftsleben in Babylonien ursprünglich keine Markttätigkeiten.

Wenn unsere Interpretation durch die Fakten erhärter wird, dann erhebt sich die Frage, wie, wann und wo Markthandel, schwankende Preise, Gewinn- und Verlustrechnungen, kommerzielle Geschäftsmethoden, kommerzielle Klassen und all die anderen Begleiterscheinungen einer marktwirtschaftlich organisierten Ökonomie ihren Ausgang genommen haben. Es könnte sich herausstellen, daß sich die Geschichte des Markthandels um tausend Jahre vorwärts und um mehrere Längengrade westwärts nach Jonien und dem Griechenland des ersten Jahrtausend v. Chr. verschoben hat.

13. Die Semantik der Verwendung von Geld

Gerade weil in unserem marktwirtschaftlich organisierten Wirtschaftsleben Geld als Tauschmittel verwendet wird, neigen wir zu einer allzu restriktiven Auffassung vom Wesen des Geldes. Kein Objekt ist Geld *per se*, doch kann jedes Objekt in einem geeigneten Bereich die Funktion von Geld haben. In Wirklichkeit stellt Geld ein System von Symbolen dar, ähnlich wie Sprache, Schrift oder Gewichte und Maße. Diese unterscheiden sich voneinander hauptsächlich durch den angestrebten Zweck, die tatsächlich verwendeten Symbole und den Umfang, in dem sie einen einheitlichen Zweck ausdrücken.

Pseudophilosophische Geldtheorien

Geld ist kein vollständig einheitliches System, die Suche nach einem einzigen Zweck führt in eine Sackgasse. Dies erklärt die vielen fruchtlosen Versuche, »Natur und Wesen« des Geldes zu bestimmen. Wir müssen uns mit der Aufzählung der Zwecke zufriedengeben, für die jene als Geld bezeichneten quantifizierbaren Objekte tatsächlich Verwendung finden. Dies wird erreicht, indem wir auf die *Situation* verweisen, in der wir diese Objekte mit welchem Effekt verwenden. Wir werden feststellen, daß man sie als Geld bezeichnet, wenn sie in einer der folgenden Weisen verwendet werden: als Zahlungsmittel, als Wertmesser, als Zwischentauschmittel. Die Situation des Menschen ist selbstverständlich unabhängig von der Vorstellung von Geld gegeben, so wie der Umgang mit diesen Objekten funktionell und unabhängig von dieser Vorstellung aufgezeigt wird. Bezahlung erfolgt aufgrund einer Verpflichtung, und eine Übergabe der Objekte hat zur Folge, daß diese Verpflichtung ausgelöscht wird. Geld als Maßeinheit ist eine quantitative Bezeichnung für Einheiten von Gütern verschiedener Art, entweder zum Zweck des Tausches, mit dem Effekt, daß man durch die Addition der Zahlen beide Seiten des Tauschvorgangs ausgleichen kann, oder zum Zweck der Veranschlagung oder Berechnung von Vorräten verschiedener Massengüter, wodurch Finanzierung in Sachwerten entsteht.

Schließlich gibt es die Verwendung solcher Objekte zum Zweck des Tausches, das heißt, ihren Erwerb, um andere Objekte durch einen weiteren Tauschakt zu erwerben. Die beim direkten Tausch verwendeten Objekte gewinnen dadurch die Eigenschaft von Geld. Sie werden durch ihre Mitwirkung an einer bestimmten menschlichen Situation zu Symbolen.

Einige zusätzliche Umstände wurden hier beiseitegelassen. Erstens wurde die Unterscheidung zwischen dem Zeichen und dem, was sie »repräsentieren«, außer acht gelassen. Beide fungieren als Geldobjekte und sind Teil des Symbolsystems. Es wird daher nicht unterschieden zwischen Gerstengeld, Goldgeld und Papiergeld. Die Verwechslung des Geldproblems schlechthin mit dem des Zeichengeldes ist eine Quelle häufiger Mißverständnisse. Zeichen als solche sind nichts Neues – Fiktion und Abstraktion sind ursprüngliche Fähigkeiten des Menschen. In der bekannten Geschichte über die zwangsweise Tempelprostitution in Babylon erwähnt Herodot folgende technische Einzelheit: »Die Silbermünze kann von verschiedener Größe sein; sie kann aber nicht zurückgewiesen werden, denn das verbietet das Gesetz, da sie, einmal geprägt, heilig ist.« Auch sind bloße Zeichen in den primitiven Sozietäten den Ethnographen keineswegs unbekannt. Manche Völkerschaften am Kongo benutzen »einfach als Zeichen« Strohmatten oder Grastücher, die ursprünglich quadratisch waren, aber schließlich nur mehr aus einem Gewirr von Heu bestanden, das »praktisch völlig wertlos war«. Streifen aus blauem Stoff einer bestimmten Breite, die im Laufe der Zeit zu nutzlosen Fetzen geworden waren, fanden in Teilen des westlichen Sudans als Zeichengeld Verwendung. Seitdem das Papiergeld in den Vordergrund getreten ist, fühlten sich manche Gelehrte genötigt, ihre Aufmerksamkeit auf die Zeichen anstatt auf die massiven physischen Objekte selbst zu konzentrieren. Diese modernisierende Mode setzte sich durch. Die neueste großartige Arbeit einer Ethnographin, A. H. Quiggin,[1] hält die Zeichen für das wirkliche Geld und bezeichnet die eigentlichen Geldobjekte, die ausführlich beschrieben werden, als »Geldersatz«.

Altertumsgeschichtler sind in der Geldfrage ebenfalls der Verlockung der Modernisierung anheimgefallen. Da es im Babylonien des dritten Jahrtausends kein Papiergeld gab, betrachteten die Historiker die Metalle als das orthodoxe Geldmaterial. In Wirklichkeit wurden alle Zahlungen mit Gerste durchgeführt.

Der Assyriologe Bruno Meissner drückte dies so aus: »Geld wurde vor allem durch Getreide ersetzt.« Sein Kollege Lutz glaubte, die Knappheit von Silber »erforderte die Benutzung eines Ersatzes. Daher trat Getreide häufig an die Stelle von Metallen.« Stets gilt Zeichengeld als das wirkliche Geld, da es den höchsten Abstraktheitsgrad und den geringsten Nützlichkeitsgrad aufweist; dann folgen Gold und Silber als Ersatz; sind auch diese nicht vorhanden, tut es sogar Getreide. Dies stellt eine ständige Umkehrung der Reihenfolge dar, in der physische Geldobjekte als empirischer Primärbeweis gelten. Und doch sollte das Vorhandensein von Zeichen keine Komplikationen verursachen; es ist in einem Geldsystem eine Selbstverständlichkeit. Wenn Papiergeld, als Zeichen gesehen, Münzen »symbolisiert«, dann symbolisiert es nach unseren Begriffen etwas, das bereits ein Symbol ist, nämlich Geld. Symbole »repräsentieren« nicht nur etwas. Sie sind materielle, klangliche, visuelle oder rein imaginäre Zeichen, die Teil einer bestimmten Situation sind, an der sie mitwirken; auf diese Weise erhalten sie Bedeutung.

Zum zweiten wird uns eine ähnliche Mißachtung der Semantik der ökonomischen Theorie durch die Wahl der Begriffe aufgezwungen, wenn von den verschiedenen Verwendungen von Geld die Rede ist. Bezahlung, Maßeinheit und Tauschmittel sind Unterscheidungen, die ursprünglich von klassischen Nationalökonomen entwickelt wurden. Daher die verständliche Auffassung mancher Anthropologen, daß ihre Anwendung auf das primitive Geld eine ökonomistische Beeinflussung darstellt. Das Umgekehrte wäre richtiger. In Wirklichkeit benötigt die moderne Volkswirtschaftslehre für ihre Geldtheorien solche Unterscheidungen überhaupt nicht. Die archaische Gesellschaft hingegen weist eine institutionelle Struktur auf, in der die Verwendung quantifizierbarer Objekte ganz typisch in genau diesen drei Formen aufscheint.

Allzweckgeld und Sonderzweckgeld

Vom formalen Gesichtspunkt aus zeigt das moderne Geld im Gegensatz zu primitivem Geld eine auffallende Ähnlichkeit mit Sprache und Schrift. Sie alle besitzen eine einheitliche Grammatik. Alle drei sind so organisiert, daß sie einen ausgefeilten

Regelkodex für die korrekte Anwendungsweise der Symbole enthalten – aber auch allgemeine Regeln, die für alle Symbole gelten. Die archaische Gesellschaft kannte kein »Allzweck«-Geld. Verschiedene Geldverwendungen konnten hier durch verschiedene Geldobjekte bewirkt werden. Infolgedessen gibt es dort keine Grammatik, nach der sich alle Formen der Geldverwendung richten müssen. Es gibt keine bestimmte Art von Objekten, die die spezifische Bezeichnung Geld verdienen; der Begriff bezieht sich vielmehr auf eine kleine Anzahl von Objekten, von denen jedes auf eine verschiedene Art und Weise als Geld dienen kann. Während in der modernen Gesellschaft das als Tauschmittel verwendete Geld mit der Eigenschaft ausgestattet ist, auch all die anderen Funktionen zu erfüllen, ist die Situation in der Frühgesellschaft eher umgekehrt. Man stellt fest, daß Sklaven, Pferde oder Rinder als Maßstab zur Beurteilung von Prestige verwendet werden, zur Übertragung von Reichtum oder zumindest von großen Mengen, während Kaurimuscheln ausschließlich für kleine Mengen herangezogen werden. (Schließlich mag die Einheit Sklave oder Pferd nurmehr einen konventionellen Wertbegriff darstellen, der bloß eine Recheneinheit repräsentiert, während die realen Sklaven und Pferde zu verschiedenen Preisen verkauft werden.) Wir kennen auch Fälle, in denen reale Sklaven als Zahlungsmittel für den Tribut an einen fremden Herrscher verwendet werden, während Kaurimuscheln als heimisches Zahlungsmittel oder sogar als Tauschmittel fungieren. Das muß die Verwendung von Edelmetallen zur Anhäufung von Reichtum nicht ausschließen, obwohl diese Metalle ansonsten nicht als Geld dienen, außer vielleicht als Wertmaßstab und im Austausch für Importe. Wo Märkte verhältnismäßig weit verbreitet sind, kann Geld überdies als Tauschmittel dienen, zu welchem Zweck mehrere Handelsgüter verwendet werden können, die ansonsten überhaupt nicht als Geld gebraucht werden. Es gibt zahlreiche Verbindungen zwischen diesen Varianten. Es gibt keine Einzelregel, die allgemeingültig wäre, außer der sehr allgemeinen, aber deshalb nicht weniger bedeutsamen Regel, daß sich die Verwendungen von Geld auf eine Vielzahl von verschiedenen Objekten verteilt.

Keine Sprache kennt eine derartige Zersplitterung in der Verwendung von Lauten. Bei der Sprache können sämtliche artikulierten Laute und bei der Schrift sämtliche Buchstaben des Alphabets für die Bildung aller Arten von Wörtern herangezogen werden, während beim archaischen Geld, in extremen Fällen, eine Art von Objekten als Zahlungsmittel, eine andere Art als Wertmaßstab, eine dritte zur Aufbewahrung von Reichtum und eine vierte für Tauschzwecke Verwendung findet – wie etwa in einer Sprache, in der die Verben aus einer Gruppe von Buchstaben bestünden, die Substantiva aus einer anderen, die Adjektiva aus einer dritten und die Adverbien aus einer vierten.

Überdies ist in der primitiven Gesellschaft (kommerzieller) Austausch nicht die fundamentale Geldverwendung. Wenn irgendeine »fundamentaler« sein sollte als eine andere, dann wäre es die Verwendung für (nichtkommerzielle) Zahlungen oder als Wertmaßstab. Diese sind sogar dort weitverbreitet, wo Geld nicht als Tauschmittel verwendet wird. Wie in der modernen Gesellschaft die Vereinheitlichung der verschiedenen Verwendungen von Geld auf der Grundlage seiner Verwendung als Tauschmittel erfolgte, so finden wir, daß in den frühen Gemeinschaften die verschiedenen Geldverwendungen voneinander getrennt institutionalisiert wurden. Insofern zwischen ihnen eine Wechselbeziehung besteht, finden wir, daß die Verwendung als Zahlungsmittel, als Wertmaßstab oder zur Aufbewahrung von Reichtümern den Vorrang vor der Verwendung als Tauschmittel hat. Somit erscheint das Geld des 19. Jahrhunderts, das Austauschsymbole für verschiedene andere Verwendungen benutzt, als fast vollständige Parallele zur Sprache und Schrift mit ihren Allzwecklauten und Allzweckzeichen. Bis zu einem bestimmten Grad gilt die Analogie auch für primitives und archaisches Geld, das sich von seinem modernen Gegenstück nur in einem geringeren Ausmaß der Vereinheitlichung der Systeme unterscheidet. Allerdings seit dem zweiten Viertel des 20. Jahrhunderts, angefangen mit Nazideutschland, beginnt das »moderne« Geld eine merkliche Tendenz zur Rückkehr in die Aufspaltung zu zeigen. Unter Hitler waren ein halbes Dutzend Arten von »Mark« im Umlauf, von denen jede auf einen bestimmten Sonderzweck beschränkt war.[2]

Tauschgeld

»Geld ist ein Tauschmittel.« Diese Auffassung ist im modernen Denken am stärksten verankert. Ihr Gewicht kann an der Selbstverständlichkeit gemessen werden, mit der sie auf den Verlauf der gesamten Geschichte, von Anthropologen sogar auf die Gesellschaft der Primitiven angewandt wurde. Sie kommt besonders deutlich in folgendem Zitat zum Ausdruck: »In jeglichem ökonomischen System, wie primitiv es auch sein mag, kann ein Gegenstand nur dann als wirkliches Geld betrachtet werden«, erklärt Raymond Firth, »wenn er als ein bestimmtes und allgemeines Tauschmittel fungiert, als ein praktisches Zwischentauschmittel, mit dessen Hilfe man eine Sache gegen eine andere Sache erwirbt. Bei diesem Vorgang dient es jedoch auch als Wertmesser, und ermöglicht es, den Wert aller anderen Sachen eigenständig auszudrücken. Nochmals, es ist ein Wertmaßstab in bezug auf vergangene oder künftige Zahlungen, während es als Wertträger die Verdichtung und Aufbewahrung von Vermögen erlaubt« (Art. »Currency, Primitive« in der *Encyclopedia Britannica,* 14. Aufl.).

Nach dieser immer noch gültigen Auffassung ist der Tauschnutzen, für den Geld verwendet werden kann, das wesentliche Merkmal, nicht nur in der modernen, sondern auch in der primitiven Gesellschaft. Es wird behauptet, daß die verschiedenen Verwendungen von Geld auch unter primitiven Verhältnissen untrennbar seien. Somit können nur quantifizierbare, als Tauschmittel dienende Gegenstände als Geld angesehen werden. Ihre Funktion als Zahlungsmittel, als Wertmesser oder Mittel zur Aufbewahrung von Vermögen ist für ihren Geldcharakter nicht entscheidend, wenn sie nicht gleichzeitig ihre Verwendung als Tauschmittel umfaßt. Denn diese Verwendung ist es, die das System logisch zusammenfaßt, da sie eine laufende Verbindung der verschiedenen Geldfunktionen ermöglicht. Ohne diese kann es kein echtes Geld geben. Eine solche modernisierende Betrachtungsweise des Problems trägt nach unserer Auffassung die Schuld an der immer noch andauernden Verwirrung hinsichtlich der Merkmale primitiver Geldformen.

Geld als Zahlungsmittel

Bezahlung bedeutet die Erfüllung einer Verpflichtung durch die Übergabe quantifizierbarer Gegenstände, die dadurch als Geld dienen. Die Verbindung von Zahlung mit Geld und Verpflichtungen mit ökonomischen Transaktionen erscheint dem modernen

Denken als selbstverständlich. Und doch war die Quantifizierung, die wir mit Bezahlung in Zusammenhang bringen, schon zu einer Zeit gebräuchlich, als die zu erfüllenden Verpflichtungen mit ökonomischen Transaktionen überhaupt nichts zu tun hatten. Die Geschichte beginnt mit dem Nahverhältnis von Bezahlung und Bestrafung einerseits, Verpflichtung und Schuld andererseits. Darin sollte jedoch keine geradlinige Entwicklung gesehen werden. Verpflichtungen können vielmehr gänzlich anderen Ursprungs sein als Schuld und Verbrechen, nämlich Brautwerbung und Eheschließung; Bestrafung kann sich aus nichtsakralen Quellen herleiten, wie Prestige und Vorrang; die schließliche Zahlung kann somit in ihrer quantitativen Bedeutung auch funktionelle Elemente enthalten, die nicht eine Folge der Bestrafung als solcher sind.

Es ist nur ganz allgemein zutreffend, daß das Zivilrecht nach dem Strafrecht kam und das Strafrecht nach dem Sakralrecht. Bezahlung wurde gleichermaßen von den Schuldigen, den Entehrten, den Unreinen, den Schwachen und den Niedrigen verlangt; geschuldet wurde sie den Göttern und ihren Priestern, den Verehrten, den Reinen und den Starken. Die Bestrafung zielte dementsprechend auf die Verringerung der Macht, der Heiligkeit, des Prestiges, des Status oder des Vermögens des Zahlers ab und machte auch vor seiner physischen Vernichtung nicht halt.

Vorrechtliche Verpflichtungen stammen überwiegend aus dem Brauchtum und stellen erst bei deren Verletzung ein Vergehen dar. Dennoch muß die Wiederherstellung des Gleichgewichts keineswegs Zahlungen umfassen. Verpflichtungen sind in der Regel spezifischer Art, und ihre Erfüllung ist eine qualitative Angelegenheit, wodurch ihnen ein Wesensmerkmal der Bezahlung fehlt – ihr quantitativer Charakter. Eine Verletzung sakraler und gesellschaftlicher Verpflichtungen, sei es gegenüber Gott, Stamm, Sippe, Totem, Dorf, Altersgruppe, Kaste oder Zunft, wird nicht durch Bezahlung ausgeglichen, sondern durch eine *qualitativ* richtige Tat. Die Erfüllung einer Verpflichtung kann Brautwerbung, Eheschließung, Ausschließung, Tanz, Gesang, Verkleidung, Fasten, Wehklagen, Zerfleischung, ja sogar den Selbstmord umfassen, doch stellen sie deshalb noch keine Form der Bezahlung dar.

Das spezifische Merkmal der Verwendung von Geld als Zahlungsmittel ist die Quantifizierung. Die Bestrafung ähnelt einer

Bezahlung, wenn der Vorgang der Schuldauslöschung abzählbar ist, wenn z. B. die Schuld durch eine bestimmte Anzahl von Peitschenhieben, Drehungen der Gebetsmühle oder Fasttage gesühnt wird. Aber obwohl nun eine »Zahlungsverpflichtung« entstanden ist, wird das Vergehen nicht durch die Preisgabe von quantifizierbaren Gegenständen gesühnt, sondern primär durch den Verlust persönlicher qualitativer Werte, oder von sakralem und gesellschaftlichem Status.

Die Verwendung von Geld als Zahlungsmittel verbindet sich mit der Wirtschaft dann, wenn es sich bei den von der verpflichteten Person abgegebenen Einheiten um physische Gegenstände handelt, etwa um Opfertiere, Sklaven, Schmuckmuscheln oder bestimmte Mengen von Nahrungsmitteln. Die Verpflichtungen können deshalb immer noch vorwiegend nichttransaktional sein, wie die Bezahlung einer Strafe, Ablösung[3] oder eines Tributs, die Überreichung von Geschenken oder Gegengeschenken, eine Ehrung der Götter, Ahnen oder Toten. Es besteht hier jedoch ein bedeutender Unterschied, denn der Bezahlte erhält das, was der Zahler verliert – der Effekt dieses Vorgangs entspricht dem rechtlichen Begriff von Bezahlung.

Das letzte Ziel der Zahlungsverpflichtung kann immer noch die Verringerung der Macht oder des Status des Zahlers sein. In der archaischen Gesellschaft bedeutete eine exorbitante Bußzahlung nicht nur den Ruin, sondern auch die politische Erniedrigung des Opfers. Lange Zeit hindurch behielten Macht und Status auf diese Weise ihren Vorrang vor ökonomischem Besitz als solchem. Die politische und gesellschaftliche Bedeutung von akkumuliertem Vermögen lag unter solchen Bedingungen in der Fähigkeit des Reichen, große Zahlungen zu leisten, ohne dadurch seinen Status zu untergraben. (Dies waren die Verhältnisse in archaischen Demokratien, in denen eine politische Konfiskation die Form ungewöhnlich hoher Bußzahlungen annimmt.) Schätze erlangen große politische Bedeutung, wie aus Thukydides' denkwürdigen Passagen in der Altertumskunde hervorgeht. Reichtum wird hier direkt in Macht verwandelt und stellt eine selbsterhaltende Einrichtung dar. Weil der reiche Mann Macht und Ehre besitzt, erhält er Bezahlungen: er wird mit Geschenken und Gebühren überhäuft, ohne daß er seine Macht zum Foltern oder Töten benutzen müßte, obwohl ihm sein Reichtum, als Fond für Geschenkzwecke, genügend Macht verschaffen könnte, dies zu tun.

Sobald Geld als Tauschmittel in einer Gesellschaft eingeführt ist, breitet sich die Gepflogenheit des Bezahlens allgemein aus. Mit der Einführung von Märkten als dem physischen Ort des Austausches, tritt eine neue Form der Verpflichtung als rechtliches Substrat von Transaktionen in den Vordergrund. Die Bezahlung erscheint nunmehr als das Gegenstück eines bei den Transaktionen gewonnenen materiellen Vorteils. Früher mußte ein Mann Steuern, Pachtzins, Strafgebühren oder Blutgeld bezahlen. Nun bezahlt er für die von ihm erworbenen Güter. Geld wird nun *deshalb* zum Zahlungsmittel, *weil* es ein Tauschmittel ist. Der Gedanke eines unabhängigen Ursprungs der Bezahlung tritt in den Hintergrund, und die Jahrtausende, in denen sie nicht aufgrund ökonomischer Transaktionen, sondern direkt aufgrund religiöser, gesellschaftlicher oder politischer Verpflichtungen erfolgten, fallen der Vergessenheit anheim.

Geld als Hortungs- oder Aufbewahrungsmittel

Eine untergeordnete Verwendung von Geld – die Aufbewahrung von Vermögen – hat ihren Ursprung größtenteils im Bedarf nach Zahlungen. Bezahlung ist kein primär ökonomisches Phänomen. Auch Vermögen nicht. In der Frühgesellschaft bestand es haupsächlich aus dem Schatz, was wiederum eher als eine gesellschaftliche denn als existenzielle Kategorie zu betrachten ist. Die existenzielle Bedeutung von Vermögen (wie von Bezahlung) leitet sich von der Häufigkeit ab, mit der das Vermögen in Form von Rindern, Sklaven und nichtverderblichen, allgemein gebräuchlichen Konsumgütern akkumuliert wird. Sowohl das, was den Bestand des Vermögens vermehrt, als auch das, was davon herausgegeben wird, erhält damit eine existenzielle Bedeutung. Allerdings nur in einem bestimmten Rahmen, da Zahlungen in der Regel immer noch aus nichttransaktionalen Gründen getätigt werden. Dies gilt sowohl für die Reichen, die den Bestand des Vermögens besitzen, als auch für die Untertanen, die den Bestand durch ihre Zahlungen auffüllen. Der Eigentümer des Vermögens ist somit imstande, Bußen, Ablösung, Steuern usw. für sakrale, politische und gesellschaftliche Zwecke zu bezahlen. Die Zahlungen, die er von seinen hoch- oder niedriggestellten Untertanen erhält, werden ihm als Steuern, Pachtzins, Geschenke usw. übergeben, also nicht aus transaktionalen, sondern aus gesellschaftlichen und politischen Gründen, die von der reinen Dankbarkeit für gewährten Schutz und der Bewunderung überlegener Begabungen bis zur krassen Angst vor Versklavung und Tod reichen. Aber so wie im Fall von Bezahlung, ist die Bedingung die vorherige Einführung von quantifizierbaren Gegenständen als Tauschmittel.

Geld als Wertmesser

Geld als Wertmesser scheint mit der Verwendung von Geld als Tauschmittel enger verbunden zu sein als mit seiner Verwendung als Zahlungs- und Aufbewahrungsmittel. Der Tausch und die Aufbewahrung von Massengütern sind die beiden ganz unterschiedlichen Quellen, aus denen sich die Notwendigkeit einer Maßeinheit entwickelte. Auf den ersten Blick haben die beiden wenig gemein. Die erste ist der Transaktion verwandt, die zweite der Verwaltung und der Verteilung. Keines von beiden kann ohne das Vorhandensein einer geeigneten Maßeinheit effektiv durchgeführt werden. Denn wie anders als durch Zählung könnte, beispielsweise, ein Stück Land gegen ein Sortiment – bestehend aus einem Wagen, Pferd, Pferdegeschirr, Eseln, Eselsgeschirr, Ochsen, Öl, Tuche und andere kleinere Gegenstände – ausgetauscht werden? Wie ein Tausch bei Nichtvorhandensein eines Tauschmittels vor sich geht, sehen wir an einem bekannten Beispiel aus dem alten Babylonien. Der Boden wurde mit 816 Schekel Silber bewertet, während die dafür in Tausch gegebenen Dinge folgendermaßen in Schekel Silber bewertet wurden: Wagen 100,6, Pferdegeschirr 300, ein Esel 130, Eselsgeschirr 50 und ein Ochse 30, der Rest verteilte sich auf kleinere Posten.

Dasselbe Prinzip galt, bei der Nicht-Existenz von Tausch, für die Verwaltung großer Palast- und Tempelvorräte (Güterverwaltungswirtschaft). Ihr Verwalter behandelte Lebensmittel unter Bedingungen, die aus mehr als einem Grunde eine Bemessung der relativen Wichtigkeit dieser Güter erforderte. Daher stammt die berühmte Berechnungsformel »eine Einheit Silber = eine Einheit Gerste« auf der Stele von Manistusu sowie am Anfang der Gesetze von Eshnunna.

Die Forschungsergebnisse zeigen, daß Verwendung von Geld

als Tauschmittel nicht der Anlaß für die anderen Verwendungsformen gewesen sein kann. Im Gegenteil, die Verwendungen von Geld für Bezahlung, Aufbewahrung und Verrechnung hatten getrennte Ursprünge und waren unabhängig voneinander institutionalisiert.

Zirkulation bei Eliten und Güterverwaltungswirtschaft

Es erscheint geradezu als Widerspruch, wollte man annehmen, daß man mit einem Geld bezahlen könnte, mit dem man nichts kaufen kann. Aber genau dies bedeutet die Feststellung, daß Geld nicht als Tauschmittel, aber dennoch als Zahlungsmittel verwendet wurde. Zwei Institutionen der Frühgesellschaft liefern dafür eine teilweise Erklärung: der Schatz und die Güterverwaltungswirtschaft.

Der Schatz muß, wie wir gesehen haben, von anderen Formen aufbewahrten Vermögens unterschieden werden. Der Unterschied bezieht sich hauptsächlich auf sein Verhältnis zum Lebensunterhalt. Im eigentlichen Sinne des Wortes besteht der Schatz aus Prestigegütern, einschließlich »Wertgegenständen« und Zeremonialgeräten, deren Besitz allein schon den Inhaber mit gesellschaftlichem Gewicht, Macht und Einfluß ausstattet. Es ist somit eine Besonderheit des Schatzes, daß sowohl das Geben als auch das Empfangen das Prestige vermehren; er zirkuliert größtenteils des Umschlags halber, der seinen eigentlichen Zweck darstellt. Sogar »dem Schatz einverleibte« Nahrungsmittel können sich durchaus zwischen den beteiligten Parteien hin- und herbewegen, auch wenn dies vom Standpunkt des Lebensunterhalts absurd erscheinen mag. Indessen fungieren Nahrungsmittel selten als Bestandteil des Schatzes, da begehrte Nahrungsmittel, wie geschlachtete Schweine, nicht haltbar sind und solche, die schon haltbar sind – wie Gerste oder Öl –, nicht als besonders begehrenswert gelten. Die Edelmetalle hingegen, die fast allgemein als Schätze gewertet werden, können nicht leicht zum Zweck des Lebensunterhalts getauscht werden, da, abgesehen von besonders goldreichen Regionen wie der Goldküste oder Lydien, die Zurschaustellung von Gold durch das einfache Volk als schimpflich gilt.

Dennoch können Schätze, so wie andere Quellen der Macht, von großer ökonomischer Bedeutung sein, da Götter, Könige und Häuptlinge dazu veranlaßt werden können, die Dienste der von ihnen abhängigen dem Geber zur Verfügung zu stellen und ihm damit auf indirekte Weise Nahrungsmittel, Rohstoffe und Arbeitskräfte in großem Umfang zukommen zu lassen. Diese indirekte Verfügungsgewalt, welche das wichtige Recht der Besteuerung umfassen kann, erfließt letztlich aus dem verstärkten Einfluß, den der Empfänger des Schatzes auf seinen Stamm oder sein Volk ausübt.

Dies ist unabhängig davon der Fall, ob der Schatz aus quantifizierbaren Einheiten besteht. Ist dies der Fall, dann kann die Verwaltung des Schatzes zu einer Art von Finanzierungswesen führen. Im archaischen Griechenland etwa benutzte der Eigentümer seine Schätze, um die Gunst der Götter und Häuptlinge oder anderer politisch einflußreicher Persönlichkeiten zu gewinnen, indem er Gold und Silber in allgemein akzeptable Formen umarbeiten ließ, z. B. in Dreifüße oder Schalen. Damit wurden aber die Dreifüße nicht zu Geld, denn eine solche Verwendung als Ehrengeschenk könnte nur durch eine künstliche Konstruktion unter Zahlung oder Tausch subsummiert werden. Schatzfinanztransaktionen waren auf den kleinen Kreis der Götter und Häuptlinge beschränkt. Während manche Dinge mit Schätzen bezahlt werden konnten, so konnten sehr viele andere damit nicht gekauft werden.

Die Aufbewahrung von Vermögen als Institution der Lebenshaltungsökonomie nahm ihren Ausgang mit der Zusammenführung und Lagerung von *Massengütern.* Während Schätze und Schatzfinanzierung in der Regel nicht zur Lebenshaltungsökonomie gehören, stellt die Aufbewahrung von Massengütern eine Akkumulation von Lebenshaltungsgütern dar, zu der in der Regel auch ihre Verwendung als Zahlungsmittel gehört. Denn sobald einmal Massengüter in großem Umfang vom Tempel, Palast oder Herrensitz eingelagert werden, muß dies von einer solchen Verwendung begleitet sein. Auf diese Weise wird die Finanzierung mittels Schatz durch die Finanzierung mittels Massengütern ersetzt.

Die meisten archaischen Gesellschaften verfügen über eine Organisation der Finanzierung durch Massengüter in der einen oder anderen Form. Im Rahmen der planmäßigen Übertragung und

Investierung von Massengütern, die in riesigen Mengen eingelagert waren, entwickelten sich erstmals die Verrechnungsmethoden, die die redistributiven Wirtschaften der antiken Imperien über lange Zeiträume hinweg kennzeichneten. Erst erheblich später, nach der Einführung von Münzgeld in Griechenland, etwa sechs Jahrhunderte v. Chr., begann die Geldfinanzierung die Massengüterfinanzierung in diesen Imperien zu ersetzen, vor allem in der römischen Republik. Dennoch wurde auch noch später im ptolemäischen Ägypten die Tradition der Finanzierung mittels Massengütern fortgeführt und zu beispielloser organisatorischer Effizienz entwickelt.

Redistribution als eine Form der Integration umfaßt unter primitiven Verhältnissen häufig die Lagerung von Gütern in einem Zentrum, von dem aus sie verteilt werden und damit außer Zirkulation geraten. Die Güter, die als Zahlung im Zentrum einlangen, werden von dort aus verteilt und konsumiert. Sie liefern den Lebenunterhalt für die Armee, die Beamtenschaft und die Arbeitskräfte, ob nun als Löhne, Sold für die Soldaten oder in anderer Form. Das Tempelpersonal konsumiert einen großen Teil der in Form von Naturalien im Tempel eintreffenden Zahlungen. Die Rohstoffe werden für die Ausstattung der Armee benötigt, für öffentliche Arbeiten und staatliche Exporte; Wolle und Tuch werden ebenfalls exportiert; Gerste, Öl, Wein, Datteln und Knoblauch usw. werden verteilt und konsumiert. Damit sind die Zahlungsmittel vernichtet. Vielleicht werden einige davon von den Empfängern schließlich privat getauscht. In diesem Ausmaß wird eine »sekundäre Zirkulation« in Gang gesetzt, die schließlich sogar zur Grundlage lokaler Märkte werden könnte, ohne die redistributive Ökonomie als solche zu beeinträchtigen. Allerdings hat man für die Existenz derartiger Märkte bisher keinerlei Beweise gefunden. Die Bedeutung des Schatzes und der Massengüter für die Frage der Geldverwendung besteht somit darin, daß sie geeignet sind, das Funktionieren der verschiedenen Verwendungen von Geld bei Fehlen des Marktsystems zu erklären.

Solche Schatzgüter, die quantifizierbar sind, können für Zahlungen verwendet werden. Indessen werden solche Elitegüter normalerweise nicht getauscht und können nicht für Käufe verwendet werden, außer im sakralen und außenpolitischen Bereich. Der wesentlich größere Sektor der Zahlungen betrifft natürlich Güter der Lebenshaltung. Solche Gegenstände, soweit sie für die

Erfüllung von Verpflichtungen, das heißt, für Zahlungen, verwendet werden, sind im Zentrum eingelagert, von dem sie wiederum redistributiv ausgegeben und dann konsumiert werden.

Der Schatz und die Massengüter zusammengenommen liefern somit eine ungefähre Antwort auf das von den Verhältnissen der frühen Gesellschaften gestellte institutionelle Problem, in der Zahlungsmittel unabhängig von der Verwendung von Geld als Tauschmittel auftreten können. Das Fehlen von Geld als Tauschmittel in den Bewässerungsimperien trug zur Entwicklung einer Art von Bankeinrichtungen bei – wobei es sich in Wirklichkeit um große Gutsverwaltungen handelte, die eine Finanzierung mittels Massengüter betrieben – die der Erleichterung des Verkehrs und der Verrechnung in Sachgütern dienten. Hinzuzufügen ist, daß ähnliche Methoden von den Verwaltungen der größeren Tempel benützt wurden. Auf diese Weise wurden Verrechnung, buchmäßiger Verkehr und nichtübertragbare Schecks erstmals nicht als zweckmäßiges Hilfsmittel in einer Geldwirtschaft entwickelt, sondern, im Gegenteil, als verwaltungsmäßige Hilfsmittel, die den Tausch rationeller gestalten und daher die Entwicklung von Marktmethoden überflüssig machen sollten.

Babylonien und Dahome

Hinsichtlich seiner monetären Organisation war das Babylonien des Hammurabi, trotz seiner Wirtschaftsverwaltung und ausgeklügelten Durchführungsmethoden, typisch »primitv«, da dort das Prinzip der unterschiedlichen Geldobjekte fest verankert war. Abgesehen von vielen wichtigen Vorbehalten hinsichtlich der Einzelheiten kann man verallgemeinernd folgendes feststellen: Pachtzinse, Löhne und Steuern wurden in Gerste bezahlt, während der allgemeine Wertmaßstab Silber war. Das Gesamtsystem wurde von einer Verrechnungsregel beherrscht, die unerschütterlich auf der Gleichung »1 *shekel* Silber = 1 *gur* Gerste« beruhte. Im Falle einer ständigen Verbesserung des Durchschnittsertrags des Bodens (hervorgerufen durch die umfangreichen Bewässerungsarbeiten) wurde der Gerstengehalt des *gur* durch feierliche Proklamation angehoben. Die allgemeine Verwendung von Silber als Verrechnungsgeld erleichterte den Tausch enorm; die gleichermaßen allgemeine Verwendung von Gerste als heimisches

Zahlungsmittel ermöglichte das Lagerhaltungssystem auf dem wiederum die redistributive Wirtschaft des Landes beruhte.

Es scheint, daß alle wichtigen Massengüter bis zu einem gewissen Grad als Zahlungsmittel dienten, aber keinem erlaubt wurde, den Rang von »Geld« (im Gegensatz zu Gütern) zu erreichen. Dies kann auch so ausgedrückt werden: man benützte ein ausgeklügeltes Tauschsystem, und dieses beruhte auf der Funktion von Silber als Verrechnungsgeld, der Verwendung von Gerste als Zahlungsmittel, und der gleichzeitigen Verwendung von Massengütern, wie Öl, Wolle, Datteln, Ziegeln, usw. als Tauschmittel. Zum letzteren konnten auch Gerste und Silber gezählt werden, wobei darauf geachtet wurde, daß sich keines dieser oder anderer Massengüter zu einem »bevorzugten Zahlungsmittel«, oder, wie wir sagen würden, Geld entwickelte. Zu diesen Sicherungen gehörte auch die Vermeidung von Münzgeld, die Hortung von Edelmetallen im Palast- oder Tempelschatz, und als wirkungsvollste Maßnahme die strengen rechtlichen Vorschriften bezüglich der Dokumentation der Transaktionen. Die bemerkenswerteste Vorschrift scheint die Beschränkung formeller »Veräußerungs-Ankaufs«-Transaktionen auf spezifische Güter gewesen zu sein, wie zum Beispiel ein Stück Land, ein Haus, eine Anzahl von Rindern, einzelne Sklaven, ein Boot – allesamt Einzelposten, die mit einem Namen bezeichnet werden könnten. Was Massengüter oder ersetzbare Güter wie Gerste, Öl, Wolle oder Datteln anbelangt, so finden wir in den Jahrtausenden der Keilschriftzivilisation keinerlei dokumentarischen Hinweis, daß sie gegeneinander ausgetauscht wurden.

In wesentlich kleinerem Rahmen zeigt das Negerkönigreich Dahome im 18. Jahrhundert monetäre Verhältnisse, die denen Babyloniens nicht unähnlich waren. Kaurimuscheln wurden in allen vier Verwendungsweisen als heimische Währung benutzt, aber als Wertmesser wurden sie durch Sklaven ersetzt, die bei größeren Mengen als Verrechnungsgeld dienten. Dementsprechend wurde das Vermögen reicher Personen, die an den König abzuführenden Zollgebühren ausländischer Schiffe sowie Tribute an fremde Souveräne in Sklaven berechnet (aber nur im letzteren Fall in dieser Form ausbezahlt). Sie dienten aber hier nicht als Tauschmittel, wie in manchen Regionen der Haussa. In der letzteren Verwendung kam zu den Kaurimuscheln auch noch Goldstaub, der vor allem auf Handelsplätzen und bei anderen

Kontakten mit Fremden Verwendung fand. Für die Aufbewahrung von Vermögen wurden nicht nur Kaurimuscheln, sondern auch Sklaven benützt. An Babylonien gemahnt die Tatsache, daß die das System beherrschende Verrechnungsregel eine Gleichsetzung von Sklaven und Kaurimuscheln umfaßte, die wie es scheint, eine Sache der öffentlichen Bekanntmachung gewesen ist; ebenso der Exportpreis für Sklaven, der in Unzen Goldstaubs berechnet wurde.

Anhang: Anmerkungen zu primitiven Geldformen[4]

I. Allgemeine Thesen über Handel, Geld und Märkte

(1) Handel und Geld entstehen getrennt und unabhängig von Märkten. Sie entstehen nicht, wie man bisher dachte, aus dem individuellen Tausch und Austausch. Handel und Geld sind wesentlich weiter verbreitete Institutionen als Märkte. Die verschiedenen Formen des Handels und die verschiedenen Verwendungen von Geld sollten daher als unabhängig von Märkten und Marktelementen betrachtet werden. Ein großer Teil der Wirtschaftsgeschichte besteht gerade in Zusammenschluß von Geld und Geldverwendungen mit Marktelementen, was zum Markthandel und Tauschgeld führte. All dies kann man in der These zusammenfassen, wonach *Handel und Geld unabhängig von Märkten entstanden sind.*

(2) Die Entwicklung von Handel, Geld und Märkten erfolgt auf verschiedenen Wegen, je nachdem, ob diese Institutionen für die Gemeinschaft primär externe oder interne Bedeutung haben. Eines der Merkmale des Wirtschaftstypus des 19. Jahrhunderts (*laissez-faire*-Kapitalismus) war die fast völlige Auslöschung dieses Unterschieds. Wir können dies als die These der *separaten Ursprünge von Außen- und Binnenhandel, Geld und Märkten* bezeichnen.

(3) Wir sind mit der Art und Weise vertaut, in der Handel, die Verwendungen von Geld und die Marktelemente im Rahmen eines Marktsystems integriert sind. Aber wie sie beim Fehlen eines vorherrschenden Marktsystems integriert waren, ist allerdings unklar. Wir sind der Ansicht, dies könnte durch die Rolle erklärt werden, die nichtökonomische Institutionen in diesem

Prozeß spielten, genauer gesagt, den reziprokativen und redistributiven Elementen, bestehend aus (a) der grundlegenden gesellschaftlichen Ordnung und (b) der politischen Verwaltung. Die letztere spielt in der archaischen Gesellschaft die vorherrschende Rolle. Dies soll hier als die These der *integrativen Rolle von Reziprozität und Redistribution in marktklosen Gesellschaften* bezeichnet werden.

II. Thesen über primitive Geldformen

Formen der Geldverwendung

(1) In der modernen Gesellschaft ist die Unterscheidung zwischen den verschiedenen Formen der Geldverwendung kaum mehr als nur von historischem oder theoretischem, aber selten von praktischem Interesse. Der Grund dafür ist die Tatsache, daß das moderne Geld, zumindest bis in die neueste Zeit, ein Allzweckgeld war– das heißt, das Tauschmittel wurde auch für alle anderen Formen der Geldverwendung benützt. Die verschiedenen Formen der Geldverwendung sind daher separat und meist auch unabhängig voneinander institutionalisiert. Deshalb ist die Unterscheidung zwischen den verschiedenen Formen der Geldverwendung hier von größter praktischer Bedeutung für ein Verstehen der Verwendung quantifizierbarer Gegenstände als Geld.

(2) Die Definition des primitiven Geldes ist von dessen Verwendung abgeleitet. Die Formen der Geldverwendung sind Bezahlung, Wertmaßstab, Hortung und Tausch. Geld wird als quantifizierbare Objekte definiert, die für einen der oben genannten Verwendungsformen benützt wurden.

(3) Somit verschiebt sich das Schwergewicht auf die Definition der verschiedenen Verwendungen von Geld. Sie sollten (a) die gesellschaftliche Situation umfassen, in der diese Verwendungsform entsteht, und (b) den Vorgang, der mit diesen Objekten in dieser Situation vollzogen wird.

(a) Bezahlung ist die Einlösung einer Verpflichtung durch die Übergabe von quantifizierbaren Objekten oder, im Falle von »ideellen Einheiten«, durch eine bestimmte Manipulation von Schuldkonten. Die »gesellschaftliche Situation« bezieht sich hier nicht auf eine einzelne Verwendung, sondern auf mehrere, denn nur in bezug auf verschiedene Verpflichtungen können wir von »Zahlung« im spezifischen Sinne dieses Begriffs sprechen, das heißt, als verbunden mit der Verwendung von Geld. Wenn es nur um einen Typus von Verpflichtung geht, dann kann ihre Einlösung durch die Übergabe von quantifizierbaren Objekten durchaus ein geldloser Vorgang sein, beispielsweise, wenn die Verpflichtung »in Sachen« eingelöst wird.

(b) Die Verwendung von Geld als Maßstab oder Verrechnungsmodus bedeutet die Gleichsetzung von Mengen verschiedener Güter zu Tauschzwecken oder in jeglicher anderen Situation, in der sich Notwendigkeit einer Verrechnung ergibt. Die soziologische Situation ist die des Tausches oder der verwaltungsmäßigen Kontrolle quantifizierbarer Objekte, das heißt, Massengüter. Der »Vorgang« besteht darin, daß den verschiedenen Objekten numerische Werte zugemessen werden, damit ihre Zusammenfassung schließlich aufgehen kann.

(c) Hortung ist die Akkumulation von quantifizierbaren Objekten zur künftigen Verfügung oder einfach zur Aufbewahrung als Schatz. Die soziale Situation ist eine jener zahllosen, in denen Personen es vorziehen, die quantifizierbaren Objekte nicht zu konsumieren oder anderweitig zu verwenden, sondern ihre Verwendung in die Zukunft verschieben, es sei denn, sie bevorzugen überhaupt die Vorteile des Besitzes schlechthin, vor allem damit verbundene Qualitäten wie Macht, Prestige und Einfluß. Der damit zusammenhängende Vorgang besteht im Besitzen, Aufbewahren und Erhalten der Gegenstände, damit ihr Besitz und – hauptsächlich – ihre auffallende Zurschaustellung der Bedeutung des Eigentümers und all jener, die er vielleicht repräsentiert, zugutekomme.

(d) Die Verwendung von Geld als Tauschmittel ist die Benützung quantifizierbarer Objekte als Zwischentauschmittel. Die soziologische Situation ist die des Eigentums an einigen Objekten, zusammen mit dem Wunsch nach anderen Objekten. Der Vorgang besteht im Erwerb von Einheiten quantifizierbarer Objekte durch direkten Tausch zum Zweck des Erwerbs anderer Objekte durch weitere Tauschakte. Es kann jedoch sein, daß die Geldobjekte Besitztum sind und der indirekte Tausch darauf abzielt, eine größere Menge solcher Objekte einzubringen.

Die Gelddefinitionen in Primitiven Wirtschaftsformen, in der Kulturanthropologie und in der analytischen Ökonomie

(1) Diese Definition des Geldes eignet sich am besten für die Zwecke primitiver Wirtschaftsformen. Sie bezieht sich auf quantifizierbare (physische) Objekte, die für bestimmte Zwecke verwendet werden, wobei die letzteren wiederum mittels der sozialen Situationen und der darin durchgeführten Vorgänge definiert werden. Diese Definition sollte jedoch ergänzt werden (a) in bezug auf Geldobjekte durch ideelle Einheiten und (b) hinsichtlich der Geldverwendung durch funktionelle Methoden. Ideelle Einheiten sind nichtphysische Objekte, die im Sinne von Geldverwendung benutzt werden, zum Beispiel für Zahlungen oder als Maßstab, in welchem Fall der Vorgang primär keine physischen Objekte beinhaltet, sondern eine Manipulation von Schuldkonten darstellt. Funktionelle Methoden, das heißt, Lösungen, die primär durch Manipulation von Objekten erreicht werden, sind nicht auf Verwendungen von Geld beschränkt. Objekte, die verschiedentlich als Geld verwendet werden, können jedoch auch für bestimmte Methoden benützt werden, wie für rechnerische, statistische, steuerliche, administrative oder andere, mit dem ökonomischen Leben verbundene Zwecke. Beispiele: (i) die zweifache Wertangabe in Kaurimuscheln zum Zweck der automatischen Regelung der Kleinhandelsspanne. Vgl. Mage, Baillaid, Binger, Bovill usw. (ii) Die Herstellung eines Verhältnisses zwischen Goldstaub, Kaurimuscheln und den Preisen der Handelsgüter. Goldstaub wird nach Gewicht mittels Getreidekörnern gemessen; Kaurimuscheln werden nach Muschelkette gezählt, wobei die laufende Einheit eine bestimmte runde Zahl von Muscheln umfaßt (2000); die Preise der Handelsgüter werden auf verschiedene Weise ausgedrückt: in Gold, in europäischen Silberwährungen, in Kaurimuscheln, in Eisenbarren oder in Kupferdraht. Der Eingeborene kann Goldstaub verkaufen und mit Handelsgütern bezahlt werden. Der europäische Händler (i) rechnet den Wert des Goldes in Pfund Sterling oder spanische Silberdollar um und (ii) dann den Wert der Handelsgüter in Kaurimuscheln. Der Eingeborene berechnet den Wert des Goldes einfach durch Zählung der Anzahl der dem Gewicht des Goldes entsprechenden Bohnen, und vergleicht dann die Zahl der Bohnen mit den Kaurimuscheleinheiten, die ihm der Händler schuldig ist. Nach

Entnahme einer Bohne aus einem Beutel für jede ihm bezahlte Kaurimuscheleinheit, kann er durch die Anzahl der im Beutel verbliebenen Bohnen feststellen, wieviel man ihm noch schuldet.

(2) Die Kulturanthropologie befaßt sich mit Geld als einem semantischen System, ähnlich der Schrift, der Sprache oder den Gewichten und Maßen. Geld als semantisches System verbindet Symbole mit quantifizierbaren Objekten, aber der Zweck, dem das Gesamtsystem dient, muß aus den tatsächlichen Anwendungen geschlossen werden, und kann kaum als so eindeutig betrachtet werden, wie der von Sprache oder Schrift.

(3) Geld wurde von den klassischen und neoklassischen Nationalökonomen bis in die neueste Zeit als Zwischentauschmittel definiert. Die anderen Formen der Geldverwendung werden dabei bloß als unbedeutende Varianten dieser Verwendungsform angesehen.

Unabhängige institutionelle Ursprünge der Geldverwendungsformen

1. Zahlung

(a) In der unstrukturierten, primitiven Gesellschaft werden Zahlungen in der Regel im Zusammenhang mit den Einrichtungen des Brautwerts, des Blutwerts und der Sühneabgaben getätigt.

(b) In strukturierten, vor allem in archaischen Gesellschaften bewirken Einrichtungen wie gebräuchliche Abgaben, Steuern, Pachtzins und Tribute auf ähnliche Weise Zahlungen.

2. Die Verwendung von Geld als Wertmaßstab oder Verrechnungsmittel findet man im Zusammenhang mit

(a) komplexen Tauschakten, das heißt, wenn verschiedenartige Artikel auf beiden Seiten zusammengerechnet werden;

(b) der Verwaltung von Massengütern (Güterverwaltungswirtschaft).

3. Die Hortung von Vermögen kann folgenden Zwecken dienen:

(a) der Akkumulation von Schätzen,

(b) der Vorsorge gegen künftigen Mangel,

(c) der Verfügungsgewalt über militärische oder Arbeitskräfte durch Beistellung des Lebensunterhalts in Sachgütern.

4. Austausch entwickelt sich in der Regel nicht aus zufälligen

Tauschakten von Einzelpersonen, sondern im Zusammenhang mit einem geregelten Außenhandel und Binnenmärkten.

III. Geld: Theoretische und institutionelle Konzepte

Klassische Volkswirtschaftslehren

Geld wird als eine Ware definiert, die primär dem Tauschzweck dient. Geld ist daher eine Funktion von Tausch und Austausch. Geldprobleme sollten durch ihre Reduzierung auf Warenprobleme gelöst werden. Zeichengeld (zum Beispiel Papierwährung) ist kein echtes Geld.

Die logische Ableitung des Geldes wird mit seiner historischen Entwicklung gleichgesetzt: Die Neigung zu Tausch, Umtausch und Austausch führt zu individuellen Tauschakten. Solche Akte sind durch die spezifische Qualität von Waren begrenzt, die häufigere angeboten werden als andere. Dies wiederum führt dazu, daß eine von ihnen vor allen anderen zum Zweck des Tausches bevorzugt wird. Diese Ware wird wegen ihrer Brauchbarkeit als Zwischentauschmittel als »Geld« verwendet. Zur Steigerung ihrer Austauschbarkeit kann diese Ware quantifiziert und in Teile unterteilt werden, die durch eine öffentliche Autorität mit einem Zeichen versehen werden. Aus praktischen Gründen, die den ganzen Vorgang kennzeichnen, können diese Münzen durch Zeichen ersetzt werden, wie zum Beispiel Banknoten, die jedoch nur insofern Geld darstellen, als sie den Besitz der eigentlichen Ware garantieren, die in modernen Zeiten aus Münzen besteht, die aus Edelmetallen gefertigt sind.

Die scheinbare *»Parallele« zwischen Logik und Geschichte:* Vor der Verwendung der Münze steht damit logischerweise die Verwendung von nach Gewicht bemessenem Metallgeld; vor dem Metallgeldmonopol kamen logischerweise die als Zwischentauschmittel verwendeten, miteinander konkurrierenden Waren; dies wiederum mußte wieder abgeleitet werden aus der bevorzugten, nichtmonetären Benützung einer Anzahl von Gütern – und all das leitete sich von Tauschakten einzelner her und wird mit der Neigung des Menschen zum Tauschen erklärt. Nach dieser Art von rationalistischer Argumentation, durch die Rückwärtsverfolgung der logischen Ableitung auf ihre Ursprünge, verfolgen wir angeblich auch die in der Geschichte verkörperten Entwicklungsstadien zurück.

Die verschiedenen Verwendungen von Geld erscheinen in diesem System als logisch voneinander abhängig. Der Warencharakter des Geldes, das heißt, daß es sich um ein Objekt mit inhärentem Gebrauchswert handelt, wird vorausgesetzt. (1) »Tauschmittel« wird als die ursprüngliche Verwendung definiert; (2) »Zahlungsmittel« wird es erst später, denn wie könnte man mit einem Ding bezahlen, das nicht für den Austausch verwendet werden kann? (3) »Wertmesser« kommt als nächste und umfaßt (1) und (2); (4) »Mittel zur Hortung von Vermögen oder Schätzen« setzt die anderen drei voraus. Der Warenbegriff und der Austauschbegriff sind die Angelpunkte des Systems.

Neoklassische Volkswirtschaftslehren

(1) Das System vor Keynes. Es umfaßte hauptsächlich eine Art Ableitung aus dem »Austausch« als Erbe der Klassiker. Schumpeter behielt die Definition des Geldes als »Zwischentauschmittel« bei. Zuvor hatte Böhm-Bawerk den Austausch als eine besondere Form des Warengebrauchs eingeführt, und Wieser machte sich daran, den Grenznutzen des Geldes hervorzuheben. In diesem Frühstadium war sich die neoklassische Theorie der begrifflichen Schwierigkeiten des Einbaus des Geldes in diesem Schema noch nicht bewußt.

(2) Das keynesianische System. Im keynesianischen System wird die Rolle des Geldes rein pragmatisch gesehen. Es wird nicht versucht, sein Vorhandensein von der Verteilung knapper Mittel herzuleiten. Hier gilt Geld selbst als eines der knappen Mittel, aber ein Mittel, das den Waren gegenübergestellt wird. Das klassische System leugnete diesen Gegensatz (und war infolgedessen nicht imstande, spezifisch monetäre Phänomene zu erklären). Das Vorhandensein von Geld wird hier mit Recht als selbstverständlich angenommen – da es nur institutionell erklärt, aber nicht begriffsmäßig abgeleitet werden kann. Der Satz vom »Geldschleier«, wie ihn die Klassiker benutzten, war ein Überrest des Schnitzers von Hume im Blick auf den angeblich konventionellen Wert des Geldes und dem (gegenteiligen) Irrtum Ricardos hinsichtlich des Warencharakters des Geldes. In Wirklichkeit leitet sich der Wert des Geldes nicht aus der Konvention her und ist

daher nicht illusorisch, und er leitet sich auch nicht aus dem »Gebrauchswert« her, wie es die Warentheorie behauptet. Sein Nutzen leitet sich von der Tatsache her, daß man damit Dinge kaufen kann, und seinen Wert von seiner Knappheit. Dies erklärt jedoch nicht seinen Ursprung, der in den Institutionen des Staates und des Bankwesens zu finden ist.

Institutionelle Einteilung

Die verschiedenen Formen der Geldverwendung waren ursprünglich getrennt institutionalisiert. Zusammenhänge zwischen diesen vier Verwendungsweisen traten mehr oder weniger zufällig auf. Wir werden die Verwendungsweisen in dieser Reihenfolge behandeln: (1) Zahlungsmittel; (2) Mittel zur Hortung von Vermögen oder Schätzen; (3) Tauschmittel; (4) Wertmesser.

Zahlungsmittel

Damit Geld als Zahlungsmittel Verwendung finden kann, muß es (a) eine Art von *zu bezahlender* Schuld oder Verpflichtung geben, und (b) etwas, *womit* bezahlt werden kann. Vom traditionellen Standpunkt gesehen, müßte daher geklärt werden: (a) wie können in der primitiven Gesellschaft Schulden oder Verpflichtungen außerhalb von ökonomischen Transaktionen entstehen? (b) Wie kann es dort Zahlungsmittel geben, wo Geld nicht als Tauschmittel verwendet wird?

Etwas zu Bezahlendes (Wie entstehen Schulden?)

(1) Die Feststellung, daß die frühe Gesellschaft auf *Status* beruht, bedeutet, daß Rechte und Verpflichtungen von Geburt an bestehen, unabhängig davon, ob die Verwandtschaft real oder fiktiv ist. Negative Privilegien werden ebenfalls durch Geburt erworben. Menschen werden mit Schulden geboren und müssen ihre Verpflichtungen einlösen.

(2) Die vorherrschende Institution ist die der *Verwandtschaft* und ihrer Ausweitungen; dies hat verschiedenartige Verpflichtungen zur Folge, in erster Linie die der Blutrachegruppe. Dazu gehört einerseits die Pflicht, Rache zu üben, andererseits die Pflicht, Buße oder Ablöse[5] zu bezahlen.

(3) In vielen primitiven Gesellschaften (zum Beispiel den Manus) stehen Brauchtumsverpflichtungen unter strengen Sanktionen magischer Art.

(4) Das frühe Recht hat Sakralcharakter (formell und rituell). Transaktionen erfolgen unter der Sanktion der Religion. Auf diese Weise eingegangene Verpflichtungen sind von äußerster Strenge.

(5) Die große Bedeutung von Prestige, Rang, von mit Ruhmestaten verbundenen Vorrechten, Namen, Titeln, Handstreichen und zeremonialen Transaktionen erklärt, wie (sogar absichtlich) Verschulden durch Verletzung von anerkannten Vorrechten entstehen kann, wie bei den Tolowa und den Kwakiutl.

(6) Eine weitere reiche Quelle liegt im Anwachsen der Autorität, die politische Verpflichtungen schafft.

Alle diese Faktoren tragen zur Fähigkeit der primitiven Gesellschaft bei, *nichtökonomische Schuldhaftigkeit* hervorzubringen. Die Verpflichtung beruht auf Status, Blut, Rache, Prestige, Verwandtschaft, Verlobung oder Eheschließung und erfordert Abzahlung, Wiedergutmachung oder Einlösung der Schuldigkeit, wobei der gesamte Vorgang durch Magie, Ritualgesetz und Sakralzeremonie geheiligt wird. Die Schuldigkeit entsteht nicht als Folge einer ökonomischen Transaktion, sondern als Folge von Ereignissen wie Eheschließung, Tötung, Volljährigkeit, Herausforderung zum Potlatsch, Eintritt in eine Gemeingesellschaft usw. Während die ökonomischen Interessen und die damit zusammenhängenden Verpflichtungen in der primitiven Gesellschaft nicht streng sind und eher zu Nachsichtigkeit, Elastizität und Ausgleich tendieren, befindet sich ökonomisches Selbstinteresse in der Regel in der Kategorie der nicht gebilligten Motivationen. Das Gegenteil ist der Fall in bezug auf Schuldigkeiten und Verpflichtungen aus nichtökonomischen Bereichen wie Magie, Sakralordnung, *stricti juris negotis*, Ritualhandlungen, Ehren- oder Prestigeangelegenheiten, Formalgesetzen, einschließlich *jus talionis*, dem *nexum* oder den mit dem Kauf und Verkauf von *res mancipi* verbundenen Formalitäten. (Vgl. auch die römischen »Zwölftafelgesetze«, durch die das »Gewohnheitsrecht« [etwa um die Mitte des 5. Jahrhunderts v. Chr.] kodifiziert wurde; die hebräischen Gesetze des Deuteronomiums, die dem späten 7. Jahrhundert v. Chr. zugeschrieben werden, aber viel früheres Material enthalten.) In bezug auf Beitrittsgebühren, Grade und

»Freimaurerei« im Zusammenhang mit dem *Suque* (Bankinseln) schreibt Daryll Forde: »In solchen Gebieten verleiht dieses System der Gesellschaft einen wesentlich gewinnsüchtigen Charakter, und Geld erlangt eine größere Bedeutung als im Rest Melanesiens.«[6] Zahlungen erfolgen durch gebräuchliche Zahlungsmittel, so werden zum Beispiel Federn für die Tänze mit Dentalia oder Muschelhalsketten bezahlt; die Gesänge für die Zulassung zum *Suque* mit Muschelgeldschnüren. Dabei werden ganze Schnüre von Muscheln, usw. verwendet, *nicht* einzelne Einheiten. Derartige Zahlungen sind auf verschiedene Gemeinschaften beschränkt.

Wie werden Schulden bei Fehlen von Austausch bezahlt?

Vermögen besteht in erster Linie aus Wertgegenständen, Objekten also, die Gefühle auslösen können und um ihrer selbst willen geschätzt werden. Die »Nutzung« dieser Wertgegenstände kann bloß in ihrem Besitz bestehen – wie im Falle der Kronjuwelen.

Pelew-Geld. Die Pelew-Insel im nördlichen Pazifik, auch Palau genannt, gehört zu den Karolinen. Es gibt dort Porzellanglasmischungen verhältnismäßig vorgeschichtlicher Herkunft. Glasperlen finden sich auch auf Yap, wo sie aber *nicht* als Geld verwendet werden (statt dessen benützt man dort riesige Sprudelsteine). Es gibt gelbes und rotes Pelew-Geld. Es ist muschelähnlich und glasig, aber undurchsichtig. Ferner gibt es verschieden weiße Sorten von Pelew-Geld mit spezifischen Tauschwerten, so werden zum Beispiel Segel mit der höherwertigen Sorte bezahlt. Die höchstbewerteten werden gegen Zinsen verliehen! Der Brautpreis richtet sich nach dem Rang; der Ranghöhere muß mehr bezahlen!

Die wertvollsten Geldsorten werden von den Häuptlingen versteckt. Nur wenige Menschen kennen auch nur ein Sechstel der Geldsorten. Strafgebühren werden in Pelew-Geld bezahlt. Manche Sorten finden beim Austausch zu Festpreisen Verwendung. Glasperlen, ähnlich denen der Westafrikaner, wurden in den Erdhöhlen der Angelsachsen gefunden. Die Aschanti bezahlen für solche »Aggry-Perlen« mit »Gold in gleichem Gewicht«. Die Entwicklung des Pelew-Geldes ist äußerst spezifisch. Jede Geldsorte hat ihre eigene Verwendung, einen Kreis, innerhalb dessen sie zirkuliert. Dies steht im Einklang mit dem Gedanken von Vermögen und Schatz, aber nicht mit dem Tauschmittel. Obwohl es auch zum Tausch herangezogen wird, ist seine Hauptverwendung doch die Bezahlung wie beim Brautpreis – ein hervorragendes Beispiel, in dem Geld als Zahlungsmittel auf seiner Verwendung als Mittel der Schatzhortung beruht.

Ansonsten ist die Abgabe des »Wertgegenstandes«, dessen vornehmlicher »Nutzen«, wie beim Kula, wo sich die Verwandten und Angehörigen des Eigentümers mit den Objekten schmücken dürfen. Gefolgsleute, Vasallen und Kriegsverbündete werden mit Hilfe derartiger Wertgegenstände gewonnen. Wesentlich ist, daß der Empfänger sie als Wertgegenstände schätzt und *nicht* wegen ihrer Verwendung im (kommerziellen) Austausch, dessen Möglichkeit praktisch null ist; der Wert ist untrennbar mit Rang verbunden. (Unter den Kula-Objekten gibt es große, schmierige, weiße Muscheln, die keinerlei Wert haben, außer dem daran geknüpften Bewußtsein, wer die Vorbesitzer waren.)

Indessen hätte sich Geld als Zahlungsmittel nie in größerem Maße entwickeln können, wenn sein Nutzen nur auf seine Hortung als Schatz beschränkt geblieben wäre. Eine weitere Verwendung ergab sich aus der Entwicklung der Redistribution als einer Form der Integrierung ökonomischer Aktivität. Die Anfänge sind natürlich bei den Jägern zu suchen. In den strukturierten Gesellschaften wie jenen Mikronesiens und Polynesiens, erhält der oberste Häuptling als Vertreter des führenden Klans die Einkünfte, die er später wiederum freigiebig an das Volk verteilt. Das Prinzip der Redistribution wird in riesigem Ausmaß bei den despotisch regierten Aristokratien der Schafhirten und Hackbauern gepflogen wie in Mexiko und Peru. Die Steuerleistungen der Untertanen und unterworfenen Völker werden in riesigen Lagerhäusern aufbewahrt und an ausgewählte Gruppen und Völkerschaften verteilt. Dasselbe Prinzip herrschte in Sumerien, Babylonien, Assyrien sowie im alten China und im neuen Königreich Ägyptens. All dies soll die verhältismäßige Unabhängigkeit von »Zahlung« vom »Austausch« aufzeigen.

Geld als Tauschmittel

Die Verwendung von Geld in der Außenwirtschaft. Die Ursprünge von Geld als Tauschmittel sind mit dem Außenhandel verbunden. Dies steht im Einklang mit dem gleichermaßen gesicherten Faktum von Handel und Märkten als »externen« Institutionen.

Manche Artikel spielen im Außenhandel eine bedeutende Rolle, wie Nahrungsmittel gegen gewerbliche Erzeugnisse. Es werden bestimmte Produkte ausgetauscht. Geographische Faktoren treten hervor, wie im östlichen und westlichen Zentralafrika. Bei manchen einfachen Gemeinschaften bringt diese Neigung zur Spezialisierung diese Erscheinung auch bei Fehlen eines geographischen Grundes hervor, wie in Melanesien. Aber im großen und ganzen zeigt der Außenhandel die Neigung, sich auf einige wenige Hauptartikel zu beschränken. Manche davon, wie Salz oder Eisen, werden für den Zwischentausch bevorzugt. Dies ist einer der Ursprünge des Tauschgeldes.

Nur selten finden wir, daß Geld vorwiegend aufgrund eines Bedarfs nach einem Zwischentauschmittel entsteht. Diese Form von Außenhandelsgeld wird bewußt verwendet, wie die Benützung von Kaurimuscheln. Sie finden ansonsten kaum Verwendung, sind jedoch bei allen Völkern als Geld für den Außenhandel äußerst beliebt.

Die Verwendung von Geld in der Binnenwirtschaft. Wenn nun Geld als Tauschmittel im Außenhandel seinen Ursprung hatte, wann und wie, wenn überhaupt, ist es dann zu einem binnenwirtschaftlichen Tauschmittel geworden? Obwohl im allgemeinen Geld als Tauschmittel im Außenhandel entstanden sein mag, ist es denkbar, daß sich die binnenwirtschaftliche oder heimische Verwendung von Geld im Austausch unabhängig davon entwickelt haben könnte. Dies hätte als Ergebnis individueller Akte von Tausch und Austausch und später von Lokalmärkten eintreten können. Allerdings scheint dies nicht der Fall gewesen zu sein.

In der einfachen, das heißt ungegliederten primitiven Gesellschaft entsteht Geld als Zahlungsmittel, und obwohl es in der Prestigewirtschaft in beschränktem Ausmaß als Tauschmittel Verwendung findet, wird es in der Lebenshaltungswirtschaft nur ausnahmsweise benutzt. Nahrungsmittel bleiben stets ein Außenhandelsartikel und werden intern nicht gegen Geld getauscht.

In der gegliederten primitiven Gesellschaft wird Geld natürlich in umfangreicher Weise bei der Redistribution benutzt, das heißt als Zahlungsmittel. Dies kann in der Form von »Wertgegenständen« vor sich gehen, wie Pelew-Geld oder Rinder in Ostafrika. Dennoch kommt es nicht zur Entwicklung von Geld als Tauschmittel, da Tauschakte auf Lokalmärkten (wie in Afrika) auf den Austausch spezifischer Güterarten beschränkt sind und der Handel im Prinzip ausschließlich ein Außenhandel ist.

Wir wollen hier Heinrich Schurtz' »internes« und »externes«

Geld erwähnen (*Grundriß einer Entstehungsgeschichte des Geldes*, 1898). Zwei verschiedene Arten von Geld entwickelten sich aus verschiedenen Quellen. Dies schien einigen von Schurtz hervorgehobenen Fakten zu entsprechen. Aber Schurtz betrachtete einige Geldverwendungen irrtümlich als interne, die aufgrund ihrer Herkunft externe waren. (1) Beim Brautgeld ist die Bezahlung ursprünglich eine Institution der Exogamie und die Zahlung daher im Prinzip »extern«; (2) die Ablöse von Blutrache ist »extern«, da es innerhalb der Gruppe keine Blutrache und ursprünglich auch keine Ablöse gab.

Die interne Geldverwendung als Tauschmittel war in den alten östlichen Reichen Ägyptens, Sumer, Babylonien und China alles in allem sehr beschränkt. Aus Ägypten kennt man keine Münzen, die aus der Zeit vor Alexander dem Großen datierten. Das hochentwickelte ptolemäische Geldsystem ist natürlich später entstanden. Silber und Gold wurden von den Tempeln aufbewahrt. Die hochentwickelte Goldschmiedekunst bewog sie nicht zur Herstellung von Münzen aus Metall; Silber wurde in Form von Ringen benützt und Gold nach Gewicht. Die Wirtschaft stellte sich insgesamt als eine riesige Redistributionswirtschaft dar. Der Außenhandel befand sich überwiegend in den Händen von Fremden. Die Binnengeschäfte wurden in Sachgütern abgewickelt, gelegentlich in Gold und Silber nach Gewicht. Die enorm entwickelte redistributive Wirtschaft beschränkte das System auf die Verwendung von Geld als Zahlungsgrundlage und widerstand der Bildung von Binnenmärkten von einiger Bedeutung. In dieser Hinsicht war Ägypten typisch für die alten östlichen Imperien.

Geld als Wertmesser

Geld als ein Wertmesser erreicht seine größte Entwicklung in der modernen Gesellschaft auf der Grundlage einer marktintegrierten Tauschwirtschaft, in der Geld die Form der allgemeinen Kaufkraft annimmt.

Freilich wird Geld als Wertmesser auch in antiken Reichen als Folge der weitverbreiteten redistributiven Institutionen verwendet. Diese Verwendung beschränkt sich auf die wichtigsten Wirtschaftsgüter wie Boden, Getreide und Metalle, und ist nicht das Ergebnis von Marktfunktionen, sondern von durch die Behörden festgesetzten Fixpreisen. In diesem Zusammenhang ist es interessant, daß insoweit Metalle (nach Gewicht) als Zahlungsmittel verwendet wurden, sich in der Altertumsgeschichte keinerlei Hinweise auf eine »Abwertung der Währung« finden. Der »Geldcharakter« der Waren war viel öfter der Expansion der staatlichen Verwaltung auf weitere Gebiete zuzuschreiben, als dem Warenaustausch. Durch solche Vorgangsweisen wurde der Außenhandel »internalisiert«.

14. Archaische ökonomische Institutionen: Kauri-Geld

Gesellschaftliche Funktionen archaischen Geldes

Unsere analytische Skizze befaßt sich mit einem westafrikanischen Beispiel dafür, wie der Prozeß des Lebensunterhalts in archaische ökonomische Institutionen eingebettet sein kann. Von den drei Austauschinstitutionen wurden archaische Varianten des (externen) Handels und der (lokalen) Märkte bereits besprochen. Geld hingegen, dessen Stabilität eine einzigartige Leistung der Wirtschaft in Dahome war, ist kaum behandelt worden. Was hält den Wert der Geldformen bei den Eingeborenen regional stabil, und wie werden die Äquivalenzen ohne einen entsprechenden Mechanismus aufrechterhalten?

Wir meinen, daß die Antwort darauf in den gesellschaftlichen Funktionen des Geldes und ihren Auswirkungen auf die Gesellschaftsstruktur zu suchen ist. Man betrachte die Geldvariante, die hier durch die Kaurimuschelwährung dargestellt wird, und als Ersatz für ein Marktsystem betrachte man die Geschlossenheit der Strukturen, aus denen die archaische Gesellschaft zusammengesetzt ist.

Wir wollen als »archaisch« solche ökonomische Institutionen bezeichnen, die in der »primitiven«, auf Verwandtschaftsbasis organisierten Gesellschaft fehlen und erst in staatsbildenden Gesellschaften auftreten, aber wiederum verschwinden, sobald Geld als Tauschmittel in großem Umfang verwendet wird. Somit zerfallen ökonomische Institutionen, die in staatlich organisierten Gesellschaften auftreten, grob gesprochen in zwei Gruppen: in solche wie Zinsnahme, Hypothek oder Geschäftspartnerschaft, die, einmal entstanden, bis in die moderne Zeit fortdauerten, und andere, wie freiwillige Arbeitsgruppen, die Verpfändung von Kindern oder das Erblehen bei Obstbäumen, die schließlich bedeutungslos werden oder überhaupt verschwinden. Nur diese letzteren, die auf die frühen staatlich organisierten Gesellschaften beschränkt sind, verdienen spezifisch archaische ökonomische Institution genannt zu werden. Sie umfassen mehrere Dutzend; einige wenige seien angeführt: das antichretische Versprechen diente einem der Zinsnahme verwandten Zweck. Das als Sicherstellung gegebene Objekt, ob Land, Rind oder Sklave, wurde nicht nur dem Gläubiger übergeben, wie das in der Regel bei verpfändeten Objekten der Fall ist, sondern der Gläubiger war auch berechtigt, das Objekt solange zu benützen, bis der Schuldner seine Verpflichtung erfüllt hatte. In Teilen des Sudans wurden Verkäufe regelmäßig durch Makler getätigt, und auch Versteigerer wurden verwendet, die häufig auch Makler waren. Auf diese Weise konnten Verkäufe sogar bei Fehlen von Märkten durchgeführt werden. Bei der sogenannten »Massengüterfinanzierung« wurden Äquivalenzen für fast alle Massengüter festgesetzt, vor allem für die Abwicklung der Redistributions- und Haushaltungsverrechnung.

Austauschinstitutionen wie Handel, Märkte und Geld hatten ihre archaischen Spielarten. Dies war vor allem beim »verwalteten« Handel der Fall, bei dem der Statushändler oder der Handelsplatz eine Rolle spielten; ebenso auf »isolierten« Märkten mit obligatorischer Geldverwendung; und zu guter Letzt bei archaischen Spielarten von Geld, unter denen die Kaurimuschelwährung von Dahome ein hervorragendes Beispiel darstellt.

Allgemein ausgedrückt, ist Geld ein semantisches System, ähnlich wie Sprache, Schrift oder Gewichte und Maße. Von diesen ähnelt es wiederum der Sprache am meisten, ohne die die Menschen nicht wären, was sie sind, weder als einzelne noch als Gesellschaft. Dies gilt für alle drei Formen der Geldverwendung: als Zahlungsmittel, als Maßstab und als Tauschmittel. Das archaische Geld hatte nun die einzigartige Wirkung der Konsolidierung der Gesellschaftsstruktur. Institutionen werden gefestigt durch die quantitative Identifikation mit Verpflichtungen und Rechten, die sich aus der Einführung von Zahlen ergeben. Bei den gesellschaftlichen Merkmalen, die zur Herausbildung von Institutionen führen, handelt es sich vor allem um Status und Staatenbildung. Archaische ökonomische Institutionen wurden in der Regel durch Verbindungen mit diesen beiden übertragen. Der Status wird bestätigt und der Staat konsolidiert im Laufe der Entwicklung solche Institutionen, die ihrerseits von den Interessen bestimmter Gruppen oder Klassen gestützt werden.

Abgesehen von ihrer ökonomischen Rolle sind gesellschaftliche Funktionen somit auch mit den archaischen ökonomischen Institutionen verbunden. Ibn Batutah ist die Entdeckung zu verdanken, daß man in den Nigerreichen des 14. Jahrhunderts dünne und dicke Kupferdrähte als Statusgeld verwendete. Mit dünnen Drähten, in denen die Löhne ausbezahlt wurden, konnte man nur Brennholz und grobe Hirse kaufen, während man mit den dicken alles, einschließlich Elitegüter, kaufen konnte. Auf diese Weise wurden für die Armen Konsumschranken errichtet, während der höhere Lebensstandard der wohlhabenden Schichten automatisch gewährleistet war. Ohne unfair zu sein, kann man hier vom »Geld der Armen« als einem Instrument der Aufrechterhaltung der Vorrechte der Oberschicht sprechen. Man kennt aber auch Statuseigenschaften, die bewußt Wohlfahrtszwecken dienen. Im 16. Jahrhundert gab es im Nahen Osten, in Basra, eine »Elle der Armen« zum Zweck des Einkaufs billiger Tuchsorten. Sie war um ein Fünftel länger als die reguläre Elle, nach der die teuren Stoffe bemessen wurden. Bereits erwähnt wurde Hirse, mit der man auf den sudanesischen Märkten alles zu einem geringeren Preis kaufen konnte.

Die gegenteilige Tendenz zeigte sich in der »elitären Zirkulation« im homerischen Griechenland bei der Erwiderung kostbarer Geschenke. In Westafrika galt die elitäre Zirkulation als Handelsprinzip. Pferde, Elfenbein, ausgebildete Sklaven, Edelmetalle, Schmuck und kostbare Objekte konnten nur im Austausch gegen Objekte aus diesem Bereich der Elitegüter erworben werden. Statusunterschiede in Verbindung mit archaischen Geldformen, wie sie im Nahen Osten des Altertums üblich waren, könnten sich als Schlüssel für einige ökonomische Rätsel erweisen, die uns die Keilschriftfunde stellen. Nach dem Codex des Hammurabi betrugen die Zinsen bei Krediten 20 Prozent, wenn sie in Silber zurückgezahlt wurden, aber 33¹/₃ Prozent, wenn der Kredit in Gerste zurückgezahlt wurde. Indes war der Rückzahlungsmodus dem Schuldner offenbar freigestellt, was uns recht seltsam anmuten mag. Wenn aber, wie wir mit gutem Grund annehmen, Silberkredite *nur* Edelleuten gewährt wurden, während der einfache Mann *nur* einen Gerstenkredit erwarten durfte, dann liefert der Status die Erklärung für einen ansonsten absurden Sachverhalt. Es ist offenbar, daß archaisches Geld auf verschiedenartige Weise mit dem Status gekoppelt war, was wiederum innerhalb des gesellschaftlichen Geflechts starke unsichtbare Verbindungen hervorrufen mußte.

Kauri und Gold

Verschiedenartige Währungsformen waren in den drei benachbarten Ländern Dahome, Aschanti und Whydah im Gebrauch. In Dahome wurden Einheiten von Kaurimuscheln vom Monarchen ausgegeben. In Aschanti war Gold die alleinige Währung. Im Handelsplatz von Whydah entwickelten die englischen Sklavenhändler die Einheit des sogenannten »Unzenhandels« als Verrechnungsgeld, die Franzosen benutzten das nicht weniger fiktive *once*, die Holländer und Dänen das »rixdaller monnaie«.

So wie der internationale Goldstandard des 19. Jahrhunderts auf dem Pfund Sterling als fest etablierter künstlicher Geldeinheit beruhte, so fiel diese Funktion am großen Teil der Küste von Guinea den Kaurimuschelketten aus Dahome zu. Kauri wurde regelmäßig in Frieden und Krieg ausgegeben, und blieb stabil, sowohl vom Standpunkt des heimischen Preisniveaus als auch im Hinblick auf den Wechselkurs zwischen Kauri und Gold.

Der Vergleich zwischen den Rollen von Gold und Kauri darf jedoch nicht übertrieben werden. Im Westen diente das Gold als Deckung für Banknoten, und über die Wechselkurse auch als Regler des Außenhandelsmechanismus. Den Muscheln kam keine derartige integrative Aufgabe zu. Andererseits besaß Dahome keine Handelsflotte und betrieb selber keinen Handel; und die Muscheln, die dort das einzige Geld darstellten, kamen von entlegenen Korallenriffen, von wo die Händler sie unter geringen Kosten als Ballast exportierten.

So wie beim Gold, zeigen sich die Probleme der weniger offensichtlichen Vor- und Nachteile des Kaurigeldes in den Details. Daher ist hier eine genauere Kenntnis der physischen Eigenschaften dieser Muscheln erforderlich.

In den letzten fünfundsiebzig Jahren gab es intensive Forschungen über den Gebrauch von Kauri als Schmuck und als Form von Geld. Muschelkunde, Geographie, Kulturanthropologie, Archäologie und Wirtschaftsgeschichte lieferten dazu Beiträge.

Wie J. W. Jackson feststellte, kamen einzelne Kaurimuscheln in prähistorischer Zeit fast überall vor. Er entdeckte, daß Cypraeidae in zahlreichen Abarten auf fast allen Kontinenten, jedenfalls aber in Europa, Asien und Amerika, als Schmuck, bei Zeremonien oder im Zusammenhang mit Magie verwendet wurden.

Archäologen, Anthropologen und Historiker stimmen darin

überein, daß die Verwendung von Kauri als Geld erst in geschichtlicher Zeit nachgewiesen werden konnte, doch erweist eine genaue Untersuchung, daß die Verwendung als Geld sich keineswegs mit den prähistorischen Fundorten deckte. Zwischen Vorgeschichte und Geschichte zeigt sich hier eine Kluft. Die aus geschichtlicher Zeit bekannte Kauris sind nur die als Geld verwandten Arten, nämlich *Cypraea moneta* und *Cypraea annulus.* Die schwerere und größere *Cypraea annulus* mit ihrer blaugrauen Schattierung und dem gelbberingelten Körper trat gewöhnlich gemeinsam mit der milchweißen, zarten *Cypraea moneta* auf. Der Herkunftsort von *annulus* war die afrikanische Ostküste gegenüber von Sansibar. Diese minderwertigen Kauri gelangten hauptsächlich auf dem Seeweg nach Dahome und mußten mit den handlicheren und auch hübscheren *C. moneta* konkurrieren. Jedenfalls sind Kauriwährungen nirgends von prähistorischen Funden im selben Gebiet abhängig. Auch findet man in historischer Zeit, einschließlich der Antike im Nahen und Mittleren Osten kein Kaurigeld, im Gegensatz zum größten Teil Westafrikas und einem Teil des Fernen Ostens.

Währungen samt ihren institutionellen Aspekten sind eine Erscheinung, die weit von den bloßen Schmuckaspekten von Kauri als Kulturmerkmal entfernt ist. Dies verleiht der Untersuchung des Kaurigeldes jene begriffliche Sicherheit, die die Wirtschaftshistoriker fasziniert. J. W. Jackson[1] beschrieb den Gesamtbereich der vorgeschichtlichen Verbreitung von Kauri. Exemplare der beiden Geldkauris wurden nur selten gefunden: andere der zahllosen Arten von Cypraeidae wurden vom Frühmenschen deshalb vorgezogen, weil sie schöner waren oder seine sexuelle Phantasie mehr anregten. Beim Übergang von der vorgeschichtlichen zur frühgeschichtlichen Zeit, als in weiten Gebieten Eisen, Kupfer und Edelmetalle als Geld verwendet wurden, erschien Kauri neben den Metallen, wurde aber nur selten, wenn überhaupt, als ausschließliche Währung verwendet.

Hier ist eine Warnung gegen jene ethnozentrische Neigung am Platz, der wir in bezug auf ökonomische Gegebenheiten außerhalb unserer westlichen Kultur gerne erliegen. Während vieler Jahrhunderte standen Silber und Gold auf der einen Seite und Kauri auf der anderen miteinander im Wettbewerb. Obwohl Silber im Nahen Osten mindestens zwei Jahrtausende lang Vorrang vor dem Gold hatte, betrachtete der moderne, gebildete

Mensch schließlich das Gold als Sieger. Wir wollen hier das Silber außer acht lassen und den Vergleich auf Gold und Kauri beschränken.

Ein grober Vergleich zwischen den natürlichen Eigenschaften von Gold und Kauri, die ihre jeweilige Brauchbarkeit als Währungseinheiten verstärkten oder verminderten, ist hier angebracht. Zu den unwidersprochenen Vorteilen von Kauri gegenüber Gold gehört deren Vorkommen in erkennbaren Einheiten, da Gold keine solchen Einheiten aufweisen kann – es wird nach Gewicht bemessen, solange es keine anerkannten Goldgewichteinheiten gibt; ein weiterer Vorteil der Muscheln ist ihr geringer Wert pro Einheit, wodurch jene für das primitive Leben entscheidende Handvoll Nahrung in allgemeiner Reichweite ist, wo Gold in seiner elitären Bedeutung von Nachteil ist, auch wenn es in winzigen Körnchen auf dem Markt von Whydah benutzt wird. Andererseits besaß Gold als »gewerblicher« Rohstoff eine weitere Nutzungsmöglichkeit von großer ökonomischer Bedeutung, die sich aus einer stark schwankenden Nachfrage ableitete. Die Nachfrage nach Kauri als Schmuck ist stabil, und ist selbst innerhalb ihres geringen Spielraums an ökonomischer Bedeutung nicht mit jener der »gewerblichen« Nutzung der Edelmetalle zu vergleichen. Im Zusammenhang mit der Stabilität der Goldwährung ist die entscheidende Rolle der gewerblichen Nutzung von Gold so gut bekannt, daß sie hier nicht hervorgehoben werden muß.

Um aber zu den Vorteilen von Kauri zurückzukehren: Kauri kann nicht gefälscht werden, während Goldstaub und Goldbarren häufig durch Beimengung von Kupferstaub verschlechtert werden und Goldmünzen beschnitten werden können. Ein weiterer Aspekt, der für Kauri spricht: es verrät schon durch die Menge das Vorhandensein gehorteten Vermögens. Die Spartaner, die sehr wohl wußten, daß ihre Anführer der Verlockung durch Bestechung nicht widerstehen konnten, verboten die Einfuhr von Gold und zogen statt dessen Eisen vor. Burton zitiert König Geso von Dahome, der sagte, obwohl es in den benachbarten Kongbergen Gold gäbe, zöge er Kauri aus zwei Gründen vor, nämlich weil es nicht gefälscht werden könnte und weil niemand im geheimen reich werden könnte.[2] Eine bestimmte physische Eigenschaft von Kauri spielt bei seiner ambivalenten Liquidität eine Rolle: Kaurimuscheln kann man ausschütten, einsacken, schaufeln, in Haufen horten, im Boden vergraben, aufbewahren und wie Schotter rinnen lassen – sie bleiben dennoch sauber, schön , fleckenlos, poliert und milchweiß. Sie können zu Dutzenden von Millionen transportiert werden, was allerdings eine erfolgreiche Verwendung der Kauriwährung eher behindert und in der Tat gelegentlich auch zum Verschwinden bestehender Kauriwährungen führte.

Wir sind es, aus einer angeblich evolutionären Sicht der »Ursprünge und Entwicklung des Geldes«, gewohnt, Kauri zusammen mit anderen Muscheln als Beispiel für primitives Geld zu nehmen. Die Geschichtsforschung beseitigte dieses evolutionistische Vorurteil. Kauriwährungen entstanden am Mittel- und Oberlauf des Niger zu einer Zeit, als Metallwährungen und sogar Münzgeld im mediterranen Kernland längst etabliert waren. Dies ist der Hintergrund, vor dem das Auftauchen einer neuen Nichtmetallwährung im islamischen Westafrika betrachtet werden sollte. Man wird sie dann nicht irrtümlicherweise als Teil der allgemeinen Entwicklung von Geld ansehen, sondern vielmehr als ein Merkmal der Ausbreitung der zentralistischen Regierungsform und der Lebensmittelmärkte in den frühen Negerreichen, was sich auch auf die Lokalgeschichte des Geldes ausgewirkt hat.

Im Gebiet von Dahome befanden sich Goldstaub und Kauri als Geldformen zufällig in starkem Wettbewerb auf den Lebensmittelmärkten. Der Voltafluß war reich an Goldstaub, und Kauri war ebenfalls verfügbar, ob es nun von der Küste von Guinea im Süden oder der Region des Niger im Norden eingeführt worden war. Wie uns bekannt ist, wurde Gold auch in den Bergen von Norddahome gefunden. Indessen konnte Goldstaub auf dem Markt von Männern nur dann verwendet werden, wenn eine genaue Waage zur Hand war (die in der Regel, wie bei den Aschanti, von einem Gehilfen getragen wurde). Die Aschanti benutzten auch verschiedene nichtstandardisierte, persönliche Goldgewichte, ohne eine gemeinsame Maßeinheit. Von den Frauen von Whydah heißt es, daß sie imstande waren, die Qualität von Goldstaub zu unterscheiden, und selbst winzige Goldkörnchen mit den Fingerspitzen zu erkennen. Dies war jedoch kaum zu vergleichen mit den Muscheln, die in unterscheidbaren kleinen Einheiten gewechselt werden konnten. Auf dem Lebensmittelmarkt trug Kauri stets den Sieg über das Gold davon. Es konnte sowohl nach Gewicht als auch nach Volumen gemessen werden, nicht zu reden von der Zählung nach Kaurischnüren. Das sollte sich, auf lange Sicht gesehen, als seine Schwäche erweisen, doch war seine extreme Geringwertigkeit und Flüchtigkeit unter archaischen Verhältnissen nicht entscheidend. Kauri konnte sich gegenüber den europäischen Münzen durchaus behaupten, und unterlag schließlich den Vorteilen des Goldes erst unter den Verhältnissen des internationalen Finanzwesens, für die es völlig untauglich war.

Kauri als Nord und Süd

Schwarz und Weiß trafen in Afrika, lange ehe Dahome entstand, auf zwei Fronten aufeinander. Die Geschichte des Kauri in Afrika ist daher geeignet, einige Umstände dieses Zusammentreffens aufzuzeigen, das zuerst am mittleren Niger und ein Jahrhundert später an der Küste von Guinea vor sich ging. Wann, wo und wie sind die Kaurimuscheln nach Westafrika gelangt, und durch welche Macht wurde Kauri zum Währungssystem bestimmt?

Dahome lag zwischen der Küste von Guinea und dem großen Nigerknie. An den Stränden der Bucht von Benin und am mittleren Niger wurden Kauri von zwei verschiedenen Gruppen von Händlern eingeführt, einerseits den Berber Tuareg und andererseits später von den Portugiesen. Ihre Einzugsbereiche waren jedoch durch eine Entfernung von über tausend Meilen voneinander getrennt, der Entfernung zwischen Timbuktu und Gogo, wo die Venezianer die von den Malediven stammenden Kauri durch die Tuaregs auslieferten, und den Portugiesen im Süden in Benin und Ardra, den Außenposten der Yorubakultur.

Das früheste Datum, an dem Kauri – wahrscheinlich vom Norden kommend – Westafrika erreicht hat, liegt etwa um die Zeit, in der Marco Polo von Venedig zu seiner Reise nach dem Fernen Osten aufbrach, also um 1290. Er war offensichtlich überrascht, als er in einem Bericht ausführlich beschrieb, daß er in der südwestchinesischen Provinz Yünnan auf Kaurigeld gestoßen sei. Seine Erzählung widerspiegelt die Begeisterung eines aufregenden Erlebnisses. Unsere Quellen bezeichnen Venedig, die Heimatstadt Marco Polos und Sitz des Familienunternehmens, als die vermittelnde Stelle, die die Kauris aus dem Persischen Golf zum Niger geschafft hatte, um diese exotischen Muscheln dort gegen Gold einzutauschen. Dies reduziert die Spanne auf den Zeitraum zwischen 1290 und dem Frühjahr 1352, als Ibn Batutah in Gogo am mittleren Niger, wo sich der Fluß südwärts wendet, die Benützung von Kaurigeld entdeckte. Alles weist darauf hin, daß im Reich von Malli Kauri zusammen mit Goldbarren und Kupferdraht als normale Währung galten, deren Goldkurs Ibn Batutah ohne Zögern in Kaurischnüren angeben konnte. So wie Marco Polo in Yünnan war auch er äußerst erstaunt, Kauri im Fernen Osten anzutreffen, obwohl er, im Gegensatz zu Marco Polo, mit der Verwendung von Kauri als Geld durchaus vertraut war. Es fiel ihm auf, daß dessen Wert sehr hoch angesetzt war, nämlich bis zu 1150 pro Mithkal oder Golddukaten, der auf den Malediven nicht weniger als 400 000 Kauris eingebracht hätte, wenn nicht dreimal soviel, das heißt, 1 200 000, was auch vorkam. Ihr Wechselkurs in Gogo wurde von ihm mit Sicherheit erwähnt. Und Cà da Mosto, der selbst Kauris nie gesehen hatte, beschrieb im Jahre 1455 *Cypraea moneta* vom Hörensagen völlig richtig, und gab auch detaillierte Informationen über ihren Weg vom Persischen Golf nach Venedig und von Venedig über die Wüstenroute der westlichen Sahara zum Niger. Das spätere Datum, zu dem Kauri von Süden her nach Westafrika gelangte, ist fast ebenso gesichert, nicht aber auf welchem Weg der Transport dorthin erfolgte. Die arabischen Händler des Nordens repräsentierten die im 11. Jahrhundert auftretende Weltbewegung des Islams (dessen Einfall im 7. Jahrhundert nur kurz und oberflächlich gewesen war). Sie brannten nun darauf, die Quellen des Goldes zu erschließen, das seit den Römerzeiten vom oberen Niger nach Karthago und Lybien geströmt war. Ihr kultureller Einfluß war am oberen und mittleren Niger vorherrschend, und Kauri, mit dem sie aus Arabien und Indien vertraut waren, war in Mali im Umlauf zumindest bis nach Gogo im Osten. Die Araber waren es gewohnt, neben Gold und Silber, Dinar und Dirhem, den Mithkal und seine Unterteilungen zu benützen, und waren nicht, wie die »Ungläubigen«, auf Dambabohnen und Taku als Goldgewichte beschränkt. Als sie im 15. und 16. Jahrhundert an der Küste auf die Europäer trafen, hielten sich die Mullahs den Europäern im Handel für durchaus ebenbürtig, wenn nicht überlegen.

Der portugiesische Handel in Benin im 15. Jahrhundert war in den Augen der Araber eine völlig andere Angelegenheit, da sie diesen als einen Einbruch in ihren Handelsbereich im Inland betrachteten. Die Portugiesen ließen sich zuerst an der Goldküste nieder, wo sie die dortige Hauptware Gold gegen eine begrenzte Anzahl europäischer Güter einhandelten: Tuch, Gewehre und Pulver, gebrauchte Leintücher, Eisenwaren wie Becken und Messer, aber hauptsächlich Eisenbarren und Kupferringe. Sklavenkarawanen oder Kauri waren noch nicht vorhanden. Mit der Errichtung des Seewegs nach Indien im Jahre 1497 änderte der portugiesische Handel seine Richtung. Durch die Besetzung der Inseln Fernando Po und St. Thomé wurde die Bucht von Benin gleichsam in ein portugiesisches Meer verwandelt. Ihre Einkäufe bei den Eingeborenen waren nun für den Verbrauch auf den Zuckerplantagen ihrer Inseln bestimmt sowie für den Küstenhandel. Dies führt uns wiederum zurück zu den beiden Regionen, wo die Portugiesen bis zu einem bestimmten Ausmaß in Gebiete eindrangen, in denen Kauri benutzt wurde, nämlich Benin und Ardra.

Die gesundheitsschädigenden Küstenstriche, von denen sich Benin und Ardra selber zurückzogen, wurden auch von den Portugiesen nicht für Niederlassungen genutzt. Sie bevorzugten die küstennahen Inseln oder Inlandplätze, die etwa sechzig oder siebzig Meilen von der Küste entfernt lagen. Sie veranlaßten die Eingeborenen, die bei ihnen vorhandenen Güter, einschließlich Sklaven, zu verkaufen. Die hochentwickelte Kultur von Benin, Erbe der Religion, der Künste und der Staatskunst von Ile-Ife, setzte jedoch der portugiesischen kulturellen Expansion enge Grenzen. Außerdem trafen sie auf die aus dem fernen Norden kommenden Araber, die sich ihrem weiteren Vordringen in den Weg stellten.

In Ardra hingegen übten die Portugiesen einen bedeutenden Einfluß aus. Der König selbst war in einem christlichen Kloster in St. Thomé erzogen worden. Dies hatte bedeutsame Auswirkungen auf die Kauriwährung. Die numerischen Bezeichnungen in diesem System wie beispielsweise Toque für die kleinste Einheit zu 40 aufgefädelten Muscheln; die Galinha, das waren 20 Galinhas mit insgesamt 4000 Muscheln, tragen allesamt portugiesische Bezeichnungen. Wichtige Kultursymbole wie der *Fetisch* haben portugiesische Namen, ebenso die Verwaltungschefs jeglicher Gruppen oder der Träger in wichtigen Häfen, die cabosseros. Anzumerken ist, daß in Dahome auch Dialektbezeichnungen für die verschiedenen Kaurieinheiten gebräuchlich waren. Aber die portugiesischen Bezeichnungen wurden im gesamten Verwendungsbereich der Kaurimuschelschnüre, einschließlich Dahome selbst verwendet.

Innerhalb eines verhältnismäßig kurzen Zeitraums, etwa zwischen dem Ende des 13. und der Mitte des 14. Jahrhunderts, gelangten die Kauris an den mittleren Niger; im letzten Viertel des 15. Jahrhunderts könnten die Portugiesen sie auch im Inland von Benin vorgefunden haben. Während sie den mittleren Niger zweifellos aus dem Mittelmeerraum über die nördliche Wüstenroute erreichten, könnte ihr Vorhandensein in Benin dem Eindringen von schwarzen oder arabischen Händlern vom nördlichen Niger zuzuschreiben sein. Jedenfalls sollte dieser Zustrom später durch Seetransporte stark ausgeweitet werden, die um das Kap herum liefen. Der geringe Zufluß von Kaurimuscheln von der Ostküste über die Täler des Kongo kann außer acht gelassen werden. Unsere Frage hinsichtlich der Herkunft der Kauriwährung in Afrika, die anfangs nur aus Einzelmuscheln bestand, wobei *moneta* und *annulus* wahrscheinlich gemischt waren, kann nun teilweise beantwortet werden. Zeit und Ort ihres Eintreffens lassen es als sicher erscheinen, daß Dahome *nicht* Schöpfer des Kauriwährungssystems war, obwohl es dieses bald übernahm und sein Vorkämpfer wurde. Über die entscheidende Phase der Kauriwährung aus *aufgefädelten* Muscheln in Dahome wissen wir allerdings fast nichts, außer daß die Kauris in Whydah schon vor der Eroberung durch Dahome aufgefädelt wurden. Natürlich haben wir hier nicht nur den einfachen monetären Gebrauch loser Kaurimuscheln vor Augen, sondern das ganze organisierte System der Kauris als Währung, die, nachdem sie in Dahome Wurzeln geschlagen hatte, zu einem bemerkenswerten Instrument seiner nationalen Existenz sowie der regionalen ökonomischen Organisation in einem großen Teil der Küste von Guinea werden sollte.

Ein Hinweis auf eine gut belegte Episode der Wirtschaftsgeschichte mag hier von Interesse sein. Das portugiesische Tuchquadratgeld, das in Lissabon mit dem königlichen Wappen Portugals abgestempelt wurde, mag die monetäre Phantasie der neuen Binnenherrscher der Guineaküste angeregt haben. Barbots Neffe, James Barbot Jun., lieferte einen interessanten Augenzeugenbericht aus Angola, der dem Buch seines Onkels über die

Guineaküste als Anhang beigegeben ist. Die Sezession Angolas vom Reich des Kongo eröffnete den Kapuzinermönchen die Chance, die Eingeborenen zu bekehren und eine Wirtschaftsorganisation einzuführen, die ihren Sitz in Lissabon hatte. Ein umfassendes Besteuerungssystem wurde auf der Grundlage der Lokalverwaltung errichtet, die ihrerseits der privilegierten Schicht der Eingeborenen, den Sonassen, übertragen wurde. Die Monetären Systeme Angolas wurden regionalisiert und zum Teil zu königlichen Monopolen gemacht. Die als Geld umlaufenden Muscheln, die minderwertigen *simbos (Olivetta nana)*, waren nur teilweise inländischer Herkunft, andere wurden aus Brasilien eingeführt. Von den inländischen *simbos* wurden die aus *Luanda* wegen ihrer schönen Farbe am meisten geschätzt. Diese bevorzugten *simbos* wurden von Eingeborenendienern in Strohsäcken, die vierundsechzig Pfund faßten, zum Kongo getragen, wo man sie gegen Sklaven und quadratische Stoffe verschiedener Größe, die aus der Rinde eines dort beheimateten Baumes hergestellt wurden, eintauschte. Im Kongoreich werden alle Dinge mit diesen Muscheln gekauft, schrieb James Barbot, sogar Gold, Silber und Proviant, und er fügte hinzu, die Verwendung »von Münzen aus Gold oder anderen Metallen ist im ganzen Kongo verpönt und verboten, wie dies auch in einigen anderen Teilen Afrikas der Fall ist.«[3] Die portugiesische Regierung in Lissabon verband jedoch die Steuerpacht mit dem Monopol der Ausgabe von ungedecktem Geld, das in Lissabon abgestempelt und von dort mit enormem Profit an die Steuerpächter und fiskalischen Monopolisten dieser königlichen »Münzstätte« in Angola weitergegeben wurde. Der offizielle Wert der gestempelten Lappen (Stoffgeld) war viermal so hoch als der von ungestempelten, während doppelt gestempelte Lappen fünf- bis sechsmal soviel wert waren als ungestempelte. Abgesehen von den chinesischen Versuchen mit Papiergeld im 4. Jahrhundert v. Chr. und im 9. Jahrhundert n. Chr. finden sich nirgendwo Belege für derartige ehrgeizige Methoden in imperialem Maßstab. Der geistige Einfluß der Portugiesen auf die Staatsfinanzen von Dahome sollte daher nicht unterschätzt werden.

Das kühne Unterfangen in Guinea zur Errichtung regional stabiler Geldformen könnte also seinen Ursprung in den vorangegangenen Versuchen in Angola genommen haben. Aus den nördlichen Reichen am Niger, die zeitlich lange vor Dahome bestanden, haben wir keinen Hinweis auf eine derartig hochentwickelte Währung erhalten.

Indessen müssen wir unsere Unkenntnis in bezug auf einen wesentlich einfacheren Sachverhalt zugeben, nämlich wieso es überhaupt dazu kam, daß diese Muscheln in großen Mengen von ihren Herkunftsorten über derartig weite Strecken geschafft wurden. Die Wanderung der Kauris wurde von den Ethnographen traditionell und mit Überzeugung den monetären Profitinteressen der indischen Kaufleute zugeschrieben. Indessen ist Handel dafür keine ausreichende Erklärung, da der Handel selber einer Erklärung im Sinne einer Nachfrage bedarf. Zugegebenermaßen lag der Profit, nach Ibn Batutas überzeugenden Worten, möglicherweise im Bereich von 100 000 (einhunderttausend) Prozent. Dies erklärt aber nicht den Kern der Transaktion, die Frage nämlich, warum Kauri speziell für Währungszwecke in Afrika so sehr begehrt war. Auch beantwortet es nicht die Frage, woher die Kaufkraft sowie die Fähigkeit und die Bereitschaft kamen, so große Ausgaben auf solche Weise zu tätigen.

Der Volkswirtschaftler ist in der Tat nicht imstande, eine Erklärung für das Auftreten einer wirksamen Nachfrage größten Umfangs nach einem Zahlungsmittel als solchem in der Frühgesellschaft zu geben. Die Vorstellung, daß ökonomische Entwicklungen hauptsächlich auf das zurückgeführt werden können, was wir gewohnheitsmäßig als »ökonomische Interessen« zu bezeichnen pflegen, kann irreführend sein. Vielmehr ist es denkbar, daß bedeutende Ereignisse im Bereich der Staatenbildung und der ökonomischen Organisation die Einführung von Währungssystemen in Westafrika zur Folge hatten. Diese könnten die Anstöße für die Nachfrage nach Geldobjekten zu Währungszwecken gewesen sein, und in der Folge auch die Finanzierungsmittel zur Schaffung der für ihren Erwerb erforderlichen Kaufkraft hervorgebracht haben. Vielleicht müßte der Wirtschaftshistoriker die Erklärung im Aufstieg neuer Imperien suchen, oder sogar in der Nachfrage nach einer allgemein brauchbaren Währung, die das Funktionieren lokaler Lebensmittelmärkte erleichterte. Die mit Kauri zusammenhängenden Legenden scheinen in diese Richtung zu weisen.

Die Legenden der Eingeborenen über das Auftreten von Kauri und das Entstehen von Lebensmittelmärkten in Dahome verbinden diese beiden Ereignisse. Die Übergangsphase vom Jägerleben zur seßhaften Existenz mag die Eingeborenen ihres Platzes in der Sippe beziehungsweise der dörflichen Ordnung beraubt haben. Die Verteilung von Nahrungsmittel an die entwurzelten neuen Untertanen muß für die Reiche am nördlichen Niger ein ebenso großes Problem gewesen sein, wie später für die neuen Busch- und Savannenkönigreiche im Süden. Die letzteren könnten vielleicht bis zu einem gewissen Grad dem Beispiel des Nordens gefolgt sein. Manche uralte Erinnerungen an diese schwierigen Verhältnisse könnten über die Folklore an uns überliefert worden sein.

Eine der Legenden um Te Agbanli (1688-1729), dem Bruder von Hwegbadja und erstem König von Dahome, berichtet von den Umständen seiner Niederlassung im Gebiet von Porto Novo. Ein bestimmter Vorfall verweist auf den engen Zusammenhang zwischen Geld und Märkten. Der Erzähler, der sich an die Zeit erinnert, in der es kein Geld gab, sagt weiter, der Te Agbanli habe einen Markt »erfunden«:

»In jenen Tagen gb es kein Geld. Wenn man etwas kaufen wollte, und man hatte Salz und der andere Mann hatte Getreide, dann gab man ihm von dem Salz und er gab von seinem Getreide. Wenn man Fisch brauchte und Pfeffer hatte, dann gab man jemandem vom Pfeffer und er gab einem dafür Fisch. In jenen Tagen gab es nur den Tausch. Kein Geld. Jeder gab dem anderen von dem, was er besaß, und erhielt von ihm das, was er benötigte.

Nun war der Te Agbanli ein Fremder, und er sagte zu dem Volk von Akono: ›Ich sehe, ihr habt hier keinen Markt. Ich will einen Markt für euch erfinden.‹

Da war ein Akono-Mann, der sagte: ›Warum soll man alles einem Fremden geben? Wir haben ihm einen Platz gegeben, an dem er wohnen kann, und nun will er Boden für einen Markt.‹«[4]

Der unglückliche Akono-Mann, der diesen Einwand erhob, wurde bei der Einweihung des Marktes als Menschenopfer verwendet.

Etwa um diese Zeit war Te Agbanlis Bruder, Hwegbadja, Gründer der Dynastie der Alladoxonu-Könige von Dahome, in einem dramatischen Machtkampf mit Agwa-Gede verwickelt, dem König der autochthonen Bevölkerung der Gedevi in den südlichen Ausläufern des Abome-Plateaus. Die beiden Könige rivalisierten im Bereich der Magie und der gesellschaftlichen Neuerungen miteinander.

Hwegbadja führte einen neuen Gestzeskodex ein, ferner das Spinnen und Weben von Baumwollstoffen, die Bestattung der Toten in der Erde anstatt wie vorher in Bäumen, und die Bezahlung für das Recht zur Benützung des Bodens als Begräbnisstätte für alle künftigen Monarchen. »Den Leuten gefällt das sehr. Sie sagen: ›Sehr gut, wir schätzen dich. Wir werden dich für alle Zeit zum König machen.‹«[5]

Aber obwohl Hwegbadja letztlich siegte, so unterlag er aber kurzzeitig dem Agwa-Gede. König Agwa-Gede bewirkte Regen in der Dürre, das Erscheinen »zauberhafter« Heuschrecken, welche die Feldfrüchte fraßen, sowie einen weiteren Zauber, damit die Plage aufhörte. Er schuf die Erdnuß aus dem Boden und auch das Kaurigeld. Die beiden letzteren Ereignisse waren als Bestätigung der Legitimität seines Status als König gedacht:

»Da gab es eine Pflanze namens *tengbwe*. Sie entstand ganz plötzlich. Er (Agwa-Gede) sagte wiederum: ›Wenn die Erde wahrhaftig die meines Vaters ist, dann wird, wenn ich diese Pflanze herausziehe, eine Erdnuß daran hängen.‹ Er zog die Pflanze heraus, und siehe, es war eine Erdnuß daran.

Die Menschen riefen laut. Sie legten ihre Hände vor den Mund und jubelten ihm zu. Und wieder sagte er: ›Wenn die Erde wahrhaftig die meines Vaters ist, dann werde ich, wenn ich diese Pflanze herausziehe, Kauris sehen.‹ Er tat dies, und siehe, da waren Kauris.

Nun konnten die Menschen Nahrung zum Essen finden, und mußten nicht länger Gegenstände austauschen. Sie hatten nun Geld . . .

Und daher weigerten sich die Menschen, Hwegbadja anzuerkennen, und so kam es, daß Hwegbadja erst nach dem Tode von Agwa-Gede zu regieren begann.«[6]

Auf diese Weise erscheint Kaurigeld in der Legende als Erfindung eines autochthonen Königs. Und das Ergebnis – »nun konnten die Menschen Nahrung zum Essen finden, und mußten nicht länger Gegenstände austauschen« – verweist darauf, daß in ihren Vorstellungen Geld und Märkte eng miteinander verbunden waren. Wie wir wissen, waren die Märkte in Dahome tatsächlich Lebensmittelmärkte, auf denen bemerkenswerterweise die Bezahlung mit Kauri obligatorisch war.

Die treibende Kraft, die die Wirtschaft formte und organisierte, war der Staat in der Person des Königs. Nahrung, Geld und Markt wurden allesamt vom Staat hervorgebracht. Der Hegelsche Begriff des Staates als einem Gegensatz zur ökonomisch bedingten Gesellschaft (bürgerliche Gesellschaft), von dem diese nur eine Funktion darstellt, ist auf den frühen Staat nicht anwendbar. Vom Ägypten der Pharaonen und Babylonien bis zu den Reichen am Niger, erscheint der Drang zur Staatenbildung als sekuläre Kraft im Bereich der ökonomischen Organisation. Die Faktoren, die zweifellos auf die Staatsgründung drängten, waren wiederum eine andere Sache. Gemeinsam mit den militärischen Faktoren gehörten sie zur ökonomischen Vorgeschichte des Staates. Sobald aber der Weg der Staatsbildung einmal eingeschlagen war, machte sich der König an die Organisation der Armee und ihre Versorgung mit »Naturalien«; an die Einführung einer Währung als Instrument der Besteuerung, und an die Schaffung von Märkten und von Kleingeld für die Verteilung von Lebensmitteln. Dies bedeutete wiederum die staatliche Festsetzung von »Äquivalenzen«, die den Satz bestimmten, zu dem Massengüter bei der Bezahlung der Steuern und bei der Zuteilung wechselseitig austauschbarer Waren. Diese Regierungsleistungen hinsichtlich der Ökonomie werden hier aus früheren Kapiteln in Erinnerung gebracht, um einen realistischeren Zugang zur Herkunft und Wirkweise der Kauriwährung zu erlangen, die von den Frauen des Königs von Dahome aufgefädelt wurde und der Versorgung der besiegten Völker auf den örtlichen Lebensmittelmärkten diente.

Kauri und Staat

Die primitive Gesellschaft kennt keine Muscheln, die von einer Zentrale zur Verwendung als Geld herausgegeben werden; auch haben diese in Gesellschaften, in denen Geld allgemeines Tauschmittel darstellt, nicht überlebt. Die Kauriketten aus Dahome erscheinen uns in der Tat deshalb als eine eindrucksvolle archaische Einrichtung, weil der moderne Geist sich immer noch mit einigen vergleichbaren technischen Problemen der Geldpolitik herumschlägt. Zwar hatten die Kauris entscheidende Wohlfahrtsaufgaben, doch waren sie besonders schwer, stabil zu halten. Zur Erreichung der Stabilität auf nationaler, ja sogar internationaler Ebene, mußten große Hindernisse überwunden werden.

Wenn es nicht irreführend wäre, könnte man in diesem Dilemma eine gewisse Ähnlichkeit mit dem modernen Problem von Wohlfahrt kontra Inflation erblicken. Wegen ihres außerordentlich geringen Wertes waren die Kauris Jahrhunderte lang das Geld der Armen. Daher dienten sie in Indien und später in geringerem Umfang im Westsudan tatsächlich als ein Element des Wohlfahrtsstaates, während ihre Flüssigkeit – mangelnde Zähflüssigkeit – die Aufrechterhaltung eines formellen Wechselkurses, ähnlich dem der Edelmetalle, praktisch unmöglich machte. Trotzdem wurde in Whydah und dem ganzen Einzugsbereich von Dahome eine völlige Stabilität des Kaurikurses im Verhältnis zum Gold erreicht, und dies unter den komplizierten Verhältnissen eines internationalen Handelsplatzes, der von verschiedenen Handelsnationen benützt wurde, die ihre Verrechnungen in Gold oder Silber bewerkstelligten.

Indiens Währungsprobleme zeigten sich lange vor jenen Westafrikas. Das Mogulreich, das Ibn Batutah im zweiten Viertel des 14. Jahrhunderts bereiste, wies die extremsten Gegensätze von reich und arm auf, aber auch das, was spätere Zeiten als das Interesse der Herrscher am Lebensunterhalt der Massen bezeichnen sollten. Nachdem Ibn Batutah eine hohe Stellung in der Stadtverwaltung von Delhi erhalten hatte, mußte er während einer Hungersnot als Privatmann für den Lebensunterhalt von fünfhundert Armen aufkommen. Unter solchen Verhältnissen war Kauri in Indien ein Teil der Wohlfahrtswirtschaft des islamisch-hinduistischen Staates. In Afrika waren die Verhältnisse etwa vier Jahrhunderte später unter der maurischen Verwaltung am Niger nicht viel anders, außer daß – mit Ausnahme von Timbuktu, wo Kauri noch im Umlauf war – Muscheln durch Hirse als Geld der Armen ersetzt worden waren. Ein Abglanz der archaischen Beliebtheit von Kauri im Norden zeigt sich in der Legende vom Loblied des Jägers auf den Gründerkönig, der dem Volk das dreifache Geschenk von Erdnüssen, Kauri und Lebensmittelnmärkten gleichzeitig zuteilwerden ließ. Dennoch wissen wir überhaupt nichts darüber, welche Einflüsse die Fon-Dynastie von Dahome veranlaßten, Kaurigeld als ein Instrument zur Schaffung eines Reiches zu benutzen.

Nachdem Ibn Batutah drei Jahre lang eine hohe Stellung auf Malan, der größten Insel der Malediven, bekleidet hatte, nahm er seinen Abschied und erhielt vom König eine große Summe Kauri als Geschenk. Er verweigerte die Annahme des Geschenks, da es ihm nichts nützte, obwohl der König darauf hinwies, daß er damit Reis in Bengalen kaufen könnte, wohin er sich auf dem Weg nach China begeben wollte. Batutah war zunächst geneigt zuzustimmen, allerdings unter der Bedingung, daß er von königlichen Beamten begleitet würde, die das Geschäft durchführen sollten. Schließlich aber gab ihm der König eine Summe in Gold. Andere Berichte sprechen ebenfalls von Kauri als dem Geld, für das die Armen ihren täglichen Reis kaufen konnten, das aber nicht einmal in der Größenordnung von Schiffsladungen gegen Gold eingetauscht werden konnte.

An der Malabarküste, die er ebenfalls besuchte, waren Gold und Silber Handelsgeld, aber in den Binnenstädten des Subkontinents wurde Kauri als Geld der Armen verwendet. Kauri wurde lose benützt und nicht in gebräuchliche Nennwerte unterteilt, wie das im Dahomasystem der Fall war. Es ist schwer festzustellen, zu welchem Satz Kauri gegen gemünzte Dirhems eingetauscht werden konnte, und, falls es einen solchen Austausch überhaupt gab, wann und wie dieser Satz schwankte. Immerhin scheint der Wechselkurs sogar auf den Malediven mit ihrer hochentwickelten Verwaltung äußerst instabil gewesen zu sein, wie Batutah im Bericht über seine Erfahrungen in Gogo erzählt.

Die zeitgenössischen westafrikanischen Reiche begannen mit der Einfuhr von Kauri erst zu Beginn des 14. Jahrhunderts. Es war eine Neuheit am mittleren Niger und, wenn auch in Indien äußerst minderwertig, so doch keineswegs wertlos in Gogo, wo es, wie Batutah persönlich feststellen konnte, sehr geschätzt wurde. Die Berberhändler jedoch, die es auf dem Weg durch die westliche Sahara ein Stück mitnahmen, bestanden auf Bezahlung in Geld für alle Transporte in der Gegenrichtung. Im benachbarten Zentralsudan war Kauri unbekannt, und anläßlich einer Hungersnot verteilte der maurische König an die Armen Hirse, die nicht nur eßbar war, sondern mit der man auf dem Markt alles zu einem niedrigen Preis kaufen konnte als mit jeder anderen Währung. Kaurigeld war zweifellos im frühen Staat ein wesentliches Merkmal der Wohlfahrtspolitik.

Technisch gesehen, war Dahomes Kauri keineswegs primitives Geld. Paradoxerweise unterschied es sich von den Muschelgeldern Ozeaniens dadurch, daß es viel näher am Naturzustand war als die Geldmittel »wilder« Völker, die allesamt Artifakte sind. Die auf Schnüre aufgefädelten Kauris waren ansonsten unbearbeitet und in genau demselben natürlichen Zustand, in dem sie bei der »Ernte« auf den Korallenriffen der Malediven gewesen waren. Die Muscheln der Primitiven waren poliert, geschnitten, mit Geschicklichkeit und Ausdauer geschnitzt, häufig in anstrengender Gemeinschaftsarbeit. Daher die »Knappheit« des Geldes der Eingeborenen. Sein Wert leitete sich sowohl von seiner Knappheit, als auch vom Bewußtsein um die viele Mühe bei seiner Herstellung her. Kauri hingegen erwarb seinen Rang als Währung durch eine staatliche Politik, die seine Verwendung regelte und vor übermäßiger Verbreitung schützte, indem man die freie Einfuhr von ganzen Schiffsladungen verhinderte. Eine solche Handhabung von Kauri wäre weder in der primitiven Gesellschaft noch unter späteren modernen Bedingungen möglich gewesen, wenn auch aus verschiedenen Gründen. Bornu hatte 1848 bei der Einführung der Kauriwährung große Schwierigkeiten. Mit der Einsetzung der französischen Verwaltung, der Einführung von Metallwährungen und der allgemeinen Verwendung von Geld als Tauschmittel verschwand die Kauriwährung schließlich auch aus Dahome selbst.

Somit war, nach unseren Begriffen, die Kauriwährung eindeutig eine archaische ökonomische Einrichtung. Ihr Funktionieren verdient genaue Beachtung. Der Wechselkurs in Dahome betrug im 17. und 18. Jahrhundert genau 32 000 Kauris für eine Unze Gold (das entsprach 8 arabischen Mitkhal), während die von Heinrich Barth, O. Lenz und S. Nachtigal in der Mitte des 19. Jahrhunderts aus dem Gebiet des Sudan berichteten Kurse zwischen 3500 und 4000 Kauris pro Mitkhal schwanken und damit immer noch nahe dem Standard waren. Näher am Herkunftsort im Indischen Ozean war Kauri fast wertlos, außer im Umfang von Schiffsladungen. Vor der zweiten Hälfte des 19. Jahrhunderts wurden katastrophale Schwankungen des Wechselkurses durch die enorme geographische Ferne des Herkunftsorts der Kauris verhindert.

Um so bemerkenswerter waren die Lücken im Auftreten von Kauri in Westafrika. Die Verbreitung archaischen Geldes war völlig verschieden von jener des primitiven Geldes, das so wie Kulturmerkmale im allgemeinen, zu einer Ausbreitung nach allen Seiten tendierte. Die Gebiete Westafrikas, in denen Kauri zu irgendeiner Zeit gleichzeitig als Geld im Umlauf war, waren begrenzt. Die Gebiete, in denen Kauris verwendet wurden, und jene, in denen sie als Zahlungsmittel nicht anerkannt wurden, waren so scharf gegeneinander abgegrenzt, als wären die Trennungslinien von einer Behörde festgelegt worden. Zugegebenermaßen wissen wir nichts über den funktionellen Aspekt dieser »Morphologie des Kaurigeldes«, wie man dieses Phänomen nennen könnte, welches überraschenderweise eine feste Austauschrate zwischen Gold und Kauri in oft zersplitterten aber abgegrenzten Gebieten umfaßte. Daher auch der geringe Wert der Versuche einer kartographischen Erfassung der Kaurigebiete Westafrikas im Sinne einer ostwestlichen Grenzlinie zwischen Nord und Süd: man fand Kauri kaum in anderen Gebieten stark verbreitet, außer in den (bis zu einem bestimmten Grad) organisierten Gebieten *und* entlang der Handelswege. Dies erklärt sich wiederum durch die Eigentümlichkeit der Karawane, die als gleichsam semipolitische Einheit eine mobile Exterritorialität genoß, ähnlich dem frühen Staat. Ein Beispiel für die Zersplitterung: von Timbuktu, dem Zentrum des Goldhandels, weiß man, daß es seit jeher ein Enklave des Kaurigeldes gewesen ist, obwohl es zwischen den kaurilosen Gebieten der Sahara und dem weiten Gebiet des nördlichen Nigerknies gelegen ist. Weiter westlich wiederum hört die Kauriwährung kurz vor dem Küstenbereich am Atlantik auf. Auch verbreitete sich die Kauriwährung erst viel später vom Niger ostwärts in die Haussa-Staaten. Nachdem Binger den Kaurigürtel im südlichen Teil des Nigerknies und das Handelszentrum Bonduku am oberen Volta auf dem Weg nach Aschanti, wo die Währung Goldstaub war, durchquert hatte, stellte er fest, daß das Dorf Aouabou der letzte Ort war, wo Kauri noch galt, während es im nächsten südlich gelegenen Dorf bereits zurückgewiesen wurde.

Die exzessive Liquidität der Kaurimuscheln konnte nur im Rahmen der frühstaatlichen Bedingungen, wie in Dahome, oder bei den zwischenstaatlichen Karawanenzügen ausgeglichen werden. Aber abgesehen von den historischen Reichen von Malli und

Songhay, die vor Dahome bestanden, hatten die riesigen Gebiete des Nigertals und des Nigerknies nirgends ein mit Dahome vergleichbares Niveau der Staatenbildung erreicht. Daher rührte das sporadische und fluktuierende Auftreten von Kauri, das in dieser Art im Bereich der Kauriwährung von Dahome nicht bestand, wo es seine archaische ökonomische Einrichtung darstellte. Mit dem Entstehen des Weltmarkts geriet auch der Nachschub der Muscheln wieder außer Kontrolle.

Als diese glatten Muscheln buchstäblich zu Dutzenden von Millionen aus den Laderäumen der Hochseeschiffe flossen, war Kauri für die Kolonialverwalter zu einem Alptraum geworden. Nachdem sich Bornu 1848 zur Einführung der Kauriwährung entschloß, beliefen sich die Kauriexporte aus Liverpool im Jahre 1848 auf 60 Tonnen und 1849 auf 300 Tonnen, also insgesamt 7200 hundredweight; zwanzig Jahre später, in der Zeit von 1868 bis 1870 umfaßten die Kauriimporte in Lagos nicht weniger als 172 000 hundredweight, so daß man bei etwa 380 Kauris pro Pfund auf eine Gesamtzahl von über sieben Milliarden Kauris kommt.

In Uganda ergriff die britische Verwaltung Maßnahmen. »1896 wurden etwa 200 Kauris für eine Rupie umgetauscht, aber 1901 stieg der Wechselkurs auf 800. Nach dem 31. März 1901 wurden Kauris nicht mehr als Bezahlung für Steuern angenommen. Gleichzeitig erließ die Regierung ein Einfuhrverbot für Kauri ... nachdem man erfahren hatte, daß große Mengen aus Deutsch-Ostafrika importiert wurden. Die staatlichen Vorräte wurden schließlich zur Herstellung von Kalk verbrannt. Nach der Vernichtung der staatlichen Bestände im Jahre 1902 waren noch immer schätzungsweise 300 Millionen Muscheln in Uganda im Umlauf.«[7]

Im Sudan kämpften die Franzosen einen aussichtslosen Kampf gegen die schlechte Verteilung der Kauriversorgung: »In Segou hatten die französischen Behörden einmal einen Vorrat von mehr als zwanzig Millionen Kauris angesammelt ... In Djenne (etwa 150 Meilen entfernt) ... hatte der Verwalter überhaupt keine Vorräte.« Um den örtlichen Kleingeldmangel in drei Dörfern zu mildern, mußten die Franzosen in diesen Gemeinden sofort vier Millionen Kauris ausgeben. Auch hier war alles eine Frage der Verteilung.

Gegen Ende des 19. Jahrhunderts verfiel die Kauriwährung im

Haussaland. C. H. Robinsons Expedition mußte ein erkranktes Pferd verkaufen und einige Tage Rast machen.

»Das Problem besteht darin, daß wir es nicht verkaufen können, da sein Gegenwart in Kauris den Einsatz von fünfzehn zusätzlichen Trägern erfordern würde, denen wir als Lohn das ganze Geld, das sie tragen würden und noch viel mehr dazu bezahlen müßten . . .«[8]

Die Kauris hatten aufgehört, Teil einer archaischen ökonomischen Einrichtung zu sein, ohne jedoch zu einer Ware in einem Marktsystem zu werden, das noch nicht so weit entfernt war, um diese Funktion zu übernehmen. Was waren nun die besonderen Merkmale des *archaischen Geldes,* welches gesellschaftliche Auswirkungen zeitigte, die das nahezu vollkommene regionale Währungssystem an der Guineaküste des 18. Jahrhunderts erklären könnten?

Status und Staatenbildung

Neuere anthropologische und historische Untersuchungen haben unser Wissen in bezug auf primitives Geld erweitert. Anstelle der Museumsausstellungen exotischer Objekte wird unsere Aufmerksamkeit nun auf die Institutionen gelenkt, die den Objekten Geldfunktionen verliehen. Die Erkenntnisse, die uns Paul Bohannan bezüglich der Rangordnung von Geldformen auf ethischer Basis lieferte, stellen die Status schaffende Funktion von Geld in der primitiven Gesellschaft in den Vordergrund.[9] Dieser Aspekt der primitiven Währungen wird im frühen Staat zunehmend von Bedeutung, gleichzeitig mit ihren neuartigen Funktionen, durch die sie zum Entstehen des Staates beitragen.

Das archaische Geld war praktisch eng mit der sich entwickelnden Staatsstruktur verbunden. Mrs. Quiggins hat aufgezeigt, daß in der primitiven Gesellschaft die feierliche Zurschaustellung von Massengütern durch Besucherstämme als Gaben an Häuptlinge und Könige diese Objekte mit *mana* ausstattete.[10] Gebrauchsgüter gewannen an Rang und Würde durch ihre Zurschaustellung als Abgaben, Tribute oder Ehrengeschenke, sowie durch ihre Annahme durch das Haupt der Gemeinschaft. Derartige eindrucksvolle öffentliche Vorgänge versahen die Güter mit der Eigenschaft von Prestigegeld, dessen Verwendung mannigfaltigen

Regeln unterworfen war. Sie betrachtete dies als einen der institutionellen Ursprünge von Währungen, welche, wie wir hinzufügen möchten, einen quantitativen Aspekt in Rechte und Verpflichtungen einführen, eine Tatsache, die entscheidend zur Festigung der Gesellschaftsstruktur beitrug. Sie wurde widerstandsfähiger gegen die im Laufe der Zeit auftretenden Abnützungserscheinungen und auch gegen die inneren Spannungen, die von einer strukturierten Staatsgesellschaft nicht zu trennen sind.

Eine Anzahl archaischer Transaktionen setzten das Vorhandensein von statutarischen oder gebräuchlichen Äquivalenzen voraus, *als ethische Sicherung gegen jegliches, und sei es auch nur unabsichtliches, Gewinnstreben.* Die jüdische Mischnah zeigte sich geradezu besessen von der Möglichkeit des »Wuchers«, also der Erzielung eines Profits durch Tausch. Dies führte in der Mischnah wiederum zu einer juristischen Kausuistik, die in allen Fällen von Kauf und Verkauf pedantisch zwischen Geld und Gütern unterschied, ein Vorgang, der im Prinzip den Kauf von Geld mit Geld ausschließen würde. Mrs. Quiggins hat in ihrer Arbeit empirisch festgestellt, daß Geld in der primitiven Gesellschaft nicht primär ein Tauschmittel ist. Es war aber auch in der frühstaatlichen Gesellschaft nicht in erster Linie Tauschmittel, sondern gehörte dort zu den Bausteinen des frühen Staates und seiner festgefügten Gesellschaftsstruktur.

Geld als Tauschmittel setzt vielmehr statusfreies Geld voraus. Ökonomische Transaktionen, wie Kauf und Verkauf, oder Mieten und Vermieten, sind hier in der Regel immer noch Teil von Statustransaktionen, das heißt, die Güter folgen dem Schicksal von Personen. Der Erwerb von Boden, Rindern und Sklaven durch Einzelpersonen ist mit Änderungen ihres Status verbunden, wie Adoption oder Eheschließung. Die alleinige Übertragung des Nutzungsrechts anstelle des Besitzrechts ist häufig, und dazu gehört sogar der gegenseitige Austausch des Nutzungsrechts (wobei das Eigentumsrecht von den Familien beibehalten wird, wie beim *ditenutu* der Nuzi Babyloniens). Landschenkungen sind ebenfalls nach dem Statusprinzip mit priesterlichen, militärischen oder Handelsplätzen verbunden. Somit können unter archaischen ökonomischen Verhältnissen die ökonomische Integration und die Statusstruktur in einem gegenseitigen Abhängigkeitsverhältnis stehen. Rechte und Pflichten, die aus dem Status erfließen, könnten insofern integrative Auswirkungen haben, als die Vorrechte bestimmter Personen dem negativen Status anderer entspreche. Umgekehrt können Formen der ökonomischen Integration Statusauswirkungen kanalisieren und sie gleichzeitig verstärken. Dies gilt eindeutig für die Redistribution, die Reziprozität und die Haushaltung in bezug auf ihr Verhältnis zur Staatenbildung und zum Status.

Der Austausch bildet keine Ausnahme. Archaische Varianten des Handels bringen den Statushändler hervor, gleichgültig, ob der Status auf Verwandtschaft oder Ernennung beruht. Der Handelsplatz ist eine weitere derartige archaische Institution. Der Status der Frau ist ein weiterer, und leitet sich von der archaischen Variante der Lebensmittelmärkte her. In dieser Folge trat die Kauriwährung von Dahome ins Blickfeld.

Neben dem Status gehört der frühe Staat ebenfalls in die archaische Welt der Institutionen bei der Organisation der Ökonomie. Die Ökonomie des staatlichen Bereichs und ihre verwaltungsmäßigen Beziehungen zur staatsfreien Sphäre formen den ökonomischen Prozeß als Ganzes. Und auch dort, wo die Integrationsform des Austausches vorhanden ist, spielt der Staat eine wesentliche Rolle. Äquivalenzen im Zusammenhang mit den Sätzen der Austauschbarkeit und der Preisfestsetzung; verwaltete Handelsplätze für die Ein- und Ausfuhren, und obligatorische Geldverwendung auf den örtlichen Lebensmittelmärkten sind typische archaische Wirtschaftseinrichtungen, die sich, zumindest am Rande, auf staatliche Funktionen stützen. Die Loslösung ökonomischer Transaktionen von den Statustransaktionen, denen sie ursprünglich zugehörten, vollzieht sich im Rahmen des im staatlichen Bereich entwickelten gesetzten Rechts. Die doppelte Wirkung von Staat und Status formt somit die Entwicklung der archaischen ökonomischen Institutionen. Daher rührt die geschlossene Organisation der Gesellschaft, die mit Recht als die Quelle der archaischen Wirtschaftskraft betrachtet wird.

15. Sortiment und Handelsunze im westafrikanischen Sklavenhandel

1. Afrikanische und europäische Handelsformen

Die Aufzeichnungen über den Handel zwischen Afrikanern und Europäern an der Küste von Guinea[1] seit dem Altertum werfen Fragen auf, deren praktische Lösung die Wirtschaftshistoriker immer wieder beschäftigt hat. Die Herodotschen Unklarheiten hinsichtlich des Stillen Tauschs[2] von karthagischen Gütern und Goldstaub wurden erst zur Zeit des Sklavenhandels im 18. Jahrhundert völlig geklärt. Wie wir heute wissen, mußte die *Royal African Company*[3] in Senegambia und sogar an der Windward-Küste noch ohne Gewinn- und Verlustrechnung arbeiten. Mit dem Entstehen des regelmäßigen Sklavenhandels mußten die Europäer zwei neue handelstechnische Verfahren einführen. Sowohl das »Sortiment« als auch die »Handelsunze« ergaben sich aus der dringend notwendigen Angleichung zwischen den grundsätzlich verschiedenen Handelsverfahren der Europäer und Afrikaner. Es war nicht so sehr ein Fall von gegenseitiger Angleichung, da sich von den beiden Systemen nur eines anpaßte, nämlich das der Europäer.

Im Grunde hätten die Handelsverfahren von Europäern und Afrikanern kaum verschiedenartiger sein können. Der Handel der Afrikaner stellte sich als *import*bezogene Tätigkeit dar, bei der es um den Erwerb bestimmter Massengüter aus der Ferne ging, die gegen heimische Massengüter zum simplen Satz von Einheit für Einheit, das heißt, 1:1 getauscht wurden, oder »manchmal 2:2«, wie Cà da Mosto 1455 schrieb. Im Gegensatz dazu, ging es beim Handel der Europäer um den Übersee-*Export* verschiedenartiger Fertigwaren, der zu höchstmöglichen Preisen abgewickelt werden sollte und auf Geldgewinn ausgerichtet war. Die Motivationen waren ebenso verschieden wie die Güter und die beteiligten Personen. Die afrikanischen Güter waren standardisierte Massengüter, die »in Naturalien« von Statushändlern eingetauscht wurden, deren Einkünfte nicht aus dem jeweiligen Geschäftsabschluß stammten. Der Transport, die Bewachung und die Verhandlungen waren der spezifischen Institution der

Karawanen anvertraut, die von einem Binnenplatz zum anderen zogen und gelegentlich auf Messen, ihren regelmäßigen Treffpunkten, eintrafen. Die Geschäfte wurden zwischen den Beauftragten der Karawanen und jenen der örtlichen afrikanischen Verwaltung abgewickelt.

Wenn man diese Art von Handel als ein Typus des »Verwaltungshandels«[4] bezeichnet, so kann man sein völlig andersartiges europäisches Gegenstück als »Markthandel« beschreiben, der auf die Erzielung eines Geldgewinns aus Preisunterschieden ausgerichtet ist. Daher die absolute Erfordernis der Monetarisierung zur Gewährleistung der Gewinn- und Verlustrechnung sowie der Bewertung mannigfaltiger Exportwaren in einer einzigen Währung.

Der von den Afrikanern auf traditionelle Weise abgewickelte Handel war somit durch drei eng miteinander verbundene Merkmale gekennzeichnet. Seine Motivation war die Notwendigkeit, Massengüter aus der Ferne zu erwerben. Dies umfaßte Transporte in beide Richtungen, aber nicht unbedingt unter Verwendung von Geld. Die Sätze, zu denen die Güter getauscht wurden, waren durch feststehende Äquivalenzen bestimmt, die keinerlei Spielraum für elastische Anpassungen boten. Es gab zwei große Beispiele für diese traditionelle Form des afrikanischen Handels: den Straßenhandel mit den Europäern und die sudanesischen Karawanenrouten durch die Sahara.

Diese Erfordernisse des Handels der Afrikaner waren in der Tat miteinander verbunden. Der Transport über sehr weite Entfernungen umfaßte Elemente der Vergütung für den Transport und die Güter, was wiederum das Entstehen eines sittlich fundierten Systems von Verhaltensweisen bewirkte, das nicht einmal teilweise durch die Moral und Zwangsläufigkeit eines Marktsystems ersetzt werden konnte. Wenn also ein Handel stattfinden sollte, dann mußte die Last der Anpassung unter diesen Umständen vom Europäer getragen werden. Er war fähig, und bis zu einem gewissen Grad auch willens, die Bedingung des Afrikaners, nämlich Austausch zu festgesetzten Äquivalenzen, zu erfüllen. Trotzdem konnte er auf eine Gewinn- und Verlustrechnung nicht verzichten, obwohl es unmöglich war, dies mit dem afrikanischen Handelsverfahren des gewinnlosen Tausches in Einklang zu bringen. Für das letztere war das Prinzip des Austausches von Äquivalenzen grundsätzlich.

K. G. Davies stellte ausdrücklich fest, daß die Bedingungen, unter denen der Handel in Guinea abgewickelt wurde, von den Methoden und Erfordernissen der Afrikaner beherrscht waren. Nicht nur, daß sich der Handel der Europäer an das afrikanische Verfahren des Massengüteraustausches und der Verwendung von Massengütern als konventionelle Standards hielt, sondern wann immer afrikanische und europäische Standards auszugleichen waren, setzte sich in der Regel der afrikanische Standard durch. So wurden zum Beispiel in Senegal europäische Waren nach Häuten, Sklaven – einer afrikanischen Ware – und Eisenbarren bemessen, aber zwischen diesen beiden Standards, dem europäischen und dem afrikanischen, bestand ein Bezugsverhältnis, nachdem ein Eisenbarren gleich acht Häuten war, das heißt, das afrikanische Gut diente als gemeinsamer Standard.

England benutzte Gold als Standard, und da man Gold für Handelsgüter eintauschte, dessen Kosten in Gold bekannt waren, sollte das Resultat des Handelsunternehmens offensichtlich gewesen sein. Man sollte daher meinen, daß der Goldhandel von einer natürlichen Entwicklung der Verrechnungsweisen begleitet gewesen wäre. Dennoch erwähnt Davies die Goldküste ausdrücklich zusammen mit Senegambia und berichtet, »die noch erhaltenen Hauptbücher aus beiden Regionen ergaben ein unvollständiges und wahrscheinlich irreführendes Bild der Profite und Verluste.«[5]

Erst der Sklavenhandel brachte auf seinem Höhepunkt im veralteten Hafen von Whydah einen Durchbruch zur Monetarisierung. Mit dem Verrechnungssystem kam nicht nur eine zunehmende Vielfalt von Exportwaren, sondern auch eine einkalkulierte Gewinnspanne. Dies wurde durch die Einführung einer Zusammenstellung von Handelsgütern, »Sortiment« genannt, und der fiktiven Geldeinheit der »Handelsunze« bewirkt.

2. Sortimente

Sklaven waren unteilbar und von verhältnismäßig hohem Wert im Vergleich zu den einzelnen Stückgütern, für die sie getauscht wurden. Trotz dieser krassen Tatsache wurden ihr Verkauf und Transport auf dieselbe Weise bewerkstelligt, wie bei allen anderen Handelsgütern wie Salz, Öl, Edelmetalle, Eisen, Kupfer und

Tuch. Sie alle wurden als Massengüter behandelt, das heißt, aus ähnlichen Motiven und durch ähnliche Methoden ihres Austausches in »Naturalien«. Verschiedenartige Waren mußten in verschiedenen Zusammenstellungen gemeinsam angeboten werden, ehe sie eine Äquivalenz für einen Sklaven darstellten. Eine monetarisierte Verrechnung verlangte daher nach Zahlungsweisen, die die Beschränkungen eines reinen Massengütertausches überwinden und gleichzeitig zur afrikanischen Handelsweise, dem Austausch im Verhältnis 1:1 passen würden.

Die Europäer entwickelten eine künstliche Handelseinheit, die eine Ausweitung der Verrechnung auf verschiedenartige Handelswaren durch Zusammenfassung und Gleichsetzung mit einem Sklaven ermöglichte. Es war dies das »Sortiment«, ein Bündel von Handelswaren im Wert von mehreren Unzen Gold. Soweit wir wissen, tauchte es erstmals im küstennahen Schiffshandel auf, der sich mit dem Ankauf von einem oder zwei, höchstens aber drei Sklaven befaßte. Allerdings wurden die Sortimente erst später im Zusammenhang mit dem Sklavengroßhandel wirklich bedeutend.

Zwei geschichtlich und geographisch verschiedenartige Einrichtungen waren im »Sortiment« miteinander verschmolzen. Der Handel an der Bar- (oder Windward-) Küste lieferte dazu die örtliche Einheit, *das Bar*, der Goldhandel an der Goldküste, fügte dem das Goldgewicht hinzu, die Unze (480 Grains). Jedes Sortiment hatte einen Gesamtwert in Unzen, ausgedrückt in Ackies, das heißt Sechzehnteln einer Goldunze, wobei die Zusammensetzung je nach den Veränderungen der heimischen Preise schwankte. Wieviele Einzelposten einer Ware addiert werden mußten, um ein *Bar* zu ergeben, war von der Ware und von der jeweiligen Küstenregion abhängig. Darüber hinaus war es auch noch Gegenstand politischer Entscheidungen des Hauptbüros der *Royal African Company*. Das *Bar* war kein Teil des Goldgewichtssystems, eine Tatsache, die eine elastische Handhabung des Sortiments als Handelseinheit ermöglichte.

Der Handel in Sortimenten hatte seine Besonderheiten. Die Sortimente wurden sorgfältig zusammengestellt, um den Erfordernissen und dem Geschmack der sklavenexportierenden »Instanzen« entgegenzukommen. Ein Wesenszug, den der europäische Händler nicht übersehen durfte, war der Konservativismus der Afrikaner. Ein schlecht zusammengestelltes Sortiment konnte auch nicht durch eine Herabsetzung des Preises verkauft werden.

Das soll nicht bedeuten, daß ein Unterbieten der *Royal African Company* im Umfang von 25 bis 30 Prozent durch einen Schleichhändler die Afrikaner nicht gereizt hätte; kleinere Preissenkungen wurden jedoch ignoriert. Barbot verneint jegliche Preiskonkurrenz zwischen den europäischen Händlern, und stellt fest, die Zahlungsweise – wieviel in Kauri und wieviel in anderen Waren – sei der einzige Streitgegenstand zwischen Afrikanern und Ausländern gewesen. Aus einem Zeitraum von mehr als einem Jahrhundert, den Herrschaftsperioden mehrerer Könige, der Beteiligung mehrerer europäischer Länder, und der Verschiffung von Hunderten von Sklavenladungen, gibt es keine Berichte über Schwierigkeiten, die sich aus den »Handelssätzen« ergeben hätten. Die Preise waren »traditionell« und wurden als unabänderlich hingenommen, wobei der König sie eher bloß zur Kenntnis nahm, als darüber zu verhandeln. Der französische Gouverneur Gourg berichtete, daß sich die Preise niemals änderten, außer bei Eisenbarren, Korallen und indischer Seide. Die ersteren waren natürlich ein Standard und die beiden letzteren qualitätsbedingt. Eine Änderung wurde hauptsächlich durch die Regel verhindert, daß die Sätze des vorangegangenen Schiffes Gültigkeit hatten. Wir nehmen an, daß Vorkehrungen getroffen wurden für die Aufzeichnung der tatsächlichen Sätze und vor allem für die Zulassung neuer Güter zu den Sortimenten, ein Vorgang, der – wie wir wissen – in der Regel eine Verzögerung von einem Monat bedeutete. Wir wissen nicht mit Sicherheit, ob und in welchem Ausmaß die »Sätze« der Einzelposten des Sortiments insgeheim ausgehandelt wurden. Die wenigen Fälle aus Angola und der Calabarküste, bei denen von langen Verhandlungen die Rede ist, sind eher unklar.

Das Sortiment war also eine Methode der Ausweitung des Handelsmodus 1:1 auf das unteilbare Handelsgut »Sklave«. Wenn Mängel an einem bestimmten Sklaven eine Entschädigung des Käufers notwendig machten, wurden hierfür funktionelle Methoden angewandt, die den Grundsatz der Transaktion in »Naturalien« bewahrten und damit die Einrichtung des Sortiments eher stärkten als schwächten. Isert gibt die Körpergröße des erwachsenen männlichen Negers mit 4 Fuß, 4 Zoll und die des weiblichen mit 4 Fuß an. »Jeder Zoll, der unterhalb dieses Maßes liegt, wird mit 8 *Risdallers* berechnet. Für jeden fehlenden Zahn werden 2 *Risdallers* abgezogen. Bei größeren Defekten, wie beim Verlust eines Auges, eines Fingers oder anderer Gliedmaßen, ist der Abzug dementsprechend größer.«[6] Wie aber sollte die Entschädigung beglichen werden? Das Sortiment mußte intakt bleiben. Es oblag dem Verkäufer des Sklaven, den Käufer zu entschädigen, dessen Zahlung nicht reduziert wurde. Eine Verminderung des Sortiments hätte es dem europäischen Händler anheimgestellt, welcher Posten aus dem Sortiment zu nehmen wäre, und hätte ihm damit eine Sortimentsänderung ermöglicht. Dies hätte eine Verletzung des Grundsatzes des Handels »Naturalien« bedeutet und die Verwendung des Sortiments als funktionelle Methode beeinträchtigt.

Eine andere Methode spricht für sich selbst. Bei der Aufzählung der Altersgruppen und ihrer Bewertung beginnt James Barbot jun. mit dem »Schwarzen im Alter zwischen fünfzehn und zwanzig Jahren« als dem Standardalter. Er fährt fort: »In den Altersgruppen von acht bis fünfzehn Jahren, und von fünfundzwanzig bis fünfunddreißig Jahren *zählen drei für zwei;* in der Gruppe unter acht Jahren und von fünfunddreißig bis fünfundvierzig Jahren *zählen zwei für einen* ...«.[7] Der durch zu geringes oder zu hohes Alter gegebene Mangel wurde hier funktionell durch eine Zählweise ausgeglichen, die den Käufer entschädigte, ohne das Sortiment zu beeinträchtigen.

Obwohl der Sklavenhandel auf der Grundlage des Sortiments nach dem afrikanischen Grundsatz des Tausches von 1:1 in »Naturalien« abgewickelt wurde, ließ er doch einen Spielraum für das geschäftliche Geschick des Händlers durch Angleichung und Anbieten der für ihn gewinnbringendsten Güter. Auch wenn die Menge der Güter, die an manchen Plätzen als Äquivalenz für ein *Bar* galten, auf Dauer in »Naturalien« festgesetzt war, konnte der europäische Händler unter diesen Waren durchaus jene auswählen, die in seiner Heimat gerade am billigsten waren.

Dies ließ immer noch ein entscheidendes Erfordernis des organisierten europäischen Handels übrig. Das Sortiment brachte das Element des monetären Gewinns in die Handelstransaktion, die aber das Element des automatischen Profits *per se* nicht umfaßte.

3. Die »Handelsunze« und die französische »Once«

Anfänge einer Monetarisierung können in der Art und Weise gesehen werden, in der die Afrikaner ihre Handelsgüter einsetzten, die sie als Standard benützten, eine Gepflogenheit, der die *Royal African Company* in Senegambia und an der Bar-Küste folgte. Ein hervorstechendes Beispiel dafür war die Verwendung des Eisenbarrens in den Exporten der *Company*. Indessen konnte diese submonetäre Verwendung des Eisenbarrens die Gewinnspanne der Europäer nicht gewährleisten. Schon im ersten Jahrzehnt der Handelstätigkeit der *Company* wurden nach Bosman[8] nicht weniger als 150 europäische Waren in Einheiten verschiedener Dimensionen gehandelt – Brandy und Schießpulver nach Menge, Eisenbarren und Gewehre nach Stückzahl, Tuch an Längen, Kauris nach Ketten, Gewicht und Menge. Auf welche Weise konnten die Europäer bei einem in »Naturalien« durchgeführten Handel solche Transaktionen vermeiden, die finanzielle Verluste gebracht hätten? Oder, genauer gesagt, wie mußte der Handel geplant werden, um einen sicheren Profit zu bringen, und wie konnte dieser Profit realisiert werden? Dies wurde schließlich beim Sklavenhandel durch die Verbindung des Sortiments mit der monetären Neueinführung der »Handelsunze« bewerkstelligt.

Der anfängliche, aber irreführende Erfolg des Eisenbarrens bei den Exporten der Company wurde vor allem durch die Nachfrageseite hervorgerufen, das heißt, die kulturbedingte Vorliebe der Afrikaner für die Benützung von Eisen. Allerdings schwankte der Wert des Eisenbarrens im Verhältnis zum Gold und war überdies an mehreren Küstenstrichen verschieden. Vor dem Run nach Sklaven konnte ein Preisaufschlag auf den Eisenbarren örtlich als vernünftige Vorsichtsmaßnahme gegen etwaige Verluste an der Goldküste dienen. Im Jahre 1694 kaufte Kapitän Thomas Phillips seine Eisenbarren in London um 3 Shilling 6 Pence, und verkaufte sie für Gold in Bassam an der Goldküste um 7 Shilling 6 Pence.[9] Das war ein früher Preisaufschlag von etwas mehr als 100 Prozent in Goldhandel, der sich als prophetisch erweisen sollte. Er diente als Vorbild für den »durchschnittlich hundertprozentigen« Aufschlag, der zur Grundlage der »Handelsunze« (sowie der französischen »Once«) werden sollte. Mit der Verbreitung dieser Verrechnungseinheit erreichten die Europäer die Möglichkeit, sowohl einer prinzipiell unbegrenzten Vielfalt der Exporte als auch eine fix einkalkulierte Gewinnspanne. Das Verfahren der »Handelsunze« bestand einfach darin, daß die Europäer die Goldunzen, die sie den Afrikanern für die Sklaven schuldeten, stets in »Naturalien« bezahlten, aber ihre eigenen Waren nach »Handelsunzen« bewerteten, das heißt, mit einem Aufschlag von durchschnittlich hundert Prozent.

Die Geschichtsschreibung der »Handelsunze« wird durch unsere unzulänglichen Quellen der Geschäftsdaten verschleiert, die aus verständlichen Gründen der zeitgenössischen Öffentlichkeit vorenthalten wurden. Die Zeugen wollten nicht den Eindruck erwecken, daß sie die der nationalen Wirtschaft aus dem Sklavenhandel zustehenden großen Gewinne verringerten, während sie gleichzeitig – zumindest andeutungsweise – behaupteten, daß englische Sklavenhändler fallweise genötigt waren, Überpreise zu bezahlen, und in dieser Hinsicht das Verständnis der parlamentarischen Körperschaften verdienten. Bosman hatte im Text seiner veröffentlichten Korrespondenz eine Stelle leer gelassen, damit die Zahl des tatsächlichen Preises der Sklaven übersprungen und statt dessen einen auffälligen Bindestrich eingesetzt.

Das Verhältnis des Aufschlags auf die »Handelsunze« blieb durch eine solche Zurückhaltung nicht unberührt. Hochgestellte Zeugen pflegten aus Gründen des Taktes unvollständige Auskünfte zu geben, und zogen es lieber vor, spätere Wirtschaftshistoriker zu enttäuschen, als bei ihren zeitgenössischen afrikanischen Geschäftspartnern Zweifel, und seien sie auch unbegründet, in bezug auf ihre Ehrlichkeit zu erwecken. Dennoch sind genügend Beweise für das Vorhandensein und die Rechtfertigung der »Handelsunze« – was in gleichem Maße für die französische »Once« gilt – erhalten geblieben.

Aus analytischen Gründen ist es angebracht, zwischen den drei Aspekten des Aufschlags zu unterscheiden: erstens der Praxis des Aufschlagens auf Massengüter *ex ante* zur Sicherstellung der Gewinnspanne; zweitens die verschiedenen Ebenen der tatsächlich *ex post* erzielten Gewinne; und drittens der fiktiven monetären Einheit, der »Handelsunze« (beziehungsweise der französischen »Once«), die beide gleichermaßen mit 16 000 Kauris bewertet wurden, zum Unterschied von der Goldunze, die vorher und nachher mit 32 000 Kauris bewertet wurde.

Die Unklarheit der Zeugen hinsichtlich dieser Fakten sollte permanente Folgen haben. Wyndham und Davies erwähnen die »Handelsunze« überhaupt nicht. Sie ist bis in die neueste Zeit von den Geschichtsschreibern des Sklavenhandels übersehen worden, und selbst in den neuesten Veröffentlichungen zeigt sich bei der Behandlung der damit zusammenhängenden Fragen eine gewisse

Unsicherheit. C. W. Newbury schreibt: »Der Preis der Sklaven kann nicht genau ermittelt werden, außer nach dem Maßstab der »Handelsunze«; und diese Verrechnungseinheit war aus verschiedenen europäischen Waren zusammengesetzt – Tuch, Kauris, Glasperlen, Gewehren, Schießpulver, Rum, Tabak und Eisenbarren –, die örtlich nach Unzen bewertet wurden, deren ursprünglicher Einkaufspreis jedoch sehr verschieden war.«[10]

Der Hinweis bezieht sich offenbar auf die neue Gepflogenheit der Bezahlung in Sortimenten. Man versucht nicht einmal dem Unterschied zwischen »Goldunze« und »Handelsunze« gerecht zu werden, einer Unterscheidung, die bereits zur Zeit von Dalzel und Isert eindeutig getroffen wurde.

Der Parlamentsausschuß für den Sklavenhandel untersuchte 1789 die im westafrikanischen Handel übliche Zahlungsweise. Die Antwort lautete klar und deutlich: »Keine Bezahlung; ausschließlich Tausch.« Weitere Befragungen bestätigten, »Tausch« bedeute, daß die Bezahlung ausnahmslos in Waren erfolgte. Gouverneur Dalzel, ein Mann von Autorität, fügte hinzu, die Bezahlung betrage bloß »etwa die Hälfte« des Preises des Sklaven. Ein anderer Zeuge sagte aus: »Ein Pfund kostete den Europäer 10 Shilling.«[12] Atkins, »ein Gentleman aus Suffolk«, der sich der Besatzung eines Sklavenschiffes als Bordarzt angeschlossen hatte, wurde deutlicher. Er schrieb, im Sklavenhandel am Cape Appolonia wurden die Sklaven in »Unzen« bewertet, und zwar zu vier »Unzen« pro Stück. »Bei einer hundertprozentigen Bezahlung in Waren«, schrieb er, »kosten sie durchschnittlich 8 Pfund Sterling.«[13] Mit anderen Worten, die Bezahlung der Sklaven, die mit vier »Unzen« bewertet waren, erfolgte mit Waren, die in England nur 8 Pfund kosteten, während 4 Unzen Gold 16 Pfund kosteten. Anders ausgedrückt bezahlten sie die von ihnen geschuldeten »Unzen« mit Waren, auf die sie hundert Prozent aufgeschlagen hatten. Die »Unze«, die sie bezahlten, war jene, die spätere Fachleute wie Dalzel umgangssprachlich als »Unze, Handel« bezeichneten, als ihr Wert formell als dem einer halben Unze Gold oder zwei Pfund entsprechend anerkannt wurde.

Wir haben darauf hingewiesen, daß der hundertprozentige Aufschlag als *durchschnittlich* verstanden werden soll. Der tatsächliche Aufschlag schwankte bei jeder Ware und sogar bei jeder Transaktion. Jedenfalls konnte der Händler damit rechnen, daß er ex post »durchschnittlich« oder »ungefähr« einen solchen Aufschlag aus seinem Geschäft erzielen würde. Zugegebenermaßen erbrachten Einzeltransaktionen und sogar ganze Schiffsladungen wesentlich geringere Profite.

Im Whydah war der hundertprozentige Aufschlag schon zu einem frühen Zeitpunkt bekannt, was sowohl von Barbot[13] als auch von Bosman[14] festgestellt wurde. Von Barbot, der 1680 über seine Käufe auf dem Marktplatz an der Küste schrieb, erfahren wir, daß »Hühner etwa 6 Pence pro Stück kosten, wenn man sie mit Waren bezahlt, die ihrerseits 3 Pence kosteten«. Bei der Schätzung des Umfangs der in Whydah bezahlten Zollgebühren, merkte er an, daß die Zölle – die in Waren bezahlt wurden – »*ungefähr* 100 Pfund nach Guineawert ausmachen, welche die Güter dort abwerfen müßten«.

Die »Handelsunze« war demnach eine fiktive Einheit, die die Europäer zur Begleichung ihrer Goldschulden bei den Afrikanern benutzten. Untereinander sprachen die Europäer vom »Guineawert« der Waren (Barbot) oder, laut Wyndham, von einer Begleichung in »Küstengeld«. Der König von Whydah hatte bis dahin den Vertrag mit den Sklavenhandelsgesellschaften vom 6. September 1704[15] ignoriert, der eine stillschweigende Anerkennung der Bezahlung für Sklaven in Sortimenten beinhaltete, indem er den König daran hinderte, auf einer Bezahlung in nur *einer einzigen* Warenart zu bestehen.[16] Dies machte die Bezahlung in mehr als einer Warenart, also dem Sortiment, zur einzig anerkannten Zahlungsweise der im Sklavenhandel tätigen Europäer. Es erscheint als wahrscheinlich, daß Davies' vertrauliche »Artikel«, denen die Vertreter der französischen, englischen und holländischen privilegierten Handelsgesellschaften in Whydah (1704-1705) fast gleichzeitig »beitraten«, sie untereinander zur Anwendung eines durchschnittlichen *ex ante*-Aufschlags von 100 Prozent verpflichtete. Die oben angeführten einschränkenden Ausdrücke für den *ex post* Aufschlag, wie »im Schnitt«, »etwa« oder »durchschnittlich« fehlen in unseren Quellen niemals. Dennoch wird der Wert der englischen »Handelsunze« in Gouverneur Dalzels Tabelle der Kaurisätze, wie gesagt, eindeutig mit 2 Pfund angegeben.[17] M'Leod sprach von 40 Shilling.[18] Isert folgt durchgehend derselben Gepflogenheit. Der stets vorsichtige Dalzel schob dem Herausgeber (»J. F.«) die Verantwortung für die Aufnahme dieses Postens in die »Tabelle« zu. Als Zeuge vor dem

Parlamentarischen Ausschuß äußerte er sich über den Preis eines Sklaven in Whydah sehr unklar und erklärte, der »durchschnittliche Sklave« koste 5 (Handels-)Unzen, was 20 Pfund oder 40 Eisenbarren entspreche, während er, »wenn das Angebot gering war«, für einen »erstklassigen Sklaven« gelegentlich »etwas weniger als 30 Pfund« bezahlt habe.[19]

Die Preise von Handelsgütern, ob Sklaven oder Eisenbarren, zeigten Schwankungen, während der Goldkurs mit 32 000 Kauris sowie der Goldwert der fiktiven »Handelsunze« mit 16 000 Kauris völlig stabil blieb.

Ein Überblick über die »Handelsunze« erfordert auch eine Schilderung ihrer französischen Parallele, der »Once«.

Hinsichtlich der Fakten müssen wir uns auf die Monographie Simone Berbains über das Sklavenhandelsschiff *Dahomet* der *compagnie* (1772) stützen;[20] bei der Interpretation werden wir uns an die bezüglich der englischen »Handelsunze« vorhandenen Fakten halten, von der die französische »Once« eine später und eigenständig entwickelte Variante darstellte.

Die von der Forschung aufgedeckten Fakten selber sind einfach. Die »Once« war, wie Berbain ausdrücklich feststellte, »ein fiktives Verrechnungsgeld, das in sechzehn Livres unterteilt war«.

Eine typische Eintragung in den Papieren der *Dahomet* lautet folgendermaßen:

1 Frau zu 8 »Onces« von Bouillon gekauft

	»Onces«
3 Faß Brandy	3
123 Pfund Kauris, zu 41 Pfund pro »Once«	3
2 Posten Taschentuchmaterial	1
8 *Platilles* (ein kleingefaltetes weißes Tuch)	1
	8

Das Sortiment umfaßte neben den handelsüblichen Gütern wie Brandy, Platilles, Taschentüchern, auch eine große Menge Kauri. Die insgesamt 8 »Onces« setzten sich aus den 5 »Once«-Einheiten in Handelswaren und den 3 »Once«-Einheiten in Kauris zusammen, wobei jede Einheit mit einem Gewicht von 41 Pfund festgesetzt war. Die wiederholte Angabe von 41 Pfund Gewicht pro »Once« ist von entscheidender Bedeutung. Wie Berbain selbst unterstreicht, entspricht dies dem Gewicht von 16 000

Kauris. Sie versäumt es darauf hinzuweisen, daß dies ihre »Once« mit der englischen »Handelsunze« gleichsetzt.

Eine genauere Betrachtung von Berbains Darstellung der »Once« sowie eine vergleichende Untersuchung der englischen und der französischen fiktiven Unzen werfen eine Anzahl von Fragen auf. So wie die englischen Gelehrten, enthüllt auch sie die Einschränkungen, unter denen ihre Forschungen durchgeführt werden mußten. Wie aus dem Titel von Berbains Aufsatz – *Le comptoir français de Juda (Ouidah) au XVIIIe siècle* – hervorgeht, war sein Gegenstand die Funktionsweise der Niederlassung des französischen Sklavenhandels in Whydah. Das Thema sollte sich auf den französischen Sklavenhandel mit Whydah als Mittelpunkt beschränken. Dies hatte bedeutsame Konsequenzen. Sowohl der Sklavenhandel auf den französischen Antillen, als auch der *nicht von Franzosen* betriebene Sklavenhandel in Whydah blieben außerhalb des Rahmens ihrer Arbeit. Die doppelte Niederlassung der Engländer in Whydah wurde nicht in Betracht gezogen, und die sogar noch ältere englische »Handelsunze« blieb unerwähnt. Auf diese Weise wurde das französische Geldsystem logischerweise zum Bezugssystem für die Behandlung der »Once«, was wiederum zur Folge hatte, daß sie den grundsätzlichen Unterschied zwischen dem englischen und dem französischen Geldsystem der Zeit niemals erwähnte, sondern bloß stillschweigend voraussetzte. Die fundamentale Rolle des Goldes im englischen Währungssystem (Pfund, Shilling, Pence) stand im Gegensatz zur Unabhängigkeit des französischen Livre vom Gold. Diese Unabhängigkeit vom Gold, die den Livre zu einer schwankenden Währung machte, erstreckte sich in Wirklichkeit aus historischen Gründen *nicht auf Whydah und die dortige französische Niederlassung*. Aber aus Gründen, die mit dem Run auf Sklaven zu tun hatten, mußten die Franzosen – ebenso wie die Engländer – den Handel mit Sortimenten, samt ihren eingebauten Aufschlägen, abwickeln und ebenfalls eine fiktive Verrechnungseinheit einführen. Die Engländer mit ihrer Goldwährung verankerten ihre fiktive Verrechnungseinheit naturgemäß im Gold. *Somit war dies auch bei den Franzosen in Whydah unvermeidlich.* Daher rührt die paradoxe Darstellung, die Berbains Bild verwirrte: die französische »Once« sollte einen stabilen Kaurikurs halten. Die Tatsache, daß sie gerade dadurch indirekt an das Gold gebunden war, blieb verborgen. Nicht weniger künstlich war das völlige Verschweigen der Goldunze, auf der die traditionelle westafrikanische Unzeneinheit zu 8 arabischen Mitkhal beruhte. Daher also die durchgehende Erwähnung der französischen »Once« nach Gewicht in Kauri, anstatt ihr Äquivalenz von 16 000 Kauris in Schnüren anzugeben. Es mag symptomatisch sein, daß ihr umfangreicher Traktat einen Hinweis auf die Zahl 16 000 enthält, nämlich »4 Cabessen zu je 4000 Kauris«, und daß der Drucker die Zahl irrtümlich mit 1600 wiedergab (69). Indessen erscheint die bekannte Zahl 16 000 in einem anderen Abschnitt (124) richtig auf, wo es heißt: »41 liv. (Gewicht) bouges (Kauris) ou 16 000 valent une once ou 4 cabèches.« Eine weitere aufschlußreiche Bemerkung der Verfasserin, diesmal ein indirekter Hinweis auf Gold, ist ebenso bedeutsam: »Ausschließlich an der Sklavenküste konnte der Wert der Kauris aufrechterhalten werden, nachdem die Holländer mit ihrer Einfuhr angefangen hatten.« In Wirklichkeit ist diese geographische Einschränkung nicht zutreffend, bedeutet aber das Eingeständnis, *daß der Whydensische Livre »auf Gold« beruhte.* Da Berbain eine direkte Bezugnahme auf Gold versperrt war, erfolgte der Hinweis indirekt durch die Hervorhebung der Stabilität von Kauri, dessen Goldwert als absolut fest anerkannt wurde.

Dieses semantische Versteckspiel hatte einen geschichtlichen Hintergrund: Frankreich war, wie Berbain gelegentlich eingesteht, die einzige Macht, die *an der Küste von Guinea keinen Goldhandel betrieben hatte.*

4. Der umstrittene Sklavenhandelsvertrag von 1704

Das monetäre System mit dem Sklavenhafen von Whydah im Mittelpunkt erfuhr innerhalb von etwa vierzig Jahren drei institutionelle Veränderungen. Zur Zeit von Petley Weybourne, gegen Ende der achtziger Jahre des 17. Jahrhunderts, gab es zwei Geldstandards nebeneinander – Eisenbarren für europäische Waren und Kauris für Sklaven – in Whydah, das damals noch ein Teil des Königreichs von Adra war. Dann erklärte sich der König von Whydah in den Jahren 1703-1704 zum Souverän und die ausländischen Kaufleute mußten die Zölle an ihn abführen. Eisenbarren und Kauris wurden als Standard durch die größere Einheit des Sklaven ersetzt. Andererseits war das Sortiment inzwischen allgemein üblich geworden. Schließlich wurde Whydah 1727 von Dahome besetzt, und ab diesem Zeitpunkt wurde die Kauriwährung von Dahome vorherrschend, die in genauen Zahlen von Kauris ausgedrückte Stabilität des Goldes wurde zu einem Symbol der Vorherrschaft Dahomes.

Die einseitige Einführung einer fiktiven Geldeinheit in den interkulturellen Handel mußte zwangsläufig zu Störungen führen. Die Zufälligkeiten der Sklavenpreise kamen zum Vorschein. Grob gesprochen, reagierten die Afrikaner auf die europäische »Handelsunze« mit einer massiven Anhebung des Sklavenpreises auf der Basis der traditionellen Goldunze. K. G. Davies schreibt: »In den siebziger und achtziger Jahren war der übliche Preis für einen afrikanischen Sklaven 3 Pfund, was der Satz war, zu dem sich Petley Weybourne (von der *Royal African Company*) im Jahre 1687 vertraglich zu Beschaffung von Negern in Whydah verpflichtete.«[21] Weiter berichtet Davies: »1693 wurden die Kapitäne der African Company angewiesen, jede Menge von Goldküsten-Negern zum Stückpreis von 5 Pfund aufzukaufen. Nach 1702 kam es zu weiteren Steigerungen, die jedoch in Whydah wahrscheinlich weniger markant waren als anderswo. Bald kosteten Neger an der Goldküste 10 Pfund, 11 Pfund und 12 Pfund pro Stück, und 1712 wurden bis zu 16 und 17 Pfund bezahlt. Auf diese Weise war der Preis für einen Sklaven in wenig mehr als zwanzig Jahren um fast das Fünffache angestiegen.«[22]

Tatsache ist jedoch, daß die europäischen Händler im Laufe des 18. Jahrhunderts in Whydah inoffiziell eine neue Verrechnungseinheit speziell für den Sklavenhandel schufen, die fiktive Einheit der »Handelsunze«, die nach englischen Begriffen einer halben Unze Gold entsprach. Das Sklavenschiff *Dahomet* der französischen *compagnie* benützte bei seinen Sortimenten genau diesen Standard, und bezeichnete ihn als »Once« (1772). Kapitän John Johnstons Schiff *Swallow*, wahrscheinlich ein englisches Schiff,[23] führte seine Kontobücher ausschließlich in *Werten der »Handelsunze«*, die als Voz[t]. bezeichnet waren. Aber bereits ein Jahrhundert vorher hatte Kapitän Thomas Phillips von der *Hannibal*, die (1693) an der Goldküste Handel trieb, wie schon erwähnt, Eisenbarren mit einem Aufschlag von etwas mehr als 100 Prozent versehen. Dinge des täglichen Verbrauchs, wie die Hühner zu 6 Pence, wurden noch früher von Bosman auf den Küstenmärkten der Goldküste erworben, indem er sie gegen englische Dreipennywaren mit einem Aufschlag zu 100 Prozent eintauschte. Wir können für die Einführung der »Handelsunze« in den Sklavenhandel kein Datum angeben. Erst 1793 findet sich in Gouverneur Dalzels *History of Dahomey* eine offizielle Bestätigung einer englischen Unze dieses Nennwerts.

Unsere Historiker, wie K. G. Davies, versuchten, das starke Ansteigen der Sklavenpreise um die Jahrhundertwende durch den Hinweis auf die Konkurrenz der Franzosen und der Schleichhändler zu erklären, ohne die »Handelsunze« überhaupt zu erwähnen. Bei den Unklarheiten, die uns beim Durcharbeiten des Berichts des englischen Parlamentsausschusses auffallen, geht es hauptsächlich um die Art und Weise, in der der englische Sklavenhändler die Goldschulden bezahlte, die er beim Ankauf von Sklaven bei den Afrikanern eingegangen war. Die englischen Zeugen in der Untersuchung des Jahres 1789 brannten keineswegs darauf, die Preisbewegungen und Währungsschwankungen im Sklavenhandel zu erklären, sondern betonten nur, daß die Zahlungsbedingungen für den englischen Käufer äußerst günstig waren. Daß sich der europäische Sklavenhändler im Verlauf der Transaktion gelegentlich genötigt sah, dem afrikanischen Verkäufer für einen offensichtlich exzessiven Aufschlag eine Vergütung zu leisten, mag die geheimnisvolle Aussage des Mr. Matthews vor dem Parlamentsausschuß erklären: »Wir gaben ihnen Sals, und einige Waren. 15 bis 18 Pfund werden über den Listenpreis hinaus bezahlt ...« Diese Passage erweckt weitere Zweifel in bezug auf die Fußnote von Davies:[24] »Soweit ich feststellen konnte, entsprechen alle erwähnten Preise für Sklaven dem Listenpreis der Waren, mit denen sie erworben wurden. In den meisten Fällen war dieser Listenpreis derselbe wie der Preis, den die Gesellschaft in England bezahlt hatte, ohne Berücksichtigung der Transportkosten.« Wir haben bereits festgestellt, daß sein Buch die »Handelsunze« ebensowenig erwähnt wie die Protokolle des Parlamentarischen Ausschusses. Somit blieb der plötzliche Anstieg der Sklavenpreise unerklärlich.

Die »Handelsunze« wurde zwangsläufig auf zwei Ebenen wirksam: auf der institutionellen und auf der »ökonomischen«. Diese vom analytischen Standpunkt verschiedenen Entwicklungslinien beeinflußten einander jedoch. Größere Sortimente und die »Handelsunze« bedeuteten *prima facie* eine einseitige Revision der Handelssätze zugunsten der Europäer. Nichts verweist auf eine

Veränderung der eigenen Goldeinheiten der Afrikaner, die der europäischen Gepflogenheit der Bezahlung in »Handelsunzen« entsprechen würde. Wir meinen, daß die Reaktion der Afrikaner in der Anhebung des Sklavenpreises in Goldunzen zu 4 Pfund die Unze bestanden hat. Die ursprüngliche afrikanische Methode des Fernhandels mit Massengütern in Naturalien im Verhältnis 1:1 bewies seine Anpassungsfähigkeit. Indem der afrikanische Handel, trotz des massiven Aufschlags, ein wenn auch erweitertes Sortiment für einen Sklaven akzeptierte, absorbierte er reibungslos die europäische fiktive Geldeinheit der »Handelsunze«. Die Quadratur des Kreises war erreicht, indem man die mit 100 Prozent Aufschlag ausgestattete europäische Unze mit dem Adjektiv »Handels-« versah, während man die unqualifizierte Unze als die Geldeinheit des Afrikaners bei der Preisbestimmung für Sklaven beibehielt. Die traditionelle Goldunze zu 32 000 Kauris konnte weiterhin im Goldhandel gelten, während im Sklavenhandel die neue Unze mit nur dem halben Kauriwert der vorigen verwendet wurde.

Dieser Artikel stützt sich zum Teil auf die Schiffspapiere eines englischen und eines französischen Sklavenhändlerschiffes, vor allem aber auf den Text eines Vertrags, der aus französischen Quellen zur Verfügung gestellt wurde. Die politische Gültigkeit dieses Vertrags wurde von englischen Historikern nicht anerkannt. Er stellte einen diplomatischen Erfolg der Franzosen dar. Das Dokument selbst, das nur in einem Exemplar angefertigt wurde, blieb im Besitz des Königs von Whydah. Umstritten war nicht nur die Gültigkeit dieses Papiers, sondern auch die Echtheit des vom Chevalier Desmarchais, einem angeblichen Mitunterzeichner beglaubigten Textes. Der französische Historiker Dunglas hingegen hegt keine derartigen Zweifel.[25]

Im Lichte der Geschichte fiktiver Verrechnungsgeldeinheiten liefern die im Anhang des Vertragstextes angeführten Zahlen einen schlüssigen internen Beweis für die Echtheit des Textes.

In einer feierlichen Präambel wird in dem Anhang erklärt, der Zweck des Vertrages sei die Errichtung »einer großen Union *(une grande union)* zum Zweck des Ankaufs von Sklaven, um sie von Afrika nach den Inseln und dem Festland von Amerika zu transportieren, um den dort errichteten produktiven Besitz vorteilhaft zu nutzen. Angesichts dieses ausschließlichen Zwecks des Verkehrs ist es angebracht, die Quantität und die Qualität der

Handelsgüter bekanntzugeben, die im Austausch für einen Sklaven gegeben werden.«

Es werden über ein Dutzend Äquivalenzen für einen Sklaven aufgezählt. Von diesen wollen wir uns hier auf die Fässer Brandwein, die *Platilles* (gefaltetes weißes Leinen) und die Kauris beschränken, jene Handelswaren also, die von Berbain ausdrücklich als für den Sklavenhandel in Whydah notwendig und ausreichend bezeichnet wurden. Der Anhang setzt den Preis für einen männlichen Sklaven mit »4 bis 5 Onces« fest, was »4 bis 5 Fässer Brandwein« oder »40 bis 50 *Platilles*«, oder »180 Gewichtspfund Kauris« gleichgesetzt wurde. Das letztere wird noch genauer bestimmt: »Zur Erreichung des Preises eines Sklaven benötigt man je nach Marktlage 18 bis 20 Cabessen, das heißt 70 000 bis 80 000 Kauris, deren Gewicht mit 180 Pariser Livres festgesetzt ist.« Die letztere Zahl ergibt genau 5 »Unzen« zu je 16 000 Kauris. Die Cabesse wird mit »20 Galinhas ist gleich 4000 Kauris« angegeben. Die Papiere der *Dahomet* nennen den Preis des Sklaven in »Onces«, die »Once« zu 41 Gewichtspfund Kauri. Die »Once« wird einheitlich mit 1 Faß Brandwein oder 10 *Platilles* oder 41 Gewichtspfund Kauris gerechnet. Berbain selbst nennt die »Once« zu 16 000 Kauris. Eine gewisse Zweideutigkeit könnte in der Wendung »je nach Marktlage« gesehen werden, sowie in der Tatsache, daß sich der Vertrag aus dem Jahre 1704 von den Papieren der *Dahomet* aus dem Jahre 1772 dadurch unterscheidet, daß er das Gewicht von 16 000 Kauris mit 40 Pfund anstatt 41 angibt. Wenn man den zeitlichen Abstand und die mangelnde Einheitlichkeit der Kauris als Zahlungsmittel nach Gewicht berücksichtigt, kann die geringfügige Diskrepanz die innere Evidenz nicht beeinträchtigen, die die Echtheit des Textes belegt. Der Vertrag vom 6. September 1704 war der Anlaß für die Afrikaner, die Sklavenpreise an die monetären Veränderungen anzupassen, die im ersten Jahrzehnt des 18. Jahrhunderts im westafrikanischen Sklavenhandel eintraten. Unsere Quellen bestätigen dies. Der 1704 übliche Sklavenpreis von 80 000 Kauris, kommt auf 10 Pfund, was einer Verdoppelung des von K. G. Davies im Jahre 1702 angegebenen Sklavenpreises von 5 Pfund entspricht. In welchen Massengütern die Preise in dem Vertrag auch ausgedrückt waren, die später durch die Afrikaner durchgeführte Anpassung tendierte zweifellos zu einer Überkompensation der eingeführten Währungsänderungen.

16. Über den Stellenwert wirtschaftlicher Institutionen in der Antike am Beispiel von Athen, Mykene und Alalakh

Das analytische Instrumentarium

Ein allgemeiner Überblick über die verschiedenartigen Formen der Institutionalisierung des ökonomischen Prozesses in der Gesellschaft könnte letztlich einiges Licht auf die Rolle der Ökonomie in der territorialen Ausbreitung von Kulturen werfen, die den Vorgang des gesellschaftlichen Wachstums begleiten kann. Ein Frontalangriff auf das Problem der Größe erscheint indessen noch nicht vielversprechend.

Zwei Aspekte der Ökonomie wurden für diese Betrachtung ausgewählt: die Zusammenhänge zwischen dem ökonomischen und dem politischen System in der Gesellschaft, und die Art und Weise, in der die Formen der Geldverwendung eingeführt wurden, vor allem in den Palastwirtschaften. In beiden Fällen ergibt sich die Möglichkeit einiger zufälliger Überlegungen zur territorialen Expansion, doch soll das Schwergewicht nicht auf dem Begriffsinstrumentarium liegen, das für die vergleichenden Untersuchungen der im Laufe der Geschichte erscheinenden ökonomischen Systeme benutzt wird.

Die Wirtschaft ist nach unserer Auffassung ein institutionalisierter Prozeß,[1] eine Folge funktioneller Bewegungen, die in gesellschaftliche Beziehungen eingebettet sind. Die Funktion dieser Bewegungen ist die laufende Versorgung einer Gruppe von Individuen mit materiellen Gütern; die gesellschaftlichen Verhältnisse, in die dieser Prozeß eingebettet ist, verleihen ihm ein Maß an Einheitlichkeit und Stabilität. Die Bewegungen sind entweder physisch oder erwerbsmäßig zu verstehen, oder beides. Mit anderen Worten, die Dinge bewegen sich entweder im Verhältnis zu anderen Dingen, und diese Bewegungen umfassen auch Produktion und Transport, oder im Verhältnis zu den Personen, die diese benötigen oder abgeben.

Der Prozeß und die Institutionen bilden zusammen die Ökonomie. Manche Forscher betonen die materiellen Ressourcen und die Ausrüstung – Ökologie und Technologie – aus denen der Prozeß gebildet wird; andere, darunter auch ich, beziehen uns lieber auf die Institutionen, durch welche die Ökonomie organisiert ist. Nochmals, bei der Untersuchung der Institutionen kann man wählen zwischen Werten und Motivationen auf der einen Seite, und den physischen Vorgängen auf der anderen, die beide als Bindeglied zwischen gesellschaftlichen Beziehungen und dem Prozeß betrachtet werden können. Vielleicht weil ich mit dem institutionellen und funktionellen Aspekt des menschlichen Lebensunterhalts mehr vertraut bin, ziehe ich es vor, die Wirtschaft in erster Linie als eine Sache der Organisation zu betrachten, und Organisation im Sinne der für das Funktionieren dieser Institutionen typischen Vorgänge zu beurteilen.

Ich kenne die inhärenten Grenzen einer solchen Methode, vor allem aus dem Blickwinkel der allgemeinen Soziologie. Der Prozeß ist nämlich nicht nur in »ökonomische«Institutionen eingebettet – an sich eine Sache des Ausmaßes –, sondern ebenso in politische und religiöse; auch können physische Aktionen das ganze Spektrum einschlägiger Verhaltensweisen nicht ausschöpfen. Indessen trägt es doch dazu bei, die Ökonomie aus anderen gesellschaftlichen Subsystemen, wie die politischen und religiösen, herauszuschälen, und dadurch einigermaßen sicherzustellen, daß wir wissen, was wir meinen, wenn wir so selbstsicher über die »Wirtschaft« sprechen.

Ein erster Überblick zeigt, daß Wirtschaften nur dank einiger weniger Integrationsformen auf Dauer funktionieren, nämlich Reziprozität, Redistribution und Austausch. Eine historisch bedeutsame Form ist die Haushaltung, die Art und Weise also, in der eine Bauernökonomie oder ein Herrengut bewirtschaftet wird, auch wenn es sich dabei formal gesehen in Wirklichkeit um Redistribution in kleinerem Maßstab handelt. Jede einzelne dieser drei Formen ist allein oder zusammen mit anderen geeignet, die Ökonomie zu integrieren und damit seine Stabilität und Geschlossenheit zu gewährleisten. Ob die Integration technologische Probleme aufwirft, hauptsächlich solche der physischen Kommunikation, oder mehr organisatorische Probleme, wie den Zusammenschluß kleiner Gruppen zu größeren, so kann Größe der entscheidende Faktor sein; ein typischer Zusammenschluß tritt dann ein, wenn sich Bauernökonomien zu einer größeren Gemeinschaft verbinden.

In den frühen Gesellschaften erfolgt die Integration in der Regel durch die Redistribution von Gütern von einem Mittelpunkt, oder durch Reziprozität zwischen den entsprechenden Mitgliedern symmetrischer Gruppen. Die Güter können zum Zweck der Distribution durch den Bauern oder durch Häuptlinge angeeignet werden, beziehungsweise durch den Tempel oder Palast, aber auch durch den Gutsherrn oder Dorfvorsteher auf dem Weg der physischen Einlagerung oder durch die bloße Aneignung der Verfügungsrechte über die Güter. Sowohl die Lieferungen an das Zentrum als auch die daraus fließende Verteilung werden weitgehend als eine Funktion des Status einer Person bewertet, und die tatsächliche Verteilung erfolgt durch Verwaltungsentscheidung. Reziprozität, wie zwischen Verwandten oder Nachbarschaftsgruppen, kann einzelne Partner miteinander verbinden oder einen ganzen Ablauf symmetrischer Situationen »der Reihe nach« umfassen. Es gibt zahlreiche Verbindungen zwischen Reziprozität und Redistribution. Eine dritte Methode der ökonomischen Integration ist der Austausch oder Tausch. Um integrativ zu wirken, braucht diese Form das Instrument der preisbildenden Märkte, wie dies in der Gesellschaft des 19. Jahrhunderts der Fall war, in der ein Angebot-Nachfrage-Preis-Mechanismus integrative Preise hervorbrachte. Das bloße Vorhandensein von Marktelementen oder sogar von nichtpreisbildenden Märkten in einer Bauern- und Handwerkergesellschaft führt nicht zum Entstehen einer Austauschwirtschaft.

Wir denken hier nicht an eine »Stadientheorie«; eine bestimmte Form kann erscheinen, wieder verschwinden und in einer späteren Phase der gesellschaftlichen Entwicklung erneut auftreten. Zugegebenermaßen trat ein Austausch mit integrierender Wirkung erst mit dem selbstregelnden System der konkurrierenden Märkte auf, die im 19. Jahrhundert errichtet wurden. Dort, wo Preise »festgesetzt«, »fixiert« oder anderweitig verwaltet werden, entstehen sie nicht durch den Markt, sondern durch Verwaltungstätigkeit. Redistribution wurde regelmäßig von primitiven Stämmen im Jäger- oder Sammlerstadium geübt; schließlich wurde sie zu einer Funktion der archaischen Verwaltung, während sie in moderner Zeit ein Merkmal industrieller Planwirtschaft darstellt. Reziprozität war in den nach Verwandtschaft organisierten Gesellschaften weit verbreitet, und lebt heute noch in der westlichen Kultur als *raison d'être* des Weihnachtsgeschäfts weiter. Nur die Integration durch preisbildende Märkte war bis in die Neuzeit unbekannt.

Diese Formen – und das muß betont werden – bieten uns keineswegs ein Klassifizierungssystem für alle ökonomischen Systeme; allgemein ist vielmehr das gleichzeitige Vorhandensein solcher Formen, vor allem von Reziprozität und Redistribution. Ferner können Märkte ohne integrative Wirkung auf die Wirtschaft in jeder dieser Formen vorkommen. Auch kann jede dieser Formen vorherrschend sein und die Bewegungen widerspiegeln, durch die Boden und Arbeit sowie Produktion und Distribution von Nahrung in die Ökonomie eingebunden sind. Indessen können andere Formen in den verschiedenen Sektoren der Wirtschaft und auf unterschiedlichen Ebenen ihrer Organisation neben der vorherrschenden Form wirksam sein.

Zum zweiten sind die Formen der Integration zwangsläufig von Institutionen begleitet, mit deren Hilfe die Wirtschaft organisiert wird. Wir wollen hier keine vollständige Theorie der ökonomischen Institutionen bieten. Manche Institutionen sind der Form selbst immanent, wie beispielsweise eine symmetrische Struktur für die Reziprozität, oder ein gewisses Maß von Zentralisierung für die Redistribution, oder preisbildende Märkte für eine Integration durch Austausch. Schon auf dieser Ebene zeigen sich institutionelle Varianten, beispielsweise Tempel oder Palast als Redistributionszentrum. Überdies sind diese Formen in der Regel von typischen Institutionen begleitet, wie dem Ziehen von Losen bei der Verteilung von Beute, bei der Zuweisung von Land oder der Zuweisung von Belastungen »der Reihe nach« im Rahmen eines reziprokativen Systems. Lagerungseinrichtungen, Rationen und Äquivalenzen gehören zu den distributiven Formen. Weniger wichtige institutionelle Merkmale, von denen es zahlreiche Varianten gibt, tendieren zu einer strukturellen Anpassung an die »typischen«.

Es ist offensichtlich, daß so wie die Wirtschaft nur einen Teil der Gesellschaft ausmacht, auch die Wirtschaft ihrerseits aus verschiedenartig strukturierten Teilen besteht, deren jeder seine eigenen typischen Institutionen mit verschiedenartigen Merkmalen aufweisen kann.

Aus diesem Grund ist eine gewisse Vorsicht am Platz, ehe man sich an die Aufgabe heranwagt, die wechselnde Bedeutung konkreter ökonomischer Institutionen in realen Gesellschaften aufzuzeigen. Man muß unterscheiden zwischen der Gesellschaft als Ganzheit, in der die ökonomische, die politische und die religiöse Sphäre aufeinandertreffen, der ökonomischen Sphäre selber, die manchmal verschiedene Integrationsformen gleichzeitig umfaßt, und schließlich den Spielarten anderer institutioneller Merkmale. Auf diese Weise könnte die Untersuchung näher an die Erfüllung anspruchsvollerer Ziele heranführen, wie die Erhellung der Zusammenhänge zwischen der territorialen Ausbreitung einer Kultur und ihrer Ökonomie. Jedenfalls sollte sie die Möglichkeiten – und Grenzen – des Wirtschaftshistorikers nach dem heutigen Wissensstand aufzeigen.

Die beiden folgenden Problemkategorien sollen ein Beispiel für das sein, was wir als Analyse ökonomischer Institutionen bezeichnen. Zum Zweck der Vereinfachung haben wir Beispiele aus der Wirtschaftsgeschichte des antiken Griechenlands mit Hinweisen auf Alalakh ausgewählt. Die erste Kategorie verbindet Subsystem mit Subsystem, Ökonomie mit Politik; die zweite befaßt sich mit den Palastwirtschaften vom Blickpunkt der Formen der Geldverwendung.

Das klassische Athen liefert ein Beispiel des Zusammenwirkens von Wirtschaft und Politik. Zu Beginn des fünften Jahrhunderts war die *agora* im Sinne eines Marktplatzes Teil der ökonomischen Organisation der Athenischen polis geworden, da Magistrate und andere Ämter und Körperschaften bereits Teil seiner politischen Verfassung waren. Sowohl die in Notzeiten zutagetretende Widerstandskraft des Athenischen Stadtstaates, als auch seine Unfähigkeit zu territorialer Expansion, beruhten auf diesem Zusammentreffen von *agora* und *polis* als Leitungsinstanzen. Die *agora* war nicht, wie unser Marktsystem, ein offener Angebot-Nachfrage-Preis-Mechanismus, gezügelt durch Wettbewerb und Wechselwirkung mit anderen Märkten. Sie war, modern ausgedrückt, ein künstliches Gebilde mit beschränkter Zugangsmöglichkeit, und in bezug auf ihre Versorgung, Währungskurse und Preisgestaltung von politischen Regelungen abhängig. Die Macht der demokratischen Rechtssprechung bot eine Grundlage, die als solche das Funktionieren der *agora* ermöglichte, aber gleichzeitig die Chancen ihrer Ausweitung beeinträchtigte, indem sie ihren Umfang auf die *polis* begrenzte. Umgekehrt war die *agora* das Bollwerk der Demokratie, die die Triebkraft territorialer Expansion war, und dennoch vereitelte eben diese *agora* immer wieder solche Unternehmen durch ihre eifersüchtige Bevorzugung der Ansässigen. Diese einander behindernden Aspekte von Wirtschaftsstruktur und Stadtverfassung waren der Grund für die vielen Wechselfälle der hellenistischen *polis*. Weder die *polis* als solche, noch ihre *agora* hatten die Fähigkeit des Wachstums. Der Hellenismus war im wesentlichen eine *Poliskultur* von imperialem Ausmaß, die sich aufgrund der »barbarischen« Herrschaft im ländlichen Bereich, der *chora* (siehe unten), stufenweise über den Nahen Osten ausbreiten konnte.

Die Palastwirtschaften von Mykene und Alalakh sind verhältnismäßig neue Wissensbereiche. Für eine vergleichende Untersuchung der Antike bietet das Zusammenwirken unserer Formen nicht mehr als eine ungefähre Orientierung. Um die institutionellen Strukturen zu erforschen, benötigen wir einen genaueren Raster. Zumindest ein weiteres Bestimmungsmerkmal mußte der Ökonomie hinzugefügt werden, nämlich die Dimension der Quantitäten. Feststellungen, welche die quantitativen Aspekte der Bewegungen außer acht lassen, die den ökonomischen Prozeß ausmachen, sind äußerst unzulänglich. Somit sollte die Entwicklung der monetären Sphäre im weitesten Sinne einen heuristischen Zugang zur Analyse ökonomischer Institutionen in den frühen Gesellschaften ermöglichen. Eine solche »monetäre« Vorgangsweise soll hier beim Vergleich von Mykene mit Alalakh angewandt werden. Eine solche Schärfung unseres begrifflichen Instrumentariums ist, wie wir sehen werden, die Voraussetzung für die Unterscheidung der submonetären Verfahren vom eigentlichen Geld in Mykene sowie der Differenzierung der westasiatischen Palastwirtschaften im Sinne der Formen der Geldverwendung, am Beispiel von Alalakh.

Ökonomie und Politik: Agora, Polis, Chora

Die *agora* von Athen könnte sehr wohl der früheste Markt im Westen gewesen sein, der die Bezeichnung »städtischer Markt« verdient. Dennoch ist die Verwendung dieses Begriffs etwas anachronistisch, denn die *agora* war geschichtlich nicht in erster Linie ein Marktplatz, sondern ein Versammlungsplatz, und die griechische *polis* war nicht eine Stadt im modernen Sinne, sondern ein Staat.

Zuerst zur *agora*. Seit etwa dem 6. Jahrhundert verfügte Attika offenbar in der Stadt Athen über eine Art von Marktplatz, auf dem Nahrungsmittel verkauft wurden. Vorher scheint es nur in Sardis, der Hauptstadt von Lydien, einen solchen offenen Platz gegeben zu haben, der im übrigen vom goldführenden Pactolus durchflossen wurde. Man benutzte dort wahrscheinlich Goldstaub für den Kauf zubereiteter Speisen, während für den Handel Münzen aus Elektron verwendet wurden. In Athen, wo es kein Gold gab, verwendete man im Detailverkauf Silbermünzen zu kleinen Nennwerten. Ohne derartige Geldformen wäre die Verteilung von Lebensmitteln auf dem Markt nicht möglich gewesen. Heiße Mahlzeiten, die in Gasthäusern angeboten wurden, lauwarme Fleischstücke und Imbisse, die auf der Straße verzehrt wurden, sowie Lebensmittel für die Küche wurden von dem tatsächlich aus Lydien stammenden *kapelos* feilgeboten, jener Figur niedrigen Standes, der zum großen Teil die berühmte Bequemlichkeit des Lebens in Athen zugeschrieben wird. Im Gefolge des Niedergangs der Tyrannis samt ihrer Palastwirtschaft, füllte sich die *agora* mit allerlei männlichen und weiblichen Gestalten, die hauptsächlich ihre eigenen selbstgezüchteten oder selbsterzeugten Waren feilboten. Sie fungierten kaum als Zwischenhändler, mit der wichtigen Ausnahme des Getreidehandels, bei dem importierter Weizen durch behördlich überwachte Detailhändler verkauft wurde.

Nun zur *polis*. Als Stadt hatte Athen keinerlei Ähnlichkeit mit unseren mittelalterlichen Städten mit ihrer privilegierten Bürgerschaft, die über die *banlieue* herrschte. Gewiß war die Akropolis ein uneinnehmbarer Felsen, der das ganze Flachland im Umkreis einer Tagesreise beherrschte, aber die Stadt Athen hatte trotzdem kein eigenes Territorium, keinen rechtlichen oder verfassungsmäßigen Status, keine Rechtspersönlichkeit und Autonomie. Seine *agora* konnte gegen unfreundliche Nachbarn abgeschlossen werden, aber weder die Stimmbürger noch die Amtsträger konnten aus ihrem Wohnrecht in Athen irgendwelche Rechte ableiten. Das Recht, einen Stand auf der *agora* zu unterhalten, war wahrscheinlich die meiste Zeit Bürgern vorbehalten, das heißt, Bürgern von Attika oder Athen, nicht aber Personen, die bloß in Athen wohnten. Daher zögern wird, die *agora* als einen Stadtmarkt zu bezeichnen.

Auf welche Weise förderte also die *agora* den Aufstieg des

Athenischen Stadtstaates, während sie gleichzeitig dessen territoriale Ausweitung behinderte? Und, umgekehrt, wieweit begünstigte die Verfassung der *polis* das Wachstum der Marktform, während sie gleichzeitig ihre Ausweitung in ein über die Staatsgrenze hinausreichendes Marktsystem behinderte?

Die *agora* war von allem Anfang an für den Staat ein Aktivposten. Die Reformen des Solon hätten kaum verhindern können, daß die Schuldknechtschaft zu einem normalen Bestandteil der Arbeitskräftestruktur geworden wäre, wenn es nicht rechtzeitig zur Herausbildung der Marktgewohnheit gekommen wäre. Die Härte der Schulden, die durch die damals erfolgte Ausbreitung der Währung noch verschärft wurde, wurde durch den Markt gemildert. Dort konnte der Bauer einen Teil seiner Erzeugnisse in Geld umsetzen, und der handwerktreibende Bürger konnte die nötigste Nahrung erwerben, indem er außer Haus eine Nebenbeschäftigung fand. Die Möglichkeit, einen Teil seiner Ernteerträge auf dem Markt verkaufen zu können, bewahrte den armen Bauern davor, seine Schulden abarbeiten zu müssen; die Möglichkeit, Essen in einer Garküche kaufen zu können, rettete ihn vor der Knechtschaft bei einem Nachbarn, an den er sich ansonsten im Spätwinter um Nahrung hätte wenden müssen. Der Markt milderte den Druck der Beschäftigungslosigkeit, nachdem sich fremde Küsten gegen Kolonisten zu sperren begannen; er half die unstete Bevölkerung durchzubringen, die in Kriegszeiten die Stärke der Flotte ausmachten. Auf diese Weise war der innere Friede, der Attika berühmt und später im Ausland gefürchtet machte, zum guten Teil der *agora* zuzuschreiben.

Aber auch das Umgekehrte traf zu. Der Markt, der die innenpolitische Festigkeit förderte und die Kräfte der maritimen Demokratien anspornte, war auch die Quelle spießbürgerlicher Beschränktheit. Der durch den Markt geschürte Populismus, der auf dem Schlachtfeld das Organisationstalent des redistributiven persischen Reiches besiegte und Attika die Seeherrschaft eintrug, war durch eine Fremdenfeindlichkeit gekennzeichnet, die den Bundesgenossen und Verbündeten nicht einmal den Schein der Gleichwertigkeit zugestand und damit die militärische Stärke jenes Reiches untergrub, das mit Hilfe des Patriotismus geschaffen worden war. Die eifersüchtige Selbstsicherheit war indessen ein eingefleischter Wesenszug der *agora*. Der Unterhalt eines Standes auf der *agora* war ebensosehr ein Recht des Bürgers, wie sein Anspruch auf Schöffengeld. Der Marktplatz bot den ärmeren Schichten einer an sich kleinen Bürgerschaft ein bescheidenes, aber auskömmliches Einkommen, ein Sachverhalt, der sich für die Lebensform der *polis* und ihren Versuch der Eroberung der orientalischen Monarchien als verhängnisvolles Handikap erweisen sollte.

Wir wollen nun das Problem vom entgegengesetzten Standpunkt untersuchen und das Wachstum der *agora* als eine Funktion der Politik betrachten. Auch hier waren die beiden Subsysteme wieder nicht im Einklang.

Die *agora* war Teil der populistischen Plattform und wurde von der demokratischen Fraktion unterstützt. Kimon, der Anführer der Aristokraten, zog es vor, die konservativen Stimmberechtigten zu umwerben, indem er den verarmten Adeligen die bescheidene Gastfreundschaft seiner Tafel bot. Perikles, der Anführer der demokratischen Partei, unterstützte das neuartige Marktwesen; er war selber ein Alkmäonide und verlieh dem Marktwesen einen modischen Anstrich, indem er persönlich für seinen großen und vornehmen Haushalt einkaufen ging. Zur demokratischen Politik gehörte es, dem Bürger für Schöffendienst und andere öffentliche Dienstleistungen Tagesdiäten aus der öffentlichen Kassa zuzuweisen, damit er nicht durch Armut gehindert würde, seine Rechte in Anspruch zu nehmen und seinen Bürgerpflichten zu genügen. Diese Politik paßt sehr gut zu der Gepflogenheit, billige Lebensmittel auf dem Markt verkaufen zu lassen. Die Beliebtheit der Flotte bei der demokratischen Fraktion verstärkte die Nachfrage nach einer Möglichkeit, den Ruderersold für Fertigproviant ausgeben zu können. Plutarchs Bericht über den Wortstreit zwischen Perikles und Kimon verweist auf die agorafreundliche Politik der Freunde und Mitstreiter der Demokratie. Um das erste Jahrzehnt des Peloponnesischen Krieges war dieser Trend so populär, daß sogar Aristophanes, gewiß kein Demokrat, seine Ausfälle gegen den Markt mildern mußte. Nach dem Krieg wurde die Kontrolle dieses Treffpunkts des Handels durch die *polis* umfassend. Die Währung wurde streng überwacht; der Kontakt mit dem Piräus wurde geprüft und kontrolliert; die Preise beobachtet; die Gewinne der Einzelhändler beschränkt; Zeit und Ort der Handelstätigkeit amtlich festgesetzt; Getreide wurde weiterhin zur Gänze der Kontrolle der Verwaltung unterstellt; die Tätigkeit des Geldwechslers und der hinter seiner Bank hockende Trapezitsklave wurden genauestens überwacht. Kredittransaktionen im Zusammenhang mit dem Außenhandel waren an strenge Regeln und Vorschriften gebunden. Der ansässige Fremde war immer noch vom Landerwerb und damit auch von der Belehnung städtischen Besitzes ausgeschlossen. All dies verwies auf den Grundsatz, auf dem die Existenz der *agora* beruhte: Wer auf dem Markt erschien, hatte sich dem Gesetz ohne Zögern und Vorbehalt zu unterwerfen. Es gab hier keinen Platz für unsern modernen Begriff der »Marktgesetze« als Gegensatz zu den »statutarischen Gesetzen«. Auch gab es keinerlei Hinweise auf die mittelalterliche Unterscheidung zwischen dem »Gesetz der Kaufleute« *(ius mercatorum)* und den »Gesetzen des Marktplatzes« *(ius fori)*. Bindend waren nicht die Privilegien der Kaufleute, sondern die behördlichen Vorschriften. Die Unverletzlichkeit des Marktes war in den Herzen der Bürger verankert, ein Wort, das Treue zu den gemeinsamen Göttern bedeutete, nicht zu dem unsichtbaren Gott der Perser, ja nicht einmal zu den Göttern der Hellenen, die auf dem hohen Olymp thronten, sondern zu der Lokalgottheit, deren Statue im Tempel stand und deren Aura die Identität der *polis* verkörperte. Die Grenzen des Marktes waren unverrückbar wie die Götter.

Es ist bemerkenswert, daß diese Ergebnisse nicht durch die ökonomischen Auswirkungen der agora auf den Lebensstandard bewirkt wurden. Die positiven Beiträge der *agora* – und vielleicht noch vielmehr ihre negativen – beeinflußten das Schicksal der *polis* nur indirekt durch ihre gesellschaftlichen Auswirkungen. Die materielle Wohlfahrt wurde durch ihr Wirken nur geringfügig beeinflußt. Man kann sagen, daß weder der intensive Patriotismus noch die in der Bevölkerung hervorgerufene einseitige Exklusivität besonders zur Vermehrung oder Verringerung der Ressourcen oder Vorräte des Landes beigetragen hätten. Die vom Markt hervorgerufenen Einstellungen wurden im Leben der Gemeinschaft unmittelbar als Kräfte der Anomie sowie der gesellschaftlichen Kohäsion empfunden, deren Gleichgewicht sehr wohl den Verlauf der nationalen Geschichte bestimmt haben könnte, ohne daß dabei eine bedeutende Veränderung im Nationalprodukt zu verzeichnen gewesen wäre. Als vermögensbildendes Organ war die *agora* kein wachstumsbestimmender Faktor. Produzentengüter waren nicht zum Verkauf angeboten; Metalle, Marmor, Holz, Pech, Flachs gehörten nicht zu den Handelswaren; Großhandel war verboten; Bodenübertragungen wurden intern ausgehandelt und durch einen öffentlichen Ausrufer kundgetan. Bauern und Handwerker waren als solche die Verkäufer, und das allgemeine Publikum mit seinem geringfügigen täglichen Bedarf die Käufer. Die meisten Erzeugnisse umgingen den Markt. Viele waren für öffentliche Vorhaben bestimmt, andere gingen über Privatverträge an die Waffenindustrie oder direkt an den Herrensitz oder den Exporteur, ebenso die großen Ölkrüge. Die Banker waren nicht in Marktfinanzierungen engagiert, und es wurden auch keine Urkunden ausgestellt, die solche Geschäfte angezeigt hätten. Geschäfte wurden in bar abgewickelt. Der Reiche ließ sein Geld durch seinen Diener tragen, der Arme, der kein Bargeld hatte, mußte sich auch wegen geringer Summen an den Theophrastus'schen Kleinwucherer wenden, der seine Runden machte, um seine geringfügigen Zinsen einzutreiben. Die Bezahlung für Einkäufe auf dem Markt konnte nicht aufgeschoben werden. Selbst benachbarte Märkte standen nicht miteinander in Verbindung. Es gab keine Arbitrage. Als Kleomenes von Naukratis sie im Interesse des ägyptischen Staates zu praktizieren begann, erhob sich in Athen ein Aufschrei.

Die weitreichenden Konsequenzen der *agora* lagen somit im sozialen und politischen Bereich. Zusammen mit der Einführung des Münzwesens förderte sie Statusgleichheit und die Entwicklung des Typus der selbstständigen Persönlichkeit. Der Landwirt braucht nicht mehr angsterfüllt davor zittern, daß sein landbesitzender Gläubiger ihn als säumigen Schuldner in fernen Landen versteigern würde. Ähnlich wie die Berbermärkte in Nordwestafrika und die zahllosen kleinen Märkte im mittleren und westlichen Sudan,[2] war der Marktplatz vor allem eine gesellschaftliche und politische Institution, die Einrichtungen für den Lebensunterhalt der Menschen boten.

Der Marktmechanismus als solcher schuf keineswegs die bekannten »ökonomischen« Behinderungen der Wohlfahrt, die unter der Bezeichnung des Protektionismus zusammenzufassen sind. Die heimischen Produzenten bestanden offenbar nicht auf Zöllen; es gibt keine Belege für Forderungen von Bauern nach höheren Preisen; ausländische Konkurrenz verursachte kaum Kopfzerbrechen, welches der Regierung in ihren Verhandlungen mit Verbündeten die Hände gebunden hätte, und die nationale Politik wurde durch keinerlei unangenehme Auswirkungen eines konkurrenzbestimmten Preismechanismus beeinträchtigt. Wenn sich die Forderungen von Kaufleuten als ein Hindernis für eine erfolgreiche imperiale Politik erwiesen, dann war dies weniger den Interessen der Monopolisten als vielmehr jenen einer großen Mehrheit kleiner Leute zuzuschreiben. Die Opposition rührte sich schon bei der geringsten Gefahr einer Bevölkerungszunahme, vor allem, wenn diese Gefahr durch eine Einbürgerungspolitik drohte. Eine Kirchturmpolitik lähmte jegliche Willkommensgeste gegenüber Einwanderern und verhinderte das Zuströmen von Neubürgern auch aus den Reihen der Verbündeten. Was offenbar hier wirkte, waren nicht die Marktkräfte, sondern eine tiefsitzende Furcht vor ehtnischer und religiöser Aufweichung. Weder Herodot, Thukydides, Platon oder Aristoteles noch die pseudoaristotelische Schrift zur Ökonomie befassen sich näher mit den ökonomischen Vor- oder Nachteilen der *agora.* Selbst Xenophons Lob des athenischen Wohlstands bezieht sich mehr auf den Piräus als auf die *agora.* Fast fünfhundert Jahre später hob Plutarch immer noch die Rolle der *agora* in der athenischen Politik hervor, ohne ihre Rolle in der Ökonomie überhaupt zu erwähnen. Die Totenrede, eine typisch athenische Erscheinung nimmt die *agora* ebenso selbstverständlich hin wie die Wiener ihr Kaffeehaus. Perikles zählte die *agora* offensichtlich zu den Schauplätzen des liberalen Denkens, der gesellschaftlichen Vorzüge und der Blüte jener freien und großzügigen Lebensform, die Attika die Bezeichnung »Schule der Griechen« eintrug. Noch vor der Totenrede erhob Herodot in seiner Geschichte der Perserkriege das unkommerzielle Verständnis der *agora* prophetisch zu einem Kriterium des aufgeklärten Geistes. Selbst Kyrus der Große, sein Held unter den »Barbaren«, bestand diese Prüfung nicht.

Die Teilung, die schließlich zwischen den griechischen und persischen Teilen des Reiches eintrat, erschien Rostovtzeffs scharfem Verstand als eine der Ursachen für den Aufruhr in den Diadochenstaaten Alexanders des Großen. Er fügte vielsagend hinzu: »Die Hauptschwierigkeit, der sich die Diadochen gegenübersahen, lag nicht auf ihren orientalischen Gebieten. Dort hatten sie ein festgefügtes und verläßliches System der Verwaltung, des Steuerwesens und der ökonomischen Organisation von Alexander übernommen, der es seinerseits zumindest teilweise von den Perserkönigen übernommen hatte. *Ihr eigentliches Pro-*

blem waren ihre griechischen Untertanen im Osten (kursiv vom Verfasser).[3]

Die *poleis* Kleinasiens waren unzufrieden wegen der harten Behandlung, die ihnen durch Lysimachos und Ptolomaios und sogar unter den wesentlich liberalen Regimen des Antigonos und Demetrios zuteil wurde. Im ständigen Kampf um die Wiedergewinnung ihrer Freiheiten »verlagerten die führenden griechischen Städte ihre Unterstützung von einem Prätendenten zum anderen, so daß in dieser Hinsicht nie eine Stabilität erreicht werden konnte«. Vergebens versuchten die Diadochen Föderationen oder Ligen als »ein Instrument gegen die politische, soziale und ökonomische Isolation der Einzelstädte« zu schaffen oder wiederzuerrichten. Dasselbe gilt für die Verschmelzungen, »die Bemühungen vieler Diadochen, mehrere kleine Städte zu größeren, reicheren und verläßlicheren Staaten zu vereinigen ... Verschmelzungen wurden von Lysimachos in großem Maßstab im Falle von Ephesos, Kolophon und Lebedos durchgeführt«. Wir vermuten, daß die Verschmelzungen vor allem deshalb durchgeführt wurden, um die ökonomische und finanzielle Not von »kleinen Städten mit kleinen Territorien und begrenzter Bevölkerung« zu mildern, die überschuldet waren und ihre eigenen Bevölkerungen mit Liturgien und Zwangsanleihen belasteten – ständige Ursachen von Bürgerkriegen, Rechtsstreitigkeiten und Kriegen mit den Nachbarn.

Dieser unheilbare Partikularismus dieser winzigen Subeinheiten, die »nach einem Leben in ökonomischer Selbstgenügsamkeit strebten«, war nach Rostovtzeff Krebsschaden des Systems der *polis*.

»Die Herrscher waren der Ansicht, einer der Hauptgründe für die Armut und Not der Städte sei darin zu suchen, daß es zu viele von diesen gebe ... Sie versuchten daher, die Städte von den Vorteilen ihrer Rettungsvorschläge zu überzeugen und sie zu veranlassen, aus freien Stücken und eigenem Entschluß eine Vereinigung mit ihren Nachbarn herbeizuführen. Das gelang ihnen in den meisten Fällen nicht, *worauf sie unter dem Deckmantel einer wohlwollenden Lenkung zu Zwangsmitteln griffen* (kursiv vom Verfasser).

Somit konnte die *polis* erst durch Zwang zur Aufgabe ihrer Selbständigkeit bewogen werden ...« dennoch machte Rostovtzeff eindeutig die *polis* für das verantwortlich, was er die unverzeihliche Weigerung des griechischen Küstenstreifens in Kleinasien zur politischen und ökonomischen Kooperation bezeichnete.

Dieses Urteil beruhte nach unserer Auffassung auf einer einseitigen Betrachtung des ökonomischen Wesens der *polis*. Die *agora*, heute fälschlicherweise als Keimzelle einer Institution betrachtet, die fähig gewesen sei, sich mit ähnlichen Gebilden zur Bildung eines Marktsystems unbeschränkten Ausmaßes zu verbinden, war ursprünglich nichts Derartiges. Sie war vielmehr das Geschöpf der *polis*, die sie gebietsmäßig umklammerte. Sie war nicht aus regellosen Transaktionen unabhängiger Einzelpersonen entstanden, deren kollektives Handeln schließlich zum Entstehen eines Marktes als selbständige Institution geführt hatte. Ein derartiges Herausbilden von Märkten ist, wie uns Anthropologen und Soziologen gelehrt haben, unhistorisch. Märkte waren vielmehr das Ergebnis bewußter Entscheidungen jener Art von Autorität, die selbst im Busch und im Dschungel bei der Herausbildung jeglichen geordneten Verhaltens des Menschen hervortritt. Von der *polis* zu erwarten, daß sie ihre Individualität aufgeben sollte, würde unter anderem die Aufgabe der *agora* bedeutet haben, die ihr Lebens- und Ernährungsorgan darstellte. Wollte man andererseits von der *agora* erwarten, daß sie sich so hätte ausdehnen können wie dies fünfzehn Jahrhunderte später die Lokalmärkte imstande waren, würde bedeuten, daß eine Institution ihre strukturell bedingten Grenzen überschreiten könnte.

Rostovtzeff mag sich selber dieses Widerspruchs bewußt gewesen sein, denn er leitete sein Argument mit einem dieses fast wieder aufhebenden Eingeständnis ein. »Die Diadochen«, schrieb er, »bemühten sich auf verschiedene Art und Weise um die Ausschaltung ... der besonders ungesunden und schädlichen« Elemente in der Tradition der *polis*, *»aber sie versuchten niemals, den in den griechischen Stadtstaaten bestehenden Typus des ökonomischen Systems zu ändern«* (kursiv vom Verfasser). Indessen hätte nichts anderes nützen können.

Dies beschließt unsere Behandlung der Wirtschaft und Politik im klassischen Griechenland. Um zwei großen Geistern gerecht zu sein, die durch zwei Jahrtausende getrennt, sich auf ihre Weise mit den Themen *polis* und *chora* befaßten, erübrigt es sich, auf die tiefe Bedeutung dieser immer noch ungelösten Kontroverse zu verweisen.

In seiner Beurteilung der pseudoaristotelischen ökonomischen Schrift bemerkte Rostovtzeff zusammenfassend: »... zu dieser Zeit hielten sich in der antiken Welt zwei Formen der ökonomischen und politischen Organisation die Waage; die der durch Persien repräsentierten Monarchien des Ostens, und die der griechischen Stadtstaaten. Jede hatte eine lange und großartige Entwicklung hinter sich, die im Osten länger und im Westen kürzer war ... *jede war bestrebt, seine Form des ökonomischen Lebens auf die restliche antike Welt auszudehnen«* (kursiv vom Verfasser).[5]

Es scheint, daß Rostovtzeff an diesem Punkt nahe daran war, zur historischen Frage von *polis* und *chora* vorzudringen.

Die Lobrede des Aristoteles auf die kleine *polis* ist in moderner Zeit etwas getrübt worden. Er schien gerade am Anbruch der großen Reiche die unwiederbringliche Vergangenheit mit Lob zu überschütten. Indessen verblaßte die *polis* keineswegs, wie moderne Kritiker zu behaupten belieben, sondern dauerte in der expandierenden hellenistischen Welt noch mehrere Jahrhunderte lang fort, unverändert und unveränderlich, wie Aristoteles mit soviel Überzeugung darlegte, während die alten Reiche ihre eigenen Methoden anpaßten, unter der Anleitung der neuen hellenistischen Herrscher, die immer wieder aus den Ausbildungsstätten der *polis* herausströmten.

Wenn Aristoteles der *chora* nicht gerecht wurde, so unterschätzte er zumindest nicht die Zähigkeit der klassischen *polis,* solange sie nicht im Umfang wuchs.

Die Palastwirtschaften vom Blickwinkel der Geldformen Submonetäre Verfahren in Mykene

Michael Ventris, der die Linear-B-Schrift entzifferte, sprach vom Fehlen von Geld in der Palastwirtschaft des mykenischen Griechenlands.[6] Der Begriff »mykenisches Griechenland« leitet sich von den frühsten Ausgrabungen von Mykene her und umfaßt diesen Platz sowie Pylos im Peloponnes zusammen mit Knossos auf Kreta.

Mykene, wie wir das ganze griechische Mykene der Kürze halber nennen wollen, blühte im 13. Jahrhundert. Seine Palastwirtschaft war einzigartig. Es handelt sich wohl um den einzigen uns bekannten Fall, in dem eine des Schreibens kundige Gemeinschaft auf die Verwendung von Geld zu Verrechnungszwecken verzichtete. Mykene ist daher für den Erforscher früher monetärer Institutionen von besonderem Interesse. Angesichts des Fehlens von »allem Währungsähnlichen«[7] können die in der mykenischen Palastwirtschaft tatsächlich geübten Verrechnungsweisen einen Aufschluß über eine sehr frühe Phase in der Entwicklung des Geldes geben.

Der Wirtschaftshistoriker, der sich mit der Antike befaßt, darf die Begriffe Geld, Preis usw., die von den Marktwirtschaften des 19. Jahrhunderts hergeleitet sind, nicht ohne genauere Präzisierung verwenden. Der Begriff »Geld« sollte im Sinne von »auswechselbare Dinge für bestimmte Zwecke, nämlich Bezahlung, Maßstab und Austausch« definiert werden, während der Begriff »Preis« durch den umfassenderen, die Märkte übersteigenden Begriff »Äquivalenz« ersetzt werden sollte.

Die funktionellen Definitionen von Geld nehmen ihren Ausgang von den spezifischen Verwendungszwecken solcher auswechselbarer Dinge. Nach Römischem Recht sind *res fungibiles* Sachen, *quae numero, pondere ac mensura consistunt*. Nach Begriffen, die dem Volkswirtschaftler vielleicht vertrauter sind, handelt es sich um dauerhafte Objekte, die durch Zählen oder Messen quantifizierbar sind. Die Verwendung solcher Objekte für Zahlung, Maßstab und Austausch werden solcherart definiert, daß jegliches Einschleichen des Geldbegriffs in die Formulierungen vermieden wird. Das erfordert *soziologisch* bestimmte Situationen, in denen die auswechselbaren Objekte in einer der drei Verwendungsformen in einer *funktionell* bestimmten Weise benützt werden. »Bezahlung« wird definiert als die Übergabe auswechselbarer Objekte, mit der Wirkung der Aufhebung einer Verpflichtung, wobei unterstellt wird, daß mehr als eine Art von Verpflichtungen durch die Übergabe einer Art von auswechselbaren Objekten aufgehoben werden kann. In ihrer Verwendung als »Maßstab« dienen die auswechselbaren Sachen als numerische Bezugsobjekte; zwei verschiedene Arten von auswechselbaren Sachen, wie Äpfel und Birnen, können addiert werden, wenn sie an diesen Maßstab »gebunden« sind. Bei der Verwendung beim »Tausch« werden die auswechselbaren Objekte als Zwischenglieder (B) im indirekten Austausch verwendet, bei dem C durch das Mittel B für A erworben wird. »Eine Verpflichtung haben«,

»Äpfel und Birnen addieren« und »indirekt Tauschen« sind somit soziologisch definierte Situationen, während »übergeben«, »bezugnehmen« oder »bezeichnen« funktionell bestimmt sind. Die Feststellung, daß in Mykene kein Geld vorhanden war, bedeutet genau genommen, daß keine der Massengüter in einer Situation oder Form behandelt wurden, die einer Benützung als Zahlungsmittel, Maßstab oder Tauschmittel entsprochen hätte. Rinder werden in den mykenischen Tafeln nicht einmal metaphorisch, wie hinsichtlich der schönen Bräute der Epen, als Wertmesser erwähnt. Abgesehen von einer Liste kleiner Goldgewichte werden die Edelmetalle kaum erwähnt, obwohl kleine, gleichförmige Goldgegenstände, ähnlich den ägyptischen Schatzeinheiten, in der mykenischen Akropolis gefunden wurden. Gold – der Begriff *chrysos* ist angeblich semitischer Herkunft – kommt auf den Tafeln praktisch überhaupt nicht vor. Bronze wird wiederholt als Rohmaterial für die Waffenherstellung erwähnt, das vom Palast an die Schmiede nach Gewicht ausgegeben wurde, ansonsten kommt es nur einmal vor, und auch hier nicht in einem wertenden Zusammenhang; Prestigegüter wie Dreifüße, die der Elite in den Epen als Werkzeuggeld dienten, fehlen in den uns verfügbaren Berichten, ebenso Ziermuscheln oder Perlen. Was andere Massengüter betrifft, die gewöhnlich als Geld verwendet werden, wie Gerste in Sumer und Babylon oder Kakao im vorkolumbianischen Mexiko, so erscheint auch dies durch Ventris' eindeutige Verneinung geklärt. Indessen kann man die volle Bedeutung dessen nur erkennen, wenn man das Ausmaß des Verrechnungswesens betrachtet.

Das eigentliche Zentrum der mykenischen Wirtschaft war der Palasthaushalt mit seinen Lagerräumen und seinem Verwaltungsapparat, der den Personenstand, den Landbesitz und die Rinder registrierte, die Ablieferungen an Weizen, Gerste, Öl, Oliven und einigen anderen Massengütern (größtenteils unbekannter Art) vorschrieb und Rationen ausgab. Der Rest ist Vermutung: Homers neun Städte, die dem König von Pylos gehörten, sind gefunden worden, und waren umgeben von einer größeren Anzahl von Dörfern samt dazugehörigem Gemeindeland und Bauerngütern. Es gab Sklaven, eine Klasse abhängiger Arbeitskräfte, ferner Soldaten und Ruderer, die manchmal Empfänger von Rationen waren, die allerdings überwiegend den Frauen und Kindern zugute kamen. Die gewerbliche Erzeugung erfolgte durch Handwerker, von denen viele zum Palast gehörten, während andere bloß von diesem mit Rohstoffen beliefert wurden. Die Erzeugnisse mochten vom Palast zum Teil für Tauschzwecke verwendet worden sein. Das hervorstechende Merkmal der Lagerhaltung und Verrechnung ist und bleibt jedenfalls das völlige Fehlen von Geld. Keine Art von Gütern konnte jemals einer Gütermenge anderer Art gleichgesetzt oder an ihre Stelle gesetzt werden. Die Verrechnung war für jede Art streng getrennt.

Wie aber konnte der Palast seine Verwaltung über eine Wirtschaft vom Ausmaß eines größeren Stadtstaates aufrechterhalten? Die Erklärung dafür sind bestimmte Methoden, die bis zu einem gewissen Grad das Geld ersetzen konnten, und damit eine Massengüterfinanzierung ermöglichten, die ihrerseits eine primitive Form der Besteuerung ohne Verwendung von Geld zuließ.

Massengüterfinanzierung ist der Umgang mit Massengütern in großem Umfang, einschließlich Lagerkontrolle und Verrechnungswesen, zum Zwecke der Budgetierung, Bilanzierung, Kontrolle und Prüfung. In der Regel – und dies muß klar verstanden werden – erfordert die Massengüterfinanzierung die Benutzung von Geld. Dies geschieht mit Hilfe von Äquivalenzen, die zwischen den Massengütern festgesetzt werden, sowie durch die Verwendung von einem dieser Güter als Maßstab, der dadurch als Geld fungiert. Die Massengüterfinanzierung wird somit stets mit Sachgütern bewerkstelligt, unabhängig davon, ob ihre Verrechnung in Geld erfolgt oder nicht, jedoch reduziert das Fehlen von Äquivalenzen den Umgang mit Massengütern zwangsläufig auf eine »geldlose« Finanzierung. Budgetierung, Bilanzierung, Kontrolle und Prüfung sind somit nur innerhalb einer Art von Gütern möglich. Der entscheidende Vorgang der Einbringung von Gütern in ein Zentrum durch das Instrument der Besteuerung wird auf diese Weise gleichsam blindlings durchgeführt. Aus den Aufzeichnungen geht die Höhe der Gesamtbelastung nicht hervor, die einer steuerpflichtigen Einheit, sei es eine Einzelperson oder ein Dorf, auferlegt wird. Es ist unmöglich festzustellen, in welchem Umfang deren Belastung durch Veränderungen der einen oder anderen Art vergrößert oder vermindert würde. Auch gibt es keinen Maßstab, mit dem man die Steuern im Verhältnis zur Zunahme der Einwohnerschaft anheben oder die Billigkeit der größeren und kleineren Gemeinden auferlegten Belastungen sichern könnte.

Dem kann, immer noch auf submonetärer Ebene, auf verhältnismäßig naheliegende Weise abgeholfen werden, solange die Besteuerung in Naturalien innerhalb einer ökonomisch homogenen Region vonstatten geht. Dort kann man zum Zweck der Besteuerung eine zusammengesetzte Einheit festlegen, die stets aus denselben Hauptmassengütern in bestimmten, unveränderlichen physischen Anteilen bestehen. Die Steuer wird dann, entsprechend der Größe des Dorfes, in Mehrfachen dieser Einheit festgesetzt. Die vorgesehenen physischen Güteranteile bedeuten keineswegs, daß die Massengüter entsprechend diesen Anteilen gegeneinander ausgetauscht werden konnten, und daß der Steuerzahler eine Art von Gut anstelle einer anderen abliefern durfte. Nichts Derartiges war hier möglich. Jedoch wird die Summierung jeder Art von Einnahmen durch diese zusammengesetzten Einheiten wesentlich erleichtert, ebenso die Anpassung der Steuer an Bevölkerungsschwankungen. Überdies – und dies sollte nicht vergessen werden – können dadurch manche schwerwiegende Nachteile der Monetarisierung vermieden werden. Das Haupterfordernis einer Bilanzierung in Naturalien ist sicherlich, daß zu jedem gegebenen Zeitpunkt Rationen und andere fällige Verpflichtungen tatsächlich in Naturalien vorhanden sein müssen. Indessen kann jegliche Äquivalenz, die als Standard akzeptiert wurde, als Anreiz für die Substitution eines Gutes gegen ein anderes dienen, ob bei der Ablieferung oder bei der Ausgabe, und damit diese Grundvoraussetzung beeinträchtigen. Jede Gewißheit in bezug auf eine »effektive Liquidität« würde so entschwinden. Eine zusammengesetzte Steuereinheit vermeidet diese Gefahr.

Linear-B, die Schrift, mit der das mykenische Verrechnungswesen operierte, liefert den Beweis für ein solches Verfahren. In zwei Fällen verfügen wir über genaue Aussagen hinsichtlich der physischen Anteile der einzelnen Massengüter an der zusammengesetzten Steuer. Die eine findet sich auf den *Ma*-Tafeln aus Pylos:

». . . einer Anzahl von Städten wird eine Kontribution in Form von sechs verschiedenen Gütern vorgeschrieben, die bisher nicht identifiziert werden konnten. Der Umfang der Gesamtkontribution ist für die einzelnen Städte verschieden, aber das gegenseitige Verhältnis der sechs Güter bleibt konstant bei 7:7:2:3:1½:150.«[8]

Die andere findet sich auf den *Mc*-Tafeln aus Knossos: ». . . Listen von vier Arten von Gütern enthalten. Eine davon konnte Evans als Hörner von *Agrimi*-Ziegen identifizieren, die für die Herstellung von Zusammengesetzten Bogen verwendet wurden. Ihre Mengen entsprechen mit einigen größeren Varianten jenen auf den *Ma*-Tafeln, im Verhältnis 5:3:2:4.«[9]

Dennoch, darauf sei nochmals hingwiesen, findet sich nirgends eine Äquivalenz oder sonst irgend etwas wie ein Maßstab und, *a fortiori,* Geld.

Ein submonetäres Instrument fungiert ausschließlich in funktioneller Weise. Komplexe arithmetische Ergebnisse, die im ökonomischen Bereich normalerweise durch Verrechnung in Geld erzielt werden, scheint man in der Frühgesellschaft mit Hilfe funktioneller Methoden ohne jegliche Beteiligung von Geld oder von Berechnungen durchgeführt zu haben. Angesichts dieser Überlegung wollen wir versuchen, tiefer in die früheste Geschichte des Geldes einzudringen.

Seit urdenklichen Zeiten wurde in der indischen Dorfgemeinschaft[10] Weizen an die verschiedenen Anspruchsberechtigten verteilt – die Ackerbauern, die verschiedenen Kasten angehörenden Handwerker, die Dorfbeamten, und nicht zuletzt an den Grundherrn und den Prinzen – indem man einfach von einem Haufen den Weizen in einer bestimmten Reihenfolge ausgab, bei der Portionen fixer Mengen mit einer Anzahl von Maßeinheiten verbunden wurden, die jedem der Reihe nach zustanden. Die traditionelle Reihenfolge ist äußerst kompliziert. Trotzdem ist die Methode äußerst einfach. Man brauchte weder zu wissen, wie viele Einheiten der Haufen enthielt, noch wie viele Einheiten jedem Berechtigten zustanden, denn sobald der Haufen verschwunden war, erübrigten sich solche Fragen angesichts der Gewißheit, daß jeder den ihm zustehenden Anteil, nicht mehr und nicht weniger, erhalten hatte. Bei diesem Vorgang treten weder Geld noch Rechenvorgänge in Erscheinung.

Eine weitere submonetäre Methode, diesmal in bezug auf den Handel, und völlig andersgeartet als bei dem Getreidehaufen, zeigt sich in Passagen bei Hesekiel, Kapitel 27, und etwa 250 Jahre später in Aristoteles' *Politik.* Der alttestamentarische Prophet beschreibt den vielseitigen Handel, den Tyros, die Königin der Meere, abwickelte, während Aristoteles die Rolle von Geldobjekten im Fernhandel untersucht. Hesekiel berichtet, daß die Händler die Waren der jeweils anderen Händler nach den eigenen

Waren »bemaßen«, während Aristoteles feststellt, daß das Geld den Umfang und das Tempo des Handels bestimme. Beide scheinen dasselbe funktionelle Bild vor Augen gehabt zu haben. Derjenige, der eine Fracht Getreide aus dem Laderaum seines Schiffes verkauft, oder Schafe aus der Hürde, oder Öl aus dem Lagerraum unter dem Tempel, läßt seine Ware Einheit um Einheit aus seinem Vorrat herausgeben, und veranlaßt seinen Handelspartner dazu, seinerseits seine Waren ebenso Einheit um Einheit in die Gegenrichtung auszuliefern, bis das eine oder das andere Lager leer ist. Wiederum könnte die Methode nicht einfacher sein. Keiner der Beteiligten braucht zu wissen, wie viele Einheiten der betreffenden Ware jeweils vorhanden sind oder – wenn das Verhältnis nicht 1:1 ist – wieviele Einheiten jeder von der Ware des anderen zu erhalten hat, ja, nicht einmal wieviel Einheiten jeder tatsächlich erhält, solange man sich über die Quote einig ist, zu der diese Transaktion abläuft, da beide zwangsläufig in jenem Augenblick die richtige Menge erhalten haben, an dem die Transaktion zum Stillstand kommt. Und so wie im vorigen Fall sind auch hier weder Geld noch Verrechnung erforderlich.

Diese beiden Beispiele submonetärer Methoden stammen aus völlig andersartigen Situationen. Die eine mag im Ägypten der Pharaonen mit ihrer Lagerhaltungswirtschaft allgemein üblich gewesen sein, die andere im fruchtbaren Halbmond, der ohne einen ausgedehnten Fernhandel nicht hätte überleben können. Die eine gehört in den Bereich der Redistribution, die andere in den des Austausches.

Es ist sicherlich kein Zufall, daß Linear-B genau an jenem Punkt von der ursprünglichen Linear-A abwich, der diese Art von Unterschied in auffallender Weise widerspiegelte. Linear-A war eine ziemlich primitive Schrift der minoisch sprechenden Urbevölkerung von Kreta (deren Sprache uns immer noch unbekannt ist). Die einfallenden Griechen übernahmen diese Schrift und bildeten sie zur Linear-B aus, um in ihrer eigenen Sprache und mit mehr Silbenzeichen und Ideogrammen schreiben zu können. Diese Veränderungen waren von einer zusätzlichen Neueinführung begleitet, die sicherlich etwas mit der Umschichtung der ortsüblichen minoischen Ökonomie auf die der griechischen Neuankömmlinge zu tun hatte, nämlich eine andere Schreibweise der Brüche. Während in der Linear-A numerische Bezeichnungen ähnlich jenen der Ägypter verwendet wurden, benützte man in der Linear-B das völlig andersartige System der Maße in Brüchen, das ausschließlich im fruchtbaren Halbmond verwendet wurde. Die numerische Bezeichnung benützte Zahlen wie 1/2, 1/4, 1/3, 1/6, 2/3, während die Bruchmaße Namen trugen, vergleichbar etwa dem modernen Zentner, Pfund, Unzen, Scheffel, Gallonen, Quarten oder Pinten. Der gleichzeitige Übergang zur griechischen Sprache und zu den Bruchmaßen ereignete sich etwa um die Mitte des zweiten Jahrtausends v. Chr., zu einer Zeit, als die Redistribution von Getreide aus den Lagerhäusern der Pharaonen vorherrschte, während der Handel zwischen dem griechischen Mutterland und Westasien im Zunehmen war.[11] Es erscheint offensichtlich, daß die griechischen Seefahrer am Handel mit dem Osten mehr interessiert waren, als die minoisch sprechenden Eingeborenen, deren Schrift sie übernahmen und deren Ökonomie jener Ägyptens ähnelte.

Zum Zweck einer analytischen Untersuchung früher Geldformen sollte die Aufdeckung der Bruchmaße in der Linear-B-Schrift durch Emmett L. Bennett, Jun.[12] einen vielversprechenden Anfang bieten. Sie könnte nach seiner Auffassung Licht auf die Frühgeschichte der mykenischen Griechen werfen. Auf alle Fälle scheint es zu beweisen, daß wir zu den vielfachen Ursprüngen des Geldes auch jene Manipulationen einfachster Art zählen müssen, die überhaupt keine arithmetischen Operationen, ja, nicht einmal Zählen, umfassen. Die zusammengesetzte Steuereinheit, von der sich Spuren auf den mykenischen Tafeln finden, scheint ein solches submonetäres Instrument gewesen zu sein.

Die Prestigesphäre in der Massengüterfinanzierung

Der erste, der einen Vergleich zwischen Mykene und den Palastwirtschaften Westasiens für angebracht hielt, war Michael Ventris selbst. Immer wieder verwies er auf die Palastwirtschaften von Sumer, Ur, Babylon und Assur, bei den Hethitern und die in Ugarit als Parallelfälle und vergaß auch nicht, Alalakh zu erwähnen. Unsere eigene Untersuchung Alalakhs, die sich jedoch auf Sekundärquellen stützt, entspricht diesem Hinweis. Zu unserer Überraschung entdeckten wir, daß die Unterschiede zwischen Mykene und Alalakh in bezug auf Formen der Geldverwendung zumindest ebenso bemerkenswert waren, wie die Ähnlichkeiten dieser beiden Palastwirtschaften. Ventris konzentrierte sich natürlich auf das allen Palastwirtschaften gemeinsame redistributive System, da Geld noch nicht allgemein in Erscheinung getreten war. Ansonsten hätte er sicherlich auf die Einmaligkeit von Mykene hingewiesen, das kein Geld kannte (ein Faktum, das er als erster feststellte), im Gegensatz zu den Westasiatischen Kulturen, die Geld in mehreren Formen verwendeten.

Aber noch eine Überraschung stand bevor. Alalakh, das auf den ersten Blick ebensosehr monetarisiert schien wie seine mesopotamischen Partner, erwies sich bei näherem Hinsehen als dem tausend Meilen entfernten geldlosen Mykene mit seiner griechischen Kultur und minoischen Schrift viel ähnlicher als seinen eigenen östlichen Nachbarn, deren Keilschrift und akkadische Amtssprache jenen Alalakhs verwandt waren.

Somit erheben sich mehrere Fragen. War die ursprüngliche Annahme hinsichtlich Alalakhs monetarisierter Verrechnung ausreichend belegt? Und wenn dem nicht so war, wie sollten dann die diesbezüglichen Hinweise interpretiert werden? Zum zweiten: auf welche Weise konnte dann seine Palastwirtschaft überhaupt funktionieren? Wenn Mykenes verborgene Stärke in den submonetären Methoden lag, welche Lehre konnte man dann aus Alalakh ziehen?

Alalakh war ein kleines, aber langlebiges Königreich in Nordsyrien, dessen politische und wirtschaftliche Außenbeziehungen keineswegs einfach waren. Seine Wirtschaft und noch viel mehr seine Finanzen widerspiegelten bis zu einem gewissen Grad die Komplexität dieser Verhältnisse.

Wie Sir Leonard Woolley, der Ausgräber von Alalakh, berichtet, lag diese Stadt in jenem stark bevölkerten Stück des fruchtbaren Halbmonds, auf dem die Großreiche der Hethiter und Ägypter in der zweiten Hälfte v. Chr. aufeinander treffen sollten. Die Hethiter hatten einmal Babylon überfallen und später die Ägypter in der Schlacht von Kadesch am Orontes besiegt. Eine vierte Macht, das Mitanni-Reich mit seiner überwiegend churritischen Bevölkerung, war zum größten Teil eingekeilt zwischen dem Land der Hethiter und Babylon. Alalakh war im 18. Jahrhundert v. Chr. stark von der Stadt Aleppo abhängig. (Im 15. Jahrhundert war Alalakh ein halbunabhängiger Staat.) Der Schlüssel zur Gesamtsituation, in der Alalakh vom Gleichgewicht der Großreiche profitierte, war seine geographische Lage. Es bildete das Hinterland des Hafens von al-Mina an der Mündung des Orontes, der zusammen mit seinem südlichen Nachbarn an der Küste, dem Hafen von Ugarit, für die Binnenreiche der Hethiter, Babylon und Mitanni den wichtigen Zugang zum Mittelmeer sicherte. Ugarit war überdies Ägyptens maritimer Zugangspunkt zu den Karawanenwegen des fruchtbaren Halbmonds. Diese Konfiguration hatte zur Folge, daß auf diesem Küstenstreifen in der Mitte des zweiten Jahrtausends verhältnismäßiger Friede herrschte. Die Binnenreiche vermieden es schon aus Tradition, die Küste zu erobern, da sie fürchteten, daß dadurch der Strom der »Reichtümer des Meeres« durch militärisch besetzte Häfen nicht mehr fließen würde;[13] meist zogen sie es vor, einen schwachen Druck in Richtung auf das Meer auszuüben, wobei sie sich bereit erklärten, die Küsten unbesetzt und die Karawanenwege offen zu lassen, oder stillschweigend Einflußzonen arrangierten. Durch ein solches Arrangement wurde, beispielsweise, das südliche Ugarit der ägyptischen Sphäre und das nördlich gelegene al-Mina der hethitischen Sphäre überlassen, während die östlichen Mächte Mitanni und Babylon mit beiden Transitverkehr pflegen durften. Aus diesem Grund kann es ein Geflecht internationaler Verträge gegeben haben, durch die das militärisch schwache und halbabhängige Alalakh seine Position inmitten rivalisierender Reiche aufrechterhalten konnte.

Was Massengüterfinanzierung und Handel betraf, so war die Lage Alalakhs aller Wahrscheinlichkeit nach wesentlich komplizierter als die der mykenischen Städte Pylos, Knossos und Mykene selbst. Aufzeichnungen berichten von einem Strom von Silber im 18. Jahrhundert, große Mengen der alljährlichen Abgaben der Regionen wurden in Silber erhoben und an höhere Verwaltungsinstanzen für die unterschiedlichsten Zwecke weitergeleitet: bei königlichem Besuch, Verlobungen und anderen feierlichen Anlässen mußten Wertgegenstände zur Schau gestellt werden; die Tempel zogen große Mengen Edelmetalle an sich; innerhalb der miteinander verwandten herrschenden Familien wurden Unsummen als Ehrengeschenke verteilt; da waren die Ausgaben der örtlichen Fürsten, vor allem für Rohmaterial für die »Goldschmiede« (die hauptsächlich mit Silber arbeiteten); sowie zahlreiche andere Erfordernisse der Diplomatie und Etiquette; Ankäufe von Landstrichen mit zahlreichen Dörfern im Verlauf von

Gebietsaustauschen zwischen aneinandergrenzenden Verwaltungseinheiten; der Karawanentransitverkehr, der offenbar militärischen Schutz durch Nomadenhäuptlinge erhielt. Alle diese Faktoren brachten Bewegungen von Edelmetallen mit sich, die entweder von ausländischen, über Bergwerke verfügenden Herrschern oder indirekt durch Tribute und Steuern hereinkamen. Dies war die Situation im 18. Jahrhundert v. Chr., auf die sich unsere Daten beziehen.

Uns geht es hier natürlich nicht so sehr um die ökonomischen als vielmehr um die finanziellen Aspekte von Alalakh. Laut D. J. Wiseman[14] war der Silberschekel im 18. Jahrhundert »eine echte Währung« und »das wichtigste Tauschmittel«. Indessen erscheint es uns höchst zweifelhaft, daß das Niveau des Verrechnungswesens in Alalakh tatsächlich höher entwickelt gewesen ist, als das von Mykene, wo Geld überhaupt nicht vorhanden war. Silber war offenbar nur in der Prestigesphäre weitgehend für Zahlungszwecke in Verwendung, und war ganz gewiß als Verrechnungsmaß etabliert. Außerhalb dieser Sphäre wurde die Verrechnung in »Naturalien« durchgeführt, wobei jede Warenart separat zusammengerechnet wurde (wie in Mykene). Indessen verweisen die vorhandenen Daten eher auf einen Zwischenzustand, in dem eine in Silber verrechnte Prestigesphäre im Mittelpunkt der Massengüterfinanzierung stand, während im Bereich des Lebensunterhalts in »Naturalien« ohne Mitwirkung von Geld verrechnet wurde.

Die sechzig oder siebzig Texte, in denen Silberschekel erwähnt werden, wären somit durch den Begriff der Prestigegüter zufriedenstellend erklärt. Silber, das als Schatz galt, wurde im Zusammenhang mit Prestigegütern verwendet, und die für solche Zwecke getätigten Ausgaben wurden in Silberschekeln verrechnet. Mit anderen Worten, da die Prestigesphäre, die die sakralen, königlichen, diplomatischen und anderen Bereiche der höchsten Verwaltungs- und Militärbürokratie umfaßte, auch der traditionelle Bereich des Staatsschatzes war, war die Verrechnung in Silberschekel die ihm gemäße Form der Buchhaltung. Die häufige Erwähnung von Silberguthaben beweist nur das Vorhandensein von großen Silbervorräten im Besitz des Königs, des Tempels oder des Staatsschatzes sowie eine diesbezügliche strenge Verrechnung.

Zugegebenermaßen bleibt noch vieles ungeklärt. Die Verwendung von Silberschekel als Verrechnungsgeld in der Prestigesphäre müßte an sich das Vorhandensein bestimmter Silberäquivalenzen in dieser Sphäre bedeuten. Aber mit nur wenigen unbedeutenden Ausnahmen findet sich kein Hinweis auf Silberäquivalenzen, auch kann man nicht auf solche schließen. Die Hauptgruppe der Übertragungen von Silber umfaßt reale Silbermengen, die entweder nach Gewicht oder aber in Form von Silbergegenständen ausgegeben wurden, die nach Gewicht in Schekeln angegeben waren. Weiter werden Jahresgesamtsummen an Tributen erwähnt, die über 1000 und 2000 Talente ausmachten, das heißt, jeweils mehrere Millionen Schekel. (Diese beiden Posten stammen aus den Tafeln aus dem 15. Jahrhundert v. Chr.). Die dritte Gruppe umfaßt Anteile an der Beute des Großkönigs, an königlichen Erbschaften, an Ehrengeschenken zwischen königlichen Verwandten; eine vierte Gruppe sind reine Geschenke an Götter, Souveräne und andere wichtige Persönlichkeiten, wobei ein Gegenstück nicht erscheint. Die fünfte Gruppe besteht aus den Preisen, die für Dörfer und Territorien bezahlt wurden, die benachbarten Herrschern abgekauft worden waren. In auffallendem Gegensatz zu all diesen umfangreichen Transaktionen in Form von Silber ohne jegliche Äquivalenzen gibt es noch kleine alltägliche Posten wie Trinkgelder für Bedienstete, die wahrscheinlich nach dem Rang ihres Herrn bemessen wurden, Tagesproviant für einen Boten und Futter für sein Pferd, und ähnliche unbedeutende Ausgaben. Der Ursprung dieser nicht sehr eindrucksvollen Äquivalenzen ist unklar. Sie scheinen jedoch von der Gleichsetzung von ein Schekel Silber mit ein *PA* Getreide hergeleitet zu sein, mit der wir uns noch beschäftigen werden. Schließlich gibt es noch eine Kategorie von Posten Silbers, die offenbar nicht zum Staatsschatz, sondern zum Palasthaushalt selbst gehörte. Eine Summe von 10 Schekel wird als »Kredit« an Handwerker ausgegeben, wodurch sie für einen lebenslangen Dienst an den Palast gebunden sind; eine Beschäftigung im Palast scheint einen, wenn auch bescheidenen Status mit sich gebracht zu haben. Merklich größere Kredite von 20, 30 und 60 Schekel wurden anscheinend an Personen höheren Status gegeben, die durch die Erwähnung ihres Patronyms, der »Familie« oder des Sohnesnamens unterschieden sind.

In wiederum anderen Fällen scheint es um Lehrverträge oder die Beaufsichtigung der Ausbildung zu gehen; bei diesen »Mittelstands«-Krediten findet sich die seltsame Gepflogenheit der Ausleihung einer runden Summe plus 1, wie beispielsweise 21 oder 31 Schekel.

All dies bezog sich auf die Verrechnung in Silber. Indessen bezog sich die weitaus größere Zahl der Posten auf Massengüterfinanzierung in Naturalien, beispielsweise die Lieferungen an den Palast und die dort ausgegebenen Rationen. Trotzdem können weder für die verschiedenen Massengüter noch für Silber Äquivalenzen nachgewiesen werden, mit Ausnahme der folgenden: 1 Schekel Silber = 1 Krug besten Bieres = 2 *parisi* Emmer (triticum dicoccum),[15] und 1 Schekel Silber = 1 *PA* Getreide. Das letztere ist natürlich die älteste und bekannteste Äquivalenz in den Keilschriftkulturen Mesopotamiens. Im Licht des Gesagten kann man mit einiger Berechtigung darauf schließen, daß hier das Statusverhältnis zwischen zwei potentiellen Währungen zum Ausdruck kam, nämlich einer Währung der Prestigesphäre der herrschenden Klasse (Silber) und einer der Lebensunterhaltssphäre des einfachen Volkes (Getreide).

Es ist sogar möglich, daß – ähnlich der *Prestige*funktion des Staatsschatzes, der den Silberschekel in allen Aufzeichnungen von *Prestige*vorgängen anführt – auch der Sachverhalt des *Status* (einem weiteren Baustein der archaischen Gesellschaft) in großen Teilen des ökonomischen Lebens als quantifizierender Faktor aufgetreten ist. Fünfzehnhundert Jahre später, zur Zeit des Aristoteles, war es immer noch möglich, den gerechten Preis auf der Grundlage des Status des Produzenten zu vertreten. Einige quantitative Fakten der Wirtschaft Alalakhs weisen Spuren einer solchen Verbindung auf. Daß sowohl Ablieferungen als auch Rationen den Status widerspiegeln, scheint im Wesen der Sache zu liegen. Somit könnten auch manche Äquivalenzen die gesellschaftliche Schichtung widerspiegeln.

Abschließend möchten wir den Gedanken einer kulturell getragenen, durchlaufenden Verwendung von Geldformen aufwerfen, die vom Nullpunkt in Mykene bis nahe an den Sättigungspunkt in den mesopotamischen Reichen um die Mitte des ersten Jahrtausends reichte. Man kann feststellen, daß Palastwirtschaften, ob groß oder klein, ob asiatische, ägyptische oder europäische, über Organisationsformen verfügten, die sich hauptsächlich durch die Art und Weise unterscheiden, in denen die verschiedenen Formen der Geldverwendung institutionalisiert waren.[16]

Anmerkungen

Benutzte Abkürzungen:

GT – Karl Polanyi, *Origins of Our Time: The Great Transformation* (London 1945, mit Ergänzungen zur 1. Ausgabe, *The Great Transformation*, New York 1944). Deutsch: *The Great Transformation. Politische und ökonomische Ursprünge von Gesellschaften und Wirtschaftssystemen*, Wien 1977 und Frankfurt/M. 1978 (suhrkamp taschenbuch der wissenschaft 260)

TM – *Trade and Market in the Early Empires: Economies in History and Theory*, Hrsg. K. Polanyi, Conrad M. Arensberg, Harry W. Pearson (Glencoe, Ill., 1957).

DST – *Dahomey and the Slave Trade: An Analysis of an Archaic Economy*, K. Polanyi in Zusammenarbeit mit Abraham Rothstein (Seattle, Washington 1966).

TPE – *Tribal and Peasant Economies: Readings in Economic Anthropology*, Hrsg. George Dalton (New York 1967).

Essays – *Primitive, Archaic and Modern Economies: Essays of Karl Polanyi*, Hrsg. George Dalton (Garden City, N. Y. 1968).

S. C. Humphreys
Geschichte, Volkswirtschaft und Anthropologie: das Werk Karl Polanyis

1 M. Desai, »Some Issues in Econometric History«, *Economic History Review*, Ser. 2,21 (1968, 1-16 (mit früher Bibliographie); A. Gershenkron, »The Discipline and I«, *Journal of Economic History 27* (1967), 443-459; A. H. Conrad u. a., »Slavery as an Obstacle to Economic Growth in the United States: A Panel Discussion«, a.a.O. 518-560; Pierre Vilar, »Pour une meilleure compréhension entre économistes et historiens«, *Revue Historique 233* (1965), 293-312.

2 A. Gershenkron, a.a.O.; Carter Goodrich, »Economic History: One Field or Two?«, in *Journal of Economic History 20* (1960), 531-538; Lucy Mair, *Studies in Applied Anthropology* (London 1957), bes. 9-22, »Applied Anthropology and Development Policies« (1956).

3 TM, 68, 71; M. Mauss, »Essai sur le Don«, *L'Année sociologique sér 2,1* (1923-24). Deutsch: *Die Gabe* (Frankfurt/M. 1968). Talcott Parsons »strukturelle Differenzierung« (vgl. Parsons, *The Social System* (Glencoe, Ill., 1951), Kap. 4-5; Neil J. Smelser, *Social Change*

in die Industrial Revolution (Chicago 1959), stellt eine genauere und brauchbarere Formulierung dessen dar, was Polanyi »Herauslösung« nennt.

4 TM, 241-242, 248-250. Dies bedeutet nicht, daß die Wirtschaft nur Tätigkeiten umfaßt, die mit der Bereitstellung materieller Mittel zu tun haben.

5 Bezüglich Haushaltung vgl. GT, 60, DST, Kap. 5, »Householding: Land and Religion«; andere Definitionen in TM, 250. Wir verwenden den Begriff »Marktaustausch«, anstelle von Polanyis »Austausch«, um Zweideutigkeiten zu vermeiden, da gegenseitiges Schenken auch als eine Form des Austausches betrachtet werden kann.

6 Vgl. R. Seton Watson, *Corruption and Reform in Hungary: A Study of Electoral Practice* (London 1911); Leo Valiani, *La Dissoluzione dell'Austria Ungheria* (Mailand 1966); Paul Ignotus, »The Hungary of Michael Polanyi«, in *The Logic of Personal Knowledge, Essays Presented to Michael Polanyi on His 70th Birthday* ... (London 1961), 3-12. Wir wollen keine Biographie Karl Polanyis bringen; manche weitere Einzelheiten über seine Herkunft finden sich in Nachrufen verfaßt von seiner Tochter Kari Levitt in *Co-Existence* 1 (1964), 113-121, von G. Dalton und P. Bohannan in *American Anthropologist* 67 (1965), 1508-1511 und Hans Zeisel, »Karl Polanyi«, in *International Encyclopedia of Social Sciences* (1968) XII, 172-174. Vgl. auch Ilona Duczyńska/Polanyi/, »The Hungarian Populists«, Einleitung zu *The Plough and the Pen: Writings from Hungary 1930-1956*, Hrsg. I. Duczyńska und K. Polanyi (London 1963) sowie den Bericht über Polanyis Tätigkeit als führendes Mitglied des Galilei-Kreises in Márta Tömöry, *Uj vizeken járók. A Galilei Kör története* (Budapest 1960). Unser Dank gilt Dr. L. Peter für den Hinweis auf dieses Buch, und Dr. M. Boskovits, der Teile davon für mich übersetzte.

7 Bezüglich des Lehrplans der Jurisprudenz vgl. den Beitrag in *Encyclopedia of the Social Sciences* (1930) I, 269-273 (»The Social Sciences as Disciplines: Hungary«; der zur Zeit des Horthy-Regimes verfaßt wurde und die vorausgegangene inoffizielle linksgerichtete Soziologie fast völlig ignoriert). Howard Becker und Harry E. Barnes, *Social Thought from Lore to Science* (Boston 1938), II, 1078-1081; G. Lukács, »Mein Weg zu Marx«, *Georg Lukács zum 70. Geburtstag* (Berlin 1955), 225-231, und der Bericht über Sorokins Universitätsjahre in dessen Autobiographie *A Long Journey* (New Haven 1963).

8 Karl Mannheim, »German Sociology (1918-1933)«, *Politica 1* (1934), 12-33.

9 Wir kennen keine eingehende Untersuchung über den Einfluß von Marx und dem Marxismus auf die Soziologie, aber doch Hinweise bei Talcott Parsons, »›Capitalism‹ in Recent German Literature:

Sombart and Weber«, *Journal of Politcal Economy 26* (1928), 641-661, 37 (1929), 31-51; Franz Adler, »Marxist Philosophy and Sociology of Knowledge«, *Modern Sociological Theory in Continuity and Change*, Hrsg. Howard Becker and Alvin Boskoff (New York 1957), 399 ff.; H. Stuart Hughes, *Consciousness and Society* (New York 1958).

10 »Sozialistische Rechnungslegung«, *Archiv für Sozialwissenschaft 49* (1922), 377-420. Polanyi ging es damals wie auch später mehr um die Qualität des gesellschaftlichen Lebens, als um die Details der ökonomischen Organisation. Bezüglich der völlig andersartigen Fragen, mit denen sich Ökonomen damals befaßten, vgl. Maurice Dobb, »The Discussion of the Twenties on Planning and Economic Growth«, *Soviet Studies* 17 (1965) Nr. 2, 198-208 (Nachdruck in Dobb, *Papers on Capitalism, Development and Planning* (London 1967), 126-139).

11 23. Juni 1934, 841 ff.; vgl. 2. Juni, 781 ff., »Lancashire im Fegefeuer«. (In der zweiten Hälfte 1933 und im Jahre 1934 schrieb Polanyi von England aus weiterhin für den *Österreichischen Volkswirt*).

12 24. Dezember 1932, 301-303; vgl. GT, 33-34.

13 28. April 1934, 669 ff. R. Firths Bemerkungen über eine Mitgliederversammlung einer Genossenschaft in Neuguinea stellen eine auffallende Parallele dar: »Der Öffentlichkeitscharakter dieser Veranstaltung, ihre formelle, fast rituelle Atmosphäre und die damit verbundene Organisation zeigen allesamt die ernste Anteilnahme an den gemeinschaftlichen Anliegen, die so viele der großen wirtschaftlichen Unterfangen der Bevölkerung von Neuguinea kennzeichnen« (*Essays on Social Organization and Values*, London 1964, 202).

14 *The Open Society* ... I, 190, n. 30.

15 A.a.O. I, 26-27. Dieses Interesse an Nominalismus kann auf die Diskussionen im Galilei-Kreis zurückgeführt werden, in dem die Theorien Ernst Machs eine wichtige Rolle spielten. Die zweite Veröffentlichung des Kreises war eine Übersetzung Polanyis von einem Teil von Machs *Analyse der Empfindungen* (Tömöry, a.a.O., 197, Anm. 48: Mach Ernö, *Az érzékletek elemzése c. munkájának 3 elsö fejezete*, Polányi Károly fordításában (Budapest 1910)). Unsere Annahme stimmt, daß Polanyi Machs Methode auf die Sozialwissenschaften anzuwenden versuchte, dann wäre dies ein weiteres Beispiel für den weitreichenden Einfluß Machs – was weiterer Untersuchungen wert wäre.

16 Polanyi, »Anthropology and Economic Theory«, *Readings in Anthropology II*, Hrsg. Morton H. Fried (New York 1959), 165; vgl. TM, 245.

17 City Invincible: An Oriental Institute Symposium, Hrsg. Carl H. Kraeling und Robert M. Adams (Chicago 1960), 330.

18 *The Open Society and Its Enemies* II, 89-90, mit 308, Anm. 11. Polanyis Betonung des Funktionellen verdankt wohl auch einiges der soziologischen Theorie der »funktionalen Definitionen« von George A. Lundberg; Polanyi ist vielleicht mit Lundberg in Kontakt gekommen, als er 1943 am Bennington College wirkte. Er war jedoch durch seine Studien der Arbeiten Machs mit einer ähnlichen Methodologie vertraut.

19 Unser Dank gebührt Jean Floud für seinen Hinweis auf das Werk von Löwe und Heimann. Heimann bewunderte GT, das er mehrfach zitierte: in *Freedom and Order* (New York 1947), *Reason and Faith in Modern Society: Liberalism, Marxism and Democracy* (Middletown, Conn., 1951; deutsche Ausg. 1955), *Soziale Theorie der Wirtschaftssysteme* (Tübingen 1963), wenn auch mehr wegen seiner historischen Analyse als wegen seiner Politik. Löwe tat dies offenbar nicht; er verweist niemals drauf, ebensowenig K. Mannheim. *The Making of Economic Society* (Englewood Cliffs, N. J., 1962) von Löwes Schüler Robert Heilbroner erscheint uns, *pace* G. Dalton (*Essays*, xii, n. 4), von Polanyi nur wenig beeinflußt zu sein.

20 *Canadian Journal of Economics and Political Science 6* (1940), 187-203 (*Essays in Sociological Theory*/Glencoe, Ill., 1954/, 50-68). Ferner hatte Polanyi auch viel gemeinsam mit den amerikanischen »institutionalistischen« Ökonomen, aber wir bezweifeln, daß der Institutionalismus sein Werk in bedeutendem Ausmaß direkt beeinflußte.

21 Bezüglich der Lehrtätigkeit des Galilei-Kreises siehe Tömöry, a.a.O. Polanyis Bewunderung für den englischen Sozialismus kommt in seinen Aufsätzen für den *Österreichischen Volkswirt* klar zum Ausdruck.

22 In bezug auf den Faschismus siehe Polanyis W. E. A. Broschüre *Europa Today* (London 1937) und sein Kapitel »The Essence of Fascism« in *Christianity and Socialism*, Hrsg. Polanyi, John D. Lewis und Donald Kitchin (London 1935), 359-394. Betreffend die Debatte für die Vereinbarkeit oder Unvereinbarkeit von Planung und Freiheit vgl. die Arbeiten aus dieser Periode von Heimann, Popper, Mannheim, Michael Polanyi und F. A. von Hayek.

23 George J. Hildebrand, Jun., *American Economic Review 36* (1946), 398-405.

24 P. A. Sorokin, *The Crisis of Our Age: The Social and Cultural Outlook* (New York 1941); ferner *The Reconstruction of Humanity* (Boston 1948); K. Mannheim, *Diagnosis of Our Time: Wartime Essays of a Sociologist* (London 1943). Bezüglich Mannheim und Utopismus siehe Judith Shklar, »The Political Theory of Utopie: From Melancholy to Nostalgia«, *Utopias and Utopian Thought*, Hrsg. Frank E. Manuel (Boston 1966), 101-115. Manuel, »Toward

a Psychological History of Utopias«, a.a.O., 69-98 (»Contemporary Eupsychias«, 86-95) zeigt, daß der Utopismus nicht, wie oft behauptet, ausgestorben ist. Polanyi (als Utopist eine, zugegebenermaßen, eher unbedeutende Gestalt) ist insofern von einigem Interesse, als er eine Mittelstellung einnimmt zwischen dem alten ökonomischen Utopismus und den »Utopien der Liebe«, wenn man dies so nennen kann, die von Manuel besprochen werden. Die Hippies könnten als eine diesem neuen Typus der utopischen Theorie entsprechende utopische Bewegung betrachtet werden. (Vgl. S. N. Eisenstadt, *Essays on Comparative Institutions* (New York 1965), 146-174, »Changing Patterns of Youth Problems in Contemporary Societies«).

25 Polanyis Schilderung der Reziprozität, GT, 70 ff., basiert auf Malinowskis *Argonauten des westlichen Pazifik* (Frankfurt/M. 1979); sein Konzept der Redistribution wurde natürlich abgeleitet von Thurnwald (Economics in Primitive Communities [London 1932], 106-108; vgl. Polanyi Quellenhinweise«, GT, 335-343).

26 Ernst Kelter, *Geschichte der obrigkeitlichen Preisregelung. 1. Die obr. Preisregelung in der Zeit der mittelalterlichen Stadtwirtschaft* (Jena 1935); J. Lacour-Gayet, *Platon et l'économie dirigée* (Paris 1945); Vernon A. Mund, *Open Markets, An Essential of Free Enterprise* (New York 1948); Paul Einzig, *Primitive Money* (London 1949); F. Simiand, *»La Monnaie réalité sociale«*, *Annales Sociologiques ser. D. 1* (1934), 1-58, mit Beiträgen von Mauss u. a., 59-86. Zum Gedanken des spätrömischen Reiches als einer »totalitären« Wirtschaft siehe die Bibliographie in F. M. Heichelheim, *Wirtschaftsgeschichte des Altertums II* (Leiden 1948), 1123 f. (Kap. 8., Anm. 1), und T. Frank, *Economic Survey of the Roman Empire V* (Baltimore 1940), 303.

27 B. Laum: *Stiftungen in der griechischen und römischen Antike* (Leipzig 1914); *Heiliges Geld: Eine historische Untersuchung über den sakralen Ursprung des Geldes* (Tübingen 1924); *Geschlossene Wirtschaft: soziologische Grundlegung des Autarkieproblems* (Tübingen 1933). Seine Arbeit *Schenkende Wirtschaft: nicht marktmäßiger Güterverkehr und seine soziale Funktion* (Frankfurt/M. 1960) vergleicht die Hilfe für unterentwickelte Länder mit dem primitiven Austausch von Geschenken. Vgl. auch Anm. 157.

28 Siehe Vorwort zu TM.

29 Das unveröffentlichte Werk *Toward a New West* stammt aus dem Jahre 1958, die Zusammenstellung des Materials für *Co Existence* wurde 1960 begonnen. Siehe Polanyi, »Il pensiero sovietico in transizione«, *Nuova Presenza 5* (Milano 1962), 39-45; K. Levitt, *Co-Existence 1* (1964), 113-121; Paul Medow, »The Humanistic Ideals of the Enlightenment and Mathematical Economics«, *Socialist Humanism*, Hrsg. Erich Fromm (New York 1965), 376-387.

30 New York 1949. Polanyi wird mit Adam Smith und Marx verglichen.

31 TM datiert in der veröffentlichten Form hauptsächlich aus den Jahren nach Polanyis Eintritt in den Ruhestand im Jahre 1953; vgl. Vorwort. Aber noch 1947 veröffentlichte er einen Aufsatz über die Ansichten, die er in GT entwickelt hatte, »Our Obsolete Market Mentality«, *Commentary 3* (1947), 109-117 (Essays, 59-77).

32 Dies widerspiegelt natürlich den Trend zu einer Welt, die politisch weniger liberal war. Die Ehefrau Polanyis, die einer kommunistischen Partei angehört hatte, durfte nicht in die Vereinigten Staaten einreisen (sie ließen sich in Kanada nieder).

33 »Traditional Production in Primitive African Economies«, *Quarterly Journal of Economics 76* (1962), 360-378; »The Development of Subsistence and Peasant Economies in Africa«, *International Social Science Journal 16* (1964), 378-389 (beide in TPE wiederveröffentlicht). Vgl. GT, 159 ff.

34 »On the Comparative Treatment of Economic Institutions in Antiquity, with Illustrations from Athens, Mycenae and Alalakh«, *City Invincible,* 329-350 (*Essays,* 306-334) mit Diskussionsbeiträgen 173-174, 186-187- 216-218.

35 »Sortings and ›Ounce Trade‹ in the West African Slave Trade«, *Journal of African History 5* (1964), 381-393 (*Essays,* 261-279), ist eine gekürzte Fassung von DST, Kap. 10.

36 = *Semantics of General Economic History (Revised)* (New York 1953); es handelt sich hierbei um eine geringfügig veränderte Fassung von »The Economy as Instituted Process«, TM, 243-270.

37 Ph. D. (unveröffentlicht) Oregon 1959. Vgl. die Aufsätze oben zitiert in Anm. 33 und »A Note of Clarification on Economic Surplus«, *American Anthropologist 62* (1960), 483-490; »Economic Theory and Primitive Society«, a.a.O. 63 (1961), 1-25; »Economic Surplus, Once Again«, a.a.O. 65 (1963), 389-394; »Primitive Money«, a.a.O. 67 (1965), 44-65 (in TPE); »Primitive, Archaic and Modern Economies«, *Essays in Economic Anthropology Dedicated to the Memory of Karl Polanyi, Proceedings of the 1965 Spring Meeting of the American Ethnological Society* (Seattle, Wash., 1965), 1-24 (revidierte Fassung, *Essays,* ix-liv); »›Bridewealth‹ vs ›Brideprice‹«, *American Anthropologist 68* (1966, 732-737; Einleitung zu TPE.

38 Vgl. Steiner, »Notes on Comparative Economics«, *British Journal of Sociology 5* (1954), 118-129; Bohannan, »Some Principles of Exchange and Investment Among the TIV«, *American Anthropologist 57* (1955), 60-69.

39 *Journal of Economic History 19* (1959), 491-503 (in TPE).

40 »On the Sociology of Primitive Exchange«, *The Relevance of Models for Social Anthropology,* Hrsg. M. Banton (London 1965: Monographien der A. S. A., 1), 139-236; »Exchange-value and the Diplomacy

of Primitive Trade«, *Proceedings of the 1965 Spring Meeting of the American Ethnological Society*, 95-129. Vgl. auch »Political Power and the Economy in Primitve Society«, *Essays in the Science of Culture in Honor of Leslie A. White*, Hrsg. G. Dole, R. Carneiro (New York 1960), 390-415; Sahlins, *Tribesmen* (Englewood Cliffs, N. J., 1968) 74-95.

41 Vgl. besonders Nash »Economic Anthropology«, *Biennial Review of Anthropology 1965*, 121-138, und *Primitive and Peasant Economic Systems* (San Francisco 1966); Belshaw, Traditional Exchange and Modern Markets (Englewood Cliffs, N. J., 1965). Andere Werke über Märkte vgl. unten Anm. 74.

42 Pp. 232-293, »Objet et méthode de l'anthropologie économique« (= *L'Homme* 5/1965/32-91).

43 »Essai d'interprétation du phénomène économique dans les sociétés traditionelles d'auto-subsistance«, *Cahiers d'études africaines 1.4* (1960), 38-67; *Anthropologie économique des Gouro du Côte d'Ivoire* (Paris 1964). Meillassoux lieferte Beiträge zu *Markets in Africa* und berichtete von einem weiteren Programm zur Untersuchung afrikanischer Wirtschaftssysteme in *Africa 36* (1966), 445.

44 »A Comparative View of Exchange Systems«, *Economic Development and Cultural Chance* 7 (1959, 173-182. Siehe auch Smelser, *The Sociology of Economic Life* (Englewood Cliffs, N. J., 1963).

45 Vgl. die Aufsätze von beiden in *Labor Committment and Social Change in Developing Areas*, Hrsg. Moore und Arnold S. Feldman (New York 1960), und Moore »Economic and Professional Institutions«, *Sociology: An Introduction*, Hrsg. Smelser (New York 1967), 276-328. Im Falle von Moore wird es besonders deutlich, daß einem amerikanischen Soziologen der Richtung der indistutionalistischen Volkswirtschaftslehre Polanyi einfach als eine praktische Ausweitung der vertrauten Theorien im Bereich der nichtmarktwirtschaftlichen Wirtschaftsformen erscheint. (Vgl. auch die Besprechung von GT von A. P. Pusher in *Political Science Quarterly* 59 (1944), 630-631, und M. Clark, *Alternative to Serfdom* (New York 1948), 5.)

46 A. Leeds, »The Port of Trade in Pre-European India as an Ecological and Evolutionary Type«, *Proceedings of the 1961 Spring Meeting of the American Ethnological Society*, 26-48; D. P. Sinha, *Culture Change in an Inter-tribal Market* (Bombay 1968).

47 Vgl. auch Ed. Will, »Trois quarts de siècle de recherches sur l'économie grecque antique«, *Annales* 9 (1954), 7-22.

48 M. Rostovtzev, Besprechung von J. Hasebroek, *Griechische Wirtschafts- und Gesellschaftsgeschichte* (Tübingen 1931), in *Zeitschrift für die gesamte Staatswissenschaft 92* (1933), 333-339. Die gleiche Formulierung taucht immer noch in anthropologischen Diskussionen auf, z. B. in *Themes in Economic Anthropology*, 97, 111. Man

beachte Dowds genauere Unterscheidung zwischen Wachstum als quantitative Veränderung und Entwicklung als qualitative Veränderung, *Journal of Economic History 27* (1967), 552.

49 Es gab nur drei von Frühgeschichtlern verfaßte Besprechungen von TM: F. M. Heichelheim, *Journal of the Economic and Social History of the Orient 3* (1960), 108-110; W. F. Leemans, *Jaarbericht Ex Oriente Lux 15* (1957-58), 203-204; und G. E. M. de Ste. Croix, *Economic History Review* 12 (1960), 510. Polanyi replizierte in »Ports of Trade in Early Societes«, *Journal of Economic History 23* (1963), 30-45 (*Essays*, 238 ff.).

50 Vgl. Diskussion und Bibliographie von P. Vidal-Naquet, »Économie et société dans la Grèce anciennè: L'oeuvre de Moses I. Finley«, *Archives européenes de sociologie 6* (1965), 111-148. Über Bodenfragen, *Studies in Land and Credit in Ancient Athens 500-200 B. C.: The Horos Inscriptions* (New Brunswick 1952); »Land, Debt and the Man of Property in Classival Athens«, *Political Science Quarterly 68* (1953), 249-268; »Homer and Mycenae: Property and Tenure«, *Historia 6* (1957), 133-159; »The Alienability of Land in Ancient Greece«, *Eirene 7* (1968). Zur Arbeit, »Was Greek Civilization Based on Slave Labour?«, in *Historia 8* (1959), 145-164; »The Servile Statuses of Ancient Greece«, *Revue internationale des droits de l'antiquité 7* (1960), 165-189; »Between Slavery and Freedom«, *Comparative Studies in Society and History 6* (1964), 233-249; »Technical Innovation and Economic Progress in the Ancient World«, *Economic History Review 18* (1965), 29-45; »La Servitude pour dettes«, *Revue historique de droit français et étranger 43* (1965), 159-184; »Slavery«, *International Encyclopedia of Social Sciences* (1968), XIV, 307-313.

51 Siehe auch »Marriage, Sale and Gift in the Homeric World«, *Revue internationale des droits de l'antiquité 2* (1955), 167-194. Die Bedeutung von Mauss' *Essai sur le Don* für die Wirtschaftsgeschichte Griechenlands war vorher nur von Louis Gernet erforscht worden (vgl. die nachgedruckten Aufsätze in Gernet, *Anthropologie de la Grèce antique* (Paris 1968)).

52 Besprechung von A. French, *The Growth of the Athenian Economy* (London 1964), *Economic Journal 75* (1965), 849; »Classical Greece« *2e Conference internationale d'histoire économique, T. I. Trade and Politics in the Ancient World* (Paris 1965), 11-35.

53 A. Burford, *The Greek Temple-Builders at Epidauros: A Social and Economic Study* . . . (Liverpool).

54 Vgl. Oppenheim, *Ancient Mesopotamia, Portrait of a Dead Civilization* (Chicago 1964); M. E. Mallowan, »The Mechanics of Ancient Trade in Western Asia«, *Iran 3* (1965), 1-7; I. Gelb, »Approaches to the Study of Ancient Society«, *American Oriental Society, Journal 87* (1967), 1-8.

55 Schon in »The Sea-faring Merchants of Ur«, *American Oriental Society. Journal 74* (1954), 6-17; ferner in *Ancient Mesopotamia*, Kap. 2 und in »A New Look at the Structure of Mesopotamian Society«, *Journal of Economic and Social History of the Orient 10* (1967), 1-6.

56 Ancient Mesopotamia, 129; H. W. Saggs, *The Greatness That Was Babylon* (New York 1962), 279-280.

57 Vgl. Polanyi, »Ports of Trade in Early Societies«, *Journal of Economic History 23* (1963), 41.

58 Bibliographie zu 1965 in *Themes in Economic Anthropology*. Dazu Scott Cook, »The Obsolete ›Anti-Market‹ Mentality: A Critique of Substantive Approach to Economics«, *American Anthropologist 68* (1966), 323-345, und Frank Cancian, »Maximization as Norm, Strategy and Theory: A Comment on Programmatic Statements in Economic Anthropology«, a.a.O. 465-470; Godelier, *Rationalité et irrationalité*.

59 Vgl. L. Mai, »The Growth of Economic Individualism in African Society« (1934) in Mair, *Studies in Applied Anthropology* (London 1957), 23-31.

60 GT, 64 ff.; TM, 256 ff.; DST, xxiii.

61 In der Geschichte des Altertums betonten C. M. Kraay, »Hoards, Small Change and the Origin of Coinage«, *Journal of Hellenic Studies 84* (1964), 76-91; vgl. P. Vidal-Naquet, »Fonction de la monnaie dans la Grèce archaique«, *Annales 23* (1968), 206-208. Ed. Will, »De l'aspect éthique des origines grecques de la monnaie«, *Revue historique 212* (1954), 209-231, und »Reflexions et hypothèses sur les origines du monnayage«, *Revue numismatique*, sér. 5. 17 (1955), 5-23, ebenfalls die nichtkommerziellen Aspekte des frühgriechischen Münzwesens (nach Laum, vgl. Anm. 27, 157; siehe auch L. Gernet, »La Notion mythique de la valeur en Grèce«, *Journal de psychologie 41* [1948], 415-462). Er betonte vor allem die Besteuerung und die frühe Funktion des Geldes als Wertmesser in juristischen Zusammenhängen. Siehe auch *Moneta e Scambi nell' Alto Medioevo* (Spoleto 1961), bes. 341-362, P. Grierson, »La Fonction sociale de la monnaie en Angleterre aux 7e-8e siècles«.

62 Vgl. Bohannan, »Principles of Exchange and Investment Among the Tiv«, zit. Anm. 38; Mary Douglas, »Primitive Rationing: A Study in Controlled Exchange«, *Themes in Economic Anthropology*, 119-147; Godelier, *Rationalité et irrationalité*, 274 ff.

63 Vgl. M. Lambert, »L'Usage de l'argent-métal à Lagash au temps de la IIIe dynastie d'Ur, »Revue d'assyriologie 57 (1963), 79-92, 193-200.

64 GT, 61; Einfluß der »modernistischen« Schule in der Wirtschaftsgeschichte des Altertums, vor allem wahrscheinlich F. Heichelheim, *Wirtschaftsgeschichte des Altertums* (Leiden 1938), Kap. 7, »Die Zeit von Alexander bis Cäsar«, und *Wirtschaftliche Schwankungen der*

Zeit von Alexander bis Augustus (Jena 1930). Zum griechischen Bankwesen siehe R. Bogaert, *Les Origines antiques de la banque de dépôt* (Leiden 1966), und *Banques et banquiers dans les cités grecques* (Leiden 1968).

65 Vgl. Benet, »Weekly Suqs and City Markets: The Transition from Rural Suq Economy to Market Economy«, in *Research for Development in the Mediterranean Basis, A Proposal,* Mediterranean Social Research Council, Hrsg. C. A. O. Van Nieuwenhuijze (The Hague 1961), 86-97.

66 Es handelte sich hierbei jedoch um eine sehr berechnende Form der Reziprozität, wie gezeigt bei R. Maunier, »Recherches sur les échanges rituels en Afrique du Nord«, *Année sociologique,* sér. 2,2 (1924-25) (1927), 11-97.

67 TM, 68 ff. Polanyis Unterscheidung bezieht sich hier ausdrücklich auf Tönnies' *Gemeinschaft und Gesellschaft* und Maines »Status« und »Kontrakt«, wobei Hegel und Marx mit dem »soziologischen Hintergrund« der Unterscheidung in Verbindung gebracht werden.

68 Siehe besonders Polanyis Aufsatz in *City Invincible* (*Essays,* 306-334).

69 TM, 87. Die Schwäche dieser Beschreibung der griechischen Wirtschaft beruht hauptsächlich auf einer Verwechslung zwischen der Herauslösung (struktureller Differenzierung) der Wirtschaft und der Herausbildung eines Systems von miteinander verbundenen preisbildenden Märkten.

70 *City Invincible,* 216-218.

71 TM, 255.

72 Vgl. auch M. R. Solomon, »The Structure of the Market in Underdeveloped Economies«, *Quarterly Journal of Economics 62* (1948), 519-541; Bert F. Hoseliz, »The Market Matrix«, *Labor Comitment and Social Change* (Vgl. Anm. 45), 217-237.

73 TM, 255.

74 Siehe besonders *Markets in Africa; Capital, Saving and Credit in Peasant Societies,* Hrsg. R. Firth und B. S. Yamey (London 1964); S. W. Mintz, »Internal Market Systems as Mechanisms of Social Articulation«, *Proceedings of the 1959 Spring Meeting of the American Ethnological Society,* 20-30; G. W. Skinner, »Marketing and Social Strukture in Rural China«, *Journal of Asian Studies 24* (1964-65), 3-43, 195-228, 363-399; M. Nash, »Economic Anthropology«, *Biennial Review* 1965, 125-127.

75 Victor C. Uchendu, »Soe Principles of Haggling in Peasant Markets«, *Economic Development and Cultural Chance 16* (1967), 37-50. Hier finden sich manche nützliche Vorunterscheidungen, *Cooperation and Competition Among Primitive Peoples,* Hrsg. M. Mead (New York 1937), befaßt sich mit marktlosen Gesellschaften.

76 Bezüglich zeitweiliger Preisabsprachen in Perioden des Mangels vgl. *Markets in Africa*, 196, 422; M. Gluckman, *The Ideas in Barotse Jurisprudence* (New Haven 1965), 190-192.

77 Wie Polanyi betonte, spielt der Verkauf gekochter Nahrung auf vielen primitiven Märkten eine bedeutende Rolle. In Dahomey beobachteten Großhändler den Markt und setzten ihre Preise so fest, daß den Marktfrauen ein Zuschlag von 20 Prozent ermöglicht wurde. M. Herskovits, *Dahomey, an Ancient West African Kingdom* (New York 1938) I, 55.

78 Aristoteles, *Athēnaiōn Politeia* 51.3. Vgl. Henri Francotte, »Le Pain à bon marché et la pain gratuit dans les cités grecques«, *Mélanges de droit public grec* (Lüttich 1910), 291-312. Bezüglich Festpreis siehe E. Schulhof, P. Huvelin, »Fouilles de Delos (1905): Inscriptions. Loi réglant la vente su bois et du charbon à Delos«. *Bulletin de correspondance hellénique 31* (1907), 46-93; M. Feyel, »Nouvelles inscriptions d'Akraiphia«, a.a.O., 60 (1936), 27-36.

79 P. T. Bauer, *West African Trade* (Cambridge 1954), 391. Die Untersuchungen in *Markets in Africa* zeigen jedoch, daß es bedeutende örtliche Variationen im Ausmaß der formalen Organisation von Zusammenschlüssen und Preisgestaltungen gibt.

80 Denis Twitchett, »The T'ang Market System«, *Asia Major 12* (1966), 202-248, sowie »Merchant, Trade and Government in Late T'ang«, a.a.O. 14 (1968), 63-95.

81 Vgl. Francotte, a.a.O.

82 Dies wird jedoch eher als Gruppensituation denn als Einzelsituation angesehen.

83 C. und C. Tardits, »Traditional Market Economy in South Dahomey«, *Markets in Africa*, 89-102.

84 S. W. Mintz, »Pratik: Haitian Personal Economic Relationships«, *Proceedings of the 1961 Spring Meeting of the American Ethnological Society*, 64-63; P. T. Bauer, *Capital, Saving and Credit* (zit. Anm. 74), 383; Edwin R. Dean, »Social Determinants of Price in Several African Markets«, *Economic Development and Cultural Change 11* (1962-63), 239-256 (eine Untersuchung des Einflusses von Stammesbeziehungen, Alter und Geschlecht, aber nicht von persönlichen Beziehungen); Uchendu, »Some Principles of Haggling« (zit. Anm. 75).

85 John W. Baldwin, *The Medieval Theories of the Just Price* (*Transactions of the American Philosophical Society 1959*, 4); R. de Roover, »Monopoly Theory Prior to Adam Smith: A Revision«, *Quarterly Journal of Economics 65* (1951), 492-524; B. Dempsey, *Interest and Usury* (London 1948).

86 Der Redner in Demosthenes 34.39 betont seine Großzügigkeit, daß er freiwillig τῆς καθεστηκύιας τιμῆς, um 5 Drachmen und nicht

zum Marktpreis von 16 Drachmen verkauft; καθεστηκύια τιμή ist somit kein Festpreis, doch kann es sich dabei um jenen Preis handeln, der vom Staat bei diesem Anlaß zum Zweck des Wiederverkaufs mit Eigentmitteln aufgekauften Getreides »festgesetzt« wurde. 'Εστηκύια τιμή als festgesetzter Preis (Maximalpreis) findet sich in *P. Teb.* 703, 174-181; Vgl. C. B. Welles, *Journal of Juristic Papyrology* 3 (1949), 34, Anm. 71 (diesen Hinweis verdanken wir O. Murray).

87 Vgl. P. Huvelin, *Essai historique sur le droit des marchés et des foires* (Paris 1897), bes. 194 ff.; Henri Laurent, »Droit des foires et droits urbains aux 13e et 14e siècles«, *Revue historique de droit français et étranger sér.* 4,11 (1932), 660-710.

88 M. Sahlins, »Exchange-value and the Diplomacy of Primitive Trade« (zit. Anm. 40) erhebt andere Fragen über die Untersuchung von »Preisen« beim Geschenkaustausch.'

89 In seinem Aufsatz über den Handelsplatz (vgl. Anm. 49) klassifiziert Polanyi den europäischen *portus* des Mittelalters ebenfalls als einen Handelsplatz. Vgl. Max Weber, *Wirtschaftsgeschichte* (München 1923), 188 ff. (= *General Economic History* (Glencoe, Ill., 1915), 213 ff.).

90 Belshaw, *Traditional Exchange and Modern Markets*, 92 ff.

91 Vgl. Anm. 46.

92 TM, 116.

93 TM, 263.

94 »No Man's Coast: Ports of Trade in the Eastern Mediterranean«, TM, 38-63.

95 Zur Einstellung der Hethiter zum Meer siehe H. A. Hoffner, Jun., *American Oriental Society. Journal* 87 (1967), 182; zu Kreta der Bronzezeit siehe C. G. Starr, »The Myth of the Minoan Thalassocracy«, *Historia* 3 (1955), 283-291. Selbst im fünften Jahrhundert konnten die Athener nicht den Nachweis erbringen, daß sich Seemacht gegen Landmacht durchsetzen könnte, und es ist nicht klar, daß Perikles mehr erreichen wollte, als Sparta zu zeigen, daß Athen unangreifbar sei (Thukydides ii. 65.7). Alexander eroberte einen großen Teil des persischen Reiches ohne über die Seeherrschaft zu verfügen. Siehe ferner A. Momigliano, »Sea-power in Greek Thought«, *Secondo Contributo alla Storia degli Studi Classici* (Roma 1960), 57-67.

96 Herodot v. 36; Thukydides i.143.3-5. Der Bericht über den Feldzug von Sphacteria, Thukydides iv.26, zeigt, wie schwierig es für die antiken Kriegsschiffe war, eine Blokade aufrecht zu erhalten.

97 *Société J. Bodin. Recueils* 5 (1953), La Foire.

98 Karl Bücher, *Die Entstehung der Volkswirtschaft* (3. Aufl., Tübingen 1901), 69 ff.; P. J. Hamilton Grierson, *The Silent Trade* (Edinburg 1903); U. v. Wilamowitz-Moellendorff, »Der Markt von Kekrops bis

Kleisthenes«, *Aus Kydathen* (Berlin 1880), 195-202; K. Lehmann-Hartleben, *Die antiken Hafenanlagen des Mittelmeeres* (Leipzig 1923), 14 ff., 31 ff.

99 Die griechische *agora* war sowohl Versammlungsort als auch Markt, ein Mittelpunkt des Lebens der Stadt. Die Stadt wiederum war vom Land nicht durch einen anderen politischen und rechtlichen Status geschieden: es gab keine Unterscheidung zwischen *castrum* und *bourg*. Das mittelalterliche Modell des Marktes, der außerhalb der Stadt entsteht, ist hier nicht anwendbar. Das orientalische Gegenstück der griechischen *agora* scheint jedoch gerade vor den Stadttoren gelegen zu haben; vgl. W. Seston, »Des *Portes* de Thugga à la *constitution* de Carthage«, *Revue historique 237* (1967), 277-294; sowie »Remarques sur les institutions politiques es sociales de Carthage . . .«, *Academie des inscriptions et belles lettres. Comptes rendus 1967*, 218-233. Assyrische Quellen sprechen von Verkaufstätigkeit an den Toren der Stadt.

100 Vgl. A. C. Wood, *The History of the Levant Company* (Oxford 1935).

101 Polybius iii.22.8-9.

102 Vgl. Finley, 2e *Conférence d'histoire économique I*, 26-27, 34 und mein Aufsatz »Archaeology and the Economic and Social History of Classical Greece«, *Parola del Passato 116* (1967), 374-400 (p. 384 f.). Ein erhebliches Umdenken ist erforderlich in bezug auf die Getreideproduktion und Distribution in der antiken Welt, und Polanyis Unterscheidung zwischen redistributiven und Marktinstitutionen sollte dabei eine wichtige Rolle spielen. Festpreise im »verwalteten Handel« müßten in diesem Zusammenhang mit dem königlichen oder staatlichen Monopol untersucht werden. Der freie Grundbesitz der Bürger der griechischen Städte und Roms waren kleine Inseln in einer Welt, in der der Pachtbesitz gewöhnlich vom redistributiven oder »asiatischen« Typus war (d. h. die Bauern entrichteten Steuern und die privilegierten Klassen hatten große Güter, die letztlich vom Staat kamen). Bis zur Ausbreitung der staatlichen Intervention im Rahmen des Römischen Reiches war das Redistributionssystem über die unabhängigen Pächter und die Steuerpächter sowie die gewinnbringenden Aktivitäten der Könige mit den Marktinstitutionen der Städte verbunden (siehe Éd. Will, *Histoire politique du monde hellenistique I*, 148-178 bezüglich der Symbiose der Staatskontrolle der Ptolemäer und mit dem Privathandel von Rhodos). Der Plantagenbau für den Markt, wie bei den »kapitalistischen« Geschäftsverbindungen der Steuerpächter (und die babylonische »Bank«; vgl. E. Szlechter, Le Contrat de société en Babylonie, en Grèce et à Rome (Paris 1947)) entwickelten sich in einer überwiegend redistributiven Situation und müssen in diesem Kontext untersucht werden. Die

Mischung von redistributiven und marktmäßigen Organisationsformen kompliziert sich für uns durch das Schwergewicht auf das letztere im antiken Denken, das sich für die Lage der Barbaren oder der Bauern in der Provinz nicht interessierte, sowie durch unsere eigenen Denkgewohnheiten. Zu ähnlichen Problemen in der chinesischen Wirtschaftsgeschichte vgl. Twitchett, »Merchant, Trade and Government in Late T'ang« (Zit. Anm. 80).

103 Die Trennung von Handel und Markt bei den Azteken erscheint vielleicht übertrieben bei A. Chapman, »Port of Trade Enclaves in Aztec and Maya Civilisations«, TM, 114-153; R. M. Adams, *The Evolution of Urban Society: Early Mesopotamia and Pre-Hispanic Mexico* (London 1966), 163 f., bezweifelt ihre Darstellung der Trennung zwischen Handel und Tribut. Die Gründe für die unterschiedlichen Güter, die im Mittelalter jeweils auf den Messen und den örtlichen Märkten angeboten wurden, scheinen rein funktioneller Natur zu sein.

104 Vgl. Belshaw, *Traditional Exchange and Modern Markets*, 92 ff.

105 DST, 104-169. Siehe auch M. Johnson, »The Ounce in Eighteenth-Century West African Trade«, *Journal of African History* 7 (1966), 197-214. P. Curtin in seiner Besprechung über DST (*Economic History Review* 20 [1967], 585) unterschätzt die Originalität von Polanyis Denkansatz.

106 Bezüglich der formalen Definition siehe Lionel Robbins, *An Essay on the Nature and Significance of Economic Science* (London 1935). Zur Sachdefinition siehe Godelier, *Rationalité et irrationalité*, 27 ff.

107 Polanyi, »The Economy as Instituted Process«, TM, 243-270. Vgl. Weber, *Wirtschaft und Gesellschaft* (4. Aufl., Tübingen 1956), 31, 44-45 (= *The Theory of Social and Economic Organization* (New York 1947), 158, 184), und Anm. 113.

108 Roland Frankenberg, »Economic Anthropology: One Anthropologist's View«, *Themes in Economic Anthropology*, 47-89; Percy S. Cohen, »Economic Analysis and Economic Man«, a.a.O., 91-118. Der Gegensatz zwischen Firth und Polanyi sollte nicht überbewertet werden: Polanyis und Daltons Warnungen vor dem Mißbrauch der Wirtschaftstheorie richteten sich nicht gegen Firth; Firths Einleitung zu dem Band *Themes in Economic Anthropology: A General Comment* (a.a.O., 1-28) plädiert für einen vorsichtigen Gebrauch von Wirtschaftstheorie in Verbindung mit dem Bewußtsein unsoziale Faktoren. Firth, Cohen und Manning Nash (*Man 3* [1968] 496-497, Besprechungen von *Themes in Economic Anthropology*) sind sich einig, daß die Theoriekontroverse von geringer Bedeutung ist.

109 Vgl. Leonard Joy, »One Economist's View of the Relationship Between Economics and Anthropology«, *Themes in Economic Anthropology*, 29-46. Er warnt jedoch davor, daß »sich Wagemutige Rat

suchend an Wirtschaftsfachleute in den relevanten Bereichen wenden. Lehrbücher – und Ökonomen auf dem falschen Gebiet – können sich sehr wohl als wenig hilfreich und enttäuschend erweisen«.

110 Herausgegeben mit B. S. Yamey (London 1964).

111 Vgl. diese Einleitung unten S. 58.

112 E. H. Gombrich, *Art and Illusion* (London 1960), 120 (Deutsch: *Kunst und Illusion*, Stuttgart/Zürich 1978): In der Welt der Griechen »hat man das Bild *aus dem praktischen Rahmen herausgelöst*, für den es geschaffen wurde, und bewundert und liebt es wegen seiner Schönheit und seinem Ruhm, das heißt, *ganz einfach im Rahmen der Kunst«*; vgl. Gombrich, *Norm and Form* (London 1966), 1-10, »The Renaissance Conception of Artistic Progress and its Consequences«.

113 Gluckman, *The Ideas in Barotse Jurisprudence* (New Haven 1965), 251 ff. Die Unterscheidung zwischen Formal und Substantiell wird mit verschiedenen Schlußfolgerungen allgemein in der Theorie des Rechts angewandt, in der Philosophie Kants, bei Weber (in Form der Unterscheidung zwischen formaler und substantieller *Rationalität*) in bezug sowohl auf das Recht als auch auf die Ökonomie (vgl. Johann Dieckmann, *Max Webers Begriff des modernen okzidentalen Rationalismus*, (Düsseldorf 1961; ph. Diss. Köln)), sowie bei Polanyi im Zusammenhang mit der Ökonomie; die Zusammenhänge zwischen den verschiedenen Anwendungen sind offensichtlich äußerst kompliziert. Man sollte hier vielleicht anmerken, daß Webers »substantielle Rationalität« weder Universalität impliziert noch einen gemeinsamen Boden für vergleichende Untersuchungen bietet; Weber neigt dazu, die multiplen Möglichkeiten der substantiellen Rationalität zu betonen, während Polanyi den epistemologischen Problemen, die sich daraus ergeben, wenn man vergleichende Untersuchungen auf substantielle und nicht formale Kategorien aufbaut, durch die positivistische Behauptung ausweicht, daß die Möglichkeiten erfahrungsgemäß aus »einer nur kleinen Anzahl von alternativen Mustern zur Organisierung des Lebensunterhalts des Menschen bestehen«. (TM, xvii, vgl. 250).

114 Terence K. Hopkins, »Sociology and the Substantive View of the Economy«, TM, 270-306; Harry W. Pearson, »The Economy Has No Surplus: Critique of a Theory of Development«, TM, 320-341.

115 *Economic Development and Cultural Change* 7 (1959), 173-182.

116 Zu dem ökonomischen Modell, auf dem diese Theorie beruht, siehe »Parsons and Smelser on the Economy«, TM, 307-319; vgl. Hopkins, TM, 274-275.

117 Vgl. Godelier, *Rationalité et irrationalité*, 256.

118 M. Mauss, *Manuel d'ethnographie* (Paris 1947), 101.

119 Vgl. Gluckman, *The Ideas in Barotse Jurisprudence*.

120 Parsons, *Societies*, 34,18. Im Falle von »werthaften Objekten« findet

sich, so meinen wir, stets sowohl ein Element des »Bewertens« als auch der »Wertschätzung«.

121 TM, 190-192.

122 Vgl. Godelier, *Rationalité et irrationalité*, 251, Anm. 57. »Recherches sur les échanges rituelles en Afrique du Nord«, *L'Année sociologique*, sér. 2,2 (1924-25/1927/), berichtet, daß eine Berbergruppe im Jahre 1922 während einer Hungersnot ein Verbot von *taoussa* (rituellen Austausch) beschloß (641-42).

123 *American Anthropologist 67* (1965, 293-315; vgl. Diskussion a.a.O. 68 (1966), 202-214, 1202-1225. Fosters Theorie bietet sich sicherlich für die Interpretation sowohl der antiken als auch der modernen griechischen Bauerngesellschaft an (Hesiod; Ernestine Friedl, *Vasilika: A Village in Modern Greece* [New York 1962]); indessen ist es notorisch schwierig, kulturelle Merkmale zu finden, die alle Bauerngesellschaften gemeinsam aufweisen (R. Redfield, Peasant Society and Culture [Chicago 1956]). Ein Versuch, die »Bauernwirtschaft« nach anderen Gesichtspunkten zu definieren, findet sich bei Daniel Thorner, »L'Économie paysanne, concept pour l'histoire économique«, *Annales 19* (1964), 417-432.

124 TM, 290.

125 TM, 339.

126 K. Wittfogel, *Oriental Despotism* (New Haven 1957). (Deutsch: *Die Orientalische Despotie*, Frankfurt/M./Berlin/Wien 1977); Kritik in bezug auf Mesopotamien und Mexiko in R. M. Adams, *Land Behind Baghdad* (Chicago 1965) und *The Evolution of Urban Society;* über Ceylon E. Leach, »Hydraulic Society in Ceylon«, *Past and Present 15* (1959), 2-26. Vgl. P. Vidal-Naquet, »Histoire et idéologie: Karl Wittfogel et le concept de ›mode de production asiatique‹«, *Annales 19* (1964), 531-549 (Bearbeitung seiner Einleitung zur französischen Übersetzung von *Oriental Despotism*); Godelier, »La Notion de ›mode de production asiatique‹«, *Les Temps modernes 228* (1965), 2002-2027.

127 Douglas North, »The State of Economic History«, *American Economic Review 55*, 2 (1965), 87.

128 *Societies* (1966).

129 Siehe Godelier, *Rationalité et irrationalité*, 251 ff.; M. Harris, »The Economy Has No Surplus?« in *American Anthropologist 61* (1959), 185-199; I. Sachs, »La Notion de surplus et son application aux économies primitives«, *L'Homme* 6,3 (1966), 5-18. Vorschläge für Untersuchungen bei Dalton, »A Note of Clarification on Economic Surplus«, *American Anthropologist 62* (1960), 483-490.

130 Vgl. jedoch J. Suret-Canales Kritik an Meillassoux, »Structuralisme et anthropologie économique«, *Structuralisme et marxisme, La Pensée 135* (1967), 94 ff. und Godelier, *Rationalité et irrationalité*, 84 ff.

131 Mary Douglas, »Lele Economy Compared with the Bushong: A Study in Economic Backwardness«, *Markets in Africa*, 211-233, stellt eine Ausnahme dar.

132 Vgl. oben S. 23.

133 Siehe M. Douglas, »Primitive Rationing« (zit. Anm. 62); L. Mair, »The Growth of Economic Individualism« (Anm. 59).

134 GT, 153 ff., deut. Ausg. 195-197 (*Essays*, 38 ff.). Vgl. G. Lukács, »Der Funktionswechsel des historischen Materialismus«.

135 Polanyi, »Sozialistische Rechnungslegung«. Er stand sogar manchen Aspekten der marxistischen Interpretation der Entwicklung der Marktwirtschaft kritisch gegenüber (GT, a.a.O.).

136 F. Benet, TM, 215. Polanyi fügte in *City Invincible* hinzu, daß Haushaltung formal der Redistribution gleichzusetzen sei (*Essays*, 307-308). Es ist darauf hinzuweisen, daß diese Ähnlichkeit als Grundlage für eine ideologische Rechtfertigung eines Redistributionssystems verwendet werden könnte wie in Dahomey.

137 GT, 60; Bücher, *Entstehung der Volkswirtschaft*, 108 ff.

138 DST, 72. Davor hatte Polanyi Vererbungssysteme aus seiner vergleichenden Ökonomie völlig ausgeklammert.

139 Dieses System ist jedoch ebenso reziprok wie redistributiv, vgl. Neale, TM, 218-236, und K. Ishwaran, *Tradition and Economy in Village India* (London 1966).

140 Da Smelser TM besprach, zog er die Haushaltung nicht in Betracht.

141 Vgl. Anm. 40.

142 Siehe Bohannan, »Some Principles of Exchange and Investment Among the Tiv«, *American Anthropologist* 57 (1955), 60-69.

143 Vgl. M. Mead, Hrsg., *Cooperation and Competition Among Primitive Peoples.*

144 Sahlins »On the Sociology of Primitive Exchange« enthält einen umfangreichen Anhang mit ethnographischem Material.

145 TM, 255-256.

146 W. J. Argyle, The Fon of Dahomey: *A History and Ethnography of the Old Kingdom* (Oxford 1966), enthält eine kritischere und vorsichtigere Darstellung des Materials.

147 Siehe Finley, »The Mycenaean Tablets and Economic History«, *Economic History Review*, ser. 2, 10 (1957-58), 128-141.

148 C. G. Starr, *The Origins of Greek Civilization* (New York 1961), 79 ff.; Finley, »Homer and Mycenae: Property and Tenure«, *Historia* 6 (1957), 133-159.

149 Siehe die Diskussion über Geschenkpflicht im alten Thrakien bei Mauss, »Une Forme archaique du contrat chez les Thraces«, *Revue des études grecques* 34 (1921), 388-397.

150 Herodot v.47, viii 17.

151 Dies ist kaum der Position Herodots als Sohn eines Einwanderers

zuzuschreiben; man muß vielmehr die Mobilität der Kolonisationsperiode berücksichtigen.

152 Denis Twitchett, »Merchant, Trade and Government in die Late T'ang«, *Asia Major* N. S. 14 (1968), 63-95, bietet interessantes Vergleichsmaterial.

153 Demosthenes, iii.29, xxiii.207.

154 L. Gernet, *Droit et société dans la Grèce ancienne* (Paris 1964), 151-172, »Aspects du droit athénien de l'esclavage«. Die Änderung war Teil des allgemeinen Trends, rechtliche Verfahren nach dem jeweiligen Sachverhalt einzuteilen und nicht nach dem Status der Beteiligten.

155 Diese Analyse verdankt viel jener von Otto Erb, *Wirtschaft und Gesellschaft im Denken der hellenistischen Antike* (Berlin 1939). Wie uns P. Brown aufzeigte, hat sich Maxime Rodinson in seiner Beschreibung der Herauslösung der Wirtschaft im Islam des Mittelalters, *Islam et capitalisme* (Paris 1966), 45-73, in ähnlicher Weise auf Polanyis Gedanken gestützt.

156 Eine andere Art der Anwendung des Konzepts der strukturellen Differenzierung auf die Geschichte der antiken Welt findet sich bei Keith Hopkins, »Structural Differentation in Rome (200-31 B. C.); The Genesis of an Historical Bureaucratic Society«, *History and Social Anthropology*, Hrsg. I. M. Lewis (London 1968; A. S. A. Monograph 7), 63-79; ders., »Elite Mobility in the Early Roman Empire: The Evidence of the Imperial Freedmen and Slaves«, a.a.O., 37 (1967), 3-20.

157 B. Laum, »Über die soziale Funktion der Münze. Ein Beitrag zur Soziologie des Geldes«, *Finanzarchiv 13* (1951-52), 120-143; R. Duncan-Jones, »Wealth and Munificence in Roman Africa«, *Papers of the British School at Rome 31* (1963), 159-177.

158 Vgl. F. Pringsheim, *The Greek Law of Sale* (Weimar 1950), und die Diskussionen bei Gernet, »Le Droit de la vente et la notion du contrat en Grèce« und »Sur l'obligation contractuelle dans la vente hellénique«, *Droit et société*, 201-224, 225-236. Das Problem der Ursprünge des Vertrags war ein Zentralthema der Durkheim/Mauss-Schule, der Gernet angehörte (vgl. Mauss, *Die Gabe*, G. Davy, *La Foi jurée*, etc.). Das Material über die Antike im Nahen Osten ist noch reichhaltiger als jenes aus Griechenland; vgl. E. Cassin, »Symboles de cession immobilière dans l'ancien droit mésopotamien«, *L'Année sociologique* (1952), 107-161.

159 Siehe A. Dupront, *L'Acculturazione* (Turin 1966).

1 F. Somary, »Kapitalüberschuß und Kapitalzuschußgebiete, Mechanismus und Wirkungen der internationalen Kapitalübertragungen«, in *Kapital und Kapitalismus* (Berlin 1931), 483. Vgl. auch die noch vor dem Zusammenbruch der Credit-Anstalt erschienene Aufsatzreihe W. Federns über die Kreditüberspannung in Nr. 8, 9, 10, 16, 17, 19 und 20 des *Österreichischen Volkswirt* vom 22. und 29. Nov. 1930, 3., 17. und 24. Jan., 7. und 14. Febr. 1931.

2 Condliffe erklärt diese Kapital-Ausfuhr »als wesentlichen Bestandteil des normalen weltwirtschaftlichen Mechanismus der Vorkriegszeit«. *World Economic Survey*, 1931/32, 48.

3 »Für die Kriegsfolgen ist vielleicht nichts bezeichnender, als die Gleichzeitigkeit einer ungewöhnlich langen Konjunktur in Amerika mit einer ungewöhnlich langen Depression in England. Die Zurückführung der Währung auf den Vorkriegsstandard, die England allein unter den kriegsführenden europäischen Staaten durchsetzte, und die schwere Verpflichtung an die Union sind wohl die beiden Grundursachen der Depression.« F. Somary, *Wandlungen der Weltwirtschaft seit dem Kriege* (Tübingen 1928), 11.

4 An dieser Stelle ist das nicht geschehen. Vgl. Walther Federn, »Die Sterilisierung des Goldes«, Nr. 16 und 17 vom 17. und 24. Jan. 1931.

5 J. B. Condliffe in *World Economic Survey*, 1931/32, 48.

6 *Monetary Policy and the Depression*, Hrsg. Institute for International Affairs (Oxford 1933), 8.

7 Prof. Ohlin in »Le Cours et la Phase de la Depression«, *Sit. Economique Mondiale* (Genf 1931), 110.

8 Condliffe in *World Economic Survey*, 1931/32, 43; ferner ders. in *Situation Economique Mondiale* 1932/33, 171. Prof. Ohlin in »Le Cours et le Phase de la Depression«, *Sit. Economique Mondiale* (Genf 1931), 211.

9 Prof. J. B. Condliffe, der Verfasser der beiden letzten weltwirtschaftlichen Jahrbücher des Völkerbundes, bestätigt im Ende September erschienenen Jahrbuch 1932/33 einen wesentlichen Teil unserer Behauptungen: »Die wirklichen Schwierigkeiten der Lage meldeten sich nicht, solange eine große Anzahl von Währungen, besonders diejenigen der Schuldnerstaaten von einander unabhängig waren, solange die Devisenkurse schwankten, und die zwischen den Regierungen bestehenden Schulden nicht geregelt waren. Als aber nacheinander die Währungen zum Goldstandard zurückkehrten, die Devisenkurse fixiert wurden, die Schulden der Reihe nach durch Abkommen geregelt wurden, nahm die Spannung im neu errichteten internationalen finanziellen Mechanismus zu. Während der wenigen Jahre von 1925 bis 1929 wurde die Abstattung der internationalen finanzi-

ellen Verpflichtungen ohne eine radikale Neugestaltung der nationalen Wirtschaften nur durch den breiten Zustrom neuen Kapitals in die Schuldnerstaaten, vor allem aus den Vereinigten Staaten, ermöglicht. Sobald in den Jahren 1928 und 1929 diese Kapitalien zu versiegen begannen, wurden als Folge des auf die Zahlungsbilanz der Schuldnerländer ausgeübten Druckes die Preise gedrückt, die Kreditausweitung abgebremst und die Schwierigkeiten der internationalen Anpassung führten im Endergebnis zum Zusammenbruch des gesamten internationalen Währungswesens.« *Situation Economique Mondiale* 1932/33, 277.

2. *Die funktionelle Theorie der Gesellschaft und das Problem der sozialistischen Rechnungslegung*

1 Karl Polanyi, »Sozialistische Rechnungslegung«, in *Archiv für Sozialwissenschaft und Sozialpolitik*, Bd. 49, 2, 377-420.

2 Vgl. L. Mises, »Neue Beiträge zum Problem der sozialistischen Wirtschaftsrechnung«, in *Archiv für Sozialwissenschaft und Sozialpolitik*, Bd. 51, 2, 410 ff. O. Leichter, »Die Wirtschaftsrechnung in der sozialistischen Gesellschaft«, *Marx-Studien*, Bd. V, I, 23, 77-79. F. Weil »Gildensozialistische Rechnungslegung. Kritische Bemerkungen zu Karl Polanyis ›Sozialistischer Rechnungslegung‹«, in *Archiv für Sozialwissenschaft und Sozialpolitik*, Bd. 52, I.

3 Nur Weil behauptet, daß dieses Problem für den Sozialismus entweder überhaupt nicht existiert (a.a.O., 197), oder nur geringfügige Bedeutung habe (205). Er beruft sich hierbei auch auf Marx. Jedoch mit Unrecht, wie folgendes Zitat beweist: »Nach Aufhebung der kapitalistischen Produktionsweise, aber mit Beibehaltung gesellschaftlicher Produktion, *bleibt die Wertbestimmung vorherrschend* in dem Sinne, daß die Regelung der Arbeitszeit und die Verteilung der Gesellschaftsarbeit unter die verschiedenen Produktionsgruppen und endlich die *Buchführung* hierüber *wesentlicher denn je werden.*« *Kapital*, Bd. III, 388. Der Satz, daß das Problem der Rechnungslegung den Angelpunkt des sozialistischen Wirtschaftsproblems bilde, stammt übrigens von Lenin. Er hat ihn bekanntlich zum Gegenstand einer großzügigen persönlichen Propaganda im Jahre 1920 in Sowjetrußland gemacht.

4 Von unseren Kritikern vertritt Mises grundsätzlich die erstere, Weil die letztere.

5 Vgl. J. Marschak, *Wirtschaftsrechnung und Gemeinwirtschaft*. Zu Mises' These von der Unmöglichkeit sozialistischer Gemeinwirtschaft, in *Archiv für Sozialwissenschaft und Sozialpolitik*, Bd. 51, 2, 501 ff.

5a Vgl. das bemerkenswerte Buch von E. Heimann *Mehrwert und Gemeinwirtschaft. Kritische und positive Beiträge zur Theorie des Sozialismus* (Berlin 1922), 120, 140, 164 et passim. Die englische Funktionalisten waren H. im Original nicht zugänglich (Anm. 384), woraus sich wohl erklärt, daß H. das wesentliche an dieser neuen Sozialtheorie verkennt. (Vgl. zu Anm. 338 G. D. H. Coles *Guildsozialism re-stated* [London 1920] und insbesondere *Social Theory* [London 1920]). Auf funktioneller Grundlage ausgebaut stellt sich nämlich das von H. für die »Vollsozialisierung einzelner Wirtschaftszweige« mit Recht bestrittene »Gleichgewicht der organisierten Interessengruppen« grundsätzlich ein, weil hier die Konsumenten und Produzenten *in ihrer Gesamtheit* miteinander konfrontiert werden. Für diese Konstellation gilt das Oppenheimersche Gesetz über die relative Stärke des »Käufer«- und des »Verkäufermotivs« offenbar nicht. Unser Standpunkt geht aber in der hier erörterten allgemeinen Hinsicht über Heimann hinaus, da wir auch die »vollkommene Gemeinwirtschaft« (a.a.O., 163) nicht als eine an einer gesatzten Ordnung systematisch orientierten Bedarfsdeckung« im Sinne Max Webers, sondern im funktionalistischen Sinne, als ein freies Zusammenwirken funktioneller Selbstorganisationen gefaßt wissen wollen. Vgl. übrigens Heimann, »Über gemeinwirtschaftliche Preisbildung«, *Köln. Vierteljahresh.*, Bd. I, 2, S. 71.

6 Vgl. unsere Schrift, 380-382.

7 Hiergegen setzt Weil die folgende Definition: »Unter Sozialismus verstehen wir diejenige Gesellschaftsordnung, zu der (nach Marx und Engels) die Entwicklung fortschreitet« (Anm. 9).

8 Vgl. Webbs »Policy of the National Minimum«, in: *A Constitution for the Socialist Commonwealth of Great Britain* (London 1920), 10.

9 Weil vermeint in dieser Kategorie den Dühringschen »Verteilungswert« wiederzuerkennen. Das ist irrig. D.s Verteilungswert stellt einen *Monopolpreis* dar, der auf dem Gewalteigentum ruht, als den D. den Großgrundbesitz betrachtet. Allerdings bringt Weil keinerlei Gründe für seine Behauptung vor.

10 S. u. B. Webb, entschiedene Gegner des Gildensozialismus (a.a.O., 48, 50), behaupten, daß der ganze englische Sozialismus bereits auf funktionalistischer Grundlage stehe (XVII und 107.). Das Webbsche Werk stellt übrigens den notwendig verunglückten Versuch dar, die kollektivistischen Neigungen der Autoren mit dem funktionellen Prinzip in Einklang zu bringen.

11 A.a.O., 413-420.

12 Auch unsere Formel: »Als Eigentümer der Produktionsmittel gilt die Kommune; ein direktes Verfügungsrecht ist mit diesem Eigentum nicht verbunden. Dieses steht den Produktionsverbänden zu ...« bemängelt Mises als unklar, weil sie »der Kernfrage: Sozialismus

oder Syndikalismus? auszuweichen sucht« (491). Denn: »Eigentum ist Verfügungsrecht; wenn das Verfügungsrecht nicht der Kommune, sondern den Produktionsverbänden zusteht, so sind eben diese Eigentümer und wir haben ein syndikalistisches Gemeinwesen vor uns« (491). Eigentum ist aber nicht nur Verfügungsrecht; es ist auch Aneignungsrecht. Daß die Kommune als Eigentümerin der Produktionsmittel gilt, bedeutet also, daß ihr sowohl das Aneignungsrecht bezüglich der Produkte, als das mittelbare Verfügungsrecht über die Produktionsmittel verbleibt. Beide werden im Wege des sozialen Rechtes, als Rechtsrahmen der Wirtschaft, ausgeübt.

13 Anm. 29

14 213.

15 212.

16 212.

17 Am klarsten: »Festsetzung« oder »Vereinbarung« von Preisen (210 und 215, auch 201, Anm. 29, und Teil III. B. der Weilschen Kritik.

18 Weil setzt »funktionell – gildensozialistisch« (201, 202, 212 et passim). Es genügt, hiergegen darauf hinzuweisen, daß die Schöpfer der Gildenbewegung, wie A. J. Penty, A. R. Orage die funktionalistische Gesellschaftstheorie ablehnen, ähnlich, wenn auch weniger bestimmt, die Gildensozialisten W. Mellor und S. Taylor, unter den Gegnern des Gildensozialismus hinwieder auch Anhänger der funktionellen Theorie anzutreffen sind (siehe Anm. 9). »Funktionell« und »gildensozialistisch« stellen überdies Begriffe verschiedener Ordnung dar. Weil scheint nun »Funktion« mit »Beruf« zu verwechseln und unter funktionellen Verbänden »Berufsverbände« das heißt, Gewerkschaften zu verstehen! So bezeichnet er an einer Stelle (Anm. 15) die Gewerkschaften als *die* »funktionelle« Organe in Rußland, im *Gegensatz* zu den Sowjets, als der »zentralen Verwaltung«. Von *einem* funktionellen Verband in einer Gesellschaft zu sprechen, ist aber ebenso verkehrt wie von *einer* Hälfte eines symmetrischen Körpers zu behaupten, daß diese symmetrisch sei, die andere Hälfte nicht. Siehe übrigens die Ausführungen Weils über »die richtig verstandene funktionelle Wirtschaft« (203), wo Weil gelegentlich die Konsumenten »durch den Trust, dem sie als Produzierende angehören« versorgen lassen und sie dann durch diesen selben Trust »vertreten« lassen will (6). Das wäre nun selbstredend das genaue Gegenteil einer funktionellen Vertretung.

19 Im Teil III. B. gibt zum Beispiel Weil unsere Annahmen so wieder: »Die Übereinkunft« der beiden Hauptverbände (405) setzt also »Preise« fest, das heißt, beschließt mit der durch die Geschäftsordnung vorgeschriebenen Majorität »Ziffern« für jede Art von Produktion.« Daß, im Gegenteil, die Hauptverbände *nur* den Grundlohn und gewisse Rohstoffpreise festsetzen, im übrigen *für jede Art der*

Produktion ein zwischen Konsument und Produzent frei vereinbarter Preis *(Vereinbarungspreis)* gilt, hat Weil nicht verstanden. Und so fort.

20 Allerdings haben wir an einer Stelle im Text (413), aus einer älteren Fassung versehentlich den Ausdruck »Übergangswirtschaft« statt »Wirtschaft« stehen lassen. »Sozialpolitisch« statt »sozialistisch« auf S. 420 stellt aber, wie aus dem Zusammenhang offenkundig hervorgeht, einen bloßen Druckfehler dar.

21 Daß Weil diese Verfassungsform *nicht kennt*, beweist er auch, indem er in Anm. 2. uns die Schaffung des Terminus »Kommune« zuschreibt, wiewohl die Bekanntschaft mit den bloßen Kapitelüberschriften von Coles *Guildsocialism re-stated* (London 1920), genügt haben müßte, um ihn vor diesem Irrtum zu bewahren.

22 Vgl. a.a.O., 209.

23 Vgl. unsere Schrift Anm. 24.

24 Vgl. Weil a.a.O., 209, 210. Die »rechnerische Bestimmung der Größen »natürliche« und »soziale« Kosten bildet für uns allerdings »kein Problem«, da wir grundsätzlich am Kostenprinzip festhalten und das Wertprinzip (im Sinne der subjektiven Schule), durch den funktionell organisierten »Markt« hindurch wirken lassen. Weil wirft uns auch vor, das Problem der Summierbarkeit der Kostenelemente zu übersehen, obwohl wir vermeinten, dieses Problem in strenger Form als erste aufgeworfen zu haben, und es jedenfalls sehr ausführlich erörtern. Allerdings geht Weil sowohl über diese, wie über die ebenso wesentliche Analyse des Produktivitätsbegriffes mit einem Witz oder einer nichtssagenden Andeutung hinweg (a.a.O., Anm. 22, und 207).

3. Das Wesen des Faschismus

1 »Der moralische Zerfall im Liberalismus, die kulturelle Lähmung durch die Demokratie und die endgültige Erniedrigung durch den Sozialismus« sind dann unvermeidlich.

2 Die Bedeutung dieses Begriffs bei Spann hat nichts gemeinsam mit seiner heute bei den christlichen Kirchen gebräuchlichen Bedeutung.

3 Der Begriff Universalismus ist generisch; der spezifische Begriff, mit dem Spann seine Philosophie bezeichnet, lautet *Ganzheitslehre.*

4 Wilhelm Stapel erweist sich in einer »Theologie des Nationalismus« (Untertitel des Buches *Der Christliche Staatsmann*) ziemlich offenherzig als krasser Verächter der Ethik, die, wie er sagt, »ihre Existenz bloß der Sentimentalität jener verdankt, die noch nicht imstande sind, ihre Illusionen aufzugeben«. Sogar Ernst Krieck erklärt in seinem Handbuch zum Unterrichtswesen: »Wir können es nicht zulassen, daß uns irgendeine imperative Ethik jene Werte und Gesetze vorschreibt, nach denen wir handeln sollten.«

5 Zum Teil sogar vor der eigentlichen Veröffentlichung des *Zarathustra.*

6 Der titanische Individualismus leitet den Wert der Person von der Behauptung ab, es gäbe keinen Gott. Dies ist nicht zu verwechseln mit dem Individualismus eines Luther, Calvin oder Rousseau, dem Individualismus, der in seinen verschiedenen Aspekten im Aufstieg des Kapitalismus angesprochen ist. Es ist vielmehr der atheistische Individualismus des Verführens bei Kierkegaard, des einzelnen bei Stirner, des Übermenschen bei Nietzsche, die Philosophie einer kurzen Übergangsperiode, in der der liberale Kapitalismus triumphierte.

7 D. H. Lawrence, *Pansies.*

8 Die Formung von Bildern durch die noch unverdorbene »Seele« ist ein zentraler Teil dieser Anthropologie. Sie ist Teil einer Theorie des Eros, die dargestellt wird als Gefühlsekstase einer universellen und wesentlich nichtpossessiver Art, und nur oberflächlich mit Sexualität verbunden ist.

9 Daraus soll nicht geschlossen werden, daß Carl Schmitt selbst der vitalistischen Schule angehörte.

5. Aristoteles entdeckt die Volkswirtschaft

1 J. A. Schumpeter, *History of Economic Analysis* (New York 1954), 57: »Aristoteles Darstellung ist . . . konventionell, prosaisch, eher mittelmäßig und von einer mehr als hochtrabenden Nüchternheit.« Schumpeter meinte, Aristoteles befaßte sich zweifellos mit der »Analyse bestehender Marktmechanismen. Einige Passagen zeigen . . ., daß Aristoteles dieses versuchte und dabei scheiterte« (60). Die neueste detaillierte Untersuchung äußert sich hinsichtlich der Meriten des Falles nicht weniger negativ. Vgl. C. J. Soudek, »Aristotle's Theory of Exchange«, *Proceedings of American Philosophical Society,* V, 96, NR, 1 (1952). Joseph J. Spenglers »Aristotle on Economic Imputation and Related Matters«, *Southern Economics Journal,* XXI (April 1955), 386, Fn. 59, bildet die einzige Ausnahme: »Aristoteles kümmerte sich nicht darum, wie die Preise auf dem Markt gebildet werden.«

2 Vgl. Karl Polanyi, *The Great Transformation* (Wien 1977, 78).

3 *Cooperation and Competition among Primitive Peoples* (New York and London, 1937), 31.

4 *Argonauten des westlichen Pazifiks,* Frankfurt/M. 1979, Kap. VI.

5 Aristoteles, *EN* 1132b, 21, 35.

6 Aristoteles, *Pol.* 1257a 24.

7 Ebd., 1257a 19.

8 Ebd., 1257a 25.

9 Aristoteles, *EN* 1133b 16, 1133b 8.
10 Ebd., 1133b 29.
11 Ebd., 1133a 8.
12 Ebd., 1133a 10.
13 Ibid., 1133b 15.
14 Aristoteles, *Pol.*, 1257a 24-31.
15 Aristoteles, *EN* 1133a 3-6.
16 Ps.-Arist., *Oec.* II, 1353a 24; 1280b 20.
17 Ibid., 1133a 2; *Pol.* 1257a 24; 1280b 20.

6. Die Rolle der Volkswirtschaft in Gesellschaften Anhang

1 Dieser Anhang wurde aus unveröffentlichten Notizen zusammengestellt, die Polanyi im Jahre 1947 verfaßt und in Form vervielfältigter Blätter an seine Studenten in den Vorlesungen über Wirtschaftsgeschichte an der Columbia University verteilte. Das unveröffentlichte Material wird mit Erlaubnis von Ilona Polanyi und Kari Polanyi-Levitt abgedruckt.

7. Die zwei Bedeutungen von »wirtschaftlich«

1 Was man als »ökonomischen Denkfehler« bezeichnen kann, war eigentlich bloß eine Folge jener Begriffsverbindung, sobald sie Allgemeingut wurde. Im wesentlichen bestand der Denkfehler darin, daß die Wirtschaft schlechthin und ihre marktbedingte Form einander gleichgesetzt wurden. Von Hume und Spencer bis zu Frank H. Knight und Northrop erfuhr damit das gesellschaftswissenschaftliche Denken hinsichtlich der Wirtschaft unbemerkt eine Einengung. Lionel Robbins rein wirtschaftstheoretisch folgerichtiger Versuch in seinem Essay *The Nature and Significance of Economic Science* (1932) verzerrte die allgemeine Problemstellung noch mehr. Auf anthropologischem Gebiet muß festgestellt werden, daß Melville Herskovits' Werk *Economic Anthropology* (1952) gegenüber seiner Pionierarbeit *The Economic Life of Primitive Peoples* (1940) einen Rückschritt darstellt.

10. Redistribution: Der staatliche Bereich im Dahome des 18. Jahrhunderts

1 Melville J. Herskovits, *Dahomey, an Ancient West African Kingdom*, Vol. I (New York 1938), 238.

2 Captain Sir Richard F. Burton, *A Mission to Gelele, King of Dahome*, Vol. II (London 1864), 13-14.
3 Whydah war der Hafen, über den der Sklavenhandel abgewickelt wurde.
4 Captain William Snelgrave, *A New Account of Some Parts of Guinea and the Slave Trade* (Londonn 1734), 79; zitiert in M. J. Herskovits, *Dahomey*, Vol. II, 80.
5 John Duncan, *Travels in Western Africa, in 1845 and 1846*, Vol. II (London 1847), 264.
6 Snelgrave, *A New Account*, 106-107; zitiert in Herskovits, *Dahomey*, II, 97.
7 Duncan, *Travels*, II, 268-269.
8 Herskovits, *Dahomey*, I, 67.
9 Vgl. Herskovits, *Dahomey*, II, 72 ff., an den wir uns weitgehend halten.
10 Vgl. Herskovits, *Dahomey*, I, 116 ff.
11 Vgl. Herskovits, *Dahomey*, I, 107 ff.
12 Herskovits, *Dahomey*, I, 130-131.
13 Ebd., I, 131.
14 Frederick E. Forbes, *Dahomey and the Dahomans, Being the Journal of Two Missions to the King of Dahomey, and Residence at His Capital in 1849 and 1850* (London 1851), Vol. I, 35.
15 Duncan, *Travels*, I, 122-123.
16 Herskovits, *Dahomey*, II, 6.
17 Archibald Dalzel, *History of Dahomey* (London 1793), 213-215.
18 Burton, *A Mission to Gelele*, II, 249.
19 Ebd., I, 94, N. 1.
20 Ebd., II, 57, N. 1.
21 Ebd., II, 162-163.
22 Ebd., I, 107, N. 1.
23 Ebd., II, 132-133, N. 2.
24 Forbes, *Dahomey and the Dahomans*, II, 81.
25 Ebd., I. 122.
26 Duncan, *Travels*, II, 291.
27 Dalzel, Einleitung, *History of Dahomey*, xii.
28 Ebd., 170-171.
29 Burton, *A Mission to Gelele*, II, 148.
30 Herskovits, *Dahomey*, I, 268.
31 Ebd., II, 88, N.3.
31 Edouard Dunglas, *Contribution à l'histoire du Moyen-Dahomey (Royaumes d'Abomey du Ketou et de Ouidah), IFAN: Etudes dahoméennes*, XIX-XXI (1957-58), 92.
33 A. Le Herisse, *L'ancien Royaume du Dahomey. Moeurs, religion, histoire* (Paris 1911) 257.

34 Duncan, *Travels*, I, 257.
35 Burton, *A Mission to Gelele*, I, 33.
36 Herskovits, *Dahomey*, I, 181.
37 Ebd., II, 84; zitiert aus Forbes, II, 89-90.
38 Forbes, *Dahomey and the Dahomans*, I, 34-35.
39 Burton, *A Mission to Gelele*, II, 58.
40 Paul Mercier, »The Fon of Dahomey«, in *African Worlds*, D. Forde (Hg.), (London 1954), 231.
41 Ebd., 232.
42 Ebd.
43 Ebd.
44 Dalzel, *History of Dahomey*, 118-119.
45 Ebd., 120.

11. Handelsplätze in frühen Gesellschaften

1 K. Polanyi, C. M. Arensberg und H. W. Pearson (Hg.), *Trade and Market in the Early Empires* (Glencoe, Ill. 1957), hier zit. als TM. Siehe Kapt. II-IV, VII-IX.
2 A. Leeds, »The Port of Trade in Pre-European India and as an Ecological and Evolutionary Type«. Vervielfältigter Vortrag, gehalten in der Jahresversammlung der *American Ethnological Society*.
3 P. Koschaker, »Zur staatlichen Wirtschaftsverwaltung in altbabylonischer Zeit, insbesondere nach Urkunden in Larsa», *Zeitschrift für Assyriologie* N.F. Bd. 13 (Bd. 47) (1942), 179-180.
4 Ebd., 142.
5 Ebd., 158.
6 E. Ennen, *Frühgeschichte der europäischen Stadt* (Bonn 1953).
7 K. Lehmann-Hartleben, *Die antiken Hafenanlagen des Mittelmeeres* (Leipzig: *Klio*, Beih. 14, 1923), 4 ff.
8 A. M. Chapman, »Port of Trade Enclaves in Aztec and Maya Civilizations«, in TM, 114-153.
9 R. Arnold, »A Port of Trade: Whydah on the Guinea Coast«, in TM, 154-176; »Separation of Trade and Market: Great Market of Whydah«, in TM, 177-187.
10 K. Polanyi in Zusammenarbeit mit A. Rotstein, *Dahomey and the Slave Trade*.
11 A. Leeds, »The Port of Trade«, 4 ff.
12 A. L. Oppenheim, »A Bird's-Eye View of Mesopotamien Economic History«, in TM, 30-31.
13 R. B. Revere, »›No Man's Coast‹: Ports of Trade in the Eastern Mediterranean«, in TM, 38-63.
14 K. Polanyi, »Comparative Treatment of Economic Institutions in

Antiquity with Illustrations from Athens, Mycenae and Alalakh«, in *City Invincible* (Chicago 1960), 347-348.

15 R. B. Revere, »Ports of Trade in the Eastern Mediterranean«, 40-43.

16 Ebd., 53. Vgl. auch Cl. Schaeffer, *Ugaritica*, III (Paris 1956).

17 Ebd., 53-54. Vgl. auch Sir Leonard Woolley, *A Forgotten Kingdom* (London 1953).

18 Ebd., 58-59.

19 Ebd., 58-59. Vgl. Hesekiel 27.

20 Herodot, IV, 196.

21 Die Verwendung des Wortes *emporium* in der Bedeutung eines großen Geschäftszentrums ist späterer Herkunft.

22 E. Ennen, *Frühgeschichte*, 124. Vgl. auch W. Vogel, *Wik-Orte und die Wikinger, Hans. Geschichtsbull.*, 60 (1936). F. Rörig, *Lübeck, Hans. Geschichtsbull.*, 67/68 (1942-1943); *Magdeburgs Entstehung und die ältere Handelsgeschichte, Misc. Acad. Berol.* II, i (1950), 103-132. H. Planitz, *Frühgeschichte der deutschen Stadt, Ztschr. Savigny Stiftg., Rechtsgesch.*, Ger. Abt., 67 (1950).

23 E. Enne, *Frühgeschichte*, 56.

24 Ebd., 59. Vgl. auch Jankuhn, *Haithabugrabungen*, 1930-1939.

25 Ebd., 59.

26 F. Rörig, *Lübeck*, Th. Frings, *Wik. Beiträge zur Geschichte der deutschen Sprache und Literatur*, begr. v. Braune-Paul-Sievers. Hg. v. Th. Frings, 65 (1941-1942), 221-226.

27 F. Rörig, *Magdeburgs Entstehung*, 128; H. Planitz, *Die deutsche Stadt im Mittelalter* (1954), 54 ff.

28 E. Ennen, *Frühgeschichte*, 130, »Die Autorität von Frings steht hinter der Herleitung von ›vicus‹«, auch Anm. 202 auf derselben Seite.

29 K. Polanyi, Besprechung von E. Ennen, »Frühgeschichte«, in *The Journal of Economic History* XVII, Nr. 2 (Juni 1957), 312.

30 E. Ennen, *Frühgeschichte*, 69, »Die Wikingschen Emporien lassen sich allenfalls mit den Emporien vergleichen, die von Lehmann-Hartleben bei vielen antiken Seestädten nachgewiesen wurden.«

31 »Eine Örtlichkeit, durch die Waren getragen wurden.«

32 A. M. Chapman, »Port of Trade Enclaves«.

33 Ebd., 117, 138.

34 Ebd.

35 Ebd., 120 ff.

36 Ebd., 132.

37 Ebd., 139-140.

38 Ebd., 142-145.

39 Ebd., 116.

40 Ebd., 134.

41 Ebd., 119.

42 R. Arnold, »A Port of Trade«.
43 The Rehla of Ibn Battuta (Übers. Mahdi Husain, *Gaekwad's Oriental Series*, CXXXII, 1953), Karte gegenüber 176.
44 K. Polanyi, »Marketless Trading in Hammurabi's Time«, in TM, 26.
45 P. Koschaker, »Zur staatlichen Wirtschaftsverwaltung«, 179: »Meine Ausführungen schließen mit Zweifeln und Dissonanzen.«
46 K. Polanyi, »Marketless Trading«, 12-26 und A. L. Oppenheim, »A Bird's-Eye View«, 27-37.
47 Columbia University, Interdisciplinary Project on the Economic Aspects of Institutional Growth, *Selected Memoranda*, 4 Bde. 637 S., 1953-1958 (verfügbar an der Columbia University, Butler Library, reserviert). C. M. Arensberg, »Anthropology as History«, in TM, 97-113. Paul Bohannan, »The Impact of Money on an African Subsistence Economy«, in *The Journal of Economic History*, XIX, No. 4 (Dez. 1959), 491-503. Paul Bohannan, *Tiv Trade and Markets.* T. K. Hopkins, »Sociology and the Substantive View of the Economy«, in TM, 271-306. W. C. Neale, »Reciprocity and Redistribution in the Indian Village: Sequel to some Notable Discussions«, in TM, 218-236; H. W. Pearson, »The Economy has no Surplus: Critique of a Theory of Development«, in TM, 320-341.
48 K. Polanyi, »The Economy as Instituted Process«, in TM, 241-270. Siehe auch K. Polanyi *The Great Transformation* (Wien 1977, Frankfurt/M. 1978), Kap. 4, »Gesellschaft und Wirtschaftssysteme«.
49 A. L. Oppenheim, »A Bird's-Eye View«, 28-29.
50 Ebd., 30-31.
51 Herodot, I. 153.
52 A.-G. Barrois, *Manual d'archéologie biblique* (Paris 1939), I, 191-192.
53 K. Polanyi, »Marketless Trading in Hammuarabi's Time«, in TM., 12-26.
54 B. Landsberger, *Materialien zum Summerischen Lexikon,* I. Die Serie ana ittišu (1937), 115.
55 P. Koschaker, »Zur staatlichen Wirtschaftsverwaltung«, 164.
56 Ebd., 158-159.
57 F. W. Leemans, *The Old-Babylonian Merchant, Studia et Documenta,* III (Leiden 1950), Kap. IV, »Conclusions«, 36 ff.
58 F. W. Leemans, *Foreign Trade in the Old Babylonian Period, Studia et Documenta,* IV (Leiden 1960), 1, N1.
59 Ebd., Vorwort, vii.
60 Oriental Institute, Chicago.
61 G.-C. Gardin und P. Garelli, »Ètudes des établissements Assyriens en Cappadoce par ordinateur«, *Annales,* 16e année, No. 5 (Sept.-Okt. 1961).
62 F. W. Leemans, *Foreign Trade in the Old Babylonian Period,* S. 1.

63 Ebd., 1-2, N1.
64 F. W. Leemans, »Economische gegevens in Summerische en Akkadische texten, en hun problemen«, *Jaarbericht* No. 15, Ex Oriente Lux (1957-1958), 203-204.
65 Ibn Battuta, *The Rehla*, 184.
66 Ebd., 184, N6.
67 Ebd., 201.
68 Ebd., 200, N5.
69 G. E. M. Ste. Croix, Besprechung von TM, in *The Economic History Review*, 2nd Series, XII, No. 3 (April 1960), 510.
70 Dies veranlaßt mich zu dem Versuch, die vielfältige Kritik aufzuhellen, die F. M. Heichelheim an meinen verschiedenen Beiträgen zu *Trade and Market in the Early Empires* geübt hat (in seiner Besprechung dieser Arbeit in *Journal of the Economic and Social History of the Orient*, III, Pt. 1 (April 1960, 108-110). Leider war das darin entwickelte Begriffssystem, nach seinen eigenen Worten, für ihn nicht von Interesse.
Heichelheims Unzufriedenheit mit den von mir geäußerten Zweifeln bezüglich der Vorherrschaft eines Marktsystems im alten Orient zeigte sich noch vor Leemans teilweiser Zustimmung (1961) zu meinen diesbezüglichen Ansichten. Heichelheim fragte, ob ich »eigentlich nie etwas von den ›Markt‹-Preisen auf den Kais gehört hätte?« Indessen war es ja gerade die Brauchbarkeit solcher abgenutzten Begriffe, die durch das neue Begriffssystem überprüft werden sollte. Das Ergebnis war nicht nur eine klare Unterscheidung zwischen Handel und Markt, sondern auch der Nachweis der bis zu einem gewissen Grade in den Imperien des Altertums bei ihnen vorhandenen Unterschiede. Da Heichelheim die Theorie links liegen ließ, benutzte er die Begriffe »Handel« und »Markt« ohne Unterschied. Da die realen Zusammenhänge zwischen Märkten und Handelsinstitutionen zur Debatte standen, war sein Festhalten am Begriff »Markthandel« unter Hintansetzung der Bedeutung, die diesem Fachausdruck in der erwähnten Arbeit zugemessen wurde, kaum von Nutzen.
Vielleicht sollte man noch auf ein weiteres Beispiel von Heichelheims »antitheoretischer« Praxis hingewiesen werden. Ich habe mich in meiner Arbeit durchgehend des methodologischen Kunstgriffs der Überwindung zeitgebundener Institutionen durch Einführung verallgemeinernder Begriffe bedient. Um die marktmäßige Bedeutung des Begriffs »Preis« dort zu vermeiden, wo er unangebracht erscheint, haben ich und Oppenheim einen neuen Begriff, nämlich »Äquivalenz«, eingeführt, der unabhängig von der jeweiligen Integrationsweise, in der die Zahlen, welche die Rate ausdrückten, anwendbar war. Ich erklärte: »Auf diese Weise können Preissysteme

eine eigene institutionelle Geschichte aufweisen, je nach den Typen der Äquivalenzen, die bei ihrem Entstehen eine Rolle spielten.« Als historische Illustration dieses Prinzips zitierte ich Max Webers Bemerkung, »daß der Kapitalismus des Westens mangels Kostenrechnungssystem nicht möglich gewesen wäre, wenn es nicht vorher das mittelalterliche System der statutarischen und geregelten Preise, der gebräuchlichen Renten usw. gegeben hätte, einem Erbe von Zunft und Herrensitz.« Dank seiner Geringschätzung theoretischer Überlegungen verwechselte Heichelheim die lange Geschichte der verschiedenen Typen von Äquivalenzen, auf die ich mich bezogen hatte, mit der Geschichte der eigentlichen Preise. Die legendären dreißig Silberlinge, die Judas als »Preis für einen Menschen« erhielt, der im Neuen Testament als typische »nahe Variante« der »Äquivalenz« für einen Sklaven aufscheint, wie sie im Codex des Hammurabi achtzehnhundert Jahre vorher festgesetzt worden war, wurden von Heichelheim völlig mißverstanden. Er nahm an, ich hätte den tatsächlichen Preis eines Jerusalemer Sklaven im ersten Jahrhundert n. Chr. vom Codex des Hammurabi abgeleitet, was in der Tat, nach seinen Worten, ein »grober Schnitzer« gewesen wäre. In diesem Punkt mußte seine riskante theoriefeindliche Vorgangsweise auf ihn selbst zurückfallen.

In seiner Besprechung verwies Heichelheim zweimal auf seine Autorität als »Frühgeschichtler und Altertumswissenschaftler«.

Mein Hinweis auf Herodot I. 153, wonach es in der Stadt Babylon keine Marktplätze gegeben habe, entlockte ihm diese Antwort: »Wahrscheinlich handelt es sich hier nicht um eine Behauptung Herodots, sondern um ein Einschiebsel eines spätantiken Kopisten, der unter dem Einfluß der stoischen anthropologischen Schule stand. Vgl. J. E. Powell, *Herodotus Translated*, I, (1949), IV, 78.« In Wirklichkeit enthält J. E. Powells Vorwort zu seiner Übersetzung keinen Hinweis, der Heichelheims Feststellung über spätantike Einschiebsel oder Einflüsse der Stoa bestätigen würde. Ganz im Gegenteil, Powells kursiv gesetzte Teile in Herodots Abschnitt auf Seite 78 verweisen sowohl auf die Bedeutung, die nach seiner Ansicht Herodots Kommentar beigemessen werden sollte, als auch auf seinen Glauben an dessen Echtheit. Siehe Powells Begründung (iv), die keinen Zweifel am Zweck seiner typographischen Absicht läßt. Auch die Textkritik von Karl Hude enthält keine Äußerungen des Zweifels. Das gleiche gilt für alle anderen Übersetzer, einschließlich Rawlinson, der sich auf Herodots Feststellung bezog, wonach es in Persien keine Marktplätze gäbe. Heichelheims Behandlung von Herodot I, 153 ist, milde ausgedrückt, unklar.

Heichelheims Hinweis auf »Primärbeweise« in den drei Bänden von Hesperia (1953, 1956, 1958), welche die Monographien von W. K.

Pritchett, A. Pippin und A. Amyx über »The Attic Stelai« enthalten, ist irreführend. Sie enthalten ausschließlich die berühmten Listen der Auktionspreise der Grafittitöpferei. Man findet darin keinerlei Hinweise auf »Primärbeweise« im Zusammenhang mit Marktpreisen. Heichelheim hat die Warnungen der Autoren in den Wind geschlagen, daß man daraus keine Schlüsse in bezug auf »ein Preisgefüge für tatsächlich vorhandene Vasen« ziehen solle, wobei sie auf die »vielen Irrtümer« hinweisen (Bd. XXVII, 1958, 278). Heichelheims abschätziges Urteil über *Trade and Market in the Early Empires* als ein »höchst bedauerliches Buch« stellt weder einen Beitrag zum Problem des Handelsplatzes im allgemeinen dar, das darin in mehreren Kapiteln behandelt wird, noch zum Thema des babylonischen *kar*, das in diesem Aufsatz als ein Aspekt des Handelsplatzes angeschnitten wird.

71 *The Journal of Economic History*, XXII, No. 1 (März 1962), 116-117.

13. Die Semantik der Verwendung von Geld

1 A. H. Quiggin, *A Survey of Primitive Money*, London 1949.

2 Über die Funktionen von Geld in der Sowjetwirtschaft siehe Gregory Grossman, »Gold and the Sword: Money in the Soviet Command Economy«, in H. Rosovsky (Hg.), *Industrialization in Two Systems: Essays in Honor of Alexander Gershenkron*, New York 1966.

3 In diesem Zusammenhang bedeutet Ablöse eine Zahlung als Teil eines »Übereinkommens über die Einstellung von Feindseligkeiten«.

4 Dieser Anhang umfaßt unveröffentlichte Notizen, die Polanyi in den Jahren zwischen 1947 und 1950 verfaßt und in Form hektographierter Blätter in seinen Vorlesungen über Wirtschaftsgeschichte an der Columbia University an seine Hörer verteilte. Das unveröffentlichte Material wird mit Genehmigung von Ilona Polanyi und Kari Polanyi-Levitt abgedruckt.

5 Siehe Anm. 3.

6 Daryll Forde, *Habitat, Economy and Society*, 8. Aufl., London o. J., 203.

14. Archaische ökonomische Institutionen: Kauri-Geld

1 *The use of Cowry-Shells for the Purposes of Currency, Amulets and Charms. Manchester Memoirs*, Vol. LX, No. 13, 1915-16.

2 Captain Sir Richard F. Burton, *A Mission to Gelele, King of Dahome*, Vol. I (London 1864), 117, Anm. 3.

3 James Barbot, Jr., *Churchill's Voyages* (London 1746), 518.
4 Melville J. and Frances S. Herskovits, *Dahomean Narrative* (Evanston 1958), 364.
5 Ebd., 361.
6 Ebd., 366-367.
7 Harold Bekan Thomas and Robert Scott, *Uganda* (London 1935), 231, zitiert in Paul Einzig, *Primitive Money in Its Ethnological, Historical and Economical Aspects* (London 1949), 134.
8 Charles Henry Robinson, *Hausaland* (London 1896) 46, zitiert in Paul Einzig, *Primitive Money*, 148.
9 Paul Bohannan, »Some Principles of Exchange and Investment among the Tiv«, *American Anthropologist*, Vol. 57, No. 1, Februar 1955, 60-70.
10 A. H. Quiggin, *A Survey of Primitive Money* (London 1949).

15. Sortiment und Handelsunze im westafrikanischen Sklavenhandel

1 Mein Dank gilt Mr. Abraham Rostein, Dozent für Nationalökonomie an der Universität von Toronto, für seine wertvolle Hilfe bei der Lösung einiger Probleme hinsichtlich der Wirtschaftsformen an der Sklavenküste.
2 Herodot, iv, 196.
3 K. G. Davies, *The Royal African Company* (1957); H. A. Wyndham, *The Atlantic and Slavery* (1935).
4 Vgl. K. Polanyi, »The economy as an instituted process«, in K. Polanyi, C. M. Arensberg and H. W. Pearson (Hg.) *Trade and Market in the Early Empires* (Glencoe, Ill., 1957), 263.
5 Davies, a.a.O., 238.
6 P. E. Isert, *Voyages en Guinée et dans les îles caraibes en Amérique* (Paris 1793), 110-111.
7 James Barbot, Jr., *Churchill's Voyages*, (London 1746).
8 W. Bosman, »A New and Accurate Description of the Coast of Guinea«, in J. Pinkerton (Hg.), *Voyages and Travels* (London 1814), XVI.
9 Th. Phillips, »A Journal of Voyage to Africa and Barbadoes«, *Churchill's Voyages* (London 1746), VI, 211.
10 C. W. Newbury, *The Western Slave Coast and its Rulers* (Oxford, 1961), 22.
11 A. Dalzel, in *Parliamentary Papers* (1789).
12 J. Atkins, *Voyages to Guinea, Brasil and the West Indies* (London 1737), 74.

13 John A. Barbot, »A Description of the Coasts of North and South Guinea«, *Churchill's Voyages* (London 1746), V, 330.
14 Bosman, 503.
15 Vgl. S. 386 in diesem Band.
16 Fr. J. B. Labat, *Voayage du Chevalier Des Marchais En Guinée* (Amsterdam 1731), II, 91.
17 A. Dalzel, *A History of Dahomey* (London 1793), 135.
18 J. M'Leod, *A Voyage to Africa with some Account of the Manners and Customs of the Dahomian People* (London 1820), 90.
19 1789 Comittee, 191.
20 S. Berbain, *Le comptoir français de Juda (Oüidah) au XVIIIe siècle*, Mémoires de IFAN, No. 3 (Paris 1942).
21 Davies, a.a.O., 236-237.
22 Davies, ebd., 237.
23 *Proceedings of the American Antiquarian Society*, new series, XXXIX (1929).
24 Davies, a.a.O., 236.
25 E. Dunglas, »Contribution à l'historie du Moyen-Dahomey« (Royaumes d'Abomey, de Ketou et de Ouidah), *Etudes Dahoméennes*, XIX-XXI, IFAN (Porto Nov. 1957), 137.

16. Über den Stellenwert wirtschaftlicher Institutionen in der Antike am Beispiel von Athen, Mykene und Alalakh

1 Siehe *Trade and Market in the Early Empires*, Hg. Karl Polanyi, Conrad M. Arensberg und Harry W. Pearson (Glencoe, Ill., 1957).
2 Siehe Rosemary Arnold, »A port of trade: Whydah on the Guinea Coast«, und Francisco Benet, »Explosive markets: The Berber highlands«, *Trade and Markets in the Early Empires*, 154-175 und 188-213.
3 M. Rostovtzeff, *Social & Economic History of the Hellenistic World* (Oxford 1941), I 152 f.
4 Siehe ebd., 154.
5 Ebd., 75.
6 Siehe Michael Ventris und John Chadwick, *Documents in Mycenaean Greek* (Cambridge 1956), 198.
7 Ebd.
8 Ebd., 118.
9 Ebd., 119.
10 Siehe Walter C. Neale, »Reciprocity and redistribution in the Indian village«, *Trade and Market in the Early Empires*, 224-227.
11 Siehe W. F. Albright, »Some oriental glosses on the Homeric problem«, *American Journal of Archaeology*, LIV (1950) 162.

12 »Fractional quantities in Minoan bookkeeping«, *American Journal of Archaelogy* LIV 204-222.

13 Vgl. Anne M. Chapman, »Trade enclaves in Aztec and Maya civilizations«, *Trade and Market in the Early Empires*, 114-146.

14 *The Alalakh Tablets* (»Occasional Publications of the British Institute of Archaeology at Ankara«, No. 2 London 1953), 13-14.

15 Ebd., 93 f., No. 324 b.

16 Die hier entwickelten Gedanken über das funktionelle Wesen submonetärer Instrumente beruhen weitgehend auf Gesprächen mit meinen Kollegen Harry W. Pearson vom Bennington College, und Paul Bohannan von der Princeton University. Der Überblick über die Formen der Geldverwendung wurden unter Mitwirkung von Mr. Emmett Mulvaney, B. A., von der University of Manitoba ausgearbeitet.

Die Daten über Mykene und Alalakh wurden mit Hilfe der Forschungsassistentin Mrs. Mary S. Winch, B.Sc. (Econ.) London, England, zusammengestellt.

Die vorbereitenden Untersuchungen für diesen Aufsatz wurden zum Teil mit Unterstützung der Wenner-Gren Foundation, New York, dem Social Science Research Council, New York, und der American Philosophical Society, Philadelphia, Pa. durchgeführt.

Suhrkamp Verlag GmbH
Torstraße 44, 10119 Berlin
info@suhrkamp.de
www.suhrkamp.de